U0861850

普通高等学校会计应用型规划教材

会计信息系统

ACCOUNTING INFORMATION SYSTEMS

胡仁昱　主编

东北财经大学出版社　大连
Dongbei University of Finance & Economics Press

图书在版编目（CIP）数据

会计信息系统 / 胡仁昱主编. —大连：东北财经大学出版社，2021.1
（普通高等学校会计应用型规划教材）
ISBN 978-7-5654-3988-9

Ⅰ. 会… Ⅱ. 胡… Ⅲ. 会计信息-财务管理系统-高等学校-教材
Ⅳ. F232

中国版本图书馆CIP数据核字（2020）第185307号

东北财经大学出版社出版
（大连市黑石礁尖山街217号 邮政编码 116025）
网 址：http://www.dufep.cn
读者信箱：dufep@dufe.edu.cn

大连图腾彩色印刷有限公司印刷 东北财经大学出版社发行

幅面尺寸：185mm×260mm 字数：672千字 印张：30.75 插页：1
2021年1月第1版 2021年1月第1次印刷
责任编辑：王 丽 周 慧 责任校对：王 丽 孟 鑫 慧 心
封面设计：冀贵收 版式设计：原 皓

定价：68.00元

教学支持 售后服务 联系电话：（0411）84710309
版权所有 侵权必究 举报电话：（0411）84710523
如有印装质量问题，请联系营销部：（0411）84710711

本教材编写团队

主编：

胡仁昱，华东理工大学教授

参编（按姓氏笔画排列）：

陈　耿，南京审计大学教授

郭宗文，山西财经大学副教授

胡玉可，浙江工商大学副教授

李爱红，河南财政金融学院教授

彭　娟，上海交通大学副教授

宋晓满，同济大学教授

王纪平，上海国家会计学院副教授

温素彬，南京审计大学教授

吴志斌，江西财经大学教授

甄阜铭，东北财经大学副教授

周国良，上海财经大学副教授

前言

随着数字时代的到来，为了适应实务工作的需要，人们越来越关注信息技术在企事业单位管理中的应用，因而对会计信息系统也有了更加深刻的认识。进行科学的经营决策，是每一位管理者必备的素质；积极参与企事业单位的经营决策，是每一位会计人员的重要职能。计算机技术为代表的各种新兴技术的运用，已经使得会计信息系统在管理中广泛应用，使会计管理工作从过去的记账、算账、报账的事后服务型功能，转变为实时对整个企事业单位的生产经营活动进行现场管理。信息的及时性又能够使决策者充分依赖完整可靠的信息资料、经营决策支持工具，达到对企业经营管理的事前控制。因此，会计信息化是会计管理工作向智能化管理迈进的一项重要措施。信息技术的不断进步，使财务软件的功能越来越多，越来越全面。本书为了适应信息技术的不断更新，在会计信息化全面发展的基础上，对书的结构进行调整，增加了近几年信息技术发展的新动向，以为读者带来更多的前沿知识。

信息技术在会计中的应用是现代会计科学发展的最新成果之一，也是充分发挥会计职能的必要手段。会计信息系统是企业管理信息系统重要组成部分，是一个用电子计算机代替手工会计核算和智能化代替部分由人脑完成的会计管理和辅助决策的信息处理系统。为了推广计算机在财务与会计中的应用，通过学习使学生理解会计信息系统的概念，了解会计信息系统的数据流程，结合会计实例和模型，绘制工作流程图，设置代码，编制各种说明书。通过学习使学生掌握通信技术、集成技术、标准化技术等的基本操作技能，了解会计信息技术的应用，能用Excel等应用软件进行二次开发。通过学习使学生掌握财务软件的基本操作技能，结合会计实例和模型，进行会计信息的收集、查询，实现整个会计信息系统的数据交流，从而达到会计处理一体化、会计管理数据化、会计决策科学化。全书体现了会计信息系统中的三个层次，系统地阐明会计信息系统的实用价值，以及推广会计信息化的意义，从而提出会计将来的发展方向是应用计算机技术，收集、整理、加工对管理有用的数据，产生管理上所需信息，在此基础上供决策者应用。因此，会计信息系统绝对不是单纯的账务处理，而是整个会计信息资源的开发与利用，是将经过计算机处理的信息（会计数据）再通过电脑和人脑的共同处理形成新的信息（决策信息）这样一个完整的信息系统。

本书在理论讲解的基础上，更加注重实际的应用，从对会计信息技术的发展到会计信息系统和会计决策支持系统的开发和利用，可以使读者将整个会计信息系统联系起来，同时，书中有大量的实际案例，可以为读者提供更多的参考。本书还利用网络技术和计算机技术为财会管理在因特网上提供一个开发平台，从而使财会管理者也能自行开发或提供根据工作经验总结的管理组件，使财会人员从信息系统的使用者变为信息系统的创造者，工程化大生产的软件产业必将走标准组件模式，财务会计软件开发商在网络应用软件领域将大有作为。本书把将来的会计信息系统描绘成一个基于因特网的、能广泛扩展的、由财会人员主导的信息系统。

通过本书的学习，学生应当了解在计算机和网络中是怎样处理会计业务的，学会系统调查分析、设计的方法；在掌握了某种开发工具后，对会计业务进行系统分析，练习开发一些实用程序；在积累了一定的经验后，提高对会计信息系统的鉴别能力；学生应当深入了解会计业务的数据流程，学会运用计算机和网络技术对会计数据进行收集输入、加工、储存、传递和输出的方法。学习本书，可以得到类似去现场进行系统调查、系统分析的结果，由模仿本书的相关资料到自主设计、研究创新，由简单到复杂，逐步学会会计信息系统和会计决策支持系统的研究开发方法。

在教学中采用哪些开发工具，应当根据学生的基础、学时数和教学条件决定，目前EXCEL、VFP、VB、VC、SQL Server、SYBASE、ORACLE等都可供选择。

本书是一本全面论述会计信息系统的综合性教材。适用于大专院校会计等工商管理类专业本科学生和研究生的教学，也适用于信息管理和信息系统类专业本科学生和研究生教学，同时还可作为企业领导、实务工作者和自学者的参考书。本书主要面向高等院校经济管理类专业本科学生和研究生，同时也可作为各类经济管理人员的培训用书。

本书是中国会计学会会计信息化专业委员会教学领域的成员共同努力的成果。本书的主编为华东理工大学胡仁昱教授；参与编写的有南京理工大学温素彬教授、同济大学宋晓满教授、南京审计大学陈耿教授、江西财经大学吴志斌教授、河南财政金融学院李爱红教授、山西财经大学郭宗文副教授、上海交通大学彭娟副教授、上海国家会计学院王纪平副教授、东北财经大学甄阜铭副教授、上海财经大学周国良副教授、浙江工商大学胡玉可副教授等。

在本书的编写过程中，得到了全国各高校从事会计信息系统教学的教师的大力支持；得到了全国会计学界同行的热情帮助；参考了计算机、会计、会计电算化、管理信息系统等领域的专家们的著作，在此致以衷心感谢。

由于时间仓促，作者水平有限，错误缺点在所难免，恳请读者批评指正。

编　者
2020年7月

目 录

第一篇 会计信息化概念与理论

第二篇 一体化会计信息系统

第三篇 会计信息系统研发

第四篇　会计信息系统评价

第五篇　平台化会计信息系统

第六篇　数字化财务智能系统

第一篇
会计信息化概念与理论

第一章
总 论

第一节 信息化时代的会计

一、信息化

（一）信息化的概念

1963年，日本学者Tadao Umesao在题为《论信息产业》的文章中，首次提及“信息化”的含义，提出“信息化是指通信现代化、计算机化和行为合理化的总称”。其中通信现代化是指社会活动中的信息交流基于现代通信技术进行的过程；计算机化是社会组织和组织间信息的产生、存储、处理（或控制）、传递等广泛采用先进计算机技术和设备管理的过程，而现代通信技术是在计算机控制与管理下实现的；行为合理化是指人类按公认的合理准则与规范进行社会活动。因此，社会计算机化程度是衡量社会是否进入信息化的一个重要标志。

林毅夫等指出：“所谓信息化，是指建立在IT产业发展与IT在社会经济各部门扩散的基础之上，运用IT改造传统的经济、社会结构的过程。”

赵苹等给信息化所下的定义则是：“信息化是指人们对现代信息技术的应用达到较高的程度，在全社会范围内实现信息资源的高度共享，推动人的智能潜力和社会物质资源潜力充分发挥，使社会经济向高效、优质方向发展的历史进程。”

1997年召开的首届全国信息化工作会议对信息化和国家信息化定义为：“信息化是指培育、发展以智能化工具为代表的新的生产力并使之造福于社会的历史过程。国家信息化就是在国家统一规划和组织下，在农业、工业、科学技术、国防及社会生活各个方面应用现代信息技术，深入开发、广泛利用信息资源，加速实现国家现代化进程。”实现信息化就要构筑和完善包含6个要素（开发利用信息资源、建设国家信息网络、推进信息技术应用、发展信息技术和产业、培育信息化人才、制定和完善信息化政策）在内的国家信息化体系。

所以，信息化代表了一种信息技术被高度应用、信息资源被高度共享，从而使得人的智能潜力以及社会物质资源潜力被充分发挥，个人行为、组织决策和社会运行趋于合理化的理想状态。同时，信息化也是IT产业发展与IT在社会经济各部门扩散的基础之上，不断运用IT改造传统经济、社会结构从而通往如前所述的理想状态的一段持续的过程。

（二）信息化的含义

从技术方面看，信息化是以信息资源开发利用为核心，以网络技术、通信技术等为依托的一种新技术扩展过程。

从过程方面看，信息化是一个动态的过程，是在社会和经济活动中普遍采用信息技术、开发和利用信息资源，以此来推动经济发展、社会进步，使得利用信息资源创造的产值在国民生产总值的比重逐渐上升，直到占据主导地位的过程。

此外，信息化还应该是一个在信息技术的支持下，生产模式、生活模式、管理模式逐步变革的过程。

一般情况下，信息化是指以现代通信、网络、数据库技术为基础，将所研究对象的各要素汇总至数据库，供特定人群生活、工作、学习、辅助决策等与人类息息相关的各种行为相结合的一种技术，使用该技术后，可以极大地提高各种行为的效率，为推动人类社会进步提供极大的技术支持。

信息化是一个集成的概念，它具有明显的层次性。从总体上看，信息化可以划分为社会、国民经济信息化，行业、领域信息化，以及组织、企业信息化三个层次。本书以第三个层次为背景，探讨组织、企业信息化，尤其以组织、企业中的会计信息化为主。三个层次之间相互联系，共同构成信息化的背景。组织和企业的信息化是社会信息化的基本构成单位，信息化的进程往往是从某个组织开始的。

二、信息化时代会计工作面临的变革

21世纪是一个信息化的时代，信息技术正在改变一切。信息技术的快速发展使得整个社会的经济环境发生了深刻的变化，并彻底改变了社会发展的运行方式，把人类社会带入了一个数字化的时代。通信技术、IT技术，特别是互联网（Internet）技术的快速发展和广泛应用，对人们的工作方式和生活方式的影响更为突出。

会计工作是经济社会发展的基础，直接关系到企事业单位会计信息质量和内部管理，国家宏观决策、社会管理和市场监管，以及市场经济秩序和社会公众利益等各个方面。信息化时代的会计工作，除了受社会经济环境的影响外，同时还受到信息技术的挑战和冲击。这是因为社会化工作中的各种规则都应当与其客观社会经济环境相适应，同时这些规则的建立和实施又不能超越其在信息技术上实现的可能性。反过来，信息技术的发展也为产生新的会计模型、会计规则创造了必要的技术环境，快速发展的信息技术对会计工作的影响越来越深刻。

随着信息技术的发展，会计赖以存在的外部环境发生了很大的变化，从而对会计理论研究和会计实务都产生了重大的影响，对传统的会计理论和方法提出了许多新的挑战。信息技术对会计的影响，既包括会计理论体系的变革等理论问题，也包括会计信息系统变革和会计内部控制等实务问题。

毕马威会计公司合伙人Bob Elliort曾借用“第三次浪潮”一词来形象地预言：“IT引起的变革浪潮正在撞击着会计的海岸线，在20世纪70年代，它彻底冲击了工业界，80年代它又荡涤了服务业，而到了90年代，会计界将接受它的洗礼。它改变了商业运营的方式，也改变了经理们面临的问题。现在的经理们需要采用新的信息模式进行决策。因此，内部会计和对外报告会计都必须改革，高等教育可以只是简单地对这些变革做出反应，抑或扮演一个更为积极的角色，同时促进其他领域发生适应性的变化。对于从事学术研究的会计人员的挑战将是：创造第三次浪潮中的会计规范，并且培养出能够在处于第三次浪潮的企业中有效地行使职责的会计人员。而对从事非学术研究的会计人员的挑战将是：促进企业的变革以实施这一新的会计规范……”

从Bob Elliort的这段话中，我们可以看出：IT技术环境正在对传统的会计理论、实务、教育和管理产生巨大的冲击。这种冲击将使传统会计在信息化时代发生以下变革：

（一）会计学理论体系的变革

信息技术促进了业财融合的应用，使得作为管理学分支的会计学的内容不断地扩大、延伸，越来越体现出它与其他管理学科相互依赖、相互渗透、相互支持、相互影响、相互制约的关系，传统的核算型会计正在向管理与辅助决策型会计转变，信息化环境下管理会计将发挥越来越重要的作用。传统的会计信息系统、会计过程和模型是为适合工业革命时代的需要，以传统的会计恒等式和会计循环为设计基础的，以报告“受托责任”为主要目标。但在IT环境下的会计信息系统将是面向决策的，为此需要重组会计业务过程和会计模型，调整会计信息系统的结构和功能，使之与企业信息系统的整体结构相适应，与不断优化的业务过程相适应，真正做到会计信息系统与用户的“决策相关”。

（二）会计工作流程和会计数据处理方式的变化

业财融合、财务共享、数字化智能会计等信息化的应用给会计实务工作带来翻天覆地的变化，包括会计信息的采集、存储、处理、检索、反馈、统计分析、决策等环境的变革，这些都将使传统会计工作的流程和会计数据的处理方式产生巨大的改变。

首先，企业管理全面信息化的实现，使会计信息源和信息表示结构由一元化走向多元化，即会计工作中记账凭证的信息将直接来源于各种业务过程，记账凭证作为手工环境下重要实体的作用将逐步淡化直至消亡。其次，网络和数据库技术的发展和应用，使得各级管理者和投资者无须等待会计工作者们历尽艰辛所提供的滞后的、不全面的账表信息，他们可以随时地、实时地通过企业网访问存储于会计信息系统中的共享信息。

传统的会计数据处理方式也在发生质的变化。传统会计工作中的制单、记账（平行登记法、科目汇总表等）、编制报表等数据处理方式逐渐退出历史舞台，取而代之的是凭证自动生成、更新数据库、报表自动生成等新的数据处理方式。传统的凭证、账簿、报表等概念将由原始信息、操作信息、分析决策信息等代替，传统会计中制作凭证、记账、结账、编制报表等环节将由信息的收集、存储、传递、处理、加工、输出等代替。

（三）会计的管理职能得以实现

在网络环境下的计算机信息系统处理中，会计信息采集、传输、处理的实时性、自动化性和多元性，使会计人员的工作重点摆脱了繁杂的事务性工作，而能更多地转向管理型工作。会计人员将有更多的时间参与业务流程的优化、组织结构的调整、预算/激励/内控等管理制度的建立与执行。

在信息化环境下，会计人员可以投入更多的精力去分析业务活动和用户的信息需求，据此制定有关的信息记录、存储、维护和报告的规则以及在信息处理过程中要用到的相关模型和方法等，然后由会计信息系统按照拟定的程序进行处理，并将结果传递给相应的用户，等待用户的反馈。这一反馈又继续体现出信息用户的需求。综上所述，会计工作的管理职能得以真正实现。

（四）会计管理工作重心发生改变

正是信息技术给会计实务工作环境带来的变革，使会计管理工作的重心有可能发生改变。例如过去企业会计人员的主要工作是围绕凭证、账簿、报表处理的财务会计管理工作，而在信息技术的处理环境下，上述工作中的大部分手工操作可由计算机自动处理完成，会计人员有更多的时间去面向企业内部会计管理。因此会计管理工作的重心由财务会计管理转向财务会计与管理会计并重的发展阶段。

三、信息化时代会计人员面临的变革

（一）信息化时代对会计人员提出的新要求

在信息化环境下，会计工作人员的素质、所扮演的角色、工作重点和工作价值将发生巨大的变化：

（1）由于信息技术的发展，大量的业务核算工作实现自动化，会计人员的工作重点将从事中记账、算账和事后报账转向事前预测、规划和事中控制、监督及事后分析、决策的全新管理模式。

（2）在信息化环境下，会计人员不仅要承担企业内部管理人员的职责，随着外部客户对会计信息需求的增长，会计人员应及时地向外传递会计信息，为投资人、债权人、供应商和客户、政府管理部门等一切会计委托、受托者负责，适时披露真实的会计信息，提供职业化的咨询服务。

（3）在信息化环境下，会计人员的任务不再仅仅是客观地制造和反映会计信息，而且应使会计信息增值和创造更高的效能。会计人员的作用更多地体现在通过财务控制分析参与企业综合管理和提供专业决策。未来的CFO将是企业CEO的最佳候选人。

（4）信息化环境对会计人员的素质提出了更高的要求。目前会计人员所从事的会计核算和财务分析工作等常规的、结构化较强的工作，将由基于IT技术的信息系统完成，在这种情况下，会计人员应更多地从事那些非结构化、非常规的会计业务以及完成对信息系统及其资源的评价工作。因此，未来会计人员不仅要具有管理和决策方面的知识，还应具有利用信息技术对信息系统及其资源进行分析和评价的能力。

（二）会计人员如何面对信息化时代的挑战

1.会计人员的业务拓展

（1）利用信息系统提供的数据了解和分析信息用户的信息需求，确定能够反映或报告的方式和内容，以便向信息用户提供决策有用的信息。

（2）分析企业信息过程，制定会计信息处理规则，包括会计信息系统中设置的企业各项业务活动控制程序、会计信息系统的信息处理功能分析，并参与业务活动规则的制定。

（3）分析和评价企业各种业务活动的风险、效益，并通过与企业内部控制工作相联系，帮助企业管理者制定决定业务过程性质的企业规章或政策。

（4）与其他部门进行协作。作为会计人员，分析企业业务活动的目的是为企业各个业务单元服务，以便最终实现提高企业经济效益的目的。同时这种业务活动的分析和评价工作又必须得到其他业务部门的支持，然后由会计部门进行集中化的协调和报告。

（5）自身管理。自身管理包括对会计业务活动的管理、对会计信息系统的管理、对会计知识资源的积累和管理、对会计信息质量的管理等。

2.会计人员应具备的素质

（1）会计人员在思想观念上需要有主动性、开放性及开创性，要主动面对新情况，积极地参与到新的业务发展领域中去，还要敢于采用新思想、新方法和新技术。

（2）会计人员应该是知识工作者和知识管理者，是知道如何利用知识来提高工作效率的管理者。

（3）会计人员应该是掌握产品知识、市场知识、生产知识、技术知识、质量知识、安全知识等的多元专家。

（4）会计人员应具备学习能力、自治能力和协调能力，特别是应具有对各个业务活动之间的相互联系的理解能力，以及交流技巧和协作技巧。这样，会计人员才能通过保持与高层经理、业务人员、客户、供应商的经常接触，了解企业内外部业务情况，以便更好地发挥辅助战略决策的作用。

第二节 信息化时代的会计数据

一、数据

数据、信息等词汇由来已久，在很多情况下，人们并不明确区分数据与信息的概念。随着信息化时代的到来，人们开始重新认识数据与信息的本质。

（一）数据的概念

数据（data）是反映客观事物的性质、形态、结构和特征的符号，并能通过这些符号对客观事物的属性进行描述，所以说数据是人们用符号化的方法对现实世界的客观记录。数据表示的是客观事实，是一种真实存在，它必须和客观实体及属性联系在一起才对接收者有意义。例如，30%、5米、蓝色等都是数据，但这些数据除了数字上的意义外，并不表示任何内容。数据经过加工后就成为信息。

数据是事实或观察的结果，是对客观事物的逻辑归纳，是用于表示客观事物的未经加工的原始素材。

数据可以是连续的值，比如声音、图像，称为模拟数据；也可以是离散的值，如符号、文字，称为数字数据。它不仅指狭义上的数字，还可以是具有一定意义的文字、字母、数字符号的组合、图形、图像、视频、音频等，也是客观事物的属性、数量、位置及其相互关系的抽象表示。

在计算机系统中，数据以二进制信息单元0、1的形式表示。

在计算机科学中，数据是指所有能输入到计算机并被计算机程序处理的符号的介质的总称，是用于输入电子计算机进行处理，具有一定意义的数字、字母、符号和模拟量等的通称。计算机存储和处理的对象十分广泛，表示这些对象的数据也随之变得越来越复杂。

（二）数据的分类

1.数据按性质分类

（1）定位的数据，如各种坐标数据；

（2）定性的数据，如表示事物属性的数据（出生地、教师、学生等）；

（3）定量的数据，反映事物数量特征的数据，如长度、面积、体积等几何量或重量、速度等物理量；

（4）定时的数据，反映事物时间特性的数据，如年、月、日、时、分、秒等。

2.数据按表现形式分类

（1）数字数据，如各种统计或测量数据。数字数据在某个区间内是离散的值。

（2）模拟数据，由连续函数组成，是指在某个区间连续变化的物理量，又可以分为图形数据（如点、线、面）、符号数据、文字数据和图像数据等，如声音的大小和温度的变化等。

3.数据按记录方式分类

数据按记录方式分为：地图、表格、影像、磁带、纸带等。

4.数据按数字化方式分类

数据按数字化方式分为矢量数据、格网数据等。

在信息系统中，数据的选择、类型、数量、采集方法、详略程度、可信度等，取决于系统应用目标，功能，结构和数据处理、管理与分析的要求。

二、大数据

大数据（big data），指无法在一定时间范围内用常规软件工具进行捕捉、管理和处理的数据集合，是需要采用新处理模式才能具有更强的决策力、洞察发现力和流程优化能力的海量、高增长率和多样化的信息资产。大数据具有海量的数据规模、快速的数据流转、多样的数据类型和价值密度低的四大特征。

IBM提出大数据的5V特点为：volume（大量）、velocity（高速）、variety（多样）、value（低价值密度）、veracity（真实性）。

大数据技术最核心的价值就在对海量数据进行存储和分析；大数据技术的战略意义不在于掌握庞大的数据信息，而在于对这些含有意义的数据进行专业化处理。换而言之，如果把大数据比作一种产业，那么这种产业实现盈利的关键就在于提高对数据的“加工能力”，通过“加工”实现数据的“增值”。

大数据应用可以概括为两个方向，第一个是精准化定制，第二个是预测。比如通过搜索引擎搜索同样的内容，每个人得到的结果却是大不相同的。再比如精准营销、百度的推广、淘宝、拼多多的喜欢推荐，或者你到了一个地方，自动给你推荐周边的消费设施等。

三、会计数据的概念

会计数据是收集、记录会计业务中所有事物实体的属性和属性值。例如，会计凭证、会计账簿、会计报表等都是会计业务中的实体，它们的属性和属性值都是会计数据。也可以说，会计数据是在会计事项处理中，以“单、证、账、表”等形式表现的各种未曾加工的数字、字母与特殊符号的集合。

一般而言，数据是指对客观事物或基本事实进行观察时，采用适当形式记录下来的可资鉴别的各种符号。它不仅包括以数量形式表现的定量的属性值（数值数据），而且包括以文字形式表现的定性的属性值（非数值数据）。在会计数据处理中，会计数据主要包括伴随生产经营活动或计划（预算）执行过程产生而引起资金增减变动的原始数据，也包括并不引起资金增减变动但需要在会计核算中记录和反映的客观事实。

会计数据不仅仅受财政政策、货币政策、产业政策、对外贸易政策等宏观经济因素的影响，同时还受到公司公布的财务信息、投资者对市场的预期以及市场监管等市场内部因素的影响。在这些因素中，广大投资者直接和频繁使用的会计数据是公司对外公布的财务信息。

四、会计数据的特点和处理流程

（一）会计数据的特点

会计数据来源广泛，种类繁多，具有系统性、周期性、连续性和多重利用性等特点。

（二）会计数据的处理流程

会计数据处理的一般流程包括会计数据收集或录入、会计数据处理、会计信息报告或输出和会计数据存储。

1.会计数据的收集、录入和存储

对于原始会计数据的确认、计量、标准化采集和储存，实际上已经进行了多年的探索，各企事业单位对业务进行分析，从中查找有规律可循的各类经济业务，并通过公式定义等方式存储于公式库文件之中，而对于少数不经常发生的、无规律可循的经济业务，则暂时采用人工方法加以填制。所以，国内不少电算化软件中都有了各自的模式凭证和自动转账凭证，国外软件也能自动生成各种凭证。例如SAPR/3，能够自动生成和校验各种记账凭证，能将每月必有的、可按一定规律形成的会计凭证全部实行自动生成。在国家标准《信息技术　会计核算软件数据接口》（GB/T19581-2004）中，已经对记账凭证的数据元素（数据项）进行了规范。所以，可以结合电子商务和ERP系统，在经济业务发生时，以网络实时数据采集方式，由各项业务的经办人员操作，根据财会软件在计算机屏幕上的提示和引导，把原始会计数据导入临时数据库。临时数据库中的会计数据，由会计人员确认后，计算机程序自动进行分类整理和格式转换、存入基于XML（eXtensible Markup Language）的数据仓库，会计人员通过网络进行实时控制管理，完成原始会计数据的标准化储存工作，用实时更新的数据仓库提供“原汁原味”的会计数据。

会计部门和各类信息使用者（管理、审计、投资、政府部门）可以依据各自的权限，方便地进入数据仓库的相应层次，运用各自预先准备好的专用软件，自动查阅采集所需的会计数据。

对临时数据库中经济业务的数据格式，在软件的初始化时，需要预先规定统一的标准，并且设置好“默认值”和“必须填写数据”等输入控制参数。对数据仓库的结构、元数据和多维数据模型，需要根据不同的行业进行设置。

原始会计数据的标准化采集和储存，将做到实时、准确、减少冗余，协调电子商务（例如用XML描述的电子单证）与会计信息系统的联系，提高相关部门的工作效率。

2.会计数据的标准化传递

在不同软件公司开发的软件之间，存在会计数据和信息的格式不兼容的现状，这就导致信息使用者，尤其是外部信息使用者无法自由地获取企业的会计信息。

从1995年开始，上海市会计学会会计电算化专业委员会和上海财会信息技术研究会针对中外财务软件着手，研究基于会计核算层面的数据接口规范。该研究一开始就得到上海市财政局会计处、上海市信息化办公室（现上海市信息委）的支持。1997年被批准作为正式科研课题开始研究，自1999年开始申请作为上海市地方标准开始研究。并于2001年年底通过专家鉴定，上海市质量技术监督局2002年2月10日发布，自2002年3月15日开始实施。全市已有会计软件公司的近百个产品、几千家企业符合了本标准的要求。

从2002年开始，上海市会计学会会计电算化专业委员会和上海财会信息技术研究会又参与到国家标准的研究工作中。自2003年开始，研究工作得到了审计署、财政部领导的支持。经过1年多的努力，2004年9月20日经国家质检总局和国家标准委批准国家标准发布，于2004年11月4日在京公布，并于2005年1月1日起在全国范围内实施。国家标准《信息技术 会计核算软件数据接口》（GB/T19581-2004）解决了不同软件的数据格式不兼容问题，较好地解决了不同软件之间会计数据和信息的传递问题。

例如：在中日合资“摄阳国际贸易有限公司”等一些单位，按照上海市标准数据接口项目组制定的数据接口标准，已经成功地使“立成软件”的数据得到转换；法国“索迪斯餐饮服务有限公司”通过“万能财务软件公司”应用由上海市标准数据接口项目组制定的标准数据接口，将国外软件数据转换成功；由德国“SAP软件公司”与“海天软件公司”共同合作，也已经将上海“麦德龙大型超市”的日常数据转换成功。这证明了不同软件公司之间的数据可以通过应用“标准数据接口”来实现数据转换和共享；中外软件数据的交流，也可以通过“标准数据接口”来实现。所以，各行各业已经积累在各单位计算机中的大量历史的会计数据和信息，都可以在《信息技术 会计核算软件数据接口》的指导下，通过相应的接口软件，进行导出和导入，以便按照各级权限，对会计数据和信息进行社会化共享和充分加工利用。

3.会计信息报告或输出

经济的发展对会计信息发布的要求越来越高，传统的报表已经不能满足需要。国内正在研究和借鉴国外资料，研究我国的会计信息发布方法，形成标准化格式。

其中，XBRL（eXtensible Business Reporting Language）是为了企业财务报告而发展起来的标记语言，是应用于财务信息、报表与分析资料等的网络传输格式标准。XBRL为财务机构准备、公布各种格式的财务报表、可靠地抽取和自动交换公开发行公司的财务报表及其他信息提供了标准化方法。

XBRL已经由XBRL国际指导委员会倡导并推动其发展，国际上许多证券交易所、会计师事务所和金融服务与信息供应商等机构已经采用或准备采用该项标准和技术。

在中国会计学会主办的（2004年、2005年、2006年）全国会计信息化年会上，对于XBRL的理论和实践都有相关的研讨。上海证券交易所和深圳证券交易所也开始了XBRL技术的研究和试验。上海证券交易所于2005年5月正式获准成为XBRL国际组织的会员。在会计信息化的进程中，必将建立中国的XBRL标准，从而做到会计信息的标准化发布。

五、会计数据的分类

会计数据分类是按照一定标准，对会计数据的归类。在会计数据处理中，作为加工处理的对象——会计数据，大都是以会计文件的形式来组织和存储的。为了合理地组织输入数据，提高输入效率，必须从系统的角度对会计数据进行科学的分类。会计数据一般可按下列标准进行分类：

（1）会计数据按其形成地点的不同，可分为内部数据和外部数据。

（2）会计数据按其格式化程度的不同，可分为格式化数据和非格式化数据。

（3）会计数据按其使用范围的不同，可分为公用数据和专用数据。

（4）会计数据按其取得情况和时间的不同，可分为业务数据、定额咨询数据和规定性数据（计划数据）。

（5）会计数据按其加工处理流程（确认、计量、输入、存储、处理、传递、反馈、输出、发布）的不同，可以分为三类：原始会计数据、中间会计数据和会计信息、发布的会计信息。

（6）会计数据按其稳定程度的不同，可分为可变数据、相对固定数据和固定数据。

在信息化环境下，会计数据按其稳定性分类是最基本、最重要的分类。可变数据是指那些经常可能变动的数据。例如：商品购销数量、账面余额、制成品的数目、生产记录中的产量和工时、职工病事假日数等。这类数据的特点是时间性强、不断变更，只具有一次性的使用价值。相对固定数据是指在一定时期内不改变自身含义的数据，其值基本固定不变。例如：价格、消耗定额、工资标准等数据。固定数据是指在很长时期内不改变自身含义的数据，其值固定不变。例如：会计科目名称，企业名称，产品、零件、文件的名称，货号、货名，职工姓名等。通常在规定的时期（如一年或一个月）内，也可以将相对固定数据看成固定数据（例如：某产品价格在一年、两年内是固定不变的）。在这种情况下，固定数据既包括很长时间内固定不变的数据，也包括在一定时期内固定不变的数据，其特征是具有相对的稳定性，在规定时期内可在企业管理业务中被多次重复使用，而不发生根本性的变化。这类数据约占整个管理系统中周转的总数据量的75%。对固定数据实行集中管理，可克服数据的重复现象，简化数据更改的程序。

第三节 会计数据综合利用

在市场经济条件下，企业之间的竞争很大程度上靠的是企业管理的科学化、现代化，而企业管理的科学化、现代化的基础则是建立并有效地利用企业管理信息系统。在企业管理信息系统中，会计信息系统处于中枢地位，有关统计资料显示，在企业所有管理信息中，会计信息占总信息量的70%以上，因此，及时、合理、有效地开发和综合利用企业会计信息，是企业进行分析、预测、决策管理，提高企业市场竞争力的基础。

一、获取会计数据的方法

获取会计数据是用户进行会计数据综合利用的前提。在手工方式下，由于会计数据存放于纸介质中，用户只能通过手工摘录、抄写和复制的手段进行数据采集；到了信息化阶段，会计数据的处理方式、存储方式和输出方式都发生了根本性的变化，用户可以根据企业管理、预测、分析、决策等各种需要，及时、准确地提供丰富的数据和运算结果。

1.会计数据源的分类

根据会计数据存放介质和范围的不同，可以分为：

（1）手工环境下的数据源。

对于还没有实现会计信息化或者正处于信息化初级阶段的单位而言，绝大多数会计数据依然存储于纸介质中，仍然需要通过人工从纸质的账簿中获取相关的数据。

（2）单机环境下的数据源。

利用单机进行会计核算的企业，其数据大部分都存放于本地计算机中，数据没有实现共享，只能借助于磁性介质进行传递。

（3）局域网环境下的数据源。

在局域网环境下，会计核算工作是在若干工作站和网络服务器构成的网络中进行的，会计数据保存在本地的网络服务器中，单位内部可以实现数据的共享。

（4）广域网环境下的数据源。

在广域网环境下，不仅能提供集团公司内部的会计数据，而且能提供丰富的外部信息。很多会计软件已经推出了具有WEB功能的远程查询系统，从而可以访问不同地区的各种数据源。

（5）辅助数据源。

要实现会计数据的综合利用，除了会计核算的数据外，还需要其他一些辅助信息，如市场信息、金融信息、宏观政策信息等，这些需要从其他的管理系统中获取。

2.从会计数据源中获取信息的途径

（1）利用中间数据获取。

所谓中间数据，是指从会计软件中获取的、以某种格式存在的、用于为其他系统提供数据的文件。由于文本格式的文件易于数据导出，也有利于数据导入，因此常作为中间数据的存储格式。这种方法往往用于对财务软件中查询数据的转出。

（2）SQL查询。

对于在局域网环境下的会计数据，可以使用数据管理系统提供的“查询分析器”等工具，利用SQL结构化查询语句，按照用户的需求，直接从数据库获取所需的数据。相对于第一种方式，这种方式具有更大的灵活性，用户可以自己构造所需要的查询视图。但是，这种方法也需要用户熟悉财务软件的数据存储结构，并且需要掌握基本的SQL语句。

（3）数据挖掘。

数据挖掘是一种新的商业信息处理技术，其主要特点是对商业数据库中的大量业务数据进行抽取、转换、分析和其他模型化处理，从中提取辅助商业决策的关键性数据。简而言之，数据挖掘其实是一类深层次的数据分析方法。数据分析本身已经有很多年的历史，但由于早期计算能力的限制，对大量数据进行分析的复杂数据分析方法受到很大限制。现在，由于各行业信息化的实现，商业领域产生了大量的业务数据，这些数据不再是为了分析的目的而收集的；分析这些数据也不再是单纯为了研究的需要，更主要是为商业决策提供真正有价值的信息，进而获得利润。

二、实现会计数据综合利用的途径

1.利用会计软件自身提供的会计管理功能实现会计数据的综合利用

目前很多商品化会计软件在满足财务核算基本需要的同时，都增加了许多管理操作功能和管理操作模块。例如：“嵌入”在各核算模块中的综合查询操作、汇总计算操作、数据次序重排操作、数据分类操作等，通过对这些具有管理功能的操作结果进行分析，为企业的某些管理决策提供依据。如在一般会计软件中，除了可以正常查询标准账簿、凭证外，还可以进行组合查询，用户只需要选择和输入一系列的组合查询条件，即可通过计算机获取满足条件的综合结果。

又如：“挂接”在会计软件中的各种计划控制模块、分析预测模块、决策支持模块等，这些操作功能和操作模块实现了财会软件从事后核算到对过程控制的转变，体现了会计信息化条件下财务与管理的一体化。

2.利用会计软件预留的开放接口来自行设计和综合利用会计数据

这种利用途径的常见例子有：利用会计报表软件提供的“自定义报表格式”功能或利用电子表软件Excel来设计供企业管理需要的某种会计报表，并通过报表取数函数从其他会计数据库或数据表中综合提取会计管理数据，然后再对表中数据进行各种管理分析。其操作的步骤大致如下：

（1）建立工作表。调用会计报表软件中的“自定义报表格式”功能设计并生成工作表，或直接从Excel工作窗中建立工作表。

（2）生成表中数据。利用取数函数或直接从其他会计数据库或数据表中综合提取表中的会计管理数据。

（3）进行数据分析。对表内或表间的数据进行分析，即运用表内数据按一定公式进行计算，以产生各种分析决策所需数据。

案例

建立存货查找模型

（4）进行图形分析。可以选择的图形分析工具有：直方图、圆饼图、折线图、面积图等。通过这些图形分析工具，可以很容易地发现数据之间的变化规律。如对同一时期业务不同方面的数据进行图形分析，可以全面地考察企业在这一时期内的经营情况。

第二章
会计信息

第一节　信息与信息资源

一、信息的含义

物质、能量、信息是构成客观世界的基本要素。当今世界信息无处不在，然而由于研究目的和角度不同，对信息的理解和解释也不尽相同。

信息论创始人申农（C. E. Shannon）（1916—2001）在1948年发表的《通信的数学理论》中指出：一个系统所接收的信息“是能够用来消除不确定性的东西”。信息是通信的内容。通信的直接目的就是要消除接收端（信宿）对于发出端（信源）可能发出的那些信息的不确定性。例如“天气预报”使人们减少了对次日天气状况的不确定性，即获得了信息。

控制论的创始人维纳在1984年发表的《控制论：或关于在动物和机器中控制和通信的科学》中提出：“信息既不是物质，也不是能量，信息就是信息。”维纳把信息看作人与外部世界交流的中介。没有这种中介，人将同外部世界隔绝，就无法认识世界。维纳又说，信息是“生物以及具有自动控制系统的机械系统，通过感觉器官与外界交换的一切内容”。例如，自动门在获得了某种信号后自动关闭（或开启）。

从哲学的高度看，信息是事物本质、特征、运动规律的反映。不同的事物有不同的本质、特征、运动规律，人们就是通过事物发出的信息来认识事物、区别于其他事物的。

（一）信息的定义

在信息技术应用领域，一般认为：信息是经过加工、具有一定含义的、对决策有价值的数据。由此也可看出，信息的表达是以数据为基础的。

例如，“36%”是一项数据，但这一数据除了数字上的意义外，并不表示任何内容，而“张三得到36%的选票”对接收者是有意义的，接收者知道“36%”是表示客观实体张三的得票率这一属性值的。

因此，“张三得到36%的选票”不仅仅有数据，更重要的是给数据以解释，从而使接收者得到了客观实体张三的得票率信息。若再加一条信息“得票率大于30%即可当选委员”，综合以上两条信息之后可以得出一条抽象程度更高的信息“张三可当选委员”。

由此可见，数据和信息是密不可分的，而信息之间的联系又可以得到抽象层次更高的信息。

从中可以看出，如果将数据看作原料，那么信息就是通过信息系统加工数据得到的产品，而且在信息系统的帮助下，还可利用信息技术对信息进行进一步的加工处理，得到不同抽象层次的信息来辅助完成不同层次的决策。同时，在信息系统中以数据的形式来描述信息的各个属性，通过一些标准化的编码方式，大大方便了信息的交流。

（二）信息与数据的关系

信息与数据既有联系，又有区别。数据是信息的表现形式和载体，可以是符号、文字、数字、语音、图像、视频等。而信息是数据的内涵，信息是加载于数据之上的，对数据作具有含义的解释。数据和信息是不可分离的，信息依赖数据来表达，数据则生动、具体地表达出信息。数据是符号，是物理性的，信息是对数据进行加工处理之后所得到的，并对决策产生影响的数据，是逻辑性和观念性的；数据是信息的表现形式，信息是数据有意义的表示。数据是信息的表达、载体，信息是数据的内涵，是形与质的关系。数据本身没有意义，数据只有对实体行为产生影响时才成为信息。

（三）知识

从信息技术应用的角度来看，知识是以各种方式将一个或多个信息关联在一起的信息结构，是对客观世界规律性的总结。它是对同类信息的积累，是有助于实现某种特定目的而抽象化和一般化了的信息。

因此，信息是知识的原料，而知识是对信息的更高一级的抽象，这种抽象可以在信息系统环境中通过寻找各信息之间的联系完成。由此也可以看出，知识的产生需要自由地获取信息。

二、信息的特征

在信息化社会，信息是组织或企业的重要资源，它通常具有如下特征：

1.可共享性

一般的物质、能量资源为所有者拥有，在交换（使用）过程中实现了所有权的转换，转让方失去，受让方获得。而信息却具有可共享性。信息在传递、交换的过程中，受让（接受）方获得信息，而转让（发送）方并没有失去信息。一方面，同一内容的信息可以在同一时间被多人使用；另一方面，同一内容的信息可以被使用多次，信息不会因为被使用而贬值或废弃，可通过传递和扩散方式达到共享。

2.可传递性

信息是事物本质、特征和运动规律的反映，物质存在方式的直接或间接显示，它依附于一定的信道（媒介或载体）进行呈现、传递和扩散，为信宿（人或仪器设备）所感知和接受。这种传递包括信息在时间上的传递和在空间上的传递。在时间上的传递就是存储，在空间上的传递就是通信和交流。信息是内容，信息的媒体是形式。

信息技术极大地扩展了信息的扩散范围，提高了信息的传递速度，使得信息可以很容易跨越地理界限，摆脱厂房、机器等有形要素，在全球网络上以数字化的形式迅速传播。

3.可编码性

可编码性即信息可以用有标准意义的符号（如数字、字母、颜色等）表示。信息社会中会有更多的信息以数字形式表示，信息的生成、处理、存储、传输都是数字化的，因此信息易于识别和接收、转换、传递、存储，从而易于处理。特别是多媒体技术出现以后，计算机已经能够利用二进制数字表达相当多的信息形式。

4.效益性

效益性即信息是具有价值和成本的企业资源。信息的价值表现在：一方面，信息的利用会给企业带来价值；另一方面，信息的使用将会增加企业其他资源的价值。

在信息社会，信息的这种增值能力将表现得更为突出。但是信息的使用价值的发挥含有一定的主观成分，它与利用次数、时间、使用者的能力有关。

5.与信息使用价值有关的特性

与信息使用价值有关的特性包括使用效率、时效性、准确性和相关性等。信息的使用效率是指对同一内容信息的利用次数。信息的时效性指随时间的变化信息的使用价值将发生变化。信息的准确性是指信息只有准确地反映客观事实才能体现出信息的价值。信息的相关性是指信息有助于决策的程度。

6.可增值性

信息不但对企业其他资源有增值作用，而且信息本身也可增值，当大量零散、片面、互不关联的信息经过信息系统过滤处理成为相关信息的有序集合时，信息本身就会发生增值。这也是信息咨询业得以蓬勃发展的原因之一。此外，一种信息在生产和传播的过程中，有不断丰富的可能性，因而可以不断增值。

7.可集成性

可集成性即不同的信息之间可以进行广泛的联系和系统的综合，并由此得出全新信息关系和内容。具体表现在：同样一条信息与不同的信息进行联系，可以得到不同的解释，而这条信息本身并没有发生变化；一条信息可以建立起多种信息联系，从而产生多种用途；信息的综合并不是对信息的简单堆砌，而是通过人与信息系统协同工作，使得不同实体的各方面信息有机地结合在一起，创造出新的信息。

8.层次性

此特性是与企业决策的层次联系在一起的。对于信息社会的企业来说，不论是哪个企业单元（如工作小组或某个员工），利用信息进行决策一般都可以有三个层次：战略层决策、战术层决策和事务层决策。不同层次的决策对信息的来源、抽象程度、信息的数量等特性的要求不同。

三、信息资源

（一）信息资源的定义

信息资源是指人类社会信息活动中积累起来的以信息为核心的各类信息活动要素（信息技术、设备、设施、信息生产者等）的集合。

控制论的创始人维纳认为：信息就是信息，不是物质也不是能量。也就是说，信息与物质、能量是有区别的。同时，信息与物质、能量之间也存在着密切的关系。物质、能量、信息是构成现实世界的三大要素。

只要事物之间的相互联系和相互作用存在，就有信息发生。人类社会的一切活动都离不开信息，信息早就存在于客观世界，只不过人们首先认识了物质，然后认识了能量，最后才认识了信息。

信息具有使用价值，能够满足人们的特殊需要，可以用来为社会服务。但是，认识到信息是一种独立的资源还是20世纪80年代以后的事情。

美国哈佛大学的研究小组给出了著名的资源三角形。他们指出：没有物质，什么都不存在；没有能量，什么都不会发生；没有信息，任何事物都没有意义。

作为资源，物质为人们提供了各种各样的材料，能量提供各种各样的动力，信息提供各种各样的知识。

（二）信息资源的构成要素

信息是普遍存在的，但并非所有的信息都是资源。只有满足一定条件的信息才能构成资源。对于信息资源，有狭义和广义之分：

狭义的信息资源，指的是信息本身或信息内容，即经过加工处理，对决策有用的数据。开发利用信息资源的目的就是充分发挥信息的效用，实现信息的价值。

广义的信息资源，指的是信息活动中各种要素的总称。“要素”包括信息、信息技术以及相应的设备、资金和人等。

狭义的观点突出了信息是信息资源的核心要素，但忽略了“系统”。事实上，如果只有核心要素，而没有“支持”部分（技术、设备等），就不能进行有机的配置，不能发挥信息作为资源的最大效用。

归纳起来，可以认为，信息资源由信息生产者、信息、信息技术三大要素组成。

（1）信息生产者是为了某种目的的生产信息的劳动者，包括原始信息生产者、信息加工者或信息再生产者。

（2）信息既是信息生产的原料，也是产品。它是信息生产者的劳动成果，对社会各种活动直接产生效用，是信息资源的目标要素。

（3）信息技术是能够延长或扩展人的信息能力的各种技术的总称，是对声音、图像、文字等数据和各种传感信号的信息进行收集、加工、存储、传递和利用的技术。信息技术作为生产工具，对信息收集、加工、存储和传递提供支持与保障。

（三）信息资源的主要特点

信息资源与自然资源、物质资源相比，具有以下几个特点：

（1）能够重复使用，其价值在使用中得到体现。

（2）信息资源的利用具有很强的目标导向，不同的信息在不同的用户中体现不同的价值。

（3）具有整合性，人们对其检索和利用，不受时间、空间、语言、地域和行业的制约。

（4）它是社会财富，任何人无权全部或永久买下信息的使用权；它是商品，可以被销售、贸易和交换。

（5）具有流动性，信息资源是一种动态资源，呈现不断丰富、不断增长的趋势。

第二节　会计信息与会计信息处理

一、会计信息

（一）会计信息的定义

会计信息是指在会计管理和会计决策分析工作中需要的各项会计数据，包括资产、负债信息、生产费用和成本信息以及有关利润实现和分配的信息等，它们都是对会计数据进一步加工处理后得到的对会计管理和决策分析有价值的信息。

会计处理过程就是按照一定的方法、规则和程序，收集会计信息，并对其进行记录、分类、汇总等加工处理，从而产生所需的、有序的会计信息的一系列过程。

（二）会计信息的特点

会计信息除了具备一般信息的特点外，还具其自身的特点：

1.信息来源广、处理量大

据统计，企业70%～80%的数据与会计信息处理有直接或间接的联系。企业的供、产、销、人、财、物等各个方面的活动无不在财会部门有所反映，财会部门作为企业财务收支的关口，任何可以用货币加以计量的经济活动都会产生会计信息而反映到财会部门。

2.关系复杂

会计信息主要包括资产、负债、所有者权益、成本、损益等几大部分。这些信息既有各自独立的经济意义，又有相互依存、互相制约的关系。如资产、负债与所有者权益之间的平衡关系，成本与损益的消长关系，总括信息与明细信息的统驭与核对关系等。

3.综合性强

会计信息主要以货币形式综合反映经营活动，涉及供、产、销每个环节，而其他管理信息则只反映企业生产经营活动的某一个侧面（如生产管理信息、人事管理信息等）。会计信息可以将劳动量信息、实物量信息、无形量信息等转化为货币量信息加以综合计量。

4.规范性要求严格

会计信息处理具有一整套系统、完整的程序和方法，必须遵循“企业会计准则”和“企业会计制度”的规定。会计科目、编码、凭证、账簿、报表等都必须符合有关规范。

5.周期性重复、及时性要求高

会计信息必须满足按会计期间提供的要求。每个会计期间，会计信息都要经过由凭证到报表的一个循环处理过程，最后输出处理结果，并恰当地处理前后会计期间数据的衔接和结转。这种结算、结转必须适时进行。为了实现对经济活动的有效控制和监督，会计信息应及时反映经济活动的状况和存在的问题。例如，应及时将资金运动、成本耗费等会计信息反馈给管理部门。

6.准确性要求高

会计信息必须真实、准确地反映客观情况，核算以元为单位，精确到角、分。每笔会计事项必须以真实合法的原始凭证为依据。

7.可追溯性及可验证性强

会计信息处理需经过多道环节，要环环紧扣，层层复核，保证每个环节的处理结果都具有可查核性，并可追溯其来龙去脉，提供清晰的审计线索。信息化后该特点被弱化，原因是不存储中间处理结果（包括账簿），另外，对磁盘数据的修改和删除可以不留痕迹，这些都会使可追溯性及可验证性相对弱化。

8.会计信息输出层次多

会计信息输出的层次性是由会计信息使用者的层次性决定的。会计信息的使用者有企业外部的，也有企业内部的；有企业高层管理人员，也有一般管理人员。不同的信息使用者使用会计信息的目的、要求不同，决定了会计信息系统的输出信息也需具有一定的层次性。

二、会计循环与会计信息处理过程

（一）会计循环

会计循环是指会计工作的连续处理程序。在一个单位，从发生经济业务起，到编制会计报表止，要经过多道会计处理程序。这些会计处理程序在每个会计期间不断重复出现和运行，故称会计循环。

会计组织中的会计人员，日复一日地对多种经济业务的原始资料（即数据）进行采集、分类、计算、记录、分析、检查、编表等处理工作，这些工作产生的结果，就是为企业管理和决策提供有用的会计信息。

（二）会计循环要素

财务会计是会计学的核心，财务会计是以企业会计准则为规范、以向企业外部各相关人员提供通用财务报表为主要目标的信息系统。财务会计建立在一系列的会计假设、会计原则和会计准则基础之上，财务会计整个结构的基础是会计基本假设，会计人员对企业发生的经济业务进行记录的依据是会计基本原则，而会计人员在处理具体的经济业务的所遵循的是会计准则。财务会计所提供的通用财务报表主要是表述企业在某一特定日期（通常是指每一会计分期的期末）的财务状况的资产负债表和表述企业在这一会计期间的经营成果的利润表。资产负债表是根据会计恒等式原理进行编制的，构成资产负债表的基本要素有资产、负债和所有者权益；构成利润表的基本要素有收益和费用。财务会计通过财务报表将企业情况向有关各方进行会计反映。会计反映是以复式记账为基础，经过一系列账务处理和报表编制的具体程序，达到向企业以外有关各方提供企业财务信息的目的。

财务会计以核算为核心，其账务处理与报表编制的程序如图2-1所示。

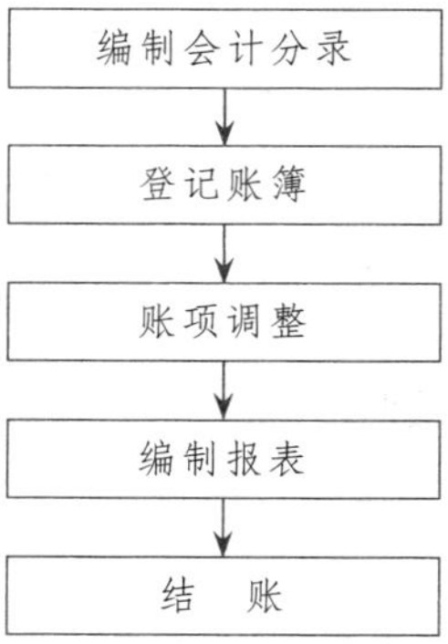

图2-1　账务处理与报表编制程序

编制会计分录是根据经济业务发生时的原始凭证对经济业务进行分析，确定应记入借方和贷方的账户及金额，编制记账凭证或登记普通日记账。

登记账簿是根据记账凭证或普通日记账中的会计分录，将应记入借方和贷方的金额分别转入总分类账和明细分类账中的相应账户。

账项调整是以权责发生制为基础，调整一些账户中的有关记录，以处理在会计期末需要递延、摊销或预计的收入和费用项目。

编制报表是根据调整后的账户余额，编制有关财务报表。

结账是会计期末为确定和分析本期净利润而开设的各类收入和费用等损益类账户，并将本期净利润转入权益类账户。

财务会计信息系统包含了若干子系统，它是由各个具体的核算子系统组成。其中，主要为货币资金核算、往来账款核算、固定资产核算、工资核算、存货核算、长期和短期负债核算、税金核算、利润及利润分配核算、所有者权益核算及单独报表和合并报表的编制等。

（三）会计信息处理流程

会计信息处理流程是以会计信息处理过程为中心，由输入会计数据、存储会计数据和信息以及输出会计信息构成，它是一种有序的结构。

输入会计数据，即会计数据的收集。原始数据的收集工作很重要，因为会计信息的质量在很大程度上取决于原始数据的真实性、完整性和合法性。在收集中，要注意对数据进行校对和审核。

会计信息变换过程，包括对会计数据进行分类、计算、比较、合并、选择等处理工作。分类是对数据按不同类型进行有规则的排列。计算是对数据进行运算，同类别数据要进行比较、合并和选择。数据累积到一定时期才产生会计信息，故要把会计信息和数据保存起来，这就是会计信息的存储。

输出会计信息，是指对经过加工的会计信息，按其需要，向各个部门传送。传送过程直接影响信息的作用。例如，各种会计报表传送到各个主管部门，会计报表上的有些信息可以为下次决策提供依据。

（四）会计信息处理

1.会计信息的流动

因为会计是一个信息系统，会计信息的处理是以会计信息变换为中心的，会计信息的变换过程主要体现为信息在会计信息系统中的流动过程，在这个过程中会计的各项活动都体现了对信息的某种作用：

（1）取得原始凭证是信息的获取。

（2）原始凭证的审核，是对信息特征的提取和初步确认。

（3）设置账户是为了取得某种信息，预先设置好塑造该种信息的模型或框架。

（4）填制记账凭证是收集信息。

（5）复式记账是信息的分类。

（6）审核记账凭证是初步确认信息。

（7）登记账簿是确认凭证信息。

（8）成本计算是通过各种分类的方法，把有关成本的信息从发生的总费用中提炼出来。

（9）财产清查是确认账面信息。

（10）编制报表是汇总信息。

（11）经济活动分析是会计信息的反馈。

（12）财务检查与核对是通过会计内部信息反馈对企业经济活动过程进行调节和控制。

（13）会计的预测、决策和管理，是对会计信息的进一步使用。

2.会计信息的处理过程

会计活动的这些特征及内在联系，构成了一个有序的数据处理过程。依据国家有关的财经政策，需审查会计信息的合理、合法性。由此组成若干个部分，互相配合，服从于一个统一的目标，形成一个有机的整体，这个有机整本就是会计信息系统。它实质上是一个与外界进行会计信息交流的开放系统。它的输入来自各部门、职工和企业外部实体等送来的各种会计原始凭证，经过各种会计处理，最后输出会计信息。而要长期保存的凭证、账册、报表存储在数据库中，因此会计信息处理的过程如图2-2所示。

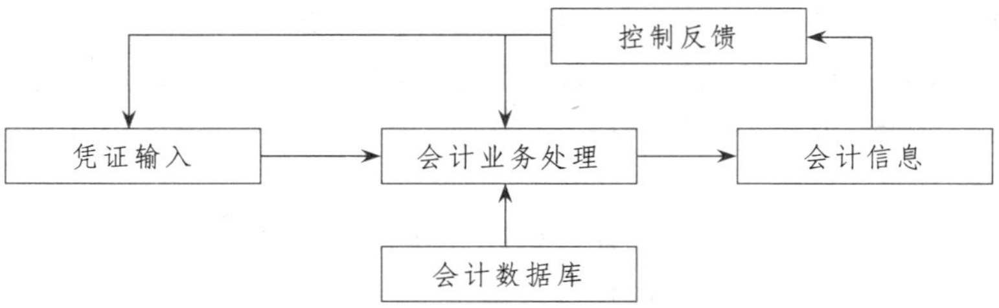

图2-2 会计信息处理过程

第三章
信息系统

第一节 系 统

一、系统的概念

尽管“系统”一词频繁地出现在社会生活和学术领域中，但不同的人在不同的场合往往赋予它不同的含义。一般我们采用如下的定义：系统（system）是由一些相互联系、相互制约的若干组成部分结合而成的、具有特定功能的一个有机整体（集合）。系统论创始人贝塔朗菲（Ludwig von Bertalanffy）强调，任何系统都是一个有机的整体，它不是各个部分的机械组合或简单相加，系统的整体功能是各要素在孤立状态下所不具备的。

系统的三个特性：一是多元性，系统是多样性的统一、差异性的统一；二是相关性，系统不存在孤立元素组分，所有元素或组分间相互依存、相互作用、相互制约；三是整体性，系统是所有元素构成的复合统一整体。

系统在实际应用中总是以特定系统出现的，如消化系统、生物系统、教育系统等。我们对某一具体对象的研究，既离不开对其物理性进行描述，也离不开对其系统性进行描述。我们可以从四个方面理解系统的概念。

1.要素

系统是由若干要素（部分）组成的。这些要素可能是一些个体、元件、零件，也可能其本身就是一个系统（或称为子系统）。如计算机的硬件系统是由运算器、控制器、存储器、输入/输出设备组成的，而硬件系统又是计算机系统的一个子系统。

2.系统

不存在孤立元素组分，所有元素或组分间相互依存、相互作用、相互制约。要素要具备特定的关系，形成一定的结构（相互关联）。这种关联在一定时期内处于相对稳定状态，但随着系统目标的调整或环境的变化，组成要素及其关联也会发生变更。

3.功能

一定的结构使得系统具备特定功能。系统要有一定的功能，或者说系统要有一定的目的性。任何系统都有其要达到的目的和应完成的任务或功能，即为某一目标服务。系统的目的决定着系统的功能和各要素的组成与结构，为达到既定的目标，各部分（各自也有分目标）才能有机地组合在一起形成一个整体。例如，信息系统的功能是进行信息的收集、传递、存储、加工、维护和使用，辅助决策者进行决策，帮助企业实现目标。

4.环境

系统总是处在一定的环境背景中，与环境保持着某种程度的质量、能量、信息的交换。系统要存在、要发挥其作用、实现其目标，就一定要适应所处的环境。当环境发生变化时，系统就要及时做出调整，以适应环境，否则系统就没有生命力，自然系统如此，信息系统亦如此。但是，要素、结构和功能这三个方面是讨论的系统本身，环境不是，一切系统都是存在于环境之中的。

由该定义可以得出系统的一些重要属性：

（1）系统具有目标，任何系统的产生和发展都具有极强的目的性，目的是一个系统的主导，它决定系统要素的组成和结构；

（2）系统具有特定的功能，系统通过这些功能来实现其目的，系统的功能决定了系统的目的能否实现以及实现的效果；

（3）系统具有一定的结构，它由若干部分及其相互关系构成，其中输入、处理、输出、反馈和控制是一般系统都具有的基本要素；

（4）系统具有边界，并以此将该系统与其他的系统及系统外部相区别；

（5）系统是一个相对的概念，其内部还有子系统，而它又是所从属的更大的系统的子系统，子系统与系统一样具有各自的目标、边界、组成部分等。

系统处于特定的环境之下，根据系统与环境的关系可将系统划分为封闭系统和开放系统。封闭系统没有与环境之间的物质、能量和信息交换关系，因此不受环境的影响；开放系统是与环境进行物质、能量和信息交换，并在交换中不断地自调节、自适应的系统。一般来说，企业是一个开放系统，它必须主动适应环境变化，才能在越来越激烈的市场竞争中生存下来。

二、系统的层次性

层次性是系统的一种基本特征。系统的层次性指的是由于组成系统的种种差异，使系统组织在地位、作用、结构和功能上表现出等级秩序性，形成具有质的差异的系统等级。

系统是由要素组成的，我们可以从两个方面理解。一方面，一个系统是它上一级系统的子系统或称为要素，而上一级系统有可能是更上一级系统的要素；另一方面，此系统的要素又是由下一层的要素组成的，低一层的要素又是由更低一层的要素组成的，最下层的子系统由组成系统的基本单位的各个部分构成。因此，一个大的系统往往很复杂，常常可以分解成一系列小的系统。这些小系统是大系统的子系统，也就是说，这些子系统有机地组成了大系统，这种分解实质上是系统目标的分解，也是系统任务与功能的分解。

系统的层次性与系统分解如图3-1所示。

在作系统分析的时候，必须注意系统的层次性。把握了这一点，可以减少认识事物的简单化和绝对化。既要注意把一个子系统看作上层系统中的一个要素，求得统一的步调，又要注意到它本身又包含着复杂的结构。在实践中，“黑箱”方法的原理是：在认识的某一个阶段，把认识对象看作一个封闭的箱子，我们只了解外界对它的输入、输出，而不深入其内部了解其具体结构。这种方法引导人们自觉、主动地控制

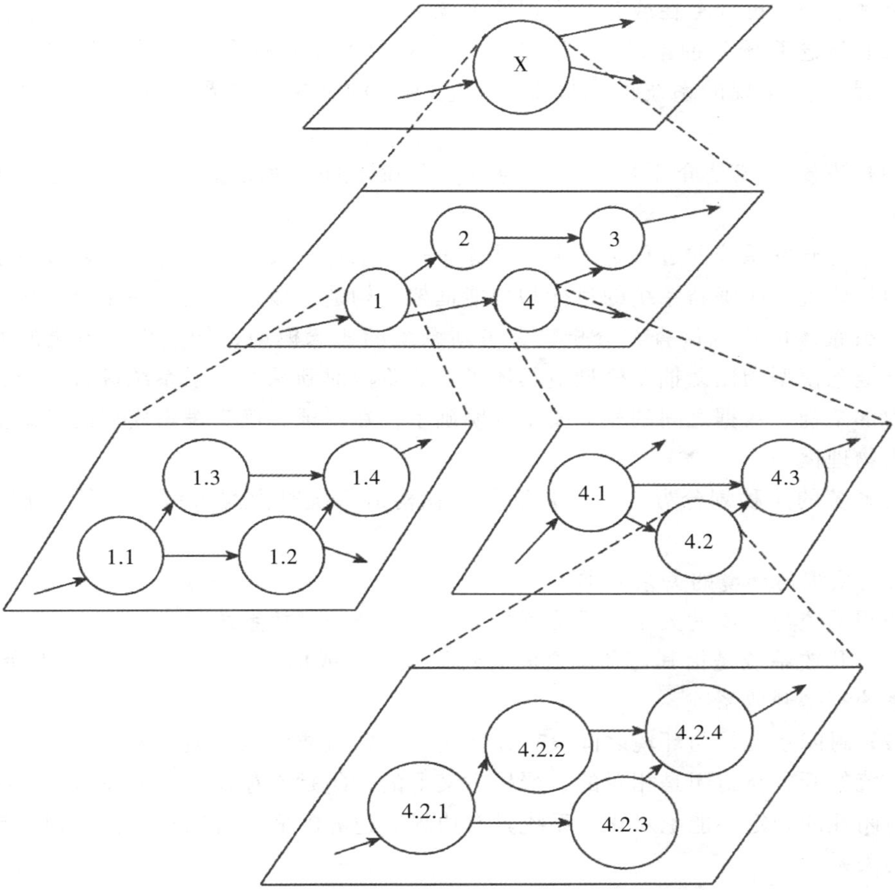

图3-1 系统的层次性与系统分解

讨论问题的层次和范围，在这一层次的问题弄清楚之后，再根据需要深入到狭义层次的细节，从而“黑箱”逐步地变为“灰箱”，最后变为“白箱”。

三、系统的分类

1.按系统的起源分类

按系统的起源的不同，系统可以分为自然系统和人工系统。

(1) 自然系统是进化形成的、不可还原的整体，如生命系统。

(2) 人工系统包括人工物理系统、人工抽象系统和人类活动系统三种系统。人工物理系统起源于人类的某个目的，是为某个目的设计出来的，如火车、火箭是人工物理系统；人工抽象系统是人类有序、有意识的系统，如数学、软件等，必须借助于人工物理系统作为载体才能为人们所把握；人类活动系统是有目的的人类活动的集合，如企业经营系统。

2.按系统的抽象程度分类

按照系统的抽象程度，系统可分为物理系统、概念系统、逻辑系统。

(1) 物理系统是具体的系统。它是确定的系统，其组成部分是完全确定的存在物。物理系统是已经存在或完全实现的系统。

(2) 概念系统是抽象的系统。它是人们根据系统目标和以往的知识构思出来的系统，是将要实现的系统的高度概括和艺术化的抽象、主要特征表述、大致轮廓描绘。

(3) 逻辑系统是介于物理系统与概念系统之间的系统，它描述系统是什么的问题。

研制与开发系统的过程是一个“具体——抽象——具体”的过程。通过对现行系统的初步调查，明确新系统的目标和功能框架，构造出概念系统；在系统分析阶段通过对现行系统的详细调查与分析，参考新系统的概念模型，构造出新系统的逻辑模型。与概念模型相比，抽象模型更具体了，此阶段对新系统的子系统进行划分，子系统的内部结构、数据之间的相互关系都明确了，在论证和确定逻辑模型的基础上设计开发出物理模型。

对系统的这种划分方法可以帮助我们在构造系统时由浅入深，阶段明确，步骤清楚。

3.按系统与环境的关系分类

按照系统与环境的关系，系统可分为封闭系统与开放系统。

(1) 开放系统是指其与环境之间有物质、能量或信息交换的系统，如生命系统、社会系统都是开放系统。

(2) 封闭系统是与环境之间没有任何物质、能量或信息交换的系统。

系统的开放与封闭是相对的，严格意义上的封闭是不存在的，因而对系统的开放性与封闭性的判定不能绝对化。系统具有边界。边界的概念可以帮助我们理解系统与环境的关系。

第二节 信息系统概述

一、信息系统的概念

信息系统（information system）是由计算机硬件、网络和通信设备、计算机软件、信息资源、信息用户和规章制度组成的以处理信息流为目的的人机一体化系统。信息系统首先是一个系统。

信息系统同样具有一般系统共有的那些属性，并赋予它们具体的内容，因此，可以将信息系统定义为：信息系统是以信息基础设施为基本运行环境，由人、信息技术设备、运行规程组成的，通过信息处理，辅助企业进行各项决策的系统。其中，人不仅是信息系统中的组成元素之一，而且是站在系统之外对信息系统进行管理，并利用信息系统提供的信息进行决策的信息系统使用者；信息技术设备按照一定的结构集成为机器系统后，提供了企业信息系统运行的物理环境；运行规程主要规定了信息系统本身的运作规则，并用来明确人与信息技术设备之间的关系，如对系统的控制和使用规则、安全性措施、对系统的访问权限等，特别是给予所有信息系统的使用者一些使用信息系统时应共同遵守的规则。

信息系统的目标是向信息系统的使用者（用户）提供决策有用的信息。同时，信息系统还具有以下属性：

（1）开放性。开放性是指信息系统与外界环境之间有着信息、物质或能量的交换关系，对外部环境变化具有一定的适应能力。

（2）系统的集成性及信息的集成性。企业信息系统由许多子系统组成，每个子系统完成各自特定的功能，但是服从于信息系统为信息使用者服务的总目标，因此信息系统是一个整体，具有系统集成性和信息集成性。

系统集成性有5个层次：硬件集成，软件集成，数据和信息集成，管理、技术和生产等功能集成，人和组织机构的集成。

（3）人-机协作系统。信息系统是一个人-机协作系统，即信息系统中人与机器必须相互密切协作、相互适当配合才能发挥各自的作用，忽视了任何一方，信息系统的目标就不能很好地实现。这是信息系统的重要特点之一，也是信息系统应用上的难点之一。

二、信息系统的基本功能

信息系统的5个基本功能为输入、存储、处理、输出和控制/反馈（如图3-2所示）。

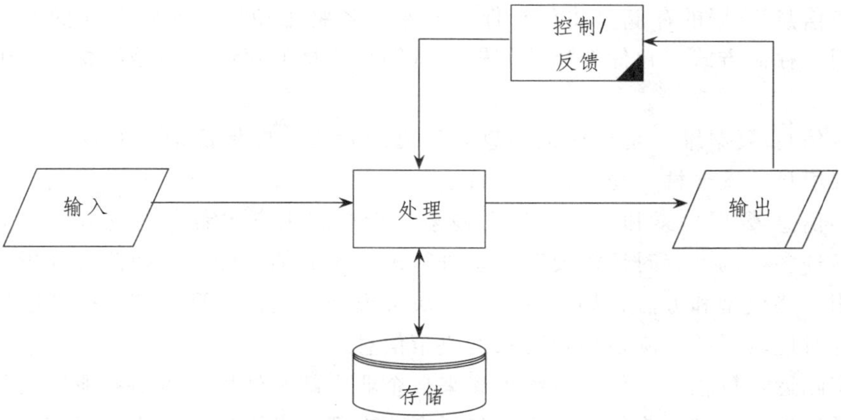

图3-2 信息系统基本功能

1.输入功能

输入功能是指系统接收原始数据并把其转化为系统能够存储的形式的能力。收集到的数据的完整性、准确性和及时性，以及用户界面的友好程度是衡量这一功能的指标。

2.存储功能

存储功能是指系统存储各种信息资料和数据的能力。无论是输入的数据还是处理的结果都需要存储在系统中。

3.处理功能

处理就是数据经过加工变成信息的过程，这一过程可能是循环迭代往复的过程。

4.输出功能

输入和输出是相对的，信息的输出是系统提供信息给信息的使用者。

5.控制/反馈功能

系统的输出也可以变成系统的输入，即系统反馈。系统反馈不仅是信息处理的需要，也可能对构成系统的各种信息处理设备进行控制和管理，对整个信息加工、处理、传输、输出等环节通过各种程序进行控制。

具体到财会领域，信息系统包括信息/数据采集、信息/数据转换和生成、信息/数据传输和交换、信息/数据存储、信息/数据维护、信息/数据检索和分析等专业功能。其中：

（1）信息/数据采集解决信息的识别、信息的收集以及如何将收集到的信息表达为信息系统可以处理的方式等问题。

（2）信息/数据转换和生成完成原始数据到可利用信息的转化，具体来说有分类、排序、计算、压缩、比较、汇总等基本处理活动。

（3）信息/数据的传输和交换完成两个问题：

一是如何准确、快速地传送信息，这涉及信息传输线路的传输速率和抗干扰能力；

二是如何确切地表达信息的意义，这涉及信息的编码和译码问题。

（4）信息/数据的存储是将信息保存起来以备将来使用，它强调存储的目的对决策的作用、存储方式、存储介质等问题，特别是信息的存储时间是信息系统中的重要问题。

（5）信息/数据维护是指保证信息处于可用状态，即保证信息的及时更新、适当分布以及信息的安全性、完整性和一致性。

（6）信息/数据检索和分析：信息检索是指按照用户的需求查找信息，由于用户需求是多种多样的，有时还需要对信息进行进一步的加工处理，即信息分析，它一般需要利用一些模型和方法，如预测模型、决策模型、模拟模型、知识推理模型等，从而得到针对性较强的、满足用户需求的决策信息。

在实际运行过程中，信息系统采集来自企业内部和外界环境中各项活动所产生的信息，通过信息处理，为信息用户（包括企业内部信息用户与企业外部信息用户）提供所需的信息，这一过程由信息管理人员进行控制、监督和协调。

要实现信息系统的基本功能，系统需要有如下4个基本要素。

（1）基础设施：由支持计算机信息系统运行的硬件、系统软件和网络组成。

（2）数据资源：包括各类结构化、半结构化和非结构化的数据信息，以及实现信息采集、存储、传输、存取和管理的各种资源管理系统，主要有数据库管理系统、目录服务系统、内容管理系统等。

（3）业务逻辑：各种系统功能、流程、规则、策略等。

（4）人机交互：通过人机交互等方式，体现系统是一个人工系统。

三、信息系统的构成

系统就是一组相互作用并为实现某种共同目标而运行的要素的集合。既然系统中的要素具有共同的目的，那就可以把这种共同的目的称为系统的目的，即指系统所追求的一种理想状态，而这种状态在任何时候都是只能相对实现而不能绝对实现的。为了使系统能够衡量它的绩效，它必须在前进的每一个阶段设置一些可以实现的目标。系统的目标必须服从于其目的，并应是在系统前进的一定阶段中的具体体现。

系统的要素就是系统中所包含的各个实体。由于它们在系统中的地位不同，因此将它们在系统中的功能加以分类。一个系统的所有要素可分为四类：输入要素、处理要素、输出要素和控制反馈要素。一个系统的输入可以是物质、能量、信息等形式的各种资源。这些资源是系统赖以自下而上实现其目的的必要条件。一个系统的输出同样也可以是各种形式的物质、能量、信息。同一个系统的输入与输出绝不会是完全相同的。一个系统的输入，来自其他系统的输出；同样地，一个系统的输出，常常又是其他系统的输入。在某些系统中，多种输入转变为一种输出；在另一些系统中，一种输入转变为多种输出；还有些系统，多种输入转变为多种输出。一个系统的处理要素就是具有将输入变成输出的转换功能的那些要素。系统中的控制反馈要素的功能就是随机监视着系统的输出，将它与在系统目的与目标基础上制定的标准进行比较，进而随时做出适当的判断和决策，对输入和处理要素进行必要的调整，从而保证使系统的输出在数量上和质量上都达到系统目的和目标的要求。图 3-3 为系统四个要素关系的模型。

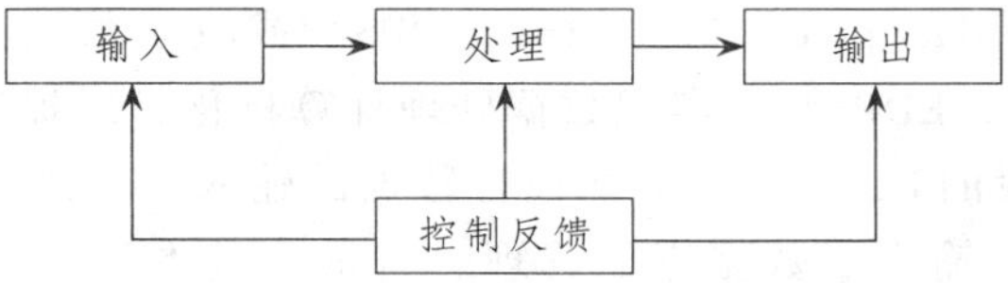

图 3-3　系统四要素之间的关系

信息系统是与信息加工、信息传递、信息存储以及信息利用等有关的系统。信息系统可以不涉及计算机等现代技术，甚至可以是纯人工的，但是现代通信与计算机技术的发展，使信息系统的处理能力得到很大的提高。

会计信息系统之间是有边界的，而系统边界之外的，对系统的行为具有明显影响的事物的总体，被称为会计信息系统的环境。会计信息系统所需要的各种信息有的来自系统本身，有的来自系统的外部环境，而系统所产生的各种输出又返回其环境。系统与系统之间，或者系统与外部环境之间就需要有一个渠道来进行信息的交流。在系统与系统或者外部环境之间实际进行物质、能量和信息交换的地方就是会计信息系统的接口。

没有接口的系统称为封闭系统，而实际上封闭系统是不存在的，因此那些和外界互相作用很小的系统就被认为是封闭的。相反地，任何与外界有物质、能量、信息交换的系统就称为开放系统，凡是具有输入和输出要素的必定是开放系统。系统的接口越多，则系统开放的程度就越大。

在研究一个系统时，由于其功能与目的的复杂性，常常可以把它分解成若干个较小的系统，每一个较小的系统又可以进一步分解成若干个更小的系统，一直到不用分解就可以把它的功能掌握为止。这种系统分解显示了一种层次结构。如果一个较大的系统包含着一个较小的系统，那么后者被称为前者的一个子系统，而前者则被称为后者的一个母系统。因此在系统的层次结构中，每一个处于较低层次的系统都是某个处于较高层次的系统的子系统，而每个较高层次的系统都是若干个较低层次系统的母系统。系统企图实现的目的比较复杂时，人们只能将这个目的分解成若干个较简单的目的，并采用专业分工的办法将系统中的人员和其他资源组织成一些子系统，让各子系统分别去实现这些比较简单的目的，并以这种方式来共同实现系统的整体目的。如果某个子系统在让其要素合在一起去实现自己的所分配到的特定目的仍有困难时，可以继续分解自己的目的和组织，这样就形成了宝塔式的层次结构。

数据接口是指从财务软件数据库中获取所需要的财务数据，并按照特定的格式从一个财务软件导入另一个财务软件或审计软件等相关的系统中，供会计信息需求者使用的计算机程序。数据接口标准基本上包括数据项的名称、含义、长度和排列顺序。

四、信息系统的分类

从信息系统的发展和特点来看，其可分为数据处理系统、管理信息系统、决策支持系统、专家系统等类型。

（一）数据处理系统

数据处理系统（data processing system，DPS）或电子数据处理系统（electronic data processing system，EDPS）是实现数据处理计算机化，以提高数据处理效率为主要目标的系统。一般的EDPS基本上都包含数据的输入、处理和输出三大功能，主要完成数据的收集、输入、数据库的管理、查询、基本运算、日常报表的输出等操作。

从管理层次角度看，EDPS是处于企业组织管理层次中最底层的、最基础的信息系统，是支持企业作业层日常操作的系统。就一个生产企业而言，其作业层主要有生产、销售、采购、库存、运输、财务、人事等日常事务，相应的EDPS为生产信息子系统、销售信息子系统、采购信息子系统、库存信息子系统、运输信息子系统、财务信息子系统和人事信息子系统等。

EDPS是信息系统的最初形式，管理信息系统（MIS）就是在EDPS的基础上发展建立起来的。可以把EDPS看作一个企业的信息生成器，信息就是通过EDPS自下而上依次到达知识层、管理层和战略层的。从系统的观点考虑，EDPS通常处于企业系统与外界环境的边界位置，起到了连接企业与外界环境的桥梁作用。

（二）管理信息系统

管理信息系统（management information system，MIS）是一个由人、计算机等组成的，能进行信息的收集、传递、储存、加工、维护和使用的系统。管理信息系统能实时监测企业的各种运行情况，利用企业的历史数据预测企业未来的经营，从企业全局出发辅助企业进行各类经济决策，利用信息控制企业的行为，帮助企业实现其规划目标。

图3-4展示了企业管理系统与信息系统的关系。

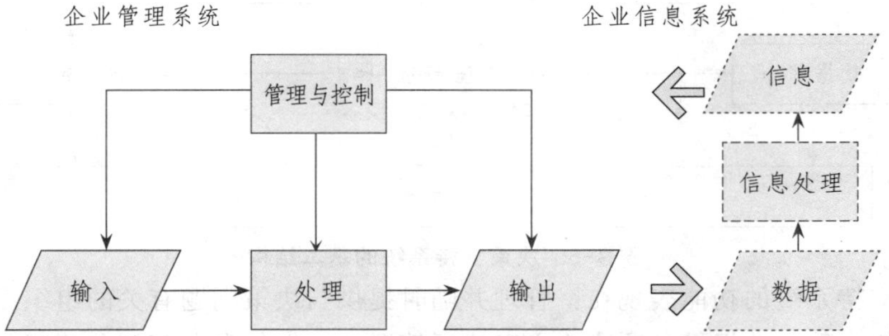

图3-4　企业管理系统与信息系统的关系

管理信息系统除数据处理功能以外，还应具有以下功能：

（1）计划功能：根据现存条件和约束条件，提供各职能部门的计划，如生产计划、财务计划和销售计划等。

（2）控制功能：根据系统采集的数据，对计划执行情况进行监督、检查、比较执行与计划的差异、分析差异及产生差异的原因，辅助管理人员及时加以控制。

（3）预测功能：运用现代数学方法、统计方法或模拟方法，根据历史数据预测未来企业运行的结果。

（4）辅助决策功能：采用相应的数学模型，从大量数据中推导出有关问题的最优解和满意解，辅助管理人员进行决策。

目前，企业资源计划（ERP）系统为典型的企业管理信息系统，以企业业务数据处理子系统为基础，结合企业和行业历史数据，制订企业资源配置计划，反映和检测企业经营情况，为企业管理和预测提供信息。会计信息系统是管理信息系统的一个子系统，也是ERP系统的一部分，是本书讨论的重点。

（三）决策支持系统

决策支持系统（decision support system，DSS）是指通过数据、模型和知识，以人机交互方式进行半结构化或非结构化决策的计算机应用系统。它是管理信息系统向更高一级发展而产生的。它调用各种信息资源和分析工具，为决策者提供分析问题、建立模型、模拟决策过程和方案的环境，帮助决策者提高决策水平和质量。

信息系统辅助决策最有效的是结构化决策。结构化决策是指对某一决策过程的环境及规则，能用确定的模型或语言描述，以适当的算法产生决策方案，并能从多种方案中选择最优解的决策。

对于非结构化决策，决策过程复杂，不可能用确定的模型和语言来描述其决策过程，更无最优解的决策。信息系统提供信息的相关性不确定，起到的作用也很难评价。半结构化决策是介于结构化决策与非结构化决策二者之间的，这类决策可以建立适当的算法产生决策方案，从决策方案中得到较优的解。非结构化和半结构化决策一般用于一个组织的中、高管理层，其决策者一方面需要根据经验进行分析判断，另一方面也需要借助计算机为决策提供各种辅助信息，及时做出正确有效的决策。

决策支持系统主要由4个部分组成，即数据部分（数据库系统）、模型部分（模型库（MB）及其管理系统（MBMS））、推理部分（知识库（KB）、知识库管理系统（KBMS）和推理机）和人机交互部分（如图3-5所示）。

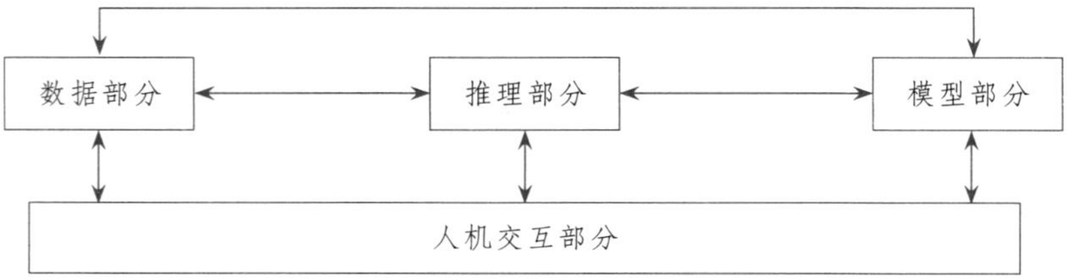

图3-5 决策支持系统的基本结构

决策支持系统的功能表现在：管理并随时提供与决策问题有关的组织内部和外部信息；收集、管理并提供各项决策方案执行情况的反馈信息；存储和管理与决策问题有关的各种数学模型；能够存储并提供常用的数学方法及算法；能灵活地运用模型与方法对数据进行加工、汇总、分析、预测，得出所需的综合信息与预测信息。不同的管理层次，对应的信息结构化程度需求也不同，如图3-6所示，层次越低的决策和操作，结构化需求越强。

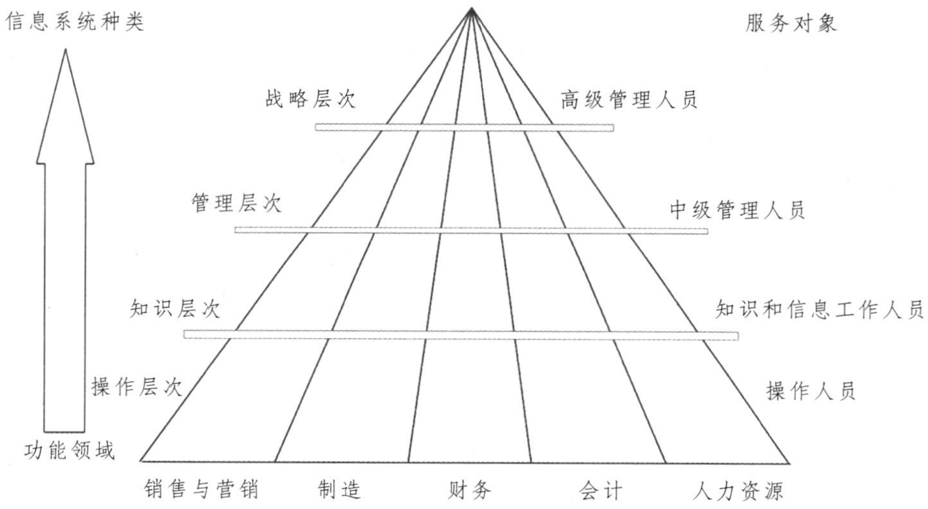

图3-6 决策层次与信息系统

MIS是DSS的基础部分，即DSS包括提供决策信息的MIS，MIS是DSS的一个子系统。就广义而言，DSS是MIS的分系统。从发展的观点看，可以将DSS看作MIS的高级阶段或高层分系统。

（四）专家系统

专家系统（expert system，ES），是人工智能（AI）的一个子集，是一种在特定领域内具有专家解决问题能力的程序系统。它能够有效地运用专家多年积累的有效经验和专门知识，通过模拟专家的思维过程，解决专家才能解决的问题。

系统的核心是知识库和推理机。知识库是专家系统质量是否优越的关键所在，即知识库中知识的质量和数量决定着专家系统的质量水平。在系统中推理机类似专家解决问题的思维方式，知识库就是通过推理机来实现其价值的。知识获取是专家系统知识库是否优越的关键，也是专家系统设计的“瓶颈”问题，通过知识获取，可以扩充和修改知识库中的内容，也可以实现自动学习功能。

DSS强调在大范围内支持决策者工作，它可按照人的思维规律引导用户解决问题，而不是侧重将某一专门领域的知识装入知识库自动工作，因此，DSS强调通用性。而ES是专用的，它强调在某一窄范围内代替决策者工作。

管理领域内问题复杂多变，DSS不可能将解决问题的过程完全自动化，即在解决问题过程中对某些不能解决的仍需调用人脑解决，人机是紧密配合的。而专家系统除了要求用户回答问题、提供必要的数据外，基本是自动独立工作的。

第三节 会计信息系统

一、会计信息系统的含义

（一）会计信息系统的基本概念

1.会计信息系统的定义

会计信息系统是一个面向价值信息的信息系统，是从对其企业中的价值运动进行反映、监督和控制的角度提出信息需求的信息系统，利用信息技术对会计信息进行采集、存储和处理，完成会计核算任务，并能提供进行企业经济活动管理和监控的分析、决策用的辅助信息。因此可以将其定义为：

会计信息系统是一种基于会计管理活动，由人、信息处理设备和运行规程三个方面组成的集成化人机交互系统。它是利用信息技术对会计信息进行采集、存储、处理和传递，完成会计核算任务并能够提供进行管理、分析、决策用的辅助信息的人机交互系统。

其组成要素为：计算机硬软件、网络系统、数据文件、会计人员和会计信息系统的运行管理、内部控制和审计规程，其核心部分是功能完备、性能良好、结构合理并符合我国会计法和会计制度的会计软件。

在信息社会，企业会计工作中常规的、可以程序化的任务将由会计信息系统处理，同时会计信息系统还将辅助会计人员完成其他管理与决策任务。

2.会计信息系统的目标

企业的目标是通过对客户提供满意的服务，开拓市场，提高企业的市场竞争力，以保持企业可持续发展的能力；信息系统的目标是向信息系统的使用者（用户）提供管理、监控和决策有用的信息；会计的目标是要提高企业的经济效益以获取更多的利润。

由此，会计信息系统的目标可以确定为向企业内外部的决策者和一切信息使用者提供需要的会计信息及对会计信息利用有重要影响的其他非会计信息。它确定了会计信息用户可以得到的信息内容和质量。当然，具体到不同的决策者，由于需要不同，所以希望获取的会计信息也会各不相同。

在此目标下，会计信息系统的基本功能，应是利用各种会计规则和方法，加工来自企业各项业务活动中的数据，包括全部会计信息和部分非会计信息，产生和反映会计信息，以辅助人们利用会计信息进行决策。其中，会计规则和方法是由会计人员根据信息用户的需求综合制定的，它们并不是一成不变的，而是随着外界情况的变化不断调整的。

在会计信息系统中，会计规则由会计人员确定；会计方法也由会计人员提出，并与信息管理人员合作将这些规则和方法转化为机器系统中的程序。

当企业出现了新的业务活动或拥有了新的资源需要进行管理时，会计人员应从会计工作的角度确定出相应的解决办法和处理规则，并尽可能地将其转化为机器系统可处理的内容。

3.会计信息系统的特点

（1）庞大复杂性

会计信息系统是企业管理信息系统的一个子系统，但它也是一个可以独立的整体，由许多职能子系统组成，如账务处理子系统、工资核算子系统、固定资产核算子系统、材料核算子系统、成本核算子系统等，内部结构较为复杂，各子系统在运行过程中进行信息的收集、加工、传送、使用，联结成一个有机的整体。

（2）与企业其他管理子系统有紧密的联系

由于会计信息系统全面地反映企业各个环节的信息，它跟其他管理子系统和企业外部的联系也十分复杂。会计信息系统从其他管理信息子系统和系统外界获取信息，也将处理结果提供给有关系统，使得系统外部接口较复杂。

（3）确保会计信息的真实、公允、全面、完整和安全、可靠等特点

会计信息系统应确保存放在系统中的会计信息的真实、公允、全面、完整和安全、可靠等的需求，为此系统应对会计信息的采集、存储、处理、加工等操作提供有关的控制和保护措施。

（4）内部控制严格

会计信息系统中的数据不仅在处理时要层层复核，保证其正确性，还要保证在任何条件下以任何方式进行核查核对，留有审计线索，防止犯罪破坏，为审计工作开展提供必要的条件。

（5）系统的开放性

会计信息系统应是能与企业其他管理子系统和企业的外部环境，例如银行、税收、审计、财政、客户以及其他有业务联系的企业等进行信息交换的开放系统。为实现此目标，在建立会计信息系统时应注意系统的整体设计，特别是网络技术的应用。

（二）会计信息系统的构成

会计信息系统通常分为三个层次：

（1）会计核算信息系统，主要是面向基层会计人员，实现了对企业基本业务数据的录入、分类、汇总和报告。

（2）会计管理信息系统，是在会计核算信息系统的基础上更加系统化，加强各子系统之间的联系和数据的共享，提供了更多的管理信息。

（3）会计决策支持系统，是根据会计管理信息系统提供的信息，并使用各种模型和方法进一步加工，提供给企业领导者做决策帮助。这一层次的系统主要是面向企业主要领导决策者的。

一般在一个企业中会计信息系统的这三个层次不是截然分开的。会计信息在整个会计信息系统中通过收集、传输、处理和存储，在各个环节得到应用，因此要保障社

会共享资源——会计信息的质量，就必须使信息自身的表达方式以及信息的收集、传输、处理和存储的各个环节不断标准化，否则必然导致极大的混乱。这种标准化不仅包括会计信息自身的标准化，同时还包括数据接口的标准化。因此，在规范会计信息化工作时要强调会计信息化软件的功能规范。会计信息化软件服务是对会计信息的再次加工和利用的过程。在此过程中会计信息需要进行相应的采集、输入和输出，因此也需要对会计信息表达形式进行标准化规范，对会计信息化服务进行监督。

在一个企业中，会计信息系统并非一个独立的系统，它和企业的其他系统之间存在着密切的联系，由会计信息系统产生的会计信息产品是企业重要的经济信息。因为保障会计信息安全性是会计信息化建设中的一项重要任务，在企业内部需要加强内部控制，所以在企业进行会计信息化建设的过程中，需要规范企业内部控制制度和内控流程。

会计信息是会计信息系统的产品。它本身具有公共物品属性、外部性和信息不对称属性，在市场资源配置的过程中这三点属性会造成会计信息市场失灵，需要通过非市场机制的方式来解决与社会相关的失灵问题，以求实现既效率又公平地配置会计信息资源。为了减少虚假会计信息给社会造成的损失，保证整个社会经济体系的有效运行，政府需要为整个社会的利益考虑，对会计信息市场进行适当的监管。

综上所述，在进行会计信息化建设的过程中，无论是从会计信息系统本身还是从它产生的会计信息来说，都需要政府运用适当的监管手段来实现有效监管，保障市场实现“帕累托最优”。

二、会计信息系统的作用

（一）企业会计人员与会计信息系统的关系

会计人员既是会计信息系统的组成要素，又是会计信息系统的管理者，由他确定会计信息系统采用什么样的会计模式，并与信息系统管理者一起制定会计信息系统的运行规程，特别是会计信息系统的内部控制问题。会计信息系统应该服务于会计人员，帮助会计人员更有效地处理有关信息，并向用户提供满足需要的高质量的会计信息。

此外，会计人员的工作重点还包括对企业各项业务活动及资源利用的绩效评价、对信息技术/信息系统等新技术应用的风险管理、与企业经营及发展战略密切相关的会计决策活动。

由此，一方面要求未来的会计人员必须是多面手，才能完成这些工作，如对会计信息系统的管理，实际上要求会计人员应具备系统分析员的部分素质。

另一方面会计人员用到的很多管理方法、手段和模型，其他企业管理人员也可以用，只是加工的信息对象有差别，而在信息社会，这些对象对于所有的信息用户可能是平等的，未来的职业可能出现融合的趋势，此时，重要的是企业员工具备的知识素养。

所以要使会计这一古老的行业在未来信息社会有立足之地，就必须大力提高会计人员的素质。

（二）会计信息系统在企业管理信息系统中的作用和地位

会计信息系统是企业管理信息系统中的一个重要的子系统。会计信息是企业生产、管理决策中使用最多的信息，在现代企业决策中处于中心和主导地位。

会计信息系统是一个组织处理会计业务，并为企业管理者和决策者提供财务信息、定向信息和决策信息的实体，它通过收集、存储、加工、传输和利用会计信息，对经济活动进行反映和控制。

会计信息系统是在企业管理信息系统中占有重要地位的一个子系统。由于会计是以货币的价值形式反映和监督企业整个生产经营活动过程的，因此，会计信息系统反映的内容涉及供产销每个环节、企业的每个部门及员工。会计信息系统在企业管理信息系统中的重要地位，是由它本身的特点决定的。

在我国企业实施信息化时，由于会计信息系统在企业管理信息系统中所起的重要作用，加之会计工作的流程和规则较易规范，因此我国多数企业信息化的工作是由会计信息化起步的。

会计信息系统按其职能可分为三个层次：会计核算信息系统、会计管理信息系统、会计决策支持系统。这三个层次正好满足企业上、中、下各层管理人员的要求。它通过会计核算来反映企业的经营活动情况，通过会计管理来监督企业的经营活动情况，通过会计决策来参与企业管理。

会计核算信息系统，是会计信息系统的基础部分，用来处理日常经济业务并产生各种会计账册、报表。它使日常的会计账务处理自动化，支持其他的日常核算工作，因而重点在于强调会计手工作业的自动化，它力求提高效率、节省人力。

会计管理信息系统，通过积累的数据，对信息进行综合、分析。它对会计信息的使用水平有所提高，注重会计信息价值的转换。

会计决策支持系统，是用来辅助个人和组织进行决策的。用它可以进行工作规划和预计，可以分析各种方案。通过良好的人机对话方式，将不确定的因素经过估计后，输入计算机，由计算机解答，再由决策者做出决策。

这三个层次中，会计核算信息系统的工作量最大，数据处理最规范，越往上处理的工作量越小，数据处理越不规范，不确定的因素也就越大，因此在上述三个系统中，会计核算信息系统是整个系统的基础，只有会计核算得出的信息正确，才能对信息的使用者提供进行管理和决策所需的信息。

从以上这些关系的介绍可以得出，企业供、产、销三个主要环节都和会计信息系统有着十分密切的数据关系，而且三个环节在转变过程中产生的大量经济信息都要靠会计信息系统进行数据处理。会计信息系统所需要的信息大部分是综合的。原始的信息往往可以来自各个子系统，这些数据可以直接由会计信息系统输入，也可以从别的子系统调入，接口清晰。因此，会计信息系统在企业管理系统中的信息处理流程起着承上启下和环环相扣的作用，处于一条主线的地位。抓好会计信息系统的分析、设计和应用，将能对企业的整个生产经营活动进行更及时、更全面的反映和监督，使企业能够合理地组织人力、物力以及其他资源，最经济地实现企业的经营目标。会计电算化只是以计算机为手段，更及时、准确地完成该项工作。图3-7表明了这一结论。

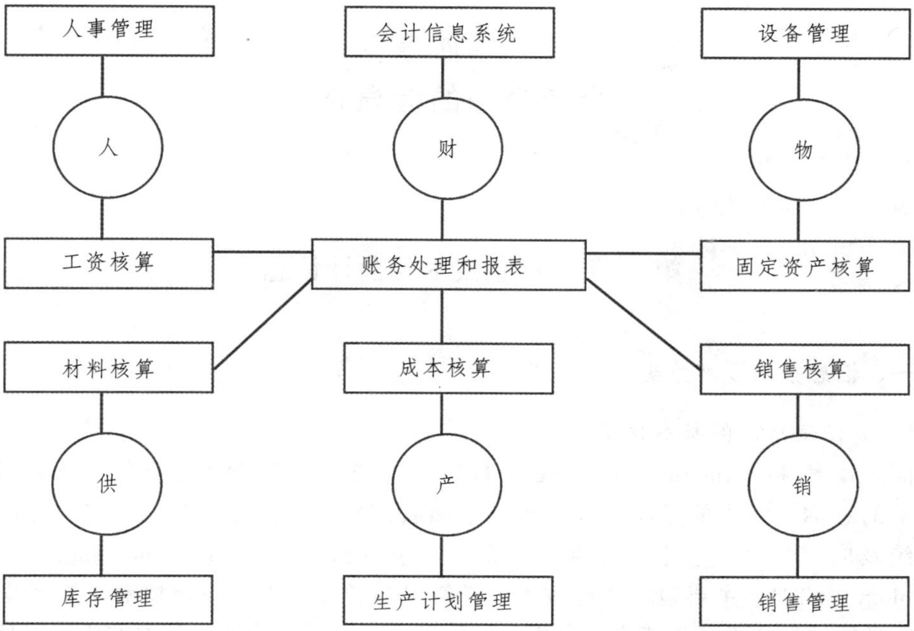

图3-7 会计信息系统的作用

只有应用计算机技术，收集、加工、整理对管理者有用的数据，产生管理上所需的信息，在此基础上供决策者应用，才能真正体现会计信息系统在整个企业管理信息系统中所处的特殊而又重要的地位。

第四章
会计领域的信息技术

第一节　信息技术与会计信息化

一、信息技术及其分类

（一）信息技术的基本含义

信息技术（information technology，IT），是主要用于管理和处理信息所采用的各种技术的总称。它主要是应用计算机科学和通信技术来设计、开发、安装和使用信息系统及应用软件。它也常被称为信息和通信技术（information and communications technology，ICT），主要包括传感技术、计算机与智能技术、通信技术和控制技术。

广义的信息技术是指能充分利用与扩展人类信息器官功能的各种方法、工具与技能的总和。该定义强调的是从哲学上阐述信息技术与人的本质关系。

狭义的信息技术是指利用计算机、网络、广播电视等各种硬件设备及软件工具与科学方法，对文、图、声、像各种信息进行获取、加工、存储、传输与使用的技术之和。该定义强调的是信息技术的现代化与高科技含量。

（二）信息技术的基本分类

信息技术可以从不同的角度进行分类。

按表现形态的不同，信息技术可分为硬技术（物化技术）与软技术（非物化技术）。前者指各种信息设备及其功能，如显微镜、电话机、通信卫星、多媒体电脑。后者指有关信息获取与处理的各种知识、方法与技能，如语言文字技术、数据统计分析技术、规划决策技术、计算机软件技术等。

按工作流程中基本环节的不同，信息技术可分为信息获取技术、信息传递技术、信息存储技术、信息加工技术及信息标准化技术。信息获取技术包括信息的搜索、感知、接收、过滤等，如显微镜、望远镜、气象卫星、温度计、钟表、Internet搜索器中的技术等。信息传递技术指跨越空间共享信息的技术，又可分为不同类型，如单向传递与双向传递技术，单通道传递、多通道传递与广播传递技术。信息存储技术指跨越时间保存信息的技术，如印刷术、照相术、录音术、录像术、缩微术、磁盘术、光盘术等。信息加工技术是对信息进行描述、分类、排序、转换、浓缩、扩充、创新等的技术。信息加工技术的发展已有两次突破：从人脑信息加工到使用机械设备（如算盘、标尺等）进行信息加工，再发展为使用电子计算机与网络进行信息加工。信息标准化技术是指使信息的获取、传递、存储、加工各环节有机衔接，以提高信息交换共享能力的技术，如信息管理标准、字符编码标准、语言文字的规范化等。

按技术的功能层次不同，信息技术可分为基础层次的信息技术（如新材料技术、新能源技术），支撑层次的信息技术（如机械技术、电子技术、激光技术、生物技术、空间技术等），主体层次的信息技术（如感测技术、通信技术、计算机技术、控制技术），应用层次的信息技术（如文化教育、商业贸易、工农业生产、社会管理中用以提高效率和效益的各种自动化、智能化、信息化应用软件与设备）。

二、会计信息化及其特征

（一）会计信息化的基本含义

会计信息化是会计与信息技术的结合，是信息社会对企业财务信息管理提出的一个新要求，是企业会计顺应信息化浪潮所做出的必要举措。它是网络环境下企业领导者获取信息的主要渠道，有助于增强企业的竞争力，解决会计电算化存在的“孤岛”问题，提高会计管理决策能力和企业管理水平。

传统的会计电算化实质上并未突破手工会计核算的思想框架。会计电算化与会计信息化虽然都是利用现代科学技术处理会计业务，提高了会计工作的效率和企业财务管理水平，但企业信息化环境下的会计信息化系统与会计电算化系统相比，无论是技术上还是内容上都是一次质的飞跃，两者的内涵大相径庭。

会计电算化产生于工业社会，随着工业化程度的提高，会计业务的处理量日渐增大，会计工作的处理方法日渐落后。为了适应企业的发展，加强信息处理力度，采用电子计算机对会计业务进行处理。会计信息化则产生于信息社会。在信息社会中，有一个公式：企业的财富=经营+信息，可见信息之重要性。信息社会要求社会信息化。企业是社会的细胞，社会信息化必然要求企业信息化，企业信息化必然导致会计信息化。

现行的会计电算化系统是基于手工会计系统发展而来的，其业务流程与手工操作方法基本一致，主要是为了减轻手工操作系统的重复性劳动，提高效率；而会计信息化系统是从管理者的角度进行设计的，能实现会计业务的信息化管理，充分发挥会计工作在企业管理和决策中的核心作用。

现行的会计电算化系统由于开始设立时的环境束缚，主要是针对单功能的计算机设立的，后来的会计电算化软件也是在此基础上的发展和改善；而会计信息化系统是在网络环境下进行设计的，其实现的主要手段是计算机网络及现代通信等新的信息技术。

会计电算化是对手工会计系统的改进，是在手工会计的基础上产生的，故其会计程序也模仿手工会计程序而进行，也是以记账凭证为起点，最后实现用计算机对经济业务进行记账、转账和提供报表等功能；而会计信息化是适应时代的要求，根据现代信息的及时性、准确性、实时性的特点而产生的，是从管理的角度进行设计的，具有业务核算、会计信息管理和决策分析等功能，其会计程序是根据会计目标，按照信息管理原理和信息技术重整的会计流程。

会计电算化系统主要是为财务部门设立的，设计时只考虑了财务部门的需要，由财务部门输入会计信息，输出时也只能由财务部门打印后报送其他机构；而会计信息化系统是企业业务处理及管理信息系统的组成部分，其大量数据从企业内外其他系统直接获取，输出也是依靠网络由企业内外的各机构、部门根据授权直接在系统中获取。

会计电算化以事务处理层为主。会计信息化包括事务处理层、信息管理层和决策层。

信息技术是当前全球研发投入最为集中、创新最为活跃、应用最为广泛、辐射带动最为显著的技术创新领域。信息技术驱动思考、驱动决策、驱动社会发展，创造出巨大的价值。大数据、云计算、移动互联网、人工智能等新兴技术的迅猛发展，动摇了社会经济发展的基础，对社会各领域及行业产生了颠覆性的影响。会计行业同样面临前所未有的挑战，会计工作方式、职能在不断扩展，基础会计工作被替代等问题，引起了会计从业人员的高度关注。

（二）会计信息化的特征

从传统的会计电算化发展到现代意义上的会计信息化，其功能与特征都发生了质的变化，会计信息化也体现了其固有的特征。

1.普遍性

会计的所有领域（包括会计理论、会计工作、会计管理、会计教育等）要全面运用现代信息技术。在上述领域中，后三个方面对信息技术有不同程度的运用，而且起步晚、发展快、成效大，只是还不能真正达到会计信息化的水平，而在会计理论方面却相对滞后。准确地讲，现阶段会计信息化赖以存在的还是传统的会计理论，既没有修正传统的会计理论体系，更没有构建起适应现代信息技术发展需要的完善的会计理论体系。从会计信息化的要求来看，首先就是现代信息技术在会计理论、会计工作、会计管理、会计教育诸领域的广泛应用，并形成完整的应用体系。

2.集成性

会计信息化将对传统会计组织和业务处理流程进行重整，以支持虚拟企业、数据银行等新的组织形式和管理模式。这一过程的出发点和终结点就是实现信息的集成化。信息集成包括三个层面：一是在会计领域实现信息集成，即实现财务会计和管理会计之间的信息集成，协调和解决会计信息真实性和相关性的矛盾；二是在企业组织内部实现财务和业务的一体化，即集成财务信息和业务信息，在两者之间实现无缝衔接，使财务信息和业务信息能够做到你中有我、我中有你；三是建立企业组织与外部利害关系人（客户、供应商、银行、税务、财政、审计等）的信息网络，实现企业组织内外信息系统的集成。信息集成的结果是信息共享。企业组织内外与企业组织有关的所有原始数据只要一次输入，就能做到分次利用或多次利用，既减少了数据输入的工作量，又实现了数据的一致性，还保证了数据的共享性。建立在会计信息化基础上的21世纪会计信息系统是与企业组织内外信息系统有机整合的、高度数字化、多元化、实时化、个性化、动态化的信息系统，它具有极强的适应力。

3.动态性

动态性，又称实时性或同步性。会计信息化在时间上的动态性表现为：首先，会计数据的采集是动态的。无论是企业组织外部的数据（例如发票、订单），还是企业组织内部的数据（例如入库单、产量记录）；也无论是局域数据，还是广域数据，一旦发生，都将存入相应的服务器，并及时送到会计信息系统中等待处理。其次，会计数据的处理是实时的。在会计信息系统中，会计数据一经输入系统，就会立即触发相应的处理模块，对数据进行分类、计算、汇总、更新、分析等一系列操作，以保证信息动态地反映企业组织的财务状况和经营成果。最后，会计数据采集和处理的实时化、动态化。这使得会计信息的发布、传输和利用能够实时化、动态化，会计信息的使用者也就能够及时地做出管理决策。

4.渐进性

现代信息技术对会计模式重构具有主观能动性。但是，这种能动性的体现是一个渐进的过程。这个过程具体应分三步走：第一步，以信息技术去适应传统会计模式，即建立核算型会计信息系统，实现会计核算的信息化；第二步，现代信息技术与传统会计模式相互适应，表现为：传统会计模式为适应现代信息技术而对会计理论、方法作局部的小修小改；扩大所用技术的范围（从计算机到网络）及所用技术的运用范围（从核算到管理），实现会计管理的信息化。第三步，以现代信息技术去重构传统会计模式，以形成现代会计信息系统，实现包括会计核算信息化、会计管理信息化和会计决策支持信息化在内的会计信息化。

第二节 影响会计的信息技术

一、十大信息技术及其影响程度

为了厘清信息技术对会计从业人员的影响，帮助会计人员了解与掌握信息技术的发展趋势及应用方法，上海国家会计学院从2018年开始，组织发起了影响中国会计人员十大信息技术评选活动。

2019年的调查结果是：十项技术和支持率分别为：财务云（72.1%）、电子发票（69.5%）、移动支付（50.7%）、数据挖掘（46.9%）、数字签名（44.5%）、电子档案（43.1%）、在线审计（41.4%）、区块链发票（41.1%）、移动互联网（39.6%）、财务专家系统（37.7%）。2018年十大技术中的身份认证未上榜；2019年新上榜的是区块链发票。2019年和2018年的十大技术中前三名均依次为财务云、电子发票、移动支付。

调查中，由于受访对象不同，在对IT技术的影响理解上，大众和专家对于“2019年影响会计人员的十大信息技术”判断有一些差异，大众投票和专家投票的前十大技术差异结果如图4-1所示。

二、十大信息技术在会计中的应用

1.财务云

财务云因其在业界广受关注，此次评选中以72.1%的得票率脱颖而出，继2018年获得第一名后，再次蝉联第一名荣登榜首，不仅证明其龙头地位不可撼动，同时也表明其管理模式与专业技术已得到会计业界的高度认可。

图4-1 大众投票和专家投票的前十大技术排序差异对比图

财务云最早源于企业的财务共享管理实践。财务共享管理以其流程规范科学、工作效率高、运营成本低等功能，在全球跨国企业得以广泛运用。随着现代信息技术的快速发展及市场竞争的日趋激烈，越来越多的企业开始关注、规划与实施财务共享管理。其在我国大中型企业的应用方兴未艾，有调查显示，我国已有超过70%的大企业实施财务共享管理。财务共享管理的目的是将分散、重复、大量的财务交易处理业务数据，纳入共享服务中心进行集中处理，实现财务会计核算的标准化、专业化和流程化。而实现这一目的需要现代信息技术支撑，云计算以其强大的计算能力成为财务共享管理的主要手段。财务共享管理的核心是企业财务计算能力的集合及云计算与财务共享的结合，财务云由此诞生。

财务云的目的是财务转型，以价值创造为主题，通过场景分析和数据手段进行价值创造，实现场景聚价值，数据聚财富。财务云技术的应用范围已经不再局限于会计核算、费用报销等基础业务，而是正在不断向资金管理、预算管理、管理会计等方面拓展，为企业创造更大的价值。财务云是财务核算的“工业革命”，使财务运行更快、更稳、更好用，让财务人员从会计核算的基础业务中得以解脱，将大部分时间及主要精力投入到对企业经营决策支持等有价值的工作中。财务云技术正在推动企业供应链金融的发展，以云技术为平台的多种财务云产品，可以帮助企业在业务与金融之间产生更多的连接点，这是财务云的本质含义。

2.电子发票

电子发票以其具有的多重优势，在此次评选中以69.5%的得票率，与2018年一样又一次获得第二名，这既说明其发展趋势加快，也预示其应用前景光明。

电子发票是互联网技术快速发展的产物。其采用先进的计算机技术，以电子记录的形式在网络存储与流转，同普通发票一样，发票号码采用全国统一编码，由税务部门统一发放给商家使用，具有与纸质发票同样的税务部门的防伪技术。电子发票采用统一防伪技术分配给商家，并附有电子税务局的签名机制，是完全脱离纸质形态的收付款凭证，并且具有与纸质发票同样的法律效力，既可以作为会计核算原始凭证，又是税务稽查的重要依据。

电子发票已上升为国家战略。2015年国务院发布的《关于加快构建大众创业万众创新支撑平台的指导意见》指出，要加快利用电子发票，电商、电信、金融、公共事业等有特殊需求的当事人实行电子发票。2017年国务院常务会议决定，高速公路通行费统一实行电子发票，不再开具纸质发票，标志着我国发票应用管理从纸质发票进入电子发票时代。

浪潮集团税务产品部总经理韩庆旺在发布会上就电子发票对会计影响及其应用场景与解决方案进行了描述。他指出，电子发票对会计行业影响很大，对会计人员的整体能力提出了新的要求，要调整日常工作方式，如报销业务的处理，尤其档案处理的工作方式发生了根本性的改变。从传统纸质单据的整理、存储、扫描操作，替换成直接对原始单据进行归档，提升了档案的管理效率。电子发票的电子签章和签名机制，保证了档案的防篡改性，提升了档案的安全性。电子发票存储解决了纸质发票存储难题，延长了档案的存储时间，并且档案系统可以和发票系统进行集成关联，自动对发票进行归档处理。

韩庆旺提出了应对电子发票变革影响的对策方案：会计人员要掌握财政、金融、国际贸易等财务相关专业知识。电子发票与大数据等信息技术的结合，要求财务人员须掌握利用数据、整理数据、分析数据的能力，通过对财务状况的评价、经营成果预测以及现金流量的分析，为企业经营管理决策提供科学依据；要对企业财务及经营风险进行预警监测，揭示企业经营过程中存在的问题及潜在风险，为企业持续、稳定发展保驾护航。

3.移动支付

移动支付以其便捷及广泛应用性等优势，在此次评选中以50.7%的得票率，与2018年一样获得第三名，这既说明其强劲的能力，也表明其应用的普遍性。

移动支付是用户使用其移动终端（主要是手机），对所消费的商品或服务进行支付的服务方式。单位或个人通过移动设备、互联网或者近距离传感，直接或间接向银行金融机构发送支付指令产生货币支付与资金转移行为，实现移动支付。移动支付将终端设备、互联网、应用提供商以及金融机构相融合，为用户提供货币支付、缴费等金融业务，形成了新型的支付体系。移动支付开创了新的支付方式，使电子货币开始普及。移动支付的主要工具是手机，数据显示，中国手机支付在所有支付手段中的占比已经高达71%。随着网络信息技术的快速发展，移动支付成为现代支付的主要手段，得以广泛应用。

移动支付在我国发展迅猛，中国的移动支付比率达71%，美国为50%，日本为30%，支付数量名列世界第一，已经走在了世界的前列。从2018年开始，移动支付已超过网上支付，移动支付市场交易规模达10万亿元人民币，并呈强劲增长的趋势。为了加强对移动支付的管理，中国人民银行发布了金融行业移动支付标准，从产品形态、业务模式、联网通用、安全保障等方面，提出了系统化的技术要求，覆盖移动支付各个环节的基础要素、安全要求和实现方案，确立了以“联网通用、安全可信”为目标的技术体系架构。

医院是移动支付的典型应用场景。河南省人民医院财务部主任雷志勤在发布会上对移动支付在医院的应用进行了介绍。移动支付是基于手机移动终端实现资金的支付，移动支付的特点是多种账户形式，可以用银行账户，也可以通过第三方支付。移动支付便利性强、服务场景丰富，可以进行线上支付，也可以线下扫码支付；既可以远程支付，如通过发送支付指令或借助支付工具进行网络支付，也能近场支付，支付方式包括扫码、指纹、虹膜扫描。支付模式包括以银行为主体的支付、第三方平台支付、移动运营商支付。他还分享了移动支付在河南省人民医院智慧财富系统中的应用效果。

4.数据挖掘

数据挖掘以其强大的功能，在此次评选中以46.9%的得票率，由2018年的第六名晋升为第四名，这既证明其旺盛的生命力，也表明其广阔的应用前景。数据挖掘是通过算法从大量的数据中搜索隐藏于其中的信息。其通常与计算机科学有关，并通过统计、在线分析处理、情报检索、机器学习、专家系统和模式识别等诸多方法实现上述目标。数据挖掘是大数据技术的核心应用之一，在帮助企业创造价值方面，正扮演着越来越重要的角色，企业越来越依靠数据挖掘技术解决业务发展问题。

企业要真正应用数据挖掘技术，需要有数据架构的支撑，才能做好数据挖掘工作。数据挖掘是大数据的核心应用，对于大多数传统企业而言，建立多变量、多因素、复杂的决策网络预算、经营预测，尤其是能够深入到某一业务环节，如销售预测、供应链预测模型更加重要。在模型的基础上，再将价格预测、销量预测，用大数据和数据挖掘方式与其结合，在节点上利用数据挖掘技术使价和量的预测更加科学，通过收入、成本、费用、利润、现金流结合，得出更多的结果。从基础开始建立经营分析预测模型体系，利用大数据方法，对经营决策提供更多帮助。德国电商企业采用聚类分析方法对客户分类以降低退货率，以及美国百货公司用回归分析方法对销售进行预测的相关案例，证明数据挖掘技术的原理及应用场景。

5.数字签名

数字签名以其复杂的数学技术及特殊功能，在此次评选中以44.5%的得票率，从2018年的第七名上升为第五名，这既证明其技术的科学性，也表明现实需求的迫切性。

数字签名（又称公钥数字签名），是一种类似写在纸上的物理签名，使用公钥加密技术，用于鉴别数字信息。一套数字签名通常包含两种互补的运算，一个用于签名，另一个用于验证。只有信息的发送者才能产生别人无法伪造的数字串，这一数字串同时也是对信息发送者发送信息真实性的有效证明。数字签名是非对称密钥加密技术与数字摘要技术的应用。其主要功能是保证信息传输的完整性、对发送者进行身份认证、防止交易中的失信行为发生。将摘要信息用发送者的私钥加密，与原文一起传送给接收者。接收者只有用发送者的公钥，才能解密被加密的摘要信息，然后用HASH函数对收到的原文产生摘要信息，与解密的摘要信息对比，如果相同则说明收到的信息完整，在传输过程中没有被修改，否则说明信息被修改过，因此，数字签名能够验证信息的完整性。

作为区块链核心技术之一的数字签名技术，引来了业界的高度关注。有业内人士甚至表示，以数字签名技术为核心的区块链技术，在会计行业的大范围运用，可以有效破解长期以来会计“假账”这类“顽疾”，未来基本上可以让“假账”成为历史。

6.电子档案

电子档案以其应用的广泛性，在此次评选中以43.1%的得票率，从2018年的第四名降为第六名，既证明其技术的成熟性，也表明实践应用的普遍性。

电子档案是通过计算机磁盘等设备进行存储，与纸质档案相对应，相互关联的通用电子图像文件集合存储文件的应用技术。电子档案已在实践中得以广泛应用。随着当今社会进入信息时代，国家管理部门、企事业单位等对信息的利用与依赖逐步加强，信息技术已成为管理的主要手段，电子档案以其信息非人工识读性、信息存储的高密度性、信息与载体之间的可分离性、多种信息媒体的继承性及系统依赖性等优势，为信息管理的自动化提供了新途径。电子档案成为历史信息的集中地，所有信息都将通过电子档案得以处理存储。

随着信息化水平的提升，越来越多的会计资料以电子形式产生、传输、保管，形成了大量电子会计档案，需要予以规范。随着会计法律法规的完善以及档案管理的改进，传统的会计管理办法已无法适应新形势，需要调整或完善。会计电子档案由此进入了国家档案管理的范畴。2014年国家发展和改革委员会联合财政部、国家税务总局、国家档案局，在企业中开展电子会计档案管理和电子发票归档管理试点。2015年财政部、国家档案局公布了修订后的《会计档案管理办法》，确定了电子会计档案的法律效力，提出会计档案的取得、使用、归档、保管等均可以通过电子形式管理，标志着电子会计档案或将正式“登台”，电子会计档案正逐步取代纸质会计资料。会计档案管理发生深刻变革，这既有利于提高企业会计信息化管理水平，也为电子发票的全面推广扫清了障碍，电子会计档案由此转正。

在国家有关部门的大力推动下，电子档案在会计行业应用广泛，已成为会计档案的主流模式。会计资料的业务流程由系统自动完成，提升了系统间数据集成程度，通过档案管理系统直接查阅档案信息，实现“互联网+”模式下跨地区、跨系统、跨层级的多维度档案查询，不仅极大地提升了档案对促进社会发展服务的作用与能力，而且也有效地提高了档案利用效率，同时也降低了资源消耗，会计档案管理也迈入电子化时代。

7.在线审计

在线审计以其应用的专业性，在此次评选中以41.4%的得票率，从2018年的第五名降为第七名，既证明其技术的专业性，也表明实践应用的重要性。

现代信息技术的发展，对审计方法产生了巨大冲击。为适应新环境对审计工作的影响，必须采用在线审计方法。在线审计是指审计机构基于互联网和内联网，借助现代网络信息技术，运用专门的方法，通过人机结合，运用数据分析与挖掘方法，通过建立专用审计系统，对被审计单位的网络会计和经营业务信息系统的合规性、可靠性和有效性以及业务信息的真实性、合法性进行远程实时审计。

在线审计系统采用“统一平台、审计专用软件功能，统一开发集成规范，审计功能扩展接口”方式进行构建，实现系统架构清晰，功能丰富明确，具有可扩展性，从底层基础到顶层设计，从基础服务到应用功能齐全，应用运行集成环境层、统一数据交互层、基础资源管理层及应用技术支撑层的审计作业系统。这一审计模式已在审计实践中得以广泛应用，取得了显著成效。随着现代信息技术的不断发展，在线审计技术将是未来审计方法发展的必然趋势，成为现代审计技术的主要方法体系。

8.区块链电子发票

区块链电子发票以其独有功能，在此次评选中以41.1%的得票率，首次进入2019年榜单名列第八，既证明其技术的功效性，也表明实践的迫切性。

区块链电子发票是通过密码学与分布式存储技术，连接消费者、公司、税务局等每一个与发票相关的联系者，让每个环节都可追溯，实现数据不可篡改与不可抵赖的新型票据。采用区块链电子发票，经营者可以在区块链上实现发票申领、开具、查验、入账；消费者可以实现在区块链上储存、流转、报销；税务局可以全流程监管，实现智能税务管理。

区块链电子发票具有全流程完整追溯、信息不可篡改等特征，与发票逻辑吻合，能够有效规避假发票，完善发票监管流程。区块链电子发票将连接每一个与发票相关的联系者，追溯发票的来源、真伪和入账等信息，有效解决发票流转过程中一票多报、虚报虚抵、真假难验等难题。区块链电子发票可以达到全流程监控，实现智能税务管理，能够达到交易即开票，开票即报销。用户可以实现电子发票链上的存储和报销，节省了开票和报销流程，使入账过程更加简洁可靠，保证电子发票的真实性，打击偷税漏税行为。区块链电子发票还具有降低成本、简化流程、保障数据安全和隐私的优势。

随着信息技术的发展，区块链技术也在实践中开始应用，区块链电子发票可以通过算法代替人力实现信用自动化，实现分布式存储和智能合约，保证电子发票的数据性、安全性及可审计性。区块链电子发票完全依靠技术手段，开具发票进行消费或者作为支付凭证。通过区块链电子发票，企业可以在区块链上实现发票申领和报税；用户可以实现链上报销和收款；税务监管则可以达到全流程监管的科技创新，实现无纸化智能税务管理，流程更为可控。

9.移动互联网

移动互联网以其稳定的技术，在此次评选中以39.6%的得票率，与2018年保持同等水平名列第九，既证明其技术的稳定性，也表明实践应用的普及性。

移动互联网是通过智能移动终端，采用移动无线通信方式获取业务和服务的新兴技术，是互联网的技术、平台、商业模式和应用与移动通信技术结合的总称，包含终端、软件和应用层面。其是将移动通信和互联网两者结合成为一体，是全国性以宽带为技术核心的新一代开放电信基础网络，是国家信息化建设的重要组成部分。通过移动互联网提供更多有价值的信息资源，促进社会经济的发展。

移动互联网对会计影响巨大。传统会计存在会计核算及时性差、信息失真、财务报告形式不灵活等缺陷，导致信息汇集不及时，数据信息获取滞后，数据信息管理落后。移动互联网具有便捷性、即时性、定向性及精准性等特征，通过移动互联网建立集会计核算、管理和决策服务于一体的现代会计信息系统，可彻底改革传统会计的不足，有效地提升会计工作效率。

移动互联网因其所具有的及时性、准确性、灵活性特征，故在会计领域应用广泛。

一是会计核算流程。会计核算由原始凭证收集、审批、审核、制证、记账构成，移动互联网应用于原始凭证收集和审核，通过网络技术接收业务事项的相关信息及原始凭证的电子资料，准确定位业务发生的内容，按照电子资料进行核算处理，生成会计信息，既提高了账务处理的及时性，为业务决策提供实时信息，又提高了会计信息的精确性。

二是财务报表的获取及查询。财务报表编制完成后，在会计信息系统进行审批，随后自动推送至管理层移动终端，使其对财务报表的获取及查询不受地理位置、时间的影响。通过移动终端工具随时查询企业不同维度、不同组织单位、不同时间、不同分析要素所需的财务指标，使财务报表更加灵活，便于管理层及时通过财务报表信息进行管理决策。

三是资金运行管理。在收款业务中企业通过移动终端通知款项情况，自动将银行回单下载到终端进行账务处理。在付款业务中，企业通过移动终端发送付款消息给相关审批人员审批付款，加快了资金支付的确认程序。在日常资金管理中，资金管理人员通过移动终端直接与银行系统联动进行对账处理，管理层通过移动终端了解公司资金运行信息。

四是会计档案管理。在档案的归档、查询、借阅、销毁等应用中，企业通过移动终端产生数据归档到档案系统后，由系统进行统一分类、编号管理。日常档案的查询、借阅等都通过移动终端进行管理，不受地理位置及环境的影响，提高工作效率。在档案日常保管应用中，企业通过移动终端设备对档案进行安全监控，可保障档案室的安全性，减少档案管理成本。

10.财务专家系统

财务专家系统以其高难度的技术特性，在此次评选中以37.7%的得票率，从2018年的第八名降为第十名，既证明其技术的复杂性，也表明实践应用的受限性。

财务专家系统是一种在财务领域内，具有专家水平解决问题能力的程序系统，是智能计算机程序系统。其主要利用人工智能技术与大量企业电子化财务数据，为传统财务分析模型设立计算机模型，从而得出企业经营分析诊断报告。

财务专家系统对于理论探索及实践应用，微观管理与宏观调控都具有积极的效应。

一是提高财务数据的利用效率。以财务数据为基础的专家系统，利用财务专家的知识和经验，通过模拟专家解决问题的方式，分析和处理大量的财务历史数据，通过专家系统的自动化管理功能，进行启发式推理形成专家意见，处理分析企业财务经营状况，预测企业经营风险，提供决策方案，为决策者提供认识问题的决策思路，从而进行管理决策。

二是有利于加强管理。财务专家系统可以满足不同主体的管理需要。专家系统根据财务知识、用户需求及有关规则建立模型。政府管理部门通过专家系统，可对国有资产进行管理，提高资源配置效率；企业通过专家系统，可对其经营管理进行诊断，防范企业财务及经营风险；债权人借助专家系统，分析债务人的财务状况、经营风险，尽早采取防范措施，降低风险发生的概率。

三是有利于科学管理。财务专家系统使用专家知识和经验，防止个人依据数字的主观臆断，使结论的内容由单纯的定量结论转变为定量与定性结论相结合，从而避免了企业及组织决策的非理性化与盲目化。这不仅是财务分析的深化与升华，而且弥补了单纯财务分析难以得出综合结论的缺陷，提高了决策的科学性。

四是有效提高社会经济效益。财务专家系统是动态的开放式系统，具有良好的学习功能，能够不断丰富专家知识、经验，克服静态系统适应性差的缺陷，最大限度地节约后续开发成本。系统提供知识工具，可辅助使用者确定应用环境和边界条件，获取系统外部财务知识，丰富系统专家知识和经验，为财务人员学习专家知识、经验提供智力支持。

第三节　信息化对会计基础理论体系的冲击

一、对传统财务会计基础理论的重新认识

随着现代社会进入科学技术不断发展与进步的时代，新兴科技的出现与使用加速了社会与经济领域的变革，各行各业都受到相应影响，现代会计行业也不例外。具体到会计领域，从传统的手动纸质核算到会计电算化，再到会计信息化，每一次变革都对会计行业提出了新的挑战。

（一）会计信息化前提下对会计前提假设理论的理解

传统财务会计理论是建立在会计的四大假设前提下的一套完整的核算体系。但是信息技术的发展促进了会计信息化的应用，给传统财务会计理论体系带来了一定的冲击。

会计环境随着IT技术的发展，发生了巨大的变化，会计理论也必然相应地发生改变。会计假设理论是对核算环境的合理判断。核算环境是变化不定的，会计理论假设在IT技术的冲击下必然要发生改变，形成对会计假设理论，即会计理论的基础部分内容的理解和重新认识。

1.对货币计量假设理论的理解

货币计量假设指对会计中统一的计量尺度的假设，传统的假设是货币，包括币种唯一、币值稳定、货币计量。会计计算的基本特色就是货币计算，货币能消除实物的度量差异，它的价值指标具有可比性和综合性。然而，深化会计计量理论的研究发现，单一计量并不是唯一最优模式，尤其是客观经济环境的改变，更是为多重计量模式的发展提供了机会：出现了非货币计量单位作为会计计量单位的情况，会计对象和会计确认的范围也拓展了非资金运动领域；同时，突出了公允价值的地位，这对币值不变的理论假设是一个很大的冲击；除此之外，伴随网上银行而生的电子货币，更是对货币的挑战。

2.对持续经营与会计分期假设理论的重新认识

持续经营是对会计主体在相对时间内不会破产清算的一种假设，在解决了费用配比问题的同时也解决了企业的债权债务核算问题。但是在网络虚拟公司兴起的大潮流下，会计环境产生了巨大变化，对于虚拟公司来说，随时可能消失，存续时间可能很短，持续经营的假设在此前提下可能就变得毫无意义。会计分期假设是将经

济活动人为地划分成相对独立而衔接的不同时期，以方便及时核算盈亏、计算损益。这种假设需保证会计报表的连续性和会计报告的规律性。然而新型的网络公司，它们一次交易的经济活动时间很短，没有必要也没有意义去划分不同时期，只需简简单单地在一次交易后编制一次会计报表。会计分期假设在这个环境下的应用意义或许应重新定义。

（二）会计信息化前提下对会计核算基础的理解

会计工作的基础是建立在两大基本核算制度前提之上的，即收付实现制与权责发生制。我国会计准则规定，企业应以权责发生制为会计核算的基础。

权责发生制原则是关于会计要素确认时间的原则，包括收入和费用，主要解决的问题是会计要素的跨期确认、摊配。因为虚拟公司存续时间较短，常常只有一个交易期间，在此期间完成所有公司收支，自然不会存在跨期的问题，这对权责发生制的存在基础产生了巨大冲击，在这种会计环境下，以收付实现制来确认费用及收入可能更为合理，虚拟公司的现金流量也能更贴合实际。

IT技术的迅速发展，网络技术、计算机技术以及通信技术等被广泛应用于会计行业，使会计信息系统在采集有关数据信息时更直接、更迅速、更及时有效，并能够做到会计业务一体化处理，也就是说会计体系变成了业财一体化系统，资金流、信息流与物流合一。会计核算也由静态转为动态，与业务发生同步进行。

通过计算机和网络，信息使用者处理信息和传输信息的能力大大加强，信息查询更方便及时。实时化的连续性报告使信息内容更加丰富，质量和价值也得到了很大提高，实现对信息的及时处理。

（三）信息技术的发展对会计相关报告的影响

传统意义下的会计报表是滞后的，只能在会计期间结束后才能进行编制，报表无论是静态的还是动态的，都不可避免地存在一定程度的时滞性。然而，IT技术的加入，使得财务报表可以采用电子形式，在即时处理信息的同时可以随时提供信息，方便实用，这是手工会计报表所不具有的，因此，电子财务报表更适应时代的发展要求，更能满足管理和经营决策的需要。

同时在互联网技术环境下，新技术也在不断应用于财务报告的编制。比如将XML技术应用于财务报告产生了一种全新的报告语言——可扩展商业报告语言（XBRL）。XBRL是基于XML技术体系，实现互联网、跨平台操作，专门用于财务报告和其他商业报告编制、披露和使用的计算机语言。从世界范围来看，XBRL应用越来越广泛，并获得了极大的关注。我国也积极参与并加入了XBRL国际组织，在将XBRL技术标准列为国家标准的基础上，发布了符合我国企业会计准则的财务报告扩展分类标准体系，推动了我国企业财务报告的数字化和处理能力的进一步提升。

二、对传统财务会计核算理论的重新认识

信息技术对传统财务会计核算理论体系的影响主要体现在会计信息与记账模式两个方面。就会计信息的角度看，信息技术的发展将促进会计信息的及时有效性得到充分体现，而对记账模式的影响可能更为深远。

（一）信息技术的发展对会计信息的影响

1.会计信息的收集、整理与披露

信息技术的发展极其迅速，给现代会计核算工作提出了更多的新挑战。在传统会计工作中，往往需要将会计信息划分统一到相同的类别当中才能够实现对比和汇总。相比传统的会计信息披露，现代信息技术能够快速处理会计信息，并对相关会计信息进行具体分析。在这项技术的帮助下，人们可以更快更准确地获得综合性的会计信息，信息技术使得会计核算工作更加精准并且实用。在信息化环境下会计报表可以实现实时化。

信息技术的广泛应用使得会计工作变得更加高效。在信息技术融入会计工作的初期阶段，人们只是运用计算机技术当中强大的信息处理功能来协助完成数量庞大的计算任务。后来发展到运用计算机实现人们无法手动完成的统计运算，并且在互联网技术高速发展的当今社会，人们不断地开发新的运算规则，使得计算机对于数据的分析更加精准。现在的会计工作还运用到了数据存储技术，使会计工作不再繁杂，而且十分有序，信息技术带来的改变是会计信息更加完整与准确，关联性更强，让会计信息的再利用得以充分的实现。

2.会计信息的决策有用性

现代信息技术的快速发展，给我国各行各业的发展都带来了创新的机会。随着社会信息化程度的提高，对会计的职能也产生了较大的影响。人工智能使传统财务会计的核算功能慢慢被机器所替代，其职能转向了分析、控制以及决策。在企业信息化提高的背景下，财务会计不仅重视核算与监督的职能，更加突出了对分析与控制职能的重视。企业需要充分地利用计算机技术、数据库管理等技术，来进一步做好企业的定额成本、标准成本分析，确保其是切实可行的，这些技术的使用也成为企业定量分析中的重要基础工具。而ERP的应用，进一步协调了企业商流、资金流、信息流与物流的关系，提高了企业内部信息的共享程度，财务人员就能够借助于现代信息技术随时地获取一些有关的数据，提高对这些数据的分析能力与控制能力，在一定程度上使得企业的财务会计更加规范。与此同时，越来越多的财务人员与平台还能有越来越多的机会参与到企业的管理与决策中，既有助于激发员工工作的积极性，还能够提高企业的信息化程度。

业务流程与会计核算流程之间的统一，提高了传统的企业财务会计上业务流程与核算会计的相互独立性，主要是由业务人员来处理，比如说在采购管理、库存管理以及销售管理等方面的效率。现代化信息业务的发展对企业的经营产生了不少的影响，业务以及企业会计流程之间的融合与统一成为重要的趋势。在企业整体的运作流程中，供应链管理是极其重要的，如对企业的上游与下游企业之间的管理。财务管理系统也是重要的组成部分，在这些系统的运行中，会产生许多数据。对财务模块来说，作为一个紧密又重要的模块，就需要发挥出自身的作用。对财务人员来说，需要意识到在企业整个运行系统中财务管理的重要地位，财务人员需要尽可能地了解企业中的流程，提高对财务数据的分析与整合能力，从而来更好地参与到企业的管理与决策中。

（二）信息技术的发展对传统财务会计记账模式的影响

信息技术的发展使过去在传统财务会计记账模式下的一些账户设置、记账方法得到了如下的拓展。

1.会计科目及其核算维度

信息化环境下会计科目的级次可以不局限于总账科目和明细科目两个层级，从信息技术本身来说，理论上可以支持无限层级的科目体系。在科目编码方面，既可以是过去财务会计所使用的固定编码，也可以是现代信息技术下的动态编码，在 SAP FI 系统中甚至可以是等长编码。

信息化环境下会计核算的维度不再局限于手工环境下的树状单一维度核算，而是通过辅助编码实现多维度核算，而且，信息化环境下各类账簿都是记账凭证的不同视图，可以避免手工过账或对账等烦琐操作。

2.信息技术环境下的复式会计记账模型拓展

在计算机环境下，是否一定要采用传统的借贷复式记账法曾一度引发会计学者的质疑和猜想。会计学界试图引入软件工程的面向对象建模、E-R建模等方法重新识别和构建会计模型。Colantoni et al.提出利用二进制编码（Binary Code）和多维数据存储技术提升和改进复式记账结构。Mc Carthy曾基于E-R模型方法构建出基于E-R视图的会计模型，并在此基础上提出共享数据环境下的REA 会计模型。Lin et al.构建出基于面向对象的会计信息系统模型。

区块链技术在会计上的应用，冲击了传统复式记账方法。

不可逆的分布式财务系统，便于信息追踪和提高会计信息的真实性。公司可以利用区块链信息技术建立一个分布式的财务系统，公司员工通过访问该系统，将各项经济活动录入区块链或确认交易。通过公司全网广播获得其余员工的核实和鉴别后，各个经济活动才能被写入财务系统，如果发现存在不实活动，则会自动被拒绝写入系统，从而完整和准确地反映了公司经济活动的全貌。数据会实时被全网监控不受篡改，而且新写入的交易与从前全部的历史交易相一致，方便追踪。例如，公司员工A到异地出差，会产生交通、住宿、通信等费用发票，于是公司区块链系统上会有接口接到航空公司、铁路总公司、酒店和通信公司，确保出差费用真实且匹配。该过程会对报销流程进行复核。在写入系统时，会再次广播到其余节点核查匹配，确保了经济活动的完整性和真实性，并且这些全部会在区块链财务系统中保留对应的拥有时间戳记的不可逆记录。这样，传统的复式记账方法就拓展或三式记账模式。

区块链的不可篡改特性减少了对会计监督的阻碍。企业会计人员在进行会计监督工作时，由于自身职位限制，常会受到企业负责人阻碍，甚至会被强令进行违法操作，不利于会计监督的有效实施。而区块链具有不可篡改性，即一旦财务信息经过验证并添加至区块链，就会永久地存储起来。企业会计人员无论是出于自身利益主动篡改账簿，或者受会计责任缺失的企业负责人胁迫被迫篡改会计资料，隐瞒缺少的财产物资和账实不符经济活动的行为都无法达成，因为少于系统中51%节点的会计人员对数据库的修改是无效的。区块链的不可篡改性，使财务数据的稳定性和可靠性提高，会计监督人员的独立性大大增强，企业负责人对会计监督工作的阻碍难以实施。同时，区块链技术还可以分散企业负责人和会计人员的会计责任。区块链的研发人员期望通过自愿原则来创建一套每人都能够参与录入信息的分布式记账系统，并没有给专门的会计人员预备一个特定的位置，而是由全网的全部参与者共同记录，从而分散会计人员和企业负责人的会计责任。区块链带有的分布式会计责任特性使得全网所有参与员工共同承担写入合法、真实、完整会计信息的责任。公司全员共同实施会计监督，确保经济活动的合规合法性。

第五章
会计信息化技术标准

第一节　会计信息标准的研究

一、标准的定义及意义

标准的思想在远古时期就已经开始应用，比如用来刮削树枝和兽皮的刮削器，在大小、形状上有所不同，经过多次检验后选出了最适用的，之后就作为一种标准样式相互模仿制作，从而提高了效率。到了秦代，秦始皇则推行“书同文车同轨”统一了货币、度量衡等与当时人们生产生活息息相关的重大政策，极大地推动了生产力的发展；而在北京奥运开幕式中展出的四大发明之一的活字印刷术则可以说是标准化发展史上的一座里程碑。不仅我国广泛引用标准化的思想，在19世纪20年代的美国，企业家福特采用了在标准化基础上流水作业的方法来生产汽车，促进了大规模成批生产的发展。源远流长的标准化为人类文明的发展提供了重要的技术保障。而在当今世界，标准化水平已成为各国各地区核心竞争力的基本要素，可以说：得标准者得天下。标准乃至标准体系说到底是一种游戏规则，谁掌握了标准的制定权，谁的技术成为标准，谁就掌握了市场的主动权。通常情况下，专利影响的只是一个或若干个企业，标准影响的却是一个产业，甚至是一个国家的竞争力，所以必须从战略高度上重视和加强标准化工作。正所谓：三流企业卖苦力，二流企业卖产品，一流企业卖专利，超一流企业卖标准。一个企业，乃至一个国家，要在激烈的国际竞争中立于不败之地，必须深刻认识标准对国民经济与社会发展的重要意义。

GB/T 20000.1-2002《标准化工作指南　第1部分：标准化和相关活动的通用词汇》中对标准的定义是：为了在一定范围内获得最佳秩序，经协商一致制定并由公认机构批准，共同使用的和重复使用的一种规范性文件。会计也有自己的标准——会计准则。会计准则是会计人员从事会计工作的规则和指南，是规范会计账目核算、会计报告的一套文件。它的目的在于把会计处理建立在公允、合理的基础之上，并使不同时期、不同主体之间的会计结果具有可比性。我国企业会计准则体系由1个基本准则和42项具体准则构成，基本准则在整个准则体系中起统驭作用，主要规范会计目标、会计基本假定、会计基本原则、会计要素的确认和计量等。具体会计准则分为一般业务准则、特殊行业的特定业务准则和报告准则三类。

二、会计信息化标准体系的构建

（一）会计信息化标准体系构建的意义

我国著名会计学家杨纪琬先生曾经预言：“在IT环境下，会计作为一门独立的学科将逐步向边缘学科转化。会计作为管理学的分支，其内容将不断地扩大、延伸，其独立性相对缩小，而更体现出与其他经济管理学科相互依赖、相互渗透、相互支持、相互影响、相互制约的关系。”今天，会计学面临的挑战是，日益增长的信息需求及信息的多元性，已经完全超出了传统会计学界定的范畴，也远远超出了传统会计信息系统的目标和功能，会计信息化的实施成为必然。而在以信息技术和通信技术为标志的会计信息化过程中，欲使信息作为一种资源为社会所共享，就必须使信息自身的表达方式以及信息的收集、传输、处理和存储各个环节不断标准化，否则必然导致极大的混乱。因此，必须对会计信息化进行标准化，使之形成一个体系，以达到统一局面，获得最佳的经济和社会效益。

会计信息化标准体系的建立和完善对软件公司等企业及其投资者、政府部门（包括税务部门）等都有极大的好处，是目前会计工作者面临的一个迫切任务。新会计准则体系的建立已经为会计信息化标准体系的构建做了必要的准备，而会计信息化标准体系的建立，则可以为会计准则在信息化社会中的应用搭建一个平台，使会计准则不仅发挥以前的作用，而且在信息化这一广阔的空间内为会计信息使用者提供更快捷、更方便的财务信息。

会计信息化标准体系的建立能解决数据采集、处理、输出以及使用的整个信息处理流程中的问题，使会计信息资源的生产者、使用者在同一平台上以相同的标准对话，提高信息的使用效率和利用水平；会计信息化标准体系的建立可以把目前看似不相关的技术、规范和标准连成一个有机的整体，对具体标准进行准确定位和有序组织，为各个标准提供了共同发挥作用的平台，使各个标准相辅相成，实现“1+1>2”的协同效应；会计信息化标准体系的建立可以有效防止标准的不兼容性和重复建设，促进资源的有效利用，也为后续标准的建立提供了一个框架，充分发挥其提纲挈领的作用。

（二）会计信息化标准体系的构建与存在的问题

杨周南（2006）在第五届全国会计信息化年会上的主题发言是首次提出对会计信息化体系乃至会计信息化标准体系的构建方案。主题发言中将会计信息化体系分为会计信息化理论体系、会计信息化制度和规范体系、会计信息化的标准化体系、会计信息化的风险控制体系、会计信息化的人才工程体系、会计信息化产业体系、会计信息化行业管理体系。随后分别进一步论述了各个体系包含的内容，其中把会计信息化的标准化体系又分为：

①会计信息表达形式（元数据）标准。价值链会计信息的准入标准（元数据的定义）。

②中间过渡和终极输出标准。凭证、账簿和报告的输出标准、表外披露项目等。

③标准、重点财务管理指标的标准、非财务信息标准等。

④会计信息分类和传送的标准。

⑤会计信息数据交换的标准（会计软件数据接口标准）。

⑥会计信息系统的性能和质量控制标准。

⑦会计信息安全控制标准。

⑧会计信息系统的评估标准。

⑨会计软件的合法、合规性测评标准。

胡仁昱、孙士英、褚彦淑（2008）将会计信息化标准体系分为以下四部分（如图5-1所示）：

①会计信息表达形式标准（元数据）。

②中间过渡和终极输出标准（XBRL）。

③会计信息数据交换标准（数据接口）。

④会计信息安全控制标准。

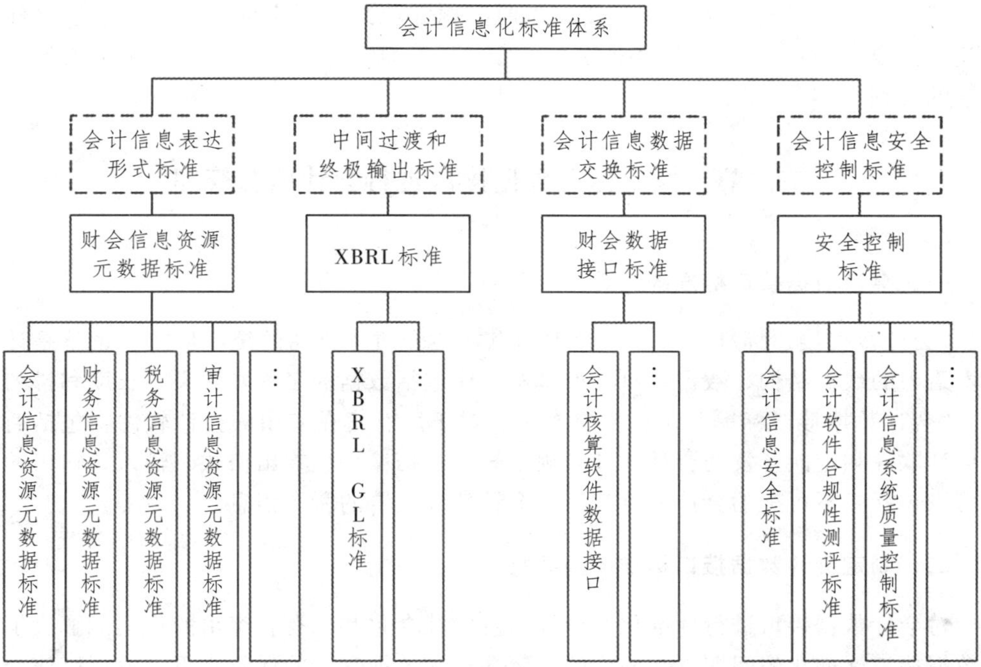

图5-1　会计信息化标准体系框架

这四个部分概括了会计信息化标准体系的各个方面，目前这个体系还属于构架阶段，很多问题都在研究当中，但也有部分内容取得了比较好的成果，如元数据标准、XBRL标准，数据接口标准、本书也将就这些内容进行探讨（如图5-2所示）。

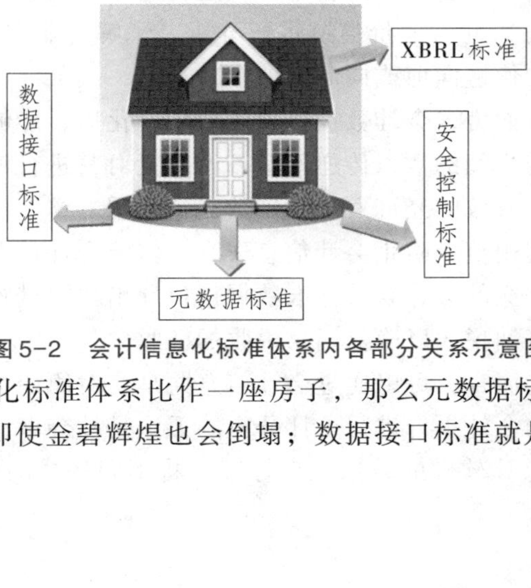

图5-2　会计信息化标准体系内各部分关系示意图

如果把会计信息化标准体系比作一座房子，那么元数据标准就是这座房子的地基，没有地基的房子即使金碧辉煌也会倒塌；数据接口标准就是房子的门窗，没有门窗的房子就无法与外界沟通；XBRL标准就是房子美丽的外表，漂亮的房子才会更受青睐；安全控制标准就是房子上的那把锁，有了锁的房子才更安全。

构建会计信息化标准体系目前的瓶颈是这四类不同的标准之间替代性：元数据标准、数据接口标准目前的研究都只是专注于各自的存在领域，学者们详细地描述了其与“房子”的关系，但彼此之间有无可替代性还有待研究。若元数据标准与数据接口标准可以相互替代，则不能称之为体系。唯有彼此之间是不可替代的，会计软件的诊断标准、评估标准是独立的，这样才能称之为体系。会计信息化标准体系的构建必然是一件长期的工作，要在短时间内完成是不现实的，且会计信息化标准的建立需要由政府主导、产学研各方积极参与，而会计信息化标准的实施更是一个复杂的过程。

第二节　应用标准数据接口进行会计信息管理

一、会计数据接口标准的意义

“会计数据接口标准”是一种数据信息在磁介质中存储的统一形式，也就是计算机术语中的数据结构，数据接口标准基本上应包括数据的名称和含义、长度和排列次序。“会计数据接口标准”主要的思想是：对于所有正在使用的会计软件（包括商品化会计软件和定向开发的会计软件）规定统一数据输入、输出格式，输入、输出的信息可以包括必不可少的会计信息甚至是会计软件包含的所有信息。

二、制定会计数据接口标准的重要性

对会计数据接口进行标准化对会计信息的社会化共享有着突出的作用。解决了会计数据接口标准化的问题，在相应的政策法规和数据安全的保障之下，就可以使会计数据和信息在企业部门之间、上下级单位之间、社会各相关权益人之间进行真正的社会化共享，各需求方就可以按照一定的权限，对会计数据和会计信息资源进行企业内、外部的再加工和社会化的充分利用。

（1）企业管理者可以对企业内的会计数据进行内部价值链分析，判断如何降低成本，优化企业流程，可以对行业价值链进行分析，了解企业在行业价值链中的位置，判断企业是否需要沿价值链向前或向后延伸。

（2）对于上级政府而言，会计数据接口实现标准化后，能够解决税务系统、银行系统以及关联企业系统之间的数据传递问题，政府能对其进行汇总和审查，有助于政府财政部门掌握真实、有效的经济发展基础数据。依据一整套模拟数据体系、指标体系，做到会计信息管理规范，防止会计信息失真，保障会计信息的透明度。政府税收部门也可以通过企业提交的会计软件标准数据接口导出数据进行税务控制，看企业是否按照国家的法律规章纳税，以确保国家税收的征收。

（3）对于审计机构而言，可以通过会计信息共享，对原始会计数据、中间会计数据和会计信息、发布的会计报告进行审计分析。无论是社会审计、内部审计还是政府审计都可以应用会计核算软件的数据接口标准，将不同格式的数据转换成同一格式，

使得审计中的数据不仅可以从跨年度的账簿中获取，也可以从不同版本的会计软件中直接取得，还可以从标准凭证数据库中取得。这就简化了社会审计中注册会计师对被审计单位的审计程序，且出具的审计报告会更具有合法性和公允性。同时在内部审计监督中，也为集团公司对下属子公司的有效调控和监督提供了方法。而在政府审计方面，各级政府及其部门的财政收支及公共资金收支的信息原先比较分散，且具有滞后性和不真实性，数据接口的标准化就可以很好地解决这一难题。

（4）对于经济信息统计管理和经济调控机构而言，可以通过会计信息共享，由社会经济活动的原始交易数据出发，进行加工处理，不仅可以生成传统的会计信息，而且可以得到社会经济活动中各种物资的供需关系和各个行业之间资源的动态变化与平衡关系，可以用于预测经济前景，辅助制定宏观经济政策，进行监管和调控，为经济建设服务。

三、标准数据接口实施进程

1994年，我国发布的《会计核算软件基本功能规范》可以说是我国会计核算软件的一个基础性文件，是我国境内所有会计核算软件应该遵守的标准，使我国会计软件的开发和普及进入了快速发展阶段。到20世纪90年代末，国内会计核算软件已实现了商品化，会计核算软件已比较成熟，其体系结构、功能结构已基本定型。但不同软件公司出于其商业利益和独占市场的目的，对本公司开发财务软件所采用的会计数据秘不外传，造成我国的会计信息化建设在数据库的选用以及数据库的结构设计方面存在相当大的差异，数据接口成为我国统一财务信息化的短板。1998年，中国软件行业协会财务及企业管理软件分会编制《财务软件数据接口标准》。审计署根据工作需要，自1999年以来开展了“会计核算软件数据接口”方面的研究和实践。经国家电子政务管理委员会、国务院信息化办公室批准，审计署于2002年2月开始组织研究编写《信息技术 会计核算软件数据接口》国家标准，于2003年年底提出标准草案文本。2002年2月10日上海市质量技术监督局发布了《信息技术会计核算软件数据接口规范》，并作为地方标准于2002年3月15日开始实施。2002年根据国家标准项目计划中编号为20020398-T-424的国家标准计划项目《信息技术会计核算软件数据》，上海市质量技术监督局组织相关单位和专家进行该标准的起草工作，于2003年年底提出了《信息技术 会计核算软件数据接口规范》国家标准草案文本。

2004年2月，根据国家标准化管理委员会《关于调整信息技术会计核算软件数据国家标准计划项目的复函》（标委办函〔2004〕6号）的精神，审计署计算中心召集上海《信息技术会计核算软件数据》标准起草组成员、审计署南京特派员办事处、南京审计学院等相关专家人员，在北京对上述两个标准草案文本进行了深入细致的分析研究，综合整理提出了《信息技术会计核算软件数据接口规范（企业、事业单位）（草案稿）》。2004年3月，根据国家标准化管理委员会关于“要符合国家标准撰写格式及语言规范；要使用数据元素表示；会计核算软件数据输出文件要有文本和XML格式”的要求，组织审计署计算技术中心、财政部会计司、审计署南京特派员办事处、信息产业部电子标准化所、用友公司、金算盘公司、浪潮公司等相关人员共同研究，编制出《信息技术　会计核算软件数据接口（征求意见稿）》。

2004年11月4日，一项旨在克服数据交换障碍，提高会计数据综合利用率的国家标准《信息技术　会计核算软件数据接口》（GB/T19581-2004）在京发布，并于2005年1月1日起在全国范围内实施。《信息技术　会计核算软件数据接口》国家标准由审计署和财政部提出并组织专家研究起草，最后经国家质量监督检验检疫总局和国家标准化管理委员会批准发布。该标准是根据1997—2006年我国实施的会计准则（1项基本准则、16项具体准则）制定的，共有81个数据元素、16个数据表；会计核算数据元素局限于财务报表层面，既针对手工报表数据，也针对电算化数据，比较符合当时的我国经济发展情况和国内财务软件的开发平均水平。标准数据接口在数据交换中的作用如图5-3所示。

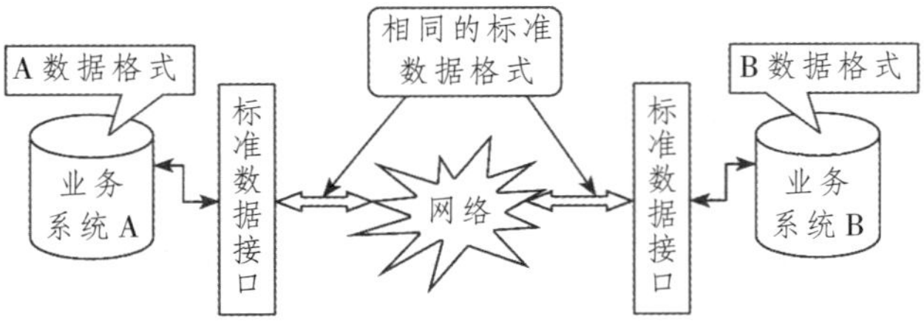

图5-3　标准数据接口在数据交换中的作用

《信息技术 会计核算软件数据接口》标准规定了会计核算软件的数据接口要求，包括会计核算数据元素、数据接口输出文件的内容和格式的要求；提出了数据元素和辅助核算的概念，为标准使用者理解会计核算的数据概念奠定了基础；规范了文本格式和XML格式的数据接口，为会计核算软件与其他信息系统之间的数据交换创造了条件。

由审计署组织起草的国家标准《财经信息技术会计核算软件数据接口》（GB/T 24589-2010）于2010年6月30日经国家标准化管理委员会批准发布并于2010年12月1日起在全国范围内实施。该标准是全国审计信息化标准化技术委员会成立以来组织制定的第一批标准，在继承2004年发布的《信息技术 会计核算软件数据接口》标准的基础上，依据新版企业会计准则进行了技术更新，扩展了标准适用范围，在内容上进行了体系化完善，并对市场主流软件产品开展了标准符合性认证。新版系列标准分为4个领域：企业、行政事业、总预算和商业银行。此次批准发布的是企业、行政事业部分2个标准，总预算、商业银行标准正在征求意见过程中。这套系列标准比GB/T 19581-2004更为详细、产品类型更加丰富，并且技术深度已经达到会计凭证层面，更好地体现了会计准则的真实性、准确性和易用性。其中，企业标准包括202个数据元素，行政事业标准有194个数据元素，统一采用了XML格式。

第三节　XBRL概述

一、XBRL简介

信息技术的发展和企业的大数据背景，推动了企业会计处理方式的变更，改变了原有的会计数据的收集、加工、处理、披露和分析方式，提高了财务报告的及时性、可靠性、安全性。数据和信息是监管部门进行监管和风险控制的基础，在信息化时代下，如何保证这些信息和数据的准确性和真实性是会计监管面临的一大难题。

XBRL（eXtensible Business Reporting Language）直译为“可扩展商业报告语言”，是一种基于互联网技术的新型企业财务报告语言。XBRL是XML（可扩展的标记语言，eXtensible Markup Language）在财务报告信息交换方面的一种应用，也是目前应用于非结构化信息处理尤其是财务信息处理的最新技术。

XBRL是基于XML技术标准建立起来的用于财务报告的电子语言，是财务机构编制、公布各种格式的财务报表，可靠地抽取和自动交换上市公司财务信息的一种标准化方法。如同货运业的“集装箱”标准，XBRL标准允许企业信息流在企业供给流程中以较低的成本和较高的安全性在源头处“打包”并迅速“运送”。

从实际的商业观点来定义，XBRL是一个开放的、平台独立的国际标准，是进行实时、准确、有效与高性价比的金融与商业报告数据的电子存储、操作、复用与交换的标准，是目前应用于非结构化信息处理尤其是财务信息处理的最新标准和技术。它对财务数据进行特定的识别和分类，并对财务信息提供更加强大的解释和分析平台。除了不断提高商业报告的透明度，XBRL在财务报告中的使用通过加强计算机系统之间数据流的控制进一步提高了数据的安全性。XBRL不是一项专利技术，公众可以免费注册并使用。XBRL不是一种交易协议，它是为了表述与制作以及使用有关的商业报告信息而设计的，以会计分类为起点。XBRL是关于商业报告层面，而非交易层面的数据获得的内容。于技术方面而言，XBRL旨在解决信息在不同的平台、不同软件之间的交流问题。于会计方面而言，XBRL旨在提高会计报告信息的质量。

XBRL的原理是其用标记构造信息，如当一个数据被标记为利润时，XBRL程序明白它有一个利润的严格定义，信息的一致性是通过公认的标准来确保的。具体而言，XBRL有六大特点：（1）可以降低信息交换成本，提高财务信息的可获得性。（2）通过互联网提供具有时效性的信息，提高信息的相关性。（3）可以自动交换并摘录财务信息而不受个别公司软件和信息系统的限制。（4）可以减少为了不同格式需求的资料而重复输入的问题。（5）解决了由互联网上获取的HTML格式的财务信息不能直接用于分析、比较的困难。（6）为投资者或分析者使用财务信息提供方便。

二、XBRL的核心技术简介

1.XBRL的技术框架

从总体上看，XBRL包括可发现分类标准集（discoverable taxonomy set，DTS）和实例文档（instance document）。DTS包含一种或多种分类标准（taxonomy），它是随着分类标准变得更复杂、不同的分类标准之间联系更紧密而逐渐发展起来的，同时这些分类标准是可扩展的，也就是说分类标准中的元素是可以增减的、元素之间的关系也是可以更改的，这种分类标准的扩展（taxonomy extension）也是DTS的一部分。

一般说来，分类标准和实例文档是XBRL中的重要部分。XBRL的分类标准如图5-4所示。

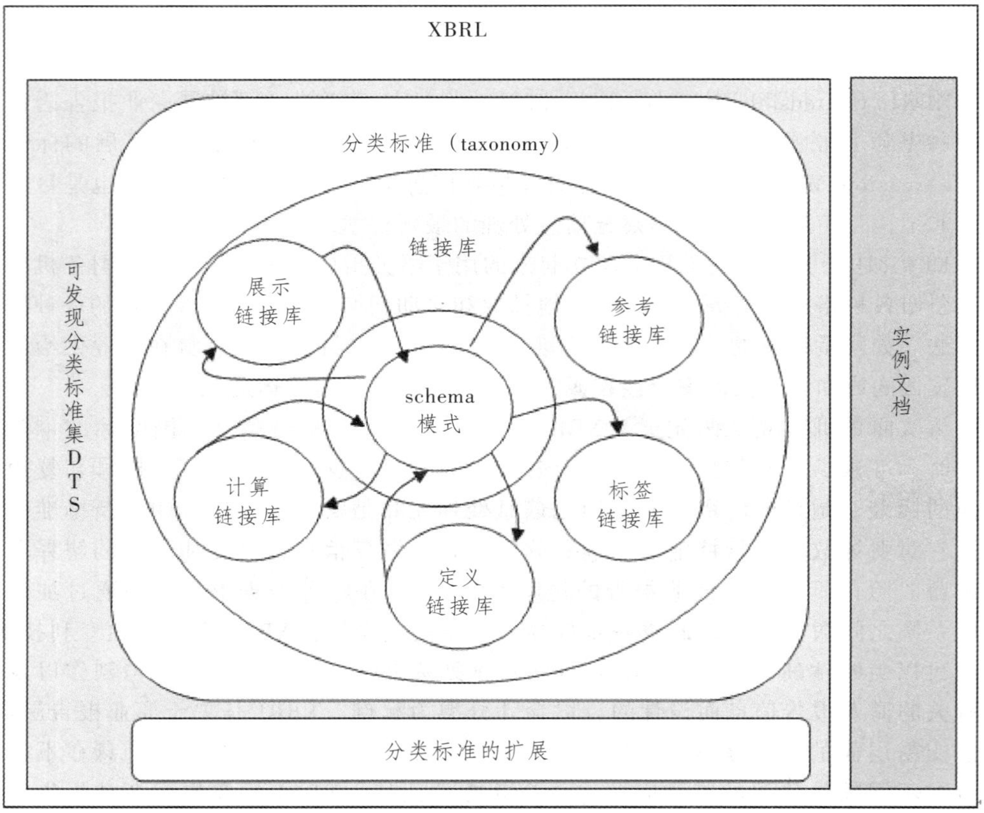

图5-4 XBRL的分类标准

2.XBRL的整体框架

（1）分类标准（taxonomy）

分类标准就是一种分类的知识，最初它仅指生物分类，后来应用范围越来越广，泛指各种分类。分类标准可以描述各种层次结构，也可以建立某种形式的网络结构，包括各种元素及元素之间的关系。

分类标准是XBRL中的核心部分，它首先要定义财务报告中要使用的各个财务报告元素及其属性，同时还要定义这些元素之间、元素与外部资源之间的关系。所以，XBRL分类标准中最核心的部分是模式文件（schema）和链接库文件（linkbase）。简言之，模式文件中包括了各种元素的定义，链接库文件提供了这些元素之间及其与外部资源的联系。一个模式文件可以没有链接库而存在，但是分类标准如果要发挥最大功能，模式文件和链接库文件都是必需的。

①模式文件（schema）

模式文件中储存了分类标准中元素的属性信息，如标识符（ID）、名称、类型等。我们可以把它看作一个个容器，未系统化的元素及与元素相对应的链接库文件都放在这里面。从技术角度来看，XBRL模式（XBRL schema）是针对特定的商业和财务报告的需要而定制的一种XML模式（XML schema），它是一系列无关联元素的集合。XBRL模式是利用XML schema技术创建的，并存储在一个扩展名为.xsd的文件里，它与链接库文件一起创建了XBRL分类标准。

任何模式的根元素都是< schema >，每个模式文件都以< schema >开始，以</schema>结束，中间包括一些对元素属性的描述。因为在不同模式文件中同一个元素会被赋予不同的意义，例如资产，在不同的会计准则中对其定义是不一样的，为了区分这些元素，人们使用了命名空间（namespaces），它们看起来就像互联网中的网址，万维网中使用通用资源标识符（URI），因为它是唯一的，在模式文件中使用命名空间的目的就是准确定位所需的每个元素。在模式文件中，并没有使用长长的整个地址，仅仅截取了一个前缀，举例来说，我们定义ifrs="http：//xbrl.iasb.org/int/fr/ifrs/ "，在一个元素的名称前，我们并不使用整个地址，我们仅仅使用ifrs，如<ifrs：Assets/>。总的来说，XBRL模式文件的作用就是给计算机提供展示和处理会计项目信息的方法。计算机没有内置会计专业知识，我们要以它能读懂的语言告诉它特定概念的含义及属性。

②链接库文件（linkbase）

链接库文件（有时也被称为层layers）也是XBRL分类标准的一个构件，它表明了元素之间的关系，并把元素与特定的外部资源联系在一起。不论目的怎样，如同定义XBRL元素一样，创建XBRL分类标准有以下步骤：为了可以让人读懂分类标准，要以某种特定的语言给元素定义标签；把元素与外部的资源联系起来，以证明元素的存在，并对元素进行解释、定义或者是对某一概念进行举例说明；根据不同的准则或标准定义元素之间的关系。

图5-4中展示了链接库文件与模式文件的联系，并指出了五种不同的链接库文件，分别是展示链接库（presentation linkbases）、计算链接库（calculation linkbases）、定义链接库（definition linkbases）、标签链接库（lables linkbases）和参考链接库（reference linkbases）。链接库文件中使用了XML中的两种技术：一种是Xlink（XML linking languages），通过这种技术在XML文档中建立超链接；一种是Xpointing（XML pointing languages），通过这种技术在XML和XBRL文档中进行定位，如在模式文件中准确找出某一元素的定义。大体说来，要创建一种关系，我们首先要指向我们需要的元素，并定义它们之间的关系。

③元素（elements）

元素是指向计算机展示的各种财务概念，如资产、负债、收入等，为了让计算机能理解其各种特征，在模式文件中包含的元素必须依据某种特定的规则进行定义。从会计角度看，元素的定义中一般要包括名称、类型、余额方向、期间分类等。

④模式文件和链接库文件之间的联系

在模式文件中定义了元素及其特征后，分类标准的创建者要向计算机提供元素之间的关系及元素与外界资源之间链接的信息，这就形成了链接库的任务。下面举一个例子对模式文件和链接库文件的联系进行说明（如图5-5所示）。

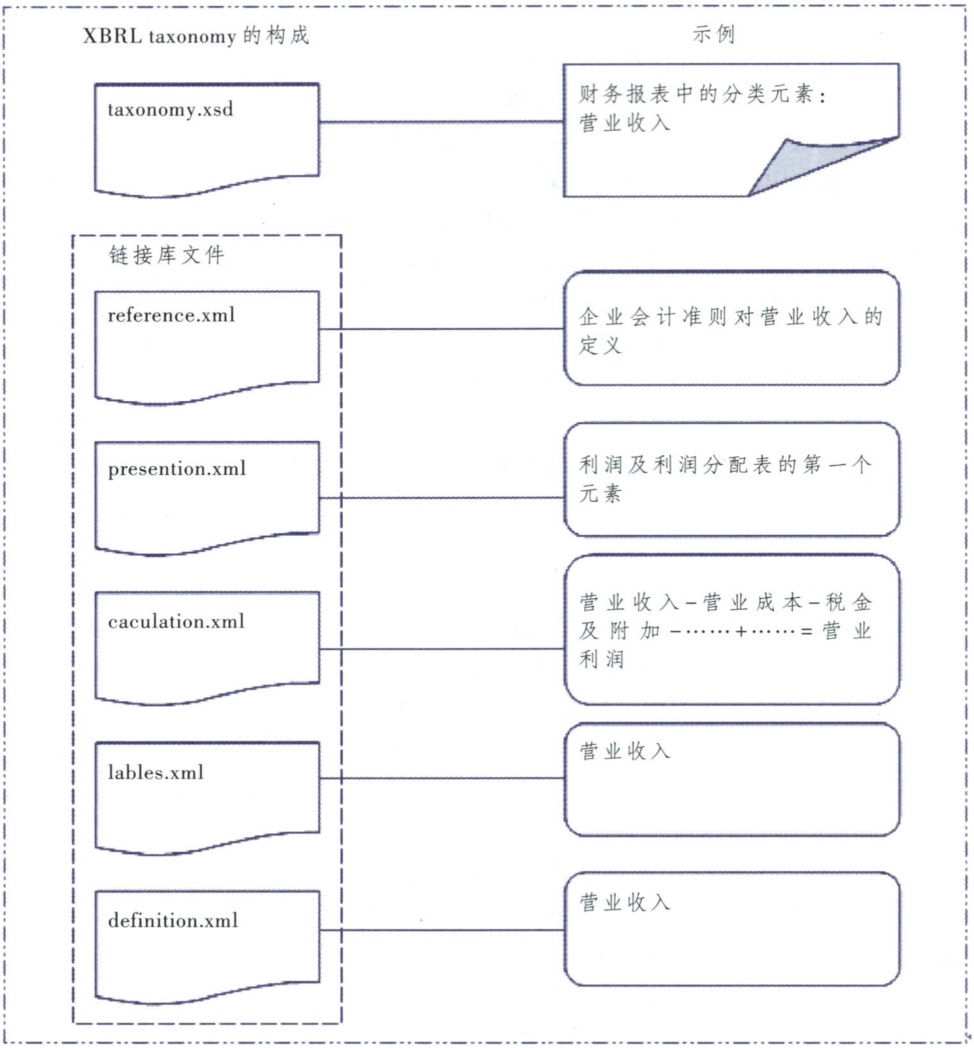

图 5-5　XBRL 分类标准的构成

（2）XBRL实例文档（XBRL instance）

XBRL实例文档就是根据XBRL规则创建的电子形式的商业报告，它既包括分类标准中定义的元素和相应元素的值，还包括与其相关的信息。脚注出现在实例文档中，对一些元素提供一些附加信息。比如，在一个财务报告中，几个概念中都提到“如需获得更多信息请参看资产的披露”，那么就有可能为这些概念与包含在文本中的脚注元素创建一个超链接。

一个XBRL实例文档就对应着一个企业财务报告的实例文件，实例文档中所包含的值就是企业的业务值。

（3）分类标准和实例文档之间的联系

XBRL模式文件的制定，必须要遵守XBRL技术规范；分类标准链接库文件中出现的各个元素必须是在XBRL模式文件中定义了的；要生成实例文档必须首先具备已经制定好的分类标准，这样通过人工输入或系统导入的数据才能依据分类标准生成实例文档。

（4）XBRL相关工具

XBRL技术应用所涉及的工具主要有分类标准创建工具（taxonomy creator）、实例文档编辑工具（instance editor）和验证工具（validator）。分类标准创建工具主要用于创建XBRL分类标准，实例文档编辑工具主要是用于生成、编辑实例文档，这两者主要由会计人员使用；验证工具主要用于验证分类标准、实例文档是否符合XBRL技术规范。

（5）XBRL运行的架构

XBRL格式的文本存储在XML文件中，XML Schema定义XML文件的元素架构、元素标记和属性，由于XML仅对语义进行标记，通过对其阅读，可以知道哪些数据属于哪个字段，但是并不知道数据应以怎样的方式显示，必须通过样式表（CSS或XSL等）对文本进行格式化后才能在浏览器上显示。

XBRL技术为财会信息的自动化、及时性、一致性提供了一种处理技术，我国财政部在2013年发布了《企业会计准则通用分类标准编报规则》，XBRL技术作为信息化时代处理会计数据的新手段，研究其在各个监管领域的应用意义重大。

本书在分析信息技术条件下我国会计监管领域遇到的问题和挑战的基础上，对国际会计在各个监管领域的最新理论进行分析和研究，进一步完善我国现有的监管领域；同时，进一步分析XBRL技术在企业和政府监管领域的具体应用实例，分析XBRL技术具有的监管驱动属性，以更好地提高会计监管效率。

三、XBRL的社会运用价值

2015年5月8日，美国财政部部长助理大卫·莱布瑞克（David Lebryk）与白宫管理和预算办公室（OMB）联邦财政管理局主任大卫·马德尔（David Mader）联合在白宫官方网站发表题为《更好数据，更优决策，更佳政府》（Better Data，Better Decisions，Better Government）的报告，介绍美国《数字责任和透明度法》（Digital Accountability and Transparency Act of 2014，DATA Act，简称《数据法》）实施的最新进展，宣布将XBRL（可扩展商业报告语言）作为美国联邦政府支出信息公开披露的数据标准，XBRL由此正式应用于美国联邦政府信息披露。

从国内外的XBRL实施情况来看，政府主导都是最初推动XBRL应用的必然选择。但要充分发挥XBRL的优势，让XBRL为社会创造价值，还需要满足社会对XBRL信息服务的需求，用市场力量吸引各方面的参与，形成服务于XBRL数据生产、汇集、搜索、分析的完整产业链。当前发展XBRL面临的一些问题，包括XBRL技术人才和应用软件的缺乏，都可以通过推进XBRL的市场化应用迎刃而解。

培育市场和产业链，一是要解决XBRL数据来源问题，在不断扩大应用的同时，要在法律框架内，在不妨害国家秘密、商业秘密和个人隐私的前提下，开放公众对分类标准和实例文档的访问。二是要引导XBRL应用软件的自主研发，建立包括软件功能测试标准在内的XBRL应用软件评测体系，确保应用软件质量，规范市场竞争。三是要发掘XBRL对企业经营的价值，启发企业内部需求，鼓励企业以实施XBRL为契机，推动信息标准化，使XBRL应用从外部报告不断向信息流的上游延伸，改进战略规划和经营决策的信息支持，实现其多方位的应用价值。

在社会监督管理领域推广XBRL具有其必然性。XBRL是会计信息化的一个重要标志，实施XBRL是当今时代的潮流，是信息技术环境下的必然，也是企业的内在需求。

（1）推广XBRL是发展全球化经济的要求

经济全球化的一个基本特征是“游戏规则的全球化、趋同化”。XBRL构思自被Hoffman提出以来，就凭借其高扩展性、高灵活性、高效率、清晰易读等技术优势在短短二十几年的时间里，得到全球的关注和推崇。而西方发达国家在这场会计信息化技术变革中抢占了先机。早在1999年。AICPA联合美国五大会计师事务所和其他知名企业成立了XBRL组织，开始展开对XBRL的研究。加拿大、日本、英国等发达国家纷纷成立XBRL组织，参与标准与规则的制定。如今XBRL已经成为国际性的标准。我国在大力推进经济全球化的进程中，应顺应趋势，加强和成员国、组织之间的交流，力争与世界发展同步，充分发挥中国在会计信息技术方面的影响力。在现有社会对大数据和快速信息获取的需求下，推广和使用XBRL技术有利于提高企业和政府在财务数据获取和处理方面的优势，在信息经济中处于优势地位。

（2）推广XBRL是防范和应对金融危机的要求

2007年，由次贷危机引发的金融危机蔓延全球，产生的后果至今让人心有余悸。经过这场浩劫，人们意识到，以核心企业为中心的，由客户、供应商及其合作伙伴组成的整个企业价值链正在形成，一个企业的失败可能引发“多米诺”效应，所以，应该突破空间限制，只有根据提供的相关企业的营运环境、竞争状况和发展动向等非财务信息，加大风险管理和金融监管力度，才能确保经济的快速恢复和健康发展，而信息化建设尤其是提高会计信息的标准化和透明度，才是应对金融危机的良策。通过采用XBRL技术对企业自身和外部的监管报告进行规范，企业和政府可以有效地处理数据，对数据透露出的经济状态不正常的信号和信息进行及时的处理。

（3）推广XBRL是完善会计信息系统的需要

鲍勃·埃利奥特（Bob Elliott）指出：“IT正在改变一切。”高速发展的网络技术，在为企业决策提供源源不断的信息时，也显现了现存会计信息系统信息采集、处理、报告时效性不强，基础数据库再处理性能弱等缺陷。所以，他强调“内部会计和对外报告会计都必须改革”。XBRL在社会监督管理领域的应用，推动了会计信息系统的完善。

四、XBRL技术的主要运用领域

会计监管的产生与发展同会计信息处理存在着密切的关系，张俊民（2009）提出会计监管是指通过会计检查、督促和控制对经济活动的过程和结果进行监督、管理，主要包括企业内部会计人员对经济活动过程和结果的监督、管理；国家及地方各级管理机构、投资者、债权人等各方利益相关者对会计工作过程和结果的监督、管理。事实上，最原始的会计监管源于聘请专家对企业的财务报告进行审核评价的需求，随着企业过度扩张，除了专家，企业的财务报告还需要具有独立性的中介机构、政府的审查，因此，本书所指的监管是指四重监管，即企业的财务报告必须经过所有者代表——董事会、内部审计人员和外部注册会计师——的审查，同时也需要政府税务部门对会计信息的真实性、正确性、公允性进行监管。

XBRL在经济活动中有广泛的应用空间，归纳起来主要体现为以下六大领域：

1. 企业管理领域

企业管理层可以通过XBRL迅速地收集数据并分析各部门以及相关公司的财务状况。同时可以将这些信息迅速地发布，以获得市场的支持。同时作为信息提供者，企业也可以应用XBRL技术，将原本需要进行书面财务报表报备、网络财务信息发布或上传至相关主管单位的工作由专门的格式转换应用程序，一次完成XBRL的格式转换，不需要分多次进行数据处理作业。

2. 审计领域

XBRL的应用可以改进财务报表的制作和检查过程。对于审计机构，企业财务报告采用XBRL统一披露企业财务信息的最主要的好处，即不再需要以人工方式判读不同格式的资料，而可直接通过标准应用程序取得客户公开的财务资料的内容，如果能够进一步与企业统一以XBRL格式储存的经济业务数据库连接，各事务所只要在确定该系统各方面控制良好且逻辑无误后，便可直接通过网络进行连续性的实时审计和非现场审计，如此可减少大量人工操作，提高审计效率和质量。

3. 企业信用等级评估领域

企业、银行、信用评价机构可以比从前更快地获得相关进货商、销售商以及融资机构的信用等级状况。

4. 证券市场领域

首先，一般投资者可以更快、更准、更方便地获得企业的财务信息。而对于专业的投资分析师来讲，网络上所获取的资料可直接用以分析，同时也可以选择其所需的输出格式，提高资料汇总和分析的效率，可使分析师省去大量重复的数据处理的时间和成本。对于证券管理机构而言，若各上市公司采用XBRL格式统一替代目前证监会规定的PDF格式电子档案，则书面资料与资料上传都只需同样步骤即可完成，且各公司上传的档案具有相同的格式，更可直接对其进行检查、比较与分析，可以最小成本达到信息公开透明化与公平化。

5. 贸易与纳税领域

通过XBRL的应用，各企业的报税资料可直接由公司编制财务报表的同一资料库直接产生，不必另外进行数据的整理准备，并可以从网上直接传给各税务部门，实现纳税申报的无纸化、信息化。这样，除可以有效避免人为的数据输入错误，提高税务部门工作效率外，也可减除申报期间报税人必须亲至税务单位报税之麻烦，实现更多信息与文件的无纸化。

6. 金融行政领域

金融管理部门在研究金融机构的财务动向和风险分析时也可以有效地利用XBRL。对各个政府机关与非营利组织来讲，政府可以规划标准XBRL的窗体及文件的格式，放置于政府公开网站上，可以供企业填写或缴交资料，政府机关与非营利组织内部许多财务性文件及窗体，统一规划为XBRL的标准文件，可以更加简化政府或非营利组织公文流程处理作业。XBRL将简化现有的电子报税手续，实现企业财务数据与税务部门数据接口统一。此外，以XBRL文档格式保存会计文件和相关法规等资料只要利用一般的Web浏览器即可解读，同时具有较高的易维护性和自动检索效率。

第四节 XBRL分类标准的应用前景和对策

一、我国XBRL标准财务软件推广存在的问题

1.我国XBRL标准的应用不够深入

虽然上海证券交易所和深圳证券交易所采用XBRL标准进行财务报告披露已经经过了10多个年头，且2010年又发布了XBRL企业会计准则通用分类标准，但是XBRL财报的披露大多仅仅停留在表面，只是实现了终端财务报表数据在传统格式和XBRL格式之间的转换。XBRL会计数据并不是源自企业日常业务，而是直接来自终端的财务报表。

2.国内缺乏XBRL标准的专家和权威

2000年国际上才出现XBRL标准，2001年才有XBRL1.0标准，2003年颁布XBRL2.0标准，虽然近两年颁布了XBRL石油和天然气行业扩展分类标准、XBRL企业会计准则通用分类标准和XBRL银行业扩展分类标准，但是总体上XBRL标准在国际上的应用较多，国内真正理解和懂得XBRL标准的人还很少。

3.国内对该标准的研究大多停留在理论上

目前，还没有应用该标准做成的系统，上海证券交易所年报标准化报送系统可以说是国内第一个实际应用该标准的系统。

4.现有的ERP软件不包括XBRL报告功能模块或不同软件的兼容性也很差

由于国内很多企业已经采用了ERP系统，但是现有的ERP软件不包括XBRL报告功能模块，而且不同软件的兼容性也很差。因此，尽快开发能与企业现有信息系统兼容的XBRL标准软件是国内软件开发商面临的一个紧迫问题。

5.应用该标准最重要的分类标准目前还不完善

在证监会上报国家金融标准化委员会的《上市公司信息披露电子化规范》中，只定义了工业企业的财务报表科目，对金融企业、房地产等其他行业还没有制定出对应的分类标准。

出现以上问题的原因，主要是企业和会计师事务所推广XBRL的动力不足。

实例文档是依据XBRL分类标准生成的电子商业报告，当前实例文档的应用还没普及开来。在XBRL实施过程中，相当多的企业是由ERP系统生成各种财务报表，需要XBRL报表时，通过XBRL格式转换器进行转换，转换过程中会依照相应的分类标准和实例文档要求完成，最后形成XBRL文档，企业并没有从这种模式中得到任何好处，企业只是为外部监管单位提供一份实例文档而已，这应该是企业应用XBRL动力不足的主要原因。

国外的会计师事务所大部分以信息咨询业务为主，其对财务信息再加工的欲望比较强烈，而国内事务所基本上是以审计鉴证业务为主，咨询业务很少，主要不是靠咨询业务盈利，所以国内事务所对财务信息分析再加工的需求不是很强烈，他们没这方面的技术能力和利益驱动，这是造成国内事务所对于推广XBRL技术缺乏积极性的主要原因之一。

从很多企业和财务人员对XBRL根本一无所知的情况来看，不得不说，我国目前在推广XBRL过程中存在诸多局限性。试点XBRL只是普及XBRL的一个过程，XBRL推广普及的突破点在于应该让其应用价值得到真正体现。目前我国企业在推广XBRL方面配合度不够，企业主动运用XBRL还有很长一段路要走，目前XBRL的应用价值主要体现在监管部门。

针对以上提到的问题，我国应加快XBRL的研究应用，尽快发展后发优势，避免又落在其他国家后面丧失技术标准的话语权，避免在国际资本市场竞争中处于劣势。

1.发挥"XBRL中国地区组织"和"全国会计信息化标准化技术委员会"的作用

大力发挥"XBRL中国地区组织"和"全国会计信息化标准化技术委员会"的作用，特别是：①充分发挥两者在XBRL领域的专业优势，在理论上加快建立系统化的会计信息化标准体系，其中XBRL分类标准体系应当作为工作的重点，早日制定出合适的XBRL分类标准就能够使得XBRL的应用推广有所依托和支撑；②在财政部的带领下系统性、阶段性地推广XBRL分类标准的应用，充分发挥财政部、"XBRL中国地区组织"和"全国会计信息化标准化技术委员会"在我国XBRL应用推广中的统筹作用。

2.注意XBRL研究动向，参与XBRL标准制定

XBRL能否成为全世界各类企业发布报告的通用国际商业语言，目前还很难下结论，XBRL.ORG的有关标准还在进一步修改和完善，还需要得到W3C（国际互联网联盟）的正式推荐。我们也认识到了XBRL技术带来的巨大的交易成本的节约，因此就不存在有没有必要发展这个项目的讨论，所以我们要大力发展该项技术，但是也不能急于求成，毕竟该技术还不是很成熟。我们要借鉴其他国家和国际组织的研究动向和成果，取其精华为我所用；同时我们要积极参与XBRL标准的制定，表达我们自己的意见，尽量减少不同标准之间的差异。经济趋向全球化，我们的竞争是在世界范围内进行的，需要别人理解我们的信息，理解我们的技术，尽量避免二次开发导致的资源和时间的浪费。

3.谨慎推广XBRL

XBRL涉及的问题很多，某些客观条件我们还不具备，我们对该技术的推广要根据具体情况具体安排，分步骤进行。首先，由于我国的会计人员、财务人员几乎没有相关的知识结构、知识储备，因此我国的相关专业的教育应该加大类似课程的传授推广，加大在职人员的再教育再学习力度。其次，加强公司治理结构的优化，不然XBRL只会带来更大的破坏力，它只是一项减少交易成本的技术，它本身的存在是中性的。最后，该技术本身还没有完善起来，相关技术还不是很成熟。

总之，XBRL的推广普及需要企业、会计师事务所、软件企业、政府部门等相关方面的共同推动。软件企业应将自己的ERP系统产生的数据库与XBRL相对接，让企业能从中获益，只有共同获益，才能共同推动XBRL的普及。

二、XBRL与GB/T19581-2004的比较分析

GB/T19581-2004的设计与XBRL有比较相似的目标，都是将解决不同系统数据的互通性和共享性问题作为主要目标。

设计数据接口有两种做法：一种是通过编制计算机程序将一种数据文件转换成另一种数据文件，是通过计算机程序改变数据结构的方法。另一种方法是输出一个规定格式的文本文件，由其他系统直接读入文本文件。GB/T19581-2004的设计思想是采用第二种做法。由于目前国内流行的各种会计核算软件的数据文件格式差异比较大。不同系统的数据无法相互利用，如果各个系统都能够按规定格式输出一个通用的文本文件，则系统之间的数据交流将得到极大的改善。GB/T19581-2004的目标就是试图使各家软件企业开发的会计核算软件间可以进行比较通畅的数据交流。

GB/T19581-2004的设计包括两个部分：第一部分为格式定义文件。该文件对输出的财务信息的数据文件格式、数据类型等进行定义。第二部分为数据输出文件，即按照格式定义文件规范输出的财务信息数据文件。当一个会计信息系统输出数据时，同时输出格式定义文件和数据输出文件。格式定义文件对数据输出文件各个字段的含义、数据类型、数据含义予以说明（因此也称格式说明文件），数据输出文件按照格式定义文件的规范输出数据。用户通过计算机解读格式定义文件后，就知道了输出数据文件的字段含义、数据类型、数据含义等信息，然后，根据这些信息，解读系统输出的数据文件，了解和分析企业的财务和会计信息。

从图5-6中可以看出，当一个会计信息系统软件输出它的会计核算结果时，应该按照GB/T19581-2004的规范，同时输出一个格式定义文件，对该系统输出的数据予以说明。其他会计核算系统或管理、分析、决策、审计等软件系统在使用该系统输出数据时，首先阅读格式定义文件，通过对格式定义文件的阅读，知道了输出数据的字段含义、数据含义和数据类型等关键信息，从而可以正确地阅读输出数据文件，可以将从输出数据文件中读到的数据导入本系统的数据库中去，对导入的数据可以进行各种处理。

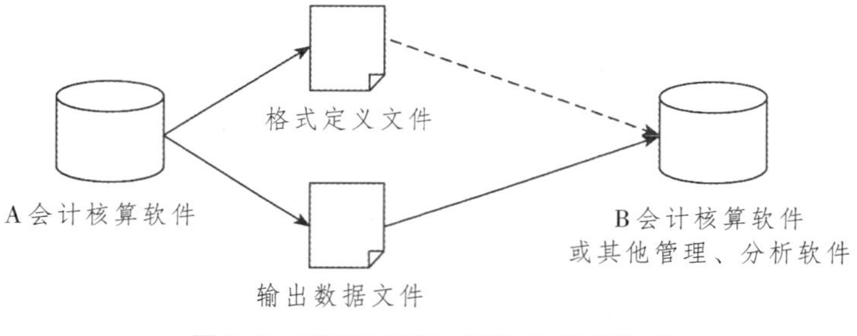

图5-6 GB/T19581-2004运行架构图

GB/T19581-2004规范的是格式文件编写的格式和必要的要件，任何会计核算软件只要按GB/T19581-2004的规范，在格式定义文件中将它们输出的数据文件的各项要件加以说明并且以文本文件的格式输出数据即可。通过这种方式，就可以非常简单地达到不同软件之间信息交换的目的。

XBRL与GB/T19581-2004在设计思想上有相同的地方，都是将数据与数据定义分开，试图将数据与对数据类型、格式的定义分别处理，以实现不同系统的数据互通。

XBRL采用XML的Schema技术，通过XBRL的分类大纲对在网络中传输的XBRL实例文档的结构、标记等予以规范，使用XSL技术使数据能够被浏览器识别，数据与数据定义是分开的。而GB/T19581-2004则是将会计核算软件输出数据的含义、类型等信息单独在一个名为“格式定义”的文件中表述，使数据与数据定义分开。设计思想上两者有共同的地方，设计技术上则完全不一样。

XBRL的应用目标主要是解决互联网上不同平台和不同操作系统之间的财务报告的传送问题，提高报表传送的效率，减少报表由于重复输入而增加的工作量和出错的概率；而GB/T19581-2004的主要目标是解决不同会计核算软件之间的数据互通问题，是为了充分利用会计核算得到的数据，以解决会计信息系统与其他系统的数据交流问题，以便利用会计数据进一步进行管理、决策、预测和审计或稽核。两者在设计目标上有一定的差别，在设计基础、文档的校验等技术方面存在着较大的差别，应用的领域也不太一致。因此，不能将其视为可以相互替代的两个标准。XBRL和GB/T19581-2004各方面都存在着一些具体的差别，主要差别比较的情况见表5-1。

表5-1　　XBRL和GB/T19581-2004差别比较表

序号	项目	XBRL	GB/T19581-2004
1	设计目标	通过互联网提供财务报告信息，可在互联网自动交换、摘录财务报告信息而不受会计软件系统和系统平台的限制	规定会计核算软件的数据接口技术规范，使不同的软件之间可以互相交换会计核算信息，而不受各软件公司软件和信息系统的限制
2	应用目标	跨平台会计数据传输，全面支持网络环境	会计软件数据共享，一般支持网络环境
3	设计基础	基于XML的树状结构的文本文件	基于关系型数据库的纯文本文件
4	对数据文档的验证	通过名称空间提供的Schema验证存放数据的实例文档	通过会计核算软件自身提供的格式定义文件验证数据文件
5	数据分析要求	对公司财务报告提供的公开资料进行指标分析	对企业提供的基础数据进行综合分析
6	审计深度	仅对会计师事务所鉴证后的财务报告进行检查	可以深入检查企业财务报告数据的数据源，并进行数据的合规性稽核
7	文档可阅读性	较好（有xls、css、DOM等各种技术支持）	较好（需要先阅读格式定义文件）
8	不同会计软件数据转换	基本支持	完全支持
9	中文使用实例	少量	大量
10	支持的字符集	utf-8、utf-16，理论上支持GB2312、Big5等	GB2312、utf-8等
11	技术成熟程度	较成熟的XML技术，有关Xlink、Schema等技术在进一步的完善中	成熟的关系型数据库技术
12	国际通用性	较好	一般
13	设备要求	较高（XML文档转换需要占用较多的内存资源）	一般（纯文本文档转换一般不占用较多的内存资源）
14	人工判读难度	较高	一般
15	数据检索	效率比较高	一般
16	实施难度	较大，除需要政府部门推动外，还需要XBRL ORG的推荐	较小，需要政府部门推动

从表5-1可以看出，两者是在两个完全不同领域中的应用标准，XBRL是针对互联网上财务报表的传递和发布所做的规范，而GB/T19581-2004是对会计核算软件之间数据传递的规范。XBRL主要是解决怎样发布规范的财务报告问题。GB/T19581-2004主要是解决怎样实现不同会计核算软件间的数据交流问题。两者的应用领域差别较大，XBRL对资本市场财务分析师特别有用，而GB/T19581-2004对内部审计师来讲显得更为重要。由于XBRL的国际互通性比较好，因此XBRL的应用前景可能更加广阔，尤其是对于结构性较差的数据予以结构化处理更具有优势。

对于大量数据浏览，XBRL更具优势。按节点检索效率更高，对于大量的数据计算和处理，则GB/T19581-2004的效率更高。XBRL更加有利于网络数据交换，通过合法性校验，验证传输过程中有无遗漏、篡改，而GB/T19581-2004规范的数据文件能够很好地导入各种数据库中。

案例

会计信息系统应用案例讲解

因此XBRL与GB/T19581-2004并非替代关系，应用目的与应用环境不一样，因此，两者可以相互补充，并行不悖。

第六章 会计信息化工作与法规

第一节 会计信息化工作对加强经济管理的重要意义

一、会计信息化软件

（一）会计信息化软件

常见的与会计信息技术有关的软件有操作系统、程序设计语言、数据管理系统、文字处理软件和电子表格软件等。

在信息化时代，会计信息化软件产品不仅是实物产品，还包括由软件供应商提供的服务。这类服务既包括在软件销售时的需求分析、选型、系统集成、升级、培训辅导和后期维护等，又包括利用会计信息进行二次加工处理的服务，如代理记账、网络会计信息登载等。

在信息化环境下，“云计算”的应用、网络会计的产生、会计职能向决策支持的转化等一系列因素使得用户企业对于软件供应商的要求已经不是只提供单一的软件产品这么简单。企业在会计信息化建设时往往需要咨询软件供应商，根据企业的战略规划来确定软件选型、功能模块设计、业务财务一体化整合，以及系统的售后维护服务等问题。会计信息化软件服务主要还是围绕会计信息化软件产品进行二次加工，“软件即服务”这一概念已被大部分企业所认同，因此在规范会计信息化软件功能的同时，要对与之相关的服务进行规范，以保障会计信息化软件功能和产生结果的合规性。

（二）会计信息化国家战略

1997年，全国第一次信息化工作会议正式提出了国家信息化体系的概念，并把国家信息化的内容归纳为信息资源、信息网络、信息技术应用、信息技术和产业、信息化人才、信息政策法规和信息化标准等七个方面，在进行信息化建设的过程当中需要信息资源、网络、技术和人才的应用。

国务院在《2006—2020年国家信息化发展战略》中提出了“以信息化促进工业化，以工业化带动信息化，走出中国特色的信息化道路”的信息化发展战略，指出了我国信息化发展的战略方针是：统筹规划、资源共享，深化应用、务求实效，面向市场、立足创新，军民结合、安全可靠。其战略目标是：综合信息基础设施基本普及，信息技术自主创新能力显著增强，信息产业结构全面优化，国家信息安全保障水平大幅提高，国民经济和社会信息化取得明显成效，新型工业化发展模式初步确立，国家信息化发展的制度环境和政策体系基本完善，国民信息技术应用能力显著提高，为迈向信息社会奠定坚实基础。

财政部原副部长王军在《全面规划行业信息化建设促进行业发展转型升级》一文中强调要准确把握行业信息化工作面临的挑战。行业信息化工作开始逐步从“调查研究、顶层设计”阶段向“系统开发、建用结合”阶段转变。要准确把握信息化的阶段性特征，充分认识系统设计开发的实践性、复杂性、系统性和可持续性要求的挑战，在思想上、行动上做好充分准备，及时调整工作重心，确保各项工作顺利推进，为全面实现行业信息化目标奠定基础。要用改革创新的观念，行业发展战略的高度，攻坚克难的心理准备，齐心协力推进行业信息化建设，推动行业信息化不断取得突破，持续取得进步，以行业信息化成果支撑、引领行业跨越式发展。

财政部《会计改革与发展“十二五”规划纲要》中明确提出“十二五”时期我国会计改革和发展的一项重要工作是全面推进会计信息化建设，其中目标之一就是建立健全会计信息化管理体系，研究制定企业会计信息化工作规范，努力实现会计管理和会计监督的信息化，逐步建立政府规划指导并组织推动，单位主动参与并具体实施，社会积极响应并相互配合，职责清晰、分工明确、相互促进、共同提高的会计信息化管理体系。

《财政部关于全面推进我国会计信息化工作的指导意见》中提出全面推进我国会计信息化工作的目标是，通过全面推进会计信息化工作，使我国的会计信息化达到或接近世界先进水平。其中主要任务有推进会计管理和会计监督信息化建设、推进统一的会计相关信息平台建设，并要求在建立统一的会计相关信息平台过程中，应当关注信息安全等。

二、会计信息化软件运用的现状调查

（一）会计信息化软件的来源

从会计信息化软件的来源看，有69%的企业完全购买商业化软件并不进行二次开发，也有18%的企业会选择购买本土软件并进行二次开发，购买国外软件并进行二次开发的企业只有6%（如图6-1所示）。从总体情况来看，大部分企业会购买成熟的会计信息化软件，也有部分企业会结合自身需求对现有的会计信息化软件进行二次开发，完全自主开发软件、与第三方合作开发软件和购买在线服务的企业较少。因此，在对会计信息化软件进行规范时，要重点考虑对软件供应商所开发出来的商品化软件的功能进行系统规范。

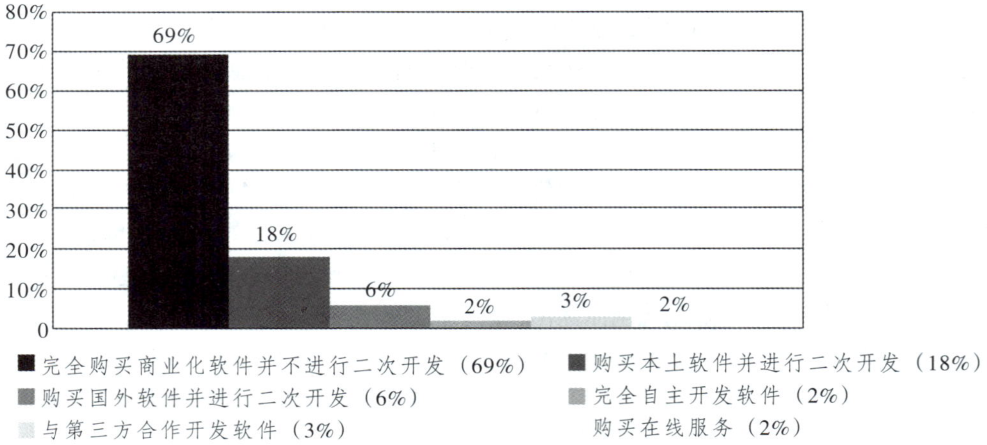

图6-1 会计信息化软件的来源

（二）会计信息化软件的功能

会计信息化软件功能从三个维度来考虑：

（1）软件设计质量原则要求，要具有合法性、安全性、可靠性、可拓展性和数据开放接口。

（2）功能模块设计。在规范会计信息化软件的功能上要着重规范会计信息化软件核算部分，对企业会计准则的合规程度，同时兼顾其他功能模块的规范。

（3）会计信息系统与其他系统的融合程度。

（三）会计信息化软件的安全性

当前信息技术发展迅速，会计信息技术已发展到了网络化层面，“云会计”“云存储”成为一些软件的业务之一，保证会计信息的安全性就变得更为重要。可以通过调研数据来分析会计信息化软件是否采取了一定的安全控制手段。几乎所有的会计信息化软件都有一定的安全措施来保证信息的安全，但是效果如何，还需要制定规范去引导和监控。

三、会计信息化软件服务

研究以往的会计电算化相关法规，发现在软件服务的规范方面存在重大缺失，因此调研时着重关注如何满足用户企业、软件供应商、财政部门等社会各界对于会计信息化软件服务方面的要求。

（一）会计信息化软件服务类型

关于会计信息化软件服务，从两个视角来衡量：一是软件供应商所提供的服务（如图6-2所示）；二是企业购买会计信息化软件所接受的服务（如图6-3所示）。从两图的统计上来看，对于软件的售后系统维护和升级的服务是软件供应商必须提供的（100%）；对于企业来说，系统的升级和维护是较为认可的软件服务（57%）。其他包括售前咨询、系统集成服务、基本操作培训和辅导、提供互联网登载会计信息等服务，供需双方都存在问题，或者是部分软件供应商不提供这样的服务，或者是部分企业没有意识到这些服务的存在，这些问题都亟待解决。

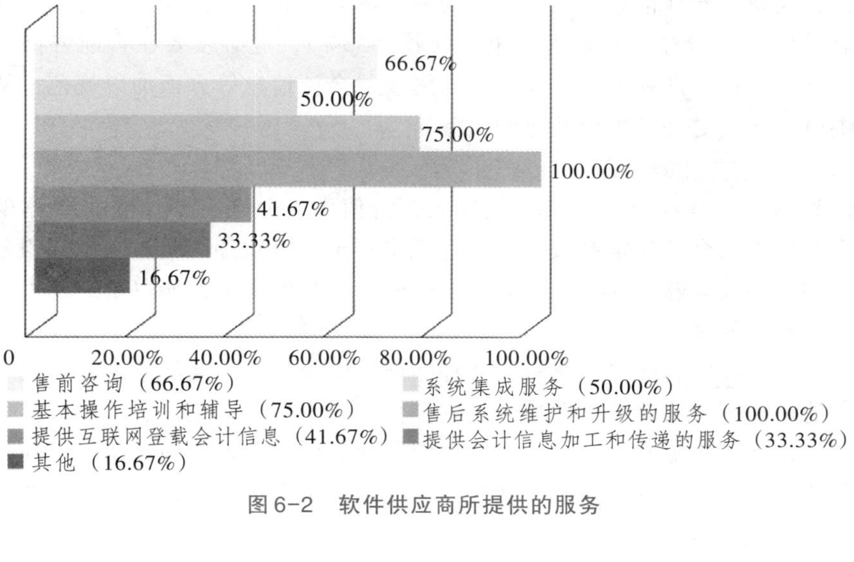

图6-2　软件供应商所提供的服务

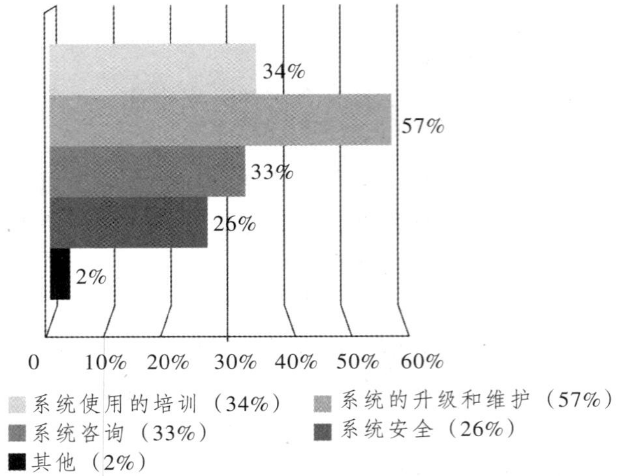

图6-3　企业购买会计信息化软件所接受的服务

（二）软件服务获得方式

从调研的结果来看，获得服务的方式有在线购买（10%）、随软件一起购买（47%）、通过中间商购买（22%）、独立（19%）。由此可见，服务的获得渠道非常凌乱，对于软件服务的保证、技术的支持具有很大的不确定性，关于这个方面，需要在制定工作规范时加以考虑。

（三）会计信息化软件服务的质量

调研发现，许多企业（39%）都是在软件工作不能满足需求时进行软件的更新和替换，也有约1/3的企业（36%）表示是软件供应商定期提供的服务，表明有部分会计信息化软件供应商在销售软件产品的同时还主动提供一系列的升级维护服务，但是同样有很多会计信息化软件供应商对于售后的维护和升级置之不理，只待软件出现问题才会进行解决。

调研显示，绝大多数企业（92%）认为会计信息化软件服务市场竞争是有序的，同时，也有一小部分企业认为其中存在某种程度的市场竞争和秩序问题，虽然是小的方面，但也反映出会计信息化软件供应商的市场竞争和服务需要加以规范。同时，更能说明软件服务质量存在着较为严重的问题（33%），这必须要在售前咨询、系统集成服务、基本操作培训和辅导、提供互联网登载会计信息等方面加以规范，从而能为顾客提供更全面、更好、更个性化的服务。

（四）会计信息化软件服务价值

调研显示，在各项会计信息化软件服务价值中，分别有54%和63%体现在节约成本和为客户提供个性化定制服务上。这说明对于应用软件的企业来说，服务具有很重要的作用，不仅能够节约成本，同时能够满足其特殊要求，所以更应该加强对会计信息化软件服务的规范。

综上所述，我国会计信息化软件品种多样、模块复杂、功能繁多，如何在信息化发展多变的环境下，从软件的合规性、安全性、可靠性、适用性、可扩展性等方面规范会计信息化软件非常重要。同时，会计信息化软件服务也在服务的提供和获得方面亟待规范和提高。基于以上的调研和统计，在制定工作规范时，应该重点考虑会计信息化软件的功能和服务等方面的问题。

四、企业会计信息化应用的现状调查

（一）会计信息化软件的选择

以往，企业在购买会计电算化软件时，考虑的因素主要有软件的安全性、可靠性和合法性。在此基础上，企业考虑的主要因素还有会计核算软件是否达到财政部《会计核算软件基本功能规范》的要求（38%）、是否为经过认证的商品化程度较高的主流会计核算软件（32%），同时还会考虑到该软件可否针对企业特殊情况进行专业性的二次开发（31%）以及软件的易用性，是否需要对财务人员进行培训，或软件供应商是否能提供所必需的专业培训（28%）（如图6-4所示）。企业对于会计信息化软件的主要关注点总结起来还是在于其是否能够满足自身会计工作的需求，原有的会计电算化法规对于企业使用的会计电算化软件主要是采用一一评审的方法。这种方法在新的法律环境下已不再适用，因此应当在新法规中设计出一个既能保证企业所使用软件的质量，又能保护会计信息化软件供应商自身产品的版权的新规范。

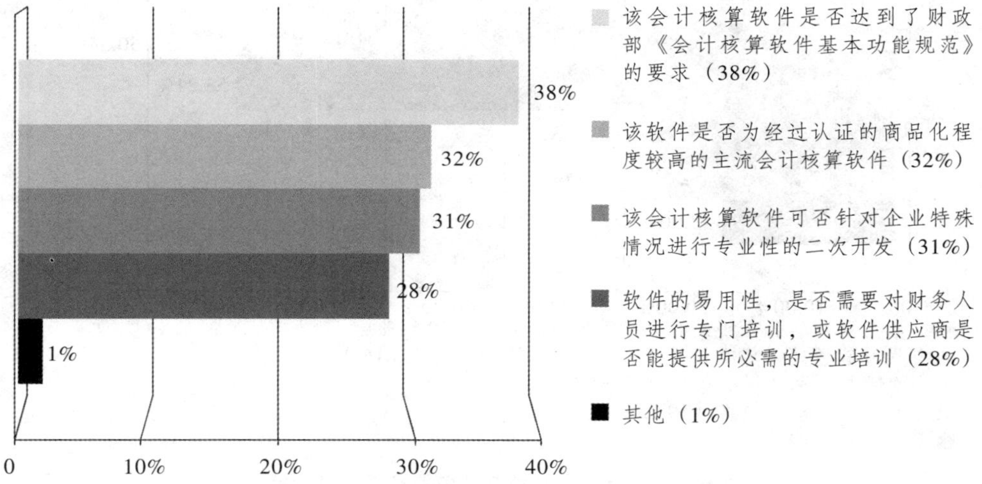

图6-4 企业选择会计信息化软件时考虑的因素

（二）软件的日常维护情况

购买安装会计信息化系统，只是实施会计信息化的第一步，之后随着国家会计制度的不断变化、信息技术的发展，会计信息化系统需要进行不定时的更新、升级和维护。调研结果显示，“实施会计信息化及后续的升级成本过高”是制约会计信息化发展的最主要因素。调研同时发现，从未更新、替换过会计信息化软件的企业占18%，其中包括有些处于会计信息化建设起步阶段的企业（如图6-5所示）。对于企业会计信息化软件的升级、更新、更换等问题，目前尚没有一个可以参照的规范，因此在制定新规范时必须考虑这方面的问题。

（三）会计信息系统与其他系统的融合

现有的会计信息系统在各类财物的管理、提升管理效率功能方面与其他业务系统能较好地融合（60.54%和53.81%），但在与企业生产经营控制、决策分析支持等业务

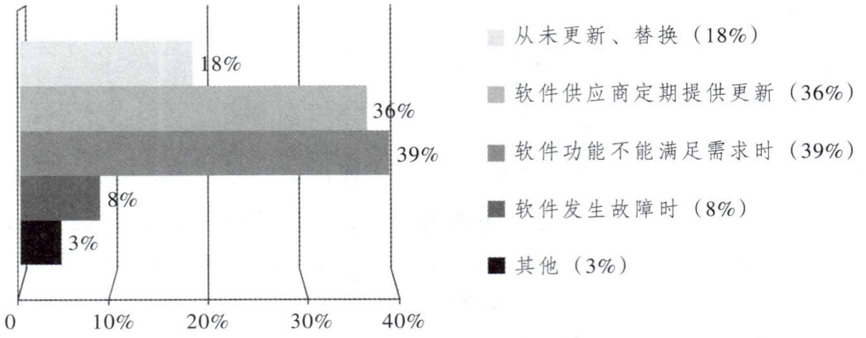

图 6-5 企业使用的会计信息化软件更新、替换情况

系统的融合程度上还严重不足（仅分别达到23.32%和19.73%）（如图6-6所示）。进一步分析发现，会计信息系统与其他业务系统的融合存在不协调的原因主要是在数据接口方面，统一系统间的数据交换标准和信息编码体系，对于系统之间的融合非常重要。

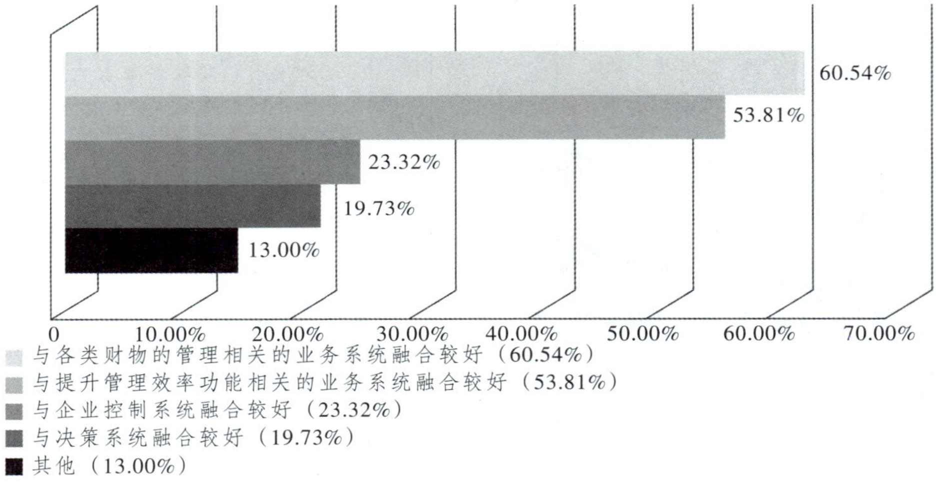

图 6-6 会计信息系统与其他业务系统融合情况

（四）“云计算”概念在会计信息化领域已有所体现

网络技术必然会对会计信息化产生巨大的影响，“云计算”的概念在会计信息化领域已经有所体现。有近80%的被调研企业有对集中会计核算和共享会计服务的构想和打算，可见“建立会计数据中心，完善对企业会计信息的管理”的提议是有理论依据与实际参考价值的。新的会计信息化工作规范不仅要解决企业会计工作中现有的问题，同时也应具有一定的前瞻性，“云会计”是今后会计信息化的主要发展方向之一，因此应当在规范中有所体现。

（五）会计人员的技术水平

会计信息化人才是会计信息化顺利实施的重要因素，企业应当开展会计人员信息化培训以提高会计人员的信息化水平，才能促进会计信息化的进一步发展。

从人才的学历和专业能力来看：被调研单位的会计人员大部分是本科以下学历（67.25%），且61.43%的会计从业人员只拥有初级职称。会计人员的基本素质普遍不高。

从企业的人才培养情况来看：

（1）在培训时间上，大部分企业（36%）的会计信息化培训时间占会计培训时间的比例在21%～40%之间，还有27%的企业的培训时间比例小于20%，说明相当一部分企业对于会计信息化培训的重视程度不够高。

（2）在培训内容上，企业对于操作层面和业务层面的培训较多，主要为准则与制度、核算与记账、信息系统应用与操作、业务流程与管理体系方面的培训（65%以上）。

（3）从鼓励会计信息化的政策上来看，有超过一半（53%）的企业没有对会计信息化人才专门设置鼓励或者倾斜政策，可见企业对会计信息化人才的重视程度还不够，需要相关人力资源政策的调整来鼓励会计信息化人才的培养和发展。

（六）会计信息化实施效果

用户企业整体的信息化建设是会计信息化建设的基础，会计信息系统建设需要考虑与企业业务系统的对接情况，保障信息交流通畅。从调研结果来看，会计系统与管理体系的对接主要体现在管理功能与控制功能上，较少体现在决策功能上。企业进行信息化建设主要为了内部管控，对于决策职能的要求较少。从匹配程度上来看，会计信息系统与企业发展需求的匹配程度大于60%，说明企业会计信息化实施的整体方向是服务企业发展要求的。

从企业领导对实施会计信息化的评价来看，效果较明显的是改进管理水平、支持决策和提高会计部门工作胜任程度方面，平均分在82分以上；紧接着是信息化工作整体效果、降低成本、会计信息化提升紧迫程度方面，平均分为78分左右；在增加收入及提高市场响应能力方面的平均分最低（小于76分）。目前阶段会计信息化的实施能明显提高企业内部工作效率，但对于提高企业市场竞争力的效果尚不明显。

五、企业会计信息化发展情况的现状调查

企业会计信息化发展情况主要从如下4个维度来考量：

（1）时间长短

目前，调研企业中有45.40%和68.71%的企业应用会计信息系统的时间分别达到了10年以上和5～10年的水平（如图6-7所示），可见我国企业在会计信息系统的运用方面已经达到一定程度，具备进一步开展会计信息化工作的基础。

（2）进程阶段

根据诺兰企业信息化阶段模型，本次调研在对信息化进程考量时对该模型进行了适当的精简与提炼，简单归结为4种程度：第一种程度为仍停留在手工记账模式；第二种程度为手工记账与会计电算化并行的模式；第三种程度为脱离手工记账，完全采用会计电算化模式；第四种程度为账务业务一体化的会计信息化模式（如图6-8所示）。通过调研数据我们看出，仅有11%的企业仍然使用手工记账的模式，接近90%的企业已经开始部分或全面实施会计电算化或是会计信息化。会计信息化建设已经是企业发展的大势所趋。

（3）复杂程度

企业采用不同的信息系统，可以明显地表明企业会计信息化建设的程度不同：使用独立的核算软件，即为简单的会计电算化的数据存储和处理阶段；使用账务与业务

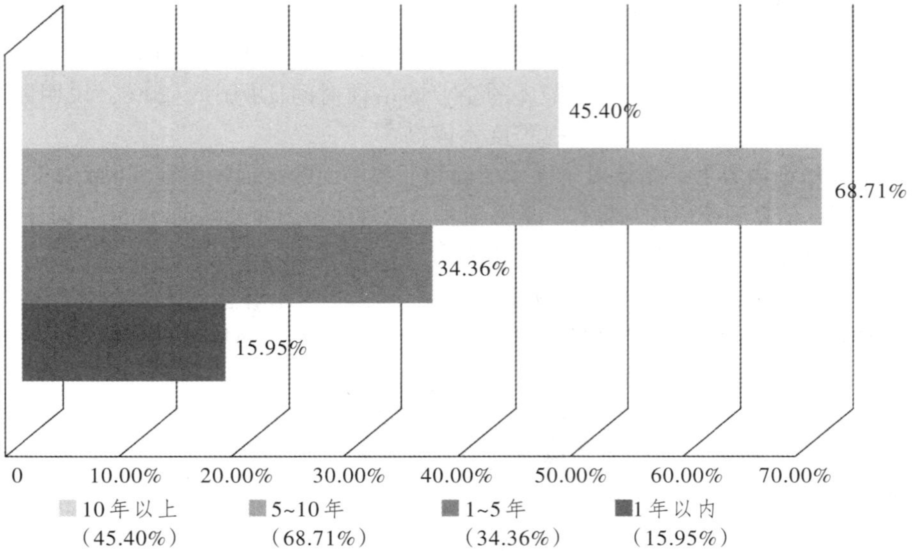

图6-7 会计信息系统应用时间

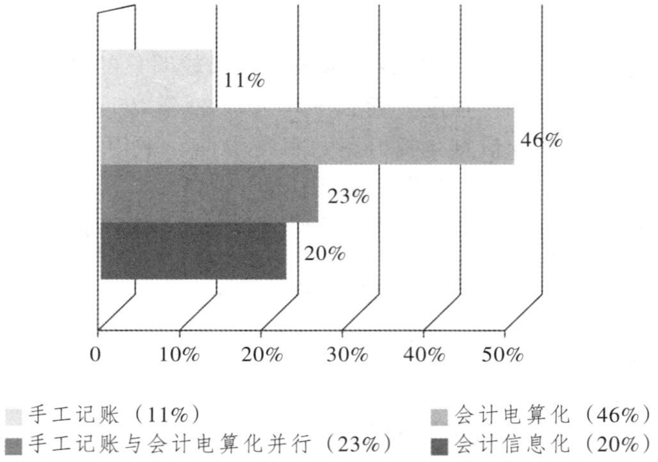

图6-8 会计信息化进程阶段

集成的会计信息化软件，为会计信息化发展的中级阶段；而使用会计管理决策一体化的软件，为会计信息化发展的高级阶段。在调研中为了便于被调查者理解，我们把这几个层次简单化、通俗化（如图6-9所示）。通过调研得出，43%的企业目前采用的会计信息化系统主要是使用独立的会计核算软件，处于会计电算化阶段；25%的企业使用账务与业务集成的会计信息化软件，处于会计信息化的中级阶段；19%的企业处于会计管理决策一体化的会计信息化高级阶段。这说明有近一半的企业处于会计信息化中高级阶段，说明我国会计信息化发展已非常深入。

（4）监管范围

调研显示，46%的企业认为凡是牵涉企业会计信息化的所有方面，都必须规范；仍有21%的企业认为"仅在会计信息安全方面必须进行规范"或者是"仅在为企业以外的会计信息使用者提供信息方面才需要规范"（如图6-10所示）。这一结果，第

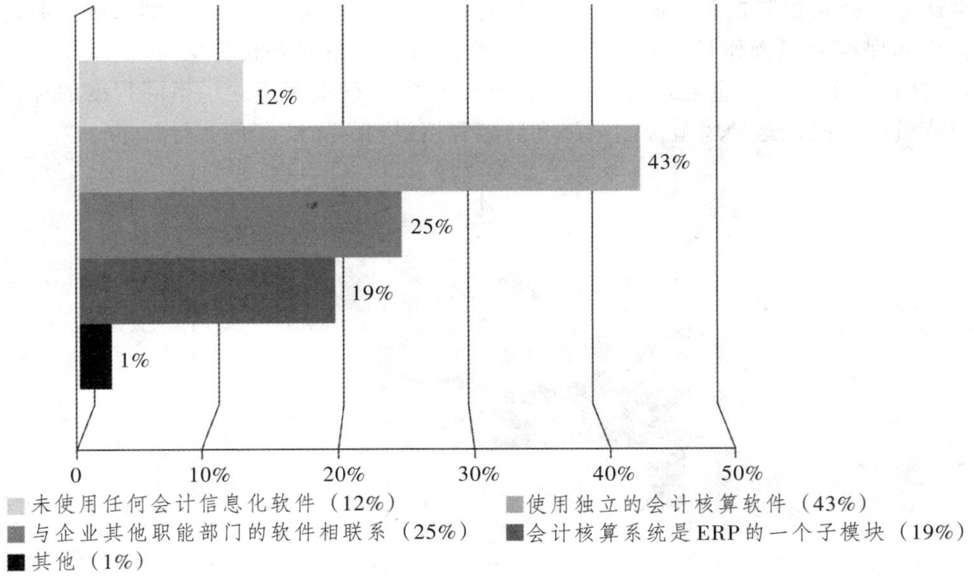

图6-9 企业目前采用的会计信息系统的类型

一说明会计信息化发展范围较广，需要规范的点不仅局限在安全及核算方面；第二说明大部分企业对会计信息化工作的认识存在一定的局限性，没有对会计信息化工作有一个系统的、全面的认识，容易造成企业会计信息化建设过程中存在潜在的安全问题。因此，财政部门需要加强对企业会计信息化工作的管理。

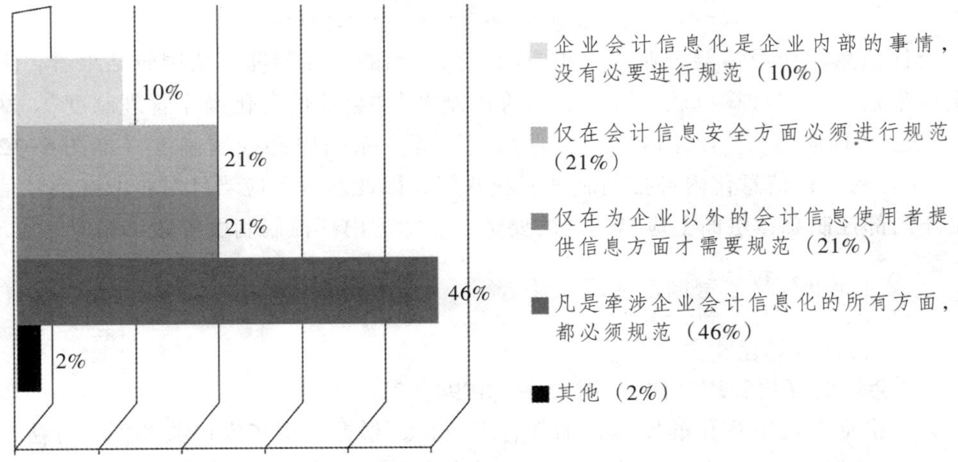

图6-10 企业对于会计信息化工作是否需要规范的看法

六、企业会计信息化制度建设的现状调查

会计信息化能够极大提高企业的会计工作效率，但是相较于传统的手工记账，会计信息化工作面临着新的风险，需要有效的内控制度来应对这些风险，因此在调研中特别关注了企业会计信息化工作操作风险控制方面的内容。对于会计信息化的操作风险，各家企业采取了不同的防范措施。例如，企业建立了安全可靠和行之有效的人员

身份认证与登录权限控制措施；对会计信息化软件的操作进行了必要的权限控制；及时备份和保存上机操作记录；制订可靠的会计数据、信息备份方案等（如图6-11所示）。从结果上看，在企业进行会计信息化建设的过程中都建立了不同程度的操作风险防范措施，但是这种风险控制措施和防范程度没有一个统一的指导标准。

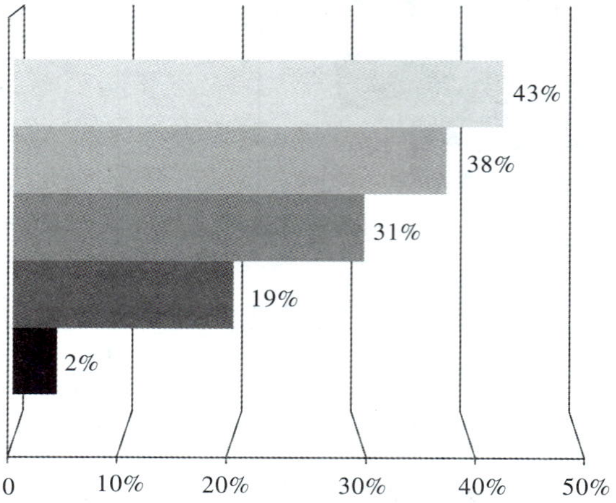

不论是本地登录还是远程登录，建立了安全可靠、行之有效的人员身份认证和登录权限控制（43%）
对会计信息化软件的操作进行了必要的权限控制（38%）
及时备份和保存上机操作记录（31%）
制订了可靠的会计数据和会计信息备份方案（19%）
其他（2%）

图6-11　企业会计信息化的操作风险控制

会计信息化建设需要企业建立相应的内部控制的管理制度。从调研结果看，大部分企业都建立了“计算机软硬件和数据管理制度”“会计信息化操作管理制度”“网络信息安全管理制度”“会计信息化管理制度”等一系列内部控制制度（如图6-12所示）。企业的会计信息化内部控制制度五花八门，因此新规范应当针对企业在会计信息化工作内部控制总体层面上应当达到的要求、制定的内部控制制度等做出相应的规定。

七、会计电算化监管制度的现状调查

（一）会计电算化相关法规

1.《会计电算化管理办法》（财会字〔1994〕27号）

为了推动会计电算化的发展，加强管理工作，根据《中华人民共和国会计法》财政部于1994年7月1日发布实施《会计电算化管理办法》（以下简称《管理办法》）。《管理办法》明确了管理工作的基本任务，包括制定专业标准、规范，规范会计软件市场、会计电算化人才培养等；明确要求在国内销售的商品化会计核算软件要经过评审；规定了实施电子计算机替代手工记账的单位应具备的基本条件（包括软硬件条件）；电子会计档案的保管期限；加强会计电算化企业备案。

2.《商品化会计核算软件评审规则》（财会字〔1994〕27号）

为了保障会计核算软件使用单位的利益，确保会计核算软件的质量，1994年7月1日，财政部要求实施《商品化会计核算软件评审规则》（以下简称《评审规则》）。

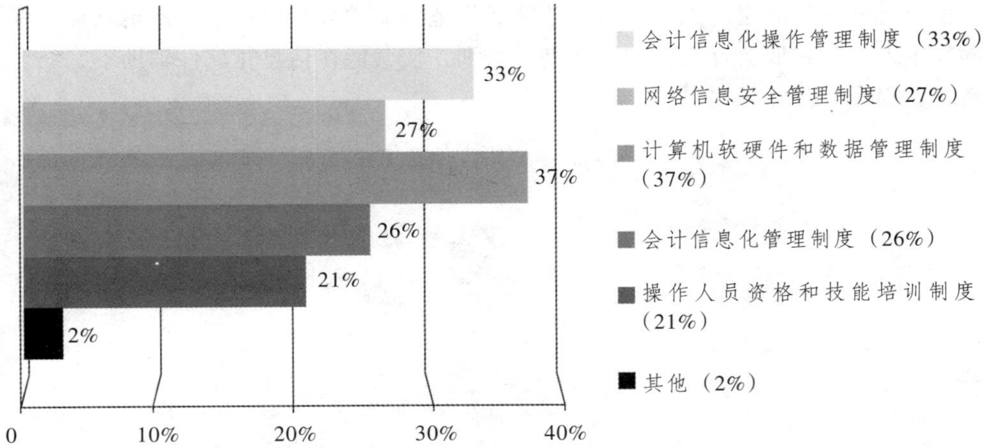

图6-12　企业会计信息化内部控制管理制度

《评审规则》明确指出商品化会计核算软件评审的目的在于审查软件的功能、基础性能，同时对软件财务分析功能、信息处理能力以及经销商的售后服务能力进行评价。对于经销商售后服务能力的评价，仅在第二十六条中提出“评审意见主要包括以下内容：……（五）对软件开发销售单位售后服务的要求”，没有量化经销商售后服务能力的衡量标准。

3.《会计核算软件基本功能规范》（财会字〔1994〕27号）

1994年7月1日，伴随着《管理办法》《评审规则》的实施，财政部同时发布了《会计核算软件基本功能规范》（以下简称《功能规范》），从会计数据的输入、处理、输出以及会计数据的安全性4个方面对于会计核算软件的基本功能予以规范。《功能规范》要求会计核算软件的设计要符合我国法律和规章的规定，保证会计数据的真实、准确、合法、完整。会计信息化条件下，软件功能规范可以在此基础上进行修改和完善。

4.《会计电算化工作规范》（财会字〔1996〕17号）

1996年6月10日，财政部会计司发布了《会计电算化工作规范》（以下简称《工作规范》），并于发布之日起要求实施该项规范。《工作规范》对于实施会计电算化企业要求配备的电子计算机和会计软件提出指导要求；指出替代手工记账单位具备条件和实施要求；要求建立健全包括会计电算化岗位责任制、会计电算化操作管理制度、计算机软硬件和数据管理制度、会计电算化档案管理制度等的会计电算化内部管理制度。《工作规范》为各基层单位开展会计电算化工作提供了指导。

为推动企业会计信息化，节约社会资源，提高会计软件和相关服务质量，规范信息化环境下的会计工作，财政部制定了《企业会计信息化工作规范》（财会〔2013〕20号），自2014年1月6日起施行。自本规范施行之日起，《会计电算化管理办法》《商品化会计核算软件评审规则》同时废止，《会计核算软件基本功能规范》《会计电算化工作规范》不再适用于企业及其会计软件。

（二）会计信息化监管方面的调研结果

94%的企业认为需要制定新的会计信息系统功能和性能规范，以适应新的发展需要（如图6-13所示）。被访企业的建议主要集中体现在：应对符合国际标准的网络版会计信息化软件，制定与之相适应的法律或规范性文件来加以规范；邀请软件开发公司的技术人员为在职会计人员进行咨询、培训，使其能在信息化软件辅助下，结合企业现状，提高会计管理水平。

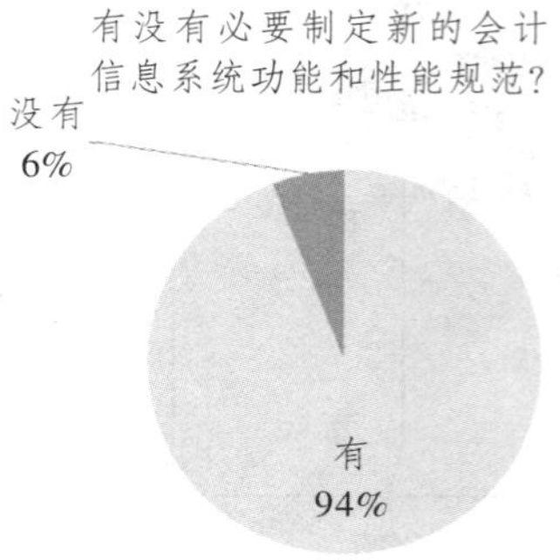

图6-13　企业会计信息化工作规范需求性调查

在收集关于政府对会计信息系统供应商以及会计信息化软件市场管理的建议时，80%和89%的被访企业分别认为需要制定会计信息化服务基本要求和制定会计信息化服务机构质量评估规则与标准。另外，大部分企业认同各级财政部门运用更有效的手段对会计信息化软件功能与服务进行监管，同时考虑到调动企业的主观能动性，发挥社会各界的监督力量，各级财政部门应通过新的手段，实施分类分级管理，以有效引导企业提高会计信息化应用水平。

在软件供应商对规范和净化市场的建议中，有54%和63%的企业分别认为有必要制定会计信息化软件行业标准和定期对软件市场上的企业服务质量进行评估以规范市场，推动行业有序、良性发展。

对于财政部做好会计信息化管理和服务工作的其他建议中，分别有42.26%和55.95%的企业赞同各级财政部门应当定期或不定期实施会计信息工作监督检查和应当公布企业会计信息化发展水平评估管理办法的做法（如图6-14所示）。

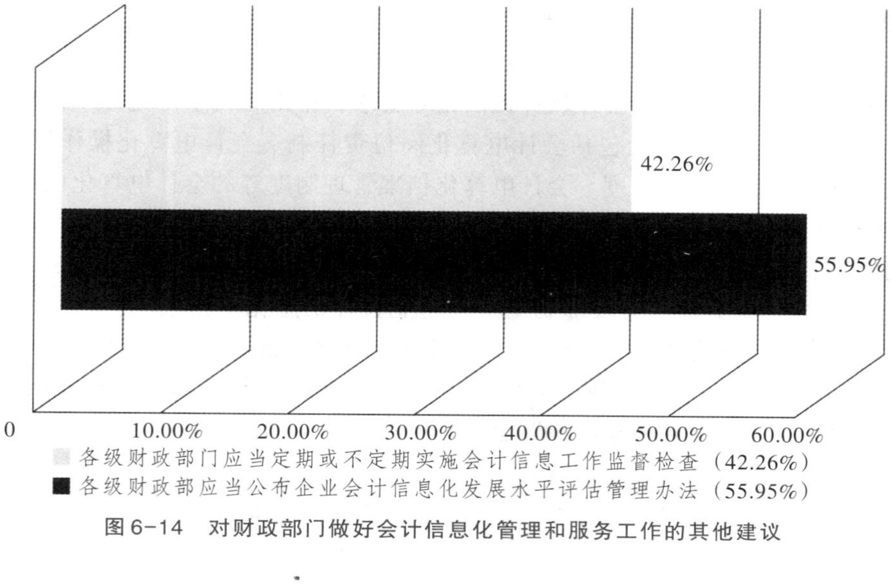

图6-14　对财政部门做好会计信息化管理和服务工作的其他建议

第二节 会计信息化软件功能与服务

一、软件功能与服务改进的对策

1.新的制度规范

信息化时代，会计信息化软件功能与内部控制要求紧密结合，会计核算流程与前端业务流程一体联动，在某些情况下，已经没有根据原始凭证审核制作记账凭证的概念，这就需要制度创新，摒弃传统的凭证流转概念，才能充分发挥信息化带来的优势。因此，企业会计信息化的发展，必然有着不同于会计电算化的内在要求，从而需要新的制度规范作为支撑。

2.会计信息化软件供应商

我国会计信息化软件行业迅速发展，涌现出了大量会计信息化软件供应商。这些会计信息化软件供应商的发展与企业会计工作的进步是相互促进的关系。中国经济高速发展，大力发展包括现代服务业在内的第三产业是我国经济转型的重大战略。会计信息化软件供应商的业务需求并不能只停留在买卖软件这种类似于快速消费零售的层面，而是要把会计信息化软件行业做成一个服务型的行业，售出软件只是第一步。同时，国内与国外会计信息化软件在竞争力上依然存在巨大的差距。这一现象在大型跨国企业客户上更加明显，其中的一个主要原因是国内软件不能适应国际化的企业经营环境。国内会计信息化软件供应商的发展亟须这方面的指引，即国内会计信息化软件国际化的问题。

3.会计信息化软件功能

软件功能与会计制度出现的冲突、随着国外会计信息化软件的涌入带来的国外会计信息化软件本土化的问题、“云会计”带来的挑战等，都需要制定企业会计信息化工作规范加以规范和引导，从法规上解决企业会计工作中存在的诸多不合法现象，以及更多网络环境下会计实务无法可依的局面。财政等主管部门应当抓住整个数据流的过程，在会计数据的输入、处理、输出以及会计数据的安全性等方面制定相应的规范，目标是为会计信息化软件功能的发展提供更明确的规则和更好的指引。

4.会计信息化软件服务

会计信息化软件服务包括会计信息化软件售前咨询服务（包括需求分析、选型等），系统集成服务（包括软硬件集成、二次开发等），售后系统维护服务（包括补丁升级、功能扩展等）及培训、辅导咨询（包括基本操作培训、日常会计业务辅导、疑难会计业务咨询等），或是在互联网上提供登载会计信息、提供会计信息加工和传递等服务。调研显示，目前这些方面的服务建设不规范、不全面，部分软件供应商不能完全提供这样的服务；对于企业而言，部分企业甚至根本没有意识到应该享受何种服务，损害了自身的利益。作为软件服务的提供者，首先要按照规范建立和健全自身的服务种类，同时对客户加以介绍和引导，保障客户能正常、有序和安全地实施会计信息化。在财政监管方面，也应当通过规范明确会计信息化软件供应商必须提高会计信息化软件服务质量，保障会计信息资料的安全性，以及会计工作的可持续性。

二、会计信息化软件的规范方面

基于对会计信息化软件功能和服务方面的调研与分析，企业会计信息化工作规范中对会计核算软件功能与服务方面提出了规范：

1.软件功能规范

会计信息化软件应当保障企业按照国家统一会计准则制度开展会计工作，不得有违背国家统一会计准则制度的功能设计。会计信息化软件的界面应当使用中文并提供对中文处理的支持，可以同时提供少数民族文字或者外国文字界面对照和处理支持。会计信息化软件应当提供符合国家统一会计准则制度的会计科目编码以及记账凭证分类功能。会计信息化软件应当提供符合国家统一会计准则制度的会计凭证、账簿和报表的显示与打印输出功能。会计信息化软件应当确保对各类已记账凭证的连续编号，不得提供已记账凭证的删除、插入、修改功能。会计信息化软件不得提供反记账功能。会计信息化软件应当能够生成符合国家统一标准的可扩展商业报告语言财务报告。会计信息化软件应当具有符合国家统一标准的数据接口，满足会计监督需要。会计信息化软件应当具有用户操作日志功能，确保日志的安全完整，并以简单易读的形式输出。

2.软件服务规范

以远程访问、“云计算”等方式提供会计信息化软件的供应商，应当在技术上保证客户会计资料的安全、完整，对于因自身原因造成客户会计资料泄露、毁损的，应当对客户承担赔偿责任。客户以远程访问、“云计算”等方式使用会计信息化软件所生成的电子会计资料归客户所有，会计信息化软件供应商应当提供符合国家统一标准的数据接口供客户导出电子会计资料，不得以任何理由拒绝客户导出电子会计资料的请求；应当做好在供应商自身不能维持服务的情况下，保障企业电子会计资料安全以及企业会计业务持续进行的预案，并在相关服务合同中与客户就该预案做出约定。会计信息化软件供应商应当努力提高会计信息化软件相关服务质量，按照合同的约定及时解决客户使用中的故障问题。会计信息化软件存在问题影响客户按照国家统一会计准则制度进行会计核算的，会计信息化软件供应商应当为客户免费提供更正程序。鼓励会计信息化软件供应商采用呼叫中心、在线客服等方式为客户提供实时技术支持。

第三节　企业会计信息化制度与管理

一、企业会计信息化应用的对策

1.会计信息系统建设

多数企业已经开始应用会计信息化软件、建立起会计及管理信息系统，有较好的软硬件及管理基础。在功能和模块的选择上，企业不同程度地注重软件的安全性、可靠性和合法性，强调在选择会计信息化软件功能时，一定要全面注重会计信息化软件的质量特征，确保所选择的软件功能齐全，符合法律法规的要求。同时，调研中也反映，多数会计信息系统功能偏重核算和实物管理，与业务管理信息化融合相对不足，建立标准的数据接口意义重大，这需要财政部门的极力建设和推动。

2. 会计信息化人才建设

多数企业已经认识到会计信息化人才对于企业信息化建设的重要性，并有相应的培训及支持措施；不过，企业中的会计信息化人才仍存在较大缺口，企业对人才在信息化环境下所需技能的认知和培养仍不充分。所以，在基础教育中就要大量地培养既通晓会计与财务知识、熟知信息技术，又具备一定的管理能力的复合型人才。同时，在进入企业后，仍需要一定的继续教育与培训，使会计人员保证能够适应企业的会计信息化建设水平，能够紧跟时代和科技的发展。

3. 会计信息化应用实施

在会计信息化应用的成效方面，应该保证会计信息化的发展与企业发展需求相匹配，通过实施信息化改进会计工作的效率。企业实施会计信息化确实在提高企业会计工作效率且加强企业内部控制上取得了较好的效果，政府应根据当前企业会计信息化应用的形势，进一步规范企业会计信息化软件的功能和服务，以便使其更好地在企业的管理和决策中发挥更大的作用，同时，要加强对企业会计信息化工作的规范和指导，明确企业的职责，明确会计人才的使用与培养，以保证在会计信息化条件下，企业会计信息化工作能够有序地进行。

二、企业会计信息化应用方面的规范

基于对会计信息化应用方面的调研与分析，企业会计信息化工作规范对有关会计信息化运用提出了规范：

1. 企业会计信息化应用方面总体要求

企业应当充分重视会计信息化工作，加强组织领导和人才培养，不断推进会计信息化在本企业的应用。企业应当设置专门机构或者岗位具体开展会计信息化工作。企业开展会计信息化工作，应当根据发展目标和实际需要，合理确定建设内容，避免投资浪费。企业不得使用未取得合法使用权的会计信息化软件。企业配备会计信息化软件，应当根据自身技术力量以及业务需求，考虑软件功能、安全性、稳定性、响应速度、可扩展性等要求，合理选择购买、定制开发或两者相结合等方式。

企业通过委托外部单位开发、购买等方式配备会计信息化软件，应当在有关合同中约定操作培训、软件升级、故障解决等服务事项，以及软件供应商对企业信息安全的责任。企业应当促进会计信息系统与业务信息系统的一体化，通过业务的办理直接驱动会计记账，减少人工操作，提高业务数据与会计数据的一致性，实现企业内部信息资源共享。企业应当努力实现与银行、供应商、客户等外部单位信息系统的互联，实现企业间交易信息的集中自动处理，减少人为因素。企业应当遵循企业内部控制规范体系的要求，加强对信息系统规划、设计、开发、运行、维护全过程的控制，将控制过程和控制规则固化在信息系统中，实现对违背内部控制规则情况的自动防范和监控，提高内部控制水平。

企业内部生成的原始凭证和记账凭证，满足条件的，可以不输出和保留书面凭证。企业获得的需要外部单位或者个人证明的原始凭证，满足条件的，可以不输出和保留书面凭证。对于信息系统自动生成且具有明晰审核规则的会计凭证，可以将审核规则嵌入会计信息化软件，由计算机自动审核。未经自动审核的会计凭证，应当先经人工审核再进行后续处理。

处于会计核算信息化阶段的企业，应当结合自身情况，逐步实现资金管理、预算控制、成本管理等财务管理信息化。处于财务管理信息化阶段的企业，应当结合自身情况，逐步实现财务分析、风险控制、绩效考核等决策支持信息化。

2.大型企业会计信息化应用方面的规范

大型企业应当成立由主要负责人牵头的领导小组，负责本企业会计信息化工作的整体规划和组织实施。大型企业开展会计信息化工作，应当注重整体规划，采取自上而下的建设思路，统一技术标准、编码规则和系统参数，实现各系统的有机整合，消除信息孤岛。

下级单位数量多、分布广的企业集团应当利用信息技术促进会计核算的集中，逐步实现集团会计服务资源的共享。参与集团会计集中核算的企业，应当将业务原始凭证留存在企业注册地，并在注册地建立可查询和输出本企业会计资料的环境，为注册地监管机构开展会计监督提供便利。

3.外商投资企业会计信息化应用方面的规范

外商投资企业使用的外国投资方提供的会计信息化软件，或者跨国企业集团统一部署的会计信息化软件，其企业会计资料中对会计业务的描述应当使用中文，可以同时使用少数民族文字或者外国文字对照。

外商投资企业会计信息系统数据服务器部署在境外的，应当在境内同步保存会计资料备份。境内备份应当能够在境外服务器不能正常工作的情况下，独立满足企业开展财务会计工作的需要以及对企业会计监督的需要。

三、企业会计信息化发展的对策

1.企业会计信息化的均衡发展

我国企业会计信息化虽然发展得迅速，但总体上仍存在不平衡的特征。大型企业、制造业和服务业以及上市公司的会计信息化建设基础较好，水平相对较高；而中小企业会计信息化建设比较欠缺，而且仍有小部分企业依然维持手工记账。全面普及实现会计信息化，确保企业能够全面地脱离手工记账，实现会计信息数据化是工作的重点。

2.保持会计本质不变的前提

随着信息技术的飞速发展，企业会计信息化系统发展迅速，不仅系统种类繁多，样式繁多，其功能也日趋多样化，这在反映我国企业会计信息化发展势头良好的同时，也反映出有些隐藏着的会计信息化软件功能和工作流程存在不符合企业会计准则所规定的会计应当遵守的情况。无论企业采用什么样的形式做账，手工记账或者利用信息系统入账，都不能改变会计的原有职责和道德标准的要求。

四、企业会计信息化发展方面的规范设想

基于对会计信息化发展方面的调研与分析，我们就企业会计信息化工作规范中会计信息化发展方面提出设想：

新规范应当明确企业应当开展的会计信息化工作、会计信息化软件供应商必须提供的会计信息化软件和相关服务。

新规范还应规定财政部管理全国企业会计信息化工作，其具体职责为：

（1）拟定促进企业会计信息化发展的政策。

（2）制定企业会计信息化技术标准。

（3）指导和监督中央企业开展会计信息化工作。

（4）规范会计信息化软件功能。

县级以上地方人民政府财政部门对会计信息化发展的管理职责是：管理本地区企业会计信息化工作；拟定促进本地区企业会计信息化发展的政策；指导和监督本地区企业开展会计信息化工作。

五、企业会计信息化制度建设的对策

1.会计信息系统本身的内部控制制度建设

企业会计信息化条件为企业进行有效的内部控制管理提供了便利，同时也对会计信息系统本身的内部控制制度建设提出了新的要求。企业根据会计工作需要，对企业会计信息化系统本身控制要点做出详细的规定，包括需要建立哪些具体的内部控制制度，如何对上机操作情况进行控制，经常开展相关方面的宣传、教育工作等。

有效的内部控制制度的反馈机制是保证会计信息系统发挥作用的重要前提条件。财政部门可以通过法规来规范会计信息系统或会计信息化软件应当提供的各项财务和会计功能、输出会计信息的格式；软件提供或服务商在提供会计信息服务等方面的规定及需要达到什么样的标准。通过规范中的明确规定与限制，达到有效监督和控制会计信息系统功能的健全性和稳定性的目的。

2.相关企业制度建设

在企业会计信息化制度的建设方面必须注意以下几点：第一，应该规定企业必须建立会计信息化负责人制度。明确企业的会计信息化工作必须由专人负责，该负责人可以是企业管理高层或总会计师。第二，应该要求企业必须建立应急预案或灾难恢复计划。企业必须结合自身实际制订应急预案，并定期或不定期进行演练，以确保会计信息的安全性、完整性。第三，应该规定企业必须设立专职的系统维护岗位。专职的系统维护人员可以保证会计信息系统得到及时、专业的维护和升级。系统维护人员与会计人员不能由同一人担任。

六、企业会计信息化管理制度方面的规范

基于对会计信息化管理制度方面的调研与分析，企业会计信息化工作规范中企业对会计信息化的管理制度提出了规范：

企业开展会计信息化工作，应当注重信息系统与经营环境的契合，通过信息化推动管理模式、组织架构、业务规则的优化与革新，建立健全适应信息化工作环境的制度体系。企业在会计信息系统的设计和实施过程中，应当合理规划信息化环境下的会计业务流程，制定与会计信息系统运行相匹配的业务流程规范。

企业应当建立会计信息化岗位责任制，分离不相容职务，明确各岗位的职责范

围，并在会计信息系统中进行与岗位责任制相吻合的用户授权管理；应当建立电子会计资料备份管理制度，确保会计资料的安全、完整，以及持续、稳定运行；应当建立会计信息安全保密制度，防止对会计信息的泄露、篡改和破坏。

第四节　财政监督与管理

一、会计信息化财政监督的对策

1.为会计信息化软件功能规范提供新的保障机制

随着会计信息化软件在会计工作中越来越深入的应用，会计信息加工的过程主要依赖于会计信息化软件的功能实现，对会计信息质量的监督也必须通过会计信息化软件进行。因此，规范会计信息化软件功能已经成为财政部门管理企业会计工作、控制企业会计信息质量的重要基础性环节。

（1）在《企业会计信息化工作规范》中，应以会计法和会计准则为标准，对于会计信息化软件不应具有的违反标准的功能做出严格的规定，同时对于外国软件，应当规定其必须符合本规范中关于会计信息化软件功能的相关规定。

（2）会计的基本假设之一就是持续经营。企业会计信息化工作规范应当在企业利用会计信息化软件和会计信息系统进行数据备份、保存与历史数据恢复方面做出相应的规定，为这些方面的企业会计信息化工作提供很好的指引。

（3）许多企业，特别是大型企业在实现会计信息系统与业务信息系统的一体化、提高业务数据与会计数据的一致性、实现企业内部信息资源共享方面具有强烈需求。企业会计信息化工作规范应该做到促进会计信息系统要与企业其他管理系统（如ERP系统）相衔接，需要建立新的事后监督机制保障规范的落实。

2.为会计信息化的发展提供相应的制度支撑

《企业会计信息化工作规范》应当充分考虑“云会计”这一会计信息化工作的新形式，并有针对性地做出相应的规定。会计信息化软件和会计信息系统已发展到网络化层面，互联网技术应用带来的技术革新对会计信息化工作同样产生了巨大的影响（例如“云计算”的理念），出现了会计信息的网络化传输、保存、审核等新工作内容。采用“云技术”，可以产生一种不同于传统的以软件销售为目标的会计信息化软件经营模式——提供会计信息化软件和服务器空间的租用。这样虽然便利了供需双方，却给会计监管带来一系列新的挑战，如企业会计资料的所有权和安全性问题，因此这方面的内容必须在企业会计信息化工作规范中有所体现。

3.使新会计信息化法规成为有效的监管工具

随着企业会计信息化的不断推进，制定新的规则和规范的主要任务是为企业会计信息化工作提供一个合乎实际、切实可行、适应企业发展需求的原则和指引，同时也能作为财政部门对企业会计信息化工作进行有效监督和管理的基础。由于新的会计信息化工作环境和旧的规范之间出现断层，迫切需要企业会计信息化工作规范在监管手段、内容和对象上弥补这一断层。

（1）建立有效的监管手段：在会计信息化软件系统化、网络化的环境下，可以更多地使用信息技术手段监管，如引入同行评议机制等。

（2）扩大监管内容范围：在软件市场已经较为成熟的背景下，会计信息化软件在必须具备的核算功能方面已经较为完备，应当将监管的内容扩大到企业会计信息化制度建设和建立相应应急预案等方面。

（3）将软件供应商纳入监管对象：在监管对象方面，在不放松对企业监管的同时也要加强对软件供应商的监管，从而能够更加规范会计信息化软件市场，更加有效地监督管理企业会计信息化工作。

二、会计信息化监督方面的规范

基于对会计信息化监督规范的调研与分析，相关财政部门对企业会计信息化的监督方面提出了规范：

1.建立分层分级管理机制

我国财政部门由上到下有财政部、省级财政部门、市级财政部门、县级财政部门等不同层级，它们共同管理全国范围内企业的会计信息化工作。由于不同地域、不同层级范围内的企业情况千差万别，因此在企业会计信息化工作规范的制定过程中，应当充分考虑这种普遍存在的差异性，充分发挥各级地方财政部门的作用，因地制宜。这一分层、分级管理机制的具体设想是：

（1）国务院业务主管部门指导和监督本部门企业开展会计信息化工作。

（2）财政部管理全国企业会计信息化工作，具体职责是：①拟定促进企业会计信息化发展的政策；②制定企业会计信息化技术标准；③指导和监督中央企业开展会计信息化工作；④规范会计信息化软件功能。

（3）县级以上地方人民政府财政部门管理本地区企业会计信息化工作，拟定促进本地区企业会计信息化发展的政策，指导和监督本地区企业开展会计信息化工作，对本地区企业会计信息化工作进行检查。

2.具体监管手段应因地制宜

在以上企业会计信息化工作监督工作整体分层框架下，应当设计切实可行的有效措施来保证企业会计信息化工作规范的有效性。

软件供应商提供的会计信息化软件不符合本规范要求的，财政部可以对该供应商主要负责人进行约谈。约谈后未在合理时间内纠正的，由财政部予以公示，并将有关情况通报审计署、国务院国有资产管理委员会、国家税务总局、国家市场监督管理总局、银保监会以及其他有关部门。

财政部采取组织同行评议、向用户企业征求意见等方式对软件供应商提供的会计信息化软件遵循本规范的情况进行检查。省、自治区、直辖市财政部门发现会计信息化软件不符合本规范要求的，应当将有关情况上报财政部。财政部调查核实后按规范的规定处理。任何单位和个人发现会计信息化软件不符合规范要求的，有权向所在地省、自治区、直辖市财政部门反映，财政部门应当根据反映的情况开展调查。

企业使用的会计信息化软件不符合规范要求的，由财政部门责令限期改正，限期不改的，财政部门应当予以公示，并将有关情况通报同级税务部门、市场监督管理部门、银保监会及其他有关部门。

三、建立企业会计信息化评级体系

随着企业信息化建设的推进和信息化程度的提高，会计信息质量越来越依赖于企业对自身会计信息化的管理和控制。由于各集团公司的信息均运行于各自的一套特定系统中，甚至一个集团公司所属的各子公司也各自用一套信息系统，所以这种情况给政府的财政、税务、审计等部门进行监督检查，社会中介机构如会计师事务所进行社会审计带来越来越大的难度。国外会计信息化软件进入国内市场，也带来了一些新的问题：由于国外会计实务和会计信息化软件设计理念与国内的差异，一些国外会计信息化软件不能完全按照我国会计制度规定以及会计行业约定俗成的内容和格式输出会计资料，使会计监督人员难以开展检查并做出判断。财政部作为会计工作的行政管理部门，有必要建立一套评估体系来对企业会计信息化工作进行监督管理，以保证企业会计信息实现可靠性、相关性、可比性、可理解性、重要性、谨慎性和及时性等要求。

1.认证评估方法

地方财政部门实施具体评估的主要工作有：一是指导当地企业信息化程度评级工作的开展；二是建立会计管理信息中心，并对其进行维护、监控；三是对不同等级的企业进行监督管理；四是通过媒体公告企业会计信息化程度评级结果。

（1）明确评级内容。企业会计信息化程度评级内容主要包括：企业负责人重视、支持财务会计工作的情况；财会机构、财务会计人员的配备和履职情况；企业建立和实施内部财务会计控制制度的情况；财务会计信息的真实性和完整性情况；会计基础工作规范考核情况；企业年度财务会计报告依法实施注册会计师审计情况；有关财税法规、财经纪律专项检查情况。在这7项内容下，每个项目又细分为若干具体项目，逐一量化、计分。

（2）确定评级标准。评级实行百分制考核，将评级类型划分为A、B、C、D 4级，考核得分高于90分（含90分）的，为企业会计信息化程度等级A类企业并实施A类管理；考核得分高于75分（含75分）低于90分的，为企业会计信息化程度等级B类企业并实施B类管理；考核得分高于60分（含60分）低于75分的，为企业会计信息化程度等级C类企业并实施C类管理；考核得分低于60分的，为企业会计信息化程度等级D类企业并实施D类管理。

无论评级类型有几种，在对最高信用级别和最低信用级别的判定上都采用了相同的做法。一般对A类企业的评级实行一票否决制度，只要企业在评定等级时出现评估办法中列举的情况之一，企业将不得评级为A类，如企业未按规定实行会计信息化或在最近两年的有关财税法规、财经纪律专项检查中发现有违法、违纪行为的就不得评级为A类。对D类企业的评级实行一票认定制，如企业年度财务会计报告被注册会计师出具否定意见审计报告或无法表示意见审计报告，无论评级分数如何，企业会计信息化程度等级均列为D类。

（3）规范评价程序。评级程序一般分3个阶段：首先，采取企业统一申报的办法，先由各企业进行自评，并将自评结果和有关资料报送评级机构；其次，评级机构根据企业的申报资料和初审情况，确定评级结果，并通过一定方式（如网络等、媒体等）向社会公示一段时间（至少一个月以上）；最后，在公示期间，如没有收到举报和投诉，将由评级机构确定相应等级，并将评级结果通知有关企业。

（4）公告查询制度。为了做好企业会计信息化程度的社会化服务工作，财政部门都会定期或不定期地将评级结果通过新闻媒体或互联网予以公告，以备有关方面进行查询。对会计信用等级评价结果实行动态管理，接受社会监督。例如，在各地财税网的首页里长期设置了企业会计信息化程度查询系统专栏。

2.评估要求

（1）地方财政部门根据财政管理职责，设立相应的企业会计信息化程度评级小组，负责组织实施所辖企业财务会计信息化等级的评级和管理；可根据需要与可能，采取政府购买服务等方式，聘请会计师事务所及其注册会计师参与企业会计信息化程度评级；应将所有评级企业纳入系统管理，通过建立会计管理信息中心，开展查询、评价等工作；应充分听取税务、审计等部门对企业纳税、审计等情况的意见，并适当与银行、市场监管、海关、审计等机构建立联动机制。

（2）对信息化等级实行动态管理。会计信息化等级不是终身制，企业会计信息化程度一旦评级，非经年检不得向上调整。但主管财政部门可以根据财务会计日常和专项检查情况，并依据企业从事有关经济活动中的违法违纪记录，及时向下调整企业财务会计信息化等级。例如企业负责人、财务会计机构负责人利用职权发生经济犯罪而被司法部门依法追究刑事责任的，将直接列为D类企业管理。

（3）对企业会计信息化程度进行分类管理。其基本原则是：企业会计信息化程度等级越高的企业，监管越宽松、优惠越多、办事越方便；反之，监管越严、优惠越少。比如，对A类企业在两年内免除财务会计日常检查和专项检查，简化会计机构负责人和会计人员职称资格年检手续，优先评选会计工作先进企业和先进个人，优先评级财务总监和高级会计师任职资格，优先办理财政鼓励政策事项，提供办理纳税及购置税票的绿色通道等，对D类企业，则将定期或不定期地进行财务检查并加大处罚力度，同时对企业年度会计报表及各项报批材料，实行严格的注册会计师审计制度和专门审查，并要求企业负责人、财会机构负责人及会计人员参加特别举办的会计法规培训等。

四、做好同行评议工作

同行评议的工作能够促进地方会计行业专业组织向更高的层次有序地发展，带动地方会计理论、会计实践及与会计或会计数据相关的产业更好地发展。其基本做法主要有3点：（1）评议前的准备工作；（2）做好同行评议工作；（3）对同行评议意见进行审批。由政府相关部门提供平台或组织人力，一方面对上呈的报表、相关贡献、重点发展事宜、著作等材料逐个进行审核，并提出问题或意见，进行修改或补充，最后，将文档归档留做评议。另一方面，深入高校或社会企业广泛听取各阶层领导、专家和群众对评议对象的意见，整理成书面材料，供同行评议时参考。

五、地方财政的会计数据中心

当今社会，科技的迅猛发展带动各行各业的飞速进步，财会数据领域已迈入信息数据时代，在会计数据向网络化、标准化发展的时代，在严格保证会计数据的安全性、保密性的前提下，建立会计数据中心和实现会计数据托管则是未来发展趋势。

鉴于会计数据是各个企业的机密，是行业竞争的要素，为保证会计数据的安全性、保密性，防止被窃取、被泄露，会计数据中心的建立与发展必然要由政府牵头，以政府的信誉做担保，保证数据中心建立的市场基础。由政府启动建立会计数据中心，不仅能增强企业对于会计数据中心的会计数据安全性和保密性的信赖，同时，还可以有效地对这个行业进行推动；而且，很多公共的技术、公共的资源，也能由政府利用公共财政资源进行投入与研发，建立起社会公共平台。这样一来可以有效地减少或杜绝由于出现“搭便车”的市场行为而导致企业的不满甚至行业的衰退，从而使得进入该行业的企业能够更加有信心。

六、大型集团型企业的数据中心

“云会计”和“云计算”是现今大型数据公司发展的一个重要的主题。因为“云服务”使个人数据不仅仅存留在个人的电脑中，还转移到网络服务器端。无论是个人还是企业，只要利用一台电脑在客户端登录到终端的云服务器上，都可以迅捷地获取自己存放在云端的信息资料。未来的会计数据一定会实现会计数据托管模式，一种云端存储管理模式。大型集团型企业的会计数据中心需保障数据的安全性，这种安全性主要体现在3个方面，即网络认证服务、安全认证和相关法规的提出。网络数据服务商对信息安全的保障是法律法规中规范的要点之一，只有保证政府能够在网络认证服务上做出验证和鉴定，颁发特许资质，在安全认证上进行有效的控制，同时，利用法律法规进行相关者权益保护，从而提高企业信度和对客户的保证责任，才能使建立会计数据中心和会计数据托管业务的期望实现。

七、代理记账公司的数据中心

案例

会计信息化管理案例

代理记账公司依托会计信息化软件为用户企业加工、处理会计数据，管理着不同用户企业的成百上千份，甚至更多的账套。从会计核算的角度看，这样的账务处理也类似于集团公司，将原始凭证留存注册地，遵循了会计主体的原则，同时在注册地要做到可查询和输出本企业的会计资料。通过建立代理公司会计数据中心，将用户企业的会计资料统一保存，给用户企业相应的访问、操作授权，用户企业可以根据自身的需求进行会计资料的操作。代理记账公司建立会计数据中心，不仅使自身内部控制建设得到完善，同时也增加了会计信息的透明性，提高了会计数据的质量，增强了会计数据市场的有用性，完善了会计数据管理。

第二篇
一体化会计信息系统

第七章
会计数据组织与结构

数据库技术作为数据管理的核心，是计算机科学技术的一个重要分支，1968年出现了第一个商品化的数据库管理系统，时至今日，数据库技术的重要性已被人们广泛认识，它已成为信息管理、办公自动化、计算机辅助设计、数据分析等方面的主要手段之一。学习和使用数据库已成为科技人员和管理人员的共同需要。

第一节　数据管理与数据库技术概述

数据管理技术是指对数据进行分类、编码、存储、检索和维护，它是数据处理的中心问题，用最少的费用加工出能满足管理者需要的信息。

一、数据管理技术的发展

随着应用需求提升和计算机硬件及软件技术的不断发展，数据管理技术经历了人工管理、文件系统、数据库系统和高级数据库4个阶段。

1.人工管理阶段

20世纪50年代中期以前，硬件中的外存只有卡片、纸带、磁带等。软件只有汇编语言，没有数据管理方面的软件。数据处理的方式基本上是批处理。这个时期的数据管理的特点：数据不保存；没有专用的软件对数据进行管理；只有程序（Program）的概念；没有文件（File）的概念；数据面向应用，即一组数据对应一个程序；对数据的存取以记录为单位，灵活性差。

2.文件系统阶段

20世纪50年代后期至60年代中后期，有磁盘、磁鼓等直接存取存储设备。在软件方面，出现了高级语言和操作系统。操作系统中的文件系统是专门管理外存的数据管理软件。其处理方式有批处理，也有联机处理。这一阶段的数据管理的特点有：数据可长期保存在外存的磁盘上；数据的物理结构与逻辑结构有了区别，但较简单；文件的形式已多样化，有索引文件、链接文件和直接存取文件等；有了存储文件后，数据不再仅仅属于某个特定的程序，而可以重复使用；对数据的存储基本上还是以记录为单位。

但文件系统有两大缺陷：一是数据冗余性，这是由于文件之间缺乏联系，造成每个应用程序都有对应的文件，有可能同样的数据在多个文件中重复存储。二是不一致性，这往往是由数据冗余造成的。数据联系弱，这是由文件之间独立、缺乏联系造成的。

3.数据库系统阶段

20世纪60年代末，磁盘技术取得重大进展，大容量（数百兆字节以上）和快速存取的磁盘陆续进入市场，同时成本也有了很大下降，这就为数据库技术的实现提供了良好的物质条件。20世纪70年代以来，数据库技术得到迅速发展，并投入应用。与文件系统相比，数据库系统克服了文件系统的缺陷，提供了对数据更高级有效的管理。

数据库技术的管理方式具有以下特点：一是采用复杂的数据模型（结构），数据模型不仅要描述数据本身的特点，还要描述数据之间的联系，这样数据不再面向特定的某个或多个应用，而是面向整个应用系统，数据冗余明显减少，实现了数据的共享。二是有较高的数据独立性，在数据库系统中，系统提供映像的功能，确保应用程序对数据结构和存取方法有较高的独立性。三是数据库系统为用户提供了方便的用户接口，用户可使用查询语言或简单的终端命令操作数据库。四是提供了数据完整性、数据安全性、数据库的并发控制和数据库的恢复等数据控制功能。

4.高级数据库阶段

20世纪70年代后期开始的高级数据库阶段，主要标志是分布式数据库系统、数据库机以及后来的数据仓库、知识库系统的出现。分布式数据库系统主要有下面两个特点：一是多数处理就地完成，在各地都有数据库，大多数处理不通过中央处理机进行，而由网络上各点的局部处理进行，处理不了才交给中央处理机或其他处理机处理。这样响应时间可以缩短，负荷可以均衡、分散，而且偶然性的故障对全局影响较小。二是计算机之间由数据通信网络相联系，本地计算机单独不能胜任的处理任务，可通过数据通信网络取得其他数据库和计算机的支持。分布式数据库系统兼顾了集中管理和分散处理两个方面，因而有良好的性能。同时数据库分布在网络的各个节点仍是统一管理的。

二、数据库及其主要特征

数据库（data base，DB）是机械化的、可共享的、形式化定义的和集中控制的数据集合，是企事业单位或组织（可统称单位）的重要资源。如对于会计信息系统来说，它集中、统一地保存、管理着单位与经济活动有关的所有会计信息甚至非会计信息，数据较少冗余，且具有较高的数据独立性，能为多个系统应用服务。

数据库的主要特征有：

1.实现数据共享

该特征是数据库技术先进性的重要体现，数据共享有三方面的含义：一是当前的所有用户可以存取数据；二是可以增加新用户并与当前用户同时存取数据库中的数据；三是用户可以通过多种程序语言或命令语言存取数据。

2.减少数据冗余

数据冗余一是浪费大量空间，二是必须做多次更新操作来更新冗余副本，使机器开销增大，三是使用的数据副本可能处于不同的更新阶段，因而出现数据的不一致。而数据库是从整体观点来组织数据的，可为多个应用所共享，避免不了必要的冗余。

3.保持数据的一致性

数据的一致性是指数据的不矛盾性，由于数据库能减少数据冗余，同时提供了对数据的各种检查和控制，保证了在更新数据时能同时更新所有副本，维护了数据的一致性。

4.数据的独立性

所谓数据独立性是指数据与应用程序之间的独立性，这种独立性分两级：一是物理独立性，即数据的物理结构的变化，如物理设备的更换、物理位置的变更、存取方法的改变等，不影响数据库的逻辑结构，也不影响应用程序。二是逻辑独立性，即数据库逻辑结构的变化不影响应用程序。

5.安全保密性

数据库系统有一套规则和措施来达到安全保密性。

6.并发控制

数据库具有并发控制功能，保证多个用户对同一数据同时修改、读取操作时不出错。

7.故障恢复

当数据库发生局部性或全局性的破坏时，数据库系统具有恢复的功能。

三、数据模型、实体联系模型与关系型数据库

在数据库技术中，最主要的概念和技术/工具有数据模型、实体联系模型、关系型数据库等。

1.数据模型

在数据库中，数据模型是现实世界中的各种事物及其间的联系用数据和数据间的联系来表示的一种方法。目前使用的数据模型大体可以分为两种类型：一类是独立于计算机之外的模型，如实体联系模型，这种模型完全不涉及信息在计算机系统中的表示，只是用来描述某个特定组织所关心的信息结构，因而又被称作“概念数据模型”。另一类数据模型则是直接面向数据库中数据逻辑结构的，例如关系、网状、层次、面向对象等模型，这类模型涉及计算机系统，一般又称为“基本数据模型”或“结构数据模型”。

2.实体联系模型

实体联系模型（简称E-R模型）是P.P.Chen于1976年提出的。实体是指客观存在并且可以相互区别的事物。实体并不是孤立、静止存在的，实体的联系有两类：一类是实体内部的联系，反映在数据上是同一记录内部各字段间的联系；另一类是实体与实体之间的联系，反映在数据上就是记录之间的联系。两个不同实体集的实体间联系主要有三种：1∶1联系，如一个班级有一个班长，一个班长只能属于一个班级，则实体集班级和班长间是一对一的联系。1∶M联系，如班级—学生，一个班级有多个学生，而一个学生只在一个班级学习，则实体集班级和学生是一对多的联系。M∶N联系，如学生与选课，一个学生可以选修多门课程，而一门课可供多个学生选修，则实体集学生和选课间存在着多对多的联系。

E-R模型中的基本语义单位是实体与联系。运用标准的图例和规则形象地图形化表示，称为E-R图。E-R图是直观表示概念的有力工具。

图7-1为一个仓库管理的E-R模型。仓库主要管理材料的进库、出库、采购等事项。仓库根据需要向外面厂家订购材料，而许多工程项目需要仓库供应材料。图例中

•有三个实体，工程项目（P）、材料（M）、材料供应厂（S）。工程项目和材料之间是M：N联系，材料和供应厂之间也是M：N联系，分别定义联系类型材料使用（P_M）和材料供应（M_S）。

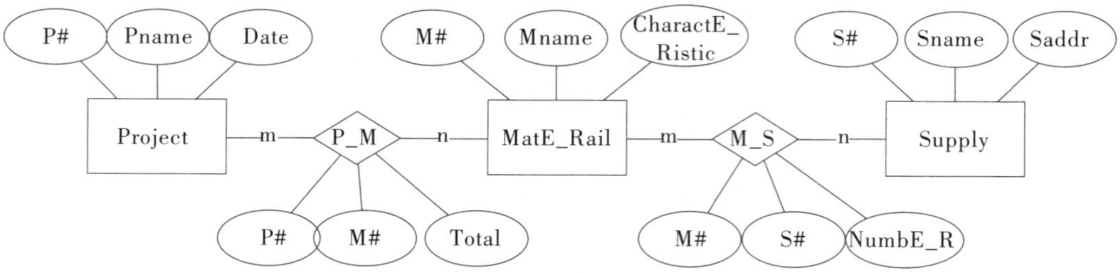

图7-1　E-R实例

3.关系型数据库

关系型数据模型是一种目前最常用的基于关系代数理论的数据模型。关系数据库是在层次和网状数据库之后发展起来的一种数据库。关系模型运用数学方法研究数据库的结构和定义对数据的操作，它具有模型结构简单、语言一体化、数据独立性高、有较坚实的理论基础等特点，通常使用二维表的方式组织数据。关系型数据库具有如下特点：

（1）列是同质的，即每一列的分量是同一类型的数据，来自同一个域。

（2）不同的列可出自同一个域，每一列称为属性，给予不同的属性名。

（3）列的顺序无所谓，即列的次序可以任意交换。

（4）任意两个元组（行）不能全同。

（5）行的顺序无所谓，即行的次序可以任意交换。

（6）每一分量必须是不可分的数据项。

在关系型数据库中，关键字（又称键、码）是一个非常重要的概念，用以唯一标识一个元组，如科目表中的科目代码、固定资产台账中的固定资产代码、凭证表中的期间+类别+编号等。关系模型由数据结构、关系操作集合、关系的完整性三部分组成，关系的完整性包括实体完整性、参照完整性和用户自定义完整性，数据完整性在会计信息系统中具有非常重要的应用。

在数据库系统中，为了保证数据库中数据与现实世界的一致性，必须遵循一定的约束规则。关系数据库中完整性约束有：实体完整性、参照完整性和用户定义的完整性。

实体完整性：关键字的各个分量不能为空值。因为关键字是能唯一标识一个元组的，从而也标识了它所描述的实体。如果一个元组的关键字为空，或部分值为空，该元组将不可标识，也就不能表示任何实体，因而是无意义的，这在数据库中是不允许的。

参照完整性：也叫引用完整性。若关系R1的属性A是另一关系R2的关键字，则对于R1中的每一个元组，在属性A上的值，必须或者为空值，或者等于另一关系R2中的某一元组的关键值。引用完整性给出了关系间建立联系的约束规则。

用户定义完整性：实体完整性和参照完整性用于任何关系型数据库系统。用户定义的完整性则是针对某一具体数据库的约束条件，由应用环境决定。它反映某一具体应用所涉及的数据必须满足的语义要求。关系模型应提供定义和检验这类完整性的机制，以便用统一的、系统的方法处理它们而不应由应用程序承担这一功能。

四、数据存储类型

ERP系统的数据库服务器一般可以选择Oracle、SQL Server、DB2等大型数据库管理系统。数据库的应用已经经历过几代，常用的数据存储文件有：一是在单机上运行并且以一个或几个相互联系的文件形式存在的桌面型小型DBMS，包括：TXT（文本文件）、XLS（Excel文件）、MDB（Access文件）、DBF（xBase文件）；二是在网络下运行的大型DBMS，主要包括：SQL Server、Oracle、Sybase、DB2、Informix等；此外，在面向审计等数据交换应用需求时，常用的数据文件可能采取TXT、XLS、DBF、XML、XBRL等文件格式。我国的财务软件，20世纪80年代以及90年代初大部分以第一类为主，但近几年，随着计算机网络的运用与发展，许多系统已逐步地采用大型DBMS，如UFsoft、Kingdee、NewGround等公司的ERP软件。而在完成会计信息系统审计业务时，必须了解系统采用的DBMS是什么。

此外，伴随着互联网经济、数字化企业的发展，服务或产品供给实时化和点对点连接成为可能，小众化个性化产品需求比率不断提升，产品需求的更新和迭代速度加快，企业经营面对市场实时调整、组织按需随时而变、运营高度依赖系统成为常态，快速灵活多变的业务前端和相对要求稳定的传统ERP等中后端管理形成了矛盾，共享服务理念也存在困难，"中台"应运而生，出现了业务中台、数据中台、技术中台、管理中台、财务中台等各种具有微服务化、可复用化、可扩展化等性质的中台，将信息化时代和数字化时代对管理信息系统的要求区分开来。

在基于中台架构思想的会计信息系统中，财务数据的存储不再是以单据和汇总报表等财务信息为核心，而是以经济业务明细数据等业务信息为核心，财务人员通过财务中台就能处理财务管理业务而不需要在不同业务系统中切换，业务处理可并行，业务响应快速化，资源部署弹性化，满足组织架构灵活变更需求，通过各类自动化工具极大简化财务，彻底提高效率。

案例7-1

凭证数与科目余额表的关系模式

第二节　会计数据的组织

大部分会计信息系统都是基于数据库管理系统的，其存放各种数据的文件均为依据系统分析中所编制的数据流程图和数据字典而设计的数据库文件。可以说，会计信息系统是以数据库为核心的应用系统，它具有对信息的存储、检索、加工等功能，在系统设计过程中，应该把软件工程的原理和方法应用到数据库设计中，结合应用环境的需求和数据特点进行科学设计。下面，我们以凭证数据和科目数据的组织为例来看看会计信息系统中数据库设计中应该考虑的因素。

一、会计数据的特点

会计数据是反映企业经营业务状态的独特的数据群体，主要具有以下特点：

1.数据量大

凡是与企业经营密切相关的能以货币形式计量的价值数据都是会计处理对象，企业的每一项资产，每一笔业务往来的结算等，都会产生大量的数据，涉及固定资产、材料、工资、成本等各项核算以及通常的账务处理、报表处理等，都将产生更多的再生数据。

2.流向稳定

无论是什么会计管理子系统，其数据流程都有一个基本的模式，那就是：源数据→凭证→账簿→报表。会计管理系统最终都必须生成足以反映企业经营状况的各种报表。

3.动态性强

企业的持续经营每时每刻都可能有新的会计数据产生，只有当前的会计数据才能真实地反映企业目前的经营状况。由此，整个系统的数据处于动态变化之中。

4.规范性

企业经济业务的稳定性决定了会计数据的规范性，它一方面体现在会计数据组成的稳定性和彼此之间的制约关系，如某个特定的企业，它所涉及的科目、业务客户等相对稳定，借贷方金额之间的平衡关系；另一方面，体现在会计数据组织方面的规范化，从形式上说，主要有凭证数据、账簿数据、报表数据，从内容上说主要记载业务发生的信息。

会计数据组织应以真实准确反映企业经营业务为原则，尽可能提高会计处理的可靠性、合法性和效率。在设计方法上通常按加工步骤设置文件，如凭证文件、账簿文件、报表文件；按数据的特性归类，如明细账文件、总账文件；按保存期限的长短分别存放数据，如已登账凭证库为永久性文件，未登账凭证库为临时文件，余额库备份为过渡性文件；按会计期间存放文件，如同为凭证文件，为了便于查询及保存，一般将不同会计期间产生的凭证存放在不同的凭证文件中。

二、会计信息系统中的数据文件类型

在会计信息系统中，为了描述企业运营的状态和运营过程，需要设计不同的数据文件存储相关数据。主文件和业务文件是会计信息系统中两类重要的数据文件类型。

主文件是会计信息系统中最重要的共享文件，一般用于存储参照数据（保障参照完整性）和汇总数据（描述状态），一般为系统E-R图中的实体，而非联系，一般不会用于存储经济业务的发生信息，如员工、客户、供应商等。参照数据具有相对固定的值，一般不受交易发生的影响；汇总数据由交易数据汇总产生，必须准确、完整并及时更新。主文件具有的特征：存储相对持久的信息；不提供个别交易的细节；包含参照数据和汇总数据。参照数据是相对稳定而不受交易影响的描述性数据。汇总数据随经济业务的发生而变化；在存货文件中，存货的库存数量记为汇总数据。所有的主文件都包含参照数据。有些主文件可能包含参照数据，而没有汇总数据。

业务文件是用来存放表明经济业务发生的数据文件，包含对主文件进行更新的全部数据。业务文件一般具有存储经济业务的数据，如订货、发货、收取现金等；通常有交易日期；通常包括交易发生的数量和价格信息；有表示经济业务状态的数据，如凭证数据文件中的制单、审核、记账等数据项。通过状态数据值的变化，能够看到经济业务的发生顺序。

在总账系统中，科目文件、科目余额文件、往来总账文件是典型的主文件，凭证文件、往来明细账文件是典型的业务文件。

三、凭证数据的组织

会计信息系统中的凭证主要指记账凭证，它是会计部门根据原始凭证编制，用来确定会计分录，作为记账依据的证明。凭证是会计信息系统的主要数据来源，凭证处理是会计信息系统中最频繁的一项工作，凭证处理模块是会计信息系统中的一个重要模块。会计信息系统中存储有大量的数据，其中主要部分是凭证数据。系统根据存储的凭证进行一系列的处理，得到用户所需的会计资料。在保证正确性的前提下，如何组织和处理凭证数据，使系统的综合性得到提高，成为每个会计信息系统设计者重点考虑的问题，凭证处理应能完成手工凭证处理的全部功能，并加以优化。

1.凭证数据的特点分析

为了设计凭证数据在系统内的组织形式，首先必须分析凭证数据的组成和特点。一般而言，凭证的内容包括凭证的编号、填制人员、日期、摘要、借贷方的科目名称、发生额、所附单据的张数等信息。为了进一步说明问题，下面将凭证划分为不同的类别，依据不同的划分标准，划分的结果也不同。

按记账凭证的不同用途，记账凭证可划分为收款凭证、付款凭证和转账凭证，其中直接引起现金或银行存款收付的经济业务使用收款凭证和付款凭证，不直接涉及现金和银行存款收付的经济业务使用转账凭证。收款凭证和付款凭证的特点是各种经济业务的发生引起两个特殊科目（库存现金和银行存款）金额的变化，科目对应关系因此显得较简单，借贷方有一方的科目相对固定。转账凭证的特点是借贷双方的科目变化大，从总体上找出科目之间的对应关系较难。从凭证中各种科目借贷对应关系来看，记账凭证又可分为一借一贷、一借多贷、多借一贷和多借多贷凭证，分别记为1：1凭证、1：M凭证、M：1凭证、M：N凭证。

例如：

（1）一借一贷业务

1：1凭证的分录：用银行存款1 000.00元，购买一批原材料。

借：原材料	1 000.00	
贷：银行存款		1 000.00

（2）一借多贷业务

1：M凭证的分录：购入价值11 000.00元的材料，银行存款支付10 000.00元，余款未付。

借：原材料	11 000.00	
贷：银行存款		10 000.00
应付账款		1 000.00

（3）多借一贷业务

M：1凭证的分录：企业收回购货单位的欠款18 000.00元，其中银行转账

15 000.00元，收到现金3 000.00元。

借：银行存款　　15 000.00

　　库存现金　　3 000.00

　贷：应收账款　　18 000.00

（4）多借多贷业务

M：N凭证的分录：购买原材料，买价10 000元，另须支付增值税1 300元，其中开具一张8 000元的商业汇票用以结算，余款用银行存款支付。

借：原材料　　10 000

　　应交税费——应交增值税（进项税额）　　1 300

　贷：应付票据　　8 000

　　　银行存款　　3 300

从凭证数据的特征来看，有些数据是为可查询而设置的，如生成明细账、日记账所需要的部分数据，有些数据则会影响业务的核算，而查询类的数据往往一张凭证只有一个，核算（交易）类的数据一张凭证往往包含同质同类型数据若干个。核算类数据用于核算，缺一不可，查询类数据作为特征值用于查询，甚至会出现可以省略的数据。依据这一标准，我们可以将凭证数据分为两部分：

核算类数据：科目、方向、金额等。

查询类数据：凭证类型、凭证编号、日期、摘要、制单、附单据数等。

有时某些数据可能出现在两方，难以对其进行严格的划分，但一般是将其划归核算类数据。这样，在组织凭证数据时，我们得考虑三个方面的因素：凭证可能的科目对应关系，与数据库的字段数目有关；凭证的关键字，在多条记录构成一张凭证的方案如何确定一张凭证；数据项目的作用，决定该数据项是加入核算数据文件还是查询关键字文件。

不同借贷关系的业务将直接影响数据文件字段属性的设计。数据满足不同应用需求属性将影响数据文件的范式设计。

2.凭证数据的组织方式

在会计信息系统中，系统采取了一系列的凭证处理策略，其中，最基本的是凭证数据的组织策略，针对不同的组织策略，系统采取的控制策略也将不同。常见的凭证数据组织策略有以下几种：

（1）简单式凭证数据组织策略

简单式是将一张凭证的完整数据作为一个组织单位集中存放，不考虑数据的作用，它要求按凭证中的最大设想信息量设计凭证库。例如，如果凭证中可能最多有M个借方科目、N个贷方科目，则凭证库中应该设计M个字段存放M个借方科目的名称，N个字段存放N个贷方科目的名称，另外还需设计存放M个存放借方金额、N个存放贷方金额的字段。当凭证中涉及的借方科目少于M个或是贷方科目少于N个时，多余的字段就闲置不用了。显然，这种策略造成了大量的浪费，存储效率极低，难以存储借方科目超过M+1个、贷方科目超过N+1个的凭证。设计者无法确定凭证库的具体结构，一般情况下不采用这种策略。表7-1举例说明了简单式凭证存储策略的应用。

表 7-1　　简单式凭证存储策略

类别	编号	日期	摘要	借方科目1	借方金额1	借方科目2	借方金额2	贷方科目1	贷方金额1	贷方科目2	贷方金额2
付	1	2020/02/01	××	原材料	1 000			银行存款	1 000		
付	2	2020/02/01	××	原材料	1 100			银行存款	1 000	应付账款	100
收	1	2020/02/01	××	银行存款	17 000	库存现金	1 000	应收账款	18 000		
付	3	2020/02/01	××	原材料	10 000	应交税费——应交增值税（进项税额）	1 300	应付票据	8 000	银行存款	3 300
…	…	…	…	…	…	…	…	…	…	…	…

（2）集中式凭证数据组织策略

集中式对简单式作了改进，是将凭证的信息集中存放在一个数据库中，但一个科目对应一条记录，即如果一张凭证为M：N，则在凭证库中得占M+N条记录。因此，有关凭证的特征信息会重复出现在该凭证的每一条记录中。集中式存储虽然有存储方便的特点，但仍然存在比较大的数据冗余，会计信息系统接受的凭证越多，空间浪费就越大，数据冗余量几乎达到50%。

第八章
会计数据收集

第一节　会计信息质量及其特征

一、会计信息质量

会计信息是由会计人员根据各方面的需要，对原始会计数据进行科学有效的加工和处理而生成的。一般是对各种原始凭证、记账凭证中的数据进行收集、加工、传输、存储、检索等处理过程，经过这一系列过程使会计数据转变成有用的会计信息。会计信息包含两大类：一类是反映经济业务的经济业务信息，另一类是反映财务状况的财务信息。在信息化的环境中，企业利用信息系统将经济业务信息和财务信息整合、共享，为整个企业的决策提供依据。会计信息的用途是表达企业的经营状况。

何谓会计信息质量？从不同的角度考察，可得出不同的定义。根据世界著名的质量管理专家朱兰从用户使用角度的定义，会计信息质量应是其满足需求者的程度；根据另一位质量管理专家克劳斯从生产者角度的定义，会计信息质量应是会计信息产品符合会计准则（制度）规定要求的程度，这里的会计准则（制度）即会计信息生产的“模板”；根据国际标准化组织1994年颁布的ISO8402-94《质量管理和质量保证——术语》中有关质量的定义，会计信息质量应是会计信息满足明确和隐含需要能力的特征总和。

这些定义都较为宽泛，包括了会计信息实用性和符合性的全部内涵，那么，会计信息质量的高低就可以根据会计信息所具备的质量特征能否满足人们的需要及其满足的程度来衡量。会计信息的质量会影响管理者、股东、债权人、政府等利益相关者的决策。会计信息质量的评价需要以会计信息质量特征为依据。

二、会计信息的质量特征

最早研究会计信息质量特征的文献可追溯至1970年APB第四号报告。该报告提出了相关性、易懂性、可验证性等七条，但忽略了一个最主要的质量特征：可靠性。1980年5月，美国FASB第2号公告第一次将会计信息质量作为一个专门的研究项目，之后，许多国家和组织都着手研究会计信息的质量问题。加拿大特许会计师协会提出了四项主要质量特征——可理解性、相关性、可靠性和可比性。英国会计准则委员会将会计信息质量分成三部分：第一部分是与报表内容有关的质量，包括了相关性和可靠性；第二部分是与报表表述有关的质量，包括了可比性和可理解性；第三部分是对信息质量的约束，包括了及时性及效益大于成本等。目前，美国学术界又转而研究会计信息的另一个重要质量特征：透明度。

会计信息质量特征是选择或评价可供取舍会计准则、程序和方法的标准，是财务目标的具体化。其主要功能是辨别什么样的会计信息才能有用或有助于决策。

（一）会计信息的相关性

所谓相关性是要求会计信息应当符合国家宏观经济管理的要求，即要求企业在收集、加工、处理、传递会计信息的过程中，要考虑使用者对会计信息要求的不同特点，以确保满足企业内外有关各方面对会计信息的相关需要，按投资者、经营者、政府部门对会计信息的要求形成一个会计信息流。由此可以看出，相关性有两个基本标志，即预测价值和反馈价值。所谓预测价值，是指会计信息能够帮助使用者评价过去、现在和未来事项并预测其发展趋势，从而影响基于这种评价和预测所做出的决策。所谓反馈价值，则指会计信息能对信息使用者以前的评价和预测结果予以证实或纠正，从而促使信息使用者维持或改变以前的决策。而会计信息要实现预测价值和反馈价值，及时性也是相当重要的质量特征，即会计信息能在其使用者做出决策之前提供。

（二）会计信息的可靠性

可靠性是指会计信息必须真实可靠，对会计要素的确认和计量遵循会计要素定义的要求，使其在会计报表上所反映的各项会计要素均符合其质量特征，不能错误引导用户的判断，不能进行虚假的误导性的陈述，也不得有重大遗漏。会计报表应当全面反映企业的财务状况和经营成果，对于重要的经济业务应当单独反映。会计核算应当以实际发生的经济业务为依据，如实反映财务状况和经营成果。可靠性是会计的本质属性，是会计信息的灵魂。未来公允价值的应用会越来越广，但公允价值不可能完全取代历史成本，而且公允价值的应用也要力求可靠，充分而公允地反映企业的真相。未来的会计报告改革都不应偏离这个基本方向。

（三）会计信息的真实性

真实性是指会计信息准确地揭示各项经济活动所包含的经济内容。真实性是会计信息的生命，没有真实性的会计信息，其相关性就会削弱，严重的还会贻害社会和广大民众，损害利益相关者的利益。马克思主义哲学原理告诉我们，真理是相对的、发展的，而不是绝对的、静止的。因此，会计信息的真实性具有相对性和动态性的特点。会计信息的真实性是相对的，主要是因为会计信息是经济的会计反映，会计信息的反映既与会计人员的素质、能力、经验、品德等有关，又与会计准则、制度、程序、方法等紧密相连。从会计人员的角度分析，不同的会计人员有不同的道德水准和技术水平，这就决定其对会计信息真实性愿意做出和可能做出的最大承诺和保证的程度不同，根据客观经济活动加工处理形成的会计信息的真实程度也就有所差别。就所运用的程序与方法而言，会计信息的加工过程也会影响会计信息与客观经济活动的结合程度。

（1）会计对经济活动（在会计上表现为会计主体的财务状况和经营成果）的反映，是通过对会计要素的确认和计量来实现的。会计所运用的确认和计量方法肯定会影响会计信息的真实程度，如收入、费用的确认和计量是以实现原则、配比原则和权责发生制为基础的，这就使会计反映的当期利润与当期实现现金净流入可能不一致，从而使利润缺乏实际货币保证，会计收益的概念与人们通常的“经济收益”有差异，会计所提供的仅仅是名义收益而非“真实”收益。

（2）对相同的会计事项，往往有不同的会计处理方法可供选择。这种选择性虽然也有一定原则以供遵循，但由于选择何种会计处理方法才最适合完全取决于客观环境的要求和当事人对其合理性的判断，因而带有较强的主观性，很难说哪个方法得出结果是真实的，哪个方法得出的结果是不真实的，这就给判断是否“如实反映”带来困难。如存货计价有先进先出法、加权平均法等，固定资产折旧有平均年限法、工作量法和其他各种加速折旧方法等，不同的方法必然产生不同的结果，人们只能选择其中一种方法，但无法证明其结果是否真实。

（3）会计处理过程中包含大量的不确定性因素，很多参数需要估计和预测，如固定资产折旧年限、预计净残值、或有事项等，这种预计带有很大的主观成分，预计的结果是否与实际情况吻合，在很大程度上会影响会计信息的真实性。

（4）会计核算中重要性原则和成本效益原则的应用，也会在一定程度上影响会计信息与客观经济活动的吻合程度，从而影响会计信息的真实性。

会计信息的真实性是动态的，主要是因为世界在不断运动，经济活动的经常变化，会计信息反映的只是某个时期或某个时点的经济活动的情况，与当时的客观环境是相适应的。从发展的眼光看，都是历史的和过去的。基于当时的客观情况，这种反映可能是真实的，但随着环境的变化和人们认识水平的提高，对会计的理解逐渐深化，会计处理程序和方法也不断完善，对经济活动的会计反映要求会发生变化，原来被认为是不正确或不可能的做法可能会得到承认和支持。因此，会计信息的真实性是以一定的条件为转移的，是处于不断发展变化之中的，呈现动态性。

（四）会计信息的及时性

及时性是指会计报表的编制、报送要及时，即在会计年度终了较短时间内报送会计报表。会计信息的及时性是信息质量的重要要求，随着经济的发展，信息使用者对信息的及时性要求越来越高，尤其是高新技术产业企业的管理迫切需要及时得到实时信息，会计报告每年报送一次并且在年度终了若干时间后才报出的传递方式，已经不能适应时代的要求。反映经济业务的会计信息是经常变化的，要求企业在发展过程的一定阶段应披露会计信息，因为人们认识经济业务在该阶段的特征是有效的，过时的信息是无效的。

（五）会计信息的中立性

中立性是指“在信息中不存在企图取得预定结果或诱发特定行为的偏向”。这就要求会计信息在生成过程中不受任何人以任何方式指使或操作，不允许任何人为了某种目的歪曲会计信息，在客观的信息上附加某种主观色彩以满足特定信息使用集团的需要，即会计信息应公正地反映它意在反映的内容。

（六）会计信息的可比性

可比性是要求同一会计主体的前后期会计信息保持可比，或两个不同的会计主体同一时期的会计信息保持可比。鉴于我国会计信息使用者受教育程度不同及理解力的差异，强调会计信息的可比性更有利于他们理解和使用可靠和相关的会计信息。加之我国企业所有制形式多元化的特点，决定了会计信息还具有利益协调和参与分配的作用，强调会计信息的可比性，更有利于加强我国政府的宏观调控作用及协调各方面的利益。

（七）会计信息的有用性

有用性指决策有用性。美国财务会计准则委员会（FASB）发布的《财务会计概念公告》构建的会计概念体系就是以“决策有用性”为核心，将相关性、可靠性等会计质量特性连成一体。决策有用性是会计信息最基本的质量特征，会计信息质量直接关系到决策者的决策及其后果，会计信息的真实性和可靠性是保证信息使用者做出正确决策的基本前提和条件，提供符合质量特征要求的信息是会计人员的基本任务。

第二节　会计信息收集的步骤及重要性

会计信息是指通过科学预测或实际记录，反映会计主体过去、现在、将来有关资金运动状况的各种可为人们接收和理解的消息、数据、资料的总称。会计信息既不是原始数据信息的集中，也不是对原始数据进行下一分类或其他简单的处理。此外会计信息的获得，也不是一个信息的单向运动过程，它还包括信息的反馈，即将系统所获得的会计信息用于管理、预测和决策后，将其结果随时又投入会计信息系统中进行再加工、再处理。在现代社会经济活动的过程中，每个会计主体都会不断地发出、传递或取得各种会计信息，形成向上、向下和平行输入、输出的会计信息流，因而必须广泛收集会计信息。

会计信息具有鲜明的特征，它应具有文字、数字、符号、语言和图像等多种形式，它们借助凭证、账簿和报表等物质载体进行传递，借助会计报表，使各级主管部门和有关方面正确无误地接收提供的管理数据。而其中数据量的多寡，将被科学技术的进步程度和社会生产力发展状况所左右。这些数据原是分散的、浩繁的和杂乱无章的，但经过会计处理，浓缩为综合的、系统的数据形式，更加清楚地反映出企业的经营活动状况。这些数据在一定的时空条件、程度、范围内可以共享，不为一个人或一个单位所专用。

一、会计信息收集的步骤

为使收集工作顺利进行，保质保量地完成收集资料的任务，应遵循科学的由若干步骤组成的工作流程。首先是识别信息需求，也就是弄清收集数据是为了解决什么问题，即确立收集会计信息的目的。其次是确立收集对象，即确定收集单位，一般是经济活动或从事经济活动的社会机构或个人。再次是制定收集纲领，即规定收集信息的属性，以及这些属性如何描述。最后是资料的实际收集，包括现成资料收集和原始资料收集。现成资料收集主要是对各种可读、可视听的文字和声像资料的收集。原始资料的收集主要是从实际直接调查中所取得的第一手资料，可以通过直接观察、测量、实验和各种专门调查方法获得。这便是会计信息的收集流程。

传统的会计信息收集都是人工操作，这种手工收集方法存在收集工作量大、收集成本高、信息反馈不及时等缺点。如今，现代化高科技技术的发展，使得企业可以通过信息技术来及时、相关、安全、准确、经济地收集信息，以更少的工作获得更多的结果。因此，用信息技术进行会计信息收集已是企业进行现代化管理的必然趋势。

二、会计信息收集的重要意义

会计电算化的普及，标志着会计数据加工已进入现代化阶段。从而，会计信息收集也面临着现代化的问题。传统的会计信息收集已日益成为管理信息系统的一部分，会计信息收集已不再局限于会计核算方面，而更多地趋向于会计管理、会计决策方面。作为财务工作者，必须学会利用互联网来收集信息，特别是要掌握收集会计信息的方法。在信息时代，企业的竞争在一定程度上取决于信息的竞争，如何借用先进的信息收集和处理工具提高企业的“信息战”能力已成为当务之急。随着计算机网络技术的发展，企业可以利用网络来高效、经济、尽可能全面地收集信息，这对企业提高经济效益起到了重要的作用。

第三节　电子商务对现代会计的影响

一、电子商务与会计信息的关系

关于电子化原始凭证的确认，长期以来，书面票据以其手写笔迹各异而易于辨认、便于牵制等特性赢得会计人员的青睐，使企图非法修改原始凭证者望而却步。这也是在电子商务起步伊始，会计人员钟情于书面票据而对电子票据敬而远之的主要原因。然而，电子商务的快速发展必然带来作为支付手段的相关凭单与票据的电子化。会计信息的无纸化和开放性是电子商务时代会计的主要特点：电子商务的开展使企业信息系统网络化，在会计方面表现为会计系统与企业财务系统产生无缝链接，使会计信息系统趋于开放。另外，在手工会计环境下，企业发生的经济业务均记录在纸张上，这些纸质形式的数据若被修改会留下修改的线索和痕迹，这是纸质数据的基本特征。对电子数据的修改可不留痕迹，这给一些非法操作提供了方便。无纸化电子凭证的确认也就成为一个不可回避的问题。联合国国际贸易法委员会第18届会议上提出《计算机记录的法律价值》报告。该报告建议，各国政府要重新审查涉及使用计算机记录作为诉讼举证的法律规则，重新审查关于贸易方面的交易和与贸易有关的文件要求书面形式的法律规定。虽然以上建议的初衷是解决法庭诉讼程序中使用计算机可读数据作为证据的问题，但它同时也为推动电子原始凭证作为会计依据提供了有力的帮助。

进而联合国国际贸易法委员会推出了《电子商务示范法》。其第八条规定，如果一项数据电文能可靠地保证自信息首次以其最终形式生成，从作为一项数据电文或充当其他用途之时起，该信息保持了完整性，以及当要求将信息展现时，能将该信息显示给查阅者，则该数据电文即能满足原件的要求。这一全新的界定标准无疑为电子原始凭证的有效性提供了强有力的法律依据。它标志着物流凭证和流通票据可以通过数据电文的方式加以确定，而不必局限于书面凭证。《中华人民共和国合同法》也将书面合同形式扩大到数据电文形式。其第十一条指出：“书面形式是指合同书、信件以及数据电文（包括电报、电传、传真、电子数据交换和电子邮件）等可以有形地表现所载内容的形式。”也就是说，不管合同采用什么载体，只要可以有形地表现所载的内容，即视为符合法律对“书面”的要求。电子合同可如此确认，其他电子原始凭证也可依此认同。作为填制记账凭证依据的原始凭证，必须经过审核签字。在电子商务的环境之下，原始凭证的审核签字与记账凭证的填制，很有可能异地进行，这便要求后者必须对前面的审核签字的有效性加以确定。日本已颁布了《数字签名及认证法》。美国已有十多个州通过“数字签名法”。另外，活体指纹识别系统也正逐步推向市场。

尽管签字方式扩大到电子密码，但人们更加认同的是在文件上手写签字，由于每一个人的笔迹习惯不同，因此这种由审核人亲笔写出自己的姓名或姓名编号的做法，实质上更能体现签字人对数据电文内含信息的认同。可喜的是，目前已经采用动态签名鉴别技术来完成这一工作。记账凭证生成模块采用动态签名签字，进而确定被签原始凭证内容的真实性。会计确认实际上要进行两次。第一次确定在会计上正式加以记录的数据；第二次则确定在会计报表上正式予以揭示的信息。通过以上对电子化了的原始凭证的认可，以及通过动态签字对其可靠性加以确认，保证了电子商务环境下第一次会计确认的顺利进行。而作为第二次确认，也即记账凭证的填制，如何适应电子商务环境的需要，与第一步进行有机衔接，则是一个极其重要的问题。

（一）记账凭证的自动生成

从原始凭证电子化到记账凭证电子化，面临的主要问题是会计软件如何根据网络上已经审核签字的原始凭证自动生成记账凭证。而在生成过程中，又将如何最大限度地减少人脑的干预。当前会计核算软件具备了根据记账凭证自动生成账簿，根据账簿文件自动编制会计报表的功能，在很大程度上保证了从记账凭证到会计报表这一处理过程的正确性。然而，制约着会计信息真实性的主要因素——记账凭证的手工填制，却仍然是当前会计核算等软件开发者的一块“心病”。这一问题如果未能加以解决，必将影响到电子商务中的物流、资金流和信息流的有机结合，成为未来企业电子商务环境下会计核算之羁绊。更为重要的是，这种手工填制的人为干预，更会使据以生成的会计报表的可靠性功亏一篑。尽管当前许多会计核算软件通过设置“定义非法对应科目”、“月末自动结账”以及各核算模块自动生成的转账凭证的功能模块，实现记账凭证的自动生成，然而其所存在的局限性却不可否认。一是只能针对部分的转账内容形成凭证，而不能自动生成所有的转账凭证；二是只能针对转账内容自动形成凭证，而不能针对收款、付款内容自动形成凭证；三是只能对凭证的借贷方一级科目加以定义，而不能直接对凭证的借贷方明细科目加以定义。而事实上，第三个问题是与第一、第二两个问题相联系的，因为生成转账、收款、付款凭证的同时，大多要确定该凭证的明细科目。真正意义上自动形成的记账凭证，应当是能够由系统直接根据每一笔经济业务的性质，自动确定其应记的借贷方科目（直至明细科目）及其金额。要完成这一过程，还有待专家系统的支持，有待模仿人脑右半球的快速模式识别和大量模拟数据处理等功能的新型电脑支持，不能一蹴而就。我国电子商务帷幕刚刚拉开，同时经营业务尚且有限，因而也给了我们重新研制会计核算软件的时间与机会。起步伊始，可尝试采用借贷方一级科目由系统自动定义，而借贷方明细科目由人工辅助定义的做法。利用凭证摘要与科目相关性，可以在取得被审核签字电子化原始凭证的同时，由软件根据该经济业务的性质产生一个规范的摘要，并根据该摘要生成借贷方一级科目。例如，根据销售发票和收款单，得出“销售并由银行收到货款”，进而生成："借：银行存款，贷：主营业务收入"分录；根据付款通知书和材料账单，得出"购料并由银行支付购料款"，进而生成："借：材料采购，贷：银行存款"等分录。当然，由于企业的经济业务复杂，原始凭证繁多，个别原始凭证完全由软件自动判断似乎有困难，对此，可以考虑由人脑辅助确定。至于数据文件的设置，可以建立一个原始凭证与相应摘要库文件，再建立摘要与借贷方科目库文件，也可两个文件合二为一。而有关摘要与科目的对应关系，则可直接参考财政部发布的行业会计制度中的"主要会计事项分录举例"。至于日后出现新的经济业务，可随时添加至上述的数据库之中。虽然上述的做法不免带有人为干预，但它毕竟架起了原始凭证自动生成记账凭证的桥梁。在由系统自动定义（不能修改）每一经济业务的借贷方一级科目之后，其各该明细科目再由肉眼加以选择。

（二）会计明细信息的安全传递

将电子化的原始凭证和记账凭证等明细信息送上网络，继而根据会计信息用户的不同需求，采用事件驱动的方式生成各种信息是未来会计发展的方向。然而，传统的安全解决方案已经不适应电子商务的发展。电子商务要求企业网与INTERNET连接，并利用其作为通信干道的企业内部网，故而不仅要防范企业内部的计算机舞弊，而且还要承受来自INTERNET的攻击和威胁。INTERNET不为任何服务提供安全保障，致使企业的不安全的因素可能涉及网络上的任何层次。许多计算机系统都存在安全漏洞，远程访问使得各种攻击不到现场即可实现，系统通信协议和应用服务协议中存在许多弱点，对于会计信息远程传递，在没有设置一个被充分证明是安全可靠的系统之前，是不能令其贸然上网的。

二、电子商务对传统会计环境的影响

会计环境是指会计赖以生存和发展的各种客观条件及周边状况，包括对企业会计活动产生影响的企业外部环境和内部环境。其主要体现在以下几个方面：

（一）电子商务引起企业经营环境的变化

这种变化主要体现在以下两个方面：一是改变了企业组织的结构。在电子商务状态下，企业的组织结构发生变革，扁平化结构和网络化结构得到空前发展。二是改变了企业的运作方式。电子商务是一种全新的服务方式，它以数字化网络和设备替代了传统纸介质，突破了传统企业中以单向物流为主的运作格局，实现了以物流为依据、信息流为核心、商流为主体的全新运作方式。①组织环境的变化。在传统商务环境下，企业需要通过多层次的结构来实现信息由下至上传递，这样不仅传递慢，而且效率低，信息从最下层传递到最高层时可能已经发生了本质变化。在电子商务环境下，利用计算机和发达的网络可以方便快速地传递信息，这样企业可以减少中间层，实现组织结构的扁平化或网络化。②生产环境的变化。随着经济的发展和生活水平的提高，人们对产品的个性化需求越来越强，企业为了吸引客户而改变原来大批量、少批次的生产方式，采用计算机技术对生产流程进行控制与执行，自动调整生产工序，根据客户要求量身定制其所需的产品，实现小批量、多批次的生产。③技术环境的变化。计算机的普遍应用、信息技术的高速发展、网络技术的逐渐普及都在改变着会计所处的技术环境，企业对原始数据的收集都利用计算机进行，通过内部人员将业务数据输入管理信息系统、网络接收电子单据等实现会计数据输入和存储的无纸化、传递的网络化，技术的变革必然引起会计系统的一系列改变，如法律环境的变化。我国自2005年4月1日起施行的《中华人民共和国电子签名法》对数据电文、电子签名的合法性给予了肯定，确立了它们的法律地位，使会计凭证和相关数据有了新的来源。

（二）电子商务引起核算方式创新

电子商务使得企业间的经济交易实现了无纸化，即在具体交割时无须使用现金、支票，一切均可在网上进行。其具体支付方式有：信用卡、电子现金、智能卡等。

（三）电子商务对相关会计法规形成冲击

电子商务的自动化、无纸化、数字化等特征，使数字签名代替纸面签名，这必然给传统的适用于纸面交易的现行商业法规带来冲击。同时，国际电子商务的发展对会计准则的国际差异也提出挑战，不同的会计准则反映不同的会计信息。如果这种差异需要投资者、合作双方甚至多方在网络外部经过特殊调整后才能解决，那么将会影响电子商务作用的充分发挥。

三、电子商务对传统会计假设的影响

（一）电子商务对传统会计主体假设的影响

会计主体假设的提出符合当时的经济发展要求，在当时是准确、恰当的。会计主体假设是指会计信息所反映的特定单位或者组织，规范了会计工作的空间范围。这里“特定单位或组织”在传统意义上是指具有有形实体的法人单位。然而，在电子商务发展中产生了一类新的公司，即虚拟公司，它是为了完成某一目标在短时间内结合而成的一个存在于计算机网络的临时结盟体，它没有固定的形态和确定的空间范围，从而使得会计主体具有可变性，其外延难以界定。

（二）电子商务对传统会计持续经营假设的影响

持续经营假设是假定企业将持续不断地经营下去，在今后可预见的一段时间不存在清算与破产的可能。随着知识经济时代的到来，虽然科技的发展为企业带来蓬勃生机，但由于受到各种不确定因素的挑战，也使企业的经营面临着更大的风险。一方面，企业间的竞争愈演愈烈，被兼并的可能性和速度都空前提高，技术的更新周期缩短，频率加快，使企业必须增加研发的投入，以适应市场的需要。而市场需求的频繁变化和多样化，使得研究与开发适合市场需要的产品蕴含着很大的风险，这也使得持续经营假设面临严峻的考验。

（三）电子商务对传统会计分期假设的影响

会计分期假设是人为地将会计主体持续不断的经营过程按一定的时间间隔分隔开来，形成一个个会计期间。在传统的会计处理中，由于有了会计主体持续经营的假设，因此人为地划分了会计期间，方便用户有效地分解各个阶段企业的经营成果和财务状况，并且将不同时期的经营成果和财务状况进行比较。但是在电子商务模式下，由于这些虚拟企业的动态性，企业有可能在这一刻成立而在下一刻就被注销，因此要采取一个统一的会计分期并不容易，而且由于网络的实时性，会计报告瞬间便可以生成，因此会计分期的作用就不是很重要。笔者认为，以交易期间作为会计期间更为合理。

（四）电子商务对传统会计货币计量假设的影响

在网络化社会，许多传统的商业运作方式也将随之消失，网上贸易使得企业的购销活动更为便捷，同时网上收付使国际资本的流动加快，财务主体面临的货币风险增加。非货币信息和非历史成本信息将发挥愈来愈重要的作用。网络公司的交易、结算是在计算机网络上进行的。电子货币计量的采用同时也加快了企业资金周转速度，节约了交易成本，提高了企业的经营效益。

四、电子商务对传统会计计量基础假设的影响

传统企业以历史成本为计量基础，以货币为计量单位。但是在电子商务模式下，由于双方之间的交易并没有可以作为原始凭证的单据，只有成交的订单号，而且电子数据具有易篡改性，因此历史成本的优点没有体现出来。同时在电子商务模式下，虚拟企业使用电子货币、网上银行转账等方式代替传统的支票和现金进行交易，使资金在企业、用户和银行之间快速地流通，提高了资金运转的效率，同时也使传统的货币计量基础发生了动摇。

五、电子商务对传统会计目标的影响

在实践中，会计目标决定了会计的程序和方法。会计目标受社会经济、物质技术等环境的影响，其选择不能脱离现实条件。进入信息化时代，企业会计信息具有公开化、广泛化的特点，出现大量潜在投资人、债权人、债务人，他们都要求企业提供“决策有用”的会计信息。因此，决策有用性已经成为财务会计的首要目标。另外，在电子商务环境下，会计提供决策有用的信息，是会计发展的主旋律，代表了会计发展的方向。因此，未来会计的目标将着重面向使用者。

六、电子商务环境下的会计发展趋势

电子商务是商务活动新的生产力，它运用系列化、系统化的电子工具及技术从事商务活动，是在“信息高速公路”上开展的新兴产业。如今已经是以高新技术为基础的电子商务时代，在这个时代背景下，会计正在不断地发展变化，其发展的趋势有以下几个方面。

（一）计算机技术在会计领域的应用更加普及

随着制造技术的进步和超大规模集成电路的发展，计算机的购置成本已大大降低，在会计领域中的应用成本也更易于被接受。基于Windows操作平台设计的会计核算和管理软件，有效地克服了会计人员和计算机操作之间的障碍。会计软件的基本核算功能也将更加完善，在设计上开始注重各核算模块之间的相互衔接和转换，并增加了财务计划、财务分析、费用控制等一系列管理功能。网络化也为会计信息的采集和传输提供了新的模式。这些都使得计算机在会计领域中的应用不断向广度和深度进军。

（二）会计服务范围更加广泛

电子商务是基于信息网络、信息社会的产物，其活动领域可以形成从政府到市场、从市场到生产、从生产到消费者等许多方面的网络与联系，从而形成了全球统

一、竞争规范的、有序的大市场。会计为了更好地适应电子商务的客观要求，服务于这个大市场，其服务范围也应不断地扩大，不仅要服务于物质生产领域，而且要服务于非物质生产领域，面向政府、流通行业、生产行业、消费者以及国内外贸易的各个方面。

（三）网络会计是会计发展的主要趋势

网络会计是指在互联网环境下对各种交易和事项进行确认、计量和披露的会计活动。它是建立在网络环境基础上的会计信息系统，是电子商务的重要组成部分。网络会计可以最大程度地实现会计信息资源的共享，大大加快会计账务处理和资金划转的速度，项目集中管理变得更加容易，为电子商务的充分发展提供了保障。网络会计将会计与现代信息技术、网络技术有机结合，对会计基本理论等多方面均进行全面发展，建立满足现代企业管理要求的会计信息系统，将成为会计发展的主要趋势。

七、电子商务环境下信息质量特征

电子商务环境下会计信息应具备的质量要求和传统商务环境下基本相同，但是，电子商务可以借助其独特的优势使会计信息质量特征发生以下变化，以满足会计信息使用者变化了的需求。

（一）可靠性得到提高

电子商务环境下，由计算机来执行从记账凭证到会计报表全过程的信息处理，因会计人员差错造成的会计信息失真将减少；各部门之间信息传递和交换充分、及时，在实现信息共享的同时可以相互制约，可以有效防止各部门为满足自己利益而随意改变会计信息的企图；会计报表的自动、实时生成，也减少了会计人员在会计信息披露前进行粉饰的时间和机会，最大限度地减少了会计人员主观因素可能造成的偏差，使会计信息更加真实地反映企业的交易或事项。借助于先进的网络和信息处理技术，在电子商务环境下，更多的会计信息将被提供，会计信息的范围大大扩展，如既提供财务信息也提供非财务信息，既提供历史信息也提供前瞻性信息，既提供企业自身的信息也提供供应商信息、行业经济形势、政策法规等信息。同时，对于同一对象，采用不同的计量属性进行计量。可见，在电子商务环境下，会计信息能更完整地反映企业的状况。另外，在电子商务环境下，运用会计软件能实现数据的智能化处理，只要输入数据正确，计算机的强大计算功能就能保证输出会计信息的准确性，会计数据的精确度、准确度得到提高。

（二）会计信息更相关

在电子商务环境下，会计借助强大的计算与通信能力，会计信息披露的范围大大扩展，大量的业务数据信息被搜集并保存在数据库中，可以根据使用者的不同需要，提供多元化的信息，使用者还能通过“定制”方式或者根据特定的决策模型得到自己需要的个性化信息，这都使得会计信息与使用者的决策更加相关。

（三）信息更具有可比性

在传统商务模式下，当能够提供更可靠、更相关的信息，或是强制执行新的政策法规时，信息的可比性自然会在一定程度上受到影响。这个问题会因电子商务环境下多元化的会计信息披露而解决，由于提供各种处理方法下的会计信息，因处理方法不同或变更导致的信息可比性下降不复存在。电子商务不仅使信息的可比性加强了，而且使信息的比较更为容易，借助于发达的网络、高效的信息处理工具和先进的计算机语言，信息使用者能快速得到不同主体的会计信息并进行比较。比如利用可扩展商业报告语言，可以方便地以不同国家的语言描述会计信息，可以跨平台使用会计信息，提高会计信息的可比性。

（四）会计信息更方便得到验证

在电子商务环境下，网络上资源丰富，企业、政府也都及时通过网站发布信息，使用者可以及时通过互联网验证会计信息的正确性，比如通过政府发布的消息验证会计处理是否符合相关政策和法规，利用新闻媒体发布的消息验证影响会计信息的重大经营活动等。同时，借助计算机的高效信息处理能力，将原始数据输入特定模型能很快得到输出结果，这也使得会计信息的可验证性得到增强。

（五）会计信息的时效性更强

以往财务部门信息实时反馈能力不强，一份计划的执行情况、一项投资的获利情况，一般要到本月会计业务结束之后才能从账上反映出来。会计报告定期发布，而且通常是在业务发生后的很长一段时间内才披露，对使用者及时做出决策造成影响。在电子商务环境下，原始数据实时收集、账务智能化处理、会计报表自动生成、会计信息通过网络被实时发布、使用者通过互联网能及时得到需要的信息并进行决策，这都使得会计信息更加及时。

（六）会计信息更容易被理解

传统的会计信息只是通过数字表格和文字来呈现，电子商务环境下的会计信息除了表格和文字，还可以通过语音、图像、视频等形式来体现，这种多样化的形式使得会计信息更容易被理解。更多详细信息和相关信息的公布也使得使用者能借助它们理解会计信息。

（七）会计信息成本的约束减弱

在传统商务环境下，会计受限于成本效益原则不能提供足够多的会计信息，如公允价值的取得成本高使得企业不提供用公允价值计量的资产价值。在电子商务环境下，会计数据通过网络收集、计算机处理、网络发布，减少了为获得会计信息而发生的业务人员差旅费、邮寄费，降低了处理会计信息的等待成本，减少了工作人员数量，从而节约工资开销，这都可以降低企业的信息提供成本。信息使用者通过计算机软件和模型分析数据，上网收集相关信息，或者从中介机构获得会计信息，他们对会计信息的分析和处理成本也会变低。成本的降低使得更多的会计信息将被提供。

（八）重要性原则的重要性降低

重要性将不再成为衡量会计信息质量的标准。传统会计信息只反映与企业财务状况、经营成果和现金流量有关的重要交易或者事项，这主要是受成本的限制，因为提供太多信息会增加企业提供会计信息的成本和使用者分析、处理会计信息的成本，而在电子商务环境下，由于成本的降低，会计信息可以全面反映企业的交易或事项，使得重要性逐渐退出会计信息质量特征的行列。

第四节　会计信息的系统收集方法

一、会计信息收集的原始方法

会计信息的原始收集由手工完成，和手工会计信息系统没有显著区别，企业的经济活动仍然由原始凭证来证明，由手工输入会计核算信息系统。手工收集方法的收集工作量大、收集成本高、信息反馈不及时。

二、会计信息收集方法的新发展

除了传统的手工收集方法之外，一些先进的计算机技术和网络技术也得到了应用。例如，企业建立的内部网络，采用传统的C/S（Client/Server，即客户机/服务器）两层结构。财务人员或其他部门的工作人员只需在客户端输入信息，而信息的收集和处理都由服务器的数据库集中处理，这种信息收集的方式收集范围较广、收集效率较高。对于企业外部的会计信息，一些企业采取由财务部门的信息收集员定期上网，到事先预定的Web站点浏览有关财税、金融、资本市场、往来客户信用度、会计改革研讨会、财会培训等方面的外部信息，并有选择地对主页进行下载。一些企业还通过电子邮件的方式，接收企业预定的电子杂志或银行、往来客户等提供的信息。

（一）利用局域网的内部信息收集

企业的网络是部门级的局域网，对于会计信息的收集，一般通过运行网络版的会计核算系统，让财务部门内部各部门如成本核算、工资核算、固定资产核算、销售核算、存货核算、往来核算、出纳等的工作人员从局域网的不同工作站输入凭证和审核凭证，主要起到了方便输入、审核和快速进行信息汇总的作用。这种信息收集方法在信息收集的广度和效率上都相对落后，大部分信息是通过手工来收集的，联网收效甚微。另外，集中储存的数据的安全性也不太高。

企业的内部网络是传统的C/S结构的企业级局域网，C/S（客户机/服务器）结构是一种两层结构的系统。在这种结构中，服务器端一般配备数据库服务器、打印服务器等。客户端（即工作站端）分布在财务部门的各个内部部门和其他部门。不管是财务人员还是其他部门的工作人员，都通过运行在工作站上的前端应用程序输入信息，收集的信息归集到服务器的数据库中。此种信息收集方法的信息收集范围广、收集的效率高，比上面的方法优越。另外，因为大型数据库本身的安全和保密控制，基于C/S结构的信息收集方法集中后的信息安全性好，储存的信息量也大。但是，这种方法的投资比较大。

企业已经建立了Internet，企业网络把传统C/S模型中的数据库服务器分解为应用服务器和数据服务器，几乎所有的开发与维护工作都集中在服务器端。它与传统的企业网络的区别在于：可以利用Web服务器来为企业内部的各部门提供信息和收集信息，对于企业的财务部门来说，因为它是企业内部信息主要来源，可以考虑在财务部门安装Web服务器或者在信息中心提供专门的主要用于财务方面的Web服务器，通过运行后台的程序来从企业内部的劳资、仓库、销售部门，固定资产管理的财务部门的内部各岗位收集信息。在客户机上，只要通过浏览器的极少量的应用程序（用Java等开发）就可以输入有关数据，通过Web服务器存入数据库服务器。这种信息收集方法具有很多优点，并且也是国内外大型企业竞相采用的信息收集方法。

（二）利用Internet的外部信息收集

Internet利用“超级链接”将分布在世界各地的信息提供给人们。在Internet飞速发展的今天，可以利用Internet从企业的外部广泛、高效而又低成本地收集各种有利于企业财务管理、财务决策的相关信息，以发挥会计在管理、决策方面的作用。会计信息除了来自企业内部的各种数据以外，还有大量的数据来自企业外部，有公共媒介、文献检索、专业咨询、网络搜索等。在公共媒介中，可以通过所发布的信息来了解企业所需的信息，例如企业竞争对手的原料价格、同类产品的市场价格等。这些公共媒介包括：电视、报纸、广播、宣传品、各种广告等。在文献检索中，可以通过所查询的文献来了解企业所需的信息，例如供应商的资质、竞争企业的数量、细分市场等。这些文献可以从政府统计部门、图书馆、档案局等得到。在专业咨询中，可以通过所委托的社会咨询机构来了解企业所需的信息，例如竞争对手的销售成本、企业产品的市场需求、待开发产品的预期利润等。这些机构包括：情报研究所、会计师事务所、市场调研部门等。在网络搜索上，可以通过对网站的访问获得企业所需的信息，例如目前市场急需的产品、寻找最优惠的供应商等。这些网站可以是银行类、商业类、财经类等，也可以是法律类、政府类、科学类、新闻类等，但要搜索到所需的网址，就必须使用好的搜索引擎，如雅虎、搜索客、搜狐等搜索引擎。下面介绍几种利用Internet进行外部信息收集的方法：

1.浏览与下载Web网页

通过财务部门的信息收集员（由财务主管本人兼任或财务主管指定的其他人）定期上网，一般到事先预定的Web站点去浏览有关财税、金融、资本市场、往来客户信用度、会计改革研讨会、财会培训等方面的外部信息，有选择地对主页进行下载。通常，为了能够更方便、快速地浏览预定的站点，可以事先在财务部门的专门计算机上设计一个主页，以链接到相应网点。这种网页起到了网络导航的作用，有利于节省上网时间和上网成本，当然，也可以利用Windows的频道功能。另外，收集到的外部信息的存放也要注意，一般可以分门别类地存入相应的文件夹和文件中，以便于查询、使用。

2.通过电子邮件（E-mail）

企业的财务部门可以向财政局、审计局、税务局、会计师事务所、市场监督管理部门、企业的开户银行、往来客户的部门提供一个自己能够掌握的E-mail地址，以便及时地接收有关方面的新规定、政策、工商年检通知等信息，还可以通过E-mail向提供财会、审计、会计电算化的咨询机构进行咨询，以提高本单位的会计工作质量，提高本企业会计电算化的水平，也可利用电子邮件账号预订一些有用的“电子杂志”，定期获取一些信息。另外要注意的是，一般来说，向社会公开本财务部门的E-mail地址是不可取的，因为您的财务部门可能成为邮件广告的栖息之地，甚至会受到“邮件炸弹”的攻击。

3.文件传输

利用Internet的FTP（文件传输协议），还可以接收和发送文件。譬如，有的企业或集团公司在外地设有分支机构。期末，要进行报表汇总、合并报表时，可以要求分支机构通过预定格式的文件传输的方式将账务数据文件发送过来。当然，也可以向各分支机构发送规定格式的表格。

4.Extranet应用

简单地说，Extranet就是一种采用Internet技术在企业及其合作伙伴之间建立的特殊的网络，主要为企业以外的合作伙伴提供信息服务，是Internet的延伸或扩展。Extranet已成为企业把自己的Internet网向其合作伙伴开放的重要方式。通过建立和开放Extranet，企业可以充分地利用Internet技术，使企业及其合作伙伴之间建立网络连接，在网上安全地开展通信、合作和交易等业务。其主要目的是通过Internet技术加强企业之间的合作。Extranet可以各种方式限制不同的用户的访问权限，实现安全管理，提供商业应用。Extranet使得企业和其合作伙伴之间的信息共享成为可能，极大地方便了企业收集其合作伙伴的相关信息。

5.其他方式

在需要某方面的信息时，可以利用网络搜索引擎，从Internet上搜索有关的内容，然后加以收集。又如，通过在Internet上发布财务部门自己的Web网页，提供有关企业会计电算化实施经验（认为无须保密的部分）或“取经”方面的内容，同时提供相应的“留言栏”以从外部获取一些建议。

（三）利用数据库技术进行数据的筛选

利用自动采集、网络通信、情报检索、远程查询、数据交换等方法，对原始经济数据进行会计信息收集，可以收集到企业内外部的大量有关数据。但此时这些仅经汇集而成的数据，是十分杂乱无章的，还不能直接成为会计信息处理的输入数据。正如前面现代会计信息收集的系统方法中所说的，这时就需要根据系统的需要对已收集的各种数据进行筛选、加工与分类存储，以便于系统对信息的再处理。经过数据收集而汇总的数据，其数据形式是多样的：既有有形数据，如商业销售额、库存状况、费用开支等，又有无形数据，如企业的商誉、商品的品牌认知度、市场上对商品的需求等；既有以货币表示的数据，如商品销售额、原材料采购额、工资、费用开支等，又有以非货币形式表示的数据，如产品库存量、销售量、竞争对手情况等；既有历史数据，又有或有数据和未来数据。随着多媒体技术的应用，除了传统的数字、文字数据外，还有相应的图形、图像数据。

在会计信息系统中，大量的、各种不同数据结构、不同数据类型的信息处于同一个系统之中。因此，在进行数据的整理过程中必须从系统的观点出发，通盘考虑数据的全局组织，细致考虑各数据之间的关系和相互之间的数量与逻辑联系，确定原始会计数据的存储和派生会计数据的计算，以及各种会计数据信息的存储量和处理频度，才能有效地完成会计信息收集工作。各种数据要按分类进行存储，就必须有新的数据库技术的支持。尽管传统的关系数据库技术已经非常成熟，但新的数据库技术也在不断发展。新的数据库系统有：面向对象数据库系统、多媒体数据库系统、模糊数据库系统等。这些新的数据库系统不但可以处理传统的数据类型，还可以处理图形、图像等数据类型，更加扩展了数据库的应用范围。

在会计信息系统中，数据是多种多样的，可利用会计信息技术中的数据库进行数据筛选。在筛选的过程中也会有不同的处理方法。因此，数据筛选的第一步就是将各种数据按会计信息的分类标准进行分类存储，将收集到的数据存储到相应的各个信息类中；然后根据各类信息的不同处理方法对数据进行初步处理；最后对处理后的数据进行合并及分类存储，以得到可供以后进一步处理的会计信息。事实上，这一过程是伴随着数据收集的过程发生的。

通过介绍会计信息系统收集方法，可以得到如何在会计信息收集中使用现代信息技术进行系统收集的方法，从而使财务部门可以收集到有效的会计信息。通过与传统会计信息收集方法的比较，可以看出随着会计电算化的普及，会计信息收集已进入现代化阶段。

（四）企业会计信息垂直搜索引擎

1.企业会计信息垂直搜索引擎

企业会计信息垂直搜索引擎不同于百度、谷歌等传统互联网搜索引擎，它是以企业为核心，提供检索对象专一、检索结果准确的会计信息检索服务的搜索引擎。会计信息的使用者大多对会计的专业术语有一定的了解，所以采用垂直搜索引擎，其搜索结果比传统搜索引擎更加专业，尤其是在一些容易产生歧义的词语搜索方面效果更加明显。会计信息的来源不同，企业会计信息垂直搜索引擎的信息源也不同，包括企业文件服务器、ERP、电子邮件系统、数据库以及互联网上指定的站点等。通过搜索引擎整合企业内外部的会计信息，可以显著提高企业信息管理水平和决策支持能力。

2.企业会计信息垂直搜索引擎设计

企业会计信息垂直搜索引擎的工作流程图如图8-1所示。通过设置相关的会计专业术语对信息主题加以限制，企业文档爬虫能够有目标地对企业的文件服务器、ERP、电子邮件系统等信息源中的文档进行抓取。对于不同的信息源，企业会计信息垂直搜索引擎的信息采集方式也有区别。当文件服务器有新的文档产生时，文件系统能够直接向爬虫程序发送变化的通知，这样它们可以立即对新的文件进行备份；对电子邮件系统的信息采集也是如此，但其数据的存取权限必须保持是最新的；ERP系统的信息更新速度较快，可以对爬虫的工作周期进行适当的设置，使其既具备一定的时效性又能减少系统的负载。企业外部信息的采集方式较为灵活，可以对网络爬虫设置一些指定的网站，根据这些网站信息更新速度的快慢，采用不同的方式进行采集。尽管有时候系统仅仅可以使用已有的文档集合，但通常情况下需要创建一个文档数据库，用于存储经过压缩处理的文档，其功能类似于图书馆，被存储的文档则相当于图书馆中的书籍。文本转换组件将抓取的文档转换为索引项，存储在索引数据库中。信息源中的会计信息大都以不同的格式存储，这些格式包括原始文本、PDF、Word、HTML、XML等。搜索引擎需利用文本转换组件将文档中的内容转换成标准文本格式，如XML（可扩展标记语言）。XML是一种简单的数据存储语言，易于在任何程序中读写数据，并且目前大多数应用软件都支持XML，这就意味着经搜索得到的会计信息可以不受计算机系统、应用软件等诸多平台的限制而直接得到使用。用户交互组件则提供了搜索用户和搜索引擎的接口，接受用户查询并将它转化为索引项，通过与索引数据库中存储的索引进行匹配，由排序组件生成一个按照分值排好序的文档列表返回给用户。搜索引擎的用户一般对会计专业术语有一定的了解，其输入的查询条件也较容易得到准确的返回结果。评价组件用于评测和监测系统的效果和效率，特别是利用日志数据来记录用户和分析用户的行为，以便提供更加个性化的服务。

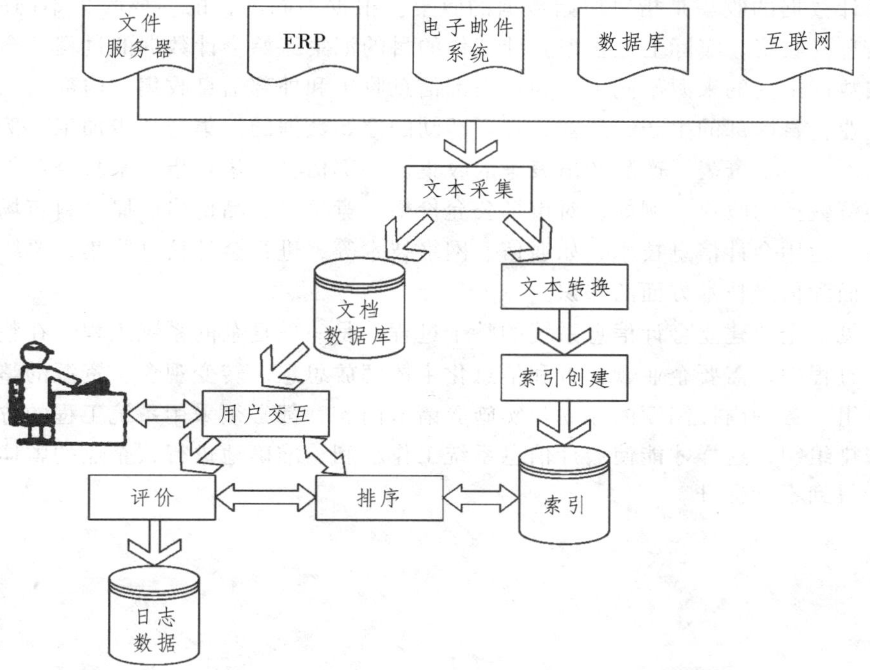

图 8-1 企业会计信息垂直搜索引擎的工作流程图

3.企业会计信息垂直搜索引擎的特点

由于企业会计信息垂直搜索引擎仅仅针对会计领域，其搜索的结果会比传统的搜索引擎更加专业，其搜索信息的速度、范围和效率与传统的会计信息收集方法相比更加突出，从信息海洋中寻找到有用的信息将不再是一件复杂的事情，无论是来自互联网的会计信息，还是来自企业内部文件服务器、ERP、电子邮件系统、数据库等系统中的会计信息，都可以通过企业会计信息垂直搜索引擎提供的平台进行统一管理。结构化、非结构化的信息由搜索引擎完成统一查询和处理，信息的可利用性也得到了加强。在信息安全方面，可以通过采用员工权限和数据级别两个维度的管理和控制机制，对检索内容进行保护。

4.搜索引擎尚待解决的问题

企业会计信息垂直搜索引擎与传统的会计信息收集方法相比有很大的进步，特别是在信息收集的范围、速度和效率上具有很高的优越性。如何协调好企业会计垂直搜索引擎与企业数据库、ERP、数据库等系统之间的关系，使它们之间达到无缝链接，是尚待解决的问题。同时，信息检索的安全性也有待进一步提高。

随着信息化社会的不断发展，信息技术已经是促进经济发展的主要技术。会计信息化是会计与信息技术融合的过程，是将会计信息作为管理信息资源，全面运用以计算机、网络与通信为主的信息技术对会计信息进行获取、加工、传输、存储、应用等处理，为企业提供及时、正确的财务信息提供了条件，更有利于为企业经营管理、控制决策和经济运行提供充足、实时、全方位的信息。从而使得企业的经济效益不断提高，并且使得企业的竞争力进一步加强。

会计数据的收集是指对原始数据的收集。根据不同的目的，要收集不同的数据。会计信息的收集，实际上是根据会计工作的目的汇集原始会计数据的过程。会计信息收集按数据采集的来源不同可分为：内部信息收集和外部信息收集。内部信息收集是指对企业自身内部的生产、经营、管理活动的原始数据的汇集与初步加工。例如，对材料入库表、工资表、产品产出表等的收集。外部信息收集是指对来自企业外部的非自身经济数据的收集。例如，对市场公允价格、竞争者商品价格、原材料市场价格等的收集。运用会计信息技术，如通信、网络技术等，进行会计信息收集，要综合利用会计方面和信息技术方面的知识。

案例8-1

收集某网站上的会计数据

可见，企业建立会计信息系统的整个过程，是一项复杂的系统工程。在整个系统的实施过程中，需要企业领导者和信息化主体解放思想、转变观念。资源的整合、流程的重组、各种内控制度的建立与实施等诸多内容，都必须采用系统工程的方法与原理去安排组织，这样才能使会计信息系统工作顺利、准确地进行，企业的整体管理水平才会得到不断提升。

第九章 会计数据分析

当今，数据已经渗透到各个行业和业务职能领域，日益成为重要的生产因素。获取和分析数据，把隐藏在大数据背后的信息提炼出来，在各行业已有应用。会计大数据的获取、挖掘、分析和展现，也成为会计工作的新形势和新需求。

第一节 会计数据分析基础

企业的日常经营决策需要数据支撑，过去的财务分析多是依赖会计报表进行的，难以避免片面性或主观性。在大数据背景下，企业的经营数据、非财务数据，成为会计数据分析更有价值的数据源。

一、数据分析的内容和程序

（一）数据分析的内容

数据分析根据目的可分为结果分析、原因分析和预测分析。结果分析是通过历史数据分析企业过去的运营结果和现状，包括企业各项业务的构成，通常以日报、月报的形式展现。原因分析是在结果分析的基础上进行数据挖掘，了解指标变动的原因。预测分析是对企业未来的发展趋势做出预测，通常以结果和原因分析为基础，预测分析可以为企业的决策和计划提供依据。

数据分析按功能可以分为描述性分析、推断性分析和探索性分析。其中描述性分析主要是对所收集的数据进行分析，得出反映客观现象的各种数量特征的一种分析，它包括数据的集中趋势分析、数据离散程度分析、数据的频数分布分析等，描述性分析是对数据进一步分析的基础。推断性分析是研究如何根据样本数据来推断总体样本数量特征，它是在对样本数据进行描述性统计分析的基础上，对研究总体的数量特征做出推断。常见的分析方法有假设检验、相关分析、回归分析、时间序列分析等方法。探索性分析主要是通过一些分析方法从大量的数据中发现未知且有价值信息的过程，它不受研究假设和分析模型的限制，尽可能地寻找变量之间的关联性。常见的分析方法有聚类分析、因子分析、对应分析等方法。

（二）数据分析的程序

数据分析是借助工具发现背后隐藏的信息，一般包括以下流程：

1.明确目的

数据分析之前首先要明确分析的目的，弄清楚为什么要开展数据分析，数据分析要反映什么现状，想解决什么问题，希望通过数据分析得到什么。比如，希望通过数据分析识别财务造假，希望通过数据分析找到销售量上涨的原因。

2.数据提取

数据提取也称数据获取，是将数据取出的过程，数据提取的核心环节是从哪取、何时取、如何取。数据可以从数据库、网页或ERP系统中获取，“从哪取”指的是数据来源，不同的数据源得到的数据结果未必一致；“何时取”指的是提取时间，不同时间点取出来的数据结果未必一致；“如何取”指的是提取规则，不同提取规则下的数据结果很难一致。

会计数据提取不仅要掌握数据提取技术、拥有数据提取能力，更要理解业务，比如不同数据源对“销售额”的描述可能不同，有的是扣除折扣、买赠等优惠后的销售额，有的指的是合同约定的销售额，这些信息需要在数据提取阶段弄清楚。

3.数据清洗

从监控平台、业务系统或网站等地方获取的数据是原始数据，因数据来源的不一，难免会出现数据格式不同、数据冗余、没有统一描述方式等现象，需要对这些数据进行清洗才能保证数据的可靠性。数据清洗有一定的工具和算法，如Oracle的主数据管理、R语言、Python等，甚至大家常用的Excel也能进行一定程度的数据清洗，比如删除重复值、寻找异常数据等。

数据清洗的方法一般有分箱法、聚类法和回归法。分箱法就是将需要处理的数据根据一定的规则放进箱子里，然后测试每一个箱子里的数据，并根据数据中的各个箱子的实际情况采取方法进行数据处理；回归法是利用数据绘制图像，然后对图像进行光滑处理；聚类法是将抽象的对象进行集合分组，成为不同的集合，找到在集合以外的孤点，进行清除。

4.数据分析

数据分析包括统计分析和数据挖掘。统计分析围绕分析指标展开，数据挖掘是通过一定的方法对海量数据进行价值提炼。在数据分析时经常采用的一个方法就是钻取法，是指改变维度层次和分析粒度的分析，可以向上和向下钻取。比如发现某日销量突然变动，就去查看是哪个地区的，进而再去查看是哪个产品的，最后找到问题真正的原因。

5.数据展现

数据分析得出结论并经过验证后，就需要将该结论分享给相关人员，比如对外披露或上报给管理层，数据展现的方式可以是文字、表格或图。数据展现中有一个规则，就是“文不如表，表不如图”，图是对表格数据的一种图形化展现形式，通过图的表达，能够快速传达事物的信息，它是数据可视化的重要形式，常用的图有柱形图、条形图、折线图、散点图、饼图等。近年来涌现出了许多数据可视化工具，使数据的展现有了更丰富的形式。

6.报告撰写

数据分析的最后一个阶段是撰写数据分析报告，这是数据具有落地价值的直接体现，深入浅出的数据报告、言简意赅的数据结论更利于业务理解和接受，所以分析报告要框架清晰、结论明确，并能提出可落地的建议。

二、会计数据分析的数据来源

大数据时代背景下的会计数据，超出了“单、证、账、表”的范畴，不再单纯地反映企业的资金运动，而是与企业财务决策、风险防范、经营管理等相关的所有数据，包括财务的和非财务的。

（一）财务大数据时代来临

世界经济论坛官网显示，2020年全世界的数据量达到44个泽字节（ZB）[①]，相当于可观测宇宙中星星数量的40倍。数据的迅速膨胀，宣告着大数据时代的来临，大数据为人们获得更为深刻、全面的洞察能力提供了前所未有的空间与潜力，也对人们驾驭数据的能力提出了新的挑战。

通常所说的大数据，指的是互联网公司在日常运营中生成、累积的用户网络行为数据，它不仅包括数据规模本身，也包含对这些数据对象的处理和应用活动，指的是所涉及的资料量规模巨大到无法透过目前主流软件工具，在合理时间内达到撷取、管理、处理，并整理成为帮助企业经营决策的更积极目的的资讯。

大数据正通过特定的数据集合、技术和应用，在不同工作领域发挥着越来越重要的价值。比如，大数据与聚类算法结合，用于商业预测和决策，能帮助企业做出明智的财务决策和财务战略；大数据与数据分析相结合，可以帮助企业定义新的KPI来跟踪业务绩效，帮助企业通过识别和分析客户来改善客户体验，还可以将基于样本的审计测试改变为数据驱动的总体级别的审核；大数据与数据可视化结合，可以带来更好的业务洞察力，使管理层和财务人员更好地了解会计数据。

大数据需要采取不同于传统的数据采集、存储、管理、分析挖掘、可视化技术，才能发挥这些强大的作用，所以财务人员有必要了解和掌握一些大数据技术，让大数据助力财务工作。

（二）企业内部数据的获取

ERP是由若干个子系统组成的综合管理系统，目前几乎企业内部管理的所有方面，都可以在ERP（企业资源计划）系统完成，比如人力资源、仓库保管、进销存、生产管理、财务管理等。ERP通过一定的接口，可以和生产现场以及外部的供应商、客户、银行等建立联系，实现数据共享，如图9-1所示。但信息系统越来越多，产生了“蜘蛛网”式的接口，使得ERP系统变得庞大而冗杂，也使得一些数据依然以“烟囱”和“孤岛”形式存在。

在企业尚未建立起以数据管理、数据存储、数据同步和数据展现为一体的数据中台时，财务人员有必要掌握从不同子系统中获取数据，并将数据建立关联的方法。

企业管理信息系统的每一个子系统，都有数据输出或导出的功能，可以将数据输出成纯文本的TXT格式或Excel格式，进行编辑或分析后用于管理和决策。

（三）外部数据的获取渠道

在管理和决策中，企业通常还需要其他企业的数据，以便通过横向比较，分析企业在行业中的位置，分析竞争对手的战略和经营行为，为企业战略、财务决策提供数

① 1泽字节（ZB）=1 024艾字节（EB），1艾字节（EB）=1 024派字节（PB），1派字节（PB）=1 024太字节（TB），1太字节（Terabyte，缩写TB、T）=1 024吉字节（GB）。

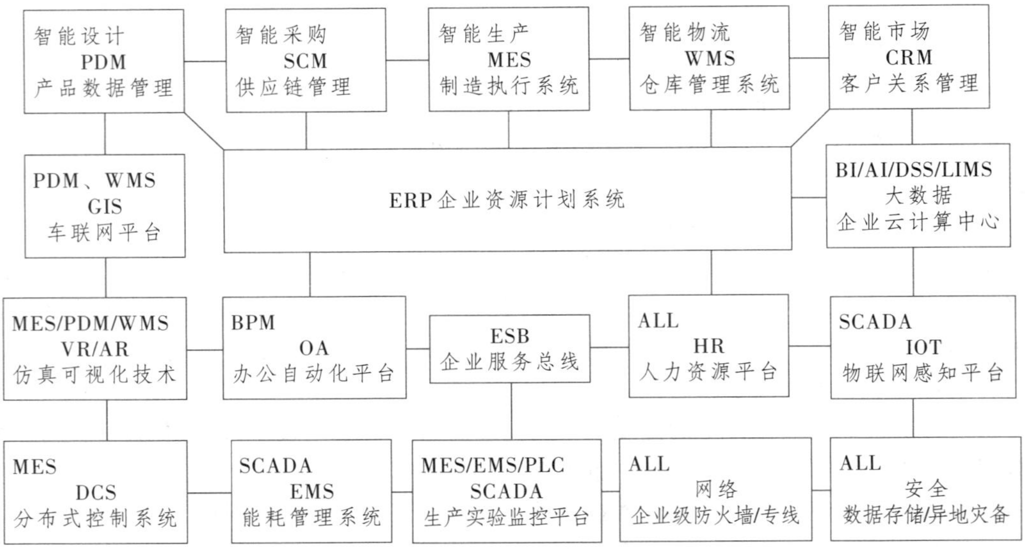

图9-1 企业信息系统功能架构

据支撑。通常所说的企业外部数据，是指所有与企业经营相关的、公开的信息和资料，一般包含公司概况、公司经营范围、联系方式、企业规模以及上市公司对外披露的财务信息等。

外部数据的获取渠道分为集中式和分布式。集中式一般由统一的政府部门发布，如市场监督管理局数据、统计局数据，具有权威性和全面性，但数据内容比较粗略，缺乏精细度。分布式是由商业公司通过一定的技术手段获取，并统一整理成固定格式，一般能使数据的精细度和精确度达到要求，但这类数据多为格式固定的收费数据。所以，想要进行个性化的分析，还需要自己掌握数据获取渠道和方法。以下为常见的获取企业信息的网站。

1.市场监督管理总局网站

2018年4月，我国国家市场监督管理总局正式挂牌，将国家工商行政管理总局的职责、国家质量监督检验检疫总局的职责、国家食品药品监督管理总局的职责、国家发展和改革委员会的价格监督检查与反垄断执法职责、商务部的经营者集中反垄断执法以及国务院反垄断委员会办公室等职责整合，统一由市场监督管理总局履行。国家市场监督管理总局网址为：http：//www.samr.gov.cn/，可以在该网站查询企业信息、特殊食品信息、产品质量抽查信息以及特种设备监管信息等。

2.企查查网站

企查查是苏州朗动网络科技有限公司旗下的一款企业信息查询工具，其终端所有企业的工商信息均实时同步更新，汇集了目前国内市场中的80个产业链、8 000个行业、6 000个市场以及8 000多万家企业数据。企查查网址为：https：//www.qcc.com/，可以在该网站实时查询企业相关的各种信息，比如工商登记信息、年报、股东信息、投资人信息、涉诉、失信、拥有商标、知识产权、企业证书、主要人员信息、变更记录等信息。

3.东方财富网

东方财富网是中国访问量较大、影响力也较大的财经证券门户网站之一，网站内容涉及财经、股票、基金、期货、债券、外汇、银行、保险等诸多金融资讯与财经信息，该网站网址为：https：//www.eastmoney.com/，所有上市公司的财务信息、年报都可以在东方财富网查询到。

4.巨潮资讯网

巨潮资讯网是中国证券监督管理委员会指定的上市公司信息披露网站，创建于1995年，是国内最早的证券信息专业网站，网址为：http：//www.cninfo.com.cn/new/index，可以在该网站查询上市公司公告信息和市场数据。

5.财税政策查询

会计从业人员还需要知道政府部门的官方网站，以获取最新会计准则、国家财税政策等知识和信息，比如：在财政部网站（网址：http：//www.mof.gov.cn/index.htm），可以找到财税政策发布和政策解读；财政部会计司网站（网址：http：//kjs.mof.gov.cn/），则有对会计准则和会计政策的详细解读；国家税务总局网站（网址：http：//www.chinatax.gov.cn/），有国家税收政策和办税指南；在国家税务总局纳税服务平台（网址：https：//12366.chinatax.gov.cn/），可以进行纳税咨询和学习，了解国家财税政策法规以及地方财税信息；各省市的税务局网站有相应法规查询模块，可查询基本法规、优惠政策、总局法规、地方法规等税收规范性文件，还可以查找个别公司涉税信息，比如违法案件、欠缴税案件、被稽查案件等。

以上网站提供的信息，每个网站提供的数据精度不同，未必能满足数据分析的需要，所以往往需要多个网站联合搜查，将财务数据和非财务数据综合考虑，才能得到有洞察力的分析结果。比如，图9-2为巨潮资讯网提供的美的集团财务数据，图9-3为东方财富网提供的美的集团财务数据，可以明显地看到两个网站提供的数据精细度不同。在进行财务分析时，仅有这些数据可能还不够，比如可能还需要“雇员人数”以计算“人均创收”“人均创利”等指标，这就需要再联查到“企查查”之类的网站，以获取非财务数据。

	A	B	C	D	E	F	G	H
1	资产负债表信息	2013	2014	2015	2016	2017	2018	2019
2	货币资金	15574	6203	11862	17196	48274	27888	70917
3	流动资产	65327	86427	93368	120621	169811	182689	216483
4	非流动资产	31619	33865	35474	49979	78296	81012	85473
5	总资产	96946	120292	128842	170601	248107	263701	301955
6	流动负债	56647	73143	72004	89184	119092	130231	144318
7	长期借款	711	19	90	2254	32986	32091	41298
8	非流动负债	1218	1418	806	12440	46090	41016	50141
9	总负债	57865	74561	72810	101624	165182	171247	194459
10	股本	1686	4216	4267	6459	6561	6663	6972
11	未分配利润	15305	21814	29530	38105	47627	58762	72714
12	所有者权益	39081	45731	56032	68977	82925	92455	107496
13	利润表信息	2013	2014	2015	2016	2017	2018	2019
14	营业收入	120975	141668	138441	159044	240712	259665	278216
15	营业成本	92818	105670	102663	115615	180461	188165	197914
16	营业利润	9324	13451	14917	17436	21628	25564	29683
17	利润总额	10012	13991	16051	18915	21855	25773	29929
18	所得税	1714	2344	2427	3053	3244	4123	4652
19	净利润	8297	11646	13625	15862	18611	21650	25277

图9-2　巨潮资讯网提供的美的集团财务数据

资产负债表	2020-03-31	2019-12-31	2019-09-30	2019-06-30	2019-03-31
流动资产					
货币资金	785.1亿	709.2亿	524.3亿	358.9亿	290.0亿
应收票据及应收账款	224.7亿	234.3亿	339.4亿	380.8亿	388.8亿
其中:应收票据	18.21亿	47.69亿	136.8亿	150.6亿	—
应收账款	206.5亿	186.6亿	202.6亿	230.2亿	—
预付款项	27.84亿	22.46亿	22.28亿	20.99亿	24.56亿
其他应收款合计	30.70亿	27.13亿	22.69亿	25.12亿	30.63亿
其中:其他应收款	30.70亿	27.13亿	22.89亿	25.12亿	30.63亿
存货	243.6亿	324.4亿	240.0亿	241.1亿	240.9亿
其他流动资产	645.0亿	650.1亿	681.7亿	754.6亿	851.3亿
流动资产合计	2158亿	2165亿	2001亿	1990亿	2007亿
非流动资产					
发放委托贷款及垫款	6.638亿	7.901亿	—	—	—
长期应收款	11.76亿	12.08亿	12.87亿	12.94亿	1628万
长期股权投资	28.47亿	27.91亿	27.56亿	26.20亿	27.24亿
投资性房地产	3.911亿	3.993亿	3.730亿	3.806亿	3.870亿
固定资产	213.9亿	216.6亿	214.6亿	215.1亿	219.7亿
在建工程	13.29亿	11.95亿	14.00亿	14.05亿	20.33亿
无形资产	153.6亿	154.8亿	157.8亿	159.2亿	156.6亿
商誉	281.5亿	282.1亿	290.0亿	291.0亿	281.8亿
长期待摊费用	12.38亿	12.67亿	12.07亿	12.12亿	11.68亿
递延所得税资产	58.52亿	57.69亿	56.96亿	54.67亿	47.43亿
其他非流动资产	52.64亿	49.48亿	48.46亿	47.45亿	5.061亿
非流动资产合计	858.2亿	854.7亿	852.0亿	850.7亿	782.5亿
资产总计	3017亿	3020亿	2853亿	2840亿	2789亿
流动负债					

图9-3 东方财富网提供的美的集团财务数据

三、数据分析工具

数据分析的工具有很多，一般意义上的数据分析，使用不同的工具都可以实现，我们根据工具专业化程度将这些工具分为三类：第一类是Excel；第二类是BI工具，比如Fine BI和Power BI；第三类是编程类的语言，比如R和Python。

（一）Excel

Excel是常用的办公软件，但是大多数人只是用它进行简单的表格制作和数据透视，如果能将Excel的VBA语言和众多插件使用起来，一般的数据分析是可以进行的。比如它的Power Query、Power Pivot、Power View、Power Map插件，就可以实现数据的抓取、清洗和可视化展现，只是Excel在大数据效率方面，还有一定的局限性。

（二）BI工具

BI（Business Intelligence，商业智能），就是为了数据分析而生的。商业智能的概念最早在1996年提出的，当时将其定义为一类由数据仓库、查询报表、数据分析、数据挖掘、数据备份和恢复等部分组成的，以帮助企业决策为目的的技术及其应用。自商业智能这一领域被开拓以来，国内外BI工具层出不穷。IBM、SAP、Oracle、微软都开发了BI工具。

以微软的Power BI为例，它可以连接数百个工具源，并且容易上手，深受广大不是程序员的数据分析师喜爱。Power BI由三部分功能组成，这三部分是按照数据分析的流程来设计的，先是Power Query数据获取、清洗整理，再用Power Pivot数据建模，最后通过Power View和Power Map使数据可视化。

（三）R和Python语言

R和Python是主流的数据分析编程语言，都可以进行数据分析、统计分析和数据可视化展现。其中R语言更擅长统计分析，比如求正态分布、利用算法归类聚群、回归分析等。R和Python提供的个体预测分析，是BI工具所做不到的，这使得二者在数据分析领域备受青睐。尤其是Python，被誉为最容易上手的编程语言，在网络爬虫、数据分析、AI、机器学习、Web开发、金融、运维、测试等多个领域都有不俗的表现，成为大数据时代不可或缺的一项数据能力。

Excel、BI、编程语言，这些数据分析工具在应用上有互补的地方，配合使用将会发挥更强大的功能。在数据量级不大的情况下，直接使用Excel和BI工具；没有数据，需要爬取后再分析，可使用Python爬取数据，再使用BI进行数据分析和呈现；数据量很大时，可以选择直接使用Python爬取、清洗和呈现。不过，需要提醒大家的是，这些只是分析工具的大致步骤，分析的方向和思路才是最重要的。

本章简单介绍两个常用的大数据工具Power BI和Python，有兴趣的同学可找相关书籍和课程深入学习。

第二节　会计数据整理

从不同渠道获取的会计数据，格式可能不同，需要将数据格式调整为统一格式，放在统一的平台中进行分析。常见的会计数据文件格式有会计软件中的数据格式、TXT文本文档格式、Excel电子表格式等，掌握不同格式数据的转化，是会计数据分析的基础。以上市公司年报数据转换为例，看一看数据整理的过程。

一、将PDF文档数据复制到TXT文档

上市公司对外披露的年报等文件，通常是以PDF格式存在的。要对其中的财务数据进行分析，先要从相关网站下载年报数据，比如从“巨潮资讯”等财经网站下载“万科2019年年报”，选中母公司资产负债表部分进行复制，粘贴到新建的TXT文档，进行初步加工整理。比如，删除其中的页眉、空行等无关信息，其后的数据如图9-4所示。

二、手工将TXT文档数据分栏

在TXT文本文件中，手工敲回车键将数据换行，使报表中的汉字部分左对齐，形成分栏效果。因为从PDF文件中粘贴出来的内容自带空格，且有汉字区分数据，所以此处只需把不同项目换行到不同的行次即可。调整好的TXT文件如图9-5所示。

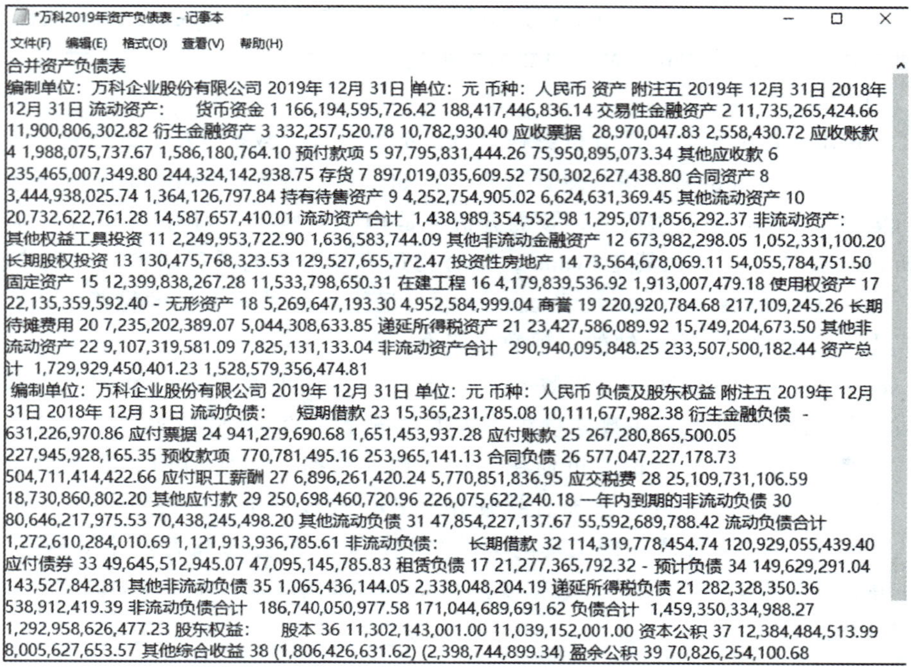

*万科2019年资产负债表 - 记事本

文件(F) 编辑(E) 格式(O) 查看(V) 帮助(H)

合并资产负债表
编制单位：万科企业股份有限公司 2019年 12月 31日 单位：元 币种：人民币 资产 附注五 2019年 12月 31日 2018年
12月 31日 流动资产： 货币资金 1 166,194,595,726.42 188,417,446,836.14 交易性金融资产 2 11,735,265,424.66
11,900,806,302.82 衍生金融资产 3 332,257,520.78 10,782,930.40 应收票据 28,970,047.83 2,558,430.72 应收账款
4 1,988,075,737.67 1,586,180,764.10 预付款项 5 97,795,831,444.26 75,950,895,073.34 其他应收款 6
235,465,007,349.80 244,324,142,938.75 存货 7 897,019,035,609.52 750,302,627,438.80 合同资产 8
3,444,938,025.74 1,364,126,797.84 持有待售资产 9 4,252,754,905.02 6,624,631,369.45 其他流动资产 10
20,732,622,761.28 14,587,657,410.01 流动资产合计 1,438,989,354,552.98 1,295,071,856,292.37 非流动资产：
其他权益工具投资 11 2,249,953,722.90 1,636,583,744.09 其他非流动金融资产 12 673,982,298.05 1,052,331,100.20
长期股权投资 13 130,475,768,323.53 129,527,655,772.47 投资性房地产 14 73,564,678,069.11 54,055,784,751.50
固定资产 15 12,399,838,267.28 11,533,798,650.31 在建工程 16 4,179,839,536.92 1,913,007,479.18 使用权资产 17
22,135,359,592.40 - 无形资产 18 5,269,647,193.30 4,952,584,999.04 商誉 19 220,920,784.68 217,109,245.26 长期
待摊费用 20 7,235,202,389.07 5,044,308,633.85 递延所得税资产 21 23,427,586,089.92 15,749,204,673.50 其他非
流动资产 22 9,107,319,581.09 7,825,131,133.04 非流动资产合计 290,940,095,848.25 233,507,500,182.44 资产总
计 1,729,929,450,401.23 1,528,579,356,474.81
编制单位：万科企业股份有限公司 2019年 12月 31日 单位：元 币种：人民币 负债及股东权益 附注五 2019年 12月
31日 2018年 12月 31日 流动负债： 短期借款 23 15,365,231,785.08 10,111,677,982.38 衍生金融负债 -
631,226,970.86 应付票据 24 941,279,690.68 1,651,453,937.28 应付账款 25 267,280,865,500.05
227,945,928,165.35 预收款项 770,781,495.16 253,965,141.13 合同负债 26 577,047,227,178.73
504,711,414,422.66 应付职工薪酬 27 6,896,261,420.24 5,770,851,836.95 应交税费 28 25,109,731,106.59
18,730,860,802.20 其他应付款 29 250,698,460,720.96 226,075,622,240.18 一年内到期的非流动负债 30
80,646,217,975.53 70,438,245,498.20 其他流动负债 31 47,854,227,137.67 55,592,689,788.42 流动负债合计
1,272,610,284,010.69 1,121,913,936,785.61 非流动负债： 长期借款 32 114,319,778,454.74 120,929,055,439.40
应付债券 33 49,645,512,945.07 47,095,145,785.83 租赁负债 17 21,277,365,792.32 - 预计负债 34 149,629,291.04
143,527,842.81 其他非流动负债 35 1,065,436,144.05 2,338,048,204.19 递延所得税负债 21 282,328,350.36
538,912,419.39 非流动负债合计 186,740,050,977.58 171,044,689,691.62 负债合计 1,459,350,334,988.27
1,292,958,626,477.23 股东权益： 股本 36 11,302,143,001.00 11,039,152,001.00 资本公积 37 12,384,484,513.99
8,005,627,653.57 其他综合收益 38 (1,806,426,631.62) (2,398,744,899.34) 盈余公积 39 70,826,254,100.68

图 9-4　导出万科资产负债表

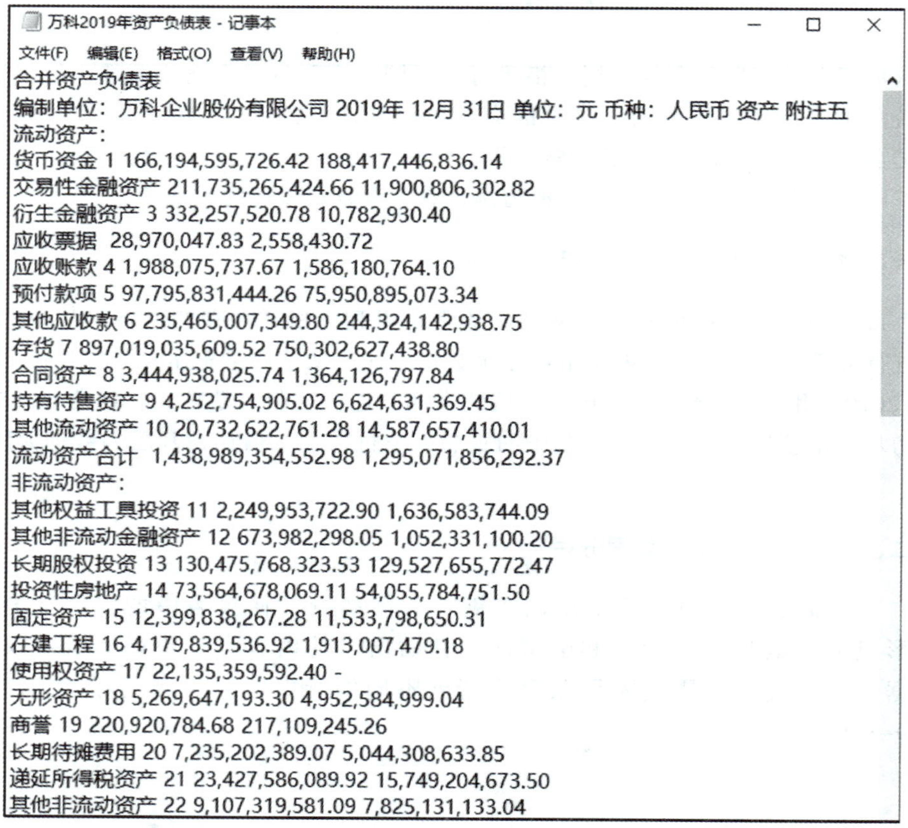

万科2019年资产负债表 - 记事本

文件(F) 编辑(E) 格式(O) 查看(V) 帮助(H)

合并资产负债表
编制单位：万科企业股份有限公司 2019年 12月 31日 单位：元 币种：人民币 资产 附注五
流动资产：
货币资金 1 166,194,595,726.42 188,417,446,836.14
交易性金融资产 211,735,265,424.66 11,900,806,302.82
衍生金融资产 3 332,257,520.78 10,782,930.40
应收票据 28,970,047.83 2,558,430.72
应收账款 4 1,988,075,737.67 1,586,180,764.10
预付款项 5 97,795,831,444.26 75,950,895,073.34
其他应收款 6 235,465,007,349.80 244,324,142,938.75
存货 7 897,019,035,609.52 750,302,627,438.80
合同资产 8 3,444,938,025.74 1,364,126,797.84
持有待售资产 9 4,252,754,905.02 6,624,631,369.45
其他流动资产 10 20,732,622,761.28 14,587,657,410.01
流动资产合计 1,438,989,354,552.98 1,295,071,856,292.37
非流动资产：
其他权益工具投资 11 2,249,953,722.90 1,636,583,744.09
其他非流动金融资产 12 673,982,298.05 1,052,331,100.20
长期股权投资 13 130,475,768,323.53 129,527,655,772.47
投资性房地产 14 73,564,678,069.11 54,055,784,751.50
固定资产 15 12,399,838,267.28 11,533,798,650.31
在建工程 16 4,179,839,536.92 1,913,007,479.18
使用权资产 17 22,135,359,592.40 -
无形资产 18 5,269,647,193.30 4,952,584,999.04
商誉 19 220,920,784.68 217,109,245.26
长期待摊费用 20 7,235,202,389.07 5,044,308,633.85
递延所得税资产 21 23,427,586,089.92 15,749,204,673.50
其他非流动资产 22 9,107,319,581.09 7,825,131,133.04

图 9-5　调整好的 TXT 文本文件格式

三、将TXT文本数据导入Excel

新建空白Excel文件，在数据页签下执行“获取外部数据|自文本”，选择TXT文件，如图9-6所示。

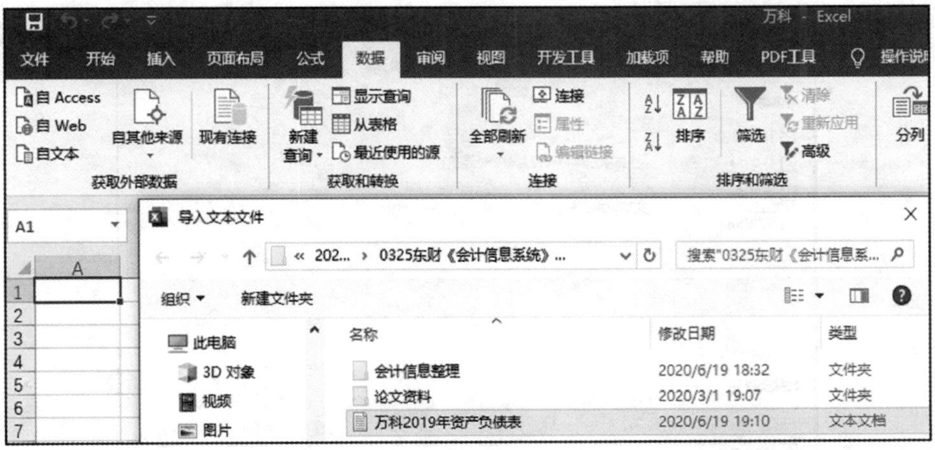

图9-6　将TXT文本数据导入Excel电子表（1）

根据向导提示进行文本导入，选择用“分隔符号”分隔原始数据，如图9-7所示。

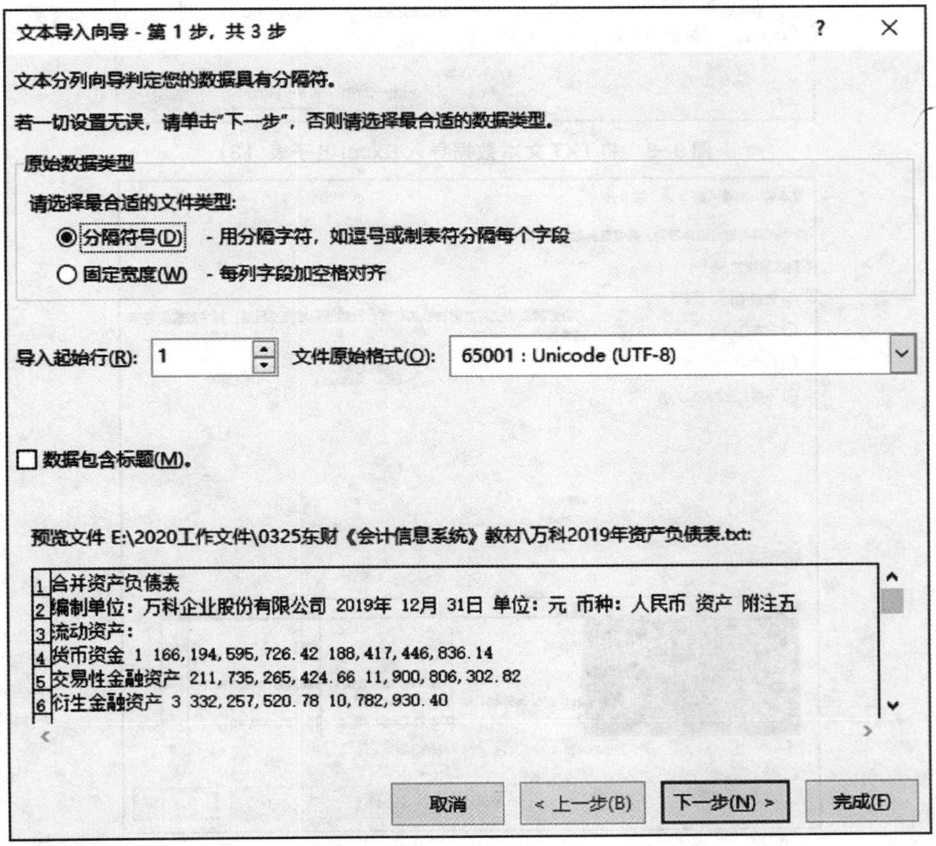

图9-7　将TXT文本数据导入Excel电子表（2）

点击“下一步”按钮，进入向导第2步，选择数据分隔符号为“Tab”和空格，即可看到不同项目已经分开，如图9-8所示。再点击“下一步”按钮，设置数据格式和选择生成的电子表所存在的位置后，Excel电子表即生成。如果选用默认设置，则导入的数据类型为常规格式，如图9-9所示。

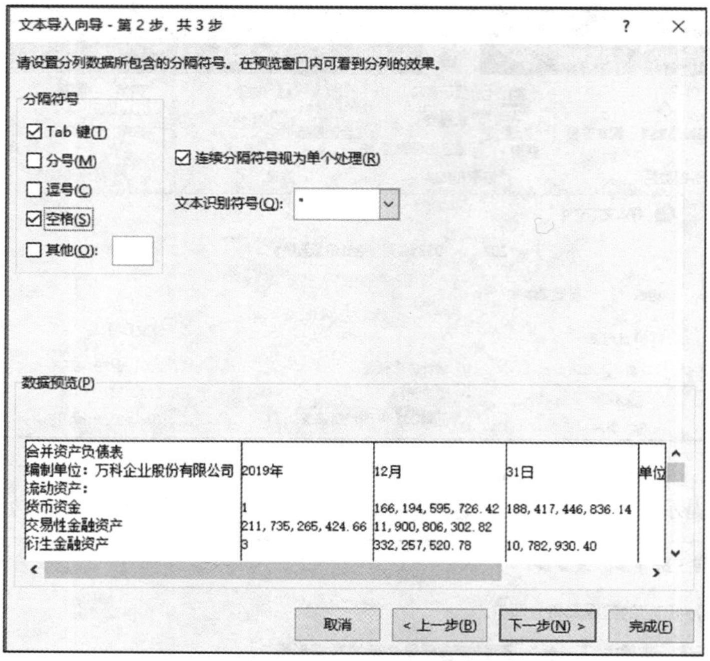

图9-8 将TXT文本数据导入Excel电子表（3）

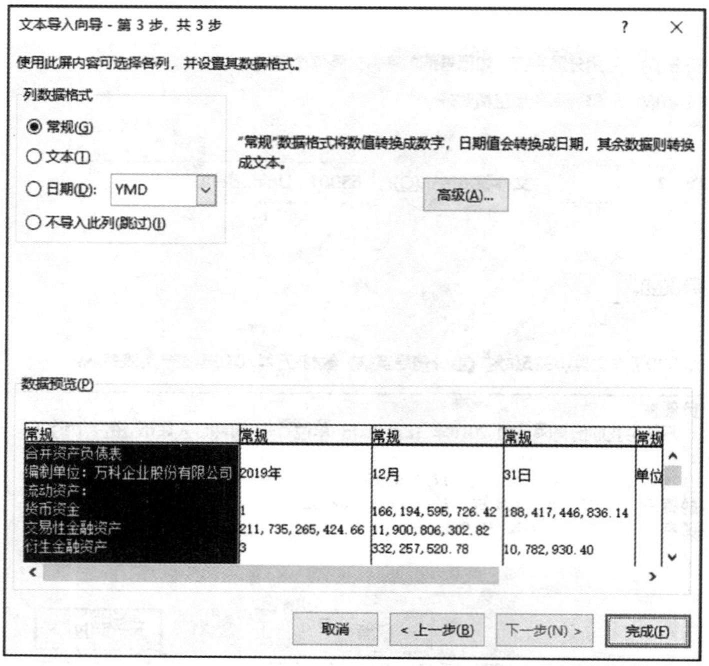

图9-9 将TXT文本数据导入Excel电子表（4）

从TXT文本文件导入后的数据，还需要进行简单的调整，Excel格式的资产负债表就形成了，如图9-10所示。此时，因为有些项目没有附注，或者没有本期数，或没有上年数，有些数值存放的单元格会出现偏差，此时需要手工根据PDF文件进行进一步调整。调整以后的"万科资产负债表"如图9-10所示。

	A	B	C	D
1	合并资产负债表			
2	编制单位：万科企业股份有限公司	2019/12/31	单位：元	币种：人民币
3	流动资产:			
4	货币资金	1	166,194,595,726.42	188,417,446,836.14
5	交易性金融资产	2	211,735,265,424.66	11,900,806,302.82
6	衍生金融资产	3	332,257,520.78	10,782,930.40
7	应收票据	4	28,970,047.83	2,558,430.72
8	应收账款	5	1,988,075,737.67	1,586,180,764.10
9	预付款项	6	97,795,831,444.26	75,950,895,073.34
10	其他应收款	7	235,465,007,349.80	244,324,142,938.75
11	存货	8	897,019,035,609.52	750,302,627,438.80
12	合同资产	9	3,444,938,025.74	1,364,126,797.84
13	持有待售资产	10	4,252,754,905.02	6,624,631,369.45
14	其他流动资产	11	20,732,622,761.28	14,587,657,410.01
15	流动资产合计		1,438,989,354,552.98	1,295,071,856,292.37
16	非流动资产:			
17	其他权益工具投资	12	2,249,953,722.90	1,636,583,744.09
18	其他非流动金融资产	13	673,982,298.05	1,052,331,100.20
19	长期股权投资	14	130,475,768,323.53	129,527,655,772.47
20	投资性房地产	15	73,564,678,069.11	54,055,784,751.50
21	固定资产	16	12,399,838,267.28	11,533,798,650.31
22	在建工程	17	4,179,839,536.92	1,913,007,479.18
23	使用权资产	18	22,135,359,592.40	-

图9-10　万科2019年年末资产负债表

经过整理后的数据，就可以在Excel表中进行财务比率等财务指标的分析。

第三节　Power BI会计数据分析

Excel是用作数据处理的大众化软件，作日常办公使用没有任何问题，但在处理大数据时明显受限，所以微软从Excel 2010开始，陆续推出了一系列进行数据分析的插件，来实现简单的数据获取、清洗、合并和优化，使数据处理的能力大大提升。2015年微软发布的最新可视化工具Power BI，整合了以前的Power Query、Power Pivot、Power View、Power Map四大插件，为用户提供了从数据采集、数据建模、数据图表到商业地图的全方位解决方案。

一、Power BI数据获取

Excel 2016以上版本，自带Power Query功能，无须再下载安装插件或Power BI即可使用，当然下载了Power BI也是可以使用的，二者的数据获取界面和功能是一样的。打开Excel或Power BI，在"数据"选项卡可以发现"获取外部数据"和"获取和转化数据"一栏，Power Query不仅可以从Excel工作簿里直接获取数据，还可以从文件夹、对外开放的数据库或Web的任意网页中获取数据，如图9-11所示。

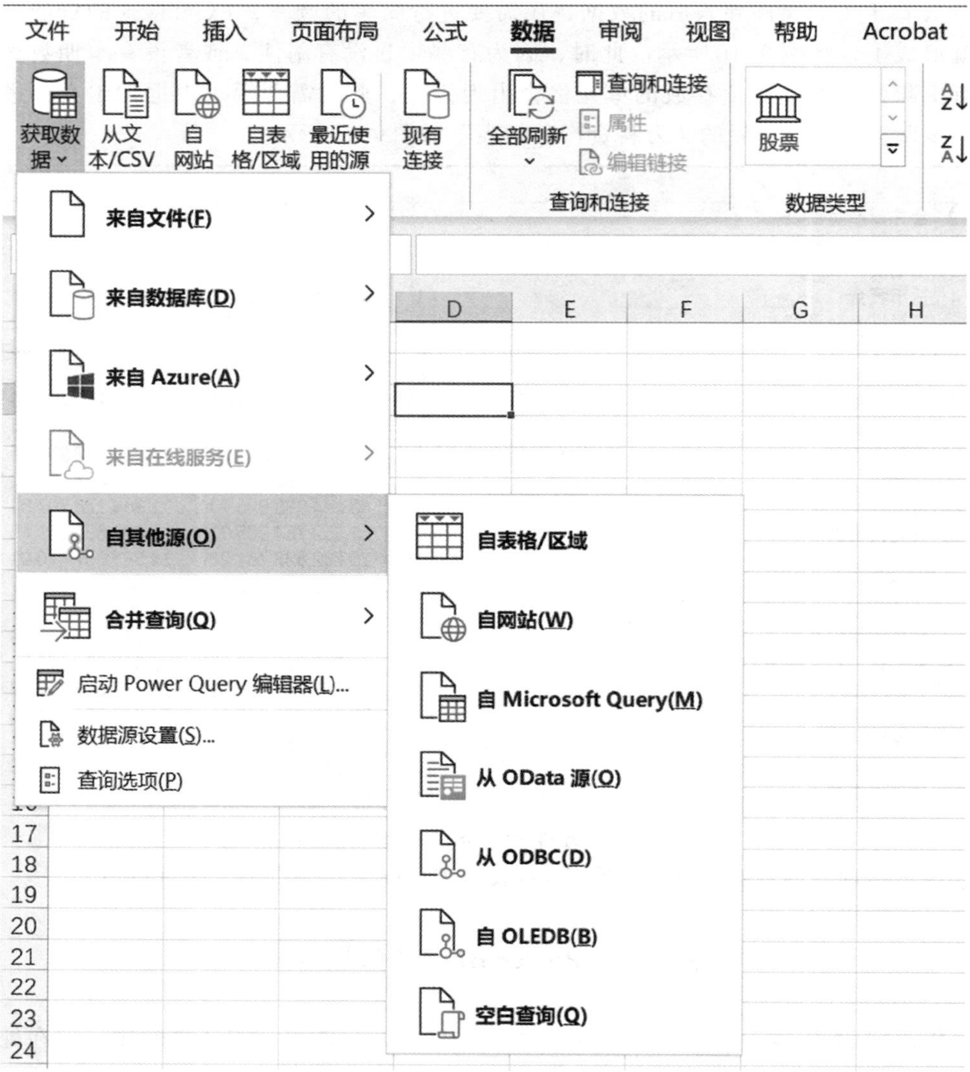

图 9-11　Power Query 外部数据获取

通过 Power Query 编辑器编辑可以记录对工作表的操作，如果你连接的目标数据发生改变，如增加几个月的数据，这时候只需点击“全部刷新”，Power Query 便会按照你之前处理数据的步骤再次对数据进行处理。

二、Power BI 数据清洗

数据获取后，还需要在 Power Query 或 Power BI 中对数据进行清洗加工，包括数据筛选、删除无用的列、删除重复项、删除空值、更改数据类型等。Power Query 会对数据有个基本的判断，但是一些数据格式如果原表里书写不规范则需要手动进行修改，因为不同的数据类型对后续建模分析影响很大。Power Query 的数据清洗功能如图 9-12 所示。

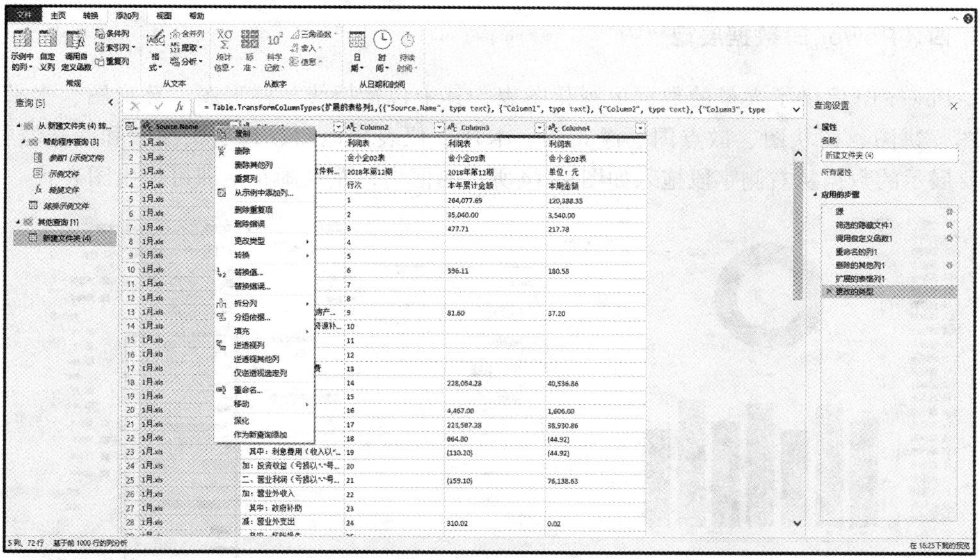

图9-12　Power Query的数据清洗

三、Power BI数据建模

Power BI数据建模相当于Excel的Power Pivot插件，不过这个插件已内嵌到Power BI中了，两者的功能基本相同。Power BI可以从多个表格、多种来源的数据中，根据不同的维度、不同的逻辑来聚合分析数据；而提取数据的前提是对这些数据表建立关系，这个建立关系的过程就是数据建模。在Power BI的数据视图中，可以浏览导入的数据，对导入的数据进行加工、创建度量值、添加列、添加公式等操作。放入关系视图里的表，如果有很明显的重叠，在关系视图里会自动通过箭头联系起来，也可以手动建立联系。比如，连锁门店的销售情况、客户情况和产品情况，所建立的联系如图9-13所示。在数据视图中你可以进行一些建模和计算，计算所需要的数据。

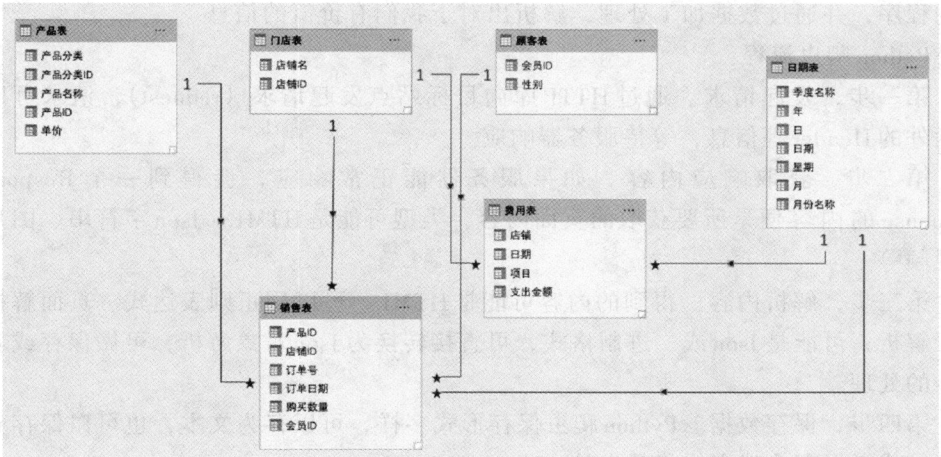

图9-13　Power BI关系视图

四、Power BI数据展现

Power BI提供了大量的数据可视化图表，其中包括折线与柱形图、环形图、水平条形图、饼图、树状图、散点图、瀑布图、卡片、仪表、地图、自定义图表和筛选器等，将要展示的数据从右侧字段拖入如图9-14所示的框内，左侧画布上即可产生图表。

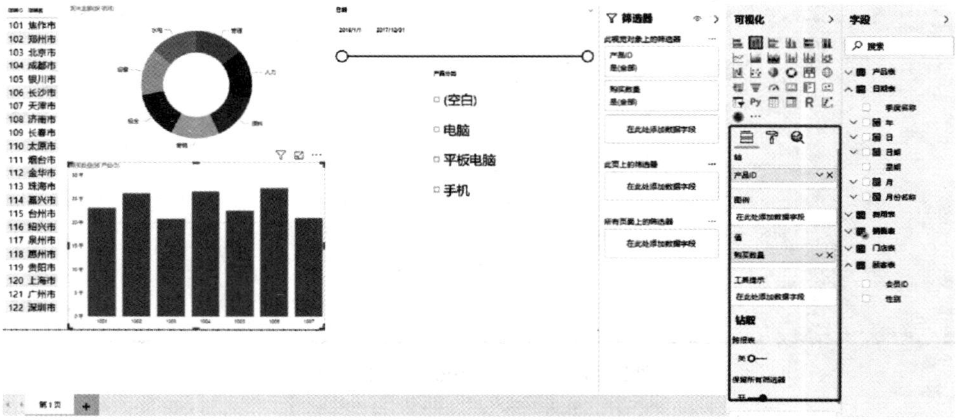

图9-14　Power BI的可视化图表

由于在关系视图里已经建立不同表之间的联系，所以在建立可视化图表时就实现了交互效果，比如点击“北京市”，就会在画布上显示北京市的数据。

第四节　Python会计数据分析

一、Python爬虫介绍

爬虫是一个程序，这个程序的目的就是抓取万维网信息资源，比如日常使用的百度等搜索引擎，就是依赖爬虫来定时获取。Python爬虫是用Python自动抓取互联网信息的程序，并通过数据加工处理，解析出对于我们有价值的信息。

Python爬虫流程：

第一步，发起请求。通过HTTP库向目标站点发起请求（request），请求可以包含额外的Header等信息，等待服务器响应。

第二步，获取响应内容。如果服务器能正常响应，会得到一个Response，Response的内容便是所要获取的页面内容，类型可能是HTML、Json字符串、图片或者视频等。

第三步，解析内容。得到的内容可能是HTML，可以用正则表达式、页面解析库进行解析；可能是Json或二进制格式，可直接转换为Json对象解析，可做保存或者进一步的处理。

第四步，保存数据。Python爬虫保存形式多样，可以存为文本，也可以保存到数据库，或者保存为特定格式的文件。

二、Python获取数据

如果我们要分析某家企业，需要将它放到同行业中去对比，这就需要找到它在行业中的位置，然后将其财务数据与市场地位相当的竞争对手以及同行业领先企业的财务数据进行对比，才能得到更有洞察力的信息。

假设现在分析家电行业中的“老板电器”，我们需要从公开披露的财报中抓取全行业的销售收入、研发投入、净利润、总资产、总负债、销售费用、管理费用、企业人数等财务和业务信息。

借用Python爬虫将财务数据和非财务数据“企业人数”，从不同的网站、不同的报表中抓取出来，写入同一个数据库中，为财务人员进行数据分析提供了基础。该段程序运行后的结果如图9-15所示。利用该表，可以计算出本行业所有企业的资产负债率、费效比、核心利润、核心利润获现率、人均创利等常规财务指标和非常规财务指标，为管理和决策提供更多参考数据。

爬取财务数据和非财务数据

企业名称	股票代码	资产总计	负债合计	股东权益合计	营业总收入	研发费用	销售费用	管理费用	财务费用	营业利润	净利润	经营活动产生的现金流量净额	企业人数
科沃斯	603486	4332090968	1846707609	2485383360	5312194275	277334497.4	1231776010	328849972.3	4598554.26	140966657.5	121262132	261594219.4	6208
金莱特	002723	1235711329	630527115.1	605184214.1	1000817903	29774440.76	26651294.93	49559153.05	6834922.94	37885589.96	39069431.6	11973338.14	1328
朗迪集团	603726	1634592670	709165025.7	925427644.6	1593047742	80145970.22	94622355.86	73901929.38	9841206.95	125532772.6	105526618	96670038.05	2695
三花智控	002050	14790190171	5424771705	9365418466	11287489442	532012336	588547454.2	595781120.2	-7772819.07	1663989346	1433815039	1900163605	10635
石头科技	688169	1963415195	478770183	1484645012	4204901983	192795938	353790092	59591109	-1665456	924925813	782858733	755474164	536
深康佳A	000016	42586955452	32660257665	9926697787	55119125479	500600102.2	2303132732	856529327.6	775888813.1	303266170.6	334936115	-1543947285	19286
兆驰股份	002429	21985744164	12212679599	9773064565	13302201407	295725486.8	417363943.3	191374069.1	-142877549	1340357945	1177940109	-1479973963	8705
苏泊尔	002032	11847953986	5003340410	6844613577	19853477883	452560910.7	3206043042	345732916.5	-43325692.3	2296301130	1916653117	1732940977	12292
*ST德豪	002005	5399087625	2727502249	2671585376	2980356543	94059118.74	170787287	357418838	77941804.98	290023702.3	256780449	522229645.5	7176
深康佳B	200016	42586955452	32660257665	9926697787	55119125479	500600102.2	2303132732	856529327.6	775888813.1	303266170.6	334936115	-1543947285	
天际股份	002759	3241241439	546437332.8	2694804106	774320227.8	29947383.55	59373697.18	35330475.23	14290197.41	33724897.05	32465529.4	-13953988.8	966
万和电气	002543	6963238646	3053109749	3910128897	6219710301	257943652.7	984488766.9	174672440.2	25060326.48	708472746	608679033	814872673.9	5192
美的集团	000333	3.01955E+11	1.94459E+11	1.07496E+11	2.79381E+11	9638137000	34611231000	9531361000	-2231636000	29683092000	2.5277E+10	38590404000	134897
奥佳华	002614	6204795179	2747910412	3456884767	5276271252	226869195.9	1040784561	371985091	-33337855.7	356733348.4	287640049	276344951.4	10135
ST狮头	600539	443324250.3	20965062.72	422359187.5	55175580.43		3164540.01	9761096	-4803550.53	-17993625.6	-19718985	2303547.79	205
飞科电器	603868	3694158864	1064213797	2629945066	3759367801	84889972.83	389536250.3	120987177.9	-3076770.05	860202054	683519644	467322821.8	3180
日丰股份	002953	1246798339	305787096.9	941011241.8	1539539280	46886580.82	55383016.65	53510058.79	10652748.95	110561114	108436140	77008922.17	1834
聚隆科技	300475	1479930149	167810916.7	1312119232	301072391.9	14796737.83	16076618.94	41802660.71	-7964345.83	69011488.89	53504855.2	50423864.18	655
闽灿坤B	200512	1956448836	789179960.4	1167268876	2001939842	71898743.35	63389947.24	83008382.58	-7160360.79	186942922.3	164055009	143620288	
奥马电器	002668	8775065377	6218458969	2556606408	7392507541	251225097.3	468109300.9	496802062.2	180028199.7	137709919	42195437.1	1186286220	8830
海信家电	000921	33990663544	21509800523	12480863021	37453043969	934412243.4	5670186917	515205417.6	-8012313.27	2054703611	1950449153	2005337053	34500
*ST奋达	002681	4896046399	2713784026	2182262373	3535639194	184555370.9	83080832.11	207932750.9	27314032.3	-3065878986	-3.057E+09	713393020.9	7258

家电全行业财务数据

图9-15　Python爬虫从多个网站获取的企业数据

除了会计数据，企业财务人员还应及时了解行业政策和财税政策，以便在合法经营的范围内获取更多的政策补贴。以赣州市人民政府网站为例，通过Python爬虫可获取相关政策信息如图9-16所示。

爬取赣州市人民政府政策信息

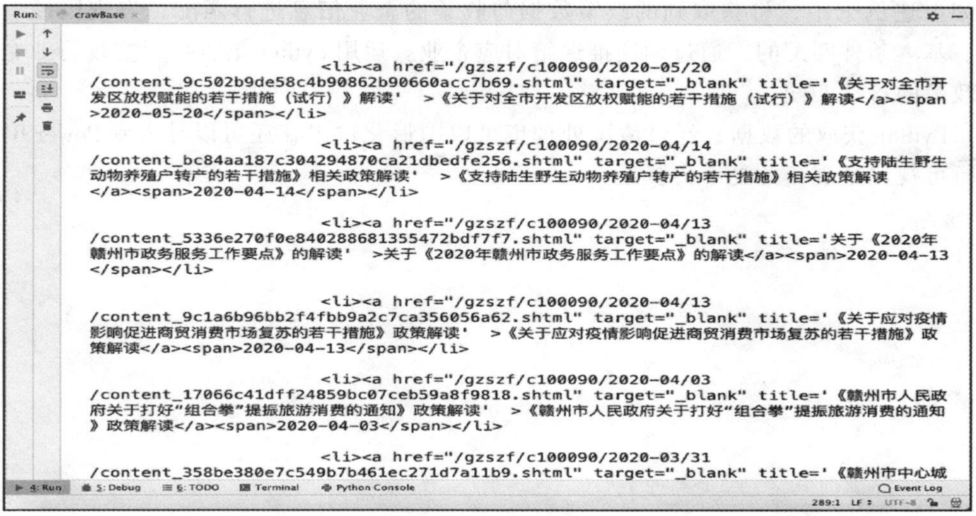

```
Run:  crawBase

                    <li><a href="/gzszf/c100090/2020-05/20
/content_9c502b9de58c4b90862b90660acc7b69.shtml" target="_blank" title='《关于对全市开
发区放权赋能的若干措施（试行）》解读'  >《关于对全市开发区放权赋能的若干措施（试行）》解读</a><span
>2020-05-20</span></li>

                    <li><a href="/gzszf/c100090/2020-04/14
/content_bc84aa187c304294870ca21dbedfe256.shtml" target="_blank" title='《支持陆生野生
动物养殖户转产的若干措施》相关政策解读'  >《支持陆生野生动物养殖户转产的若干措施》相关政策解读
</a><span>2020-04-14</span></li>

                    <li><a href="/gzszf/c100090/2020-04/13
/content_5336e270f0e840288681355472bdf7f7.shtml" target="_blank" title='关于《2020年
赣州市政务服务工作要点》的解读'  >关于《2020年赣州市政务服务工作要点》的解读</a><span>2020-04-13
</span></li>

                    <li><a href="/gzszf/c100090/2020-04/13
/content_9c1a6b96bb2f4fbb9a2c7ca356056a62.shtml" target="_blank" title='《关于应对疫情
影响促进商贸消费市场复苏的若干措施》政策解读'  >《关于应对疫情影响促进商贸消费市场复苏的若干措施》政
策解读</a><span>2020-04-13</span></li>

                    <li><a href="/gzszf/c100090/2020-04/03
/content_17066c41dff24859bc07ceb59a8f9818.shtml" target="_blank" title='《赣州市人民政
府关于打好“组合拳”提振旅游消费的通知》政策解读'  >《赣州市人民政府关于打好“组合拳”提振旅游消费的通知
》政策解读</a><span>2020-04-03</span></li>

                    <li><a href="/gzszf/c100090/2020-03/31
/content_358be380e7c549b7b461ec271d7a11b9.shtml" target="_blank" title='《赣州市中心城

4: Run   5: Debug   6: TODO   Terminal   Python Console   Event Log
289:1  LF  UTF-8
```

图9-16　Python爬虫获取行业政策信息

数据清洗

三、Python数据清洗

数据清洗主要是根据网页的内容规则，对爬取到的信息进行正则加工处理，根据对应内容抽取出有效信息。图9-17是在众多政策中筛选野生动物养殖户转产的政府政策数据清洗后的结果。

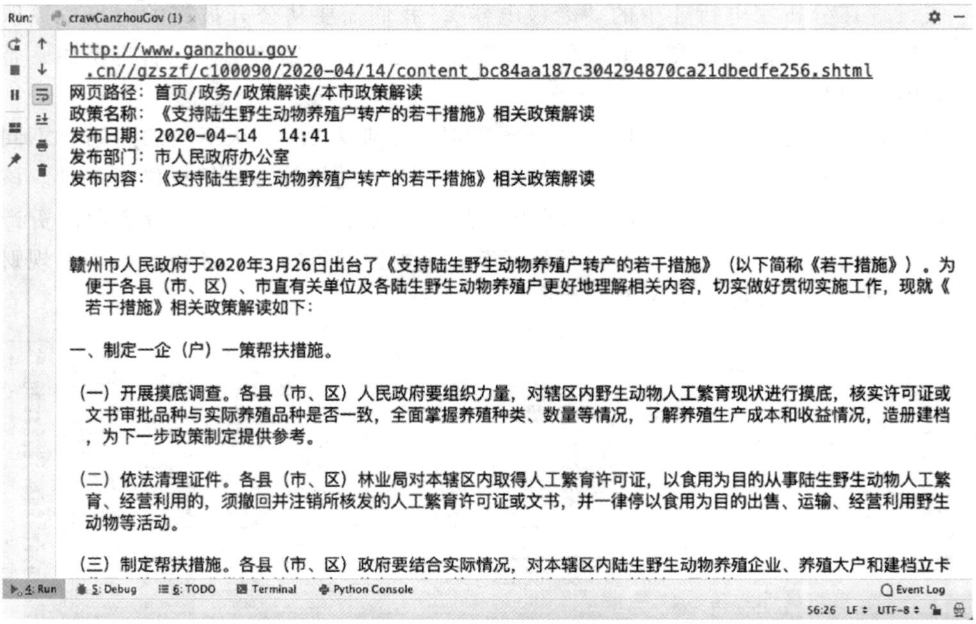

Run: crawGanzhouGov (1)

http://www.ganzhou.gov
.cn//gzszf/c100090/2020-04/14/content_bc84aa187c304294870ca21dbedfe256.shtml
网页路径：首页/政务/政策解读/本市政策解读
政策名称：《支持陆生野生动物养殖户转产的若干措施》相关政策解读
发布日期：2020-04-14　14:41
发布部门：市人民政府办公室
发布内容：《支持陆生野生动物养殖户转产的若干措施》相关政策解读

赣州市人民政府于2020年3月26日出台了《支持陆生野生动物养殖户转产的若干措施》（以下简称《若干措施》）。为便于各县（市、区）、市直有关单位及各陆生野生动物养殖户更好地理解相关内容，切实做好贯彻实施工作，现就《若干措施》相关政策解读如下：

一、制定一企（户）一策帮扶措施。

（一）开展摸底调查。各县（市、区）人民政府要组织力量，对辖区内野生动物人工繁育现状进行摸底，核实许可证或文书审批品种与实际养殖品种是否一致，全面掌握养殖种类、数量等情况，了解养殖生产成本和收益情况，造册建档，为下一步政策制定提供参考。

（二）依法清理证件。各县（市、区）林业局对本辖区内取得人工繁育许可证，以食用为目的从事陆生野生动物人工繁育、经营利用的，须撤回并注销所核发的人工繁育许可证或文书，并一律停以食用为目的出售、运输、经营利用野生动物等活动。

（三）制定帮扶措施。各县（市、区）政府要结合实际情况，对本辖区内陆生野生动物养殖企业、养殖大户和建档立卡

4: Run　5: Debug　6: TODO　Terminal　Python Console　Event Log
56:26　LF　UTF-8

图9-17　Python爬虫数据清洗结果

数据匹配

四、Python数据应用

被加工处理后的数据，虽然为可理解的信息，但只有用于决策才能发挥其价值。比如上述例子中，将获取到的政策数据与收集的企业信息进行匹配，发现区域、行业、基本条件匹配的，通过调度推送给对应企业。运用Python语言可以实现行业企业和政策的自动匹配。

Python获取的数据，经过清洗处理也可以图形化输出，还可以导入到Power BI中进行可视化呈现。此处不再赘述。

第十章
会计信息呈报

第一节　会计信息呈报技术

互联网技术迅猛发展，信息使用者和监管的需求要求企业对财务信息进行网上呈报。在构建网络财务数据呈报的过程中，可以用到的信息技术主要有以下几种。首先，在平台展示中可以用到Portal技术，即门户技术，门户中可以设置搜索引擎功能。这种技术有利于便捷地实现用户进入平台。其次，为了满足企业内部财务数据包括纸质版、各种模式的报表等财务数据统一转换为网络财务数据，并且要统一技术规范，达到各家企业财务数据可比性的要求，这就需要运用XBRL技术。最后，在最终的财务呈报平台中要根据用户的个性化需求对财务数据进行定制呈现，这就需要运用数据挖掘技术。为了使用户界面更加友好，可以更多地关注用户体验，利用人机交互技术来更好地立体呈现各种财务数据。综合运用各种可视化工具，使数据获取简便的同时做到界面美观。

一、门户技术

门户技术（Portal技术）根据JSR（Java Specification Request）168的定义，Portal是基于Web的应用，它主要作为信息系统的展现层，提供个性化、统一登录和内容整合的功能。

Portal以用户为中心，提供统一的用户登录，实现信息的集中访问，集成了办公、商务一体的工作流环境。相关技术已在现实中得到了广泛的应用，比如我们进行网上搜索过程中运用的搜索引擎均为门户网站。

由于Portal技术是伴随着互联网技术的发展而发展的，起初的Portal技术也主要出现在互联网领域，比如Yahoo就是早期的Portal网站，而后续随着技术应用的深入推广，Portal技术进入了企业层面，在行业门户中得到应用。

Portal主要功能

二、XBRL技术

XBRL即可扩展商业报告语言，全称是eXtensible Business Reporting Language。它是一种基于XML（可扩展标记语言，eXtensible Markup Language）语言的开放式（不局限于特定操作平台）的国际标准。目前，XBRL应用于非结构化信息处理，尤其是财务信息处理。根据XBRL国际组织对XBRL的定义：XBRL is a language for the electronic communication of business and financial data which is revolutionizing business reporting around the world，可以了解XBRL的重要作用，XBRL技术可以在财务信息的准备、分析和交流中起到关键作用，它使得财务数据在使用时节约了成本，提高了效率

Portal企业门户的框架结构

并增强了准确性。因而XBRL技术在财务报告领域的应用对于财务呈报而言是一场重要的变革。

XBRL功能

三、数据挖掘技术

数据挖掘技术（Data Mining）作为一项信息技术，并非专门服务于某个行业，其在众多的行业中均可以发挥作用。现在的主要应用领域是互联网行业和电子商务行业。但就财务数据而言，这种技术的应用也会给我们带来积极影响。数据挖掘的含义是从含有海量的结构化或非结构化以及半结构化的大型数据库或者数据仓库中通过众多的算法和策略，提取出隐含其中的、对人们的生活或活动有用的信息或知识的过程，也可以叫作数据库的知识发现。

XBRL的组成（技术框架）

四、人机交互技术

人机交互技术（Human-computer Interaction Techniques）是通过计算机的输入、输出设备，使人有效地参与计算机对话的技术。这种技术被广泛应用于计算机用户界面设计中。通过文献检索发现，这项技术被应用于各类理工科研究工作中以及互联网行业中，但在财务领域的应用几乎没有。人机交互技术，对于实现财报呈现的最终结果展示有积极意义，用户可以通过人机交互实现各自的需求，最后的可视化的呈现界面有利于更好地实现用户需求。

数据挖掘技术功能

第二节　会计信息呈报格式

一、一般文本格式

互联网上的财务报告的文本格式主要有三种：PDF格式、HTML格式和交互式格式（Interactive Version）。PDF格式是电子文档格式的一种，它是通过Adobe Reader软件来装载和打开的。PDF格式支持在线阅读、打印和快捷下载，具有和纸质财务报告完全一样的效果。其缺点主要是无法建立要素间的链接，也无法实现报告公司和信息用户的交流。HTML具备链接功能，并且可以通过搜索引擎进行查找，因而可以实现一些纸质财务报告所不具有的功能。HTML格式的主要缺点是排版效果一般不太理想，也不太适合保存，因而在实践中，很多公司都采取了“HTML格式+PDF格式”作为公司报告的形式。交互格式是一种较理想的公司财务报告格式。在交互格式的网页上方设置了一个下拉式菜单，菜单的内容是公司报告的各个章节（如公司简介、关键财务数据、财务报表、管理层讨论与分析、独立审计报告等），通过点击菜单条就可以迅速转到相关内容上。同时它还支持报告内部的检索功能，通过在Keyword（关键字）栏中输入单词，就可迅速在该报告中检索到相关的信息。另外，交互式报告具有方便的在线阅读、打印、下载等功能且无须装载专用软件，因而非常适合公司财务报告的披露。这种文本格式是目前采用最多的财务报告呈报格式，它技术含量较低，易于普及，基本上满足了企业的需求。

二、数据库格式

数据库格式旨在提供一个数据库以便信息使用者从中提取明细程度不同的数据，它是在数据库环境中对事项报告模式的拓展，但与事项报告模式有不尽相同的取向。事项报告模式强调编制数据按要求归类的财务报表，而数据库格式则着重于储存和维护最原始的数据。这时，对信息使用者的专业要求更高了，他们应该成为财务分析专家。数据库格式采取以信息理论为基础的记录和储存方式，在信息反映中没有固定的报表格式，而是以开放数据库方式由阅读者根据自己设定的决策模型去获取信息，他们认为阅读者有能力自己分析信息并通过对信息的不同组合来满足自己对信息的需要。数据库格式提高了数据的共享性、实时性，由于企业会计人员将主要负责一个共享数据库的维护，而不是选择披露信息的数量，因此既防止了呈报信息的不足，又不会导致信息过量，但企业信息系统的安全性也面临重大挑战，数据库格式未能提出有效的保守商业秘密的途径，而且过多地披露原始信息将有利于竞争对手获取本企业的信息。

三、XBRL格式

一般来讲，实现XBRL格式的财务报告有下列三种模式：

（1）由企业信息系统本身如ERP系统产生各种财务报表，并以电子文档的形式存在，如Excel表格或Word文档。在有关证券机构或银行机构需要XBRL报表时可以通过XBRL格式转换器进行转换，转换过程中会依照相应的分类标准和实例文档要求完成，最后形成XBRL文档。该模式下转换过程是自动完成的，转换中不会造成数据的丢失和出错，能够保证XBRL财务报表的准确性、一致性。不足之处在于只有企业ERP系统生成报表后才能进行转换，有一定的滞后性。但从实际应用情况来看，该模式是目前主要的应用模式。

（2）企业的信息系统如ERP系统对外直接输出的是不可直接转换利用的打印文档或PDF格式文件，中间的转化需要按照XBRL格式要求进行手工输入来形成XBRL文档。该模式下手工输入的同时也增加了数据错误的风险。尽管生成的XBRL报表在以后应用中不需手工重复录入，可以直接提取，但录入环节所造成的出错风险和较高的成本将导致该模式的实际应用价值较小。

（3）由企业自身的ERP系统加上集成的XBRL适配器，在进行信息处理过程中就直接按照XBIU规范来完成报表的处理，能够实时输出XBRL文档。该模式的应用需要企业原有ERP系统应用厂商开发内嵌XBRL适配器的新版本ERP软件系统，在业务处理的各个环节对XBRL的元数据进行提取和转换，并按照XBRL的分类标准，如针对财务报表的要求进行标记，实时生成标准的XBRL文档。这种模式是XBRL也财务报告应用的最佳模式，相比其他模式而言能最大限度地发挥XBRL的优势，能够迅速有效地提供实时的、便于交流的各类财务信息。该模式的应用要求ERP软件供应商针对XBRL的特点对原系统进行功能的扩充，内嵌XBRL适配器，而这些操作并不会对原系统的DBMS（数据库管理系统）、系统架构模式和实际应用产生影响，在实际推广中也是一种平滑的过渡。

相比其他格式，XBRL格式的优点在于，无论是公布在报纸上的文字，还是以PDF、DOC、HTML等多种格式发布的财务报告，虽然人们可以阅读，但要用计算机抽取其中的数据进行统计、分析、比对、检验却非常困难。在没有采用XBRL技术之前，这种现状给监管部门、中介机构、信息服务商等平添一道数据再录入环节。这样不仅工作效率低，而且各种差错也很多。信息发布后，由于口径不统一、文本格式的技术标准不统一和非“国际化”等障碍，信息的最终使用者——投资者——由于无法直接提取报表中的数据进行进一步的分析，结果转移了投资方向，企业失去了发展的机会。由于XBRL技术含量比较高，在实施的过程中，尤其是在发展初期其成本也比较高。

表10-1对三种数据呈报格式进行了比较。

表10-1 三种数据呈报格式比较

格式种类	种类举例	优点	缺点
一般文本格式	TXT格式 PDF格式 HTML格式	系统平台要求低 易于操作 界面比较友好	不利于信息存储 信息共享性不好 用户不易对数据进行二次处理
数据库格式	Excel格式 DBF格式	系统平台要求高 需要一定操作技能 数据存储与管理方便 机构内部共享性比较好	界面不友好 机构外用户不易获取信息
XBRL格式	XBRL格式	系统平台要求较高 操作界面友好 信息具有及时性 用户可根据需求对数据进行二次处理	不易于数据存储 目前还不存在国际数据交换用户的标准

第三节 会计信息呈报途径

目前信息需求者获取上市公司的会计信息可以采取的主要形式包括各上市公司官方网站、证监会官方网站、专业财经服务网站（巨潮资讯网等）、专业的数据库（国泰安、色诺芬等）以及基于XBRL技术的上海证券交易所和深圳证券交易所网站。但现实是普通用户所能使用的会计信息获取方式具有较大的局限性：一方面，对各种获取方式缺乏全面了解，往往选择较为传统的下载财务报告后进行手工分析工作，这种方式通过以上任何一种途径均可以容易获得；另一方面，专业的数据库资源由于所需付出的成本代价过大，往往难以被普通用户所使用。

一、上市公司官方网站

各家上市公司的官方网站是该公司在网络环境下直接面对客户的门户，是客户了解该公司的重要途径，因此其中应该包括该公司的各项重要信息，比如公司概况、产品信息、业务信息以及财务信息。在此，我们仅以格力电器为例，了解公司网站中的财务信息披露情况。首先登录www.gree.com.cn进入格力电器的官方网站首页。通过官方网站的导航条（如图10-1所示）来了解格力电器的相关信息，其中通过“投资者关系”的链接中定期报告可以查看格力电器的会计信息。

图10-1　格力电器官网导航条

在此页面，信息使用者可以轻松下载需要的定期公告，如图10-2所示。下载的公告大多数以PDF格式呈现，下载后，信息使用者可以根据实际情况进行人工分析。这种方式下一对一的查找，可以比较详细地了解该公司的信息，如公司章程、分红、临时公告内容都可以获取。但如果要同时查找几家上市公司的信息，就只能一一访问各自的网站了。当然，并不是所有的上市公司的官方网站都会有详尽的会计信息披露。

图10-2　格力电器官网定期公告内容

二、证监会官方网站

登录证监会官方网站http：//www.csrc.gov.cn，进入后可以看到信息披露板块，如图10-3所示。

图10-3　证监会网站界面

在信息披露的板块下有预先披露、预先披露查询系统、非上市公众公司信息披露、基金信息披露、上交所信息披露、深交所信息披露等模块内容，如图10-4所示。

图10-4 证监会网站信息披露内容

在上交所、深交所信息披露模块可以找到上市公司的最新信息公告，及时为广大投资者提供投资信息。这些公告都是可以下载后分析的，展现形式多为PDF，与上市公司官方网站的呈现形式基本相同。

在上交所信息披露中看到的是上交所近期公告，如果需要有针对性地查阅某上市公司的公告，可以通过点击“更多”进行查阅，如图10-5所示。

图10-5 证监会网站上交所信息披露内容

用户还可以设置相关查询过滤条件进行个性化查阅，如图10-6所示。

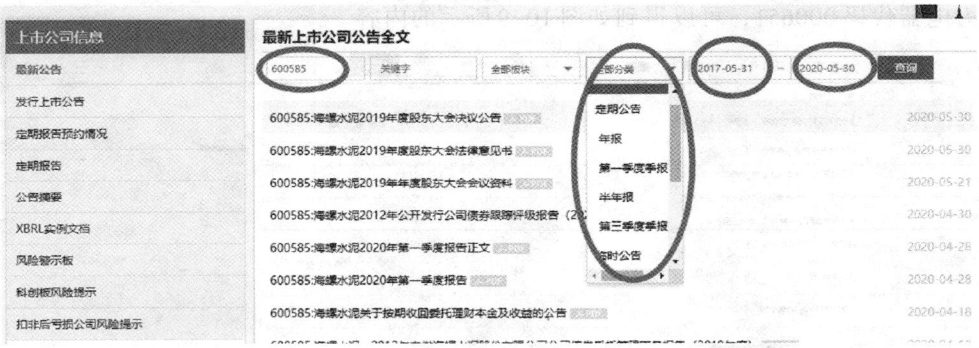

图10-6 证监会网站上交所信息披露个性化查阅

深交所信息披露下，网站根据不同的板块设置了不同的查看模块，如图10-7所示。

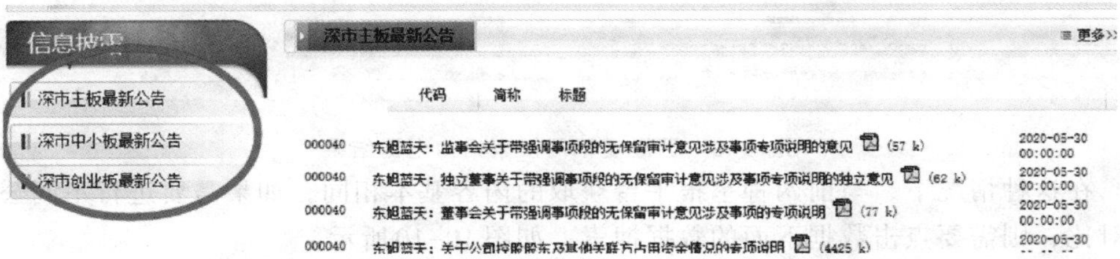

图10-7 证监会网站深交所信息披露内容

通过点击“更多”进行查看，只是查看到更多的该类最新公告，并不能进行个性化查阅。

三、专业财经服务网站

除了通过访问各家公司的官方网站或证监会网站来获取公司的会计信息外，用户还需要一种可以打破原来那种只能一对一访问网站的方式，以方便进行相关会计信息比较分析，而致力于财经服务的网站确实满足了用户的这一需求。这类网站包括巨潮资讯网、全景网、新财富、财报说以及财经天下等。

我们以巨潮资讯网为例。首先，登录巨潮资讯网首页http://www.cninfo.com.cn/，如图10-8所示。

图10-8 巨潮资讯网首页

如果是直接查看某一上市公司的相关信息，可以在搜索栏输入公司代码，如输入格力电器代码000651，可以得到如图10-9所示的内容。

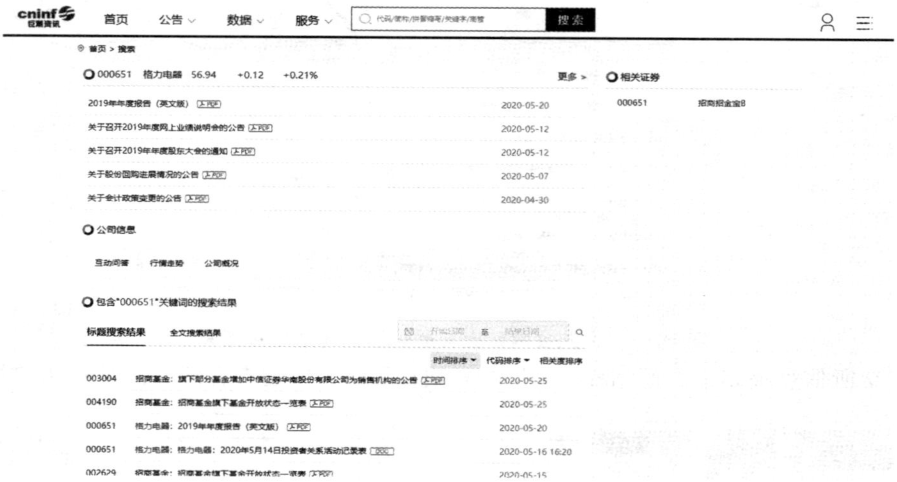

图10-9　巨潮资讯网搜索格力电器结果

在这种情况下，与前两种呈报平台获取的内容基本相同，如果需要进行不同公司的对比，则需要点击数据下面的数据搜索，如图10-10所示。

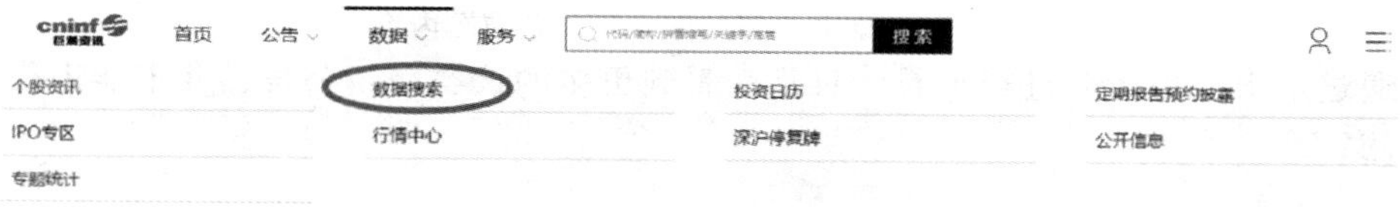

图10-10　巨潮资讯网数据搜索

通过高级搜索，可以进行几家公司或行业的相关会计信息的数据下载，如图10-11、图10-12所示。

图10-11　巨潮资讯网数据高级搜索（一）

图10-12　巨潮资讯网数据高级搜索（二）

这类综合性的财经服务网站提供了各上市公司公布的年报信息，方便用户下载，以PDF格式呈现。这种形式的应用可以实现用户一次登录，下载多家公司年报的功能。这类财经网站为用户与上市公司直接搭起了一座信息桥梁，起到中介服务作用。但这种服务的功能也是有限的，无法结合附注等重要的财务提示进行深层次的财务分析工作。用户要得到更多的财务信息也只能通过下载公司的年报，后续进行人工分析。

四、专业的数据库资源

若想实现同类财务数据的打包下载，只能通过专业的数据库资源。在此，我们以国泰安经济金融数据服务中心为例进行介绍。

登录CMSAR网站（http：//www.Gtarsc.com），通过其中的CSMAR数据库数据中心\单表查询\股票市场系列，可以得到所需的财务信息。该数据库为用户提供了自1990年至查询当日的各家上市公司的财务数据，用户可以按自己的需求定制财务信息后，下载得到各类财务数据，以自己所需要的格式存储，方便后续进行相关的财务分析工作。

五、基于XBRL技术的证交所网站

当前，中国应用XBRL的会计信息服务平台主要有两个，分别是上海证券交易所平台和深圳证券交易所平台，在实际应用中，二者的呈现效果有些许差异。

此处以上海证券交易所平台的呈报为例。

登录上海证券交易所网站（http：//www.sse.com.cn/）后，可以看到导航条（如图10-13所示）。在披露下面的上市公司信息模块可以下载想要了解的上市公司的相关会计信息，这一部分的信息与前面三种方式下载的信息基本相同。此外，可以选择XBRL实例文档（如图10-14所示），XBRL实例文档的呈现平台使得上市公司财务数据的展示变得简单灵活，便于信息使用者使用（如图10-15所示）。

图10-13 上海证券交易所导航条

图10-14 上海证券交易所XBRL平台

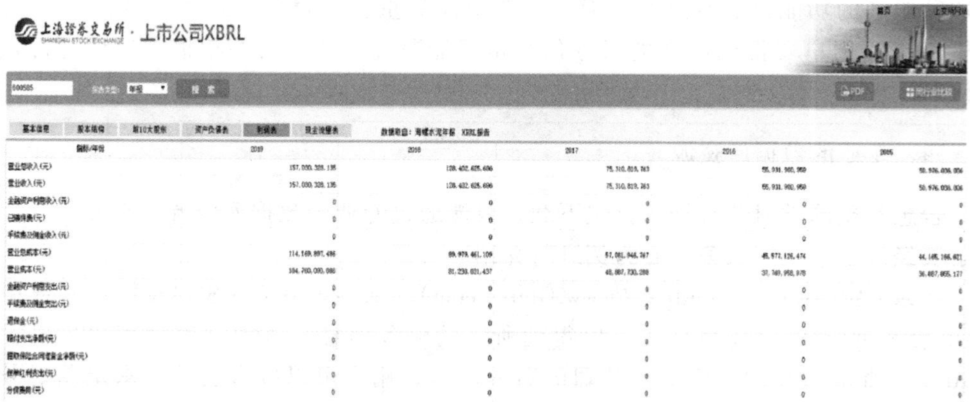

图10-15 上海证券交易所XBRL平台海螺水泥查询结果

以海螺水泥为例，进入上海证券交易所XBRL平台以后，可以在左上角的查询框输入海螺水泥股票代码，选择相应的报告类型（年报、一季报、二季报、三季报），点击搜索后，可以看到如图10-15所示的结果。信息使用者可以根据自己的需要，查看相关信息，并可以点击右上角的同行业比较按钮，选择相关企业进行对比，如图10-16所示。

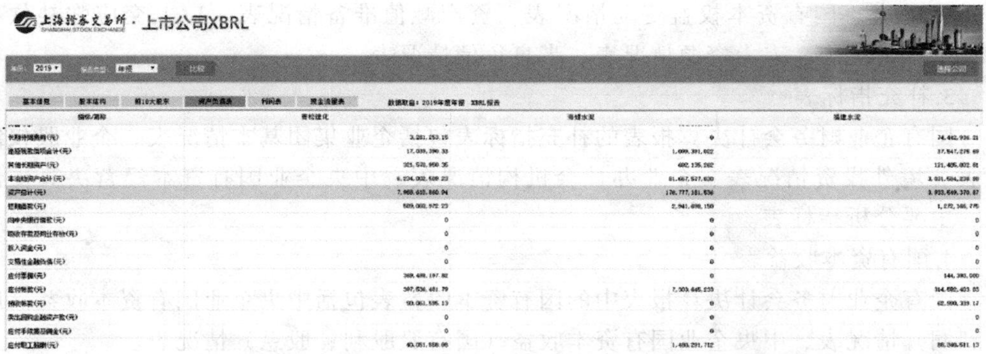

图10-16　海螺水泥同行业比较结果

进行同行业比较时，最多可以选择五家公司，且比较结果不能直接保存，信息使用者可以通过复制的方式，把查询结果保存到Excel文档，以便后续的相关分析处理。

除两个证交所网站外，还有一个XBRL中国网站（https：//www.xbrl-cn.org）。XBRL中国网站不仅提供财务信息，同时，作为XBRL技术的门户网站，XBRL中国会实时发布有关XBRL技术的相关信息，比如XBRL新闻、技术规范、分类标准、案例应用、在各国应用现状、XBRL组织等。

第四节　会计信息呈报内容

会计信息呈报的内容是各企业的财务信息，不仅包括公司对外的财务报告（其中含有资产负债表、利润表、现金流量表、所有者权益变动表及附注），也包括公司内部管理用的相关财务信息，比如管理用财务报表、成本报表等。当然这些财务披露的信息要排除涉及企业创新技术以及企业机密的信息，并且根据财务信息的可获取程度以及法律的规定，强制性披露的财务信息可以免费向公众提供，而非强制性的个性化的财务信息可以采取有偿获取的方式披露。

此处以国有企业会计信息呈报内容为例。

国有企业相关会计信息呈报依据《中华人民共和国会计法》、《企业财务会计报告条例》、《企业财务通则》、企业会计准则及相关财务会计制度规定，按照贯彻落实国有资产管理情况报告制度，以管资本为主完善国有资产管理体制的相关要求制定。国有企业会计信息呈报包括财务会计决算报表、报表附注、财务情况说明书和国有资产管理情况报告。

一、财务会计决算报表

（一）财务会计决算报表构成

国有企业财务会计决算报表包括：

1.报表封面

2.主表

国有企业财务会计决算报表主表包括资产负债表、利润表、现金流量表、所有者权益变动表、国有资本权益变动情况表、资产减值准备情况表、应上交应弥补款项表、基本情况表、人力资源情况表、带息负债情况表。

3.补充指标表

国有企业财务会计决算报表的补充指标表包括企业集团基本情况表、企业股权结构表、境外投资情况表、企业办社会机构情况表、中央企业国有资本经营决算支出表、主要分析指标表。

4.国有资本收益表

国有企业财务会计决算报表中的国有资本收益表包括中央企业国有资本收益（应交利润）情况表、中央企业国有资本收益（国有股股利、股息）情况表。

此处以国有资本权益变动情况表、应上交应弥补款项表、带息负债情况表、中央企业国有资本经营决算支出表、中央企业国有资本收益（应交利润）情况表为例来具体展示。

（二）国有资本权益变动情况表

本表反映企业占用国有资本总量以及由于各种原因影响国有资本权益增减变动的情况。详情见表10-2。

国有资本权益变动情况表
内有关指标解释

表10-2　　国有资本权益变动情况表　　财企05表

编制单位：　　2019年度　　金额单位：元

项　目	行次	金额	项　目	行次	金额
一、年初国有资本权益总额	1		三、本年国有资本权益减少	16	
二、本年国有资本权益增加	2		（一）经营减值	17	
（一）经营积累	3		（二）经国家专项批准核销	18	
（二）国家、国有单位直接或追加投资	4		（三）无偿划出	19	
（三）无偿划入	5		（四）因主辅分离减少	20	
（四）资本（股本）溢价	6		（五）企业按规定上缴利润	21	
（五）接受捐赠	7		（六）资本（股本）折价	22	
（六）债权转股权	8		（七）资产评估减少	23	
（七）税收返还	9		（八）清产核资减少	24	
（八）资产评估增加	10		（九）产权界定减少	25	
（九）清产核资增加	11		（十）消化以前年度潜亏和挂账而减少	26	
（十）产权界定增加	12		（十一）因自然灾害等不可抗拒因素减少	27	
（十一）减值准备转回	13		（十二）中央和地方政府确定的其他因素	28	
（十二）会计调整	14		四、年末国有资本权益总额	29	
（十三）中央和地方政府确定的其他因素	15		五、年末其他国有资金	30	
			六、年末合计国有资本总量	31	

（三）应上交应弥补款项表

本表反映企业各项税费、保险等款项的负担和上交情况。本表除第33行外只反映由企业承担和上交的中国境内的部分，不包括企业代扣代缴的应由个人承担部分。详情见表10-3。

表10-3　　应上交应弥补款项表

编制单位：　　2019年度　　金额单位：元

项目	行次	本年应交数/应补数	本年已交数/已补数	项目	行次	金额
一、本年税费总额	1			补充资料	24	
（一）增值税	2			一、本年实际支付补充养老保险（含年金）总额	25	
（二）消费税	3			二、本年实际支付补充医疗保险总额	26	
（三）资源税	4			三、出口退税情况	27	
（四）城建税	5			出口额（美元）	28	
（五）烟叶税	6			以前年度欠出口退税	29	
（六）关税	7	—		本年度应收出口退税	30	
本年已交进口关税	8	—		本年度已收出口退税	31	
本年已交出口关税	9	—		年末欠出口退税	32	
（七）企业所得税	10			四、本年实际缴纳境外税费总额	33	
（八）教育费附加（含地方教育费附加）	11					
（九）石油特别收益金	12					
（十）其他税费	13					
二、五险一金合计	14					
（一）基本养老保险	15					
（二）基本医疗保险	16					
（三）失业保险	17					
（四）工伤保险	18					
（五）生育保险	19					
（六）住房公积金	20					
三、储备粮油差价款	21					
四、预算弥补亏损及补贴	22					
五、国有资本收益（由企业集团本部填列）	23					

应上交应弥补款项表表内指标解释

（四）带息负债情况表

本表主要反映企业（包括金融企业）各项带息负债本金、利息、逾期本金以及累计欠息情况。补充资料反映企业的带息负债成本情况、永续债和优先股发行情况以及境外发债情况。详情见表10-4。

带息负债情况表表内指标解释

表10-4

带息负债情况表

财企10表

编制单位：　　　　2019年12月31日　　　　金额单位：元

项目	行次	本金				本年应计利息	逾期尚未偿还的借款本金	年末应付利息	项目	行次	本年金额	上年金额
		年初余额	本年增加	本年减少	年末余额							
栏次	—	1	2	3	4	5	6	7	栏次	—	8	9
一、带息流动负债合计	1								补充资料：	27		
(一) 短期借款	2								一、利息支出情况	28		—
其中：银行借款	3								利息支出总额	29		
非银行金融机构借款	4								其中：利息资本化金额	30		
(二) 一年内到期的非流动负债	5								二、带息负债融资成本率（%）	31		
其中：一年内到期的长期借款	6								三、永续债、优先股发行情况	32		
一年内到期的应付债券	7								(一) 已发行永续债	33		
一年内到期的融资租赁款	8								其中：计入负债的永续债	34		
☆一年内到期的租赁负债	9								(二) 已发行优先股	35		
☆(三) 交易性金融负债	10								其中：计入负债的优先股	36		
(四) 以公允价值计量且其变动计入当期损益的金融负债	11								(三) 计入未分配利润的永续债利息	37		
(五) 其他带息流动负债	12								四、境外发债情况（由集团总部填列）	38	—	—
其中：短期融资券（含超短期融资券）	13			—					(一) 境外发行外币债券总额（以人民币填列）	39		
其他短期债券	14								其中：美元债（以美元填列）	40		
二、带息非流动负债合计	15								欧元债（以欧元填列）	41		
(一) 长期借款	16								港元债（以港元填列）	42		
其中：银行借款	17								(二) 境外发行人民币债券总额	43		
非银行金融机构借款	18											
(二) 应付债券	19											
其中：中期票据	20											
企业债券	21											
公司债券	22											
(三) 其他带息非流动负债	23											
其中：融资租赁款	24											
☆租赁负债	25											
带息负债合计	26		—	—								

注：加☆项目为执行新金融工具/新租赁准则企业适用。

（五）中央企业国有资本经营决算支出表

本表主要反映按政府收支分类科目划分的中央企业2019年度中央国有资本经营决算情况。详见表10-5。

表10-5　　中央企业国有资本经营决算支出表　　财企补05表

编制单位：　　2019年度　　单位：元

项　目	行次	财政拨款金额				实际支出金额				结余金额			
		合计	资本性支出	费用性支出	其他支出	合计	资本性支出	费用性支出	其他支出	合计	资本性支出	费用性支出	其他支出
栏次		1	2	3	4	5	6	7	8	9	10	11	12
一、解决历史遗留问题及改革成本支出	1												
（一）厂办大集体改革支出	2												
（二）“三供一业”移交补助支出	3												
（三）国有企业棚户区改造支出	4												
（四）国有企业改革成本支出	5												
（五）离休干部医药费补助支出	6												
二、国有企业资本金注入	7												
（一）国有经济结构调整支出	8												
（二）公益性设施投资支出	9												
（三）前瞻性战略性产业发展支出	10												
（四）支持科技进步支出	11												
（五）保障国家经济安全支出	12												
（六）对外投资合作支出	13												
三、国有企业政策性补贴	14												
四、其他国有资本经营预算支出	15												
总计	16												

中央企业国有资本经营决算支出表表内指标解释

（六）中央企业国有资本收益（应交利润）情况表

本表由国有独资企业填报，如果国有独资企业拥有全资子公司或者控股子公司、子企业的，应当由集团公司（母公司、总公司）以年度合并财务报表反映的数据为基础申报，且在集团合并表级次填报。详见表10-6。

表10-6　　中央企业国有资本收益（应交利润）情况表

2019年　　国资收益01表

申报单位基本情况			
企业名称			
注册地址			
组织形式 （国有企业或国有独资企业）			
所处行业			
注册资本			
开户银行			
银行账号			
财务经理			
联系电话		区号	电话号码
应交国有资本收益申报情况（单位：万元）			
项　目			申报数
1	合并净利润		
2	减：少数股东损益		
3	归属于母公司所有者的净利润		
4	减：弥补以前年度亏损		
5	减：提取法定公积金		
6	上交利润基数		
7	上交利润比例		
8	本期应交利润		
9	加：以前年度欠交利润		
10	加：以前年度损益调整补交利润（抵减利润以“-”号填列）		
11	减：本期已交利润		
12	减：本期应免交利润		
13	应交（退）利润余额		
附送资料			
与企业年度合并财务报表有关的资料。			
声明	本公司对以上情况及申报资料的真实性承担法律责任。		
	法人代表（签章）：　　　　（公章）		
	年　月　日		
总会计师：		经办人：	

注：本表由纳入中央国有资本经营预算实施范围的中央企业（即一级企业）填报。

中央企业国有资本收益（应交利润）情况表表内指标解释

二、报表附注

企业应当按照规定披露附注信息。其中：中央管理企业集团除按规定向财政部报送企业年度财务会计决算报表、财务状况说明书等内容外，还应报送企业合并财务会计决算报表附注。附注主要包括下列内容：

（1）企业的基本情况；

（2）财务报表的编制基础；

（3）遵循企业会计准则的声明；

（4）重要会计政策和会计估计；

（5）会计政策和会计估计变更以及差错更正的说明；

（6）税项；

（7）企业合并及合并财务报表；

（8）合并财务报表重要项目的说明；

（9）或有事项；

（10）资产负债表日后事项；

（11）关联方关系及其交易；

（12）有助于财务报表使用者评价企业管理资本的目标、政策及程序的信息；

（13）母公司会计报表的主要项目附注；

（14）按照有关财务会计制度应披露的其他内容；

（15）财务报表的批准。

三、财务情况说明书

财务情况说明书是年度财务会计决算报告的重要组成部分，包括财务情况说明书（企业）和财务情况说明书（部门、地方）。依据《企业财务会计报告条例》（国务院令第287号）等有关规定，各企业应以财务指标和相关统计指标为主要依据，对本年度资产质量、财务状况、经营成果等情况进行分析说明，客观反映企业运营特点及发展趋势；各中央部门、各地方应以财务指标和相关统计指标为主要依据，对本年度所属企业的资产质量、财务状况、经营成果等情况进行分析说明，客观反映本部门、本地区企业运营特点及发展趋势。

（一）财务情况说明书（企业）

财务情况说明书（企业）主要包括以下内容：

1.企业基本情况

企业资产、负债、所有者权益总额、结构和年度变化情况及原因分析；企业户数变化情况，包括合并范围子企业户数、金融子企业、境外子企业与所属上市公司户数，未纳入合并范围户数及原因，企业低效及无效资产清理情况；企业职工人数及人工成本、薪酬水平等基本情况。

2.生产经营情况分析

（1）企业主营业务范围及经营规模、行业分布等情况分析。

（2）按主要业务板块分析本年度生产经营情况，包括主要产品的产量、业务营业量、销售量（出口额、进口额）的增减变化和原因分析，各主要业务板块收入及毛利占企业集团总收入的比重，所处行业中的地位及发展趋势；宏观经济政策产生的影响。

（3）其他业务收支增减变化及原因分析。

（4）生产经营中面临的困难与挑战。

3.企业经济效益分析

（1）企业盈利情况分析，包括盈利结构，各业务板块效益贡献、效益增减变化的主要原因。

（2）成本费用变动的主要因素，包括原材料费用、能源费用、工资性支出、借款利率调整对效益的影响。

（3）税负调整对效益的影响，包括有关税种和税率调整、享受税收优惠政策退税返还等。

（4）会计政策、会计估计变更的原因及对效益的影响。

（5）本年度房地产开发、高风险业务投资及损益情况，包括委托理财、股票投资、基金投资、金融衍生业务，分析其对企业效益及财务风险的影响程度。

（6）亏损企业户数、亏损面、亏损额及原因。

（7）企业净资产收益率、总资产报酬率等盈利能力相关指标的年度间对比分析和行业对标。

4.现金流情况分析

（1）经营、投资、筹资活动产生的现金流入和流出情况。

（2）与上年度现金流量情况进行比较分析，包括现金流规模和结构，流入的主要来源（经营、投资或筹资），流出的主要用途（投资、筹资），分析盈余现金保障倍数、现金流动负债比率、资产现金回收率等指标并与行业对标。

（3）对企业本年度现金流产生重大影响的事项进行说明。

5.所有者权益变动情况分析

（1）会计处理追溯调整影响年初所有者权益（或股东权益）的变动情况及原因。

（2）所有者权益（或股东权益）本年年初与上年年末因其他原因变动情况及原因。

（3）所有者权益（或股东权益）本年度内经营因素增减情况及原因。

6.重大事项说明

对企业利润分配、资产重组、债务重组、兼并收购、改制上市、重大投融资、重大资产处置、股权（产权）转让及资产损失情况等重大事项进行详细说明和分析。

7.风险及内控管理情况

（1）风险治理和内控管理的组织架构及相关职能部门运转情况。

（2）风险和内控管理制度及实施情况。

8.问题整改情况

企业对有关方面的检查、审计等监管工作中发现问题的整改落实情况及拟采取的主要措施。

9.有关工作建议

对改进财务会计决算工作的有关工作建议。

（二）财务情况说明书（部门、地方）

财务情况说明书（部门、地方）主要包括以下内容：

1.基本情况说明

本部门（地方）所属企业户数、结构及增减变化情况，企业职工人数及人工成本、薪酬水平，会计准则执行情况等。

2.财务状况分析

分析本部门（地方）所属企业汇总资产总额、负债总额、所有者权益总额、国有资产总量及增减变化及影响因素、行业分布情况及资产和负债的结构分析，国有资本保值增值情况及增减变化、影响因素，所属企业资产运营效率、债务风险等情况。

3.经营成果分析

分析本部门（地方）所属企业汇总营业总收入、成本费用总额、实现净利润的增减变化及影响因素，所属企业盈亏状况、盈利结构、盈利质量及盈利能力，重点行业企业占比及对本部门（地方）经济发展的影响等。

4.重大事项说明

对本部门（地方）所属企业重大资产重组、债务重组、兼并收购、改制上市、重大投融资、重大资产处置、股权（产权）转让及资产损失情况等重大事项进行详细说明和分析。

5.面临的困难与挑战

分析说明本部门（地方）所属企业日常生产经营中普遍面临的主要困难与挑战、财务管理中存在的主要问题等。

6.有关工作建议

与改进财务会计决算工作有关的工作建议。

四、国有资产管理情况报告

为贯彻落实国务院向全国人大常委会报告国有资产管理情况制度，各国有企业、中央部门和地方应以财务指标和相关统计指标为主要依据，对本年度资产质量、财务状况、经营成果等情况进行分析说明，客观反映企业运营特点及发展趋势，形成国有资产管理情况报告。国有资产管理情况报告包括国有资产管理情况报告（企业）和国有资产管理情况报告（中央部门和地方）。

（一）国有资产管理情况报告（企业）

国有资产管理情况报告（企业）主要包含以下内容：

1.企业基本情况

（1）企业经营业务简介：企业主要业务范围、发展战略和国内外排名等情况。

（2）近三年主要财务指标和重要变化说明。

（3）企业户数变化：合并范围子企业户数、金融子企业、境外子企业与所属上市公司户数，未纳入合并范围户数及原因，集团层级和法人压减工作等。

（4）企业职工情况。

2.生产经营情况分析

（1）生产经营总体情况分析。

（2）主要业务板块分析。

（3）其他业务收支增减变化及原因分析。

（4）企业本年完成的重要工作，例如服务国家重要战略、参与国企改革试点、做出突出社会贡献等。

（5）生产经营中面临的困难与挑战。

3.企业财务状况分析

综合运用比率分析、趋势分析、对标分析和定性分析等方法，分析企业整体的财务状况。比率分析主要围绕“国有企业主要分析指标表”中相关指标，以及具有行业特点的指标；趋势分析重点对比往年数据，重要指标建议分析3～5年的发展趋势；对标分析可以选取企业绩效评价标准值、国内外上市公司指标。

4.投资情况分析

（1）重要固定资产投资情况分析。

分析房地产开发、基建工程等重要固定资产投资的规模、资金来源及使用、风险管理等情况。

（2）股权投资情况分析。

5.重大事项说明

对企业利润分配、资产重组、债务重组、兼并收购、改制上市、重大投融资、重大资产处置、股权（产权）转让及资产损失情况等重大事项进行详细说明和分析。

6.企业财务管理情况

（1）集团本部财务人才队伍建设情况，包括中高级职称财务人员占比等。

（2）集团财务管控情况，包括资金管理模式、资金集中度、全面预算管理执行情况、预算偏离度等。

（3）集团财务信息化系统投入情况。

（4）企业财务会计决算工作的问题和改进计划。

7.风险及内控管理情况

（1）风险治理和内控管理的组织架构及相关职能部门运转情况。

（2）风险和内控管理制度及实施情况。

8.有关问题及整改情况

（1）有关方面的巡视检查、审计等监管工作中发现的问题。

（2）对上述发现问题的整改落实情况及拟采取的主要措施。

（二）国有资产管理情况报告（中央部门和地方）

国有资产管理情况报告（中央部门和地方）主要包含以下内容：

1.基本情况

（1）本部门（地区）所属企业户数、结构及增减变化情况。

（2）近三年主要财务指标及重要变化说明。

（3）企业职工人数及人工成本、薪酬水平情况。

（4）企业会计准则执行和审计情况。

2.财务状况分析

综合运用分类分析、比率分析、趋势分析和定性分析等方法，分析本部门（地区）所属企业经营发展情况。分类维度主要为行业、规模、管理级别和组织形式等，关注占比和集中度；比率分析主要围绕“国有企业主要分析指标表”中相关指标，以及具有行业特点的指标；趋势分析重点对比往年数据，重要指标建议分析3～5年的发展趋势。

3.投资情况分析

（1）重要固定资产投资情况分析。

分析房地产开发、基建工程等重要固定资产投资的规模、资金来源及使用、风险管理等情况。

（2）股权投资情况分析。

分析本部门（地区）所属重要企业的股权投资方向、规模和风险管理情况。

（3）基金投资情况分析。

分析本部门（地区）所属重要国资基金的投资方向、规模和风险管理情况。

（4）境外投资情况分析。

4.重大事项说明

对本部门（地区）所属企业重大资产重组、债务重组、兼并收购、改制上市、重大投融资、重大资产处置、股权（产权）转让及资产损失情况等重大事项进行详细说明和分析。

5.财务管理工作

对本部门（地区）所属重要企业集团财务管控模式、全面预算管理执行情况，所属企业财务管理中存在的主要问题和改进计划等进行说明和分析。

6.有关问题及整改情况

（1）有关方面的巡视检查、审计等监管工作中发现问题。

（2）对上述发现问题的整改落实情况及拟采取的主要措施。

7.重要工作、困难挑战及改革建议

（1）说明本部门（地区）所属企业完成的重要工作，例如服务国家重要战略、参与国企改革试点、做出突出社会贡献等。

（2）说明本部门（地区）所属企业日常生产经营中普遍面临的主要困难与挑战。

（3）对促进国有企业改革和发展的有关工作建议。

第十一章
会计信息资源利用

第一节　会计信息技术的影响和分析比较

一、会计信息技术的定义

信息技术是指以信息为处理对象的一系列技术，它以计算机通信、微电子技术等为手段，对信息进行采集、传输、存储、调用、处理、加工、分析、共享和综合利用等，广泛地应用于社会生活的各个方面。国民经济的转轨主要以信息技术的进步为驱动力，信息与信息技术是这场变革的主导力量。电子邮件和传真使得人们能够及时了解国内外的最新动态，并且让世界知道他们的情况。虽然整个世界仍需依靠工农业生产来创造财富，但正如过去工业生产被应用到传统经济（农业）中一样，信息技术正在被广泛地应用到各个生产部门。如同劳动力、原材料和资金一样，信息最终将成为一种资本。与此同时，信息部门自身也正在经历着爆炸式的发展。

会计电算化是企业管理信息系统重要组成部分，是在会计工作中应用电子计算机技术的简称，是一个用电子计算机代替手工记账、算账、报账以及代替部分由人脑完成的会计管理和辅助决策的信息处理系统。它符合经济和科技发展对会计工作提出的要求，是现代会计与现代科学技术紧密融合的产物。它的产生不仅是会计数据处理技术的一场革命，更是一项具有深远意义的事业。

从历史上看，会计数据处理技术的发展经历了三个阶段：手工数据处理阶段、机械数据处理阶段和电算化处理阶段。人们最早用算盘作为运算工具，用笔墨在凭证和账簿上登记。但随着企业经营规模的不断扩大，会计业务的不断发展，手工处理会计数据的方式越来越满足不了飞速发展的经济对会计工作的要求，逐渐暴露出不规范、速度慢、易出错、工作量大等弊病；20世纪初，在会计工作中相继使用了打字机、手摇计算机、电动计算器等工具，使会计数据处理技术在原来的基础上有所提高；到了20世纪40年代后期，资本主义经济的蓬勃发展与计算机技术的完善，使会计数据处理技术步入了电子时代。1954年，在美国通用电气公司（GE）第一次在UNIVC-1计算机上计算职工工资，从而使手工和机械处理方式被抛弃，计算机则被广泛应用于会计领域之中，标志着会计数据处理迈入了自动化阶段。1981年在财政部等机构的支持下，在中国长春召开了“财务、会计、成本应用电子计算机专题讨论会”，揭开了计算机在我国会计工作中运用的序幕。经过数十年的普及和推广，现在我国已有上百万个企事业单位使用了计算机进行财务核算和管理工作，但与国际会计相比，我国会计电算化起步较晚。

国外对会计信息处理系统的称呼为会计一体化，IBM公司每两年就推出一个新的版本。会计一体化是根据经济和科技发展对会计工作提出的要求，计算机技术、网络技术、通信技术、软件技术、数据库技术、多媒体技术、系统集成技术等高新科技，在财务与会计领域的应用，是一个用现代会计与现代科学技术紧密结合来代替手工记账、算账、报账以及代替部分由人脑完成的会计管理和辅助决策的信息处理系统。

算盘的运用使中国人对繁杂的账簿不再惧怕，计算机的应用使西方会计在全世界推广开来，会计信息技术将在知识经济环境下大展宏图。

会计信息技术是指以会计信息为处理对象的一系列技术总称，它包括计算机技术、网络技术、数字技术、通信技术、软件技术、数据库技术、多媒体技术、辅助设计技术、实时控制技术、系统集成技术、自动化技术等，对会计信息进行采集、传输、存储、调用、处理、加工、分析、共享并对会计资源进行综合管理、开发、利用等，从而实现会计数据处理、会计信息管理、会计决策支持、会计信息系统一体化的功能。会计信息技术按专业工作的基本环节和流程，可分为会计信息收集技术、会计信息传递技术、会计信息存储技术、会计信息检索技术、会计信息处理技术，以及会计信息标准化技术等。

随着信息技术等高科技在会计领域中的不断使用，会计电算化的含义将有所修改，它的外延和内涵都将扩展。会计信息化将成为一门融会计学、管理学、信息技术为一体的边缘科学。它的称呼也将发生变化，要么是具有时代特性的“会计信息化”，要么是体现国际潮流的“会计一体化”。但不管用何种名称，它的发展都将为经济的发展和社会的进步做出更大的贡献，会计信息技术也将得到更广泛的应用。

二、会计信息技术的影响

（一）对会计理论的影响

从会计主体的假设上看，会计假设从空间上限定了会计工作的范围，传统会计的会计主体假设中，会计主体是明确而稳定的，但在信息技术迅速发展的今天，世界性的互联网和实体内部网络的发展加快了知识、信息的扩散和应用，拓宽了会计基本假设的领域。网络公司是虚拟的公司，不同于传统意义上的组织。它们可以没有场地，没有确切的办公地点，并可根据任务的变化迅速进行分合、重组，使得会计核算的空间范围处于模糊状态。因此我们需要转换概念，用相对会计主体，也就是网上存在的这个临时组织来代替传统会计主体假设。

从持续经营假设看，传统会计中需要在一段时间内考虑财产估计和费用分配等问题从而假设企业或组织是持续经营的，但在网络环境下，网络公司是一个临时性组织，进行的多是一次性交易，完成后即解散，使得持续经营假设受到冲击。

传统的会计分期假设是将信息加工时间划分为一个个相对独立又相互衔接的期间，实现报表的连续性和规律性。而网络公司可以在极短的时间内完成交易并立即解散，所以再划分时间段已无意义，只要把会计期间与交易期间统一就可解决该问题。

而货币计量假设是指会计核算必须假定以货币作为基本计量单位，并假定币值是稳定不变的。但在信息技术时代，对货币计量的要求提高了，传统意义上的货币计量发展为电子货币计量，货币出现无纸化趋势。另外，管理者、决策者除了获得相关的价值信息外，还必须获得如创新能力、客户满意度、市场占有率等再现企业竞争力方面的指标。这些因素正是风险投资方兴未艾的重要依据。因此，是否应继续把货币计量假设作为会计核算的基本前提也应受到质疑。

（二）对会计从业人员的影响

首先，专业知识是会计人员素质的表现，是职业判断能力的基础，也是会计人员应具备的最起码的从业知识，主要包括会计基础、财务管理、相关行业的会计理论以及行业财务制度、管理会计和会计信息化等。会计信息化显得尤为重要，它是减少会计工作量、提高会计工作效率的保证，也是会计信息化的前提。但讲到专业知识，不能只满足于本国的、本企业的一些会计理论和实践，在新经济形势下还应该对其他国家的财务制度、具体会计准则进行学习和探讨，对中外的会计理论和实践进行比较、借鉴，更好地应用专业知识，为我国会计事业服务。

其次，会计信息化的发展要求会计从业人员的知识结构不能只局限于本专业，而是既要有一定的深度，又要有一定的广度。在知识经济时代，利用信息技术进行财务分析、财务决策会给所在企业带来及时可靠的经济信息，从而有利于实现企业利润最大化的目标。因此，会计人员必须具备熟练的计算机操作技能，掌握数据库、网络技术等一系列新技术、新知识，以提高自身的业务素质。特别是在信息化条件下，网络技术的革命带来企业管理、营销方式、财务管理的革命，尤其是电子商务的出现直接影响了会计信息的处理和披露，同时也改变了人们的办公方式，财务软件向网络化、管理型发展，迫切需要会计人员掌握必要的网络和应用软件知识。

再次，会计人员除了具有专业知识以外，还必须具备与会计工作有密切关系的财政、税收、金融等相关知识，这是会计人员提高职业判断能力的必要条件。

最后，在知识经济环境下，生产的知识化、资产的无形化和全球经济一体化，对会计人员的分析、判断、控制和抉择能力有了更高的要求。随着会计工作中不确定因素的增多、业务处理的多样化、处理难度的增加以及会计管理职能的增强，信息环境下的会计人员不能再仅仅是死记硬背准则和制度，而要有远见，具备分析、判断、交流等能力。因此，在会计信息化环境下需要会计人员具备综合能力，主要体现在观察能力、操作能力、学习能力、记忆能力、思维能力、管理能力、想象能力、交流能力、智力与人际关系等多方面。

三、会计信息技术的分析比较

（一）手工会计信息系统与电算化会计信息系统的比较

1.手工会计信息系统与电算化会计信息系统的相同点

我国会计实行电算化，在操作技术上跳过了机械化操作阶段，但电算化会计信息系统与手工会计信息系统还是有很多共同点，具体体现在以下几个方面：

（1）目标一致。它们都是为了加强经营管理，提供准确及时的会计信息，参与经营决策，提高经济效益。

（2）遵循相同的基本会计理论和方法。

（3）遵循相同的会计法规和会计准则。

（4）会计档案都必须按照规定妥善保留。

（5）两者的基本工作相同。

2. 手工会计信息系统与电算化会计信息系统的区别（见表11-1）

表11-1　　手工会计信息系统与电算化会计信息系统的区别

项目	手工会计信息系统	电算化会计信息系统
计算工具	算盘、计算器等	计算机
信息载体	纸张	磁性介质
账户设置和账簿登记	设置六大类账户并设置总分类账和明细分类账	所有的账户都给予科目号
账务处理程序	记账凭证核算形式、科目汇总表核算形式等	分为输入、处理、输出三个环节
账簿形式和更正错误的方法	订本式账簿、活页式账册 划线更正法、红字冲正法	装订成活页，定期装订成账册 红字冲正法、补充登记法
设计方法	根据会计法规、准则及同行经验和工作需求等，订撰而成	不但要遵循手工情况的准则和制度，还要遵循电算化下的特殊电算化制度
内部控制制度	通过凭证传递程序，相互校验核对，另外通过对账保证数据正确性	原始数据的收集、审核、编码由人工完成，其余由计算机负责，由人工控制转换为人机控制
组织机制和人员素质	专业人员	复合型人才

其中，在账户设置与账簿登记的环节中，电算化会计信息系统给予所有账户一个科目号，这个科目号的第一位标志这个会计科目的大类别，前三位标志总账的会计科目，后面的位数则表示明细的级数和分类。

而会计电算化系统对会计的组织体制和人员素质也提出了新的要求。手工会计信息系统中，会计工作组织体制以会计事务的不同性质作为依据，会计人员均是专业人员，其骨干是会计师。在电算化会计信息系统中，会计工作的体制以数据的不同形态作为主要依据。会计人员不但要精通本专业，而且要熟悉电子计算机，成为复合型人才，其中骨干应为了解电子计算机的高级会计人员。

（二）会计电算化与会计信息化的比较

1. 会计电算化和会计信息化概念的由来

1979年，计算机应用于会计工作在我国拉开了序幕，当时人们的认识就是将计算机技术应用于会计领域能够有效地提高会计的工作效率，学术界并没有提出一个权威性的概念统一人们的思想认识。1981年于长春召开的“财务、会计、成本应用电子计算机问题讨论会”上，第一次提出了“会计电算化”的概念。

2005年8月，由《会计之友》杂志社承办的中国会计学会会计电算化专业委员会年会在山西太原召开。会上提出了“会计电算化”向“会计信息化”发展的理念，与会专家就这两个概念进行了热烈的讨论，一致认为用“会计信息化”可以更好地概括“会计电算化”的进一步发展，也可以进一步提升“会计电算化”的应用水平。

2.会计电算化与会计信息化的区别（见表11-2）

表11-2　　会计电算化与会计信息化的区别

项目	会计电算化	会计信息化
技术手段	计算机	计算机网络和通信等现代技术
信息技术环境	研发出解决会计领域的单项工作或整体核算工作的软件； 硬件以单机环境或F/S（文件/服务器）架构为主	研究和开发集财务管理、生产管理等诸多子系统于一体的管理信息系统
系统地位层次	主要服务于财务部门的核算与管理，属于部门级应用	会计信息系统是管理信息系统的核心子系统，服务于财务部门、决策支持层等，属于企业级应用
系统目标	以解放生产力、提高工作效率为出发点	成效依赖于会计信息输出的多元化研究
信息输入	记账凭证，数据主要由财务部门自己输入	从企业内外其他系统直接获取
数据处理	采用批处理方式处理已发生的数据	使实时处理数据成为可能
信息输出	显示、打印、磁盘	显示、打印、磁盘，更多的可以通过网络实现信息传递与共享
理论基础	传统会计理论与计算机技术	信息技术系统论、信息化论等现代理论

其中，在系统目标的区别里，会计电算化强调的是会计数据处理的规范化，改变手工会计的不规范现实，要求会计软件的开发、会计信息系统的运行按照我国统一会计制度的要求规范操作，立足于财务报告的规范生成；而会计信息化则更强调会计输出结果的效率和增值性，这种增值效应依赖于网络环境下会计数据的快速搜集、实时传递以及对不同层次数据的深加工。所以说会计信息化的成效依赖于会计信息输出的多元化研究。

在信息输出的环节中，会计信息化通过网络实现信息传递与共享，通过授权、划分权限级次，企业内部各个机构、部门从信息系统中直接获取。随着XBRL（可扩展商业报告语言）深入研究以及B/S（浏览器/服务器）体系架构在大型系统中的逐步推广和应用，会有越来越多的企业在互联网上公布其财务信息。

总之，随着信息技术的发展，会计信息化将以更准确的输入、更深层次的加工、更实时的处理以及满足更多样的需求为企业带来更多的增值服务。会计信息化取代会计电算化已是趋势使然。

第二节　中高级财务会计的信息化应用

会计学的内容较多，当前国际上流行将会计学划分为初级会计学、中级会计学和高级会计学。初级会计学主要阐述会计学的基本原理和基本方法，中级会计学主要阐述会计主体一般交易和事项业务的账务处理原理及方法，高级会计学主要阐述会计主体特殊或复杂交易和事项业务的账务处理原理及方法。其中，中高级财务会计还运用传统的财务会计理论与方法，以及在新的社会经济条件下发展了的财务会计理论与方法，对在新的经济条件下出现的一般财务会计中不予包括或不经常发生的企业特殊经济业务进行核算和监督，向与企业有经济利害关系者提供有用的决策会计信息。

会计信息化是以基于计算机和网络技术的会计信息系统的处理方式代替了手工方式的登账、记账、对账和登记报表等业务处理流程。在会计信息化方式下，计算机与人工的结合完成整个信息处理过程，实现了数据处理的自动化，促进了会计核算手段的变革、会计核算工作的规范化和传统会计职能的转变。

一、会计信息化对会计科目设置的影响

手工会计条件下，我们用会计科目，直接写出该会计科目的名称即可，对科目代码的要求并不是很严格。但是实行信息化后，凡是有会计科目的地方我们就会用科目代码来代替科目名称，从而使信息化会计中的会计核算体系较之手工会计核算更方便、更合理。因此可以说科目编码方式的变化是会计信息化以后对会计实务最直接的影响之一。另外，在信息化会计系统中，不仅会计科目要用到编码，对操作人员、往来账单位等也会用到编码。

二、会计信息化对凭证的影响

原始单据承载的信息量加大，记账凭证添加了“科目代码”栏，对于凭证中各数据项根据类型、范围和钩稽关系可以进行有效控制从而使一些不合规范的录入不能输入到计算机中。大多数会计核算软件都提供自动转账功能。在结账后，手工条件下可采用划线更正法。在信息化条件下，有些核算软件提供了反结账的功能，可对已发生的错误凭证进行修改，并能删除原错误凭证或采用补充登记法或红字冲销法进行修改。

三、会计信息化对账簿的影响

在手工会计登账时，总账和明细账由会计人员登记，月末检查两者是否相等。平行登账可以检查错误。但在信息化会计中总账与明细账均由计算机内部来完成，所以总账恒等于明细账，平行登账的校验功能失去作用。

四、会计信息化对对账工作的影响

手工会计核算的对账工作，一般可分为账证核对、账账核对、账表核对和账实核对四个方面。在信息化条件下除账实核对以外，其他三个方面的核对要求及核对方式都发生了变化：账证核对需进一步加强；账账核对基本可以取消；账表核对要区别对待。随着信息网络技术的快速发展和信息基础设施的不断完善，网络会计必将成为财务会计发展的趋势。手工会计只对会计信息进行分类整理汇总成财务报表，而网络会计则能对本单位管理决策提供有力的信息支持，保证信息的集中性、准确性和完整性。

五、会计信息化对会计档案保管形式的影响

存储在数据库当中的所有会计信息没有总账和明细账的区别，但可以按照总账、

明细账的格式来输出，所以在会计信息化的系统中，打印输出的总账和明细账之间是不存在内在的统辖和被统辖的关系的。传统手工会计规定总账、日记账都使用订本式账册，而明细账则要使用活页式账册，用这几种账册进行互相之间的核对和牵制；账目记录出现的错误之处则使用红字和划线法进行更正。而信息化打印输出的账页是卷带状的，能够装订成活页形式，却不能装订成订本形式；另外信息化打印输出的是总账、日记账及一些报表，因明细账涉及太多二、三级科目，打印的数量较大，故一般采用磁盘的形式输出。

六、会计信息化对账簿体系地位的影响

账簿是由一定格式、相互联系的账页所组成，用来序时地、分类地记录和反映有关经济业务的会计簿籍，一般包括明细账和总账。手工会计账簿是用以编制报表的，如果没有账簿只有凭证，编制报表就变成了无水之鱼。账簿是根据会计科目和账户开设的，账户是对会计数据进行分类、归集而设置的单元。在会计信息化系统中，会计信息的生成仍然离不开账户这个最基本的存储单元，会计数据存储的磁性化使账户记录与纸介质呈现出分离的趋势，纸介质不再作为账户分类和汇总数据的唯一载体，而是以数据库文件的形式存储在磁盘介质中，来满足人们需要的各种核算资料，已完全不必使用纸介质作为账户记录的载体。因此，账户记录可以完全与纸张分离，手工会计中关于账簿的定义在会计信息化中也就不存在了。目前，会计软件中之所以生成总账和明细账，是因为会计信息化系统中未改变原有手工模式，是对手工会计的完全模拟，这已限制了会计信息化信息系统的发展。

实际上，在会计信息化系统中账簿是“虚”的。“虚”是指磁盘上一般不存在账，更不是一本手工账对应一个磁盘文件，账簿上反映的数据有两类：发生额和余额。发生额来自记账凭证，余额数据是在账簿根据记账凭证登记后形成的，由此看来，账簿记录不过是记账凭证上账户记录的分类、汇总罢了，由于计算机运算速度快、存储量大、数据处理功能强大，因此对记账凭证数据库文件的分类、汇总、查询只不过是举手之劳的事。对于账户的余额数据，只要保证系统初始化时输入的初始余额数据正确无误，以后各期的期末余额也就唾手可得了，即计算机随时可以产生各级科目的发生额（借方、贷方）、余额（期末、期初）、累计发生额（借方、贷方）。因此在会计信息化系统中的“账”是凭证库文件及相关数据（主要是各会计账户的初始余额数据）运行程序准确无误派生出来的。“账簿”只是沿袭了传统会计的概念而已，为了迎合手工会计的习惯和需要，其本质上是虚拟的。

案例 11-1

固定资产业务核算

第三节 成本会计的信息化应用

案例 11-2

应付债券业务核算

成本会计是基于商品经济条件下，为求得产品的总成本和单位成本而核算全部生产成本和费用的会计活动，现代成本会计是为克服通货膨胀所引起物价变动导致会计信息失真弊端，在物价变动情况下，以资产现行成本为计量属性对相关会计对象进行确认、计量和报告的程序和方法，它是以货币为主要计量单位，针对相关经济主体在产品生产经营过程中的成本耗费进行预测、决策、控制、核算、分析和考核的价值管

理活动。现代成本会计是在继承传统成本会计的基础上发展起来的一种新型会计理论，是传统成本会计在物价变动环境下的延伸和拓展，将成本核算与生产经营有效结合，具有不同于传统成本的会计程序和会计方法，可随经济环境的改变而及时反映资产价值变化，具有高度的决策相关性。企业的成本核算，关系到企业的生存与发展，实现会计信息化后，成本核算在手工核算上得到了突破。

一、产品生产成本计算的基本要求

企业的生产经营过程，同时也是费用发生、成本形成的过程。成本计算，就是对实际发生各种费用的信息进行处理。我们计算成本，总是计算某个具体对象的成本。而企业规模有大有小，经营性质和项目各不相同，因而如何组织成本的计算，如何确定成本计算对象，只能具体问题具体分析，依实际情况而定。一个企业发生的费用种类繁多，制造某个对象的过程又是由各个部门、各项生产要素密切配合，经过很多环节才最终形成的。所以，记录、归类、汇集和分配企业发生的各种生产费用，是一项比较复杂的工作。但是，不管是哪一种类型的企业，也不论计算什么成本，成本计算的基本原理、一般原则和基本程序却是共同的。总体来看，成本计算都要遵守以下要求：

1.合理确定成本计算对象

所谓成本计算对象，就是费用归集的对象，或者说是成本归属的对象。进行成本计算，必须首先确定成本计算对象。如果成本计算对象确定得不准确或不恰当，就会大大增加成本计算的难度，计算出来的成本不能满足企业管理的需要，甚至不能完成成本计算的任务。

一般来说，成本计算的对象就是各种耗费的受益物，也就是耗费各种投入品后形成的产出物，是“制造”活动取得的直接成果，即“产品”。如工厂生产的工业品，农场生产的粮食，学校培养的学生，文艺组织摄制的电影、电视剧、演出的剧目等，都是“产品”，都是成本的计算对象。

2.恰当确定成本计算期

所谓成本计算期，就是多长时间计算一次成本。从理论上说，产品成本计算期应该与产品的生产周期相一致。但是，这种情况只适合于企业的生产过程为一批（件）接一批（件），即第一批（件）完工了再生产第二批（件）的情况。事实上现代企业的生产大都采用流水线的形式，不是一批接一批地生产，而是不断投产，不断完工，绵延不断，无法分清前后批次。在这种情况下，按批计算成本显然是很困难的，只有人为地划分成本计算期（一般是以一个月作为一个成本计算期），成本计算才有可行性。

3.正确选择成本计算的方法

由于企业的情况千差万别，成本的具体计算方式也不可能有一个统一的模式。经过人们的长期实践，形成了几种常用的成本计算方法，即品种法、分批法和分步法等。

恰当地确定成本计算的对象，不是一件容易的事。因为企业的规模、生产组织形式和技术特点不同，成本计算的对象也会不一样。例如，有的企业只生产最终的产成品，而有的企业除生产最终的产成品外，还生产各种各样的半成品。有的企业是采用大批量生产模式，而有的企业是采用小批量生产模式，甚至是单件生产模式等。

如果企业的产品不是成批生产，且只有一个步骤，一般可以直接以产品品种为成本计算对象，这种方法称为品种法。如果产品生产是以按批生产为主的，则以批次作为成本的计算对象，这种方法称为分批法。

如果产品生产要分成若干个步骤，中间有半成品，并且产品是连续不断地大量生产或大批量的生产，则以每个步骤的半成品和最终产品为成本计算的对象，这种方法称为分步法。

4.合理设置成本项目

为了比较全面、系统地反映产品的成本耗费情况，使成本计算能提供比较丰富的信息，在计算产品成本时，不仅要计算产品的总成本和单位成本，而且要对总成本按用途分类，以反映产品成本的组成和结构。这样，既便于我们对成本进行控制，也便于我们分析产品生产中的经济效益问题和对生产部门进行考核评价。

在计算产品成本时，一般把成本分成三个项目：①直接材料；②直接人工；③制造费用。有的企业规模比较大，生产过程比较复杂，成本项目分得比较细。如果单位的规模很小，生产过程也很简单，可以只划分为两个项目：①材料费用；②其他费用。

5.合理选定费用分配标准

生产过程往往是比较复杂的，一项费用发生后，其用途往往不止一个，生产的产品不止一种，成本计算的对象也不止一个。这样，一项费用发生后，往往不能直接地、全部地记入反映某一个对象的明细账户中，而需要把这项费用在几个对象之间进行分配。

那么，哪个对象负担的费用应该多一点，哪个对象负担的费用应该少一点呢？其分配的原则是："谁耗费，谁负担"，或者是"谁受益，谁负担"。但是，要对费用进行精确的分配是比较困难的，要对一定对象所发生的成本消耗（受益）情况进行准确的计量，同样是比较困难的。在对费用进行具体分配时，一般要选择一定的标准。例如，材料费用一般可以按产品的重量、体积或定额消耗量进行分配，人工费用可以按工时进行分配等。选择分配标准存在一定的主观性，但应该选择比较客观、科学的标准来对费用进行分配，这样就能够比较真实地反映一定对象所实际发生的消耗情况。另外，某一种标准一旦被选定，不要轻易变更，否则就违反了一致性原则。因为，分配的标准不同，也会人为地造成计算出来的成本不一样。

二、产品成本计算方法

我们知道，不同的企业，其生产过程有不同的特点，其成本管理的要求也是不一样的。这对成本计算的具体方法带来了很大的影响。也就是说，只有根据企业生产的特点和成本管理的不同要求，选择不同的成本计算方法，才能正确地计算产品成本。

1.生产的主要类型和成本管理要求

企业按生产工艺过程和生产组织的不同，可以分为不同的类型：

（1）按生产工艺过程的特点来分，可分为：①单步骤生产，也叫简单生产，是指生产技术上不间断、不分步骤地生产，如发电、熔铸、采掘工业等。②多步骤生产也叫复杂生产，是指技术上可以间断、由若干步骤组成的生产。如果这些步骤按顺序进行，不能并存，不能颠倒，要到最后一个步骤完成才能生产出产成品，这种生产就叫连续式复杂生产，如纺织、冶金、造纸行业等。如果这些步骤不存在时间上的继起性，可以同时进行，每个步骤生产出不同的零配件，然后再经过组装成为产成品，这种生产就叫装配式复杂生产，如机械、电器、船舶制造行业等。

（2）按生产组织的特点来分，可分为：①大量生产。它是指连续不断重复地生产同一品种和规格产品的生产。这种生产一般品种比较少，生产比较稳定，如发电、采煤、冶金行业等。大量生产的产品需求一般单一稳定，需求数量大。②成批生产。它是指预先确定批别进行的生产。这类生产的特点是品种或规格比较多，而且是成批轮番地组织生产。这种生产组织是现代企业生产的主要形式。③单件生产。它是根据订单，按每一件产品来组织生产。这种生产组织形式并不多见，主要适用于一些大型而复杂的产品，如重型机械、船舶、专用设备等。

不同的企业，成本管理的要求也不完全一样。例如，有的企业只要求计算产成品的成本，而有的企业不仅要计算产成品的成本，而且还要计算各个步骤半成品的成本。有的企业要求按月计算成本，而有的企业可能只要求在一批产品完工后才计算成本等。成本管理要求的不同也是影响选择成本计算方法的一个因素。

2.产品成本计算方法的确定

不同的企业，由于生产的工艺过程、生产组织，以及成本管理要求不同，成本计算的方法也不一样。不同成本计算方法的区别主要表现在三个方面：一是成本计算对象不同。二是成本计算期不同。三是生产费用在产成品和半成品之间的分配情况不同。常用的成本计算方法主要有品种法、分批法和分步法。

（1）品种法。品种法是以产品品种作为成本计算对象来归集生产费用、计算产品成本的一种方法。由于品种法不需要按批计算成本，也不需要按步骤来计算半成品成本，因而这种成本计算方法比较简单。品种法主要适用于大批量单步骤生产的企业，如发电、采掘企业等。或者虽属于多步骤生产，但不要求计算半成品成本的小型企业，如小水泥、制砖企业等。品种法一般按月定期计算产品成本，也不需要把生产费用在产成品和半成品之间进行分配。

（2）分批法。以产品的批次或订单作为成本计算对象来归集生产费用、计算产品成本的一种方法。分批法主要适用于单件和小批的多步骤生产，如重型机床、船舶、精密仪器和专用设备的生产等。分批法的成本计算期是不固定的，一般把一个生产周期（即从投产到完工的整个时期）作为成本计算期定期计算产品成本。由于在未完工时没有产成品，完工后又没有在产品，产成品和在产品不会同时并存，因而也不需要把生产费用在产成品和半成品之间进行分配。

（3）分步法。分步法是按产品的生产步骤归集生产费用、计算产品成本的一种方法。分步法适用于大量或大批的多步骤生产，如机械、纺织、造纸等。分步法由于生产的数量大，在某一时间上往往既有已完工的产成品，又有未完工的在产品和半成品，不可能等全部产品完工后再计算成本。因而分步法一般是按月定期计算成本的，并且要把生产费用在产成品和半成品之间进行分配。

三、正确划分各项费用的界限

1.正确划分计入产品成本与不计入产品成本的界限，确定成本费用的范围

企业发生的费用有很多项目，根据谁受益（或谁消耗）、谁负担的原则，凡生产过程中消耗的各种材料、人工和其他费用都应计入生产成本。否则，就不能计入生产成本。如支付的各种滞纳金、赔款、捐赠、赞助款等应计入营业外支出。支付股利应计入利润分配。管理费用、财务费用等为期间费用。

2.正确划分产品成本和期间费用的界限

企业发生的各种费用支出中，凡应该计入本月由当月负担的费用，应进一步区分产品成本和期间费用。凡在产品生产中发生的费用，属于产品成本，应该记入“生产成本”账户，产品完工后再转入“库存商品”账户。销售后再转入“主营业务成本”账户，期末结转本年利润。凡在非生产领域中发生的管理费用、销售费用和财务费用都属于期间费用，其处理方法比较简单，在期末一次全部转入“本年利润”，一次冲减当期损益。

3.正确划分不同产品的成本界限

如果企业只生产一种产品，那么全部生产成本就是这种产品的成本。但一般的企业都不止生产一种产品，这就需要把全部生产成本在几种产品之间进行分配，凡能分清应由哪种产品负担的费用，应直接计入该种产品的成本。凡由几种产品共同负担的费用，则要采用恰当的标准（根据谁受益、谁负担的原则）进行分配。最终把各种产品的成本计算出来。

4.正确划分完工产品成本与在产品成本的界限

通过前一步骤我们已经计算出了每一种产品的总成本，如果这种产品已经全部完工，则其成本全部为产成品成本；如果这种产品全部未完工，则其成本全部为在产品成本。但通常情况下，往往是既有产成品，又有在产品，这就需要把总的产品成本在产成品和在产品之间进行分配，一般来说，一件在产品应该比一件产成品负担的成本少，因为在产品尚未完工，消耗的资源比产成品少，完工产品与在产品之间的成本分配要考虑完工程度。分配的方法有约当产量法、定额法、定额比例法等。

四、产品成本计算的程序

1.确定成本计算方法

开展成本计算之前，先要确定采用哪一种成本计算方法。通常所用的方法有品种法、分批法、分步法等。这要根据生产工艺过程和生产组织的特点，同时结合成本管理的要求情况来进行选择。

2.设置有关的成本计算账户

为了计算产品的成本，需要设置一个专门的账户，即“生产成本”账户。其借方汇集为生产产品而发生的各种费用，贷方反映产品完工转出的制造成本。

对于一定的成本计算对象来说，发生的费用无非是两种：①直接费用；②间接费用，即共同性的、不是直接为生产这一对象服务的费用。如果企业只生产一种产品，则直接费用和间接费用并没有差别，都应该直接计入产品成本。但是，企业一般都生

产多种产品。这样，直接费用仍可以直接计入产品成本，而间接费用就必须先汇集起来，再分配摊入各个不同的成本计算对象。这样，需要先单独设置一个账户，即“制造费用”账户，“制造费用”账户的作用就是汇集各种间接费用，再合理地分配到成本计算对象上去。

如果废品和停工的情况比较多，就需要搜集有关废品和停工损失的资料，并专门设置一个“废品损失”和“停工损失”账户，把这些损失汇集到“废品损失”和“停工损失”账户的借方，然后在其贷方做出恰当的处理并转出：如果是正常损失，一般应分配计入产品成本；否则应转入管理费用或营业外支出。

按权责发生制的要求，生产中发生的支出不一定就要计入生产成本，支出的期间与成本计算期间可能不一致。支出发生后有两种情况：

（1）生产中发生的费用在本期发挥出全部效益，效益不递延到下期。这种情况应把费用直接记入“生产成本”或“制造费用”账户。

（2）本期发生的费用支出不应由本期负担。本期发生的费用确实需要摊销到下期的用“应付账款”进行核算。

3.核算费用发生及按用途分类

成本计算的过程是一个费用的汇集和分配（摊）的过程，或者反过来说，费用的核算最终也就是成本的核算。成本计算就是一个对费用进行多步骤处理的过程。要做好成本计算工作，第一步就是要准确反映总共开支了多少费用，开支了一些什么性质的费用。这一步要解决两个问题：

（1）本企业在当期到底有哪些开支，开支了哪些费用。这是做好成本计算工作的基础。如消耗了多少原材料，要用先进先出法等进行恰当的计量；由于设备发挥效用，因而对于磨损的价值，要用恰当的方法进行折旧。

（2）费用发生后，到底起了什么作用。在成本计算过程中，不仅要反映开支了一些什么费用，而且要进一步明确开支的费用起了什么作用，对什么发挥了效用。不管成本计算的对象是什么，一般来说，都需要支付以下成本项目，或者说，费用发生后，无非是起了以下几个方面的作用：一是消耗各有关材料，这些材料构成产品的实体，这叫直接材料费用；二是消耗各有关人工费用，这些生产工人的劳动直接用于产品的制造，这叫直接人工费用；三是消耗各种材料和人工及其他费用，这些费用不直接用于产品的生产，只是在生产过程中起辅助作用，或提供必要的生产条件，这种费用就叫制造费用。

为了反映费用的发生及按用途分类的情况，需要做一笔会计分录，即：

借：有关成本费用账户

　　贷：有关资产负债账户

在这笔会计分录中，贷方的有关资产负债账户反映费用开支的具体情况。这些账户是库存现金、原材料、累计折旧、应付职工薪酬等账户，反映企业到底开支了一些什么费用。借方的有关成本费用账户则包括生产成本、制造费用等，反映这些费用起了什么作用。其中生产成本是成本计算的主要账户，最后所有的费用都要归集到“生产成本”账户。记入“生产成本”账户的费用还要进一步按用途分类，一般分为直接材料、人工费用和制造费用三个项目。

4.辅助生产费用的分配

"生产成本"总账下有两个明细账户：一是"基本生产成本"账户，用于核算产品的生产成本；二是"辅助生产成本"账户，用于核算为生产产品服务的有关生产部门的成本。辅助生产也是一种生产活动，它为基本生产活动提供必要的产品和劳务，也要消耗各种生产费用，同样要计算产品成本。辅助生产成本的计算需要设置"辅助生产成本"明细账户，其借方汇集发生的各种费用，其贷方计算辅助生产车间完工的产成品成本，同时转入基本生产明细账。这个账户一般没有余额。

5.制造费用的分配

产品成本由直接材料、直接人工和制造费用三部分组成，其中发生的直接材料和直接人工是直接费用，直接记入"生产成本"账户，发生的制造费用是间接费用，不直接记入"生产成本"账户，而是先在"制造费用"账户中汇集，然后分配记入"生产成本"账户。

6.产成品成本的计算

通过上述步骤，本期发生的全部生产成本都已汇集在"生产成本"账户的借方，如果企业没有在产品，则产成品成本就是"生产成本"账户的期初余额加上本期发生的全部生产成本。但是，一般情况下企业同时有在产品和产成品，因而需要把产品生产成本在产成品和在产品之间进行分配，同时计算在产品成本和产成品成本。"生产成本"账户的有关数据之间有下列关系：

案例11-3

应付职工薪酬业务核算

期初余额+本期发生的全部生产成本=期末在产品成本+产成品成本

产成品成本=期初余额+本期发生的全部生产成本－期末在产品成本

产成品成本的计算问题，即要把总成本在期末在产品和产成品之间进行分配。一般用约当产量法或定额法等进行分配。产成品成本计算出来后，还要用产成品总成本除以总产量，求得单位成本，这样产品成本计算才全部结束。

第四节　管理会计的信息化应用

案例11-4

产品成本计算

管理会计是指在当代市场经济条件下，以强化企业内部经营管理、实现最佳经济效益为最终目的，以现代企业经营活动及其价值表现为对象，通过对财务等信息的深加工和再利用，实现对经济过程的预测、决策、规划、控制、责任考核评价等职能的一个会计分支。由于会计信息系统包括财务会计信息系统和管理会计信息系统，因此会计信息化应包括财务会计信息化和管理会计信息化。管理会计系统是对企业一切经济活动进行管理和处理。一些非财务指标（如设备事故等）对企业的经济效益也产生影响，因此，管理会计也要从价值角度对其影响程度进行管理和处理。管理会计系统是由整个企业员工根据其管理职责共同实现的，管理会计系统比财务会计系统更为复杂。管理会计系统覆盖了企业所有经济活动，涉及企业各个方面、各个部门、各个环节。与财务会计系统相比，管理会计系统处理的信息量要大得多，包括财务信息和非财务信息等一切供决策者使用的信息。

一、国内外管理会计信息化应用现状

（一）国外管理会计信息化应用现状

成熟的管理会计软件代表着管理会计信息化的发达程度。目前管理会计信息化发展存在的形式主要有三种：①作为其中一个模块，集成于ERP软件中；②独立于ERP软件之外、专门开发的管理会计软件；③利用电子表格软件和统计、运筹软件辅助实现管理会计功能。国外成熟的管理会计软件和ERP软件，比如SAP、Orcale等软件，都设计有很强大的管理会计功能或模块。财务会计功能主要是通过FI模块实现对外提供会计信息的，管理会计功能包括：CO（成本控制）模块和EC（企业成本）模块，其中CO和EC模块内部又分为作业成本核算、费用核算、内部订单成本、产品成本、成本计划、盈利分析、利润中心会计等子模块，其管理会计功能非常强大。财务会计和管理会计具有独立的功能，当然由于国内企业管理会计的基础比较薄弱，多数使用SAP软件的国内公司并未实施或有效使用其CO模块等管理会计功能，但是从对企业的重要性的角度来分析，管理会计功能的重要性远胜于财务会计。

（二）国内管理会计信息化应用现状

当国外软件厂商开始涉足绩效管理、BI、内部控制时，大多数国产管理软件才刚把视线转移到云计算技术上。与国外软件相比，国内软件的管理会计功能还很薄弱，设计理念不同，信息技术应用水平存在差距，况且研究重点也不一样。我们从国内管理软件两阶段来看，第一阶段以MRP和财务软件为主，其功能包括：总账、应收应付、固定资产、报表等模块，都属于财务会计范围，主要作用在于解决手工会计核算中工作量大、数据烦琐的问题；在第二阶段，几乎所有的财务软件厂商和MRPⅡ厂商现在都号称自己的产品是ERP，也都声称自身的软件实现了物流与资金流的有机结合、动态统一。财务预算仅仅是全面预算管理的一部分，全面预算管理强调业务预算是财务预算的前提和基础，仅仅实现财务预算的信息化，离全面预算管理的信息化还有很大差距。全面预算管理中需要把销售预算、生产预算、采购预算等业务预算包括进来，并能实现弹性预算、滚动预算的功能。所以，缺少完善的管理会计功能或者管理会计功能非常薄弱，造成了我国管理会计信息化发展与国外水平差距依然很大的局面。

二、管理会计信息化的优势

（一）会计信息集成化

（1）由于电子计算机具有强大的运算功能，网络会计系统执行从会计凭证到财务报告全过程的信息处理，人工干预大大减少，客观上消除了手工方式下信息处理过程的诸多环节，同时，又承担起存货计价、成本计算和计提折旧等繁杂的核算工作。因此，相对于手工会计而言，会计信息化技术使得会计处理工作的复杂程度大幅度降低。

（2）会计信息化集成所有数据于一个数据库，实现实时获取信息、实时处理信息、实时报告信息的新流程。网络环境下，信息技术的发展使得财务业务的协同成为可能。企业的管理信息系统将企业整个生产经营活动的每个信息采集点都纳入企业信息网之中，大量的数据通过网络从企业各个管理子系统（如生产管理系统、库存管理系统、人事管理系统）直接采集，并通过公共接口与有关外部系统（银行、税务部门、经销商等）相连接，使会计系统不再是信息的“孤岛”，绝大部分的业务信息能够实时转化，直接生成会计信息，会计数据处理呈集成化之势。

（二）会计信息及时全面

会计信息化下财务软件具有很多辅助功能，对供应商、职工、客户、项目、部门等辅助核算对象，可以非常方便地进行资料查询。由于财务软件采用数据库技术，将大量信息分类计入数据库，在进行查询时根据信息某一属性轻而易举就可找到许多信息。财务软件在建账时就将供应商、职工、客户等辅助核算对象的基础数据录入系统中，在以后每发生一笔与这些辅助核算对象相关的业务，软件就会将其数据记入这些账户。比如，在供应商辅助功能中，在采购一批原材料时，财务人员根据原始凭证登记入账，财务软件会根据相应的供应商名称记入明细账，包括采购数量、金额、商业折扣等信息，再加上软件中登记的相关基本信息、经营状况、信用政策等内容，非常方便管理人员进行查询。而在手工会计下，这些信息则要分散许多，想获得对某一供应商的全面信息需要查阅很多账簿，如应收账款、预付账款明细账等，甚至有些管理信息得去做调查后才能获得。辅助功能提供的信息非常有利于财务分析中的资料搜集。财务分析中的资料搜集过程非常繁杂，本身财务软件的数据搜集就比手工会计更快更及时，再加上有了财务软件自带的辅助核算功能，能提供一些软件开发时就设置好的基础报表，省去手工系统下许多查找、抄录工作，如往来账款的账龄分析、个人借款明细表、催款单余额表、项目成本费用明细表、产品成本各部门明细表等。数据库技术在财务软件中的应用使得财务数据的查找工作非常方便快捷，数据的加工处理依靠软件中的财务分析系统也更加迅速。

（三）会计信息准确度提高

首先，使用财务软件使得会计原始数据一次录入即可，避免了多次录入的误差。在会计信息化条件下，数据的录入可以进入所有相关系统，在后续的计量和核算中，每个环节和每个部门产生的数据都作为共享数据，这就保证了数据的一致性。其次，在会计核算过程中，财务软件自身附带的稽核功能和人员进入限制功能，保障了会计信息的准确性。财务软件随时保证会计账目借贷双方的余额相等，并且根据期末数据进行自动结账，避免了人工抄录下的差错。人员进入限制功能贯彻了会计上不相容职务分离的原则。

三、管理会计信息化的具体应用

（一）建立信息化管理会计信息子系统

管理会计的职能是预测、规划、决策、控制和业绩评价，无论哪一种职能，都必须通过会计资料的储存和收集处理为管理者提供有效信息。计算机在管理会计中的应用，首先要建立管理会计信息子系统，使企业管理人员能够通过计算机快速、准确地了解企业经营管理状况，及时收集、处理有关信息，并通过信息子系统各模块间的依存关系进行信息反馈。根据管理会计信息系统结合计算机处理的特点，管理会计信息子系统一般包括以下几个部分：

1.财务报表分析

财务报表通常根据公认的会计原则（GAAP）或国家规定的会计制度，采用清晰的、统一的语言，来反映企业在一定时点的财务状况和一定期间的财务成果以及资金（或现金）流动的情况。它集中反映了企业财务活动的全部历史，具有强烈的客观性。因此，它不仅对企业外界有经济利害关系的团体或个人有用，即使对企业内部各级管理人员来说，要想有效地完成“判断情况”的任务，也必须读懂这些报表，并学会利用财务报表所提供的各种信息进行分析研究。

2.预测分析、决策分析和编制全面预算

针对企业日常生产经营活动和长期投资项目的一次性重大决策，采用灵活多样的预测分析和决策分析的方法、技术，帮助企业管理层在若干备选方案中确定最终方案。然后再通过编制全面预算的方法，把预测和决策所确定的目标和任务用表格和数量形式反映出来。

3.建立责任会计制度

根据企业的具体情况和管理要求，首先在企业内部划分若干责任单位（责任中心），然后再按责、权、利紧密结合的原则和行为科学激励理论的原理，建立责任会计制度，并对全面预算的综合指标进行层层分解，为每个责任单位编制责任预算，以便对它们的经济活动进行调控和考评。

4.积累预算执行情况的财务成本数据

采用标准成本制度结合变动成本法，对全面预算和责任预算的执行情况进行追踪、计量和登记，然后根据本企业内部管理的实际需要，定期编制业绩报告。

5.调控日常经济活动

将各责任单位编制的业绩报告中的实际数据与预算数据进行对比，如发现偏离原定目标和合理的组织要求，应及时反馈给有关责任单位，以便调节和控制它们的日常经济活动。

6.差异分析

根据各责任单位定期编制的业绩报告，细致地进行差异分析。首先，找出偏差产生的原因，并用来评价和考核各责任单位的工作实绩与业务成果。其次，指出它们取得的成绩和存在的问题，以便奖优罚劣、奖勤罚懒、激励员工努力向上，争取获得最佳经济效益和社会效益。同时还要向管理层提出改进的措施和建议，以便结合下一轮的财务报表分析，为今后的预测分析、决策分析和编制预算提供最新信息。

综上所述，管理会计的基本内容和一般程序结合，形成了一个比较完整的“管理会计信息系统”，如图11-1所示。

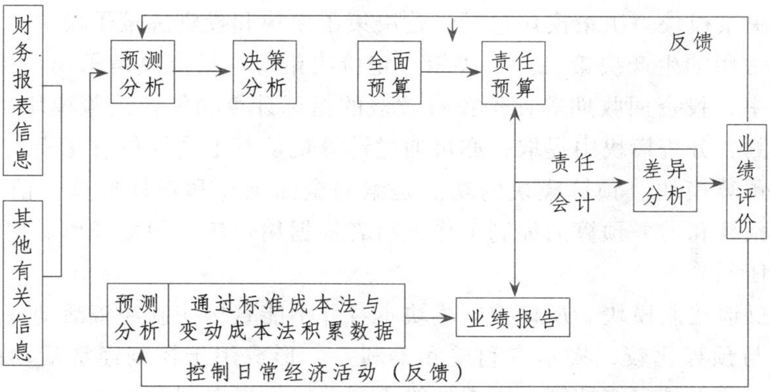

图11-1　管理会计信息系统

(二)利用会计信息化子系统进行管理会计核算

会计信息化子系统一般包括两方面:一是利用财务会计核算子系统资料进行责任会计核算。责任会计是管理会计中的一个子系统,它是在分权管理的条件下,为适应经济责任制的要求,在企业内部建立若干责任单位,并对其分工负责的经济活动进行规划、控制、考核与业绩评价。其所需资料可以通过计算机直接转移到相应的责任中心,即按责任中心的要求,在会计一级科目、二级科目、三级科目下设立更详细的明细科目,使财务会计在核算的同时包含责任会计的核算。二是建立本量利分析子系统。在会计信息化子系统中,一般都包含业务量、成本和利润核算各模块,可以直接利用信息化会计有关资料以及子系统中的资料进行本量利分析,取得最佳经济效益。

(三)建立独立的管理会计子系统

利用信息化会计资料直接进行管理会计核算,可以减少工作量,但管理会计的一些特殊处理无法在财务会计核算子系统中进行。因此,为实现管理会计信息化,要建立独立的管理会计子系统。管理会计子系统所包含的模块如图 11-2 所示。

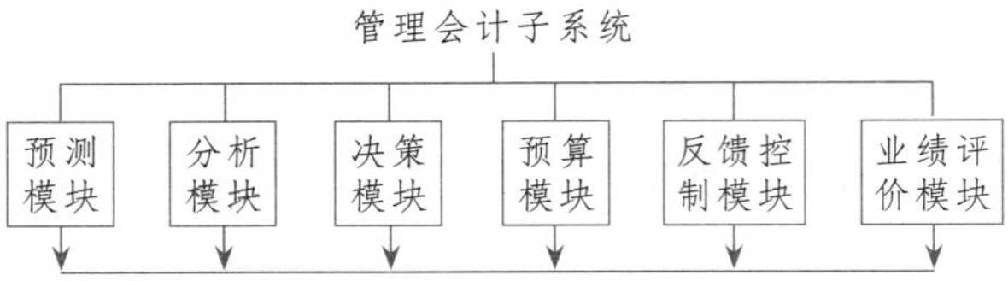

图 11-2 管理会计子系统所包含的模块

(1)预测模块。预测模块可以根据管理者的需要设计,用常用的预测方法进行量的预测。预测模块可以采集与储存历史资料、根据已知数据进行预测分析、储存与输出预测结果。

(2)分析模块。分析模块可分为成本性态分析、量本利分析和长期投资决策分析等子模块。成本性态分析模块的功能是将成本分解为变动成本和固定成本进行性态分析,利用一元线性回归进行混合成本的分解,并进行其他分析、决策。量本利分析模块进行保本点分析、最优生产批量分析、线性规划分析。长期投资决策分析模块是进行敏感性分析,即对既定的决策目标和分析模型自动进行敏感分析,并将分析结果以决策分析报告附件或其他形式输出,系统提供常用数学模型的敏感性分析。

(3)决策模块。决策模块包括经营决策子模块和投资决策子模块。经营决策子模块可提供常用的生产决策、存货决策、定价决策等。投资决策子模块可提供净现值、内含报酬率、投资回收期等评价投资效益的指标计算功能。决策模块所需资料数据,可以从预测、分析模块中提取,亦可通过计算机从其他会计信息化模块中自动提取。

(4)预算模块。预算模块的功能是编制全面预算和责任预算。前者完成业务预算、专门预算和财务预算的编制工作,后者根据用户建立的责任单位按分管的经济指标编制责任预算。

(5)反馈控制模块。反馈控制模块本身并不能直接控制经济活动,只能将经济活动的结果与预算比较,揭示有利差和不利差,形成用于控制经济活动的信息反馈报告,辅助有关人员实施控制,力求杜绝不利差,发展有利差。

（6）业绩评价模块。业绩评价模块的基本功能是定期生成业绩评价报告，并对各责任中心的经济活动业绩进行考核与分析。为适应不同用户对各责任中心评价的不同要求，业绩评价模块应提供定义业绩评价报告、生成业绩评价报告及输出业绩评价报告等功能。

案例 11-5
高低点法的应用

案例 11-6
盈亏平衡分析

案例 11-7
杜邦分析案例

案例 11-8
债务融资案例分析

案例 11-9
权益融资案例分析

案例 11-10
投资活动案例分析

第十二章
会计信息资源规划

第一节 ERP系统的理论研究

（一）企业资源规划系统的概念

ERP系统即企业资源规划系统，是指建立在信息技术基础上，以系统化的管理思想，为企业决策层及其他员工提供决策运行手段的管理平台。ERP系统集信息技术与先进的管理思想于一身，成为现代企业的运营模式，反映时代对企业资源的合理调配、最大化地创造社会财富的要求，成为企业在信息时代生存和发展的重要基础。

信息技术最初在管理上的运用比较简单，主要是记录一些数据，方便查询和汇总等，而现在发展到建立在全球Internet基础上的跨国家、跨企业的运行体系的综合资源管理系统。

1.MIS（management information system）阶段

此阶段企业的管理信息系统主要是处理大量原始数据，进行查询、汇总等方面的工作。

2.MRP（material require planning）阶段

此阶段企业的管理信息系统对产品构成进行管理，借助计算机的运算能力及系统对客户订单、在库物料、产品构成的管理能力，依据客户订单，按照产品结构清单展开并计算物料需求计划，实现减少库存、优化库存的管理目标。

3.MRPⅡ（manufacture resource planning）阶段

在MRP阶段的基础上，系统增加了对企业生产中心、加工工时、生产能力等方面的管理，以实现计算机对生产流程进行管理的功能，同时也将财务的功能包括进来，在企业中形成以计算机为核心的封闭式管理系统，这种管理系统已能动态地监察到产、供、销的全部生产流程。

4.ERP（enterprise resource planning）阶段

进入ERP阶段后，以计算机为核心的企业级的管理系统相对成熟，系统增加了财务预测、生产能力调整、资源调度等方面的功能，配合企业实现IT管理、质量管理和生产资源调度管理及辅助决策等功能，成为企业进行生产管理及决策的重要手段。

5.电子商务时代的ERP系统

Internet技术的成熟为企业管理信息系统增加了与客户或供应商实现信息共享和直接的数据交换的能力，从而强化了企业间的联系，形成了共同发展的生存链条。ERP系统相应实现这方面的功能，使决策者及业务部门等实现跨企业的联合作战。

由此可见，ERP系统的应用的确可以有效地促进现有企业管理的现代化、科学化，适应竞争日益激烈的市场要求，它的导入已经成为大势所趋。

由美国著名的计算机技术咨询和评估集团Garter Group提出的一整套企业管理系统体系标准的SAP系统，其实质是在MRP Ⅱ（制造资源计划）基础上进一步发展而成的面向供应链（supply chain）的管理系统。SAP系统是综合应用了客户机/服务器体系、关系数据库结构、面向对象技术、图形用户界面、第四代语言（4GL）、网络通信等信息产业成果，以ERP系统管理思想为灵魂的软件产品；并且是集企业管理理念、业务流程、基础数据、人力物力、计算机硬件和软件于一体的企业资源管理系统。

（二）会计信息系统与企业管理信息系统

1.会计信息系统在企业管理信息系统中的地位

会计信息系统是企业管理信息系统中的一个子系统，是组织处理会计业务、为企业提供财务会计信息并管理控制企业经济活动的系统。会计信息系统作为企业管理信息系统的一个重要组成部分，其发展以及最终目的就是满足企业管理的需要。会计信息系统的发展与企业管理的进步既是相互适应的，又是相互推动的。

2.会计信息系统在企业管理信息系统中的作用

会计信息系统在企业管理信息系统中的作用为：

（1）改善了企业会计核算和财务管理的业务流程。如支持凭证的集中式审核，加快了期末记账的速度，使财务管理的效率得到提高。

（2）财务系统不仅在内部的各模块充分集成，而且实现了与供应链和生产制造等系统的无缝集成，使得企业各项经营业务的财务信息能及时准确地得到反馈，从而加强了资金流的全局管理和控制。

（3）强调面向业务流程的财务信息的收集、分析和控制，使财务系统能支持重组后的业务流程，并做到对业务活动的成本控制。

（4）更全面地提供财务管理信息，为战略决策和业务操作等各层次的管理需要服务。

第二节　ERP系统在不同行业的应用

目前，ERP系统已经被成功应用于众多行业。每个行业对ERP系统有不同的要求，都有符合自身要求的特色模块。只有选择符合自身特色的模块才能充分利用ERP系统。下面选取港口行业、物流行业、制造业、政府机关4个行业对ERP系统在不同行业的应用进行举例。

一、ERP系统在港口行业的应用

为了提高竞争力、管理水平、经济效益及客户满意度，港口企业纷纷采用ERP系统对企业的各项业务进行管理，ERP系统在港口行业得到了越来越多的应用。下面从港口行业特征与ERP系统在港口行业的应用实例两方面对港口行业的ERP系统应用进行介绍。

（一）港口行业特征

目前，ERP系统主要被应用于制造业，而港口企业属于物流交通服务业，盲目照搬制造业ERP系统流程不可能取得理想的效果，必须寻求一种既遵守ERP系统基本原则、蕴含ERP系统多项管理技术，又适合港口企业的资源管理系统。港口行业的特征有如下4个方面：

1.企业规模化扩张

港口企业投资规模较大，并保持持续的投资增长趋势，加上随着港口行业整合的不断深入，港口集团规模不断扩大。港口集团通常跨多个港口经营，逐步形成了较为庞大的港口管理产业链条。

2.业务多元化延展

我国港口企业由以货物的装卸、运输为主的码头业务扩展至港口物流以及与港口生产相关的引航、船舶拖带、理货、驳运、仓储、船货代理、国际邮轮服务等在内的港口服务业务。港口业务复杂化，港口集团业务协同管理要求急剧增加。

3.集团结构化发展

港口集团人员众多，组织结构复杂。港口集团从资产结构上拥有全资子公司、控股公司、参股公司以及合资公司等下属公司；从区域结构上拥有区域内经营公司、跨地区经营公司、跨境经营公司等下属公司；从所涉及行业结构上拥有码头公司、物流公司、航运服务公司、投资公司等下属公司。

4.信息分散化管理

港口集团下属公司地域分布广泛，信息种类纷繁复杂，数据难以进行集中管理和分析；集团下属公司行业跨度广，形成了多种应用系统共存、多种应用系统分散的局面，集团信息获取和集成成本居高不下。

（二）ERP系统在港口行业的应用实例

由港口行业特征可以得出，港口行业ERP系统的目标主要是：整合各种资源信息流，包括对人流、货流、商流、资金流、工作流、知识流、信息流的全面大整合；实现企业资源的有效整合，支撑港口的核心业务及配套运营服务；规范业务流程，加强业务控制，降低运营成本，提高港口服务质量和客户满意度。下面就以唐山曹妃甸实业港务有限公司的ERP系统（如图12-1所示）为例，总结港口行业ERP系统的特征。

唐山曹妃甸实业港务有限公司的ERP系统功能包括以下几个方面：

（1）中央信息系统（EIS），保证高效服务和高效率运营，加强管理控制，辅助快速反应，强化港口的高效运营机制。

（2）客户关系管理（CRM）系统，保证高效率和高质量的服务，努力打造一流服务水平的港口，提高企业整体竞争力。

（3）采购（PO）管理、库存（INV）管理及设备管理（EAM）系统，加强采购规范管理和采购控制，并实现与设备、物资的相关业务的协调统一。

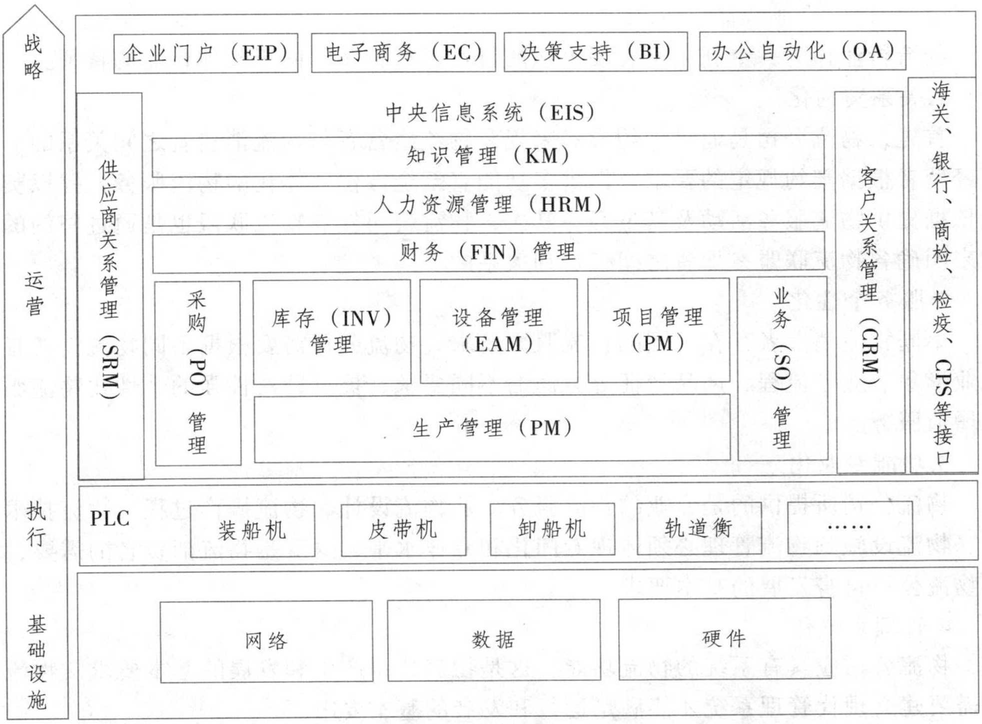

图12-1　唐山曹妃甸实业港务有限公司的ERP系统

（4）业务（SO）管理及生产管理（PM）系统，支撑港口的核心业务及配套服务运营，并规范业务流程，加强业务控制和调度。

（5）财务（FIN）管理系统，规范财务制度和财务管理，支撑港口业务结算管理，加大财务监控力度，降低企业运营成本。

（6）决策支持（BI）系统，有效辅助业务分析和管理决策，提高企业管理水平，增强港口整体竞争力。

（7）实现“港口数字化”。港口数字化是指以现代化的管理理念为指导，以数字技术为手段，对物资流、资金流、信息流进行优化整合；对港口生产经营活动实行全过程、全系统的动态控制，实现生产自动化和管理信息化，建成先进、实用、高效的信息化体系，增强港口的核心竞争力和可持续发展能力。

唐山曹妃甸实业港务有限公司的ERP系统是以企业门户、客户关系管理、业务管理、生产管理、财务管理、人力资源管理及决策支持系统等为核心系统，其他系统（库存管理、采购管理、供应商关系管理、知识管理、项目管理、PLC数据采集、电子商务等）为辅助系统的功能全面的港口ERP系统。这也是港口行业ERP系统设计的特征。

二、ERP系统在物流行业的应用

为了适应日益加剧的市场竞争，应用ERP系统进行物流行业的变革已逐渐成为物流企业管理人员的共识。下面从物流行业特征与ERP系统在物流行业的应用实例两方面对物流行业的ERP系统应用进行介绍。

（一）物流行业特征

物流行业作为一个新兴又发展迅速的行业，有较多不同于其他行业的特征：

1.关系契约化

首先，物流公司是通过契约形式来规范物流经营者与物流消费者之间关系的。物流经营者根据契约规定的要求，提供多功能直至全方位一体化的物流服务，并以契约为依据提供物流服务活动及其过程。其次，物流公司发展物流联盟也是通过契约的形式来明确各物流联盟参加者之间权责利关系的。

2.服务个性化

不同物流消费者存在不同的物流服务要求，物流公司需要根据不同物流消费者在企业形象、业务流程、产品特征等方面的不同要求，提供针对性强的个性化物流服务和增值服务。

3.功能专业化

物流公司所提供的是专业的物流服务。从物流设计、物流操作过程、物流技术工具、物流设施到物流管理必须体现专门化和专业水平，这既是物流消费者的需要，也是物流公司自身发展的基本要求。

4.管理系统化

物流公司应具有系统的物流功能，这是物流公司产生和发展的基本要求。物流公司需要建立现代管理系统才能满足运行和发展的基本要求。

5.信息网络化

信息技术是物流公司发展的基础。在物流服务过程中，信息技术的发展实现了信息实时共享，促进了物流管理的科学化，极大地提高了物流效率和物流效益。

（二）ERP系统在物流行业的应用实例

资源的运输、调配是物流行业的主要业务。ERP系统将物流企业内部资源整合在一起，对采购、生产、成本、库存、分销、运输、财务、人力资源等进行规划，从而实现最佳资源组合，取得最佳效益。东运物流有限公司位于陕西宝鸡，依托大型产业园区，发展产业基地型综合物流服务业（客户为大型机械制造厂、食品厂、金属生产厂），年运输量为150万吨，日发车230余辆，年营业额近2亿元，年上缴税金1 000万元以上。下面以东运物流有限公司为例，总结物流行业的ERP系统特征。东运物流有限公司的ERP系统解决方案如图12-2所示。

1.配送管理信息系统

按照即时配送（JIT）原则，满足生产企业零库存生产的原材料配送需求，满足商业企业小批量多品种的连锁配送需求，满足共同配送和多级配送需求。支持在多供应商和多购买商之间精确、快捷、高效的配送模式；支持以箱为单位和以部件为单位的灵活配送方式；支持多达数万种配送单位的大容量并发配送模式；支持多种运输方式，如跨境跨关区的跨区域配送模式。结合先进的条码技术、GPS/GIS技术、电子商务技术，实现智能化配送。

2.货运代理管理信息系统

满足国内一级货运代理的要求，完成代理货物托运、接取送达、订舱配载、多式联运等多项业务，支持航空、铁路、公路和船务运输代理业务。配合物流的其他环

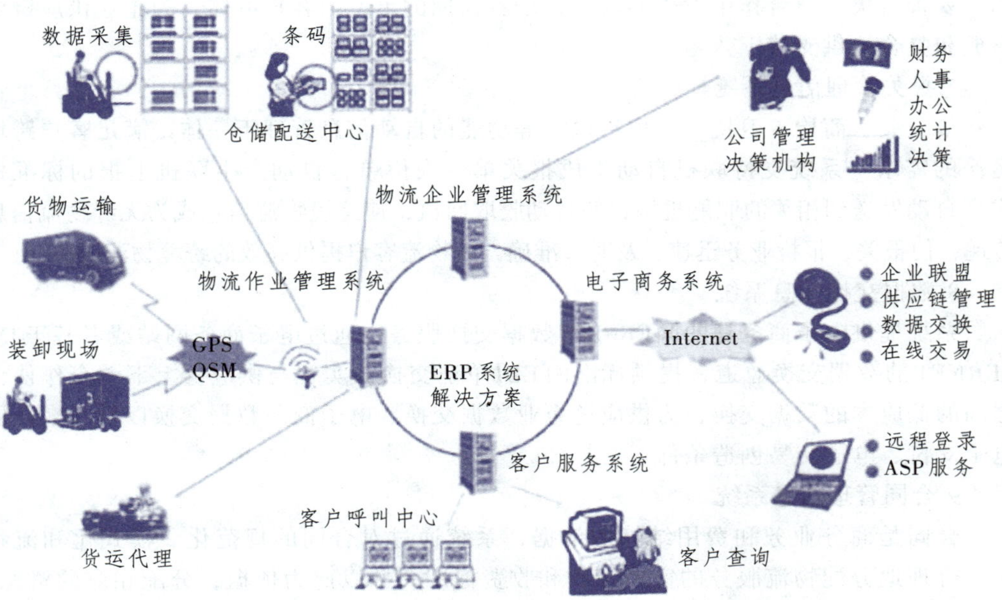

图 12-2　东运物流有限公司的ERP系统解决方案

节，实现物流的全程化管理，实现门对门，一票到底的物流服务。

3. 仓储管理信息系统

可以对所有的包括不同地域、不同属性、不同规格、不同成本的仓库资源，实现集中管理。采用条码、射频等先进的物流技术设备，对出入仓货物实行联机登录、存量检索、容积计算、仓位分配、损毁登记、简单加工、盘点报告、租期报警和自动仓租计算等仓储信息管理。支持包租、散租等各种租仓计划，支持平仓和立体仓库等不同的仓库格局，并可向客户提供远程的仓库状态查询（包括图形化的仓储状态查询）、账单查询。

4. 运输管理信息系统

可以对所有运输工具，包括自有车辆和协作车辆以及临时车辆实行实时调度管理，提供对货物的分析、配载的计算，以及最佳运输路线的选择。支持全球定位系统（GPS）和地理图形系统（GIS），实现对车辆的运行监控、调度、成本控制和单车核算，并提供网上车辆以及货物的跟踪查询。

5. 结算管理信息系统

对企业所有的物流服务项目实现合同价格一条龙管理，包括多种模式的仓租费用、运输费用、装卸费用、配送费用、货代费用、报关费用、三检费用、行政费用、办公费用等的计算，根据规范的合同文本、货币标准、收费标准自动产生结算凭证，为客户以及物流企业（仓储、配送中心、运输等企业）的自动结算提供完整的结算方案。

6. 客户管理信息系统

通过对客户资料的收集、分类、存档、检索和管理，全面掌握不同客户群体、客户性质、客户需求、客户信用等客户信息，以提供最佳客户服务为宗旨，为客户提供方案、价格、市场和其他信息等各种服务内容，及时处理客户在合作中遇到的各类问题，妥善解决客户合作中发生的问题，培养长期的忠诚的客户群体，为企业供应链的形成和整合提供支持。

7.报关管理信息系统

集报关、商检、卫检、动植物检疫等功能的自动信息管理于一体，满足客户跨境运作的需求。系统支持联机自动生成报关单、报检单，自动产生联机上报的标准格式，自动发送到相关的职能机构，并自动收取回执，使跨境物流信息成为无缝物流信息传递，使报关、报检业务迅速、及时、准确，为物流客户提供高效的跨境物流服务。

8.数据交换信息系统

系统提供电子商务化的WEB-EDI数据交换服务，通过电子商务网站或者基于INTERNET的数据交换通道，提供标准的EDI单证交换，实现与供应链上下游合作伙伴之间的低成本的数据交换，为供应链企业数据交换、电子商务数据交换以及未来开展电子支付、电子交易创造条件。

9.合同管理信息系统

合同是商务业务和费用结算的依据，系统通过对合同的规范化、模式化和流程化，合理地分配物流服务的实施细则和收费标准，并以此为依据，分配相应的资源，监控实施的效果和核算产生的费用，并可以对双方执行合同的情况进行评估以取得客户、信用、资金的相关信息，交客户服务和商务部门作为参考。

10.采购管理信息系统

采用规范化的企业采购模式和管理流程，满足企业开放式或供应链采购方式的需要，包括网上招标、供应商管理、采购计划管理、需求管理、报价管理、审批管理、合同管理、订货管理、补货管理、结算管理、信用管理、风险管理等功能，从成本降低、效率提高和流程控制等不同方面为企业创造价值。

不同模块将不同企业资源信息整合在一起，方便企业管理的同时也方便了客户及合作伙伴。

三、ERP系统在制造业的应用

制造业企业是所有类型企业当中品种最为繁多的一类，不同制造企业在制造方式、制造工艺、制造产品等方面都存在着差异，因此制造业选取的ERP系统模型应紧扣企业实际需求，进行合理设计。

（一）制造业的定义及特征

制造业是指对制造资源（物料、能源、设备、工具、资金、技术、信息和人力等），按照市场要求，通过制造过程，转化为可供人们使用和利用的工业品与生活消费品的行业。经物理变化或化学变化后成为新的产品，不论是动力机械制造，还是手工制作，也不论是批发销售，还是零售等，均视为制造。制造业的特征有以下几个方面：

制造业一个重要特征是种类繁多，可以分为农副食品加工业，酒、饮料和精制茶制造业，烟草制品业，纺织服装、服饰业，皮革、毛皮、羽毛及其制品和制鞋业，木材加工和木、竹、藤、棕、草制品业，家具制造业，造纸和纸制品业，印刷和记录媒介复制业，文教、工美、体育和娱乐用品制造业，石油加工、炼焦和核燃料加工业，化学原料和化学制品制造业，医药制造业，化学纤维制造业，橡胶和塑料制品业，非金属矿物制品业，黑色金属冶炼和压延加工业，有色金属冶炼和压延加工业，金属制品业，通用设备制造业，专用设备制造业，汽车制造业，铁路、船舶、航空航天和其他交通运输设备制造业，电气机械和器材制造业，计算机、通信和其他电子设备制造业，仪器仪表制造业，其他制造业等。

其生产类型按产品使用性能分类，可分为通用产品和专用产品；按生产工艺特征分类，可分为流程型和加工装配型；按生产稳定性和重复性分类，可分为大量生产、成批生产、单件小批生产和多品种大批量生产；按产品需求特性分类，可分为订货生产和备货生产；按顾客的需求特性分类，可分为通用型服务和专用型服务；按运作系统的特性分类，可分为技术密集型和劳动密集型。

（二）ERP系统在制造业的应用实例

虽然不同类型的制造业企业存在不同侧重点的ERP系统，但ERP系统的最终目的都是为了提高生产效率、加强生产管理、降低成本、提高收益。图12-3为不同类型制造业企业适合的ERP系统模块。

图12-3　不同类型制造业企业适合的ERP系统模块

下面以江苏浮山建设机械有限公司为例对ERP系统在制造业的应用进行分析。江苏浮山建设机械有限公司从事建筑机械研究、开发及制造。公司生产的“浮山”牌系列混凝土输送泵和塔式起重机畅销全国各地，并远销东南亚、欧洲、南美等地区。公司按照产品设计开发、物资采购、物流管理、生产计划及制造、质量检验、营销及服务管理、人事行政管理、财务管理系统共设立8个部门、4条生产线，并在北京、天津、哈尔滨、大连、郑州、重庆、呼和浩特、济南、苏州、上海、杭州等国内主要城市设有办事处。目前，公司年生产能力达到120台塔式起重机和100台混凝土输送泵。

江苏浮山建设机械有限公司的ERP系统主要构成部分如图12-4所示。

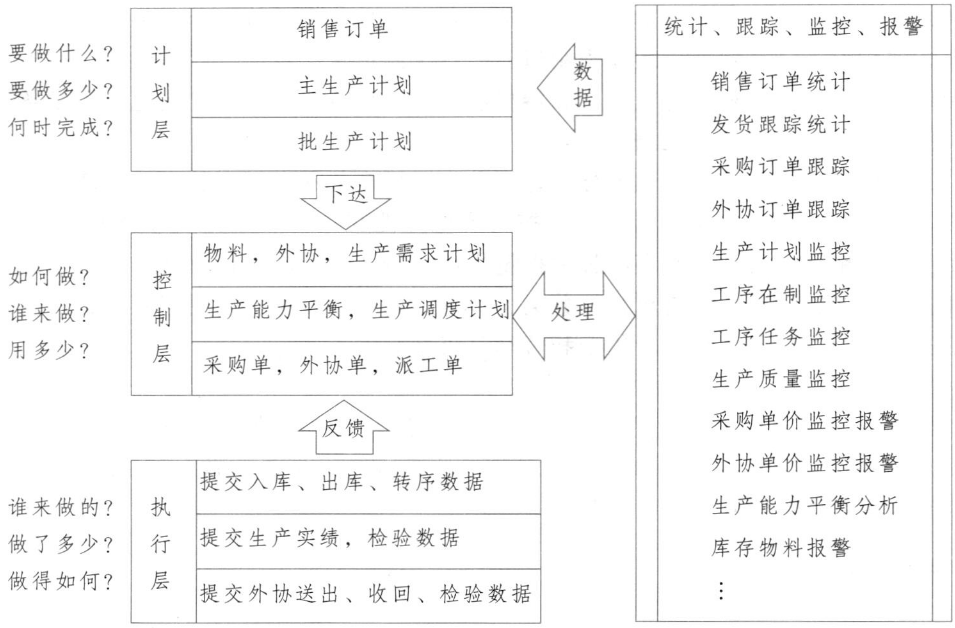

图12-4　江苏浮山建设机械有限公司的ERP系统主要构成部分

其ERP系统分为计划层、控制层和执行层3部分。计划层主要是对销售订单、生产计划进行下达，对生产过程中的各项数据进行实时监控；控制层主要是对各个订单任务的用料及定额、设备能力和负荷进行分析，以便生产排产和派工等，同时对订单的交付期、质量和成本进行计划控制；执行层主要是及时提交和采集各个环节实际的执行数据。

江苏浮山建设机械有限公司的ERP系统业务流程如图12-5所示。

其ERP系统分为销售模块、技术模块、生产模块、采购模块、质量模块、外协模块、库存模块几个部分，包含了产品从原料采购、生产加工到销售、售后的全步骤。

四、ERP系统在政府机关的应用

随着ERP系统在不同企业的应用，政府机关也逐渐开始引入ERP系统。但政府机关的ERP系统与企业ERP系统存在本质不同，政府不以营利为目的，ERP系统更多的是为了提高工作管理效率而设置的。

（一）政府机关特征

从管理的使命来看，政府管理是要提高人们的生活质量，它主要给特定社区的人们提供非营利性的产品或服务，其目的是公益性的。而一般的企业管理，主要是通过生产和销售产品或服务来营利。

从管理的限制因素来看，政府管理的整个过程都受到法律的限制，即立法机构对其管理权限、组织形式、活动方式、基本职责和法律责任都以条文形式明确予以规定，这使政府管理严格地在法律规定的程序和范围内运行着。

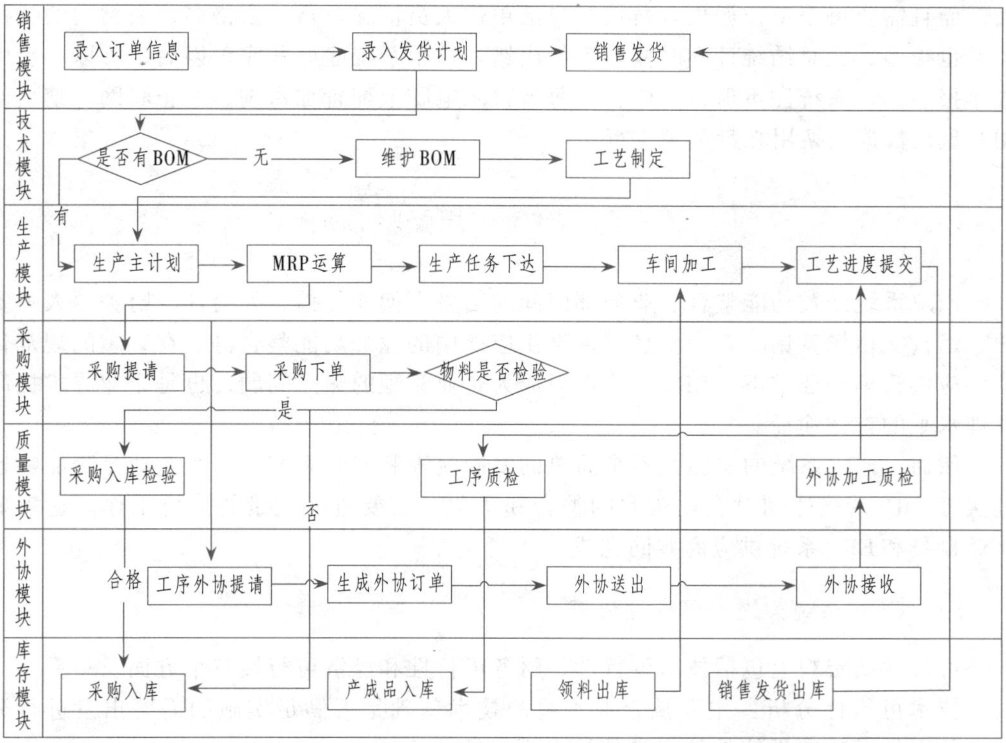

图12-5　江苏浮山建设机械有限公司的ERP系统业务流程

政府管理对公共事务的管理，是政府的职能之一，管理所需要的各种物质资源主要来自税收，有时候也来自发行债券，其耗费的资源也是公共的。在这种情况下，政府管理的经费预算属于公共财政支出，不能任意由政府管理人员支配，而必须公开化，接受纳税人的监督。

因此，其ERP系统的设计相对来说更突出规范性、严谨性，重视管理效率与准确性。

（二）ERP系统在政府机关人力资源管理方面的应用实例

下面以政府机关人事部门的人力资源管理信息系统为例进行分析。

这是一个政府人事局管理人员的软件，管理对象是辖区范围内所有的在编公务员。该系统包括工资管理系统、机构信息管理（用于新增、删除、改变机构）、任免表编辑器（用于生成人员任免表）、统计系统、系统管理中心（用于添加管理人员、设置人员权限等）、信息管理系统（用于增加、减少、编辑人员信息，自动生成业务表格用于公务员录用、登记、调动等手续）。

投入使用后，该系统的作用将有以下几个方面：

（1）机构、人员信息一目了然，便于管理。

（2）组织部门内部选拔人才时，可以根据条件限制筛选符合条件的人员（如35岁以下，本科以上），按照实际符合条件的人数对竞争激烈程度进行控制。

（3）表册输出，如输出公务员的录用、登记、调动手续，可以规范表格格式、简化工作。

（4）数据统计。进行公务员年终情况统计，以前每年都是人工手动做，工作量很大，而且需要每个单位派出人员填写自己单位人员情况表格，表格多，表格内的钩稽关系也很多，在总结统计的时候很容易出错。这个系统建好并完善以后，可以自动生成年报表。该系统注重保密措施，在每台权限电脑上配置加密狗、禁止联网、禁止使用U盘，数据交换用光盘刻录进行。

第三节　ERP应用经验总结

ERP系统涉及功能整合、业务部门间的信息交换和传播，如会计、财务、人力资源、运营、市场营销、客户信息，甚至供应链中的业务功能整合等。在管理的规范化及供应链管理的要求下，ERP系统逐渐成为企业管理的热点问题，也是企业寻求提高管理水平的首选途径。

然而，ERP系统的实施并不是简单的复制流程和安装系统，一个企业是否能够通过实施ERP系统达到对企业资源的整合和优化，需要进行大量的分析工作。这需要企业自身和ERP系统供应商共同完成。

一、ERP系统实施的可行性分析

可行性从宏观上包括技术可行性、财务可行性和经济可行性三个方面。

技术可行性分析：主要从企业本身的技术基础是否满足实施的需要出发进行分析，并不是对ERP系统软件本身的技术可行性分析。

财务可行性分析：由于情况比较复杂，可简化为判断企业是否可以支持财务方面费用的要求，若由于财力的原因所限，可根据软件产品的价格，实施业务范围、模块的调整，即进行二次评估，在财务上满足实施的可行性要求。

经济可行性分析：一般的工程投资项目均列出投资利润率、净现值、投资回收期等经济效益评价指标，但是这些并不是ERP系统项目可以直接管控的指标，ERP系统项目更多地带来的是无形效益、间接效益、长期效益，不能直接比较投入产出。在经济可行性分析方面，要针对管理、经济效益等ERP系统项目的效益目标方面进行分析。

目前，学术界比较流行的可行性分析方法是对ERP系统从管理基础、技术基础、财务基础、人员基础及效益目标五个方面进行评价研究，再将这五个目标层层细化，共分为A、B、C三层（见表12-1）。

其中在评价层C，运用专家评分法，对各个评价指标进行打分，再加权评分。另外，ABC三级的递阶结构中，在每一层均有相应的评价指标权重。权重的确定一般采用判断矩阵法或专家评分法。这些方法均属于成熟的、目前最常使用的方法。可行性研究的评价结果记为P，公式为：各评价指标值的打分值相对应的权重=该评价指标上一级评价属性的评价值。P值为0.6以上的即为可行性研究通过。

这种可行性分析方法可以层层分析出薄弱环节，并对其进行重点改造，以适应ERP系统项目实施。哪一个指标分数低，就表明这个部分与将要上线的ERP系统的匹配性不好，需要首先进行业务流程改造或完善。一方面，ERP系统供应商针对企业特点对系统进行调整，以满足企业需求；另一方面，企业管理层可以根据咨询方的建议对不合理的流程进行改造或优化，以符合ERP系统的上线要求。

案例12-1
光明乳业定制ERP系统优化企业供应链

案例12-2
北化公司在全面预算管理中应用ERP案例

案例12-3
M公司ERP系统实施业务流程中内控要点

案例12-4
益佰制药和西安杨森系统个性化定制

案例12-5
Nike公司实施ERP系统的失败案例

案例12-6
许继集团实施ERP系统的失败案例

案例12-7
ERP系统应用案例讲解：以TE公司为例

表 12-1 ERP系统项目可行性研究层次

目标层	一级属性层A	二级属性层B	评价层C
ERP系统项目可行性研究	管理基础A1	基础数据B1	BOM准确率C1
			工艺路线准确率C2
			库存准确率C3
		管理制度B2	制度规范性C4
			决策执行水平C5
		组织结构B3	组织架构规范性C6
			对组织变革的承受水平C7
	技术基础A2	相关技术水平B4	企业内部网络运行水平C8
			计算机应用水平C9
	财务基础A3	财务预算水平B5	项目经费需求满足度C10
	人员基础A4	领导支持水平B6	项目认同程度C11
			项目支持程度C12
		员工参与水平B7	项目人员可获得性C13
			预期项目人员稳定性C14
	效益目标A5	管理效益B8	人力资源改进水平C15
			管理决策水平C16
		经济效益B9	盈利能力C17
			资产营运能力C18
		战略发展B10	当前存在的主要问题可解决程度C19
			企业未来发展需求的匹配度C20

二、ERP系统实施带来的变革

ERP系统的导入，往往伴随着对企业的结构和流程甚至是业务的再思考、再认识和再设计，即变革。变革可分为组织资源变革、人力资源变革和信息资源变革。

组织资源是指组织架构、基本管理制度和流程、企业文化。人力资源是指企业的高层管理者（领导层）和员工、ERP系统供应商和顾问。信息资源是指所有能够进入ERP系统的可编码的数据。

所谓ERP系统实施过程中的资源管理变革，实际上就是对这些资源的优化配置过程。变革包括变革主体、变革内容、变革方式、变革阻力（如图12-6所示）。

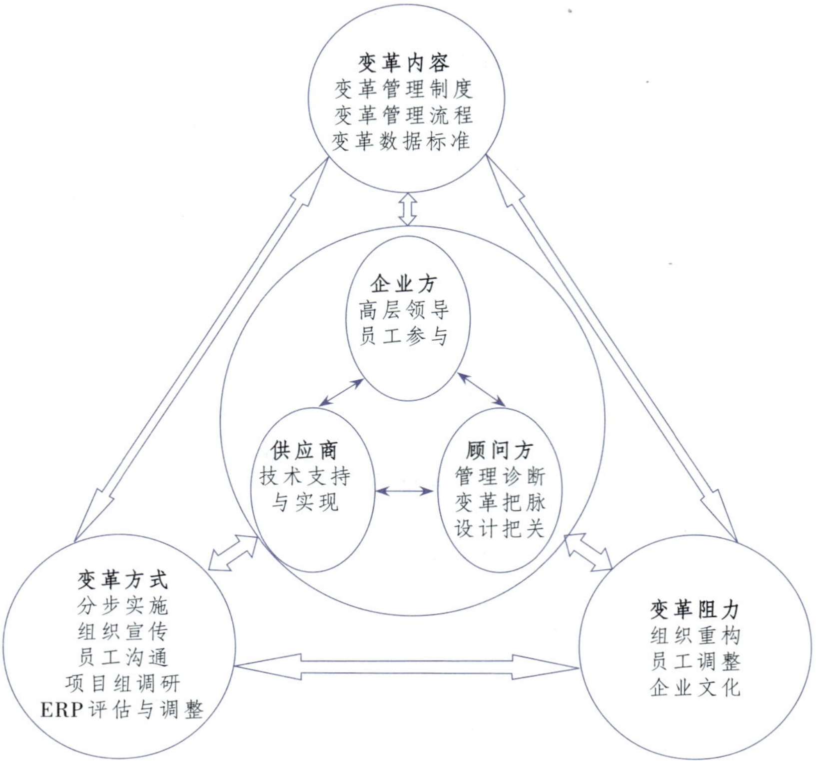

图 12-6 变革图示

1.变革主体

实际上，变革主体是一个团队，由企业方、供应商、顾问方组成。这是人力资源的组合问题。企业方包括领导主体和参与主体。领导主体是指企业的领导班子，他们负责战略审视，即保证ERP系统设计与企业战略一致以及ERP系统的贯彻执行。

供应商就是提供技术支持的软件供应商，负责技术方案的设计、布局、实施与调整，因而供应商软件质量以及工作人员的ERP系统设计能力和实施能力对ERP系统的成功实施具有重要作用。选择好的供应商及合适的产品是ERP系统成功实施的前提。

有时软件的供应商和咨询的顾问方是同一个机构。

2.变革内容

变革内容包括管理制度、管理流程、数据标准。ERP系统的实施最终将改变企业的管理制度、管理流程以及相应的数据标准化及信息流，从而最终改变整个信息系统，因此ERP系统的实施要求对现行的做法和程序有一个巨大的变革。

3.变革方式

ERP系统往往不能追求大而全，这要求企业要确定实施模块的先后顺序、参与的相关主体等，以保证整个企业经营管理工作的连续性；ERP系统实施涉及很多部门，需要高层领导的协调；需要加强组织与员工的沟通，统一意识，使每一位参与者真正体会到自己是这场变革的主人；经项目组调研可以了解各部门的实际情况，以保证ERP系统的适用性、科学性；经过培训可以保证员工熟悉并有能力使用相应软件和程序；采取后评估及修正，可以检验ERP系统的效果，从而对ERP系统做出一定的调整，以保证ERP系统有效运行。

一般情况下，第一步，先对企业进行了解和评估，找出需要改进的对象，对其进行业务的重新梳理或者流程优化；第二步，制订相应的ERP系统方案，实施；第三步，在应用的过程中对发现的新问题或仍需解决的地方进行改进。

4.变革阻力

任何一项变革都会存在阻力。变革阻力来源于不同利益相关者阻碍目标实现的力量，主要是内部员工，尤其是缺乏信息管理能力的员工。因为ERP系统的实施意味着企业管理的变革，这就要改变原有的工作流程，改变员工过去的工作习惯甚至是工作思维，而提升管理效率，必然导致人力富余，甚至最终导致裁员，而且ERP系统的实施，也将对员工提出新要求，如要求员工掌握管理信息系统操作的技能，这也会引起员工的抵制。因此高层领导要有力地控制这种阻力，而员工要积极参与化解这种阻力。

三、ERP系统成功实施的要素

ERP系统是当前国际上先进的管理信息系统，把企业核心的资源紧密结合起来，以达到资源利用的协调；通过整合使业务各环节资源的利用效率得到提高，从而使企业在激烈的市场竞争中获得更强大的竞争力。为赢得ERP系统为企业带来的成效，ERP系统实施的成功要素可以总结为：

1.合理期望和明确的项目目标

对第一次大规模实施ERP系统的企业来说，应该制定合理的、需要阶段性实现的目标。而且必须认识到实施ERP系统最根本的成果是把企业资源整合起来，提高企业整体管理水平和运作效率。这不是面子工程，也不是企业管理层政绩的体现。

2.进行业务流程改进和再造

ERP系统成功实施的60%以上的工作量需要投入在管理流程、管理架构的改进和调整上。前期降低ERP系统与企业管理、流程的不匹配度，对实施过程中的顺畅能起到确定性作用。

3.企业高层强有力的支持

如果企业高层不能清醒认识实施ERP系统的目的和风险，就不会投入足够资源到项目中，不会投入足够精力参与项目的各种重大决策。高层领导除了需要表示对ERP系统的支持外，还需要确保组织成员对因采用新系统而采取的变革表示满意。

4.企业业务部门的参与

参与主体是指企业的中层及基层员工，是ERP系统的主要使用者。他们的参与有助于保证ERP系统实施的有效性、适用性。

业务部门的充分参与使项目组有足够的授权，不但可以使项目中问题的决策周期大大缩短，更重要的是使企业更早做好迎接管理变革的准备。

5.外部顾问作用充分发挥

ERP系统的复杂性使得有必要依赖外部中介机构，如供应商和顾问，以帮助消除知识与实施相关软件技术的差距问题。

顾问主要由企业管理及ERP系统方面的专家组成，主要负责企业管理的诊断、管理变革的把脉、ERP系统设计的把关等，能够客观、公正地提供实施意见和建议。

6.充分的用户培训

使用ERP系统将在较大程度上改变员工现有的操作方式或流程企业与供应商的密切合作和对项目的理解，咨询方的责任是很重要的，它主要向用户提供先进的管理理念、管理改进的建议、技术支持以及知识传递。安排组织培训是今后有效率地运行系统、提升企业价值的保证。

第三篇
会计信息系统研发

第十三章
会计信息系统设计

第一节　会计信息系统的系统调查

系统调查又称现状调查，即对原有系统进行调查，是系统开发工作的基础。原有会计系统在业务处理流程、方法等多方面，都凝聚着会计人员的智慧。作为会计信息系统，实质上是使用另一种数据处理方式进行会计事务处理，而会计理论、方法不能也不可能凭空而生，要汲取手工会计的精华，发展并完善它。

在系统调查过程中，开发人员与业务人员必须密切合作，开发人员是以调查者的身份出现的。由于开发人员往往并不是会计专家，故其理论知识、会计实务都必定存在某些欠缺。在调查过程中，可以进一步积累知识，为系统设计打下良好基础。同时，在调查过程中，可以与有关业务人员一起研究，掌握业务处理过程中的规律，使新的系统真正符合管理工作的需要。系统调查可分两个步骤进行：初步调查与详细调查。

一、初步调查

初步调查即了解一个会计部门的全貌，了解系统的信息总需求，为合理地确定系统开发的目标和范围、系统总体分析及可行性分析打下基础。

初步调查中应收集并整理与整个系统有关的资料及存在的问题。要调查整个企业的规模、组织结构和目标、供产销概况及人员、设备、资金的状况；要调查现行会计系统的功能、人员、技术水平及管理机制；要调查会计与企业其他职能部门、企业外部之间的信息、资金等往来情况；要调查企业领导层对建立电算化会计信息系统的态度、支持程度及信息的需求；要调查系统开发人力、物力等资源状况。

初步调查是为了确定系统功能、目标和范围，并为可行性分析服务的。

二、详细调查

会计内部分工及业务联系的调查：企业规模不同，业务分工也不尽相同，但总体而言，职能是一致的，差别在于分工的粗细程度不同。如大中型企业可能分为材料组、工资组、资金组、成本组、综合组等，而小型企业则可能分为出纳、成本、账务等。了解分工的目的在于了解系统具备了哪些功能及功能间的联系，弄清事务处理过程、步骤、方法等。调查过程中可以向负责人做总的了解，然后向账务人员了解账务处理流程及每项处理的方法，再向核算人员了解各类核算的方法、标准等。系统调查必须确保完整、详尽，不能有疏忽；否则，设计出的新系统可能是一个不完整的系统，会计人员难以接纳。

会计簿记规则、要求的调查：会计簿记规则、要求较多，对其调查的目的在于电算化会计系统输出的信息，无论是显示还是打印，对会计人员来讲，应保证“像”；通过对结账方法及时间的调查，可以了解信息处理的周期及输出周期。对于电算化后无法采用的记账方法或规则，必须在今后的设计资料中加以阐明，如更正错账方法，原来手工会计使用的划线法和红字更正法在电算化会计中无法使用，对错账更正必定要用新的方法，则新的方法必须遵循会计更正错账的原则。

企业已使用的代码调查：企业为了管理需要，往往已使用一些代码，如固定资产的编码、职工和部门编码等。对这些编码应详细了解并整理、归类，弄清每种代码的实际意义、位数、每位的含义。代码在会计信息系统中的使用是非常重要的，原有代码若能继续使用，则可减少一部分设计工作；若不符合会计信息系统的要求，势必需要更改。因此，只有彻底弄清代码的编法，才能建立更科学、更实际的代码体系。

在系统调查过程中，可以开调查会、发调查表，个别业务人员可以将询问、直接参加业务实践、阅读与分析现有资料等多种方法结合使用。

三、系统描述

在对原有系统进行全面细致的调查之后，系统开发人员必须使用专门的方法将调查结果描述出来，主要通过调查表和流程图描述。系统描述资料是沟通开发人员与业务人员的桥梁，因此，开展这项工作时，可以首先培训若干业务人员，学会调查表的填写和流程图的画法和技巧，然后与业务人员共同完成该项工作。

1.调查表

调查表是描述工具之一，预先设计制作一套调查表，然后在系统调查过程中及时填写，并随时给有关业务人员审阅，确保调查表内容的准确性。调查表一般分输入信息调查表、输出信息调查表、代码调查表、信息量调查表等。

2.流程图

作业流程图又称工作流程图，使用的符号较单一，更多地借用文字说明，用来描述会计事务处理的过程、环节之间的先后关系及产生的信息等。

例如，某企业采用记账凭证账务处理程序，其账务处理流程如图13-1所示。

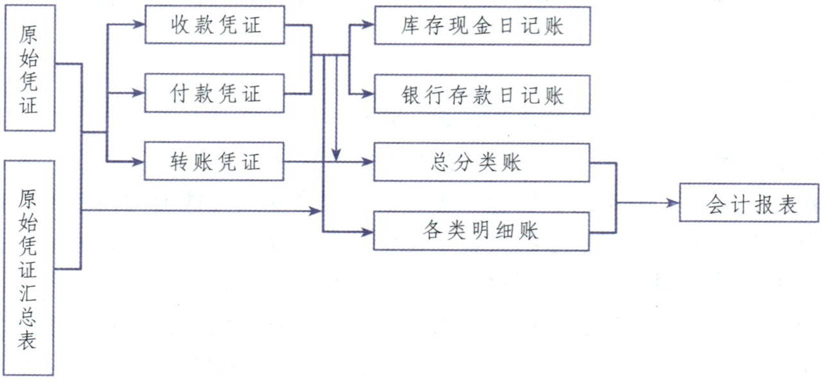

图13-1 账务处理流程

3.数据流图

数据流图用来明确每一项处理输入数据、输出数据及保存数据的具体内容。数据流图是分层描绘的，由笼统到具体，账务处理数据流图如图13-2所示。

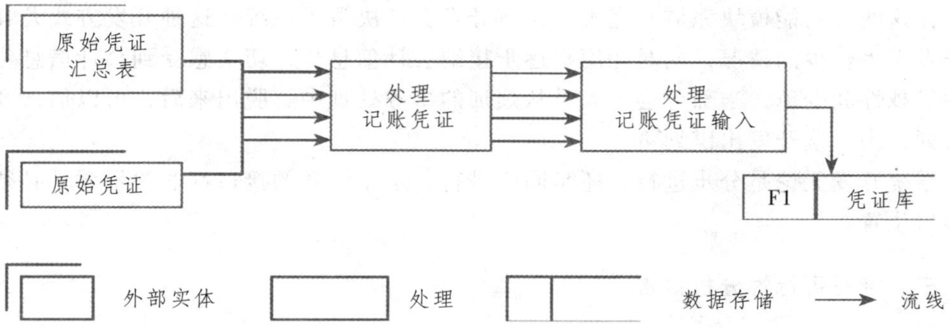

图13-2　账务处理数据流图

第二节　会计信息系统的系统分析

一、进行系统分析

在系统分析阶段，开发人员首先必须进行系统调查，全面了解原来会计工作的全貌及每个会计工作环节的具体工作内容和工作方法，然后将调查结果用专门方法描述出来，根据开发人员对原系统的了解，结合用户提出的任务和要求，确定系统开发的目标和范围，逐步形成新系统的逻辑模型，最后撰写可行性分析报告。

我国目前会计信息系统绝大多数是手工会计的移植，原因在于：一方面我国会计信息系统还是一门年轻学科，正在进一步研究探索中，系统开发工具、设备都有待于进一步发展、完善；另一方面我国会计正处在逐步与国际会计接轨的过程中，会计理论与方法有待于进一步完善；再一方面我国绝大多数会计工作人员尚未真正地、完整地接受计算机代替人工处理会计事务的方式，当他们接触会计信息系统时，往往希望通过系统提供的人机界面或打印内容，看到原来手工会计有关凭证、账册、报表等实体，这就极大地限制了会计信息化的发展，换言之，用户不仅要求会计信息系统能解决手工会计解决的问题和手工会计尚未解决的问题，同时，必须“像”会计。

基于这种状况，系统分析工作尤为重要。会计信息系统不仅要出色地完成手工系统的功能，更应丰富系统功能，进一步发挥会计预测、会计分析、会计决策支持职能，达到参与企业经营管理、提高经济效益的目标。

二、确定系统的目标与范围

会计业务比较复杂，在系统分析阶段，应考虑多方面信息需求，确定系统开发的目标和范围，今后的系统开发工作将围绕实现这个目标进行。

从目前形势来看，仅仅开发账务处理、各类核算子系统已不能满足用户的信息需求，会计决策已成为会计信息系统必不可少的组成部分，因此，会计信息系统的目标和范围应定在既完成核算、监督职能，又实现决策、分析等职能的高度上。

实际开发时，由于这三部分既相互联系又相互独立，而账务处理最具规范化、标准化，同时也是其他各子系统的基础，往往可以从其入手，然后向核算类子系统发展，在这两大功能模块完成并完善后，再开发会计决策子系统。这种开发方式尤其适合开发人手较少的情况，同时让用户逐步接纳会计信息化，切实感受到会计信息化带来的优越性和变革，当部分会计人员从烦琐的事务处理中解脱出来后，可以加入开发者行列，为系统开发出谋划策。

系统开发无论是分步进行，还是同步进行，子系统间的接口都非常重要，必须明确接口位置。

三、撰写可行性分析报告

可行性分析是对将要建立的系统进行建立的必要性、建立的可能性、建立后的效益三方面的分析研究，并提交报告，以供审核。

建立系统的必要性：即分析进行会计信息化的意义，在此不再重复，第一章中已有详尽的阐述。

建立系统的可能性：即用户是否具备了会计信息化的先决条件，如领导对会计信息化的重视程度；会计部门的工作是否具备规范化、标准化等；是否具备相应的系统开发力量；会计工作人员的知识结构是否调整或能否调整等。

建立系统后的效益：会计信息化固然有一定投入，但实现之后，可以将账务处理人员从繁重而重复的事务处理中解脱出来，进行会计预测、分析、决策等工作，这将给企业带来无可估量的隐形效益等。

可行性研究结果以报告形式提交，供用户审核，以便决定是否继续下一步工作及开发计划的确定等工作。

第三节　会计信息系统的系统设计

会计信息化的系统设计是在完成系统分析的基础上进行的。在会计信息化系统分析阶段所确定的系统目标和范围，将是系统设计的前提。系统设计，即确定具体实施方案，最终完成逻辑模型向物理模型的转换。

系统设计过程可分成总体设计和详细设计。详细设计又包括计算机处理流程设计、代码设计、输入设计、输出设计、数据文件设计和程序设计。

一、总体设计

会计信息系统分三个层次：第一层次为电子数据处理系统会计（EDP会计），主要是账务处理及部分核算；第二层次为管理信息系统会计，初步解决数据共享问题，使企业管理的数据得到有效管理和使用；第三层次为决策支持系统会计，会计职能得到进一步发展，实现会计分析、会计预测等，形成数据库和模型库。

完整而且优秀的系统显然是决策支持系统会计，而这个系统可以分成若干子系统：账务处理子系统，成本核算子系统，材料核算子系统，固定资产核算子系统，工资核算子系统，产品销售管理子系统和会计分析、预测、决策支持子系统。

一个系统往往由若干子系统构成，而每个子系统又包含若干功能，每个功能又由若干活动实现，故系统的各个组成部门必须合理组合，保证系统在设计完成后，具有可维护性，完整地实现系统分析确定的目标。

总体设计通常采用模块化结构设计法。模块是为完成某一特定功能的程序语句的集合，由于功能的内涵有大有小，故模块也有大有小，可以由若干程序有机组成，也可以是某一个程序或者某一段程序。

结构化设计首先是系统模块化，即将系统分解成若干彼此具有一定独立性，同时也具有一定联系的组成部分，并且这种联系表现为模块间的联系尽可能少，模块内部的联系尽可能紧密。模块与模块之间的联系越少，则模块的独立性越高，当然不可能相互之间没有联系，没有联系的元素是无法构成一个系统的。

系统模块化后，将决定模块之间的连接方式。目前常用的是树状模块连接方式，这种连接方式将系统分成若干层次，上层模块功能内涵大，较抽象；下层模块功能内涵小，较具体，最低层即某一具体处理。由于这种连接方式规定，模块只能控制本分支下的模块，所以模块之间的独立性最强，给今后系统程序设计、系统排错都带来了方便，尤其是系统在交付使用后，只要提供接口，就可以根据用户在使用过程中的需要，增设模块，以满足系统新的信息需求。任何系统都是处在不断运动、不断发展之中的，会计信息系统也不例外，因此，系统可维护性，将是检验一个系统生命力最重要的标志。

二、详细设计

（一）计算机处理流程设计

从原始数据输入计算机，直至计算机输出信息的过程称为数据处理流程。计算机处理数据的方法一般有变换、分类、核对、合并、更新、生成等。

1.变换

变换是数据输入或输出的信息（数据）载体的变换处理。变换处理的形式有两种：

输入变换：即将传票、卡片等纸质材料记录的数据或信息转换到磁性材料上，如图 13-3所示。

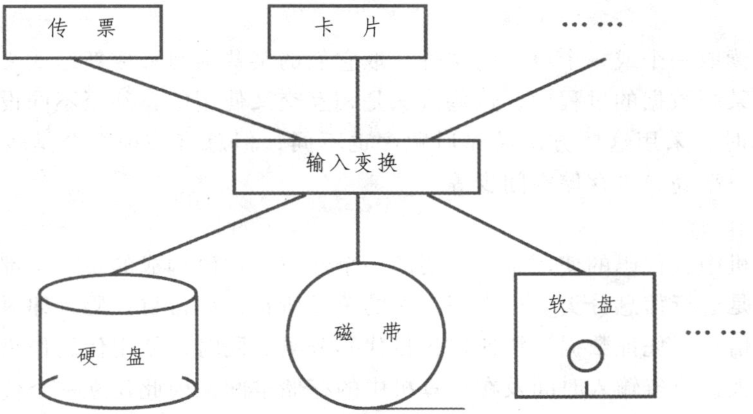

图 13-3　输入变换

输出变换：即将磁性材料上存储的信息或数据变换至打印、显示等状态，如图13-4所示。

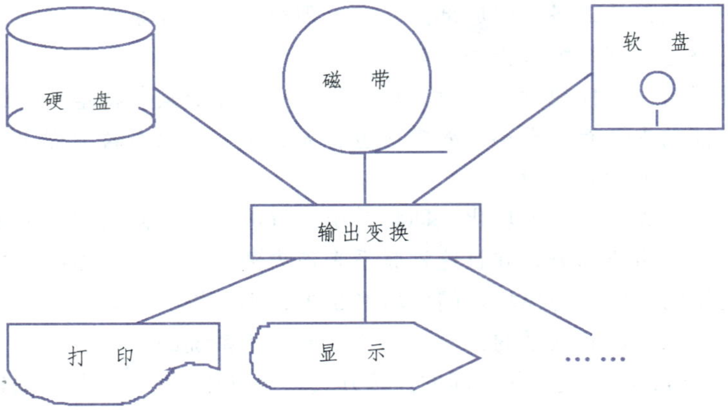

图 13-4 输出变换

2. 分类

分类是根据文件中指定的关键字（信息键）将文件整理成逻辑顺序的处理。关键字可以有两个或两个以上，根据不同的关键字将文件整理成不同逻辑顺序，以满足不同的数据处理的需要。

3. 核对

核对即检查不同文件的记录顺序或记录内容是否一致的处理。

核对往往是计算机进行变换处理之后、其他处理之前进行的一种预处理。

4. 合并

合并是将两个或两个以上的文件汇总形成一个新的文件的处理。

合并的目的是提高计算机文件处理的效率，或更有利于文件的保管，也可以形成汇总文件，更好地满足信息需求。

5. 更新

更新是对文件的记录进行追加、删除、置换等处理，使之保持最新的适用信息或形成一个新的文件。

6. 生成

生成是读取一个或一个以上的文件，取它们的某些项目形成新形式文件的处理。

在处理某一数据的过程中，这些方法是相互交叉使用的，甚至不同设计人员在解决同一问题时，采用这些方法的先后顺序也不同，但总有一种组合是较好的或最好的，如运行效率高、占存储空间少等。

（二）代码设计

在计算机中，代码的使用是很重要的一个环节。代码构成的每一位都有一定的逻辑含义，它是进行信息分类、检索等工作的关键所在，如科目代码，即科目编号，可以将输入的信息（凭证数据）快速按科目代码分类。同时，使用代码作为输入信息的方式，可以大大节省输入时间及在计算机中的存储空间，因此建立一个代码体系是非常必要的。

代码设计过程中应遵循以下原则：

（1）代码一义性：代码与代码对象应是一一对应的，不能有歧义，否则会给计算机处理带来混乱。

（2）代码标准化：要尽量使用国际、国内或行业通用的代码，为通信联网打好基础。

（3）代码体系化：在同一系统中，代码的长度、编法等应统一，方便计算和分类、检查等处理。

（4）代码效率性：编制的代码适合计算机处理，而且考虑处理的效率，如代码位数不能太长等。

（5）代码扩展性：编制的代码必须留有一定余地可供增删等。

（6）代码实用性：在可能的前提下，尽可能使用原来业务中已使用的代码，方便用户，易于记忆，如职工工号等。

在会计信息系统中，需设计的代码有会计科目代码、物码、人员和部门码、事项码等。

会计科目代码：会计科目与账务处理、会计各类核算是密不可分的，因此，这类代码设计的优劣将直接影响会计信息系统的整体功能和效率。如某企业会计科目共设7级，若每一级分别用3位代码表示，则代码长度为21位，从编码角度讲，方便，而且留有较多空号以备增删，但21位代码对计算机而言是不堪重负的，因此在可能的情况下，应加以压缩。如一级科目用3位，这是企业不可擅自变动的，其余均用2位，则代码总长度为15位，从实际经验来看，基本上可以满足企业核算的需要。一般企业用12位左右便可适应。

例如：固定资产类科目的代码编制。固定资产作为一级科目，编号“161”；某企业生产经营用机床，在某车间有120台，则二级科目应为“生产经营用”，编号01；三级科目应为“机器设备”，编号02；四级科目应为“机床”，编号05。剩下3位为机床编号，则161010205001～161010205120为该批机床的代码。

物码：在会计信息系统中，固定资产、原材料、产成品等财产物资的代码设计也非常重要，这类代码同时又是会计科目的一部分，与各类核算密切相关，而这部分代码有一定的特殊性，原企业中为了方便财产物资管理，往往已编有相应的代码，这类代码往往是会计科目中要求分类最细、级别最多的，如纺织行业，原材料、产成品等分类特别复杂，有可能12位不够，在进行代码设计时，可以先设计这类代码，以确定整个代码体系的最佳代码位数。

人员和部门码：每个单位都有在职和退休人员，同时分设有若干部门。这些人员和部门与会计核算也会发生关系，主要是工资核算，故可以不必依循整个会计信息系统中代码统一长度的规定。而部门代码极少单独使用，往往与其他代码组合后使用，如部门代码加人员（职工工号）代码。部门代码、人员代码均可视整体部门数和人员数来确定长度，一个不超过万人的企业，6位代码足以适用。

为了方便工资核算——工资费用核算，可在代码中增加一位，表示该职工工资性质。这样的组合码可以满足工资核算中费用核算及分类汇总两种要求。

事项码：事项码主要指凭证和账簿中摘要的代码。到目前为止，在凭证输入过程中，除摘要以外，基本使用代码完成数据输入，若摘要也能代码化，则输入凭证时可不用中西文切换，由此可大大加快操作速度。摘要码的编制前提首先是摘要内容的规范化、标准化，即同一笔业务，摘要内容和字数及文字排列顺序应完全一致，这就要求会计人员在制作凭证时切实做到这一点。其次代码必须先编辑后使用，应由有经验的会计人员详尽地列示出所有业务，并给出规范的摘要。目前为止，摘要代码化尚未普及，商品化通用软件尚未达到这一要求，但从长远角度来看，一定能实现。

代码设计的结果，必须以代码说明书的形式将代码的名称、编码方式、代码位数、适用范围及代码构成的每一位含义等有关信息加以描述。说明书分两部分：

a.总括说明书：说明代码名称、编码方式、代码位数、适用范围、构成意义等。

b.详细说明书：说明本系统设有的代码、代码对应的含义等，详情见表13-1。

表13-1 代码说明书

代码内容				会计科目			
代码				中文含义			
一级科目	二级科目	三级科目	四级科目	一级科目	二级科目	三级科目	四级科目
101				库存现金			
102				银行存款			
102	01			银行存款	交通银行		
102	02			银行存款	工商银行		

代码在输入时较方便且速度快，但出错的概率也较汉字高，因而输入时，系统中应有相应的检验方法。通常使用的方法有两种：一是代码输入后，将有关中文名构成内容显示在屏幕上，由用户核对；另一种是在代码中设主校验码，使用的方法有算术级数法、几何级数法、质数法等。

如算术级数法，即由代码每一位去乘以自然数（如9，8，7，6，5，4，3，2，1），然后乘积之和除以模，再取其余数作校验码。例如：原代码为161010220

$1\times9+6\times8+1\times7+0\times6+1\times5+0\times4+2\times3+2\times2+0\times1=79$

$79\div11=7\cdots\cdots2$ （模数11）

则该代码的校验位为2。

校验码输入时可以不在屏幕上显示，输入后，系统自动检验，发现有错立即给予提示。

校验码仅能校验出由代码本身输错而发生的错误，不同的代码可能有相同的校验码，所以并不能百分之百检验出错误。对于会计分录的逻辑性错误，如科目串户、借贷输反等，校验码则无法检验。

（三）输入设计

输入设计是保证软件用户界面友好的关键。在会计信息系统中要求杜绝错误信息的输入，因而改善与采集原始数据有关的手工作业，加强输入时的校对工作，选用最有效的方法，以最快和最经济的方法查出有错数据，是输入设计的核心内容。

输入设计包括以下几个方面：

（1）输入方式设计

数据输入是在数据采集、整理后进行的，通常数据输入方式有脱机输入和联机输入两种。

脱机输入是指在计算机以外的设备上输入数据，暂存在某一媒体上，然后在需要时再通过专用设备输入计算机，如卡片机输入数据时，操作员操作输入的信息通过穿卡机制成卡片，查错、修改都由手工完成，再通过读卡机将数据输入计算机。由于输入数据的过程不受主机直接控制，故占用主机时间少，但这类输入方式在数据调入计算机时，往往只能顺序调入，故数据读入较呆板，缺乏灵活性，另外信息反馈速度慢，所以适用于数据量大，不要求快速反馈的情况。

联机输入指在计算机终端设备上输入数据，由于终端受主机控制，这种方式的特点是输入时，占用主机时间较多，主机常常处于等待用户输入数据的状态，降低了主机的运行效率，但计算机能快速调用数据处理，信息反馈速度快，因此使用这种方式输入信息的，应尽可能简化输入操作，往往适用于输入数据量小、要求反馈速度快的情况，如会计资料查询、会计决策支持等。

（2）输入数据种类设计

会计的核算信息绝大部分来源于原始凭证或原始凭证汇总表，包括外来原始凭证和自制原始凭证，记账凭证是根据原始凭证或原始凭证汇总表制作而成的。

从目前审计要求来看，从原始凭证的确认，到会计分录的产生，仍需有书面的记载，以便于审计。所以，记账凭证是会计信息系统数据输入的主要依据。

记账凭证手工分类主要是收、付、转三大类，现收、现付、银收、银付及转账五小类。为了避免凭证输入时页面不断地更替，应尽可能将不同种类凭证格式统一到一种格式，同时又顾及会计人员的习惯。如设计时，无论是收款凭证还是付款凭证或是转账凭证，格式一样，但收、付款凭证第一行必须输入库存现金或银行存款中的某一科目，并自动判断，显示凭证种类，转账凭证则借贷方不可出现该两科目的任一科目，这样既符合会计人员的习惯，又符合会计逻辑。

虽然格式统一，但凭证种类仍然存在，尤其凭证仍应按用户要求编号。

（3）输入设计要求

a.方便用户操作：格式设计尽可能保证手工会计凭证格式，方便用户操作。

b.简化用户操作：对于某些信息，可以自动产生、自动显示，简化用户操作，同时又可避免产生更多错误，如自动产生凭证号。

c.复核修改方便：输入数据过程中产生错误是很难避免的，系统应方便用户复核和修改，如给用户提供删除、追加等修改机会，帮助用户检验数据输入的正确性，提醒用户及时修改。

（4）输入信息的检验

操作者在输入信息的过程中，难免会发生错误。如前所述，用代码输入信息，出错率较高，因此，会计信息系统的输入功能中应具有相应的检验程序，力排错误信息，最大限度地保证输入信息的正确性。

a.静态检验法：即操作员用目测方法进行输入信息的检验，系统在一项信息，如一张凭证输入完毕后，有相应提示，并允许用户进行屏幕修改，甚至放弃输入的内容。由于长时间目测，容易产生视觉疲劳，因此这种方法会随时间推移而效率下降。

b.顺序检验法：即利用信息输入时的顺序性原则，检验输入信息的正确性。例如，凭证号应是连续不间断、不重复的，因此可以按凭证输入的顺序自动产生，操作者可以与手工凭证上的编号相核对，检查是否漏号、重号等。

c.平衡检验法：在会计信息系统中，由于每一笔业务发生之后产生的会计分录，必定是有借必有贷，且借贷相等，利用这个规则在凭证输入时便可以把好平衡关，而不必在登账之后，再进行试算平衡。

d.逻辑检验法：利用信息本身应具有的逻辑性，检验信息是否正确。如输入借贷方科目号，若非最低级科目，则出错，因为无法满足明细核算的要求。

e.总量检验法：利用计算机计算出的总量与手工计算出的总量相核对，如工资核算原始数据输入后，计算机累计的总量与手工计算的总量相核对，每月工资变动情况输入的凭证上的总数与变动后的工资总数及变动前的工资总数相检验等。

f.重复检验：即两次输入法，对同一信息分别由两个操作员进行输入，输入的内容在计算机内进行检验。这种方法检验成功率较高，但成本较高，具体处理时，可以在第二次输入时，只输入数字型的数据，如借贷科目号、金额等信息。

输入信息的检验方法还有许多，这些方法只有互相结合起来使用，才能较好地发挥作用。单靠一种方法，往往只能检验出某一类错误。同时，在程序设计时，程序设计者本身具备的知识具有局限性，也会限制检验方法的成功率。如逻辑检验法，必须考虑所有的自然逻辑、会计逻辑等，程序设计出来之后才能有较高的检错率。

（5）输入信息的纠错

当凭证输入后并已进入下一步处理，如登账，才发现凭证有误或输入有误，此时应更正错误凭证，这时纠正的方法通常是进行冲销凭证处理。用冲销凭证纠错的步骤如下：

a.打印出错误凭证。由于审计要求每一张凭证都有书面形式，错误凭证既然已存在于系统中，则应有书面记载。将错误凭证退还给凭证填制人员。

b.凭证填制人员根据错误凭证制作一张与之借贷科目相同、方向相同、金额相同，但为负值的冲销凭证，并在摘要栏中注明冲销原因。

c.输入冲销凭证、正确凭证。

（四）输出设计

1.输出设计的内容

a.输出信息的名称：会计信息系统中输出的信息主要是各类账簿和会计报表。与手工账务处理不同的是，凭证虽然是输入信息，但特殊情况下也要显示或打印，如前冲销凭证是纠错的，需打印出错误凭证。另外，自动转账，生成的转账凭证也需打印等。因此，会计信息系统中的输出信息几乎包括了所有凭证、账簿、报表。因而需要确定这些输出信息的名称。

b.输出周期与期限：会计报表的输出时间往往是有限定的，太早，可能由于输入信息不完整，无法产生完整报表；太迟，又无法满足管理等各方面对信息的需求。同时还要考虑到凭证、账簿、会计报表之间的时间关系，即使是会计报表，哪些应先产生，哪些次之，都必须弄清，否则必定会影响会计报表的准确性。

c.输出方式：常用的输出方式有打印输出、显示输出及软磁盘输出等。

对会计工作人员而言，最习惯的方式是打印输出，但由于目前绝大多数打印机是联机的，而且打印机的速度远远低于主机运行速度，会计的账簿和会计报表量较大，尤其是明细账，故打印输出一般主要用于会计报表及部分凭证和账簿。

显示输出方式可视为打印输出的补充形式，尤其适合查询信息。显示方式输出快，可视性强，尤其适合打印前预览，让用户确认是不是需要打印的信息，保证打印时间的充分利用。

软磁盘输出在会计信息系统中适用于任何信息，所有原始数据、中间结果及最终会计账簿和报表，无论是否打印或显示，都应在磁盘中加以存储，并及时制作备份，按时间顺序在磁盘上编好号码，妥善保管，软磁盘输出方式安全、体积小，同时可以随时检验打印输出内容的正确性等。

d.输出信息的内容：输出信息包括数据项名称、位数、输出时的编辑格式等有关内容。

2.输出格式设计

输出形式主要是在显示器上和打印纸上，设计过程中必须考虑格式大小与屏幕或打印纸物理规格是否一致，不可支离破碎。输出时，原来使用的代码应还原成相对应的中文名称或中文内容。账簿输出时，应在每一页开始和结束时，有“承上页”“转下页”等字样，到结账周期时，应按期输出结账内容。会计报表打印，尤其要标准化，不可擅自改动报表形式，尤其是外部报表。

（五）数据文件设计

会计信息系统的特点之一，是有大量的数据，为了合理地组织这些数据，以便快速、准确地找到用户所需要的数据，必须采取一种数据的管理方式。

根据文件在系统中所处的地位、作用，数据文件往往可以分成主文件、中间文件、批处理文件。

主文件是主要业务数据集，是系统中的共享文件，如职工档案文件。

中间文件是用来存储更新的主文件而产生的中间数据文件，如工资系统中职工工资变动文件。

批处理文件是为更新主文件或中间文件而存储原始数据的文件，如发票文件等。

应确定系统中各类数据的文件性质，并详细规定每一个文件的结构，即包含的数据项名称、类型、长度、数据来源等属性，同时确定文件的保密管理级别等。

数据文件设计结果用数据文件说明书加以说明，见表13-2。

表 13-2　　数据文件说明书

模块名称	模块代码	数据文件名	调用其模块代码
总分类账输入	ZFLSR.PRG	ZFLDATA.DBF	ZFLZ.PRG

数据项详细说明

项目名称	项目代码	数据来源		
		数据文件	项目代码	相应关系
借：库存现金	JXJ	KMXJ.DBF	JFJE	本月数全部输入
借：银行存款	JYH	KMYH.DBF	JFJE	本月数全部输入
借：转账	JZ	KMZ.DBF	JEJE	本月数全部输入
贷：库存现金	DXJ	KMXJ.DBF	DFJE	本月数全部输入
贷：银行存款	DYH	KMYH.DBF	DFJE	本月数全部输入
贷：转账	DZ	KMZ.DBF	DFJE	本月数全部输入
借：一级科目	JFKM1	所有项目汇总表	JFKM1	本月数全部输入
贷：一级科目	DFKM1	所有项目汇总表	DFKM1	本月数全部输入

在会计信息系统中，尤其是账务处理子系统，最重要的两个文件是科目字典文件和凭证库文件。

科目字典文件用来存放系统初始化时用户定义的科目名称、科目代码、与科目有关的各种属性，由于今后的账务处理及各类核算都与会计科目的属性有密切关系，因此该文件设置的优劣将直接影响系统功能的完整性、连贯性及会计逻辑的正确性。

凭证库文件用来存放会计凭证。由于各种账簿和报表实质上是凭证库文件经过一系列处理后的中间或最终结果，因此，作为“原材料”的凭证库文件非常重要。文件设计中不仅要考虑能存入各种凭证，同时应设有相应字段、存放凭证是否审核、登账等有关状态信息。

（六）程序设计

1.程序说明书的编制

程序说明书的主要内容包括：对程序名称、在系统中的地位等属性的描述；涉及的输入、输出和中间文件的名称；划分程序模块，说明程序模块之间的关系；说明处理内容及方法等。

2.程序流程图设计

程序流程图用来说明解决问题的过程，并不局限于用哪种语言编程；涉及某种语言处理过程中的特别约定，可以不必在流程图中列示。

设计程序流程图时，要严格按照结构化程序设计的思想方法采用三种流程结构加以描述，即顺序型、循环型、条件分支型结构，如图 13-5 所示。

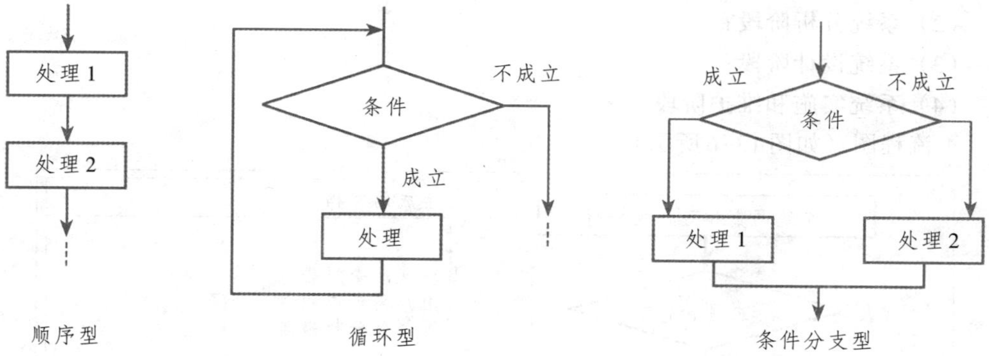

图13-5 程序流程图

3.程序编写

根据程序流程图，使用某一种语言设计有关程序，程序设计过程中应注意程序与程序之间、程序与数据文件之间的接口。

程序说明书、程序流程图和程序清单构成程序设计说明书。

第四节 会计信息系统的开发方法

电算化会计信息系统的开发是一项专业性、技术性很强的系统工程，应采用科学系统的开发方法和工程化的开发步骤，这样才能保证整个开发工作顺利进行。常用的开发方法有生命周期法、原型法、结构化开发方法、面向对象开发方法等。

一、生命周期法

从系统的观点来看，系统总是在周期性运动中逐步发展起来的。一个系统从问题提出、确定目标开始，通过设计、实施直到完全替代现行系统为止，实现了一次系统开发的全过程。一个层次系统开发的完成又是更高层次系统开发的开始，如此循环往复，不断提升。

系统开发的全过程可称为系统开发的生命周期。系统开发的生命周期可以划分为若干互相区别而又彼此联系的阶段，每个阶段的工作都以上一阶段工作的结果为依据，同时也为下一阶段的工作提供前提。

1.基本思想

生命周期法是按照软件系统的生命周期规律，把系统的开发过程分成各个阶段，对每个阶段规定任务、工作流程、管理目标和需要编制的文档资料。

2.优缺点和适用范围

生命周期法目标明确、阶段性强、易于管理和控制，可以统筹全局，步步为营，减少返工，有利于提高开发质量，但是周期较长、见效慢，适用于系统规模较大、功能和数据关系复杂的开发项目。

3.工作流程

生命周期法的工作流程如下：

（1）系统调查阶段；

（2）系统分析阶段；

（3）系统设计阶段；

（4）系统实施和维护阶段。

4.流程图（如图13-6所示）

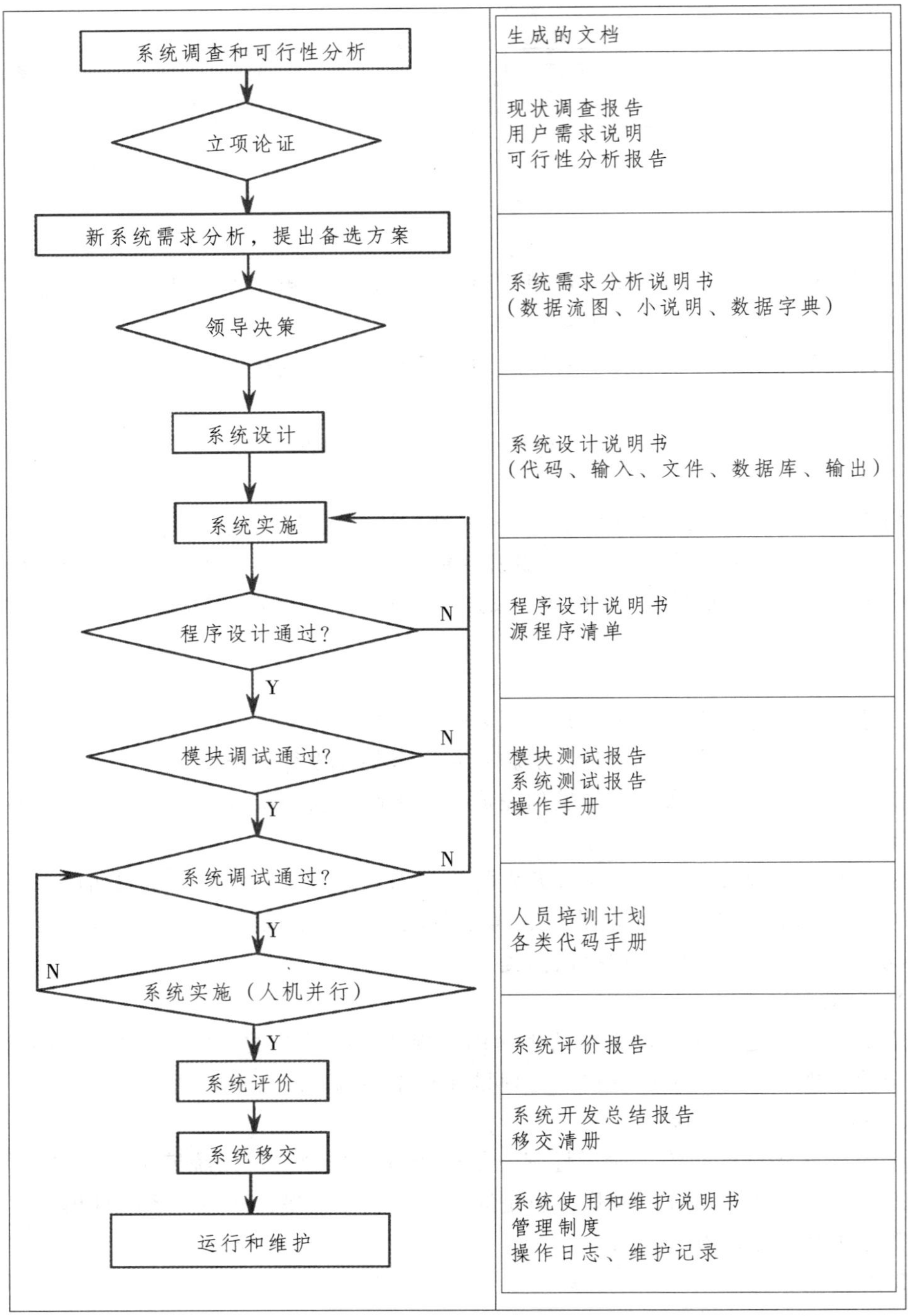

图13-6　生命周期法流程图

二、原型法

原型法是20世纪80年代初随着计算机软件技术的革命而产生的一种与生命周期法完全不同的信息系统开发方法，它摒弃了那种一步一步周密细致的调查、分析，然后逐步整理文字档案，最后才让用户看结果的烦琐做法，而是一开始就凭借系统分析人员对用户要求的理解，在强有力的软件环境中，给出一个实实在在的系统模型（即原型）。这个原型大致表达了系统分析人员当前对用户要求的理解和希望系统实现的形式，然后系统分析人员与用户一起，对其进行评价与沟通，统一意见，完成原型的建立。

1.基本思想

原型法从用户的基本需求入手，快速建立系统原型，通过原型逐步确认用户需求，对原型修改、扩展和完善，逐步建立一个完整的系统。开发人员先与用户在系统的主要需求上取得一致意见，开发出一个初步的原型系统，通过用户试用，提出意见和要求，由开发人员进行修改、扩展和完善，再由用户试用和开发人员修改，经过多次反复，直到形成一个用户满意的相对稳定的系统。

2.优缺点和适用范围

原型法允许用户在系统开发过程中逐步完善对系统的要求，能够充分发挥用户的积极性，能及早发现和纠正系统开发中存在的问题，逐步完善、逐步发展，用户和开发人员配合密切，开发时间短、成本低，但是系统分析比较粗略，由于频繁的需求变化使开发进程难以管理和控制，技术要求较高，不宜在复杂的大型系统的开发中全面应用。原型法的适用范围如下：

（1）用户在开发初期难以说明需求的规模不大的系统；

（2）决策支持系统；

（3）在使用生命周期法过程中，对其中功能独立的模块采用原型法。

3.工作流程

原型法的工作流程如下：

（1）确定用户的基本需求；

（2）开发初始的原型系统；

（3）试用原型系统，确认用户需求；

（4）对原型修改、扩展和完善；

（5）重复步骤（3）（4），直到用户满意。

4.流程图（如图13-7所示）

三、结构化开发方法

1.基本思想

采用结构化的开发策略，先明确用户的需求，从系统的总体出发，把一个复杂的系统“自上而下”地划分为尽可能独立的子系统和模块，进行系统分析和系统设计，再“自下而上”地开发和调试各个模块，最后进行模块联调和整个系统的调试。

在工作的每个阶段都要有标准化的文字、图表文档记录和完整的管理制度。

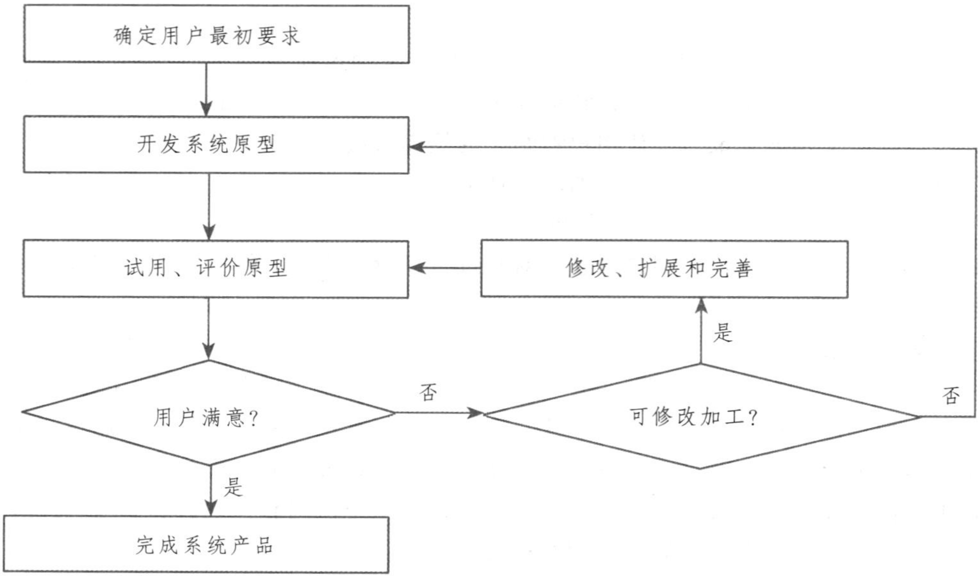

图 13-7 原型法流程图

强调面向用户的观点，把用户的参与程度和满意与否作为系统开发能否成功的关键。

2. 工作流程

结构化开发方法的工作流程如下：

（1）用户需求调查；

（2）“自上而下”地划分为尽可能独立的子系统和模块；

（3）进行系统分析和系统设计；

（4）“自下而上”地开发和调试各个模块；

（5）模块联调和整个系统的调试；

（6）系统评价和移交。

四、面向对象开发方法

1. 基本思想

面向对象开发方法是从信息造型方法和面向对象程序设计技术的结合中发展而来的一种软件开发技术，其基本思想是模拟人们习惯的思维方式，使开发方法和过程尽可能接近人们认识世界和解决问题的方法和过程。面向对象开发方法的要点如下：

（1）把客观世界看成由各种对象组成的集合，以数据或信息为主线，把数据和施加在这些数据上的操作封装为一个称为对象的统一体；

（2）把所有对象划分为各种对象类，为每个对象类定义一组数据和一组方法；

（3）按照子类和父类的关系，建立对象类间的层次结构；

（4）对象之间通过传递消息互相联系。

2.优缺点和适用范围

面向对象开发方法和人们习惯的思维方法一致，有较好的稳定性、可重用性和可维护性，但是，从面向过程到面向对象是一个不容易的转变，要真正使描述问题的问题空间和实现解法的解空间在结构上取得一致，以及建立一个好的类层次结构关系是有难度的。

面向对象开发方法适用于数据和功能关系不太复杂、有一定的工作基础和开发经验的场合。

3.工作流程

（1）面向对象分析阶段。

面向对象分析、提取、整理用户的需求，建立问题的精确模型，其关键是识别出问题领域内的对象，分析它们之间的相互关系，建立简洁、精确、可理解的正确模型，主要包括需求陈述和面向对象建模，简述如下：

需求陈述的内容包括问题范围、功能需求、性能需求、应用环境和假设条件等。

面向对象建模包括建立对象模型、动态模型和功能模型。首先确定对象类和关联，以及对大型复杂问题划分主题，然后给类和关联增添属性，利用适当的继承关系进一步合并和组织类，最后在建立了动态模型和功能模型之后，再确定类中的操作。

（2）面向对象设计阶段。

面向对象设计是用面向对象观点建立求解空间模型的过程，可分为系统设计和对象设计两个步骤。系统设计确定实现系统的策略和目标系统的高层结构；对象设计确定解空间中的类、关联、接口形式和实现服务的算法。

（3）面向对象实现阶段。

面向对象实现阶段的工作是：把面向对象设计的结果翻译成用某种程序语言书写的面向对象程序；测试（调试）面向对象的程序。

第五节　会计信息系统的系统维护

一、会计信息系统的可维护性

会计信息系统是一种较为复杂的应用软件系统。无论是单用户版，还是网络版；无论是作为独立的信息系统，还是管理信息系统中的一个子系统，它都具备了信息系统的共同特点：信息容量大、数据处理速度快、查询检索方便等。但同时，它也有电子信息系统的共同缺点，即数据信息的安全性较差。因此，提高会计信息系统的可维护性和系统的维护管理水平是十分重要的。一般地，衡量会计信息系统的可维护性可从下面几个方面入手：

（1）系统设计采用模块化结构，数据采用模式/子模式结构，使程序和数据相独立。

（2）系统的自我保护功能，防止非授权用户非法进入系统。

（3）授予各级操作人员不同的使用权限，禁止非授权操作带来的信息系统数据混乱或丢失。系统还应对各个用户使用的程序予以记录，以便系统出现故障时由维护人员分析解决。

（4）系统应能检验数据的完整性和合法性。对于录入数据时出现的错误，系统应自动校验，并禁止存入数据库中；对于意外事故出现的错误，系统应能检验并报警。

（5）对计算机病毒及意外事故造成的数据错误，系统可由维护人员恢复到最近状态。

（6）系统应具有开放式结构，具有扩充性和适应性。当前我国正处于改革时期，会计制度具有相对的不稳定性，系统应能通过参数设置或生成安装程序适应新的会计制度，并且应该能够方便地扩充系统的功能。

系统维护是系统生命周期中的一个重要阶段。系统维护的目的是使程序和数据始终处于最佳状态，使系统中各种设备始终处于正常的运行状态。当环境条件和处理业务量发生变化时，要及时对系统进行软件、硬件维护。另外，维护好一个会计信息系统，使其正常运行，还需要有良好素质的操作人员和管理人员。

二、会计信息系统的维护内容

要使系统能够正常运行，必须对系统进行严格有效的管理，并且根据不断变化的环境对系统进行必要的修改和变更。系统维护的主要任务是发现和处理系统运行过程中出现的各种问题，根据实际情况对系统的硬件、软件进行调整、修改或重新设计，目的是使系统维持最佳的运行状态。

1.硬件的维护

硬件维护是对主机、外部设备和网络等物理设备的维护。平时应该定期清洁和检修机房中所有系统的硬件设备。当发生故障时，应该检查和分析故障原因，在不影响系统运行的情况下及时修复。如果必须停机检修，则要做好相应的切换工作，尽快排除故障，恢复系统运行。

2.软件的维护

软件维护包括纠错性维护、适应性维护和完善性维护。

在系统运行以后，发生的影响系统正常运转的错误，就需要通过纠错性维护来解决。

在实际工作中，由于国家会计制度的改变、企业业务的变化，可能引起数据处理方法、输出格式、报表内容等的变化，而且企业对现行系统功能的扩充要求，也都需要对现行系统中的应用软件进行适应性维护。

随着计算机的发展，系统软件都有升级换代的完善性维护要求。

3.代码的维护

代码维护是对会计信息系统中使用的各种代码进行增、删、改等操作。如会计科目发生变化，就需要对其进行修改。

系统维护首先要有严格的管理制度，并从思想上认清系统维护的重要性，特别是企业领导的认识和支持。系统维护需要有一支高水平的技术队伍，还需要有相应的措施，使系统维护人员能在业务上不断学习进步。系统维护阶段不但有资源的消耗，还有新的开发工作，所以还需要一定的经费支持。没有维护就没有高质量的系统。在进行系统分析和系统设计时，应根据企业的经营情况制定信息系统的目标，这些目标是通过系统的运行来实现的。在系统维护工作中，应该定期对这些设计目标与实际情况进行比较评价。信息系统本身的性能指标、效益指标和其他技术指标，也都应该在系统维护过程中对其与实际情况进行比较评价。

三、系统使用和维护说明书

系统使用和维护说明书的基本内容如下：

（1）有关的专业术语介绍和读者注意事项；

（2）系统简介（系统功能、运行环境、性能指标）；

（3）系统安装（硬件、软件的安装）；

（4）初始化（系统初始数据的输入）；

（5）运行说明（运行作业表、运行目的、操作步骤）；

（6）非常规说明（非常情况下的操作说明）。

四、系统维护人员

会计信息系统的维护是由软件开发单位或软件经销商与应用单位的维护人员共同完成的。对于系统出现的严重故障或实际应用时暴露出的系统错误，一般应由软件开发单位解决。系统的维护人员应掌握的知识和完成的工作如下：

（1）掌握计算机软件、硬件基础知识。对操作系统及其故障能妥善处理，能熟练地使用和维护好硬盘、软盘、打印机操作系统、汉字系统等。

（2）掌握一些病毒防范技术以及出现病毒后的处理方法。

（3）掌握系统安装和系统初始化的方法。

（4）掌握数据备份与数据恢复的方法，并定期进行数据备份。

（5）完成对软件操作人员的控制和管理（建立/删除/修改用户标识，设置口令、权限等）。

会计信息系统的维护人员应掌握以上知识，否则将会造成应用单位对开发单位或经销商的依赖，不利于软件的应用。另外，还应完善管理制度和内部控制机制。对于会计信息系统所使用的机器，应做到专机专用，禁止在机器上玩游戏或进行软件解密工作。对外来的盘片要首先检测是否带有病毒等。这些管理制度的建立和执行将有助于会计信息系统的维护工作。

第十四章
会计信息系统开发

第一节 工资核算系统的系统分析和功能模块结构

工资核算是企业经营管理中的基本活动，工资是企业根据员工付出的劳动，以货币形式付给员工的劳动报酬。工资核算关系到企业每一位员工的利益。企业的工资费用是产品成本的重要组成部分，加强劳动工资管理，合理调配人员组织生产，控制工资费用在成本中的比例，可以降低产成品的成本。另外，工资也是国家重点管理和控制的内容。在员工较多的企业，工资核算是一项任务繁重、时效性较强的工作，所以是会计部门的一个必需的子系统。

工资核算系统的作用是：根据工资制度和职工完成工作的数量与质量，进行工资的计算、汇总，根据工资总额按照一定比例计算应提取的经费，为账务处理和成本核算工作提供数据。

本节分析了工资核算系统的主要内容和数据流程、工资核算系统的特点，进行了工资核算系统中数据的分类，提供了工资核算系统数据流图，进行了工资费用分配的分析，介绍了工资核算系统的功能模块结构、系统设置、数据输入、数据处理、数据查询和打印输出等内容。

通过本节的学习，可以了解工资核算系统的基本任务、工作原理和数据处理流程，在学会工资核算系统的系统分析和基本的设计方法之后，可以进行工资核算系统的开发工作。

一、工资核算系统的主要内容与数据流程

1. 工资核算系统的主要内容

（1）设置工资核算的基本参数，输入或转入与工资核算和管理有关的原始数据；

（2）及时输入职工调入、调出、内部调动和工资调整；

（3）每月输入企业各个部门的考勤（加班、病事假）、奖金、补贴、扣款、房租水电费等数据；

（4）计算职工工资，代扣个人所得税，编制、输出个人所得税申报表、工资结算单和工资条；

（5）逐级汇总企业各部门的工资费用，输出工资费用汇总表；

（6）计算以工资为基数计提的各项费用（如工会经费等）；

（7）按工资的用途计算费用分配，输出工资费用分配表；

（8）根据工资费用分配表编制转账凭证，转入账务处理子系统和成本核算子系统；

（9）提供完备的查询功能。

2.工资核算系统的数据流程

从外部机构提供原始数据，会计部门输入、计算、存储、输出的整个过程可以绘制“工资核算系统的事务处理流程图”（如图14-1所示）。

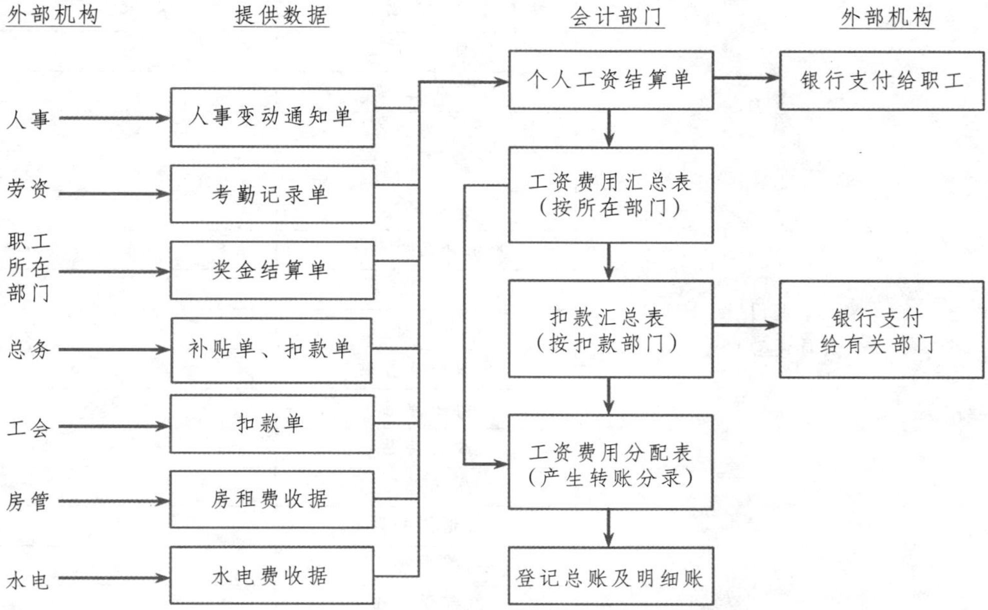

图14-1　工资核算系统的事务处理流程图

二、工资核算系统的系统分析

1.工资核算系统的特点

（1）输入的数据来源分散、涉及面广。

工资核算的原始数据来源于企业的人事部门、劳资部门、职工所在部门、总务部门以及工会、房管、水电等部门。人事部门提供人事变动通知单，包含职工的工号、姓名、职务、工资标准、参加工作年月等数据，以便计算基本工资、各种津贴、补贴；劳资部门提供考勤记录单，职工所在部门提供奖金结算单，总务部门提供补贴单、扣款单，工会提供扣款单，房管、水电等部门提供房租费和水电费收据。数据来源分散、涉及面广（见表14-1）。

（2）处理数据的项目多、计算方法复杂、计算重复、数量大。

由于历史原因，我国多数企业的工资、奖金和扣款项目繁多，工资有计时工资、计件工资和包干工资等形式。下面以计时工资为例，说明工资项目的计算方法：

实发金额=应发金额-代扣款项

应发金额=基本工资+各种工资性质的津贴+其他补贴+各种奖金+加班工资－缺勤工资

代扣款项=储蓄+会费+水电房租+个人调节税+医保、失保、养老金、公积金等各种扣款

其中不少项目计算方法复杂，如加班工资与节假日以及基本工资有关；病事假、缺勤工资扣款与职工工龄有关；所得税要分段按不同税率计算，所以计算量大，详见后述。

表 14-1　　数据来源和数据分类（按“变动频率”分类）

数据来源	数据分类	
	基本不变数据	变动数据
人事部门（人员调动）	工号（或工作证号）	
	姓　名	
	部　门	
	基本工资	
	工资性津贴	
	职岗补贴	
	地区补贴	
	副食品补贴	
	独生子女费	
	书报费	
	少数民族补贴	
	博士津贴	
	政府特贴	
	烈属补贴	
	待退岗补贴	
	养老金	
	医疗保险金	
	失业保险金	
	住房公积金	
劳资部门（考核统计）		加班费
		考勤工资扣款
职工所在部门（产质量统计）		奖　金
总务部门	车　贴	
	住宿费	
		伙食费
		托儿费
工　会	储　蓄	
	工会会费	
		互助金借款
房管处（房租费统计）	房租费	
水电公司（水电费统计）		水电费

（以上所列基本不变数据和变动数据的品种和名称在各个企事业单位中有所不同）

每月要对每位职工的数据进行计算，还要进行逐级汇总计算，编制汇总表、分配表和转账，所以计算重复、计算量大。

（3）输出精确性高、时间性强。

工资涉及每位职工和单位的利益以及国家的税收，输出精确性要求高；工资应及时发放，所以必须在企业规定的工资发放日期之前完成工资核算，并保证数据处理的正确性。

2.工资核算系统中数据的分类

为了便于计算机处理，可以把各个部门提供的数据分为两类（参见表14-1中的数据来源和数据分类）：

（1）基本不变数据。

属于基本不变数据类的，变动性小（如基本工资）。

（2）变动数据。

属于变动数据类的，几乎每月都有变动，具体对某一职工来说，有些数据可能发生，也可能不发生（如互助金借款），或者某一数据发生大小变化（如水电费扣款）。

3.工资核算系统数据流图

可按数据输入、数据处理和储存、数据输出三个步骤来描述工资核算系统（模块）的信息流程。根据图14-1和表14-1可以画出“工资核算系统数据流图”（如图14-2所示）。

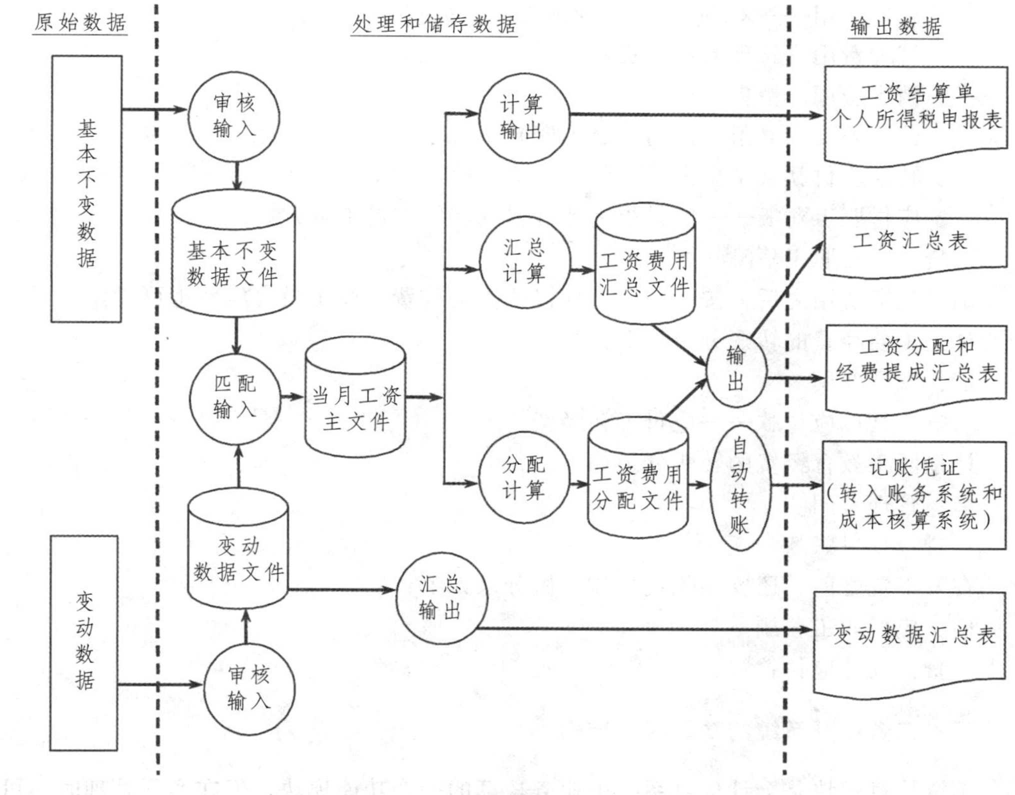

图14-2　工资核算系统数据流图

4.工资费用分配的分析

在计算好职工的工资后，应按部门汇总各项数据，而工资费用的分配则根据应发金额的各项汇总数据进行。直接形成产品成本中的工资成本，有两种方法处理：一种是按产品类别归集工资成本，需要生产部门提供各类产品的产量、工时，再按比例分配工资费用；另一种是按产品生产车间归集工资成本，按有关产品生产车间直接汇总工资费用。无论用哪种方法，其对应的会计科目都是“生产成本”。

凡不直接形成产品成本的工资成本，即为间接费用。其中，车间管理人员工资对应的会计科目是“制造费用”，行政管理部门人员工资对应的会计科目是“管理费用”。

对于不能列入成本的工资费用，在各项数据汇总时也应分别列支。例如：医务福利部门人员工资应由“应付福利费”列支；专职工会工作人员工资应由“工会经费”列支等。

应发金额的项目不仅包括基本工资，可能还包括浮动工资、副食品津贴等，应根据规定决定其对应科目。

工资费用分配的固定转账分录如下：

借：生产成本——基本生产成本——×产品（生产工人工资）
　　　　　　——辅助生产成本——×车间（辅助生产人员工资）
　　制造费用——×车间（车间管理人员工资）
　　管理费用（管理人员工资）
　　销售费用（销售人员工资）
　　营业外支出（附属部门人员工资）
　　其他应付款（工会人员工资）
　　应付职工薪酬——应付福利费（福利部门人员工资）
　贷：应付职工薪酬

确定工资费用之后，按一定比例计提的工会经费、职工教育经费也可确定。

计提工会经费的转账分录如下：

借：管理费用
　贷：其他应付款——应付工会经费

计提职工教育经费的转账分录如下：

借：管理费用
　贷：预付账款

在发工资之前，还要扣除代扣款，做分录如下：

借：应付职工薪酬
　贷：其他应付款

三、工资核算系统的功能模块结构

工资核算模块是会计信息系统中业务核算的一个功能模块，但在实际处理时，可把它作为一个主控模块用以控制和调用下属子模块。主控模块可以采用菜单方式，当操作人员在屏幕上选取相应的菜单项（或者键入相应的菜单代码）时，计算机程序就进入指定的子模块，各子模块也可用菜单法设计，当某一菜单执行结束后，或进入下一菜单工作，或返回到本模块，直到退出本系统。

工资核算的主控模块结构图，如图14-3所示。下面分述各子模块的结构图和程序框图。可根据主控模块和各子模块的结构图，用菜单设计器快速设计一个工资核算模块的菜单（如图14-4所示）供调用。各子模块的程序框图提供了一种方案，可直接使用，也可在此基础上修改加工。

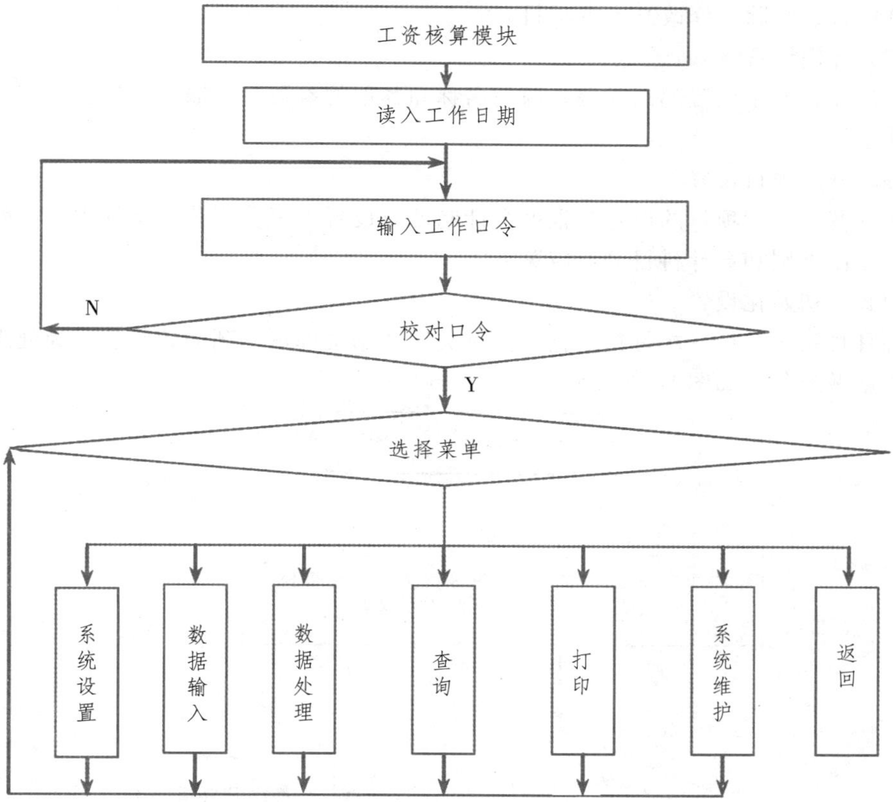

图14-3　工资核算主控模块结构图

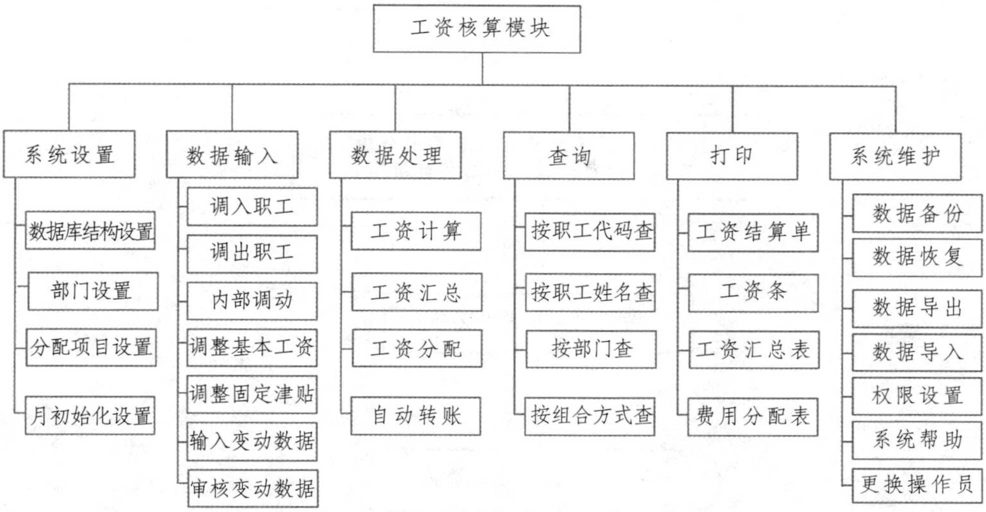

图14-4　工资核算子模块结构图

1.系统设置

（1）数据库结构设置

数据库结构设置就是定义和修改工资项目，在工资模块的数据文件建立之初需要定义工资项目，完成对工资项目计算公式的设置。在工资模块运行之后也有可能需要修改（插入、删除、修改）工资项目。

（2）部门设置

部门设置就是设置部门代码、部门名称和其他的参数，为输入、计算、储存和输出做准备。

（3）分配项目设置

工资费用分配项目的设置是根据会计制度，设置工资费用分配文件中对应的部门代码、工作类别和会计科目的对应关系。

（4）月初始化设置

每月月初，执行一次月初始化，使有关的数据文件恢复到初始状态，为处理本月工资数据做准备（如图14-5所示）。

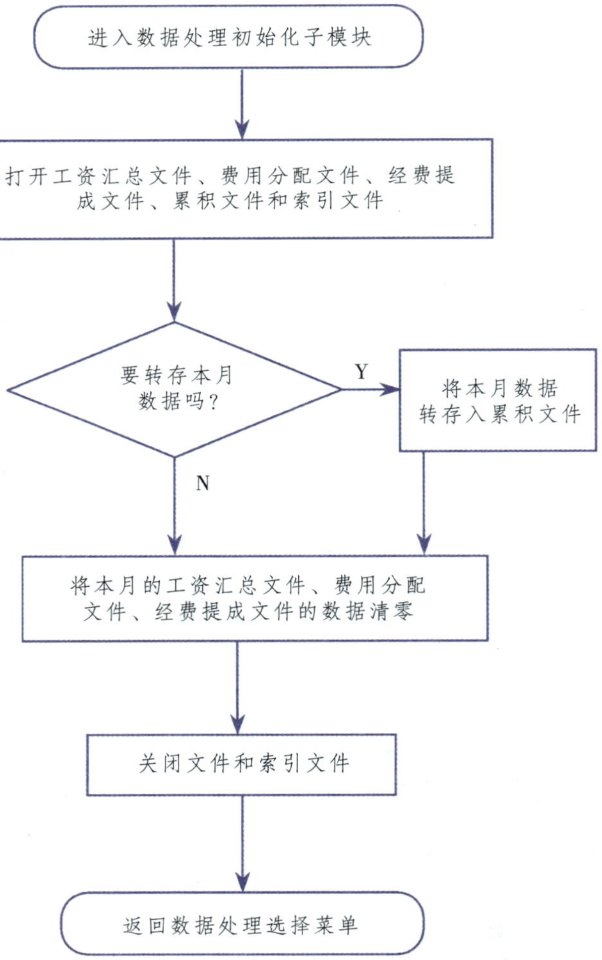

图14-5 工资核算数据处理月初始化程序框图

如果某些数据需要累计值，事先还需设置一个累计文件，以便随时了解该数据的累计值。如果需初始化的数据要保存，可打印纸质文件，或者用磁盘备份文件。这项备份工作可由程序在初始化前显示提示信息，也可在每月的数据产生之后马上进行。

2.数据输入

数据输入的程序框图如图14-6所示。

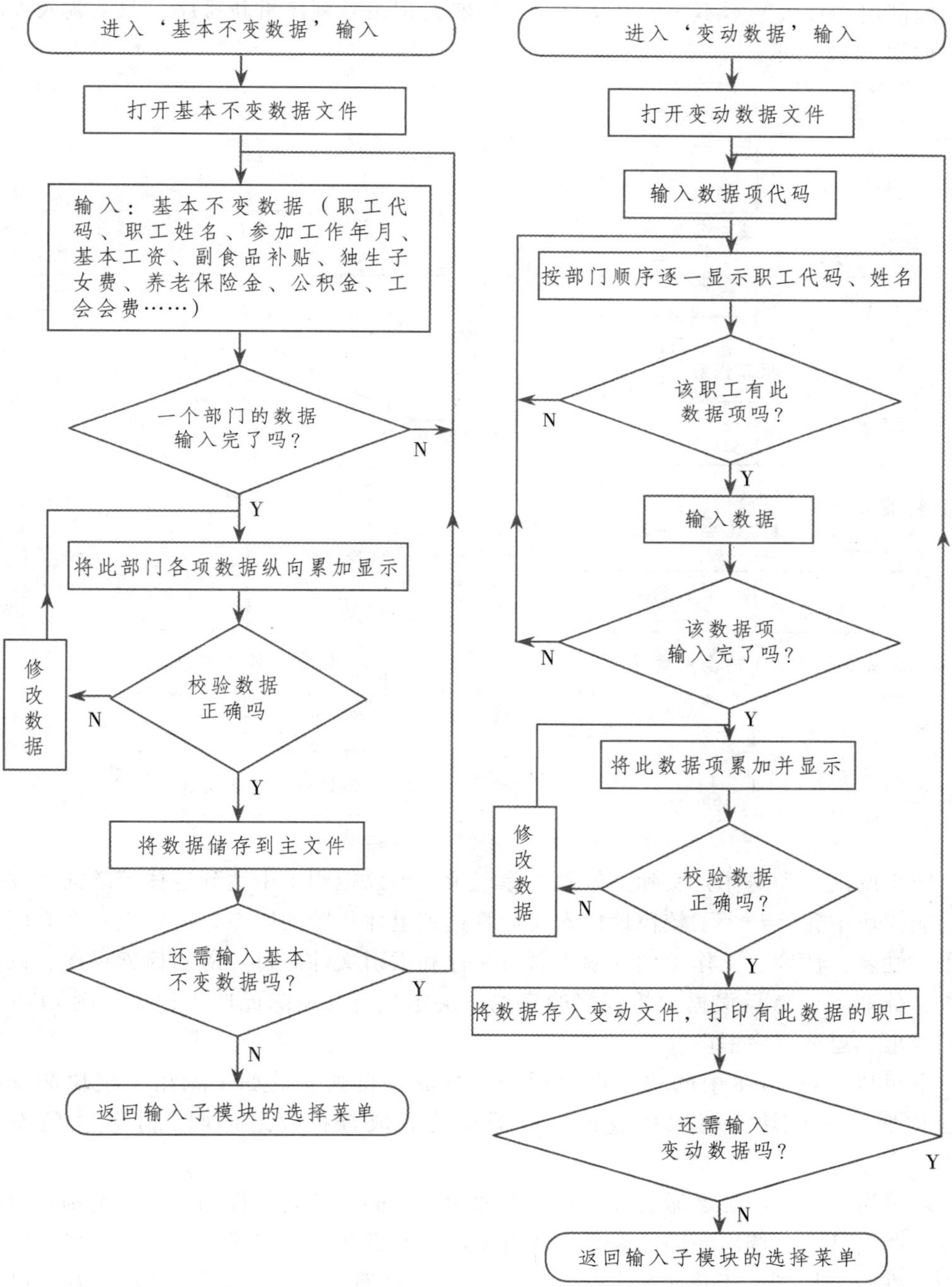

图14-6　输入子模块程序框图

（1）职工调入、调出、内部调动和调整基本工资、调整固定津贴

程序框图中的输入基本不变数据部分，只在建立工资核算模块和企业调整基本工资、固定津贴时，才需将部门各数据项累加，无误后，再输入下一个部门数据的程序，以后各月若没有变动就不必运行此程序了。

职工调入实际上就是插入新记录。按照职工代码的编号将调入职工的有关数据插入相应部门，存入基本不变数据文件中，同时按记录号顺序重新排序。职工调入程序框图如图14-7所示。

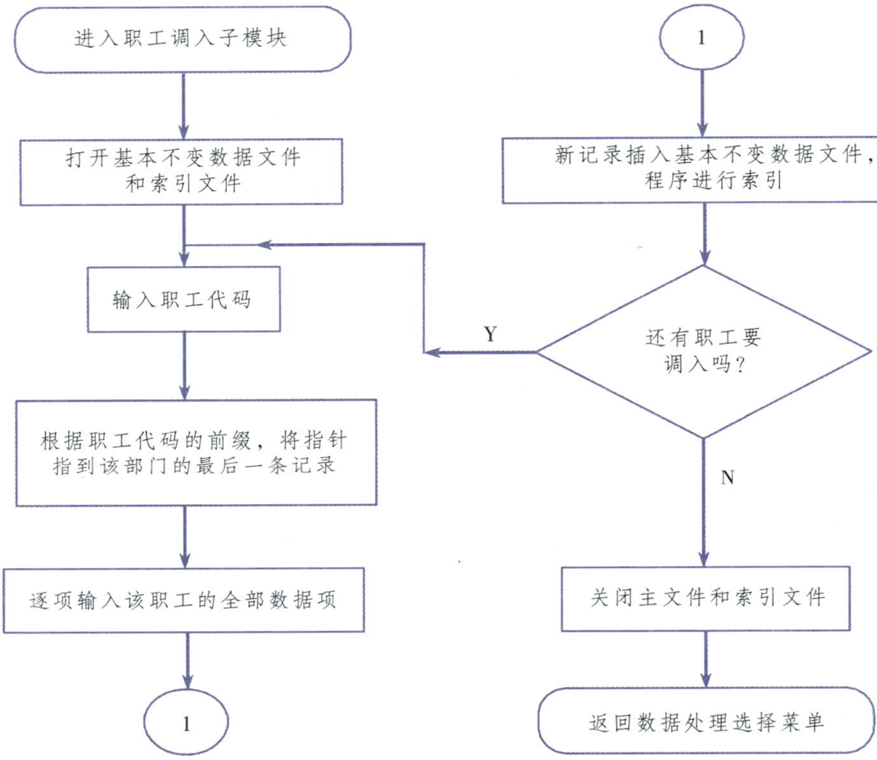

图14-7 职工调入程序框图

职工调出（和退休）实际上就是删除记录。可以把职工中达到退休年龄的也放在此功能模块中删除。为了较快地检索与计算达到退休年龄的职工，需建立一个有职工代码、姓名、性别、工作类别的职工名册文件和索引文件。每月应当检索一次，以查找应退休职工，然后根据主管部门的意见，决定是否要删除此职工记录。图14-8为职工调出、退休程序框图。

也可以把图14-8中的程序框图拆开，分成各自独立的职工调出子模块和查找应退休职工子模块，可以用查询设计器帮助完成查找应退休职工子模块的设计工作。

还可增设调出职工名册文件（可设置原职工代码、姓名、性别、工作类别、出生年月、调出日期、调出原因、联系方法等字段）和退休职工名册文件（可设置原职工代码、姓名、性别、工作类别、出生年月、退休日期、联系方法等字段），存入已调出和已退休职工的资料备查。

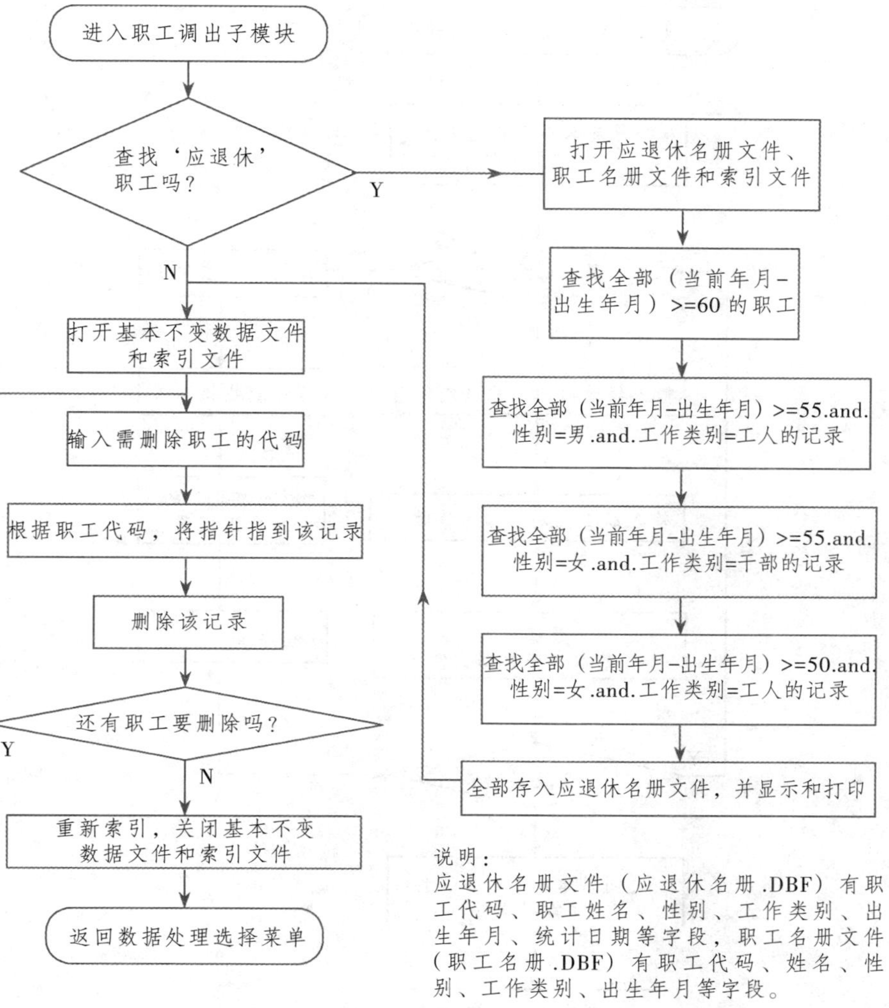

图 14-8 职工调出、退休程序框图

职工内部调动和其他变动包括职工的内部调动（修改职工代码的前缀）、某些数据项的数据修改，其功能主要是修改，图 14-9 为职工内部调动和其他变动程序框图。

在此基础上还可增设内部调动及修改备查文件（可设置原职工代码、职工代码、职工姓名、性别、内部调动日期、内部调动原因等字段），该文件应能记录某一职工多次调动及修改的所有数据。

调整基本工资和调整固定津贴也是对基本不变数据的少量修改。

（2）输入变动数据

输入变动数据每个月都要进行，而且数量很大。

（3）审核变动数据

由于工资数据关系到每位职工的利益、企业的利益和国家的税收，必须保证输入的原始数据的正确性，可设置总量校验法、输出审核法等各种方法。

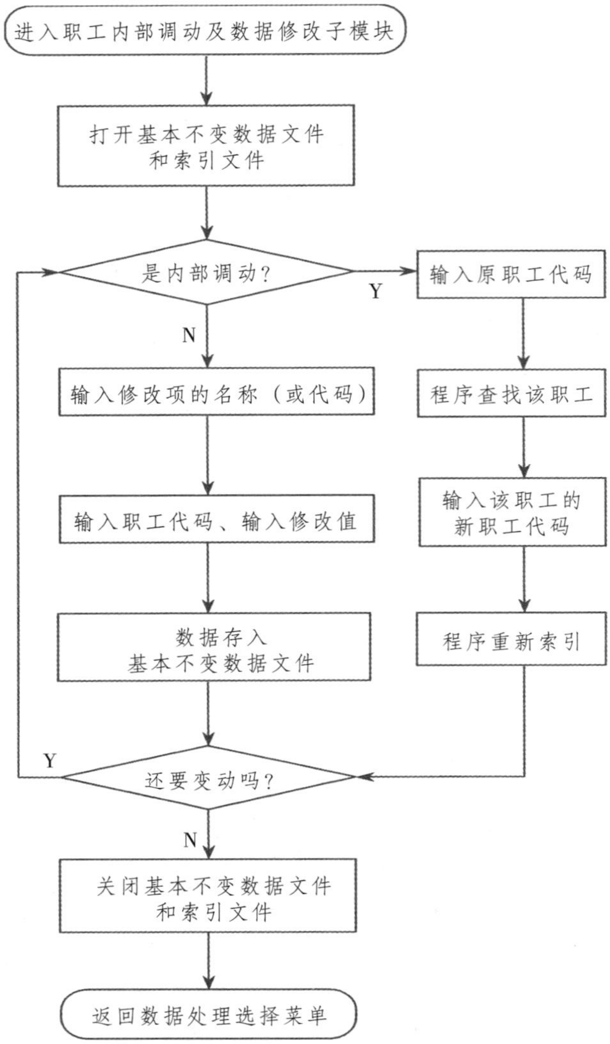

图 14-9 职工内部调动和其他变动程序框图

3.数据处理

数据处理子模块包括对基本不变数据文件记录的插入和删除程序，对数据的修改程序，在确认全部数据不再调整之后就进入数据计算、经费提成计算程序。

（1）工资计算

工资计算模块包括个人工资结算、工资发放单位及汇总部门工资累加。图 14-10 为个人工资计算及汇总程序框图。

在设计病事假扣款程序时，要注意按照劳动法的规定执行。在实际工作中，基本工资原数不变，在病假扣款项中，用基本工资×（1-病假百分比），即为病假应扣款。

若以现金发放工资，则还应有一个票面分类计算程序，该程序应放在一个职工的实发工资计算完毕之后立即进行，然后按工资发放单位将不同票面累加，计算出票面数和金额数，最后累加各工资发放单位的合计数，就是企业应提取的现金票面数。现在采用银行磁卡发放工资，则此项工作不做，所以不再叙述。

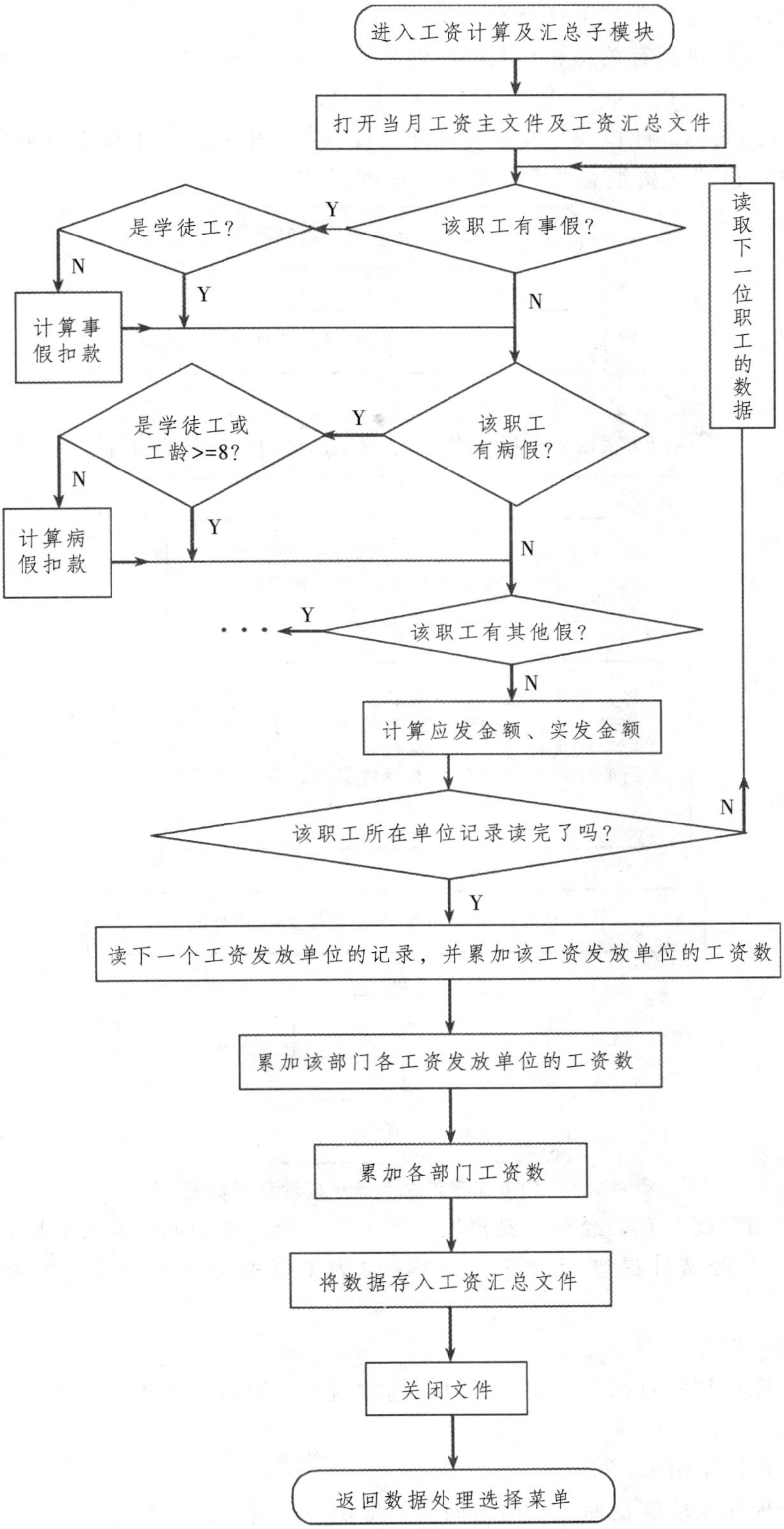

图14-10　个人工资计算及汇总程序框图

（2）工资汇总登账和工资分配

此模块主要进行有关总账和明细账的核算。由于工资明细账在工资分配和计提时已有明细项目，所以工资仅进行总账核算（一般地，月底无余额），其他有关账户需进行明细账的核算。此模块是在工资分配文件、工资汇总文件中调用有关数据，进行转存。图14-11为工资汇总登账子模块程序框图。

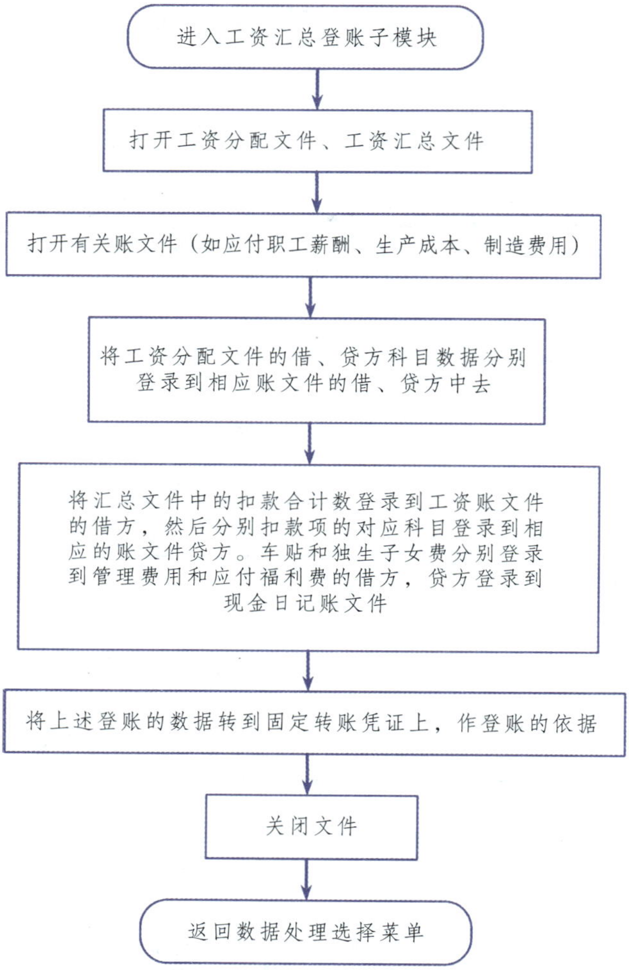

图14-11　工资汇总登账子模块程序框图

工资费用分配和有关经费计提模块只在工资汇总文件中调用有关数据，对工资费用分配和有关经费计提进行计算。图14-12为工资费用分配和有关经费计提程序框图。

（3）自动转账

自动转账模块每月操作一次，把对应的数据生成记账凭证转入账务核算系统和成本核算系统。

4.查询和打印输出

查询子模块要能够快速、灵活地向用户提供查询内容，一般按主关键字（职工代码）来查询，也可按其他数据项来查询，这就方便了用户。只要打开查询关键字所在

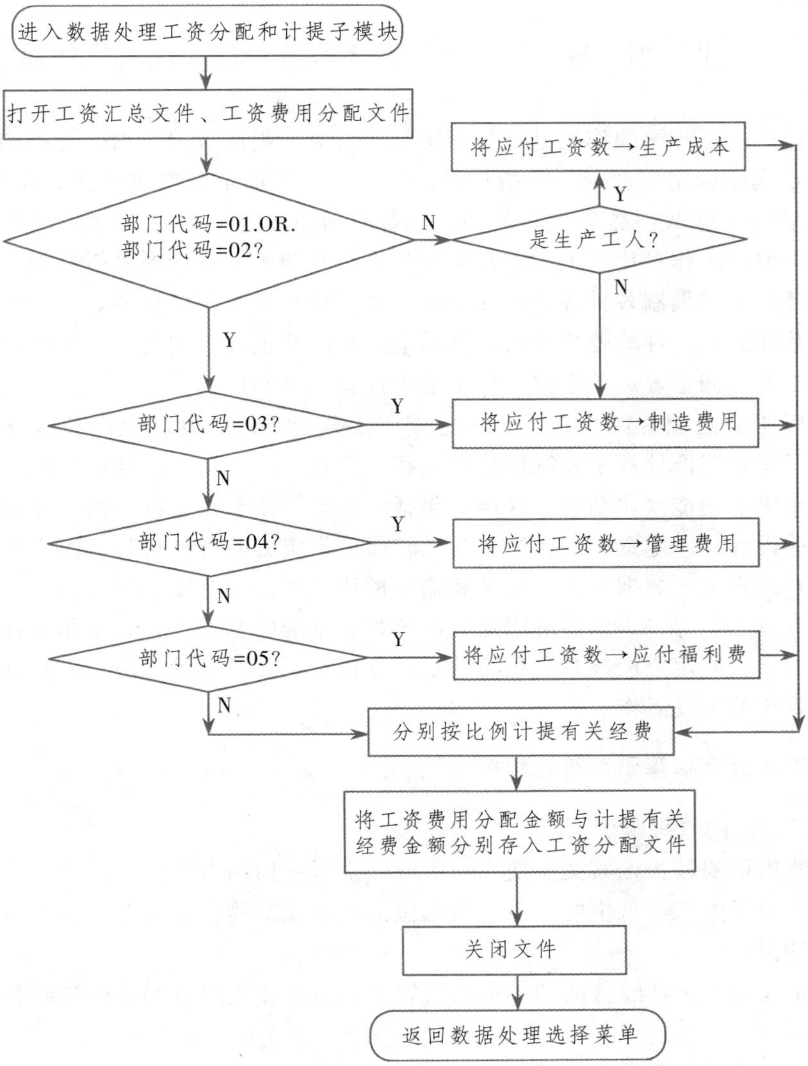

图 14-12　工资费用分配和有关经费计提程序框图

的文件，就能查询（显示）有关数据。这里预先设置了按职工代码查询、按职工姓名查询、按部门查询、按组合方式查询等多种方式。

在打印输出程序中，应先设计好打印报表的格式。可直接采用开发软件中的报表生成器设计，根据报表生成器中的提示编制后再做适当修改。这里预先设置了工资结算单、工资条、工资汇总表、费用分配表。

5.系统维护

系统维护模块中的数据备份、数据恢复、数据导出、数据导入、权限设置、更换操作员和系统帮助模块是一些公共模块，可以参考相关的计算机应用书籍，这里不再重复。

案例

工资核算系统的设计与开发

第二节 固定资产核算系统的系统分析和功能模块结构

固定资产核算系统的作用是进行固定资产总值、累计折旧数据的管理和部分成本核算，并且提供固定资产的各项指标管理。管好用好固定资产对保护企业财产完整、提高产品质量、降低产品成本和节约资金都具有重要意义。在固定资产的业务处理中，计提折旧的工作量比较大，每月都要计算出每项固定资产的月折旧额，按照部门或类别进行汇总，编制各种报表。建立固定资产核算子系统的目的是：在改变传统手工会计的数据储存、计算处理方式的基础上，提高数据处理的速度、精度和数据加工的深度，加强对固定资产的管理，保证成本计算的准确性。

本节以工业企业为例，介绍了固定资产核算子系统的管理范围和核算的主要业务，讲解了固定资产核算子系统的数据流程，分析了固定资产核算的特点，进行了系统分析，提供了功能模块结构的样例，包括：固定资产卡片文件中的卡片代码、数据储存文件的设计、固定资产的计算、自动转账中借贷方的会计科目、固定资产模块的结构图、系统设置、数据输入、处理和输出模块（查询和打印）等内容。

通过本节的学习，可以了解固定资产核算子系统的基本任务、工作原理和数据处理流程，在学会固定资产核算子系统的系统分析和基本的设计方法之后，进行固定资产核算子系统的开发工作。

一、固定资产核算子系统的数据流程

1.固定资产的管理范围

（1）使用期限较长，其受益期在一年或一个营业周期以上；

（2）不属于生产经营主要设备，但单位价值在规定的限额以上，且使用年限超过12个月的物品；

（3）企业用于生产经营活动、不以出售为目的，在使用过程中保持原有物质形态的资产。

例如：厂房、机器设备、运输工具。

2.固定资产的分类

固定资产的种类繁多，规格不一，为了企业管理的规范化，应当参照国家的有关规定，结合本企业的具体情况，对企业的固定资产实行分类管理。

固定资产可以分别按照经济用途、所有权关系、使用情况和自然属性分类。

（1）按照经济用途分类：生产经营用、非生产经营用；

（2）按照所有权关系分类：自有固定资产、租入固定资产；

（3）按照使用情况分类：在用固定资产、租出固定资产、未使用固定资产、不需用固定资产；

（4）按照自然属性分类：建筑物、机器设备、电子设备、运输设备、其他设备。

在会计实务中，通常采用综合方法对固定资产进行分类，具体如下：

（1）生产经营用固定资产；

（2）非生产经营用固定资产；

（3）租入固定资产；

（4）租出固定资产；

（5）未使用固定资产；

（6）不需用固定资产。

自然属性分类一般作为第二层次的分类，如生产经营用固定资产——运输设备。

3.固定资产核算的主要业务

对企业有关固定资产的业务进行统计分析，可以得到固定资产核算的主要业务汇总表（见表14-2）。

表14-2　　固定资产核算的主要业务汇总表

与固定资产有关的业务		固定资产变化	备注
固定资产的购入、建造、扩建，投资者投入、接受捐赠、融资租入		增加	
固定资产出售、报废、毁损，对外投资转出、捐赠转出、融资租出		减少	
固定资产的内部调动		总量不变	改变固定资产的使用部门或改变固定资产的经济用途
固定资产的清理		减少	固定资产清理中发生拆除、整理、废料入库、变卖收入
固定资产的清查	盘盈	增加	核查固定资产是否账实相符，对盘盈、盘亏的固定资产要查明原因，通过“以前年度损益调整”“待处理财产损溢——待处理固定资产损溢”账户进行处理
	盘亏	减少	
固定资产的折旧		减少	固定资产在使用过程中，其价值逐步损耗而转移到产成品或期间经营费用中去，需要正确计算固定资产的这部分转移价值，将其提留出来弥补固定资产的损耗
固定资产的修理		增加	修理费直接记入有关费用账户，如果一次修理费过大，可以采用待摊的方法核算

4.固定资产核算的数据流程

固定资产核算的数据流程是：先根据企业的实际情况，设置初始参数和核算规则，建立一个合适的固定资产账套，根据固定资产卡片需要输入的数据和计算机处理的需要，设置固定资产卡片文件的结构，再把原先固定资产卡片上的数据输入固定资产卡片文件，完成初始卡片的输入工作，在此基础上进行日常固定资产的增加、减少、内部调动和计提折旧，以及相关数据的分类、汇总、查询、打印输出、自动转账等各项工作。

（1）初始参数和核算规则设置

初始参数设置包括约定说明、启用月份、编码方式和财务软件数据接口等，这些参数在初始启用固定资产核算子系统时进行设置。

核算规则设置包括资产类别设置、部门设置、部门对应折旧科目设置、固定资产的增减方式设置、折旧方法设置。

①固定资产卡片的设置

固定资产卡片是固定资产处理的中心要素，其样例见表14-3。

表14-3　固定资产卡片样例

固定资产卡片代码	101210	使用部门代码	21
固定资产名称	办公楼	使用部门	设备处
规格类别	生产用房屋	固定资产类型	砖混结构
购建日期	1998.12.10		
启用日期	1999.02.12	预计使用年限（年）	50
原值（元）	2 382 569.00	预计净残值（元）	95 000
折旧方法	双倍余额递减法	累计折旧（元）	0
修理日期			
修理费用			

②固定资产卡片文件的结构定义

固定资产卡片文件的结构定义就是设置固定资产卡片项目，生成固定资产卡片文件的结构，参考样例见表14-4。

表14-4　固定资产卡片文件的结构

编号	卡片项目名称	类型	宽度	小数位	说明
1	固定资产卡片代码	字符型	6		是唯一区分固定资产的标志
2	固定资产名称	字符型	32		
3	制造公司	字符型	50		
4	制造日期	日期型	8		
5	制造号码	字符型	10		
6	型号规格	字符型	28		
7	购建日期	日期型	8		购建或取得的日期
8	启用日期	日期型	8		开始使用的日期，即从下月开始计提折旧
9	预计使用期限	数值型	2		
10	已经使用期限	数值型	2		
11	使用部门代码	字符型	2		按部门统计和计提折旧的标志
12	使用部门	字符型	2		
13	原值	数值型	12	4	固定资产的原始价值
14	预计净残值	数值型	12	4	固定资产报废后的变价收入（可简化为原值的3%~5%）
15	预计清理费	数值型	12	4	
16	折旧方法	数值型	1		例如：直线法、工作量法、双倍余额递减法、年数总和法
17	累计折旧	数值型	12	4	所提折旧的累计额
18	使用状态	字符型	12		
19	存放地点	字符型	32		
20	固定资产统一编号	字符型	22		
21	负责人	字符型	10		
22	备注	备注型	4		
23	取得方式	字符型	12		例如：购入、投资投入、接受捐赠、融资租入，设立此项是为了加强管理和自动转账
24	停用原因	备注型			
25	停用日期	日期型	8		
26	附属物品数量	数值型	3		
27	附属物品单价	数值型	8	2	
28	部件备件数量	数值型	3		
29	部件备件单价	数值型	8	2	

③初始卡片输入和储存

初始卡片输入就是把开始使用计算机时已经存在的固定资产卡片中的各项数据输入计算机，建立和储存固定资产卡片文件，这是固定资产系统最重要的初始化工作。

在一张固定资产卡片上，只允许记录一个或类型相同的一批固定资产。

固定资产卡片文件储存所有固定资产卡片中的数据，一张固定资产卡片对应的是固定资产卡片文件中的一条记录（见表14-5）。

表14-5　　固定资产卡片文件中的数据

卡片代码	固定资产名称	开始使用日期	原值（元）	预计使用年限（年）
101210	办公楼	1999.02.12	2 382 569	50
101211	一车间	1998.10.28	6 789 100	25

（2）日常处理

①计提折旧

月初，根据固定资产卡片文件中的数据，按照预先规定的固定资产的折旧方法，计算固定资产折旧额，按部门汇总折旧额，把结果储存在固定资产折旧文件中，从而可生成计提折旧分配表。

②固定资产增加、减少和内部调动

月内，根据与固定资产有关的原始凭证，固定资产增加、减少和内部调动的数据经过审核后，分别输入到固定资产增加、减少和内部调动三个文件中去。

③固定资产卡片文件中数据的更新

月末，固定资产增加、减少和内部调动文件中的数据经过审核后，由计算机程序更新固定资产卡片文件，即把增加的固定资产记录插入固定资产卡片文件中；把减少的固定资产记录从固定资产卡片文件中删除；内部调动的固定资产改变其使用部门等。

④固定资产卡片文件中数据的分类、汇总、查询和打印输出

根据固定资产卡片文件中的数据可以进行各种分类、汇总，生成固定资产增减变动表、部门固定资产明细表、折旧计算明细表、折旧汇总分配表等，根据记账后的固定资产变动文件就可以生成固定资产登记簿和明细账。利用卡片文件中的数据，可以查询和打印输出固定资产使用等账册与分析报表。

⑤自动转账

根据固定资产折旧文件和固定资产增加、减少文件统计的转账数据，自动生成记账凭证，转入账务处理子系统；根据固定资产折旧文件统计的折旧费用分配数据，自动生成记账凭证，转入成本核算子系统。

5.固定资产核算系统的数据流图

综上所述，可以绘制固定资产核算子系统数据流图，如图14-13所示。

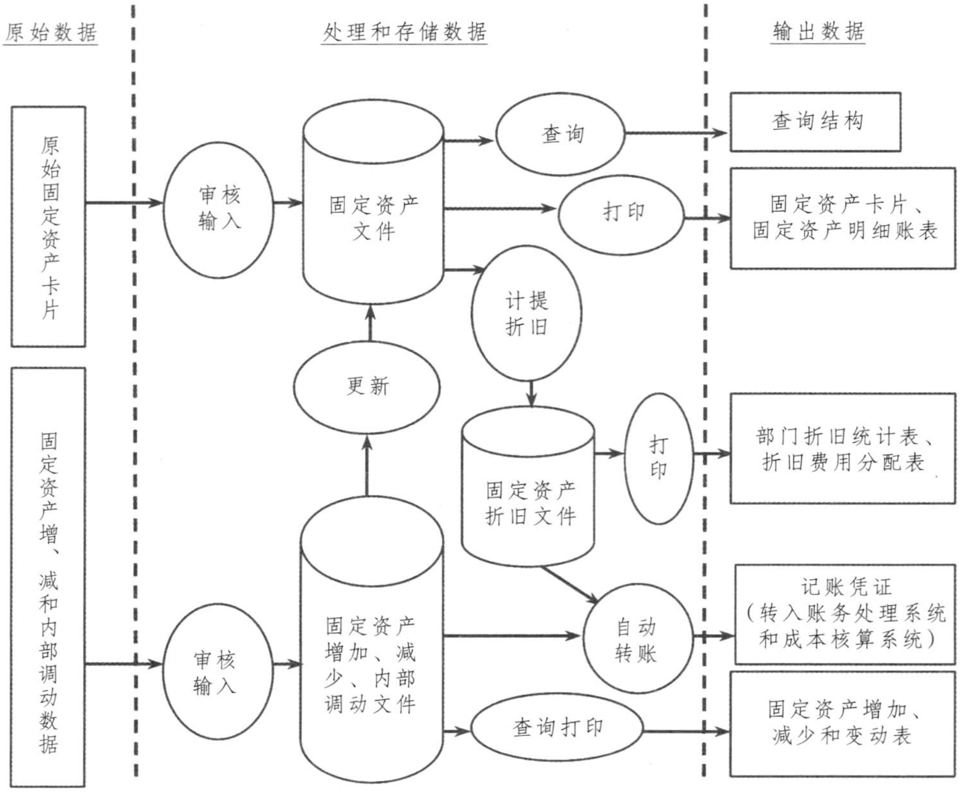

图14-13　固定资产核算子系统数据流图

二、固定资产核算子系统的系统分析

1.固定资产核算系统的特点

（1）数据存储量大

固定资产的价值较高，数量也比较多，需要对每一项固定资产建立卡片，要输入的数据项比较多，一般有代码、名称、原价、规格型号、启用日期、预计使用年限、折旧方式、累计折旧等，所以数据存储量大。

（2）日常数据输入少

在固定资产核算系统初始化设置之后，日常输入的是固定资产的购入、内部调动、清理等数据，输入量很少。一项固定资产的相关数据输入之后，直到它报废或出售，可以长期使用。

（3）输出内容多

由于使用的各种目的，往往某一项固定资产的数据需要反映在不同的账表上，所以，日常需要输出的量比较多。

2.固定资产卡片文件中的卡片代码

在固定资产卡片文件中，要为每一项固定资产确定一个代码，必须考虑代码的唯一性、系统性、可扩展性、简易性等，因为固定资产一般分为大类和小类，所以卡片代码可以仿照会计科目代码那样编码，如图14-14所示。

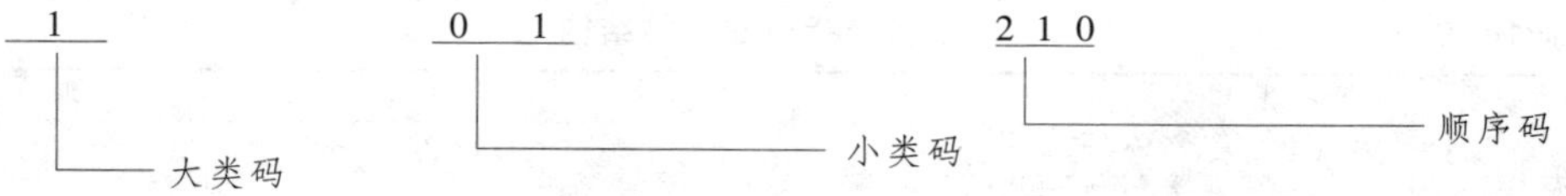

图 14-14　固定资产卡片代码设计

第一位是大类码，用来区分营业、非营业、出租、未使用等固定资产；

第二、三位是小类码，用来表示较详细的分类，如建筑物、机器设备等固定资产；

后面几位是顺序码，用来表示每一项固定资产的具体编号。

3.固定资产核算系统中数据储存文件的设计

在固定资产核算系统中用来储存数据的文件主要有固定资产卡片文件、固定资产增加文件、固定资产减少文件、固定资产内部调动文件和固定资产折旧文件。

固定资产卡片文件与固定资产增加文件的结构基本相同（参见表 14-3），在固定资产增加文件的结构中要增加制单、审核和登记标志三个字段，可参考表 14-4 固定资产卡片文件的结构。

固定资产减少文件、内部调动文件和固定资产折旧文件的结构分别参见表 14-6、表 14-7、表 14-8。

表 14-6　固定资产减少文件的结构

文件名：固定资产减少文件					
表结构：C：\用户\固定资产\固定资产减少					
字段	字段名	类型	宽度	小数位	说明
1	日期	日期型	8		
2	通知单编号	字符型	8		
3	固定资产代码	字符型	7		
4	减少原因	字符型	28		
5	制单	字符型	6		做制单工作的操作员
6	审核	字符型	6		做审核工作的操作员
7	登记标志	字符型	6		区分数据是否经过登记处理

表 14-7　固定资产内部调动文件的结构

文件名：固定资产内部调动文件					
表结构：C：\用户\固定资产\固定资产内部调动					
字段	字段名	类型	宽度	小数位	说明
1	日期	日期型	8		
2	通知单编号	字符型	8		
3	固定资产代码	字符型	7		
4	内部调动原因	字符型	28		
5	原部门代码	字符型	6		
6	新部门代码	字符型	6		
7	制单	字符型	6		做制单工作的操作员
8	审核	字符型	6		做审核工作的操作员
9	登记标志	字符型	6		区分数据是否经过登记处理

4.固定资产的计算

（1）原始价值

原始价值是购建固定资产时所发生的支出（包括买价、运输、安装、调试等全部费用）。原始价值是实际发生的、具有支付凭证的买卖双方认可的价格，具有可验证性和可操作性等特点。

表 14-8　　固定资产折旧文件的结构

文件名：固定资产折旧文件					
表结构：C：\用户\固定资产\固定资产折旧					
字段	字段名	类型	宽度	小数位	说明
1	部门代码	字符型	6		
2	部门名称	字符型	28		
3	费用科目代码	字符型	12		
4	费用科目名称	字符型	28		
5	折旧额	数值型	12	2	
6	制单	字符型	6		做制单工作的操作员
7	审核	字符型	6		做审核工作的操作员
8	登记标志	字符型	6		区分数据是否经过登记处理

（2）重置价值

重置价值是指在现时条件下重新购建同样的固定资产所需的全部支出。重置价值反映固定资产的现时价值，一般作为盘盈固定资产和接受捐赠固定资产的计价。

（3）净值

净值是指固定资产原始价值减去累计折旧后的余额，反映固定资产的新旧程度和实际占用的资金额。

（4）计提折旧的计算方法

企业常用的固定资产计提折旧的计算方法如下：

①平均年限法（直线法）

平均年限法又称直线法，是根据固定资产的预计使用年限平均计算折旧的一种方法，各期的折旧额是相等的，公式如下：

年折旧率=（1-预计净残值率）÷预计使用年限×100%

月折旧率=年折旧率÷12

月折旧额=原值×月折旧率

②工作量法

工作量法是根据实际工作量计提折旧的一种方法，这里的工作量可以是汽车的行驶里程、机器设备的工作时间等。

按照行驶里程计算折旧的公式为：

单位里程折旧额=固定资产原值×（1-预计净残值率）÷预计总行驶里程

月行驶里程=该月份行驶里程×单位里程折旧额

按照工作时间计算折旧的公式为：

每工作小时折旧额=固定资产原值×（1-预计净残值率）÷预计总工作小时

月折旧额=该月份工作小时×每工作小时折旧额

③双倍余额递减法

双倍余额递减法是将固定资产期初折余价值乘以平均年限法的折旧率的两倍计算固定资产折旧的方法，其计算公式为：

年折旧率=2÷固定资产的预计使用年限×100%

月折旧率=年折旧率÷12

月折旧额=固定资产账面净值×月折旧率

（注意：在到期的最后两年，月折旧额=固定资产账面净值÷2÷12）

④年数总和法

年数总和法是根据固定资产应提折旧额乘以按年数总和计算出的折旧率计算折旧额的一种方法，其计算公式如下：

年折旧率=（预计使用年限-已使用年数）÷预计使用年限的年数总和×100%

预计使用年限的年数总和=预计使用年限×（预计使用年限+1）÷2

月折旧率=年折旧率÷12

月折旧额=（固定资产原值-预计净残值）×月折旧率

5.自动转账中借、贷方的会计科目

自动转账中对应的借、贷方会计科目应该预先设置，清单见表14-9。

表14-9　自动生成记账凭证和模式凭证中的会计科目

与固定资产会计科目有关的会计业务	自动生成记账凭证和模式凭证中的会计科目
购入固定资产	借：固定资产 贷：累计折旧 银行存款（或应付账款）
建造完工固定资产	借：固定资产 贷：在建工程
投资投入固定资产	借：固定资产 贷：累计折旧 实收资本
接受捐赠固定资产	借：固定资产 贷：累计折旧 营业外收入
融资租入固定资产	借：固定资产——融资租入固定资产 贷：累计折旧 长期应付款——应付融资租赁款
固定资产盘盈	借：固定资产 贷：累计折旧 以前年度损益调整
固定资产出售、报废、毁损、	借：资产处置损益 累计折旧 贷：固定资产
固定资产盘亏	借：待处理财产损溢 累计折旧 贷：固定资产
固定资产折旧	借：生产成本——基本生产成本（××产品） ——辅助生产成本（××车间） 制造费用——××车间（对应基本生产车间） 管理费用（对应管理部门） 贷：累计折旧
修理费摊销	借：生产成本——基本生产成本（××产品） ——辅助生产成本（××车间） 制造费用——××车间（对应基本生产车间） 管理费用（对应管理部门） 贷：长期待摊费用
对外投资转出固定资产	借：长期股权投资 累计折旧 贷：固定资产

注：（1）结清固定资产清理账户的分录、固定资产修理费用的支出，都放在账务处理子系统中处理。

（2）若是新的固定资产，则累计折旧会计科目的数据为0，无须填写。

三、固定资产核算子系统的功能模块结构

1.固定资产核算子系统的模块结构图

固定资产核算子系统的模块结构可以表示为图14-15。

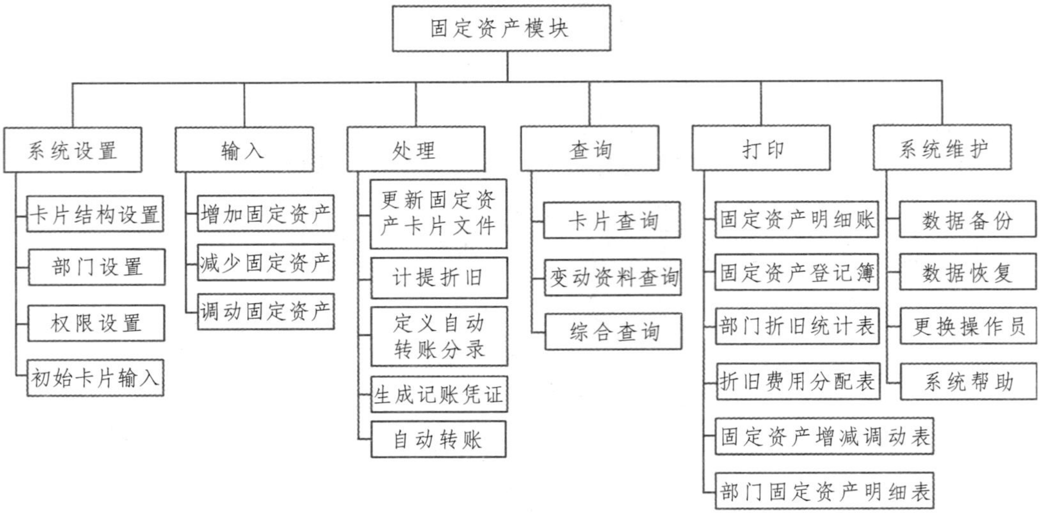

图14-15 固定资产核算子系统模块的结构

2.系统设置模块

系统设置模块处理的是在系统运行之初要完成的初始输入工作，把核算和管理所需的基本数据输入计算机。

（1）卡片结构设置

根据企业对固定资产管理的需要，设置好每张固定资产卡片的结构备用，参考样例见表14-4。

（2）部门设置

部门设置就是把企业所有部门的代码和名称输入、储存到部门文件中备用，也可从账务处理子系统中导入。

（3）权限设置

权限设置就是对操作人员的增、减和对每位操作人员的操作权限的设置。

（4）初始卡片输入

初始卡片输入是把开始使用固定资产核算系统时已经存在的固定资产卡片中的各项数据输入、储存在固定资产卡片文件中。设计时可参考固定资产卡片样例和固定资产卡片文件的结构。

3.输入模块

（1）增加固定资产

增加固定资产是把日常的固定资产增加的数据经过审核输入到固定资产增加文件中去。设计方法与初始卡片输入的设计方法相似。

（2）减少固定资产

减少固定资产是把日常的固定资产减少的数据经过审核输入到固定资产减少文件

中去。设计时可参考固定资产减少文件的结构。

（3）内部调动

内部调动是把日常的固定资产内部调动数据经过审核输入到固定资产内部调动文件中去。设计时可参考固定资产内部调动文件的结构。

资产内部调动包括原值变动、部门转移、使用状况变动、使用年限调整、净残值（率）调整、工作总量调整、折旧方法调整、累计折旧调整等。

4.处理模块

（1）更新固定资产卡片文件

在一个会计期间结束后，自动以如下步骤更新固定资产卡片文件：

①将固定资产增加文件中登记标志为未登记的记录添加到固定资产卡片文件中，再把该条记录中的未登记改为已登记。

②以固定资产减少文件中登记标志为未登记的记录为依据，把固定资产卡片文件中对应的记录删除，再把未登记改为已登记。

③扫描固定资产内部调动文件，以固定资产代码和原部门代码为查找关键字，在固定资产卡片文件中找到对应的记录，把使用部门代码替换为新部门代码，再把未登记改为已登记。

（2）计提折旧

每月月初（本月将增加的固定资产还没有进入，本月将减少的固定资产还没有调离），先按单项固定资产计算月折旧额，再按部门汇总，储存在固定资产折旧文件中，直到固定资产卡片文件中的所有固定资产都计提折旧为止。

（3）定义自动转账分录、生成记账凭证和自动转账

根据固定资产折旧文件和固定资产增加、减少文件统计的转账数据，自动生成记账凭证，转入账务处理子系统；根据固定资产折旧文件统计的折旧费用分配数据，自动生成记账凭证，转入成本核算子系统。在自动生成记账凭证的程序中，要预先根据会计业务设置好对应的会计科目，可参考自动生成记账凭证中的会计科目。

5.输出模块（查询和打印模块）

数据经过输入、计算，储存在计算机中的文件里之后，可以按不同的要求在屏幕上显示查询结果，或者用打印机打印输出。在图14-15固定资产模块的结构图中，预设了常用的查询和打印项目，其设计方法大同小异，可以用开发工具中的查询设计器和报表设计器快速生成后再做修改，简述如下：

（1）固定资产卡片、部门固定资产明细表、固定资产登记簿

固定资产卡片可以显示各个单项固定资产的详细内容，可从固定资产卡片文件中提取数据。

部门固定资产明细表、固定资产登记簿等的设计与固定资产卡片类似，这里从略。

（2）固定资产增减变动表、部门折旧统计表、折旧费用分配表

固定资产增减变动表、部门折旧统计表、折旧费用分配表是从固定资产折旧文件中提取、加工数据的，其输出格式分别见表14-10、表14-11、表14-12。

表 14-10　　固定资产增减变动表

部门代码：　　年　月　　部门名称：

固定资产代码	固定资产名称	日期	增加固定资产来源	增加固定资产原价	减少固定资产原因	减少固定资产净值

表 14-11　　部门折旧统计表

部门代码：　　年　月　　部门名称：

序号	部门代码	部门名称	固定资产代码	固定资产名称	原值	预计净残值	本月折旧	累计折旧
1								
2								
3								
4								
5								
合　计								

表 14-12　　折旧费用分配表

部门代码：　　年　月　　部门名称：

费用科目代码	费用科目名称	折旧额
合　计		

（3）固定资产增减变动表等固定资产变动资料查询、综合查询

固定资产变动资料查询和综合查询要从固定资产卡片文件、固定资产增加文件、固定资产减少文件和固定资产内部调动文件中提取数据进行加工，按要求输出。

6.系统维护模块

系统维护模块中的数据备份、数据恢复、更换操作员和系统帮助模块是一些公共模块，可以参考相关的计算机应用书籍，这里不再重复。

第三节 往来管理系统的系统分析和功能模块结构

一、往来管理系统的数据流程

1.往来管理系统的任务与特点

（1）往来管理系统的任务

企业在生产经营过程中，必然要和金融机构、其他企业以及经济实体产生许多经济往来，经常会出现一些待结未结的应收、应付款项，即往来款项。对这些往来款项的管理通常称为往来管理。往来管理包括应收款项（应收账款、应收票据、预付账款、其他应收款）和应付款项（应付账款、应付票据、预收账款、其他应付款）的管理。其主要任务是：

①应收款项管理的任务主要包括：控制赊销合同的签订；记录应收款项业务详细情况；按照规定的计提比例和方法提取坏账准备，并对确实无法收回的坏账及时按规定处理；分析应收账款拖欠情况，评价客户偿债能力和信誉程度。

②应付款项管理的任务主要包括：确认企业的债务关系，监督企业按规定形成应付款、按时偿还债务，促进企业提高信用度；正确计算应付票据的利息，按权责发生制原则进行核算；及时提供应付款项的明细情况，以便企业制订近期还款计划和中期筹资还款计划。

（2）往来管理系统的特点

①核算的及时性要求高。要及时反映往来款项的动态信息，使企业管理者和决策者做出合理决策。

②要提供各种管理或决策所需的信息。除了日常核算提供往来款项的动态信息外，还要利用账龄分析等方法加强销售管理，防止坏账损失。同时要进行市场预测，为市场营销提供多层次、多角度的决策信息。

③与其他会计信息子系统联系紧密。往来管理系统与材料核算、销售核算和账务处理系统都有联系。

2.往来管理系统的数据处理流程

电算化往来管理软件的数据流程是根据手工往来管理的业务处理流程并结合计算机特点进行描述的。由于应收款项管理软件与应付款项管理软件的原理基本相同，所以本章仅以应收款项管理为例介绍其基本原理。电算化应收款项管理软件的数据处理流程如图14-16所示。

①将应收款项发生凭证和收款凭证输入到凭证临时文件中，同时对新增客户要在客户文件中建立档案。

②对凭证临时文件中的应收款项发生凭证和收款凭证进行审核，经审核签字后将其存储到凭证文件中。

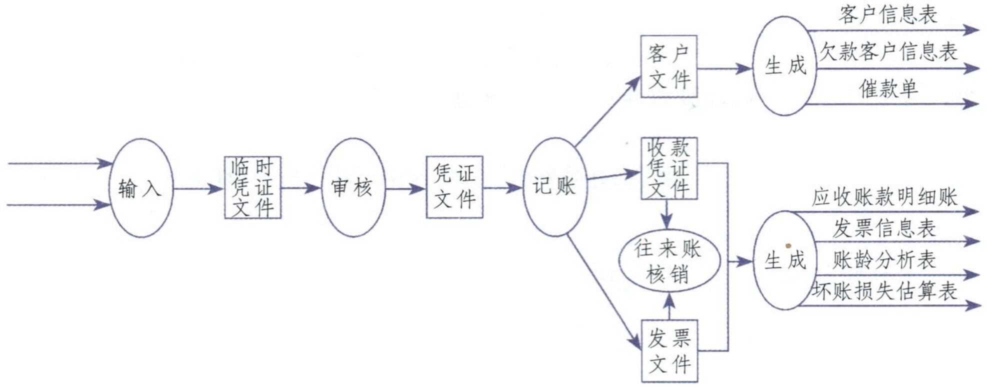

图 14-16 应收款项管理软件数据处理流程图

③将审核后的凭证记账于收款凭证文件和发票文件中，同时更新客户文件，其中：收款凭证文件存放记账后收款凭证；发票文件存放记账后的全部发票信息，详细反映每一张发票的发生、货款收回及所欠余额情况；客户文件存储客户的固定信息及所欠账款等综合变动信息。

④由客户文件生成客户信息表、欠款客户信息表和催款单。由收款凭证文件和发票文件生成应收账款明细账、发票信息表、账龄分析表和坏账损失估算表。

下面以应收款项管理软件来介绍它的实际应用。

3.应收款项管理软件的应用

（1）凭证输入审核与记账

应收款项管理软件输入的凭证有销售发票和收款凭证。选择发票输入功能和收款凭证输入功能，按软件提示操作即可完成输入工作。为了保证凭证数据的正确性，必须使用审核功能对凭证进行审核，审核签字后才能记账。记账工作由计算机自动完成。

（2）往来账核销

往来账核销是对债权债务已结清的往来业务打上结清的标记。往来账核销分为自动核销和手工核销两个功能。自动核销是将发货票和收款单以发票号联系在一起，由计算机自动核销，主要分三种情况：

①收款单金额之和与发货票金额一致。

一张发货票上的货款可以由一张收款单收回，也可以由多张收款单收回。当对应于这张发货票的所有收款单上的金额之和与发货票上的金额相等时，可在发货票已收金额栏中填列与发货票应收金额栏相同的值，同时在这张发货票和相应的收款单上作核销标志。

②收款单上的金额之和小于发货票上的金额。

当一张或数张收款单上的金额之和小于发货票上的总金额时，应在发货票的已收金额栏内填写已收到的金额之和，不作核销标志，收款单也不作核销标志。直到下次自动对账，所有收款单金额之和与发货票金额相等时，再作核销标志。

③收款单上的金额之和大于发货票上的金额。

收款单上的金额之和大于发货票上的金额时，应在发货票已收金额栏填列与发货票金额相等的数值，但不作核销标志，收款单也不作核销标志。这种情况只能手工核销。选择手工核销功能时，通常屏幕分为上、下两部分，分别显示发货票和收款单信息。用户经分析确认某笔往来业务已结清，则可按软件操作提示，作核销标志。

（3）账表输出

账表输出功能可以查询和打印输出应收款项管理所需要的各种账表，如应收账款明细表、应收账款汇总表、欠款客户信息表、账龄分析表和坏账损失估算表等。

二、往来管理系统的系统分析

1.应收款项管理软件的系统分析

（1）应收款项管理软件的数据文件

应收款项管理软件的数据文件主要有三类：存放销售及结算业务数据的应收账款主文件；存放管理和辅助信息的销售合同文件、客户资料文件和销售计划文件；存放解决核算需要的记账凭证文件。除此之外，还有一些存放价格政策、结算方式、交易方式、付款条件和税率等基础设置的数据文件。这些文件的作用和结构分析说明如下：

①应收账款主文件。应收账款主文件用来存放货款结算情况的详细数据。这个数据文件通常包括如下内容：客户单位、合同号、产品名称、合同收款日期、应收金额、实收金额、收款日期。

由于不同企业用户的需求可能有差别，所以设计较好的软件应该允许用户在基本结构上增加必要的字段。

②辅助数据文件。辅助数据文件主要用来存放销售管理和进行分析统计所需要的辅助信息。在应收款项管理软件中，辅助数据文件主要有客户资料文件和销售计划、销售合同文件，这两个文件的结构设置应该比较灵活，以满足不同企业用户的需要。例如，客户资料文件除客户编码、客户单位名称、银行账号、邮政编码、地址和联系人外，一般还应设置几个允许用户自定义的字段供用户使用。

③记账凭证文件。记账凭证文件是为了存放系统生成的记账凭证，以便传送到账务处理系统供相应的账务处理使用。该文件与账务处理系统凭证文件的结构相同，该文件中的记录是由系统根据销售业务处理有关单据自动生成的，因此文件记录只能读不能修改。

④其他数据文件。其他数据文件是指除上述文件之外的存放价格政策、结算方式、交易方式、付款条件和税率等基础设置的数据文件。这些数据文件存放的内容与数据处理的实际情况密切相关，因此这些数据文件从结构到库记录一般都是事先设计好的，使用户可以在初始设置时选择设置。为了使系统具有一定的通用性和灵活性，这些数据文件中的一些内容，如税率等，允许用户进行修改。

（2）应收款项管理系统的编码

应收款项管理系统最主要的编码是客户代码。客户代码要对每一个客户单位进行编码，编码的原则是客户代码与客户单位一一对应，即每一个客户单位对应唯一的客户代码。用户有了客户代码就可以方便、快速地输入、查询和修改客户数据。

客户代码一般采用群码方式进行编码，以便用户根据需要进行分类、汇总等处理。例如，有些企业的客户代码包括客户所属国家、地区、客户单位性质等部分，以便分地区、分客户单位性质等进行分类统计。设计客户代码时既要考虑方便使用，也要有一定的扩展性，以便为企业将来的发展需要留有一定余地。

2.应付款项管理软件的系统分析

（1）应付款项管理软件的数据文件

应付款项管理软件涉及的数据文件较多，包括供应商档案文件、采购订单文件、发票文件、临时入库文件等。下面对主要数据文件的作用结构进行分析。

①供应商档案文件

供应商档案文件用于存储所有供应商的固定信息，文件中的每一个记录对应一个供应商，根据此文件可以查阅供应商的各种信息。该文件的建立主要是为企业的采购核算与管理、存货核算与管理、应付账款核算与管理服务，并保证在填制采购入库单、采购发票和进行采购核算、应付账款结算以及供应单位统计时提供一致的供应商信息，提高数据处理速度，减少工作差错。供应商档案文件的数据结构通常包括如下内容：供应商编码、供应商名称、供应商地址、邮政编码、电话、开户银行、纳税编号、法人代表、信用等级、信用额度、信用期限、付款条件、发展日期、停用日期。

②采购订单文件

采购订单文件是用来存储各种采购订单的数据文件。采购订单文件的数据结构通常包括：日期、订单号、供应商编码、付款条件、订货部门、运费、业务员、计划周期、运货方式、送货地址、存货编码、订货数量、订货单价、税率、已收数量、制单人、审核人、状态。

（2）应付款项管理系统的编码

应付款项管理系统最主要的编码是供应商编码。供应商编码要对每一个供应商单位进行编码，编码的原则是供应商编码与供应商单位一一对应，即每一个供应商单位对应唯一的供应商编码。用户有了供应商编码就可以方便、快速地输入、查询和修改供应商数据。编码方式可参照客户代码的编码方式。

三、往来管理系统的功能模块结构

1.应收款项管理系统的功能模块结构

应收款项管理系统主要功能模块如图14-17所示。

应收款项管理系统一般设置：系统初始设置、销售业务处理、统计报表输出、转账处理、查询和系统维护等功能模块。现将各功能模块的基本作用介绍如下：

（1）系统初始设置

系统初始设置的主要作用是建立客户资料和设置与销售业务有关的公共码表。这些公共码表可以提供如销售部门、销售人员等信息。除了可以方便、快速地输入外，更主要的作用是作为进行各类数据分类统计的依据。另一类码表是为了业务处理使用，如税率、销售方式、结算方式和付款条件等。如果应收款项管理系统不与库存管理系统集成运行，则还应设置产品代码等信息，并且应注意与库存管理系统的产品代码保持一致。

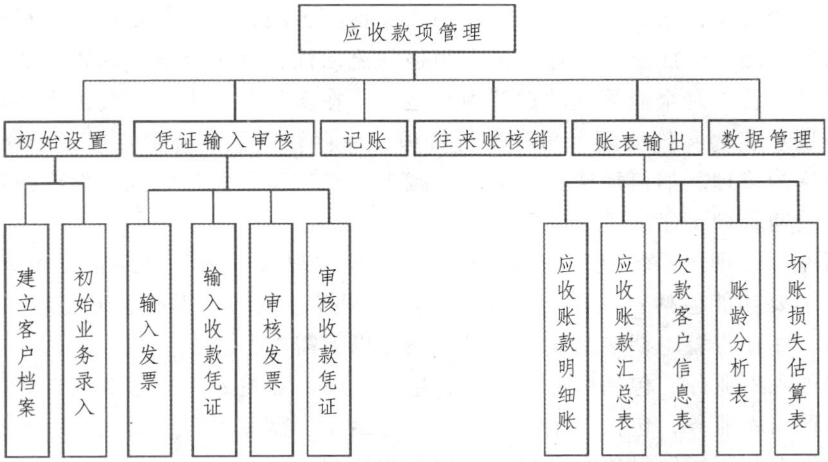

图 14-17　应收款项管理系统主要功能模块图

（2）销售业务处理

销售业务处理主要是销售订单、销售发票收款单的录入和货款结算及退货处理。根据销售方式的不同，用户可以从录入销售订单开始，也可以从录入销售发票或收款单开始销售业务。一般来说，为了方便用户使用、保持数据一致性，销售订单、销售发票、收款单应该可以相互生成。

（3）统计报表输出

统计报表输出功能可以输出用户需要的各种统计报表。对于常规报表，系统一般提供模板供用户使用。

（4）转账处理

转账处理功能的基本作用是根据输入的业务数据生成记账凭证，以便进行有关的账务处理。由于销售、应收款项的会计核算科目与结算和交易方式有明确的对应关系，因此记账凭证设置一般在结算方式、交易方式中设置对应科目来完成；记账凭证生成一般在业务确认处理中自动生成并确认，在与账务处理系统集成运行时，生成的记账凭证一般实时传送到账务处理系统中。

（5）查询

所有的会计子系统都有查询功能，应收款项管理系统也不例外。较为理想的查询功能应该可以根据用户的查询条件对记录进行筛选，而且可以按条件组合进行模糊查询。

2.应付款项管理系统的功能模块结构

由于应付款项管理系统与应收款项管理系统的原理基本相同，故本节从略。

第四节　库存管理系统的系统分析和功能模块结构

一、库存管理系统的数据流程

企业为了保证生产经营活动连续、顺利地进行，需要储备一定数量的存货。存货是一个广义的概念，指企业为销售或耗用而储备的各项资产，主要包括原材料、在产品、自制半成品、产成品等。存货具有很强的流动性，属于企业流动资产的范畴。

对存货的管理是企业管理的重要内容之一，在实际业务中，一般由仓储部门和财务部门分别从实物和价值两个角度进行管理。库存管理子系统主要应用于仓储部门，完成对物流的管理。如何加速物料流动，减少库存积压，加强物流的批次跟踪，严格物料的失效期管理是库存管理的重点。

应用库存管理子系统进行辅助管理，可以使数据流和物流达到完美和谐的统一。该系统的主要功能包括：入库、出库、盘点、调拨、组装、拆卸、形态转换、限额、账表查询、库存告警、期末结账等，可以满足以下需求：

①多种入库业务，包括：采购入库、生产入库、盘盈入库、其他入库等。

②多种出库业务，包括：生产领料、销售出库、盘亏出库、其他出库等；可以根据生产计划编制限额领料单并进行生产领料的控制。

③盘点、调拨业务，通过输入盘点表自动执行盘点功能，物料在仓库之间进行调入、调出等业务。

④组装、拆卸、形态转换业务，通过组装可以由散件形成套件；通过拆卸可以由套件形成散件；通过形态转换功能，可以使物料从一种形态转换为另一种物料的另一种形态。

⑤可以实现上述业务数据在异地之间传输的功能。

⑥库存与存货账各个明细品种的核对。

⑦库存账表的查询和统计，并可以进行存储库龄和物料分布的分析。

⑧库存告警，包括超储、短缺、过期、物料复检等方面的告警。

存货是指企业在生产经营过程中为销售或耗用而储存的各种有形资产，包括各种有形资产，如原材料、燃料、包装物、低值易耗品、委托加工材料、在产品、产成品、商品等。存货范围的确认，应以企业对存货是否具有法定所有权为依据，凡在盘存日期、法定所有权属于企业的一切物品，不论其存放何处或处于何种状态，都应作为企业的存货。

在会计信息系统中，存货的核算主要指材料的核算。

1.材料核算的任务和特点

（1）材料核算的主要任务

①反映和监督材料采购资金的支出情况，正确计算材料采购成本，加强对材料采购工作的管理。

②反映和监督材料的收、发、领、退和库存保管情况，以及储备资金的占用情况。

③反映和监督材料的消耗定额执行情况，正确计算产品成本中的材料费用，促进企业节约材料开支，努力降低产品成本。

（2）材料核算的特点

材料核算在企业会计核算中占据重要地位。材料核算的特点有以下几方面：

①数据量大。

在企业的生产过程中，涉及的材料品种规格繁多，对每个具体的品种都要进行详细全面的反映。每种材料的核算不仅要反映其数量指标，还要反映其价值指标，同时既要反映动态情况，又要反映静态的信息，因此，材料核算需要存储和处理的数据量很大。

②数据处理频率高。

为保证生产的顺利进行，必须经常进行材料采购，而且在生产过程中材料的收发领用业务也相当频繁。因此，材料核算的数据处理频率较高。

③核算内容广。

在进行材料核算时，既要反映材料采购业务，又要反映库存材料的收发存情况，还要反映生产过程中对材料的消耗情况，因而材料核算内容较广。

④核算方法复杂。

材料核算的方法较多，既可以按实际成本组织核算，也可以按计划成本组织核算。按实际成本核算，有先进先出法、加权平均法、移动平均法、个别计价法等。按计划成本组织核算，则需要进行材料成本差异的计算和分配。这使得材料核算方法的复杂程度超过了工资核算、固定资产核算等其他业务核算。

2. 材料核算处理流程

电算化材料核算软件的数据流程是根据手工材料核算的业务处理流程，并结合计算机的特点进行描述的。下面是按实际成本计价的电算化材料核算软件数据流程，如图 14-18 所示。

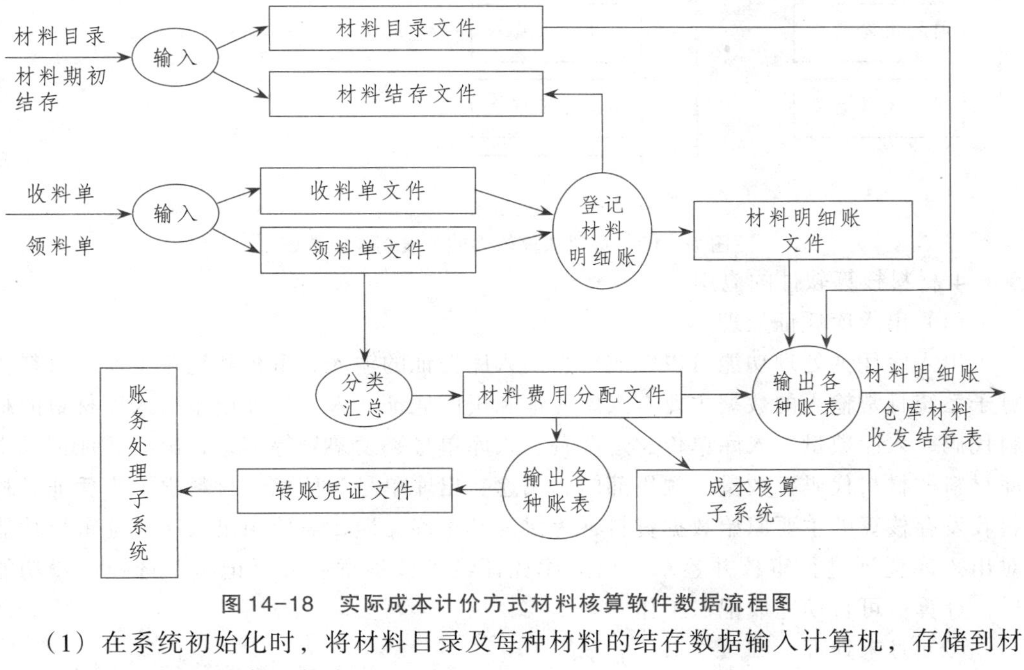

图 14-18　实际成本计价方式材料核算软件数据流程图

（1）在系统初始化时，将材料目录及每种材料的结存数据输入计算机，存储到材料目录文件和材料结存文件中。

（2）在日常材料核算时，将收料单、领料单输入计算机，经校验无误后，存入收料单文件和领料单文件中。

（3）根据收料单文件、领料单文件登记材料明细账，并更新材料结存。

（4）对领料单文件，按领用部门和用途分类汇总形成材料费用分配文件。

（5）根据材料费用分配文件编制领料成本结转的自动转账凭证，并传输给账务处理子系统。

（6）将材料费用分配文件数据传输给成本核算子系统，以便进行成本核算。

（7）根据材料明细账文件、材料费用分配文件等，输出材料明细账、仓库材料收发结存表等账表。

3.材料核算软件功能模块结构

材料核算软件的主要功能模块如图14-19所示。

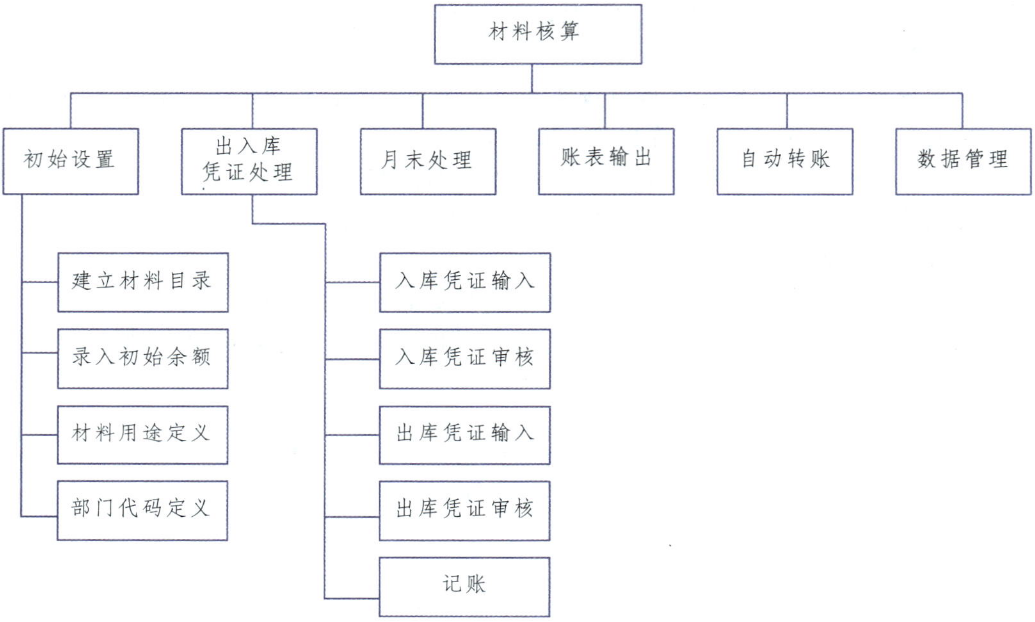

图14-19　材料核算软件的主要功能模块图

4.材料核算软件的应用

（1）出入库凭证处理

出入库凭证处理功能可以完成材料出入库凭证的输入、审核和记账工作。材料核算子系统日常输入的数据主要有入库凭证和出库凭证。入库凭证记录已入库材料的材料代码、入库数量、入库单价、运杂费、入库单号、发票号等信息；出库凭证记录出库材料的材料代码、数量、领用部门、用途、出库单号等信息。材料出入库凭证是材料收发存核算的主要原始数据资料，为保证其正确无误，需使用出入库凭证审核功能对出入库凭证进行审核并签章，出入库凭证经审核签章后方可记账。选择记账功能后，计算机可自动完成记账工作。

（2）月末处理

当月所有入库凭证、出库凭证输入计算机并全部记账后，可使用月末处理功能在月底分配材料费用并结本月账。若采用实际成本计价方式，则首先自动分配计算每笔出库材料的单价和实际金额，然后结账。若采用计划成本计价方式，则首先计算材料成本差异，分配材料成本，然后结账。结账后打印输出的本月材料明细账和有关表格上发出材料的成本才是完整、正确的。

(3) 账表输出

账表输出功能可以查询和打印输出材料明细账、材料收发存汇总表、各部门领用材料统计表、低储材料明细表等账表，使用户了解企业材料核算情况，为经营决策提供参考依据。

5.存货管理的特点

目前我国市场经济还不够发达，企业为了生产或销售，一般都需要采购大量的存货。存货在企业的整个资产中所占的比重很大，存货核算和管理的好与坏，对企业的经营活动有着十分重大的影响。存货核算子系统就是为存货核算和管理服务的，它具有以下特点：

(1) 数据存储量大

无论是工业企业，还是商业企业，存货的品种规格都非常多，有的多达几万种，对每个具体的品种都要进行详细全面的反映。同时，每种材料的核算既要反映其数量指标，又要反映其价值指标；既要反映动态的状况，又要反映静态的信息。因此，存货核算子系统中需要存储和处理的数据量极大，可以说该子系统是会计信息系统数据量最大的子系统。

(2) 数据变化频繁

要保证生产或销售的顺利进行，必须经常进行存货的采购，而且生产过程中存货的收发领用也相当频繁。因此，存货核算子系统的数据输入频率和处理频率都相当高，数据变化相当频繁。

(3) 核算内容广泛

存货核算子系统的核算内容较多，既要反映各种原材料、燃料，还要考虑对包装物、低值易耗品等的特殊处理。因此，存货核算子系统核算的内容极为广泛。

(4) 核算方法复杂

存货核算的方法较多，可以按实际成本组织核算，也可按计划成本组织核算。按实际成本核算的方法中，有先进先出法、加权平均法、移动平均法、个别计价法。按计划成本组织的核算中，还要进行成本差异的计算和分配。存货账面价值与实际价值相差较大时，又可以采用成本与市价孰低法按存货项目、存货类别、全部存货对期末存货成本进行调整。这使得该子系统核算方法的复杂程度远远超过了工资核算、固定资产核算子系统。

(5) 与其他子系统有较多的数据传递关系

存货核算子系统与原材料需求计划系统（material requirements planning (MRP) systems）有密切的联系，MRP系统计算生产计划所需的原材料数量，然后自动产生一份包括拟采购原材料的采购单传入存货核算子系统。存货核算子系统还和采购与应付账款子系统、销售管理子系统、总账子系统保持密切的联系，该子系统将各种凭单按会计上的要求进行统计汇总后，供账务处理和成本核算子系统使用，各种存货成本信息、存货结存信息供销售、采购、生产等子系统使用和共享。

(6) 管理要求高

存货核算子系统不仅要正确地反映存货的入库、出库、结存等信息，而且要为企业各部门及时、准确地提供各种信息，如存货成本、商品销售成本、超储与储量、存货品种、什么时间购买存货等。

6.存货核算子系统的核算和管理目标

存货核算子系统的上述特点，一方面加大了存货管理的难度，另一方面也为使用计算机进行存货的核算与管理提供了广阔的应用前景。存货核算子系统核算和管理目标包括以下几个方面：

（1）支持按计划成本核算和实际成本核算

存货核算子系统不仅支持计划成本核算，而且支持实际成本核算以及实际成本的加权平均、移动加权平均、先进先出、个别计价等多种计价方式，以满足工业、商业企业存货核算和管理的需求。

（2）正确反映出入库情况

存货核算子系统应该提供出库、入库单据的处理，正确反映存货入库、出库情况，及时反映其增减变化，保护材料物资的安全完整。

（3）正确反映期末存货结存信息

存货核算子系统应该能够正确地计算存货期末的结存数量、单价、金额，及时提供存货的储备资金占用情况，既保证生产需求，又减少资金积压。

（4）反映和监督各生产单位材料的耗用

通过存货核算子系统反映和监督各项生产活动的材料耗用情况，正确计算产品的材料费用，考核各部门材料消耗情况，促使企业节约材料开支，降低产品成本。

（5）提供完整的存货账簿

存货核算子系统应该及时、准确地提供各种存货的总账、明细账等账簿的查询和打印输出功能。

（6）提供存货和分析功能

存货核算子系统能够提供各种存货汇总表、存货资金占用分析、入库成本分析、ABC成本分析、库存资金占用规划、存货周转率分析等管理和分析功能。

（7）与其他子系统建立标准接口

存货核算子系统提供供应链系统的一部分信息，与其他子系统（如总账处理、采购与付款、成本核算子系统等）有密切的联系，因此该子系统与其他子系统建立标准接口，既能够及时向其他子系统提供信息，同时又可接收其他子系统传入的信息。

二、库存管理系统的系统分析

为了深入了解存货核算子系统，首先要对存货核算系统的内部结构进行分析，主要包括分析手工与计算机条件下存货核算子系统处理流程的异同、数据文件分析、代码分析、功能结构分析等。

1.手工与计算机条件下存货核算处理流程分析

为了解存货核算处理流程，首先分析手工条件下存货核算子系统的业务处理流程，然后在充分发挥计算机优势的情况下，根据计算机数据处理的特点、企业存货核算和管理的要求，在手工业务处理流程的基础上，进一步理解计算机存货核算系统数据处理流程。

（1）手工存货核算系统业务处理流程

存货包括原材料、包装物、低值易耗品、自制半成品、产成品等。在手工条件下，当存货到达企业并办理入库手续后，除了库房保管员要登记库存账外，财会部门也要根据各种凭单（如入库单、发票、统计结果等）登记存货明细账，反映存货增加等经济业务；当各部门领用存货时（如生产车间领用材料用于生产、销售部门领用产品用于销售），库房保管员要登记库存账，财会部门又要根据各种凭单（如出库单等），登记存货明细账，反映存货减少等经济业务；定期编制记账凭证传递到总账处理子系统，登记总账。此外，还要及时为管理部门提供各种存货报告，如存货状态报告、再订货点报告、实际存货报告等。

①入库。仓库收到外购存货后，验收、核对、整理后，入库，仓库保管员登记相应的存货入库数量和结存数量，即存货三级账，并将相应的单据传递到财会部门。

②出库。车间、用料单位提出领料申请，经批准后到仓库领料，仓库保管员登记相应的存货出库数量和结存数量，即存货三级账，并将相应的单据传递到财会部门；销售部门为销售存货开具提货单，办理收款或记账等手续后，到仓库提货，仓库发货后登记存货三级账。

③存货核算。财会部门根据采购部门、销售部门、仓库等送来的出库单、入库单等单据或统计报表，登记相应的存货明细账和总账，即二级、一级账。

由于存货种类繁多、数量大，收发业务频繁，存货成本计算比较复杂，为了满足不同企业对核算的需要，存货可以按计划成本计价，也可按实际成本计价。按实际成本计价时，存货成本可以按照加权平均、移动加权平均、先进先出和个别计价等方法进行计算。

④期末处理。期末对存货进行实地盘点，编制盘盈盘亏表，经审批后通知仓库、财会部门修改相应的存货一级、二级以及三级账；根据入库单、出库单编制出入库汇总表；根据存货账簿编制超储和积压一览表；此外，对应不同的计价核算，分别要完成计算存货成本差异、发出存货成本、结账等工作。

（2）计算机存货核算系统处理流程

通过上述分析我们确实感受到存货核算子系统核算的内容广泛、核算方法复杂、数据处理和存储量大、数据变化频繁、数据传递涉及的部门比较多。在手工条件下，由于人工处理的局限性，同一数据由不同人员按照不同的需求转抄在不同的账簿上，差错率比较高，经常是存货实物以及存货一级账、二级账、三级账之间账实、账账不符，需要花费很多人力和物力核对和更改；由于先进先出等成本计价方法比较复杂、工作量大，在手工条件下不能真正得以实施，大部分企业都使用最简单的加权平均法进行成本计算；由于采用加权平均法进行核算，发出存货的成本实际上月底才能计算出来，因此不利于及时、准确、高效地提供成本费用信息，存货控制和存货管理都受到相应的影响。因此，应该充分发挥计算机的优势，建立计算机存货核算子系统。

计算机条件下存货核算子系统数据处理流程如下：

①初始设置。

为了使存货核算子系统能够满足不同企业或同一企业对存货核算和管理的需要，财会人员首先要根据自己的需要建立系统应用环境，进行一系列初始设置。初始设置主要包括：

a.定义业务范围，如企业存货核算方式、暂估回冲方式、零出库成本选择、资金占用规划、是否允许零出库、无成套件管理、存货有无辅助计量单位、启用会计月份。

b.定义代码档案，如部门档案、供应商档案、存货档案、仓库目录等。

c.其他设置，如为了实现子系统间数据传递和共享，定义存货科目、出库和入库分录的对方科目、费用分配科目等。

d.期初余额设置。将手工账簿上各种存货的期初余额输入计算机并保存在相应的文件中。

通过初始设置，在计算机中为企业建立了存货核算和管理的平台，财会人员可以在该平台上进行存货处理的日常业务。

②出入库单处理。

通过输入模块将各种入库单、出库单通过录入模块输入计算机（在网络系统中出入库单可以通过数据传递直接传入存货核算子系统而无须录入，例如采购管理子系统将入库单传入存货核算子系统，无须录入，此时可以修改），并保存在临时入库单、临时出库单文件中。在输入出入库单的过程中，需要获取采购管理子系统采购合同文件中的数据，如供应商代码、结算方式、订货数量等数据；需要从存货档案文件中获取存货的计价方式（如先进先出、移动加权平均等），从存货结存文件中获取相应的结存单价，从而决定出库存货的成本和数量；需要从费用统计标准文件和仓库文件中获取数据，决定领用存货的部门代码和用途代码等。

③审核。

通过审核模块对临时入库单、临时出库单文件中的单据进行审核，审核无误后签字。

④记账和计算。

通过记账模块用临时入库单、临时出库单文件更新存货结存文件、入库单文件、出库单文件。记账时可以根据存货档案文件中设置的每种存货核算方式（计划成本、实际成本）、每种存货的成本计价方式（先进先出、加权平均、移动加权平均、个别计价法）以及相应的会计处理原则更新存货文件。

⑤输出账表和存货分析。

通过输出账表模块从存货档案文件、存货结存文件、入库单文件、出库单文件等提取数据，进行加工生成并输出各种账表，如存货总账、明细账、超储短缺一览表等。此外，通过该模块完成ABC成本分析、库存资金占用分析等存货分析。

⑥期末处理。

月末按不同的计价方式计算本月出库存货成本；进行结账，生成下月结存文件，并将本月结存数据作为下月期初数转移到下月结存文件中；盘盈盘亏处理；自动转账，系统从存货结存文件、入库单文件、出库单文件等文件中提取数据，进行汇总自动生成入库、出库机制凭证传入账务处理系统，生成费用分配表传入成本核算子系统。

（3）计算机与手工条件下存货处理的区别

①通过初始设置建立存货核算子系统应用环境并保证存货核算子系统的安全

运行。

在手工条件下，初始设置的工作比较少，如设置存货科目、开设账户、编制存货编码、确定存货核算方式等，为存货核算提供一个基本平台。在计算机条件下，同样需要设置存货科目、定义存货编码等。不同的是，在计算机条件下初始设置的内容大大增加了，其作用不仅体现在为存货核算和管理提供了应用环境，而且为高效、准确地进行存货核算和管理提供了依据。如根据存货类别、存货编码、存货计价方式，系统能够自动进行单据汇总、记账、计算存货成本、账表输出等；根据是否允许零出库设置系统能够自动生成存货转账凭证；根据定义的资金占用规划、存货分类等，系统能够自动进行存货规划分析、ABC成本分析、超储缺货分析等。

可以说，在计算机条件下初始设置对存货核算子系统的安全和正常运行提供了保证。

②可以根据需要选择各种存货计价方式。

在手工条件下，大部分企业都使用最简单的加权平均法进行成本计算。在存货核算子系统中，财会人员可以根据存货核算和管理的需要选择最适合的存货计价方式，计算机能够自动、准确地完成核算工作。

③高效、准确地完成核算工作。

在存货核算子系统中，一旦选择了成本计价方式，输入了出入库单等单据，计算机便能够自动、准确地处理出入库业务，计算发出存货成本，自动计算成本差异，自动计算期末结存单价、数量、金额等。这样大大减轻了财会人员的劳动强度，提高核算的准确性。

④及时准确地提供存货账簿并保证账账相符。

在手工条件下，由于人工处理的局限性，同一数据由不同人员按照不同的需求转抄在不同的账簿上，差错率比较高，经常是存货实物、存货一级账、二级账、三级账之间账实不符、账账不符，需要花费很多人力和物力核对和更改。在存货核算子系统中，各种存货总账、明细账都来自同一数据源（存货结存文件、入库单文件、出库单文件），因此计算机根据同一数据源自动生成并输出账簿，保证了账账相符。另外，由于计算机能够存储存货核算和管理的各种数据，生成和输出数量账、数量金额账、金额账，只是提取的数据不同而已，因此各级财会人员和业务人员可以根据需要及时、准确地查询任意存货的总账、明细账。

⑤各业务部门之间实现数据共享。

在手工条件下，销售部门、采购部门都需要从存货核算子系统及时获得发出存货成本、存货结存数据等信息，但由于部门之间数据传递方式的限制，不能及时、准确地得到所需的数据；同一入库单和采购发票在采购部门需要处理（登记、结算）一次，在仓库或财务部门又要处理一次（登记、结算）。在计算机条件下，存货核算子系统一般作为一个相对独立的子系统使用，同时它又和采购管理、应付款管理子系统等保持密切的联系，实现了一个完整的支出循环。随着企业网络信息系统的不断建立，通过标准接口，存货核算子系统不仅与会计信息系统中的其他子系统，如账务处理子系统、采购管理子系统、应付款管理子系统、成本核算子系统、销售管理子系统相互传递信息实现数据共享，而且还与其他系统（MRP、JIT、EDI等系统）紧密结合，实现数据的自动传递和共享，形成高度集成的管理信息系统。在任何一个子系统都可及时、准确地获取和共享其他子系统的信息；任何一种单据只有一个入口，一次录入，多处使用（如入库单、采购发票如果在采购管理子系统录入，那么就可以在存货核算子系统、应付款管理子系统、账务处理子系统等多处使用），充分保证了数据的一致性、传递的及时性。

⑥及时、准确地提供存货管理和分析数据。

在手工条件下，存货数据不能及时报送和汇总，因此不能及时、准确地提供各种分析数据。在计算机条件下，实现了数据的及时登记、及时传递，以及数据共享，因此可以及时、准确地得到各种分析表，并进行存货管理和存货分析，如ABC成本分析等。

2.库存管理系统数据编码

存货核算子系统数据结构复杂、数据量大。因此，在满足基本输入、处理和输出的前提下，使各个文件尽可能不包含冗余数据项，这不仅可以节约大量存储空间，而且可以提高系统的稳定性、消除数据不一致的隐患、方便对数据的统一管理。存货核算子系统涉及的数据编码比较多，如存货编码、存货类别编码、仓库编码等，因此数据编码设计也是非常重要的内容。

（1）存货类别编码设计

存货在生产经营过程中的用途不同，所起的作用也不尽相同。为了满足按存货的类别进行统计、汇总等核算和管理需要，可以对存货进行分类，进行存货类别编码设计并定义类别编码、名称。根据核算和管理需要，存货类别可以设置得“粗”一些，即只按大类设置，如01材料、02产成品等，这样系统只能对所有存货按大类进行统计和汇总。存货类别也可以设置得“细”一些，即按大、中、小或一、二、三级进行分类。例如某企业将存货分类定义为102003，这表明将存货类别分为三级，一级编码为一位，二级编码为两位，三级编码为三位。这样，系统就可以按照各级、各类等多种方式对所有存货进行统计和汇总，满足不同的核算和管理需要。

（2）存货编码设计

存货核算子系统的数据处理工作都是围绕着存货这个中心展开的，为了使计算机更好地对存货进行核算和管理，必须为每种存货统一编码。然而，在一个企业中，存货的类别、品种和规格繁多，使得存货编码的设计非常困难。如果没有标准的存货编码方案可依，企业一般自行编码，但要求每个存货编码必须唯一。例如，某企业设计的存货编码为三位，材料-合金钢-低合金钢的存货编码为：01-001-001。

有些企业多采用组码的编码方式，即存货编码中包含存货类别编码和存货编码。

3.存货核算子系统数据文件

存货核算子系统涉及的数据文件也很多，如存货档案文件、仓库文件、部门文件、供应商文件、入库单文件、费用统计分配文件、存货结存文件等。在这些文件中，有些是供各个处理模块查询参照用的“字典文件”（如存货档案文件），有些是在处理过程中要频繁使用的主数据文件（如存货结存文件），有些则是用过后立即删除其数据的暂存文件（如临时入库单文件）。下面，对主要数据文件的作用、结构、存储策略和组织方式进行讨论。

（1）存货档案文件

①存货档案文件的作用。存货档案文件用来存放存货基本信息，如存货编码、存货名称、计量单位、规格型号等；存货成本信息，如计划价/售价、参考成本、最低售价等；存货控制信息，如提前期、经济批量、ABC分类、安全库存、最高库存、最低库存、呆滞积压标准等；存货其他信息，如单位重量、单位体积、启用日期、停用日期等。

通过阅读该文件可以掌握企业有什么存货、有多少种存货，每一种存货的规格型号、成本、控制等信息。因此，人们称之为存货档案文件或档案文件。

②存货档案文件的结构。企业根据核算和管理需要可以增加或减少相应的项目。

③存货档案文件的存储策略。存货档案文件一般一年为一个文件。

④存货档案文件的组织方式。存货档案文件的组织方式：应该按存货编码建立索引文件。

（2）存货结存文件

①存货结存文件的作用。存货结存文件用来存放所有存货的收、发、存数据，为存货总账、明细账，以及各种存货分析提供信息。

②存货结存文件的结构。存货结存文件是比较复杂的文件，它的设计要考虑到企业所采用的存货成本核算方法。如果按照计划成本核算，上述结构中的本月期初单价、本月结存单价两个字段可以删除，因为收发存货的单价都是计划单价，既可以从存货档案文件中获取，也可以通过金额除以数量计算得到。

③存货结存文件存储策略。如果按照实际成本核算，存货计价方式又分为加权平均法、移动加权平均法、先进先出法和个别计价法，下面分别讨论不同计价方式下，存货结存文件的设计和存储策略。

A.加权平均计价方式。加权平均计价方式是在期末将本月收入数和期初结存数加权平均的计算方法。采用这种方法，只有期末才能计算出结存单价，并对出库存货进行计价。结存单价计算公式如下：

$$本月结存单价=\frac{本月期初金额+本月入库金额}{本月期初数量+本月入库数量}$$

因此，存货结存文件的结构既可以采用上述结构，也可以从节省空间的角度考虑，将本月结存数量、本月结存金额、本月结存单价字段省略，通过计算得到所需的数据。在加权平均计价方式下，存货结存文件中一种存货占一条记录。

B.移动加权平均计价方式。采用移动加权平均计价方式，每购进一批存货，就要重新计算一次结存单价；每领用一次存货，也要按当时的结存单价计算发出存货的实际成本。所以，采用存货结存文件结构能满足核算要求。该文件中一种存货占一条记录。每发生一笔入库业务，先按下列公式计算结存单价：

$$结存单价=\frac{本月结存金额+入库金额}{本月结存数量+入库数量}$$

用结存单价的值更新本月结存单价字段的值后，再更新本月结存数量和本月结存金额字段的值。

C.先进先出计价方式。先进先出计价方式的采用前提是假设先购进的存货先领用。入库时，如果入库的第二批、第三批存货价格不同，则要用两个或三个单价计价，即逐笔登记存货结存单价、结存数量和结存金额；出库时，按照先进先出的原则，逐笔登记存货的发出和结存单价、数量和金额。存货结存文件的结构能够满足先进先出计价方式的核算要求，其存储策略使得一种存货可能有多个结存单价、结存数量。因此，一种存货可能有多条记录。

D.个别计价法。采用个别计价法是以某批存货入库时的实际单位成本作为该批存货发出时的实际成本，即发出某批存货要根据该批存货入库时的实际单位成本计算。这样，每批存货的代码应不同，以便确认入库的批次。存货结存文件的结构既可采用上述存货结存文件的结构，也可以从节省空间的角度考虑去掉本月期初单价、本月期初金额、本月期初数量字段。其存储策略是一批存货占一条记录。

（3）入库单文件

①入库单文件的作用。

入库单文件分为临时入库单文件和入库单文件。临时入库单文件用于存放采购管理子系统传入的采购入库数据或通过入库单录入模块输入的入库单。该文件中的入库单经过检测后，正确无误的入库单转储到入库单文件，错误的入库单仍然存储在临时入库单文件中等待修改。入库单文件存放经过检测后正确无误的入库单，并为存货总账、明细账、自动转账、存货分析等提供信息。

②入库单文件的结构。

入库单文件的结构与临时入库单文件的结构基本一致，不同之处是将处理标志改为转账标志，用来表示该入库单是否已生成机制凭证，如果已经生成机制凭证，则该字段值为“T”。

③入库单文件的存储策略。

入库单文件既可以一个月采用一个文件，也可以一年采用一个文件。

为了方便存货的核算和管理，可以将入库单分为：

a.采购入库单。对于工业企业，采购入库单一般是指采购原材料验收入库时，所填制的入库单据；对于商业企业，采购入库单是企业入库单据的主要部分，因此在本系统中，采购入库单也是日常业务的主要原始单据之一。

b.产品入库单。产成品入库单是指工业企业生产的产成品、半成品入库时所填制的入库单据，是工业企业常用的原始单据之一。

c.其他入库单。其他入库单是指除采购入库、产成品入库等形式以外的存货其他入库形式所填制的入库单据，例如盘盈入库、调拨入库等。

如果将入库单分成三类，那么其存储策略是：一种方式，可以对原入库单文件结构进行适当的修改，形成新的入库单文件；另一种方式，对三类入库单分别建立一个入库单文件，分别存放不同类别的入库单。

④入库单文件的组织方式。

入库单文件组织方式：按日期建立顺序文件。

三、库存管理系统的功能模块结构

存货核算子系统一般可以划分为初始设置、出入库单据处理、记账与计算、期末处理、账表输出、统计分析、系统服务等七个功能模块。每个功能模块又可以继续划分为若干功能模块，直到每个功能模块都能够表示相当独立的功能为止。

1.初始设置

系统初始设置模块又可以进一步划分为存货分类设置、存货档案设置、仓库目录设置、费用统计标准设置、部门档案设置、收发类别设置、期初余额录入等功能模块。

2.单据处理

单据处理模块又可以进一步划分为入库单据、出库单据、调整单据处理等功能模块。

3.日常处理与期末处理

日常处理与期末处理模块又可以进一步划分为日常处理——记账处理模块、期末处理模块和期末自动转账模块等。

4.账表输出

账表输出模块又可以进一步划分为输出总账、明细账、出入库流水账、存货汇总表、入库汇总表、出库汇总表、差异分摊表、收发存汇总表等功能模块。

5.统计分析

统计分析模块又可以进一步划分为存货周转率分析、ABC成本分析、存货资金占用分析、入库成本分析等功能模块。

6.系统服务

系统服务模块又可以进一步划分为数据备份、数据恢复、系统维护等功能模块。

实际上，在计算机条件下，功能模块结构图所表示的功能在计算机上运行的存货核算子系统中表现为功能菜单，用户选择功能菜单中的菜单命令，便可以运行相应的功能模块。此外，以上六个模块除初始设置、单据处理外，其他功能模块的处理工作与手工有相当大的区别。记账、账表输出、期末处理、统计分析、系统服务等工作都是用户选择相应的菜单或命令，系统在不需要人工干涉的情况下，自动、高速、准确、连续地完成各项工作。

第五节 销售管理系统的系统分析和功能模块结构

销售管理是企业经营管理中重要的活动。企业用产品的销售收入补偿企业消耗的生产资料等成本、支付工资和其他费用、缴纳税金、实现利润。在许多企业，销售业务涉及的财务数据占整个财务数据量的一半以上。管理销售业务，在财务数据中详细提供销售业务的财务信息，同时及时向企业决策层提供各种销售报表和预测分析信息，是企业管理中比较复杂的工作。

一、销售管理系统的管理范围与数据流程

1.销售管理系统的管理范围

（1）客户资料和销售合同管理；

（2）销售收入、成本、费用、销售税金及附加、利润的核算；

（3）制作各种销售报表和预测分析信息提供给决策层。

2.销售管理系统的数据流程

（1）签订销售合同时，用客户资料、销售合同和应收预收账款，输入和更新客户档案文件和销售合同文件。

（2）销售业务发生时，审核输入销售发票；销售发票中的主要数据是：日期、发票编号、客户代码、销售数量、金额、付款方式。注意：客户因某种原因退货，应以退货单（红字销售单）记账。

（3）客户付款时，由账务处理子系统生成销售收款凭证，再导入本系统中的收款凭证（到款凭证）文件；收款凭证中的主要数据是：日期、付款单位、货款金额、账号。

（4）把账务处理子系统中的销售费用导入本系统中的销售费用成本文件。

（5）把成本核算子系统中的产品成本导入本系统中的销售费用成本文件。

（6）根据合同的执行情况，用销售发票、收款凭证更新销售合同文件。

（7）对销售发票文件中的数据进行分类、汇总，得到销售日报表（销售台账）和全月（或当期）销售汇总表；销售汇总表中的主要数据是：产品代码、数量、金额、当月应收款、以前月度应收款、当月到款、以前月度到款。

（8）对销售发票文件和收款凭证文件中的数据进行核销汇总，得到应收预收账款数据和资金回笼情况表。

（9）根据应收预收账款文件和客户档案文件中的数据编制输出客户情况表（欠款客户表、催款单、账龄分析表、逾期未收款表、坏账损失估算表等）。

（10）根据销售发票文件、收款凭证文件和销售费用成本文件中的数据编制记账凭证，转入账务处理子系统。

（11）月末，根据销售费用成本文件中的数据计算发出产品（销售商品）的实际成本，根据销售汇总表和销售费用成本文件编制销售利润情况表；销售利润情况表中的主要数据是：产品代码、数量、金额、成本、税金、管理费用、财务费用、销售费用、利润。

此外，还随时提供对储存在文件中的数据进行各种形式的查询。

3.销售管理系统的数据流图（如图14-20所示）

二、销售管理系统的系统分析

1.销售管理系统的特点

（1）数据处理要及时、准确

销售管理系统要及时、准确地处理数据，及时提供销售和应收账款核销等动态信息，以便及时调整生产、销售和催款策略。

（2）计算方法比较复杂

销售管理系统由于销售过程中有批发、零售、分期付款、赊销和退货等不同情况，所以计算方法比较复杂。

（3）储存数据应有档案管理的特点

对于客户、销售合同和销售发票的相应数据，应分别建立文档储存备查。

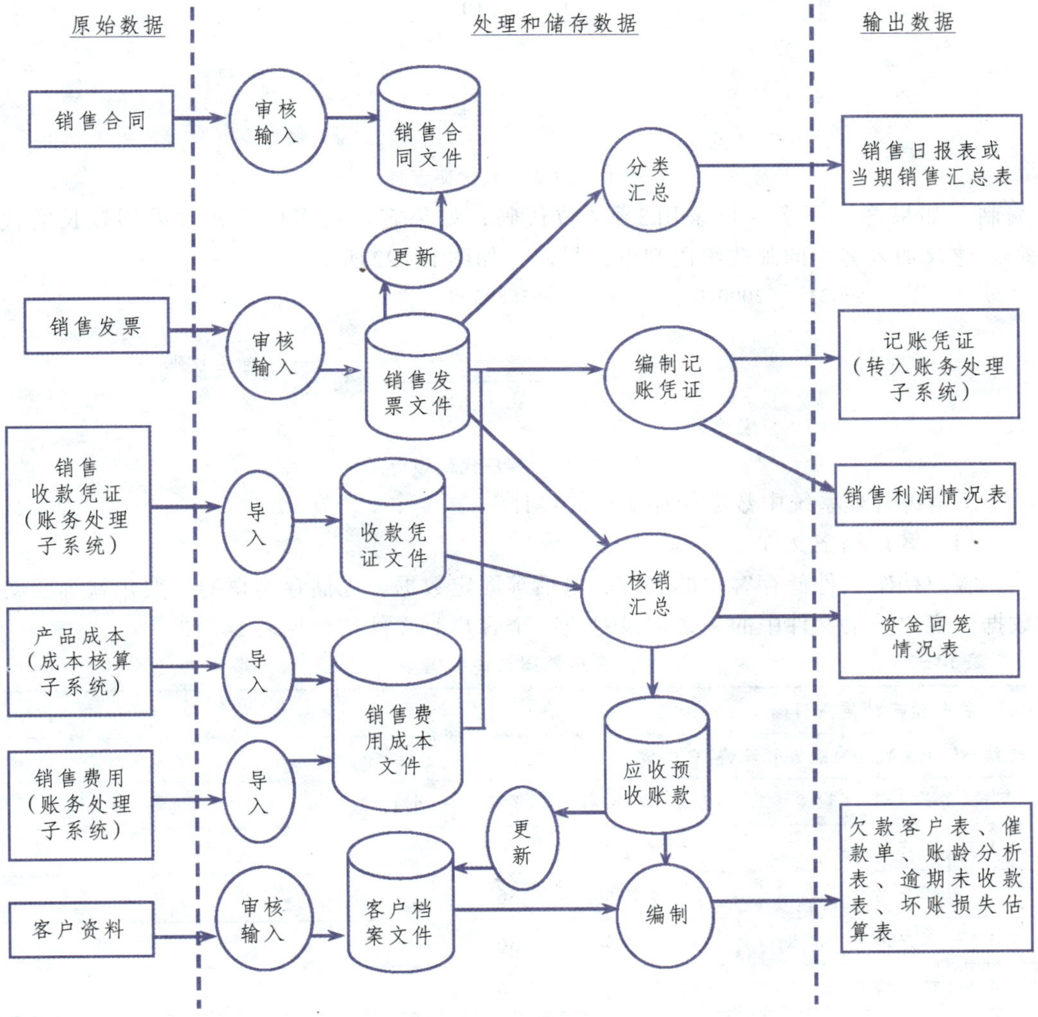

图14-20　销售管理系统数据流图

（4）输出要有分析预测功能

销售管理系统既要输出产成品、销售和利润等已经发生的业务的信息，还需提供销售预测、应收账款账龄分析、销售费用分析控制、利润预测和市场预测等信息。

（5）与其他子系统联系密切

通过数据接口，从账务处理子系统转入销售收款凭证和销售费用数据，从成本核算子系统中转入产成品的成本数据，把批发、零售、分期付款、赊销和退货等数据转入应收款管理子系统，把记账凭证转入账务处理子系统。

2.销售管理中的代码设计

（1）产品代码设计

产品代码的设计要保证唯一性，并能够详细反映该产品的类别、品种、序号和规格等情况，一般采用群码（组合码）编制，如图14-21所示。

（2）客户代码设计

客户代码的设计要保证唯一性，并考虑使用方便灵活，一般采用群码（组合码）

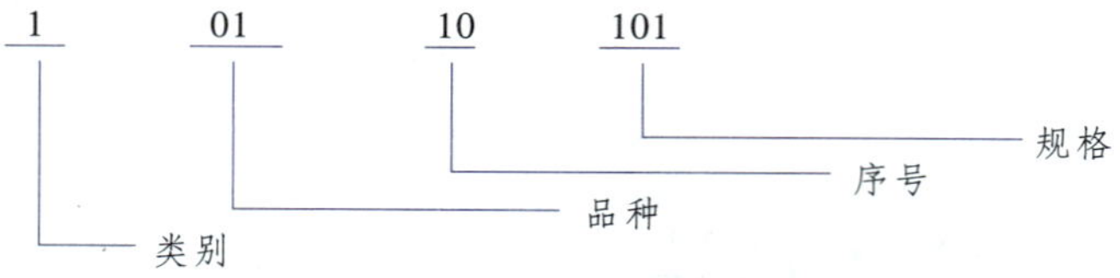

图14-21 产品代码设计

编制。如果客户不多，可采用3到6位代码；如果客户量多面广，可采用较长的代码。建议加入客户的邮政编码和电话号码，如图14-22所示。

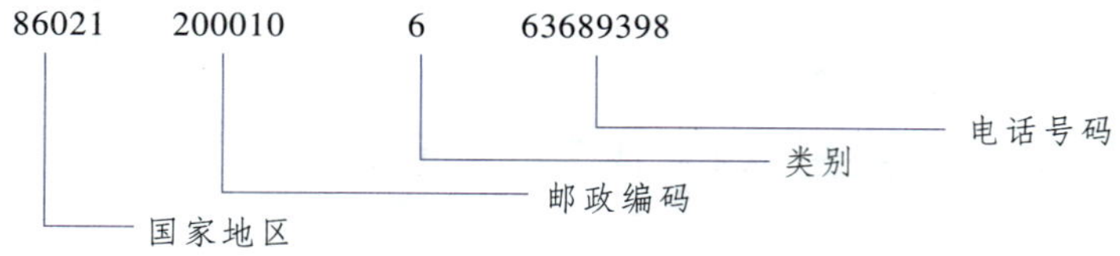

图14-22 客户代码设计

3.销售管理系统中数据储存文件的设计

(1) 客户档案文件

客户档案文件储存客户的名称、电话等固定数据，也储存客户的所欠账款等变动数据。客户档案文件中的一条记录对应一个客户。文件结构见表14-13。

表14-13 客户档案文件结构

文件名：客户档案文件					
表结构：C：\用户\销售管理\客户档案					
字段	字段名	类型	宽度	小数位	说明
1	客户代码	字符型	6		
2	客户名称	字符型	36		
3	客户地址	字符型	36		
4	邮政编码	字符型	6		
5	法人代表	字符型	8		
6	联系人	字符型	8		
7	联系电话	字符型	15		
8	开户银行	字符型	20		
9	银行账号	字符型	20		
10	税务号	字符型	20		
11	登记日期	日期型	8		
12	信用级别	字符型	1		
13	偿债能力级别	字符型	1		
14	应收金额	数值型	12	2	
15	已收金额	数值型	12	2	
16	备注	备注型	4		

（2）销售合同文件

销售合同文件储存所有签订的合同的固定数据，也储存合同执行过程中的动态数据。销售合同文件中的一条记录对应一个合同，可以随时从中查询了解合同执行情况。文件结构见表14-14。

表14-14 销售合同文件结构

文件名：销售合同文件					
表结构：C：\用户\销售管理\销售合同					
字段	字段名	类型	宽度	小数位	说明
1	合同类别	字符型	3		
2	合同编码	字符型	20		
3	经办人	字符型	8		
4	业务部门	字符型	16		
5	业务部门经理	字符型	8		
6	操作权限	字符型	8		
7	合同签订日期	日期型	8		
8	合同终结标志	字符型	6		
9	客户代码	字符型	6		
10	客户名称	字符型	36		
11	客户电话	字符型	15		
12	运输方式	字符型	25		
13	价格条款	备注型	4		
14	付款方式	字符型	25		
15	付款条件	备注型	4		
16	付款期限	日期型	8		
17	商品代码	字符型	16		
18	商品名称	字符型	36		
19	合同总金额	数值型	12	2	
20	预计资金占用	数值型	12	2	
21	备注	备注型	4		

（3）销售发票文件

销售发票文件储存销售部门开出的所有发票。销售发票文件中的一条记录对应一张发票，可以随时从中查询了解发票数据。文件结构见表14-15。

表 14-15　　销售发票文件结构

文件名：销售发票文件					
表结构：C: \用户\销售管理\销售发票					
字段	字段名	类型	宽度	小数位	说明
1	开票日期	日期型	8		业务发生时间，为了安全，采用计算机时间
2	预计收款日期	日期型	8		适用于赊销和分期付款方式
3	发票编号	字符型	6		一般由系统自动提供连续的编号，用作索引关键字
4	所属合同代码	字符型	6		
5	销售部门	字符型	18		
6	购货单位	字符型	18		
7	提货地点	字符型	18		
8	销售方式	字符型	12		例：直销、赊销、分期付款、预付定金
9	结算方式	字符型	4		
10	结算编号	字符型	12		若需通过银行结算，应提供结算编号
11	运输单编号	字符型	12		若需代客户办理运输，应提供运输单上的编号
12	代垫运费	数值型	7	2	此处：收款合计=代垫运费+销售金额
13	制单	字符型	6		做制单工作的操作员
14	经手人	字符型	6		为仓库经手人
15	摘要	字符型	50		
16	商品代码	字符型	20		
17	计量单位	字符型	10		
18	销售数量	数值型	16	2	
19	单位售价	数值型	12	2	
20	销售金额	数值型	16	2	
21	增值税税率	数值型	8	2	
22	销项税额	数值型	15	2	
23	对方科目代码	字符型	20		
24	参考成本	数值型	15	2	因实际成本在月末结算时算出，先由系统算出参考成本
25	处理标志	字符型	1		标志每张发票的处理情况： 0表示发票已输入，尚未处理，是应收账款； 1表示已到款，并经过抽单核销； 2表示客户的货款与开出的发票款不一致； 3表示客户的货款无法按发票编号抽单，是预收账款

（4）收款凭证文件

收款凭证文件储存收款凭证的所有数据，数据不准修改或删除，若发现错误，应用红字冲回。收款凭证文件中的一条记录对应一张收款凭证，可以随时从中查询了解整个收款情况。文件结构见表14-16。

表 14-16　　收款凭证文件结构

文件名：收款凭证文件					
表结构：C：\用户\销售管理\收款凭证					
字段	字段名	类型	宽度	小数位	说明
1	收款单编号	字符型	10		系统自动连号管理，编号规则同发票编号
2	收款日期	日期型	8		
3	制单	字符型	6		做制单工作的操作员
4	发票编号	字符型	6		收的是哪一张发票上的款项
5	购货单位	字符型	18		系统根据发票编号自动从销售发票中读取
6	结算编号	字符型	12		系统根据发票编号自动从销售发票中读取
7	运输单编号	字符型	12		系统根据发票编号自动从销售发票中读取
8	进账单号	字符型	6		根据哪一张银行进账单填写。一张进账单对应一张发票上的款项
9	是否拒付	字符型	2		
10	拒付金额	数值型	16	2	
11	收款合计	数值型	16	2	
12	代垫费用	数值型	7	2	本收款单中的收款合计中的所有代垫费用
13	收回货款	数值型	15	2	收回货款=收款合计-代垫费用，系统自动计算、显示
14	交款单位	字符型	10		

（5）应收、预收账款文件

销售发票与收款凭证抽单核销后，形成的应收、预收账款数据储存在应收、预收账款文件中。此文件中的一条记录对应一个客户的一笔业务。文件结构见表 14-17。

表 14-17　　应收、预收账款文件结构

文件名：应收、预收账款文件					
表结构：C：\用户\销售管理\应收、预收账款					
字段	字段名	类型	宽度	小数位	说明
1	客户代码	字符型	6		
2	客户名称	字符型	36		
3	发票编号	字符型	6		即往来核销号，是销售发票和到款单核销的关键字
4	日期	日期型	8		
5	摘要	字符型	50		
6	借方金额	数值型	16	2	
7	贷方金额	数值型	16	2	
8	余额	数值型	16	2	
9	应收预收标志	字符型	1		应收或预收款的标志： 0表示应收账款，表示销售发票已开，货款未到； 1表示预收账款，预收了货款或定金，商品未发出，发票未开

（6）税率文件

文件结构见表 14-18。

表 14-18 稅率文件结构

文件名：税率文件				
表结构：C：\用户\销售管理\税率				
字段	字段名	类型	宽度	小数位
1	商品代码	字符型	20	
2	商品税率	数值型	10	2
3	城市维护建设税税率	数值型	10	2
4	教育费附加征收率	数值型	10	2

（7）部门人员权限文件

文件结构见表 14-19。

表 14-19 部门人员权限文件结构

文件名：部门人员权限				
表结构：C：\用户\销售管理\部门人员权限				
字段	字段名	类型	宽度	小数位
1	业务部门代码	字符型	16	
2	业务部门	字符型	16	
3	工号	字符型	6	
4	姓名	字符型	6	
5	操作权限	字符型	8	
6	已销售金额	数值型	10	2
7	年销售定额	数值型	10	2
8	完成百分比	数值型	10	2
9	备注	备注型	4	

4.销售管理系统中的计算

（1）产成品的核算

①产成品的入库、出库和核算。

根据产品交库验收单（或购货单位退货的交库单）等凭证，登记产成品明细账，输入产品的品种规格、数量和金额。

根据销售部门的出库单等凭证，登记产成品明细账，输入产品的品种规格、数量和金额。

产成品出入库的核算，可以按计划成本计价，也可以按实际成本计价。发出产品的单位成本可采用个别计价法、先进先出法、加权平均法、移动加权平均法等各种方法。

②产成品单位成本的计算。

产成品单位成本一般采用全月一次加权平均法计算，计算公式如下：

发出产成品单位成本=（期初结存金额+本期收入金额）÷（期初结存数量+本期收入数量）

发出产成品的金额=发出产成品单位成本×发出数量

期末结存数量=期初结存数量+本期收入数量-本期发出数量

期末结存金额=期初结存金额+本期收入金额-本期发出金额

（2）销售利润的核算

销售利润=销售收入-销售成本-销售费用-销售税金及附加

销售收入=销售单价×销售数量

销售成本=发出产成品单位成本×销售数量

产品税=销售收入×产品税率

城市维护建设税=产品税×城建税税征收率

教育费附加=产品税×教育费附加征收率

某产品应负担的销售费用=销售费用总额×某产品的销售收入÷销售收入总额

（3）销售管理系统中的借贷方会计科目（见表14-20）

表14-20　　销售管理系统中的借贷方会计科目

会计业务	借贷方会计科目
销售，货已发，款未收	借：应收账款 　贷：主营业务收入 　　　应交税费——应交增值税（销项税额）
收到销售款	借：银行存款 　贷：应收账款
支付广告费	借：销售费用 　贷：银行存款
交纳增值税	借：应交税费——应交增值税 　贷：银行存款
结转产品销售成本	借：主营业务成本 　贷：库存商品
结转销售税金	借：税金及附加 　贷：应交税费
结转利润	借：主营业务收入 　贷：本年利润 借：本年利润 　贷：主营业务成本 借：本年利润 　贷：税金及附加 借：本年利润 　贷：销售费用

根据上述借、贷方会计科目，预先设置自动转账凭证或凭证模板，使软件操作更简便、快捷。

三、销售管理系统的功能模块结构与设置

1.销售管理系统的功能模块结构（如图14-23所示）

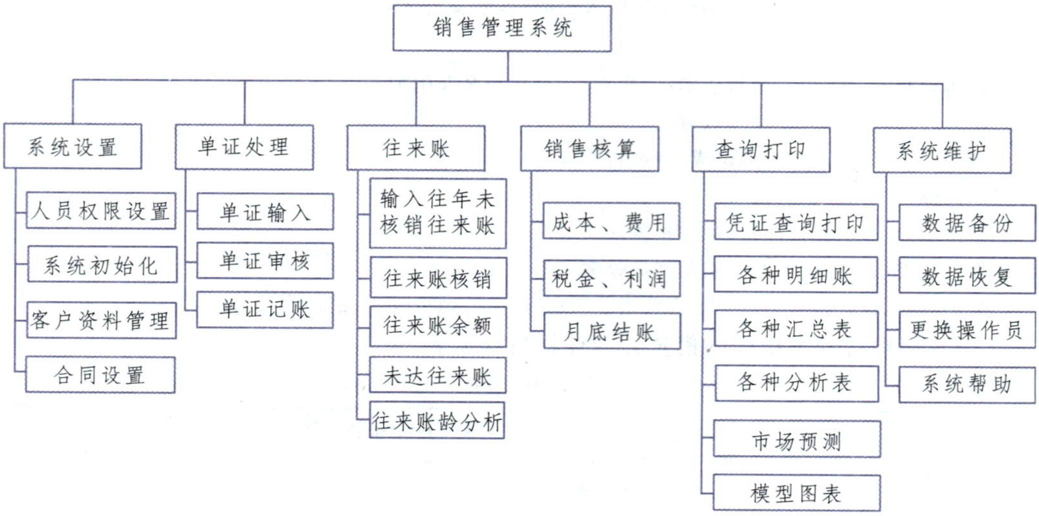

图14-23 销售管理系统的功能模块结构

2.销售管理系统的系统设置

系统设置是使用销售管理系统前的准备工作和运行中的维护工作。

（1）人员权限设置（见表14-21）

表14-21 部门人员权限设置

部门代码	部门名称	工号	姓名	操作权限	已销售金额	年销售定额	完成百分比

目前，企业的财务管理逐渐核算到部门、核算到个人，因此在销售业务中必须记录对应的部门和人员，以便进行考核。必须先为部门和销售人员编制代码和工号。在权限设置中先输入各部门的代码和名称，再输入每位销售人员的工号、姓名、所属部门、权限、当年销售指标定额等。

（2）系统初始化

①定义计算公式（参见本节中的销售管理系统中的计算）。

②定义相关的会计科目。

定义销售管理子系统将自动生成的传输到其他子系统的记账凭证相关的会计科目，也定义从其他子系统传入销售管理子系统的记账凭证相关的会计科目。（参见表14-20销售管理系统中的借贷方会计科目）

③定义往来账龄分析的时间间隔。

④确定税种和税率。

把销售中涉及的税种和税率输入到税率文件中去，供系统计算时自动调用。

⑤确定要设计的数据的编码方案。

在正式使用销售管理系统前，必须对产成品、客户等资料进行整理、确定编码方案、编制代码。(参见本节中的销售管理系统中的代码设计)

⑥年初始化。

在以上各项工作完成后，进行年初始化，目的是生成当年的数据库结构，为输入原始单据做准备，如果上年使用了本系统，则在进行年初始化的同时，系统自动把去年各项期末余额逐笔转至本年年初。

(3) 客户资料管理

在客户资料管理中输入客户的情况，其中客户代码和客户名称是系统运行所必需的，其他字段是系统建立客户档案的详细情况（参见图14-24)。在客户登记后，在应收账初始化中输入各客户尚未结清的应收账款明细账。

图14-24　客户资料管理

(4) 合同设置

除了以零售为主的商业企业，无论是制造业还是以批发、专卖为主的商业企业，在生意达成时，先要与客户签订合同，然后产生销售凭证（或者退货单)。所以需要按照规定预先设置合同的模式（参见图14-25)。

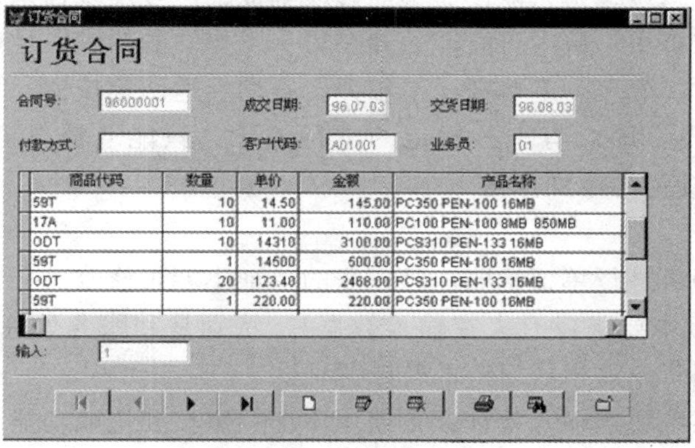

图14-25　销售合同输入

四、日常销售业务模块

1.单证处理

(1) 单证输入

①销售合同输入。

进入单证输入下的销售合同输入，屏幕显示输入合同编码、合同发生日期、交货日期及凭证、修改、返回等命令按钮。合同编码由系统自动按序编号，如果上一张合同编码为99101208，则下一张合同编码自动为99101209，用户可以修改合同编码，但建议由系统自动编码。日期默认值为计算机系统日期，可根据用户实际情况进行修改。接下来开始输入明细记录。要输入的内容有：商品代码、数量、单价或金额等（参见图14-25）。销售合同的数据输入后，储存在销售合同文件中。

②销售发票（和退货单）输入。

销售发票是销售业务发生时填制的原始单证，进入单证输入下的销售发票，屏幕显示输入发票编号、发生日期、销售员及凭证、修改、返回等按钮。其操作与销售合同的输入相同。销售发票的数据输入后，储存在销售发票文件中。

为了完整地反映销售情况，现销和赊销的发票都要输入系统。

对于退货，实际上是红字销售发票，所以转账分录和销售相同，但是金额为负数（红字）。退货单的输入和操作与销售发票的形式相同。

③收款单输入。

当客户付款时，应填制收款单，其中必须有发票编号，以便对销售发票文件进行抽单核销。收款单编号可以由系统自动按序编制，在账务处理子系统中输入、审核销售收款凭证，再导入销售管理子系统，储存在收款凭证文件中。

（2）单证审核

为使输入的数据正确无误，在销售管理系统中，对输入的销售合同、销售发票、退货单和客户付款时填制的收款单在记账之前都必须进行审核。输入人员不能对自己输入的单证进行审核。在多用户版本中，可以在一个工作站输入，在另一个工作站审核。

进入审核单证后，屏幕上出现选择单证类型框，它包括要审核的单证发生起始日期、截止日期、单证类型。按要求操作完毕按“确定”按钮后，系统进入所要审核的第一张单证。在审核过程中只能读而不能修改单证，一旦发现错误，通知原来的输入人员进行修改。在多用户版本可立即通知在另一工作站的输入人员修改。单证下方的条形按钮中有库首、库尾、上单证、下单证、查询、返回等按钮，可根据需要选择单证，进行审核切换，即对有审核标记的进行消除（只能取消自己审核的单证的标记），对没有审核标记的添加标记。

（3）单证记账

单证审核后即可进行单证记账。已记账的单证不能再修改。一个月中可在任意时间记账（多用户版本要求没有人在输入数据），特别是和账务处理系统共同使用时，记账后销货单和退货单将生成对应的转账凭证。

只要用户按系统要求输入单证，再使用单证的审核和记账功能，就可由系统自动记账，对单证做记账标记和计算统计工作。

在记账时，系统自动更新客户档案文件中的应收金额和已收金额字段，同时可以生成欠款客户信息表、催款单、应收预收账款明细表。

若记账后发现错误，可采用红字冲销的方法修改。

2.往来账

（1）输入上年未核销往来账

按照发票编号逐笔输入上年未核销的往来账。输入的字段是客户、发票编号（往来核对号）、业务发生日期、预计收款日期、摘要、借贷方发生额。

（2）往来账核销

在查询应收账款明细账时，系统自动按照发票编号逐笔抽单核销；也可以由系统在屏幕上同时显示销售发票和对应的收款凭证，供操作人员查阅、核销。

核销后，可进行应收账款的账龄分析。可选择对部分或全部客户进行账龄分析，账龄段可自由设置。核销后生成应收预收账款文件和资金回笼情况表（见表14-22）。

表14-22 资金回笼情况表

客户代码： 客户名称： 截止日期： 年 月

合同编码	发票编号	开票日期	预计收款日期	已收金额	应收金额	逾期未收金额	逾期时间

（3）往来账余额

可用发票编号或客户代码（或客户名称）查询往来账余额。

（4）未达往来账

可由系统查找、统计未达往来明细账。

（5）往来账龄分析

系统自动按照用户自定义的时间段，查找未达账款明细金额，汇总列出客户代码、客户名称、金额、发票编号、开票日期、预计收款日期等数据，可以输出账龄分析表（见表14-23）、逾期未收款表和坏账估算表。

表14-23 账龄分析表

截止日期： 年 月 日

客户代码	客户名称	欠款金额总计	欠款时间				
			3个月以内	半年以内	1年以内	3年以内	3年以上

3.查询和打印（输出）

销售费用的数据输入后，存储在销售费用成本文件。月末，从成本核算子系统导入本月实际单位成本，再乘以销售数量，算出销售成本，储存在销售费用成本文件中。对销售发票文件记账，生成销售日报表。对销售日报表进行汇总，生成销售汇总表。销售发票文件和收款凭证文件核销后，生成应收预收账款文件和资金回笼情况表。由销售汇总表和资金回笼情况表生成销售情况表。由销售费用成本文件、账务处理子系统余额文件和销售汇总表生成销售利润情况表。月末，对销售发票文件、收款凭证文件、销售费用成本文件进行处理，编制转账凭证，导入账务处理子系统。

对于上述各种单证账表，可以预先设置输出格式，进行查询和打印（参见本章的各种图表），也可以通过人机对话方式由用户输入查询条件，系统根据用户需要，对储存在文件（客户、销售合同、销售发票、收款凭证、销售费用成本文件）中的数据进行迅速处理，查找和生成符合要求的数据，形成各种明细账、汇总表、分析表、市场预测、分析模型图表（如图14-26所示），显示在屏幕上供查看，或用打印机打印输出。

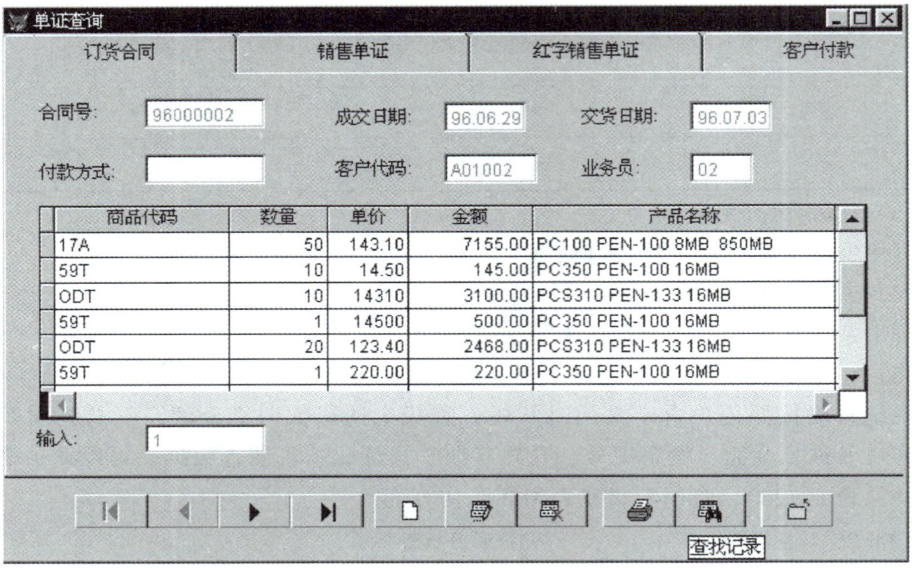

图14-26 单证查询

五、销售分析报表模块

1.订货、退货汇总表

订货汇总分析报表有三种类型，在每种类型中，用户都可以选择对部分或全部客户、产品统计，并指定统计的开始日期和结束日期：

（1）客户订货汇总表：按客户对所选产品的金额和数量进行统计，用于对客户进行排名。

（2）产品订货汇总表：按产品对所选客户的金额进行统计，用于对产品进行排名。

（3）客户产品订货表：按产品、客户统计金额和数量进行统计，是客户对产品订货的较详细报表（如图14-27所示）。

客户产品订货表

客户编号	产品代码	数量	平均单价	金额	产品名称	单位名称
APIZEN	17A	30	40.33	1,210.00	PC100 PEN-100 8MB 850MB	ARIZEN系统公司
BJBDFZ	17A	50	143.10	7,155.00	PC100 PEN-100 8MB 850MB	北京北大方正集团上海方
BJBDFZ	27A	1,000	1.00	1,000.00	PC100PEN-75 8MB 850MB	北京北大方正集团上海方
BJBDFZ	59T	10	14.50	145.00	PC350 PEN-100 16MB	北京北大方正集团上海方
JNZCCD	59T	14	428.57	6,000.00	PC350 PEN-100 16MB	上海东软信息技术工程有
SHHWXX	59T	2	360.00	720.00	PC350 PEN-100 16MB	上海华威信息系统有限公
SHHWXX	ODT	30	185.60	5,568.00	PCS310 PEN-133 16MB	上海华威信息系统有限公

图 14-27　客户产品订货表

这里提供的退货汇总分析报表是产品退货汇总表（如图 14-28 所示），按产品对所选的客户的金额进行统计，如果某产品退货较多可能是产品质量或款式落后等问题，企业要因此选择对产品进行技术或质量改进或者转产。

产品退货汇总表

产品编号	数量	平均单价	金额	产品名称
17A	10	100.00	1,000.00	PC100 PEN-100 8MB 850MB
27A	1,000	1.00	1,000.00	PC100PEN-75 8MB 850MB
59T	19	458.95	8,720.00	PC350 PEN-100 16MB

图 14-28　产品退货汇总表

2. 销售汇总表

销售汇总分析报表有三种类型，在每种类型中，用户都可以选择对部分或全部客户、产品统计，并指定统计的开始日期和结束日期：

①客户销售汇总表：按客户对所选产品的金额和数量进行统计，用于对客户进行排名（如图 14-29 所示）。

②产品销售汇总表：按产品对所选客户的金额进行统计，用于对产品进行排名。

③客户产品销售汇总表：按产品、客户统计金额和数量进行统计，是客户对产品销售的较详细报表。

3. 销售利润情况表

销售利润情况表中每一条记录对应一个产品，反映该产品的销售收入、成本、费用、税金和利润情况。销售收入、成本和利润情况表的格式参见表 14-24。

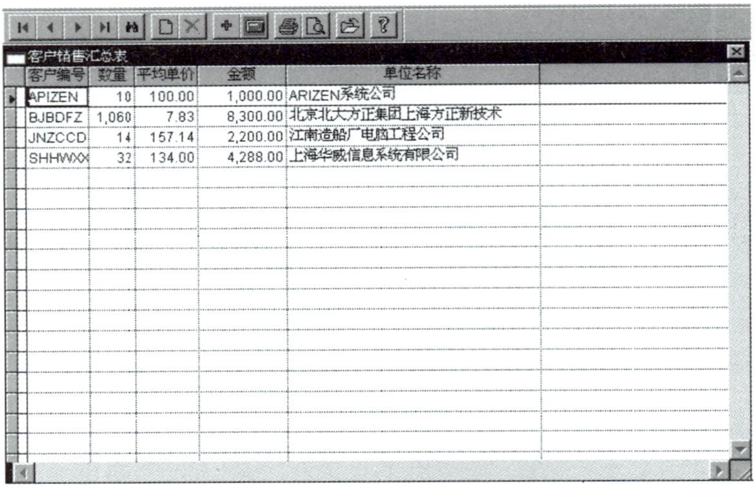

客户编号	数量	平均单价	金额	单位名称
APIZEN	10	100.00	1,000.00	ARIZEN系统公司
BJBDFZ	1,060	7.83	8,300.00	北京北大方正集团上海方正新技术
JNZCCD	14	157.14	2,200.00	江南造船厂电脑工程公司
SHHWXX	32	134.00	4,288.00	上海华威信息系统有限公司

图 14-29　客户销货汇总表

表 14-24

销售收入、成本和利润情况表

年　月　日

产品名称	计量单位	销售数量	销售收入		产品成本		销售税金	销售费用	盈亏额
			单价	金额	单位成本	总成本			

4.销售对比分析和业务员考核

销售管理系统提供了一个和产品销售汇总表类似的报表——销售对比分析表，但它是对所有客户和当年到目前为止的销售金额合计的统计。根据用户输入的产品销售计划，系统报告每个产品的销售金额、年计划、完成百分比，用户可以选择按产品代码、产品销售金额或完成百分比排名（如图14-30所示）。

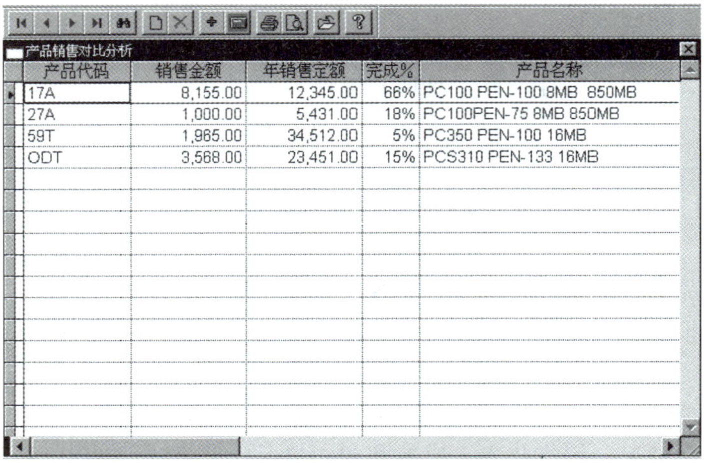

产品代码	销售金额	年销售定额	完成%	产品名称
17A	8,155.00	12,345.00	66%	PC100 PEN-100 8MB 850MB
27A	1,000.00	5,431.00	18%	PC100PEN-75 8MB 850MB
59T	1,965.00	34,512.00	5%	PC350 PEN-100 16MB
ODT	3,568.00	23,451.00	15%	PCS310 PEN-133 16MB

图 14-30　产品销售对比分析

对于业务员，可提供对比分析考核报表。根据用户输入的业务员年销售定额，系统报告每个业务员的销售金额、年计划指标、完成百分比，用户可以选择按业务员代码、产品销售金额或完成百分比排名（如图 14-31 所示）。

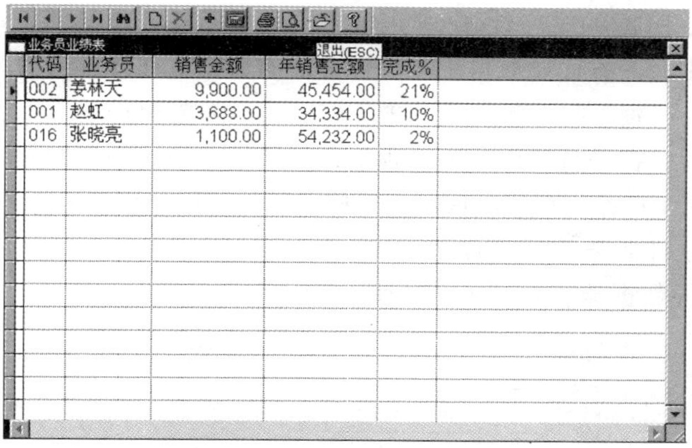

代码	业务员	销售金额	年销售定额	完成%
002	姜林天	9,900.00	45,454.00	21%
001	赵虹	3,688.00	34,334.00	10%
016	张晓亮	1,100.00	54,232.00	2%

图 14-31　业务员业绩表

第六节　成本管理系统的系统分析和功能模块结构

一、成本管理系统的数据流程

1. 成本核算的任务和特点

（1）成本核算的任务

产品成本核算，就是按照企业生产的产品，归集和分配生产过程中所发生的各种费用，包括原材料、燃料和动力、直接工资、废品损失以及制造费用，并按照以上所列成本项目计算每一产品的总成本和单位成本。

成本核算的任务是，根据管理的要求正确、及时地计算产品成本，分析和考核产品成本计划的完成情况，以及各种定额的执行情况，为企业成本和利润预测及生产经营决策提供必要的资料。同时，根据管理的要求，按发生地点提供成本信息，加强企业内部的经济核算。

（2）成本核算的特点

①成本计算方法多种多样。

成本计算要根据企业的生产组织特点和生产工艺流程选择适当的成本计算方法，即使采用同一种方法，各个企业仍存在着差异。有时由于生产组织与生产工艺流程复杂而企业又可能几种方法配合使用，这便增加了成本数据处理的难度。

②成本核算处理流程复杂。

在所有的会计信息子系统中，成本核算处理流程是最复杂的。这种复杂性，首先，表现为处理流程的多样性，即不同企业的成本核算流程差别很大。其次，每一种核算处理流程本身也较复杂，它涉及的处理步骤多，采用的处理方法繁杂。

③与其他会计信息子系统交换数据多。

归集生产成本需要材料、工资、固定资产折旧，水电费等料、工、费方面的数据，这些数据分别来自材料核算、工资核算、固定资产核算以及账务处理等子系统。在成本核算过程中，产生大量费用归集分配的转账凭证，这些凭证需传递给账务处理子系统登记入账。成本核算子系统几乎与所有其他会计信息子系统都发生数据交换。

④费用归集、分配的时序性强。

在成本核算中，一方面要取得生产统计方面的数据，如产成品的产量等数据，另一方面又要等材料、工资、折旧等费用分配工作结束后才能取得料、工、费数据。当这些归集工作完成之后，在进行费用分配过程中，又必须严格按一定的顺序分配辅助生产费用、制造费用，完工产品与在产品成本。这些费用的分配一步接一步，具有时序性。

2.成本管理软件业务处理流程

成本管理软件数据流程如图14-32所示。

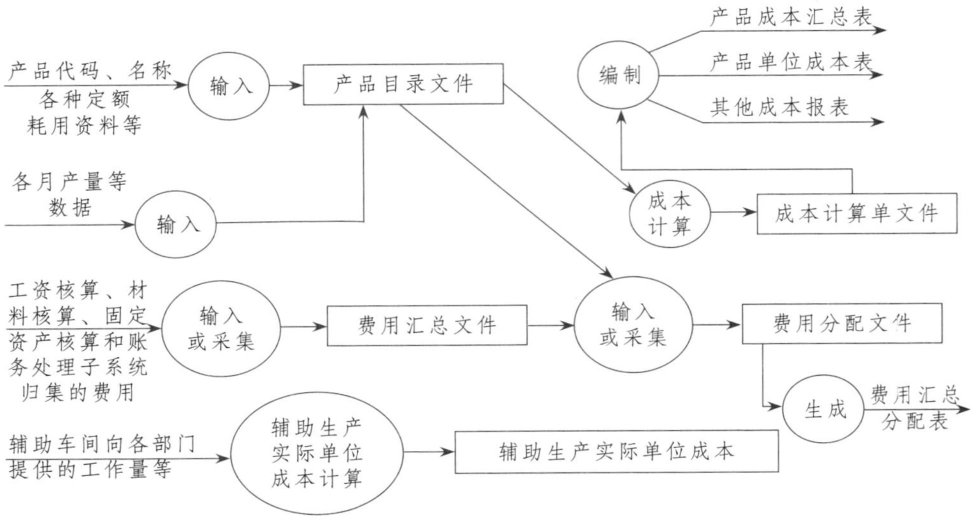

图14-32 成本管理软件数据流程图

（1）系统初始化时，将产品代码、产品名称、各种定额耗用资料等数据输入产品目录文件，建立产品目录以便在日常成本核算时使用。

（2）在日常工作中，每月需输入产品产量、工时耗用、水电耗用量等数据，这些输入的数据主要存储于产品目录文件中。同时获取工资核算、材料核算、固定资产核算和账务处理等子系统已归集的数据，存放到费用汇总文件。如果上述几个子系统还未实现电算化，则需要输入有关数据。

（3）对费用汇总文件中的生产费用进行归集分配。按成本项目在各产品之间分配后的费用数据存放到费用分配文件中。

（4）根据费用分配文件和产品目录文件中的有关数据计算完工产品和在产品的成本，将产品成本在完工产品和在产品之间进行分配。

（5）根据成本计算单文件，生成产品成本汇总表、产品单位成本表和其他成本报表，根据费用分配文件生成费用汇总分配表。

二、成本管理系统的功能模块结构

成本管理系统的主要功能模块结构如图14-33所示：

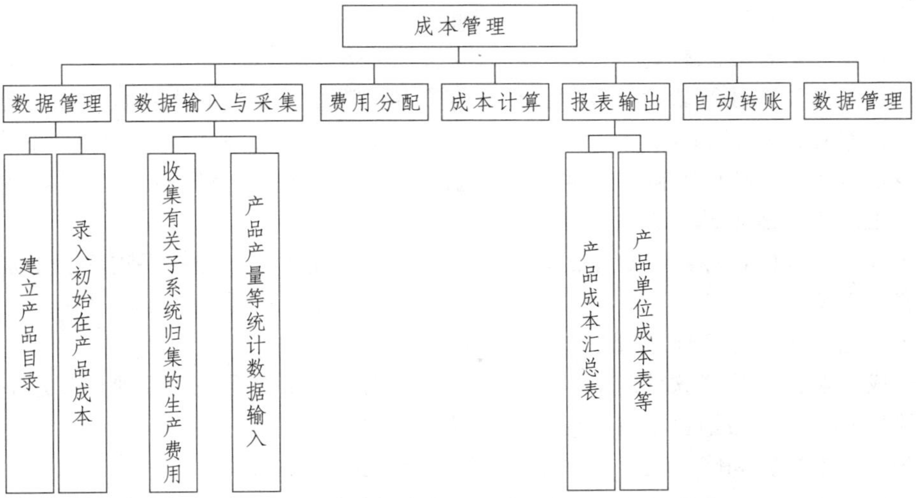

图14-33　成本管理系统主要功能模块结构图

1.成本的核算

（1）数据输入与收集

①产品量等统计数据输入。各车间统计的有关生产过程的原始数据是成本费用归集和分配的主要依据。为了计算产品成本，必须把有关统计数据输入系统。输入的数据有：产成品的产量、在产品的数量（或约当产量）、耗用工时、耗用电量、辅助车间的工作量等。

②收集有关子系统归集的费用。收集有关子系统归集的费用是指如果工资核算、材料核算、固定资产核算和账务处理子系统等已事先实现了电算化，则直接获取这些系统已归集的费用数据。但是，如果上述几个子系统还未实现电算化，则需专设输入功能输入这些数据。

（2）费用分配

费用分配功能可完成工资费用的分配、材料费用的分配、燃料动力费用的分配、辅助生产费用的归集分配和制造费用的归集分配工作。

（3）成本计算

成本计算功能可完成产品成本在完工产品和在产品之间的分配，计算出各产品的单位成本和总成本。

2.产成品及销售核算

（1）产成品及销售核算的任务

①反映和监督产成品的收入、发出和结存情况。

②反映和监督销售合同和销售计划的执行情况。

③反映和监督销售货款的结算和销售费用的支出情况。

④反映和监督销售收入、销售成本、销售税金和销售利润的情况，并提供各种分析信息。

（2）产成品及销售核算的特点

①数据的真实性、正确性要求高。

产成品及销售核算涉及国家、企业、个人三者之间的经济利益关系，是评价企业经营成果，进行利润分配的重要依据。因此必须保证其数据的真实性和正确性。

②数据及时性要求较高。

产成品及销售核算软件要及时提供库存产品的数量、销售收入及货款收回等动态信息，使企业决策者制定出合理的生产和销售策略，保证企业再生产各环节的畅通，最大限度地减少产品积压和坏账损失，降低销售费用，加速资金周转，提高经济效益。

③出库产品成本计算方法多样。

产成品核算时出库产品成本的计算可以采用先进先出法、加权平均法、个别计价法等多种方法。

④信息加工的深度要求较高。

产成品及销售核算软件除对产成品及销售方面的日常信息进行反映外，还应根据管理的需要进行产品销售预测、应收货款管理等方面的工作。

⑤与成本核算和账务处理子系统之间存在数据传递关系。

销售核算时所需要的成本信息来源于成本核算子系统，而销售核算过程中生成的有关转账凭证又要传递给账务处理子系统，以便登记入账。因此，产成品及销售核算系统与成本核算和账务处理子系统之间存在数据传递关系。

3.产成品及销售核算处理流程

电算化产成品及销售核算软件数据流程，是根据手工产成品及销售核算的业务流程并结合计算机的特点进行描述的，如图14-34所示。

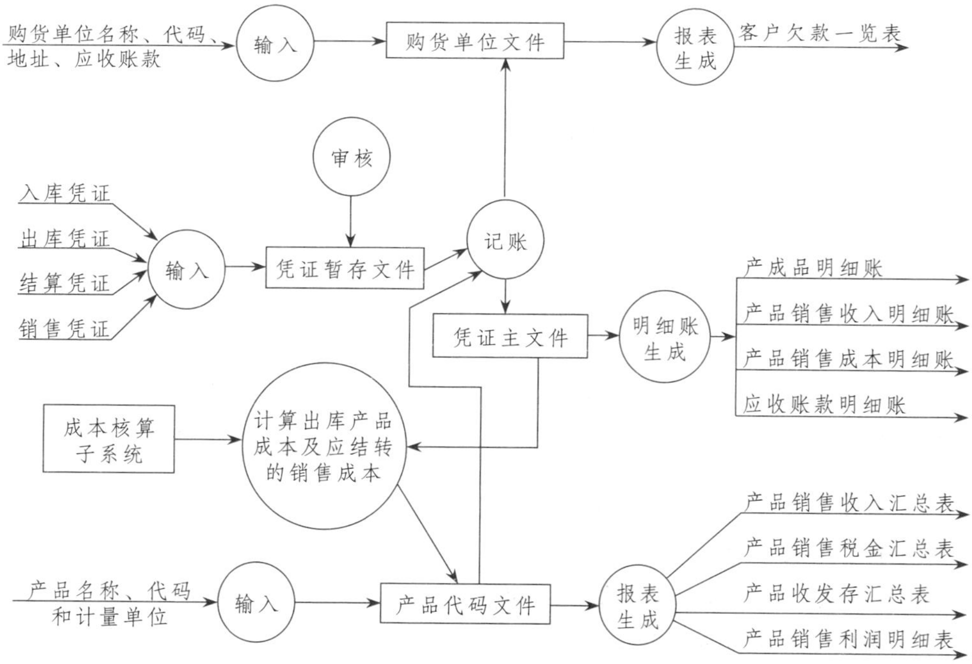

图14-34 产成品及销售核算软件数据流程图

①系统初始化时，将购货单位代码、名称、地址、电话、应收账款等数据输入计算机，存储到购货单位文件中。同时，将本单位产品的产品名称、产品代码、计量单位等信息输入计算机，存储到产品代码文件中。此外，产品代码文件还用于存储产品

收发存数量金额，以及产品销售收入、销售成本、销售费用、销售税金和销售利润等方面的数据。这些数据在日常业务处理时由系统自动产生。

②经济业务发生时将有关原始凭证，主要包括入库凭证、出库凭证、结算凭证和销售凭证输入系统，并存储到凭证暂存文件中。暂存文件中各凭证经审核记账后转储于凭证主文件之中，长期保存。同时删除暂存文件中已记账的数据。

③对凭证暂存文件中各凭证审核后记账时，一方面将其数据转储到凭证主文件中，同时用凭证暂存文件更新购货单位文件和产品代码文件。

④月末从成本核算子系统取得入库产品的单位成本，计算出库产品成本和应结转的销售成本。

⑤根据凭证主文件生成产成品明细账、产品销售收入明细账、产品销售成本明细账、应收账款明细账。

⑥根据产品代码文件生成各种报表，如产品销售收入汇总表、产品销售税金汇总表、产品收发存汇总表等。

⑦根据购货单位文件生成客户欠款一览表。

第十五章
会计信息系统运行

第一节　会计信息系统的程序调试与系统评价

一、会计信息系统的程序调试

1.程序调试

程序调试的主要内容包括：①正确性调试；②程序运行时间和储存空间的可行性调试；③使用简便性调试。

系统调试可分以下几步。

（1）单元调试，是一系列调试的第一步，是其他调试的基础。只有做好单元调试，才能顺利地进行其他调试。一开始不调试整个系统，而是调试较小的单元的原因在于：①可降低调试工作的复杂性；②单元调试易于排错，在发现错误时，易于确定错误的位置，并进行纠错；③可同时对多个模块进行调试，缩短调试周期。调试的目的是检验每个功能模块是否满足程序模块说明书的要求。

（2）整体调试。整体调试也叫综合调试，是将若干模块组装成一个完整系统后而进行的全面调试。它主要调试模块之间的接口和调用关系及全面的功能。经过单元调试，虽然各子模块的工作都已基本正确，但把它们组装成一个系统时，还可能出现问题。例如，数据通过接口时可能丢失；一个模块可能破坏另一个模块的功能，因而将各个模块组合起来可能达不到理想的效果；全程数据可能出问题；误差累积到一定程度后发生质变等。

2.会计信息系统的测试

会计信息系统的测试包括两个部分：一是系统测试。系统测试的目的是检查系统的结构是否合理，模块之间的接口是否存在问题。二是数据测试。

二、会计信息系统的系统评价

1.系统评价的必要性

系统评价的目的是估计系统的技术能力、工作性能和系统的利用率。系统评价度量了系统当前的性能，并能为进一步改善工作提供依据，因此评价报告的内容不仅应该寻找到现有的系统的优点和缺点，还应该提出改进建议。

2.会计信息系统评价的内容

（1）从计算机技术方面来评价：①系统效率性；②效益性；③可维护性；④可靠性。

（2）从会计技术方面来评价：①合法性；②功能性；③易操作性；④通用性。

第二节　会计信息系统的运行与维护

一、会计信息系统运行的管理

会计信息系统投入正式运行之后，需要进行科学的组织和管理。没有科学的管理，系统将不会提供高质量的信息服务，甚至会使系统陷于瘫痪。系统管理不能片面理解为仅仅对计算机的管理而是对整个信息系统的管理，管理的内容应该包括对人员和机构的管理、日常运行的管理、数据管理以及安全保卫管理等。

1.对人员和机构的管理

对系统工作人员的培训是一项关键性的工作。培训的内容应当兼顾计算机应用知识、会计业务知识、会计信息系统操作三个方面，使系统工作人员能在尽可能短的时间里迅速找到三者的结合点，顺利完成从手工会计到电算化会计的角色转换，从而为系统的运行和维护打好基础。

内部控制是单位内部为了保证会计信息的准确性、可靠性和财产的完整性而制定的各种规章制度、组织措施、管理方法的总称。控制的对象是会计核算和管理，目的在于保护财产，并保证会计数据的可靠性，其目的是促进企业经营方针的贯彻和工作效率的提高。

所谓会计组织内部控制制度，是指会计组织内部各职能部门会计人员在整个会计数据处理过程中，相互联系和相互制约的一种管理制度。相互联系是指在会计数据处理过程中有关人员的相互配合和相互协作，使个人分管的工作成为整个有机体的一部分。相互制约是指个人对自己所分管的工作必须在有关人员的审批、复核、处理等牵制作用下完成，而不能超出自己的职责范围去从事与己无关的工作。会计组织内部各职能部门的人员之间的责任分工主要有以下几个方面：

（1）开发维护人员与计算机操作人员的责任分工。

（2）程序和文档数据保管员与计算机操作员的责任分工。

（3）数据准备员、数据录入员、计算机操作员三者间的责任分工。

（4）会计信息使用员与计算机操作员的责任分工。

2.日常运行管理

日常运行管理就是通过操作规程来控制操作活动，防止和减少操作失误或利用操作进行舞弊。具体的措施包括：规定上机操作步骤、程序运行顺序、设备和文件使用要求、重新启动系统的规则、改错要求等。

系统文本资料控制是指对所有系统开发和运行的文书资料按标准化要求进行整理、编写和归档。系统文本资料是审计的线索和依据，是系统操作和维护的指南，是系统开发人员之间以及和用户之间进行交流的手段。对系统文本资料的保管和使用要建立制度，以确保其安全。

系统的可靠性、信息的安全性以及信息处理的正确性均依赖于强有力的环境安全控制。影响系统安全的因素包括灾害、失误、计算机舞弊和犯罪活动等。系统环境安全控制是指防止这些因素危及系统的安全、发现系统中的安全问题、解决这些问题使系统恢复正常的所有措施及其实施。

3.数据管理

数据是会计信息系统处理的对象，也是处理的结果。数据作为企业的一种重要的资源必须加以保护和管理。数据管理包括输入数据管理、输出数据管理和存储数据管理。

输入数据管理的目的是保证输入数据的完整和正确，输入数据管理的内容主要是在日常运行中检查：应该输入的数据是否全部输入；所有输入的数据是否都是合法的；所有输入的数据事前是否都经过审核并保证正确无误等。

输出数据管理的目的是保证输出数据的完整和正确，并及时提供给使用数据的部门，因此对输出结果要有检查制度，要经常检查输出结果是否正确，数据有没有缺漏。对于有时间要求的数据，必须保证按时处理完，并输出分发给有关部门。

存储数据管理的目的是保证存储数据的安全，保证按规定的手续向有关部门提供正确的数据。为了达到这个目的，对存储在磁性介质上的数据必须经检验证实正确无误；给磁性介质做上标记后才能放在专门的存放地点，交专人管理；建立相应的数据保管领用制度，并根据批准的手续发出和收回。

4.安全保卫管理

（1）影响会计信息系统的安全因素。

①自然因素，是指火灾等自然灾害对系统软硬件和数据的破坏。

②计算机舞弊。自从计算机应用于会计信息处理以来，利用计算机作为手段或以计算机为对象的盗窃、欺诈、窃密、破坏、泄密等舞弊案屡屡发生，造成了巨大的经济损失，而且引起社会的不安。计算机舞弊的手法大致有如下几种：输入舞弊，指通过篡改输入数据来达到不正当目的的舞弊行为；篡改文件，指增加、删除或修改文件中的数据，以便达到某种不法目的；程序舞弊，指对系统软件或应用程序作非法改动、增加非法程序或置换和删除程序，以便达到某种不法目的；操作舞弊，指操作人员不按规定进行计算机操作，或非操作人员未经允许上机操作，改变计算机的执行路径，或用错文件和程序，引起系统失常，借以达到某种不良目的；输出舞弊，指通过非法修改或销毁输出报表、将输出信息送给公司竞争对手等方法来达到作案目的。

③操作失误。

④硬件因素。

（2）增强会计信息系统的安全保卫管理。

①建立完善的内部控制和管理体系。完善的内部控制体系应是全方位的，包括对系统环境的控制和管理，对使用人员的控制与管理，对系统操作过程的控制与管理，对业务内容的控制与管理等。

②建立和完善计算机技术控制体系。运用软硬件技术建立完善的计算机安全管理体系是计算机系统的重要特征，包括利用计算机软硬件技术实现对系统程序和数据文件的加密，对人员使用系统的权限控制，对数据处理过程的安全性、合法性、正确性、可靠性控制等。

③建立和完善计算机审计监督制度。开展对计算机系统的审计工作是计算机应用的必然要求，一般可以起到以下作用：一是直接查出差错和舞弊案件；二是对违

章舞弊者起到威慑作用；三是及时发现系统内部控制中的弱点，促使被审系统改善和加强。计算机审计包括外部审计和内部审计，重点是做好内部审计工作。内审人员应参与会计信息系统的开发维护工作，以确保系统体现审计要求；经常检查系统内部控制的执行情况，以及时发现问题；定期实施对系统数据处理可靠性的审计工作等。

（3）系统开发和维护控制。

系统开发和维护控制主要是指对会计信息系统开发过程及其维护工作的控制。会计信息化作为一项系统工程，要经过需求分析、系统设计、系统实施等步骤，同时，许多程序化控制措施还要体现于软件功能中。其基本要求是：

①严格按软件工程的要求开发系统，每一阶段都要形成符合标准格式的开发文档，为后续工作（包括维护工作）提供依据。

②用户，尤其是内部审计人员要参与系统开发，使系统开发方案体现内部控制和审计的要求。

③会计和内部审计人员要全面参与系统测试和试运行工作，确保系统的可靠性。

④源程序不留驻计算机系统内，对软件的修改严格按规定程序进行，如包括修改问题的分析与设计、提取源程序、系统修改和测试、封存源程序、启用修改后系统等步骤。

二、会计信息系统的维护

会计信息系统的维护包括软件的维护、硬件的维护和代码的维护。软件的维护有三种类型：①纠正性维护；②适应性维护；③完善性维护。

系统维护工作应该集中管理，可以按以下步骤进行：

第一步，财务部门如果要求修改系统，必须以书面形式向计算机中心的系统主管人员提出，并说明修改的理由及修改的内容。

第二步，系统主管人员根据财务部门提出的要求做出是否修改的决定。

第三步，程序员修改好程序后，交系统主管人员验收并嵌入系统，同时记录所做的修改，并编写变动后的操作使用说明。

第三节 会计信息系统的系统实施

一、应用人员的培训

企事业单位会计信息系统应用人员的培训可分为初级、中级、高级三个层次。

（1）大部分会计人员要通过初级培训，掌握计算机和会计核算软件的基本操作技能。

（2）一部分会计人员要通过中级培训，能够对计算机系统环境进行一般维护，对财务软件进行参数设置，以及对会计核算信息进行简单的分析和利用。

（3）一少部分会计人员要通过高级培训，能够进行财务软件的分析和设计。

二、建立管理制度

1.建立岗位责任制

会计信息系统应用工作的岗位可分为基本会计岗位和电算化会计岗位。两者可在保证会计数据安全的前提下交叉设置，各岗位人员要保持相对稳定。

2.建立操作管理制度和硬件软件维护制度

（1）操作权限。主要内容包括：系统主管一般具有最高的权限；软件操作人员应严格按照特定的权限进行操作；凭证输入人员和审核记账人员不能是同一人；系统维护人员必须按有关的维护规定进行操作，除了系统维护人员之外，其他人员不得直接打开数据库文件进行操作，不允许随意增删或修改数据、源程序和数据库文件结构；软件开发人员、专职系统维护人员和档案保管员不允许进行系统性的操作。

（2）操作规程。主要内容包括：操作员在上机操作前后，应进行登记，填写姓名、上机时间和操作内容；操作人员的操作密码应注意保密，不能随意泄露；操作人员必须严格按操作权限、操作步骤和方法进行操作，不得擅自上机操作；每次上机完毕，应及时做好所需的各项备份工作，以防发生意外事故。

（3）硬件和软件维护制度。主要内容包括：保证机房设备安全和电子计算机正常运转的措施；会计数据和会计核算软件安全保密的措施；修改会计核算软件的审批和监督制度。

3.建立会计档案管理制度

会计信息系统应用的会计档案分为采用磁盘、光盘等介质存储和纸介质存储两种形式。会计信息系统应用的会计档案可采取以一种形式为主另一种形式为辅或者两种形式并重的方法管理，保存期限按《会计档案管理办法》的规定执行。

对档案的管理要做好防磁、防火、防潮、防尘、防盗、防虫蛀、防霉烂和防鼠咬等工作；重要会计档案要备双份，存放在两个不同的地点，最好放在两个不同建筑物内；会计档案不得随意堆放，严防毁损、散失和泄密，不得外借和拿出单位。

采用磁带、磁盘、光盘、微缩胶片等介质存储的会计数据具有不可见性，要定期进行检查，定期进行复制，防止磁性介质损坏。

三、会计信息系统的备案与管理

2002年2月10日，上海市质量技术监督局发布《信息技术　会计核算软件数据接口规范》（DB31/T270—2002），自3月15日正式实施。现已上升为以下标准。

2005年1月1日，《信息技术　会计核算软件数据接口》（GB/T19581—2004）经由国家标准化管理委员会批准，在全国范围内实施，这成为全国会计信息系统数据接口的标准。

四、会计信息系统的实施咨询

对于一般的小型财务软件，软件开发、经销、技术支持与运行维护一般可以由软件开发商完成，而对于大型财务及企业管理软件而言，软件开发和经销一般由软件开发商完成，而软件实施、技术支持与运行维护则需要专业化的管理咨询服务机构来承担，由它们为企业应用大型管理软件提供专业化咨询服务。这是大型财务及企业管理软件实施过程的复杂性所要求的，它符合现代产业发展分工细化的原则，是国外企业管理软件发展的成功经验。

企业在实施大型会计信息系统之前，首先聘请具有深厚行业知识和企业管理软件知识的专家组来对企业进行充分调研和需求分析，将企业的核心问题归纳出来，分析企业最需要什么样的管理和什么样的管理软件。在实施企业管理信息系统的过程中，管理咨询专家可以根据自己的丰富经验为企业进行业务流程重整和监督系统的实施进度，看是否偏离管理目标。在系统交付运行之后，又会定期进行系统运行效率评估，及时调整系统在企业管理中出现的错误。管理咨询服务机构对于推动大型会计信息系统的成功应用，提高企业管理水平起到了积极的作用。

第十六章
会计核算处理系统

第一节　会计信息系统初始化设置

会计信息系统是由计算机硬件、软件、用户和有关会计制度组成的，会计软件是会计信息系统的核心。会计人员实际上是通过使用会计软件来实现对会计数据的记录、计算、分类、汇总，实现对企业经济活动的核算和管理，并为投资人、债权人、经营管理者、政府管理部门提供各种会计信息。会计信息系统所提供的企业用于微观管理和国家经济管理部门进行宏观管理所需要的会计信息，都必须经由账务处理子系统对发生的经济业务进行加工处理后才能取得。一个账务处理软件安装以后，其使用过程分为初始化工作和日常工作两部分。

一、初始化的定义

初始化是指由手工系统向电算化系统转化的过程。但不同学者也有不同的定义，孙燕刚认为各单位使用软件进行日常业务核算前，需要针对本单位的业务性质及会计核算与决策管理的特点进行具体设定，即账务初始化。而高海霞指出系统初始化是指会计信息系统在初次使用时，根据单位的实际情况进行参数设置的过程。虽然定义不一样，所强调的方面也不一样，但都是正确的理解，我们比较认同第一种抽象性的定义。

二、初始化设置步骤

1.会计信息系统的初始化选择

（1）会计软件的选择。目前，会计软件的取得有自行开发和购买商品化软件两种方式。企业可以根据自身的条件和需求，选择性价比最高的软件。在考虑软件选择时，还应该考虑软件的类型、性能、功能、灵活性和开放性等比较多的因素，企业和软件的匹配是最重要的原则。

（2）数据库系统的选择。数据库有大小之分，同时选择优良的数据库对于会计软件也是十分重要的。不同的软件是基于不同的数据库开发的，最主要的是兼容性，同时也要考虑到企业的各方面因素，评估后才能进行选择。

（3）操作系统的选择。操作系统现在基本是基于Windows开发出来的，不过最新的流行趋势是网络操作系统。网络操作系统虽然还存在一定的问题，但也发展得比较迅速。比如在局域网内已经可以完成会计信息管理方面的工作，但在全国或者是全球网络方面还有点难度。

2.建立财务核算系统框架（以用友软件为例）

建立本单位的会计核算体系是财务处理系统初始化设置的第一步，其目的是使财务管理系统适应本单位会计核算体系的基本要求。建立会计核算体系的工作主要包括：

（1）创建账套。任何会计数据都必须在明确会计核算前提的基础上获得，因此，在创建账套的过程中，应依据企业名称设置账套名称，在输出有关账簿、报表等会计资料时，系统会以默认的方式将账套名称打印在输出材料上。依据企业生产经营周期设置会计期间，依据交易结算的常用币别设置记账本位币。值得注意的是，对账套选项的设置一定要慎重，一旦账套创建完成，除账套名称外，其他账套参数不能被修改。

（2）增加操作员及其权限。增加操作员及其权限设置应由系统管理员完成，操作员是允许使用会计信息系统的人员，在系统中对操作员的权限进行设置是实现会计信息化下的职责分工、强化内部控制的重要手段。授权时应考虑数据传递流程，保证各负其责、流程顺畅。此外，通过操作员权限的设置，还应使得不同会计岗位之间互相牵制与监督，对操作密码要严格管理，操作员定期更换密码，密码设置不能过于简单和有规律性，防止被人盗用。操作人员离开机器时，应执行相应的命令安全退出系统。

（3）设置凭证类型。在录凭证之前，必须在账务处理系统中设置凭证类别如图 16-1 所示。

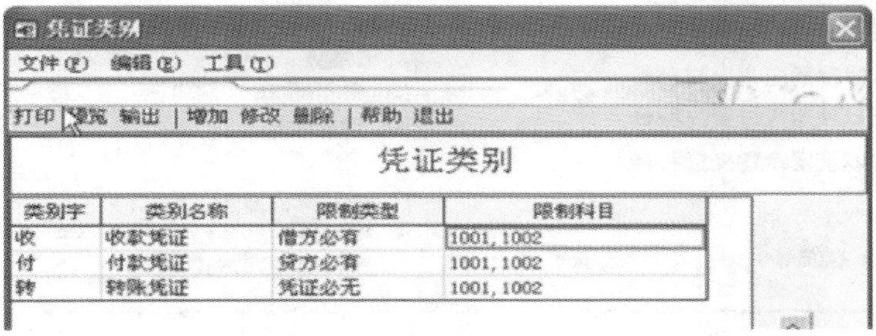

图 16-1 凭证类别

凭证类别可根据本单位会计核算的实际需要灵活设置。建议采用通用记账凭证，这是因为在手工核算方式下，用专用记账凭证——收、付、转记账凭证——来处理会计业务，分别装订整理的管理方法是为了便于查账，而实行会计信息化后，所需信息能通过系统强大的查询功能迅速实现。另外，设置了凭证类型，增加了一个输入项目，会影响凭证的输入速度。会计软件提供记账凭证类型设置功能更多地是为了适应会计人员手工核算的习惯。所以，实施电算化会计后最好使用通用记账凭证格式。

数据编码设置在用友账务处理系统初始化过程中占据举足轻重的地位。然而会计科目体系一经使用，其编码结构就无法改变，因此在设计编码的时候一定要充分考虑各方面的需求。编码设置时应注意编码的系统性、唯一性、简洁性以及编码的可拓展性。在系统初始化时，重点应该考虑编码设置的可拓展性。在设置时容易出现问题的是二、三级明细编码长度，因此应首先对本单位的各个科目的使用频率非常了解，明细多的其编码长度就要长一些，如总账一级科目编码长度由所选会计制度来决定，通常为 3~4 位，而确定明细科目编码长度通常是以其上级科目中所含明细科目最大可能达到的个数来确定的。以“4-2-2-2-2”编码规则为例，如“银行存款”总账科目，一般按照开户行开设二级明细科目，当开户行不超过99个时，两位长的代码足够满足以后业务添加二级科目的需求，而“应收账款”等往来类的总账科目，通常以客户或单位来设置明细科目，明细科目数量可能少则几十个多则成百上千个，此时两位码长度就很难满足需求，需增至三位或者更长。因此，总账参数的设置是企业制定和设立工作制度和流程的直接体现，并且直接影响到电算化工作的日常操作，并可能影响最终报表的会计数据。所以核算参数的设置一定要在充分了解企业自身状况、软件功能的基础上认真进行。其中凭证参数的控制设置（如图16-2所示）在其中有相当重要的地位。

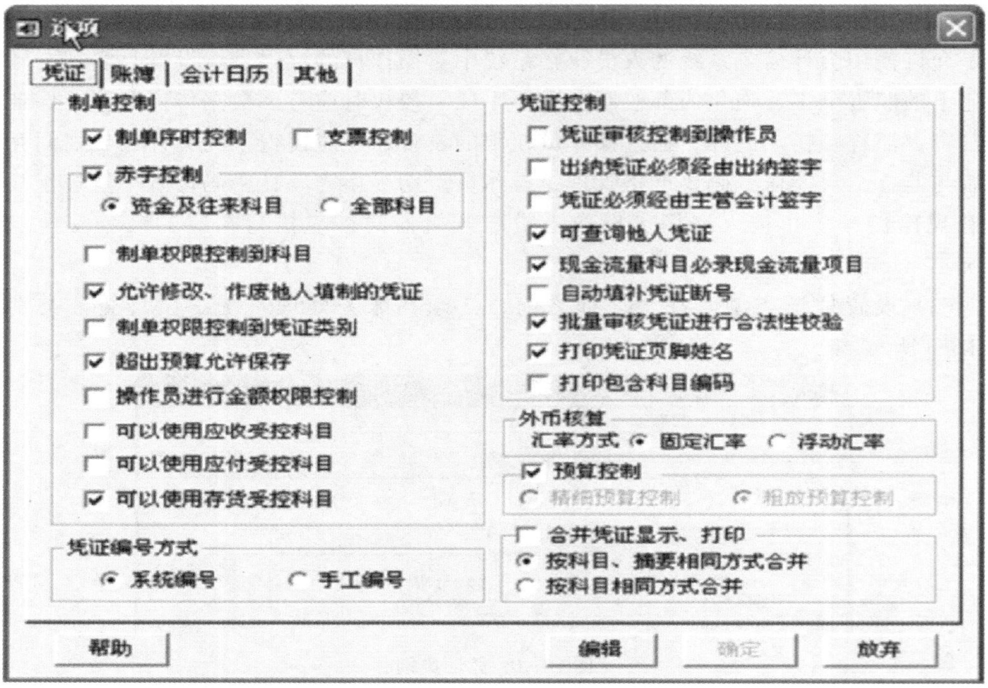

图16-2 凭证的参数设置

为了降低科目的级次，最理想的解决方案是运用客户的辅助核算，用友ERP软件中辅助核算的项目编码与会计科目的编码完全独立，自成体系，项目编码只和其关联的会计科目有关系，这样不影响其他科目编码的设定，可以避免出现不够用的情况。

（4）建立会计科目。建立会计科目就是将企业会计核算中所使用的会计科目逐一地按系统要求描述给系统。只有建立了会计科目，财务处理系统才能进行日常的财务核算。企业应在分析本单位业务核算特点与会计信息使用者的需要的基础上设置会计科目，设置的主要内容有：

①建立会计科目编码。会计科目编码，采用的是分段组合编码方案，把编码分为几段，每段有几位。如会计科目编码方案为4-2-2，则表示会计科目最多可设置三段（三级科目），第一段即一级科目，级长为4位，如一级科目“原材料”的编码为“1403”；第二段即二级科目，级长为2位，如“原材料——主要材料”，用编码表示为“140301”；第三段即三级科目，级长也为2位，如“原材料——主要材料——钢铁”，用编码表示为14030101。设计会计科目编码时应注意的问题有：一级科目编码

必须遵循企业会计制度的规定设定，不可更改；每一个编码对应唯一的会计科目，不允许重码；留有足够的备用代码位置，以适应未来编码对象内容不断扩大的需要；编码应尽量简短，便于记忆，这样既可以提高输入效率，又可以节省存储空间。

②设置会计科目属性。会计科目属性设置是指将会计科目的类别、余额方向、账簿种类、账页格式等逐一地按要求描述给系统的过程。如果给一个科目设置了辅助核算科目属性，该科目的每一笔业务收支都会同时登记在总账和核算项目账上，其优点在于：一是简化了明细核算科目输入的工作；二是可以通过核算项目功能方便地对某一往来部门或项目进行管理。如果一个科目设置了日记账属性，该科目的每一笔业务不但会登记总账还会登记日记账。

3.录入期初账务数据

在第一次使用账务处理系统时，应将经过整理的手工会计科目的期初余额录入计算机。只有在完成了创建账套、建立会计科目和项目核算等初始化设置的基础上，期初余额的录入才能顺利进行。因此，期初余额的成功录入，标志着系统中已建立了完整的财务核算体系，具备了进行日常核算的基本条件。

账务处理系统的启用时间不同，对录入期初余额的要求也不相同。如果本单位是在年初启用系统的，则只需录入年初余额；如果本单位是在年中启用系统的，则需要输入启用月份的月初余额和年初到该月份的各科目借贷方累计发生额，系统将根据输入的数据自动计算出年初余额；若某一会计科目涉及辅助核算，还应将辅助核算的期初数据输入系统并使之与总账账户保持一致。

建议各单位启用账务处理系统选择在年初或10月份。选择年初，是因为年初录入初始数据少；选择10月份是因为财政部规定各单位实现电算化，“甩掉”手工账，要求新旧系统并行至少3个月。

账套参数及会计科目体系设置完成，即可将各科目余额输入系统。企业期初余额录入要注意，如果存在辅助核算科目，先对科目设置辅助核算，通过辅助核算账录入期初余额，再传递至总账，来保证录入完毕时的余额试算平衡。例如：假设企业“应收账款”科目在期初设置时选择了“客户往来”辅助核算，则在期初余额录入时，“应收账款”辅助核算科目的期初余额应首先录入，双击辅助核算科目的期初余额，出现如图16-3所示的输入框。

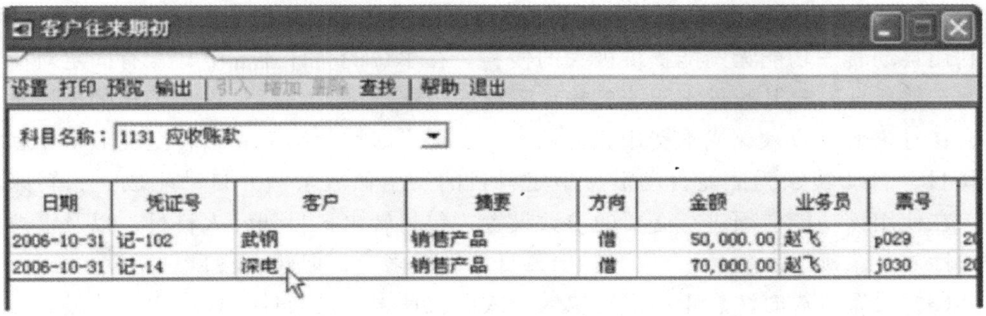

图16-3　初始数据录入

企业应根据自身情况如实录入辅助核算科目期初数据，当录入辅助核算项目余额之后，辅助核算的期初余额将自动传入总账，以便余额录入完毕进行试算平衡。总账系统其他科目余额项目可直接录入。余额输入完成后，执行系统的“试算”和“对账”功能可自动检测余额是否借贷平衡、账账相符。例如，当企业先录入总账期初余额，后设置辅助核算时，总账的期初余额对账不平衡，这是辅助核算科目设置落后于期初余额的录入导致的。因此，期初余额录入，要特别注意辅助核算科目设置与期初余额录入顺序的倒置对试算、对账的影响。

4.会计信息系统账务初始化的校验

当我们完成初始化的相关工作之后，采取手工与电脑相结合，相互补充的方式对上述工作的正确性、合理性进行验证、验收。在确保初始化合格后，才能进行日常处理。

首先，由会计软件进行技术性验证，期初数据录入完毕必须进行核对、试算平衡，即录入的会计科目余额是否平衡，总账与明细账、辅助账是否一致，是否有尚未设置、定义的项目等。启动试算平衡功能键，电脑会自动进行检查并提示给用户。如果试算不平衡，只能填制凭证不能记账。

试算不平衡的原因主要有三方面：一是数据录入错误，需要从第一个数据开始核对，改正错误；二是余额借贷方错误，这类错误常发生在总分类科目与明细分类科目余额方向不一致的情况下，对于一些特殊的会计科目如累计折旧、坏账准备也要注意余额方向；三是找不到不平衡的原因，这种情况只能把原数据全部删除，重新录入。

其次，由财务主管对初始化工作进行综合评定，分析会计软件初始化是否具有高效性、前瞻性、扩展性、适用性，是否满足本单位对会计信息管理的需求，以便进行补充、完善，使手工核算顺利地过渡到电算化处理。

5.初始化工作应注意的其他问题

完成以上操作后，即可进入日常的账务处理，如输入、修改、审核、打印记账凭证，查账、打印输入账簿等工作。但系统初始化时还应注意以下几个问题：

（1）新增操作员要注意自行输入密码。系统会预设一个操作员，通常取名为SYSTEM或MANAGER之类，这也是系统中权限最高的系统管理员，正式启用系统时应将该用户名更改为系统管理员，并加上密码。如需要上机操作的会计不止一个，则应增加操作员，并为每个用户确定相应的权限，新增加的操作员的密码须由新增操作员自行输入，以便分清责任。

（2）要注意充分利用自动转账凭证功能。自动转账凭证设置虽不是一个必选项，但利用自动转账功能无疑能提供极大的便利。在单位的会计业务中，常有固定对应关系的记账凭证，且其数据来源于已输入系统的记账凭证。如每月均需结转的损益类科目，在月末所有收入、成本费用凭证输入、登记入账后，须汇总结转至类似本年利润的科目，自动转账凭证能自动汇总指定科目的发生额或余额并自动生成一张转账凭证。在使用该功能前须进行必要的参数设置，包括转出科目和转入科目，以及汇总数据的性质（余额、发生额），注意转出科目可设置多个，但转入科目只能设一个。

（3）设置报表时注意正确设置取数公式。会计报表是会计工作流程中的最后一个环节，在会计软件中通常都预置了通用会计报表，但除通用会计报表外，单位一定还需要其他报表，这些报表是无法预置的，需要用户自己完成设置。报表通常由表标题、表头、表体、表尾四部分组成，其中表体的设置是关键所在。表体中有两类数据，一类是固定的表项目，另一类是变动的数值性数据。数值性数据须设置取数公式从账簿、其他报表中取来，随账簿中的数据变化而变化。取数公式的格式在不同公司的会计软件产品中各不相同，必须参考会计软件所属的用户操作手册。

总之，账务软件系统初始化是一项很重要的工作，对计算机操作不够熟练的会计人员在系统初始化时尤其应当注意以上问题，把握初始化的关键，高质量地做好初始化工作，这样才能最大限度地发挥账务处理软件的作用。

第二节　基本账务处理设置

一、会计软件结构

会计核算系统是会计信息系统的最主要内容，具体划分如下：

1.账务处理子系统

账务处理子系统是完成录入、审核、修改记账凭证并进行记账、查账、银行对账等日常业务的子系统，是会计信息系统的核心，包含了会计业务处理的基本内容。

2.会计报表子系统

会计报表子系统是会计信息系统最终输出汇总会计信息的子系统。

上述两个子系统是商品化会计软件中最常见、最基本的，因为完整的会计软件离不开账务与报表。

3.核算子系统

（1）固定资产核算子系统

该子系统的主要功能是：建立各种在用固定资产数据库；处理固定资产的增加、减少及有关统计事项；按车间、部门计算应提的折旧费；生成固定资产明细清单、折旧费计算表及有关折旧的机制转账凭证；输出按不同资金来源增加或不同原因减少的固定资产统计表等。

（2）材料核算子系统

该子系统的主要功能是：建立各种材料的档案数据库；输入各类领料单，如出库单、入库单等；处理材料的收、发、存事项；核算库存资金；生成有关材料的机制转账凭证；输出各类材料库存动态表、储备明细表、材料期末数量及金额明细表，并输出按产品或按领用单位分配的材料领用分配表以及按不同来源、不同用途统计的物资统计表，作为成本核算的依据之一。

（3）工资核算子系统

该子系统的主要功能是：在职工工资数据库的基础上，根据各类增、扣款项计算每月每个职工应发与实发工资；输出职工工资发放明细表和企业工资汇总表，并提供工资分配表，作为成本核算归集生产费用的原始依据等。

（4）成本核算子系统

该子系统的主要功能是：读入账务处理模块中的基本生产、辅助生产、制造费用、管理费用明细账数据以及工资、材料等核算中的工资分配表、材料领用分配表、固定资产折旧计算表数据；输入工时统计表，完工产品入库单，在产品明细表，半成品收、发、存表等原始资料；按产品成本对象归集上期在产品生产费用及本期基本生产成本发生额；将成本在本期完工产品及月末在产品之间进行分配；计算本月完工产品总成本及单位成本；输出在产品成本明细表及按成本项目反映的当月完工产品的总成本及单位成本。

（5）销售核算子系统

该子系统的主要功能是：输入销售发票等原始数据；建立销售明细账、发出商品明细账及销售利润明细表；进行发出商品的核算；汇总销售收入；结转销售成本；进行销售税金、销售费用、销售利润的计算及转账。输出按产品分类的产成品收、发、存明细表，产品销售明细表，发出商品结存表，销售利润明细表等。

（6）账务处理子系统

该子系统的主要功能是：会计核算的核心，其他业务系统往往需要读取账务处理系统的数据进行核算，而且要将处理结果汇总生成凭证传递至账务处理系统统一处理。账套建立及账套基本信息设置、会计科目设置、期初余额设置、凭证制作（含凭证的录入、审核、查询）、凭证记账（过账）、账簿查询及打印（包含各种样式的明细账、日记账、往来账）、期末结账等内容。有的账务处理系统还有出纳现金及支票管理，银行对账及应收应付往来账管理，数量、外币、部门、项目及预算等各种辅助核算等功能。

（7）往来账管理子系统

该子系统的主要功能是：完成各应收应付账款的登记、冲销工作；动态反映各客户信息和应收账款信息，并进行账龄分析与坏账估计；及时反映各应付应收账款数额及偿还所需要的资金。

（8）报表处理子系统

该子系统的主要功能是：实现各种会计报表的定义与编制，并可进行报表合并与报表汇总；生成资产负债表、现金流量表、利润表、管理会计报表。

二、会计软件子系统间的联系

1.控制联系

一个系统可以分解为若干子系统，一个子系统又是由若干功能组成的，所以任何一个系统的目标都是通过若干功能来实现的。由此可见，一个完整的会计软件也可以分解成若干子系统，子系统之间相互作用、相互依赖，共同完成会计职能。子系统之间相互作用、相互依赖的关系主要表现为控制联系和数据传递联系两种。

2.数据传递联系

与控制联系不同，数据传递联系是指一个子系统的数据输出作为另一个子系统的数据输入，供其加工处理，实现数据共享。数据传递联系以控制联系为前提，控制联系是数据传递联系的基础。当子系统之间不存在控制联系的时候，数据联系也不存在。各个子系统单独使用时，子系统所需的数据都是通过人工输入的方式输入计算机的，不能直接利用其他子系统的输入传递数据。此时，数据输入的工作量大，系统运行效率差，数据共享的程度低。当我们总体考虑会计软件的结构时，必须考虑子系统之间数据的共享利用，弄清各子系统之间的数据传递联系，以提高系统的运行效率和数据共享的程度。为了实现各子系统之间数据传递联系，就必须在会计软件设计中安排数据接口，并编制相应的接口程序以处理接口数据。

数据传递联系不仅存在于各子系统之间，也存在于各子系统内部。子系统内部之所以存在数据传递联系，是因为：首先，子系统内部的数据库往往不止一个；其次，这些数据库文件往往不止一个；最后，这些数据库存在依赖关系，且有元数据库和目标数据库之别。例如，在账务处理子系统中，尽管各商品化软件的数据处理流程不同，数据传递联系有别，但一般而言，账务处理子系统均有临时凭证文件、流水账文件、科目余额/发生额文件。

（1）临时凭证文件

临时凭证文件是用来临时存储已录入但未记账的所有凭证，记录在一定时间内所发生的各项经济业务的文件。临时凭证文件反映账务处理所需的全部内容，不仅包括记账凭证本身要求的内容，还包括计算机在数据处理时所需的各种标识，以及反映各种数据记录内部控制方面的内容。一旦记账，凭证就从临时凭证文件转移到流水账文件，所以任何一张凭证都不可以永久存放在此文件中。

（2）流水账文件

流水账文件用于存放已记账的所有凭证，存于流水账文件的凭证是正式会计档案，不能直接修改，只能用红字冲销法进行冲销。流水账文件由记账程序更新，主要用于产生明细账、日记账，也为各种内部报表提供所需要的信息。

（3）科目余额/发生额文件

在电算化会计信息系统中，账务处理子系统不是模仿手工对每一个会计科目设置一个账簿文件，而是把每一个会计科目的代码、类型、余额、发生额、汇总额独立出来，存放在同一个文件中，即科目余额/发生额文件。其作用是记账时，系统自动按科目进行汇总并将汇总结果存入该文件。输出账簿时，系统自动从该文件和流水账文件中提取数据，并进行加工生成所需要的账簿。编制报表时，仍然从该文件提取数据生成所需结果。

三、账务处理软件系统概述

1.概述

账务处理系统主要用来处理企事业单位的账务核算业务，它以凭证为数据处理起点，主要完成凭证处理和记账功能。它是会计核算中的一个基础部分，是会计系统一个必不可少的环节。账务处理系统除了具有凭证处理和记账功能外，同时还具有账簿管理、月末处理等功能。账务处理的主要功能有账务处理初始设置、凭证管理、账簿管理、期末处理。

账务处理系统的主要功能如下：

（1）初始设置，也叫作初始化，主要工作包括设置各项业务控制参数、设置会计科目、设置凭证类别、定义辅助核算项目以及录入期初余额等内容。

（2）凭证处理功能主要包括记账凭证的填制、修改、删除、查询、审核、记账，以及出纳签字、常用凭证定义等功能。

（3）出纳管理功能，能够生成、查询和打印银行存款日记账、库存现金日记账，输出最新资金日报表，定期进行银行对账并自动编制银行存款余额调节表，提供支票登记簿等。

（4）账簿管理功能，能够通过不同条件的组合，查询各种总账、明细账、余额表，实现账证联查，而且能够查询包含未记账凭证的最新账簿数据。月末可以打印输出各种正式账簿。

（5）辅助核算功能，是指除了总账、明细账的核算以外，还要进行的某些专项核算，包括个人往来核算、部门核算、项目核算及往来核算等内容。

（6）月末处理功能，具有自动完成月末转账，进行试算平衡、对账、结账以及生成月末工作报告等功能。

2.手工处理业务流程分析

（1）日常经济业务发生时，业务人员将原始凭证提交给财会部门。由凭证录入人员在企业基础会计信息的支持下，直接根据原始单据编制凭证，并保存在凭证文件中。

（2）对凭证文件中的凭证进行审核。如果审核通过，则对记账凭证作审核标记，否则，将审核未通过的凭证提交给录入人员。

（3）登记日记账，出纳人员根据收款凭证和付款凭证，登记库存现金日记账和银行存款日记账。

（4）登记各种明细账，一般单位根据业务量的大小设置各个会计岗位，即分别由多个财会人员登记多本明细账，如一个会计专门登记应收账款明细账，另一个会计专门登记材料明细账等。

（5）根据科目汇总表登记总账，总账会计根据记账凭证定期汇总编制科目汇总表，根据科目汇总表登记总分类账。

（6）月末处理，由于总账、日记账、明细账分别由多个财会人员登记，不可避免地存在着这样或那样的错误。因此，每月月末，财会人员要进行对账，将日记账与总账核对，将明细账与总账核对，做到账账相符。此外，财会人员月末还要进行结账，即计算会计账户的本期发生额和余额，结束账簿记录。

（7）根据企业银行账和银行对账单中的银行业务进行自动对账，并生成余额调节表。

（8）查询与生成报表，根据日记账、明细账和总账编制管理者所需的会计报表和内部分析表。

3.计算机处理业务流程分析

首先，在系统启用时由凭证录入人员将本单位的基础会计信息（如企业基本信息档案、科目编码和名称、期初余额、客户档案、供应商档案、财务人员档案、仓库档案等）通过初始模块输入计算机，并保存在企业基础信息文件中。与手工处理流程相比，新增了初始设置模块，该模块在整个系统中的作用举足轻重。比如科目表的编码设置，直接关系到记账凭证的录入、存储、查询效率；科目余额表金额的准确性，直接关系到计算机与手工账的接口问题；往来单位信息表和余额表直接关系到对往来单位辅助信息的核算和管理。

其次，新增了录入员岗位，负责录入记账凭证，虽然增加了工作量，却是必不可少而且十分重要的，直接关系到整个账务处理系统数据处理的准确性。

再次，新增了临时凭证文件，用于保存当期审核后的临时凭证。相对于历史凭证文件而言，其主要作用是便于集中审核当期的记账凭证，不用查询前期已经审核结账的凭证，节省了系统查询时间。

最后，记账与手工处理不同，即记账人员发指令，计算机自动将凭证文件中已审核凭证进行记账，分别更新汇总文件、已记账文件、企业银行账等，并将凭证文件中已记账的凭证删除。结账，即会计期末结账人员发指令，计算机自动根据凭证模板生成机制凭证，保存在凭证文件中，供记账使用；当所有凭证都记账后，计算机自动计算出本月合计、本年累计数据。

4.会计核算软件与手工会计核算的关系

（1）相同点

①目标一致。无论是手工会计核算还是会计核算软件，其最终目标都是加强经营管理，提供准确、及时的与决策相关的会计信息，参与企业经营决策，提高经济效益。

②遵守共同的会计准则和会计制度。会计法规是进行会计工作的法律依据，会计准则和会计制度是指导会计工作的规范。会计法规不能因为约束对象所使用的操作工具或操作手段的改变而改变，因此两者均须遵守会计法、会计准则、会计制度及其他相关的法规和政策。

③遵守共同的基本会计理论和会计方法。二者的基本会计理论和方法是一致的，如复式记账的原理、计提固定资产折旧的方法等。

④会计数据处理流程大体一致。在对会计数据进行处理时，会计核算软件和手工会计核算都具有以下共同的处理流程。从经济业务出发，根据原始凭证编制记账凭证，并对凭证进行审核。根据记账凭证登账。手工和计算机登记账簿时，均根据输入并审核过后的凭证生成账簿，实质上都是为了存储记录资料。对数据进行加工处理。具体表现为手工核算操作时的大量过账分录业务，在电算化操作时由计算机程序自动执行。手工汇总与对账的操作，在会计核算软件中则是由计算机完成各种运算及查询的。根据实际情况，由于采用了计算机处理，账账核对及账证核对等手工核算中的步骤取消了。但会计核算软件的数据处理流程，从本质上讲，还是模仿手工会计核算的流程实现的，因此我们说两者的会计数据处理流程基本相同。

（2）不同点

①会计核算工具不同。手工会计核算：主要是算盘、计算器、纸、笔等，需要人工操作才能完成计算工作。会计核算软件：是一个人机结合的系统，其最大的特点是使用电子计算机来处理会计数据。计算机可按预先设置的会计软件，自动完成会计数据处理工作。

②会计信息载体不同。手工会计核算：以纸张为载体。会计核算软件：以磁性介质存储的数据文件为主，以计算机输出的纸介质凭证、账簿、报表为辅的形式。

③记账规则不完全相同。账簿的存在方式不同，账簿修改和结账方法不同。

④账务处理流程类型存在差别。手工会计核算：记账凭证账务处理流程、科目汇总表账务处理流程、汇总记账凭证账务处理流程、日记账账务处理流程、日记总账账务处理流程等。在会计核算软件环境下，存在两种方案：将手工的程序移植过

来，但处理过程发生了变化，兼容了多种核算形式；完全理想的全自动化处理程序，即会计凭证磁性化（或条形码）。

⑤内部控制方式不同。会计核算软件中，对手工的内部控制方式做了必要的改变，有的已经取消，如账证核对、账账核对、账表核对的控制方式，已经不再存在，强调对输入的严密控制，保留了签字、盖章等控制，增设了权限、序时等控制方式。

⑥会计机构和人员分工不同。手工会计核算下，会计岗位一般分为出纳、工资、材料、固定资产和成本等若干工作岗位，进行具体的业务核算，并设专人负责记账、编制报表工作，人员也是专职会计人员。会计核算软件中，会计岗位划分为录入、审核、维护等岗位，人员构成也将由会计专业人员、计算机软硬件及操作员等组成。

第三节　通用报表编制

一、编制会计报表的定义

编制会计报表，就是将一定时期企业、行政、事业等单位的财务状况和经营成果，总括地反映在具有一定格式的表格之中。各单位会计必须定期提供“通用”的财务报告（会计报表），以满足各有关方面及时、全面地了解单位财务会计信息的需要。

会计报表主要是以单位的账簿核算资料为依据编制的，总括反映单位财务状况及经营成果的书面报告文件。会计报表所提供的资产、负债、所有者权益、收入、费用和利润等会计信息，对于企业的投资者、债权人以及政府管理部门等都有重要的作用。

实现会计信息化后，在日常会计核算工作中，利用账务处理软件可以通过编制凭证、登记各种账簿，对所发生的各类经济业务进行全面、连续、系统的记录。但这些核算是分散在各种账簿之中的，不能集中、概括地反映企业生产经营活动的全貌，编制会计报表可以将账簿中分散的资料集中起来，总括反映企事业单位的财务状况和经营成果，并利用报表处理软件完成会计报表的自动编制工作。

二、通用报表适用类型

通用会计报表适合所有用户使用，不同行业的企业可以根据本公司的特点自选通用报表的类型。通用报表一般分为三种类型：

（1）适用执行企业会计制度的财务报表。

（2）适用执行小企业会计制度的财务报表。

（3）适用执行企业会计准则的一般企业的财务报表。

三、报表编制软件

随着计算机在会计中应用的普及，对报表软件的要求也越来越高，主要体现在标准化、通用化和商品化，标准化是通用化的基础，只有能满足大多数用户的需求，才能实现商品化。

虽然目前国内流行的通用报表软件很多，但对于报表系统的定义大多过于抽象复杂，报表系统体量过于庞大，部分功能不适用，或用户难以增加需要的功能等问题依然普遍存在，在实际使用中影响了账务处理子系统和会计报表系统的衔接。然而，通用报表软件是顺应商品化的形势诞生的，对会计软件商品化的推进作用是不可否认的，随着通用软件开发的不断成熟，这些缺陷也将逐渐被克服。

目前的很多Windows版商品化会计软件都提供了将会计软件与Excel联系的所谓“捆绑式”的处理方法。用户可以方便地从Excel中通过数据接口或使用取数公式从账务处理系统中调取会计数据，利用Excel强大的表处理功能和数据统计分析及图形处理功能，可以方便地编制所需要的各种会计报表，并进行会计数据的分析和统计处理。会计报表软件的发展方向是利用Excel等通用电子表格软件作为开发环境进行深层次的开发，这样能缩短开发周期，并能随Excel等的升级而自动获得更强大的功能。比如，使用现有的账簿数据库，向使用者提供利用已有数据库定义报表的功能，对于没有专业计算机背景知识的用户，不需要使用计算机高级语言编制程序，就可以直接生成需要的通用会计报表。

四、通用报表编制方法

（一）手工会计报表编制

1.在手工操作方式下

会计报表的编制方法是：首先，由专门的财会人员制作或取得报表的空表格式；其次，根据会计报表内的项目和填表要求，到具体的会计账簿或其他相关资料中获取数据，经过分析、计算，填入会计报表中，经过不断地重复这样的过程直到报表数据全部填列完毕。填制完成的报表通过专人审核确认无误后，盖章送至需要的部门。

在手工会计信息系统中，由会计凭证登记形成总分类账、明细分类账、日记账等会计账簿，会计账簿中的余额和发生额是个别会计报表的直接数据来源，书面记载的会计账簿数据是编制个别会计报表的依据。以三张主要会计报表为例，资产负债表中的数据来源包括：直接根据总分类账户余额填列；根据若干总分类账户余额分析计算填列；根据明细分类账户余额填列；根据若干明细分类账户余额分析计算填列；根据报表项目之间的关系计算填列。利润表的数据要根据账户的发生额及报表项目间的关系分析计算填列。现金流量表的数据则根据资产负债表和利润表有关项目、账户的发生额和余额分析计算填列。根据内部管理需要编制的辅助管理报表数据依据会计凭证、会计账簿数据和相关数据填列。

2.在计算机环境下

在计算机系统中，会计报表编制的流程可分为三个步骤：报表格式的设置、报表的数据处理、报表的输出。会计报表格式设置属于初始化操作，由财务人员进入报表系统的时候，根据企业的要求和标准设计出每一种报表的格式文件。数据处理和报表输出属于企业日常工作中的处理，报表系统根据账务处理系统数据文件和其他子系统数据文件中的数据进行计算、填列，形成各种报表文件并输出特定的会计报表。

计算机会计信息系统会计报表的数据来源归纳为：来源于计算机会计信息系统的

账务处理子系统、计算机会计信息系统的会计报表系统本身（如报表项目间的运算结果和报表间报表项目的运算结果）和计算机会计信息系统外部数据输入。

计算机会计报表编制的数据属于账表一体化，由账务处理子系统根据计算公式形成报表的数据文件。

（二）通用报表编制格式

1.编制会计报表的一般要求

编制会计报表的一般要求为：数据真实、计算准确、内容完整和报送及时。因此，报表的基本结构与编制方式如下：

报表的基本结构有表头、表体和表尾。报表单元是构成报表表体的基本元素，分为固定单元和变动单元，每一个单元都有自己的地址、内容和格式。单元地址通常以行列坐标编号并遵照Excel命名规则，如C2、B5等。报表单元具有唯一性，每个单元只能填写一个数据，从而使单元实质上成了一个变量。

表格单元的内容即会计报表的数据，它可以是数值型数据、字符型数据，也可以是一个计算公式（一般以“=”开头）。

单元格式是指单元数据的显示或打印输出的格式。

报表的编制方式有预置报表，即系统预先设定格式和取数关系的报表，由专用报表模块生成；还有自定义报表，是指根据用户定义而生成的报表，由通用报表系统生成。

2.报表系统的基本功能与操作流程

（1）报表系统的主要功能如下：文件管理、报表定义、数据处理、报表输出、合并报表、其他功能。

（2）报表处理的操作流程。编制报表的处理方法是先定义后生成。报表定义相当于系统初始设置，对一个具体报表而言定义是一次性操作，只要格式和取数关系没有改变，其定义就无须修改，所以一张报表的定义往往是一劳永逸的，报表的生成和输出却是经常性的操作。

（3）报表的格式状态和数据状态。在报表定义时一般选择格式状态，在格式状态下只能看到报表的格式、固定单元的内容以及变动单元的计算公式，而看不到变动单元的具体数据；在报表数据处理时应该选择数据状态，数据状态下不能看到报表的单元公式，也不能修改报表的定义，但能看到一张完整的报表，包括报表框架和具体的数据。

3.报表格式的定义

报表格式确定报表的基本框架，是报表数据计算的基础，所以创建一个新表之后首先要定义的是报表的格式。格式定义的内容有表样格式和单元格式。格式定义的其他功能有报表模板、引入引出和打印式样。

4.报表数据的定义

报表数据指表格单元的内容。单元分固定单元和变动单元，其中固定单元的数据一般是在报表定义时直接输入的，它们是固定不变的，输入之后通常不再需要修改。

（1）变动单元的数据一般为数值型数据，主要有：取自账簿或其他报表的数据；计算生成的数据和系统外部数据。报表数据的定义除了直接输入固定单元的内容之外，主要是指对变动单元的数据定义，这种单元往往是指定一个计算公式，由公式确定具体的数值。

（2）计算公式与取数函数。计算公式一般由运算符号、常数、变量或函数构成。其中，变量一般就是单元地址，它本身代表一个数据。大多数的报表系统规定，单元公式以“=”开头，换言之没有“=”的是固定单元，而以“=”开头的是计算公式。

（3）单元数据的定义。在图形方式下报表的数据定义与格式定义一般是同时且在同一个屏幕上进行的。数据定义是报表定义的关键，而且要逐个单元地进行定义，其方法一般有以下两种：直接在表格上定义，用批命令定义。

5.报表审核关系的定义

不少会计软件都沿用了报表钩稽关系的原理，通过设置报表数据之间的审核公式，检查所编报表的正确性。

6.报表数据处理

报表数据处理主要包括报表计算与重算、表页管理、表页汇总、报表排序、图形处理、网页制作等功能。

7.报表的查询与输出

报表的输出形式有以下几种：屏幕显示、打印输出、磁盘输出、网络传输和文件格式转换。

8.报表分析

报表分析是基于报表的一种财务分析，主要提供对资产负债表、利润表的分析。报表分析的常用方法有比率分析法、比较分析法、趋势分析法和结构分析法，分析结果可以文字、数值、图形等多种形式输出。

（三）报表编制软件的安全性

为保证硬盘系统的正常运行，账务处理软件均提供管理与维护功能，保证系统安全运行也是极其重要的。

1.电算化操作人员要善于运用软件对经济业务的控制功能

成熟的财务软件对输入的数据具有校验功能，如总额控制校验、数据平衡校验、重复输入校验，以保证数据输入的准确性。只要对该功能启用就能发挥作用，但要经过必要的授权，符合内部控制的要求。

2.建立多级备份与恢复机制

建立系统备份与恢复机制的目的就是防止系统瘫痪，提高安全性，保证在意外情况下有快速自救能力。要善于运用先进的安全保障设备和措施，建立多级备份和恢复机制，应结合单位实际，分层次地采用以下几种备份：进行服务器双热机备份，发生故障时，保证在一般故障出现时，服务器系统不停顿工作，瞬间恢复。其级别最高，保障系数最高，但投入多，对人员要求高。

采取磁盘镜像备份技术，是指通过磁盘镜像技术，实现数据库服务器磁盘的完全备份，即两个物理磁盘的数据完全一致，保证在一个磁盘发生故障时，数据可从另一个磁盘上读出，不会停止系统运行。

财务及管理软件自动备份，它是利用财务软件或管理软件本身的备份功能，实现重要数据的定期或定时备份。备份程序运行时可能会降低系统运行效率，但对数据的安全很有必要，网络环境和单机环境下都适合使用。

系统管理员定期集中数据备份和账务主管的日常备份，这是最基本的备份级别。当前三种备份条件不能实现时，其备份尤为重要，而且网络环境和单机环境下都适合使用。系统的恢复也是电算化安全的重要一环，恢复时，特别是第一次恢复数据，要做到忙而不乱，做好充分的技术准备，在专业人员的指导下进行。要注意勤备份、少恢复，内部管理制度也要对恢复流程有明确的规定，每次恢复操作必须有详细的书面记载。

3.加强系统的防病毒入侵工作

尽可能做到财务系统的相对封闭运行，控制病毒源，及时更新防杀病毒软件，充分运用加锁存储设备，加强磁盘读写控制。

（四）通用财务报表的局限性

1.双重计量模式降低了报表的可理解性

随着资本市场的逐步完善，金融衍生和套期保值工具在企业的实务中越来越多。为了适应资本市场的变化，企业在通用财务报表中采用历史成本和公允价值双重计量模式。但是对经济业务不加以区分而采用双重计量模式的这种做法，有可能降低报表的可理解性，增加从报表中获取重要且有用信息的难度，进而加大决策成本。

2.列报不明晰且缺乏一致性

AICPA（美国注册会计师协会）对通用财务报表结构做出了改革，将财务信息分为核心信息和非核心信息；IASC（国际会计准则委员会）筹划小组对资产负债表的报表项目排列顺序进行变革，基本趋势是以重要性大小排列；IASB和FASB（财务会计准则委员会）联合发布的“讨论稿”建议财务报表列报应区分营业活动和融资活动，要求企业主体提供一套具有内在一致性的财务报表，不同报表间项目的关系是明晰的，主体的财务报表应尽可能相互补充。企业引进管理用财务报表符合国际上改革的趋势和要求，按业务性质将经济活动区分为经营活动和融资活动，资产负债表、利润表和现金流量表中的列报项目都按此要求重新分类，统一列报顺序（即分为经营资产和负债、经营损益、经营活动现金流量及金融资产和负债、金融损益、金融活动现金流量），这样处理能够在一定程度上实现财务报表的内在一致性，使得不同报表之间更相关、更可比，同时使得列报的信息更加详细明晰，满足信息使用者多元化的需求。

3.忽视了现金流量的现值

案例16-1

商业银行会计信息系统

重利润轻现金流量是现行财务报告的局限。对于一个企业来说，导致破产的原因除了资不抵债外，更重要的是资金断流，衰竭而死。但通用财务报表却更加注重利润流，这就使得通过盈余管理的方法操纵利润的现象屡见不鲜。通用财务报表注重利润流的做法，必然会导致在企业日常管理中注重会计价值（账面价值）而忽视经济价值。但是对于报表使用者来说，用未来现金流量的现值计量的经济价值更能体现决策有用性的会计目标。

第十七章
会计管理信息系统

第一节　会计信息系统的结构原理和基本数据关系

一、会计信息系统的总体结构

会计信息系统的总体结构是指一个完整的会计软件由哪几个子系统组成，每个子系统完成哪些功能，以及各子系统之间的相互关系等（如图17–1所示）。

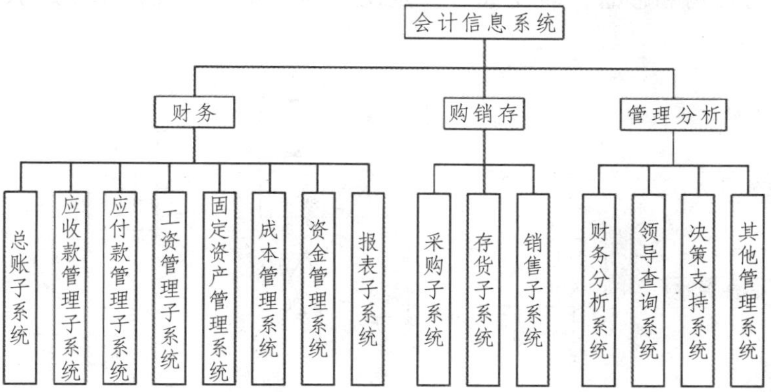

图17–1　会计信息系统的总体结构

系统内各子系统之间相互制约、相互联系的关系主要表现为控制联系和数据联系。控制联系是指一个子系统的状态、输出对另一个子系统的状态、行为产生的影响。数据联系是指一个子系统的输出作为另一个子系统的输入，供其加工处理，实现数据共享。我们称子系统之间的数据联系为系统信息结构。

各子系统共同构成了会计信息系统的功能结构，它们之间为实现会计核算系统的总目标服务而相互联系，同时各子系统又相互独立，有着各自的目标和任务。对于不同的单位，根据其不同的特点，可以将各子系统进行有机的组合，形成满足本单位会计核算和管理需要的会计信息系统。

会计信息子系统之间的数据联系有以下三种情况：

（1）有些子系统之间无直接的数据联系，在分析设计时可不考虑其数据接口问题。如工资核算子系统与会计报表子系统之间就不存在直接的数据联系。

（2）单向数据联系子系统，即只提供数据或只接收数据的子系统，在分析设计时只考虑一方的数据接口即可，如工资核算子系统、会计报表子系统等。

（3）双向数据联系子系统，指既提供数据也接收数据的子系统，在分析设计时需要充分考虑双方的数据接口问题，如账务处理子系统和成本核算子系统等。

二、会计信息系统基本数据关系

会计业务核算是账务处理数据来源的基础。在一个会计期间内，账务处理工作，从凭证开始到期末结账而生成的各类账表，凭证反映的数据是企业活动的各种原始素材，报表输出的结果是经过加工后产生企业经济活动综合评价指标。

会计数据是指在会计工作中，从不同来源和渠道取得的各种未曾加工的原始会计资料。会计信息是指按照一定的要求对会计数据加工处理后而产生的对管理和决策有用的信息。它包括反映过去一个时期财务活动基本情况的财务信息（如账簿、报表等）、经济管理所需要的定向信息（如本期与历史同期情况的比较分析报告）和对未来具有预测性的决策信息（如会计预算中的年度计划）。

会计数据处理是指对会计数据进行加工处理、生成管理所需会计信息的过程，一般要经过采集、录入、存储、加工、传输、检索、输出等处理过程。这些过程使数据获得新的结构和形态，转变成有一定用途的信息。会计信息系统数据处理流程如图 17-2 所示。

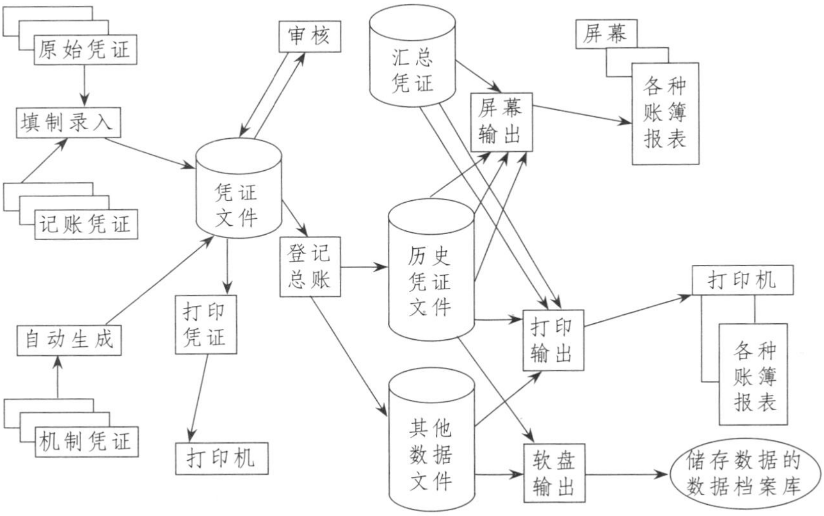

图 17-2　会计信息系统数据处理流程图

在这种信息结构实现模型下，总账系统是核心。各子系统之间的数据联系是通过对各业务子系统的费用分配数据汇总、处理后，编制出记账凭证直接传递到总账系统，总账系统对涉及成本、费用的凭证进行汇总后，再传递到成本核算子系统。采用这种模型相应地要求有关科目按产品设置明细科目，以便汇总直接费用。系统的信息结构是系统分析、设计和应用要考虑的重要因素，应根据系统信息结构事先预留数据接口。

第二节　会计信息系统中的财务管理的应用

企业信息化涵盖了产品信息化、设计信息化、生产过程信息化、企业管理信息化和市场经营信息化，这 5 个方面都与财务数据有着紧密联系，不同企业的核心业务是不同的，但是其核心资源都是财务，因此财务管理是信息化的必要切入点。在会计信息系统环境下财务管理的效率会越来越高，企业管理水平也会提高。

一、财务管理系统概述

财务管理系统是以电脑为基础，采用现代的科学技术和先进的管理方法，对财务工作的原始数据进行处理，为各级财务部门领导和财务管理人员提供完整、准确、及时、适用的财务管理信息，为决策机关决策提供信息支持，以实现对财务活动进行有效的科学的组织、计划、分配、调节、控制和监督，以提高经费使用效益为目标的辅助管理决策支持系统，主要包括信息流和资金流管理，以成本控制为重点。

大部分企业的财务管理工作存在很多问题，如常见的拖欠货款的现象，导致企业难以维持正常的生产经营，企业负债率较高，一旦遭遇经济环境不好利润降低、资金链断裂等情况，很可能引发企业破产等；有的企业库存产品规格品种多，产品（食品、药品等）保管环境要求高、管理难度大，更增加了企业的管理成本，如能有效运用会计信息系统化，这些问题虽不能彻底解决，但很容易有所改观。将企业的实际业务和财务软件相结合，实现财务信息的全面高效集成，使企业资源达到最佳配置状态，提高企业的财务管理能力，能够为企业其他业务领域的信息化提供基础和保障。

二、提高会计信息系统的有效性

财务管理中运用会计信息系统，实现会计信息系统化，这使得企业的财务工作量大大减少，很多企业已经认识到这个问题，越来越多的企业开始使用会计信息系统，以提高会计工作质量，提升财务管理工作的有效性，实现企业利益最大化，如何应用会计信息系统进行高效的财务管理工作，成了当前企业重点关注的问题。

1.有效利用财务分析系统

在会计信息系统中，其财务分析模块中内置多种财务分析方法，非常方便地直接提供给会计人员，会计人员选择最适合企业实际的分析方法，对企业经营数据进行处理。会计信息系统的财务分析模块从财务核算系统中提取企业经营数据，利用初始设置好的分析方法进行系统的财务管理分析，将财务分析结果提供给企业相关的管理者，以便更有效地进行财务管理和其他管理应用。会计信息系统中包含资产负债率、盈利能力、变现能力等多种比率分析功能，还有资产负债结构、损益结构、收入费用结构等结构分析功能，甚至可以通过统计有关财务数据绘制出折线图、饼图等进行图解分析，进而使财务数据使用者能更直观地获取有用的财务信息。会计信息系统的对比分析功能，更容易让财务数据的使用者发现企业的经营趋势和生产经营中存在的问题，如系统提供的当期与往期数据的比较，计划数与实际数的对比和对会计科目各期经营变动情况进行趋势分析等。不同的企业可根据企业的具体情况，运用会计信息系统中不同的分析功能，为企业的财务管理和发展壮大做出正确的规划。

2.充分利用报表模块

会计信息系统的报表模块可以随时从系统中提取财务数据，而且不论该经济业务数据是否记账都可以被报表系统所用，根据会计信息系统内置的公式或是企业自定义的简单分析模型都能及时准确地按要求生成分析结果。报表模块可以从系统中的财务账簿中取数，也可以从已经生成的各种分析报表中取数，这些数据包括企业的财务数据，经营数据，企业的人事、生产数据。财务人员可以根据实际要求自行定义所需要分析的项目、功能等，利用系统提供的数据采集公式、函数计算公式等对采集到的各种数据源进行处理，生成满足企业财务管理要求的分析结果。报表系统可不受时间限制地制作企业的即时财务报表，合理利用系统提供的各项功能，不仅能提高工作效率，而且可以帮助企业实现商业智能战略，帮助企业管理决策者做出最有价值的经营决策。

案例17-1

强生公司财务报表分析

会计信息系统功能强大，企业想有效利用好各种系统功能，为企业的生产经营提供有力支撑，但并不是一蹴而就的，还需要企业对相关人员进行培训，了解企业管理需求，掌握系统提供的模块功能，根据企业实际情况进行有效的财务管理。

第三节　超市管理信息系统开发的实践

一、手工记账的弊端

案例17-2

大唐电信财务预警值模型

在这个系统开发之前，我们对一些采用手工记账方式的企业进行了一段时间的调查研究，了解和熟悉了销售和采购部分的整个流程：首先向指定的供应商询问商品的进货价格，确定进货的数量，进行采购，当采购的商品到货后，负责采购的人员首先填写入库单，然后与仓管人员对商品的质量及数量进行核查，检查商品的质量及外表是否合格，核对这些待入库的商品实物数量是否与入库单上的数量相符，核查合格后方可入库，并更新商品入库流水账。对于新进货商品，在库存台账中建立该商品的账目，在该商品的账目中填写该商品的商品编号、商品名称、购入单价等。对于不合格的商品或者不合格的入库单则拒绝入库，交由采购人员处理。

从以上手工操作方式看，其主要存在以下问题：①手工模式下的信息收集不够及时、准确和完整，重复性信息多，工作劳动强度高、效率低、错误多、可靠性较低，处理速度慢，不适应企业发展的需要。②在具体工作中，存在着大量的数据的保存、汇总、查询等工作，手工模式速度慢而且不利于数据的分析，已不适应现代管理模式。③各业务部门联系不密切，信息不能共享，相互沟通渠道不畅通。

经调查，前些年企业进货主要都是采用手工管理，这两年，随着我国社会主义市场经济体制的确立和发展，商业流通领域进入了一个空前的发展阶段，面临商界的激烈竞争、企业规模的扩大、经营项目的增加，手工管理已不能满足企业发展的需要。由于每天的销售量的增加，导致进货频繁，进货次数的增加，难免在业务上、财务上出现问题，进而造成库存数目的混乱，最终导致恶性循环。为规范企业内部管理，提高企业业务管理水平，更好地服务于顾客，于是人们开始想用计算机代替手工操作。

二、管理信息系统的重要性

管理是重要环节，对外直接关系到为顾客服务的水平、企业的合作关系、企业的整体形象，对内影响到企业的经营成果、职员的切身利益。采购管理系统对于提高工作效率、优化业务管理、降低经营成本、减少商品丢失都有明显的作用。更重要的是通过系统的应用，管理者能更迅速准确地对市场变化做出商业的应变策略，理顺企业的信息流程和流向，提高领导决策的水平。

21世纪是知识经济时代，管理者必须运用科学的管理手段进行企业经营，运用信息化管理手段进行科学管理，方能在激烈的竞争中获胜。于是，客观上就要求企业加强内部管理，提高运营效率。如何采用先进的管理模式，在很大程度上都必须借助管理信息系统来完成。随着计算机技术的发展，其操作及管理日趋简化，管理信息系统大量开发，企业采用管理信息系统管理业务、财务、生产流程等诸多环节已成为各个企业提高管理水平和竞争能力的必然趋势。要想在激烈的市场竞争中谋求发展，争得一席之地，实行数据规范化、自动化的计算机管理已经刻不容缓。

那么，何为管理信息系统呢？管理信息系统（management information system，MIS）是一个由人和计算机等组成的能够提供信息以支持一个组织机构内部的作业、管理、分析和决策职能的系统。管理信息系统利用计算机的硬件和软件，手工规程、分析、计划、控制和决策的模型，以及数据库，对信息进行收集、传输、加工、保存、维护和使用。因此，管理信息系统是一个信息处理系统。

管理信息系统的主要特征是：①管理信息系统是以计算机为基础的以人作为系统组成部分的人-机系统；②管理信息系统是组织内部各种信息处理系统按照总体规划而建立起来的集成化系统；③管理信息系统具备以数学方法为基础，以数据处理为基本功能的预测和控制能力。

管理信息系统具有以下基本功能：①数据处理功能。管理信息系统能够对各种形式的数据进行收集、录入、存储、传输、处理、检索、查询和管理，从而为管理人员提供准确的信息。②计划功能。管理信息系统能够对管理和生产合理地安排计划，提高生产和管理工作效率，例如生产作业计划、销售计划等。③控制功能。管理信息系统能对企业生产和经营的各个部门和环节的运行情况加以监测、控制，发现问题及时纠正，以保证系统的正常运行。④预测和辅助决策功能。管理信息系统运用各种数学方法、预测模型和优化方法，利用历史数据和经验，对未来可能发生的结果进行预测，并为企业决策者提供辅助决策方案。

开发管理信息系统，主要有以下作用：①整合企业资源，实现信息共享。企业在经营活动中每日都要将发生的基础信息（如商品的信息、供应商信息、采购信息、库存信息等），由管理信息系统进行收集、整理及汇总，并以各种报表形式体现出来。用户可根据需要，随时查询商品流转中的各种信息和变化趋势，为管理者的决策活动提供数据依据。②具有高度的信息综合利用效能，可以对企业的经营管理活动进行分析、预测、决策，进而达到对企业经营活动过程进行全程监督和控制的目的。③规范业务流程，减少人工费用。采购管理系统用电子单据代替以往用人工来传递各种单据的工作，管理人员通过本地的计算机就能够对这些单据进行查询、审核、记账等操作。采购管理系统的使用，使企业组织机构得以简化，传统企业中的物价、核算等部门及人员的工作已经完全被计算机所代替，从而节约了这些部门的各种设备和人工费用的支出，使企业获得更大的经济效益。

三、信息系统开发的研究方案确定与说明

系统开发采用的是C/S结构，运用Visual Basic作为开发工具，Access作为数据库。C/S（Client/Server，即客户机/服务器）是近年来在计算机网络技术和分布式计算的基础上发展起来的一种新的计算模式，它的出现为信息处理提供了一个高效、经济、应用灵活的体系结构。

C/S结构的主要优点是：①模块化与应用的分布特性。②充分利用资源，提高网络的效率。③便于系统的维护，可扩充性强。④具有并发特性。服务器并发处理多个客户机之间的并行操作，使数据的完整性和一致性得到保证。

四、超市管理系统软件模块设计

（一）模块结构功能及软件数据流程图

模块结构功能及软件数据流程图如图17-3所示。

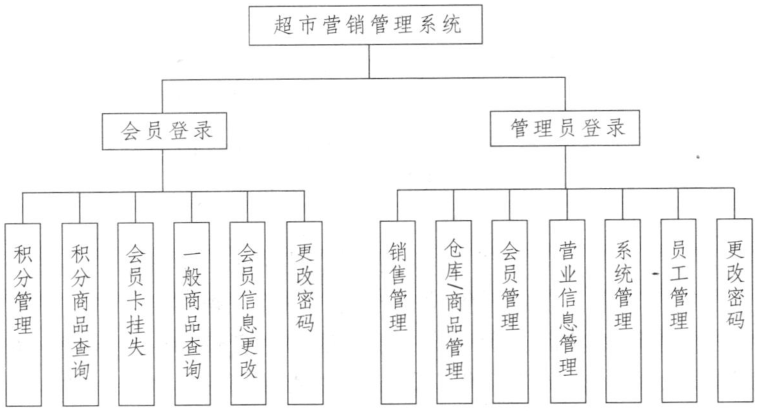

图17-3　模块结构功能及软件数据流程图

（二）模块页面功能描述

本系统分为两大模块，分别是管理员登录和会员登录。

1.管理员登录

管理员登录包括7个版块，分别是销售管理、商品/仓库管理、会员管理、员工管理、营业信息管理、系统管理、更改密码。

（1）销售管理包括2个子模块：销售前台；积分商品赠送。

（2）商品/仓库管理包括12个子模块。

出货记录：出货单用于已出库的存货。出货登记中包括出货商品编号、出货商品名称、规格、出货数量、出货单价、出货年、出货月、出货日、出货总金额、买家、经手人。

订货记录：订货单用于未出库的已售商品。订货登记中包括订货商品编号、订货商品名称、规格、订货数量、订货单价、订货年、订货月、订货日、订货总金额、买家、经手人。

商品入库：这是日常业务中需要频繁使用的功能，主要对每笔采购入库业务进行

记录，自动生成对应的采购凭证。进货登记中包括进货商品编号、进货商品名称、产地、规格、进货数量、进价、进货年、进货月、进货日、进货总金额、供应商、经手人。

供货商查询：此功能模块是设置有关供应商的档案信息，以便对供应商进行管理。

退货记录：退货单用于退已入库的存货。退货登记中包括退货商品编号、退货商品名称、规格、退货数量、退货单价、退货年、退货月、退货日、退货总金额、供应商、经手人。

商品查询：此功能模块是设置某一商品的信息，包括商品编号、商品名称、产地、规格、库存数量等信息。同样地，商品编号也是最重要的，也不允许重复。

库存警报：通过生成一张当前库存的报表，可以使用户清楚地了解即时库存的信息。

退货记录查询。

出货记录查询。

订货记录查询。

入库记录查询。

商品类别查询：查询商品不同的类别。

（3）会员管理包括6个子模块：会员储值；会员卡挂失；会员密码找回；会员信息查询；积分商品查询；新增积分商品。

（4）员工管理包括4个子模块：部门修改；职位修改；添加新员工；员工查询。

（5）营业信息管理包括6个子模块：零售汇总查询；批发汇总查询；商品销售统计；销售利润查询；销售利润统计图；积分储值兑换率。

（6）系统管理包括4个子模块：系统初始化；管理员信息；数据清理；更改密码（保护密码的安全性，如用户发现密码有可能已被别人窃取或者其他原因想修改密码时，通过这个模块就可立刻实现）。

（7）更改密码。

2.会员登录

会员登录包括6个版块：积分管理；积分商品查询；会员卡挂失；一般商品查询；会员信息更改；更改密码（保护密码的安全性，如会员用户发现密码有可能已被别人窃取或者其他原因想修改密码时，通过这个模块就可立刻实现）。

（三）代码设计

以下仅展示核心代码中商品编号的一小段代码，详细核心代码请扫描二维码了解。

```
a = "select 商品编号 from 商品信息"
Set rs = reset (a)
If rs. RecordCount = 0 Then
b = Format (1, "00000")
Else
rs. MoveLast
```

```
b = Val (rs. Fields ( " 商品编号 " ) ) + 1
b = Format (b, " 00000 " )
End If
```

17-1 窗体核心代码

（四）程序的调试

程序完成后必须进行运行调试来发现该程序的错误与实现的功能，调试时只要点击运行键即可，如果出现代码错误，页面上将会提示第几行出错。

为了更正程序中发生的不同错误，VB提供了大量的调试工具。调试工具的功能是帮助处理逻辑错误和运行错误；观察无代码的运行状况。调试的技巧并不神秘，每次工作也无规律可循。调试主要用于了解在应用程序运行时发生的事情和清除代码中存在的错误。

程序在设计过程中需经过无数次的调试来纠正其中的错误，从而使其顺畅运行。

（五）系统部分截图（如图17-4至图17-13所示）

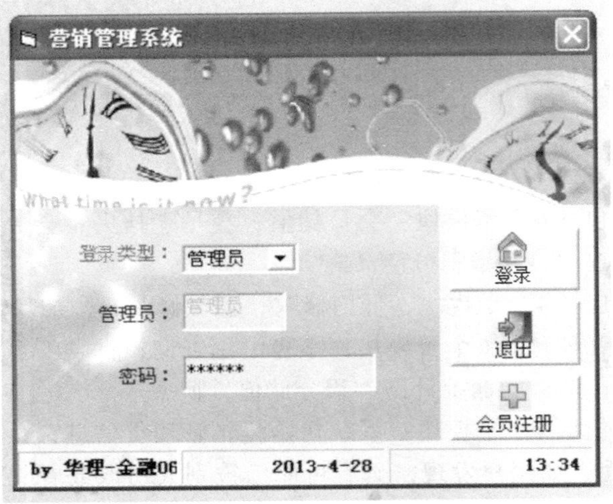

图17-4 系统部分截图组合（1）

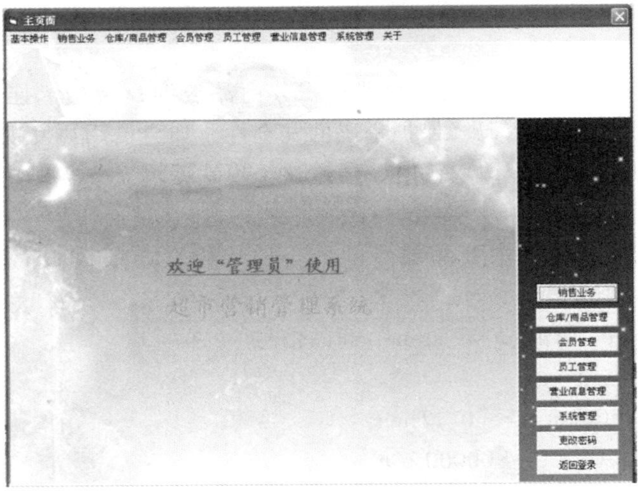

图17-5 系统部分截图组合（2）

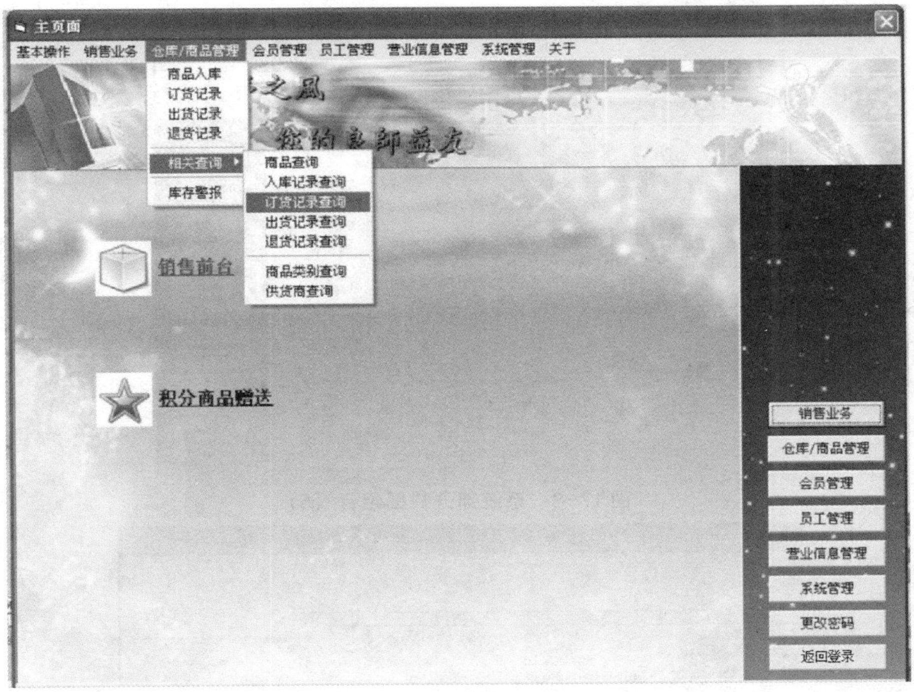

图 17-6　系统部分截图组合（3）

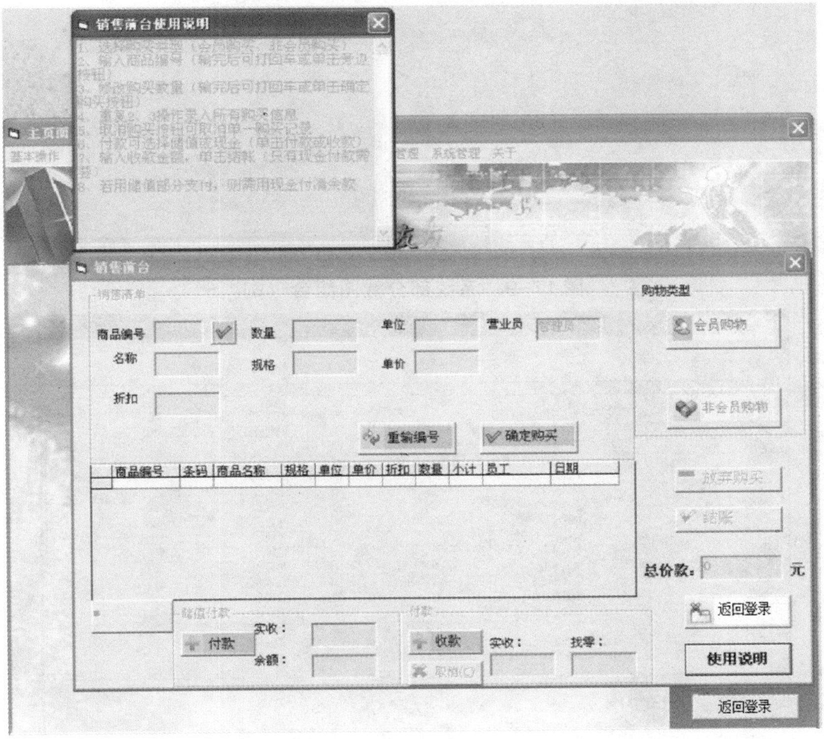

图 17-7　系统部分截图组合（4）

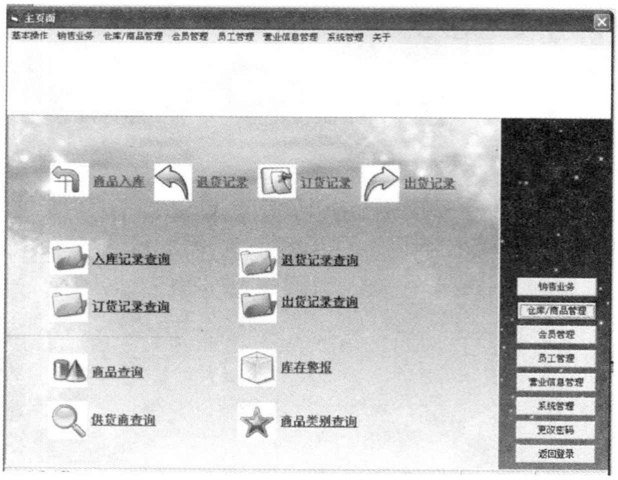

图 17-8 系统部分截图组合（5）

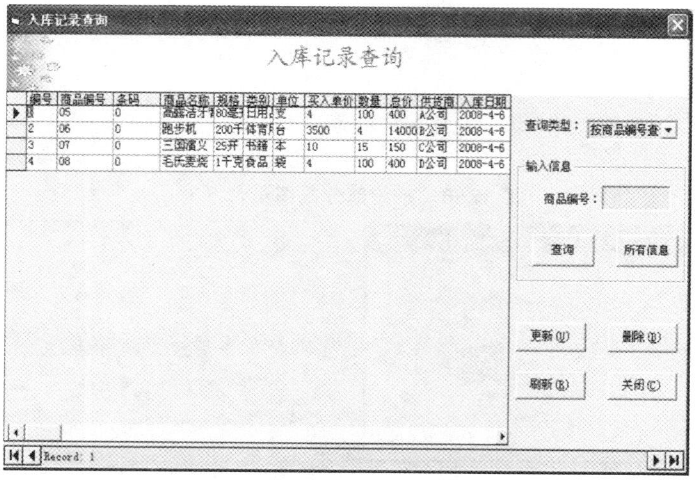

图 17-9 系统部分截图组合（6）

图 17-10 系统部分截图组合（7）

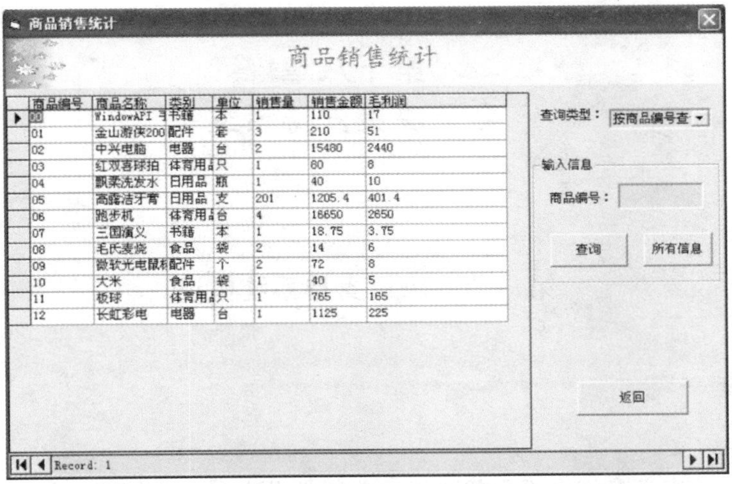

图 17-11　系统部分截图组合（8）

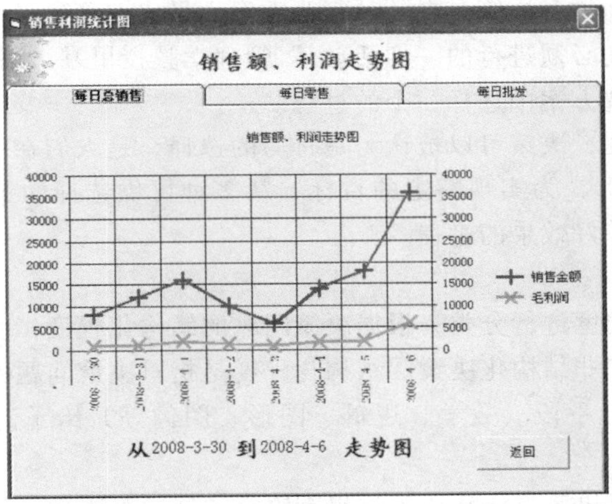

图 17-12　系统部分截图组合（9）

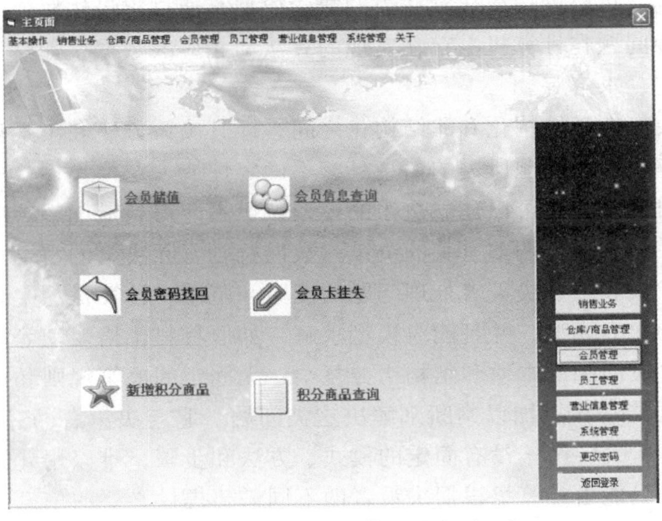

图 17-13　系统部分截图组合（10）

第十八章
会计决策支持系统

第一节　决策支持系统概述

一、决策

1.决策的定义

关于决策的定义有许多不同的描述，美国学者亨利·艾伯斯曾说："决策有狭义和广义之分。狭义地说，决策是在几种行为方案中做出选择。广义地说，决策还包括在做出最后选择之前必须进行的一切活动。"管理学教授里基·格里芬指出："决策是从两个及以上的备选方案中选择一个的过程。"

综合相关的研究，决策可以被认为是行为的选择，是人们在一定的人、财、物以及技术和时间制约下，为实现特定的目标，从多种可供选择的策略或方案中做出决断，以求得最优或较好效果的过程。

2.决策的分类

决策可从多个角度进行分类，根据决策问题的结构化程度，决策可分为结构化决策、半结构化决策和非结构化决策。结构化程度是指对决策问题的环境和规则是否能用明确的语言和其他手段（数学、逻辑、图形、图像等）给予清晰的说明和描述的程度。

结构化决策是指决策方法和决策过程有固定的规律可遵循，问题本质和结构十分明确、易于识别，可以利用或建立适当的数学模型，通过求最优解或近似最优解产生决策方案，这种问题在计算机上存在实现的算法和相应的数据，如财务管理中的最优库存模型的确定、求解等。

半结构化决策介于结构化和非结构化之间，即其决策方法和决策过程有一定的规律可遵循，但解决这类问题所需的信息具有不确定性或一定模糊性，而这些信息也不能完全获得。对这类问题可以建立适当的模型，但不能得到最优解。决策者通常需借助灵活的专用模型，通过调整有关的决策参数以符合实际决策的需要，以此来改善决策的有效性，扩大和增强决策者处理问题的能力和范围。计算机的主要作用在于提供必要信息，帮助建立模型，并且能对模型求解，如原材料价格变动等。

非结构化决策问题的本质和结构十分复杂，无固定的决策规则和模型可依，一般靠发挥人的主观能动作用加以判断来解决这类问题。它与决策者的经验、知识水平、思维能力和才干有关。由于没有固定的模式、方法和步骤，难以用计算机实现该类问题的决策，一般只能由计算机根据决策者的不同需要提供必要的信息，如国家颁布了对企业有重大影响的政策等。

二、会计决策

1.会计决策的定义

关于会计决策，主要有两种观点：

（1）将属于管理会计范畴的决策会计（decision accounting）的工作看作会计决策。这是目前在开发会计决策支持系统时被广泛采纳的观点。

（2）会计决策应该包括财务会计决策和管理会计决策。不过，这种观点的支持者并没有明确界定什么是“财务会计决策”。

2005年，国内学者孙晓华在《会计决策支持系统的探讨》一文中将会计决策界定为：“会计决策是企业管理部门，为了取得某种由财务报告披露出来的会计结果，在会计环境的限定下，做出行为选择的过程和结论。”

2.会计决策的存在基础和作用机理

权责发生制将损益的确认和现金的收支区别开来，使得会计事项的认定在金额和时间上都存在灵活性，即会计灵活性。正是由于会计灵活性的存在，对于会计数据的认定，如销售收入的认定、存货价值的认定等，均只能由管理人员依据实际情况来完成。这样，会计主体就有可能对会计数据加以控制，这是会计决策存在的基础。

会计灵活性对于企业经营者和外界人士了解企业的真实情况是必需的。首先，会计灵活性对于正确认定会计事项是必需的。其次，如果管理人员在选择关键性的会计政策时没有灵活性，那么会计数据对于了解企业的经营情况可能没有资料价值。相反，如果管理人员在选择会计政策时有较充分的灵活性，管理人员依据情况应用这些灵活性，那么会计资料可能具有极大的情报价值。

有关企业运营状况的信息分为对称信息和非对称信息两类。股东及与企业有关的其他部门只能通过财务报告（对称信息）来了解企业的经营业绩，而不可能了解管理人员所了解的内部信息（非对称信息）。信息的不对称性是会计决策发生作用的基本机理。企业管理人员可以通过财务报告来影响甚至控制股东及其他外部人士对企业的看法，从而达到一定的目的，如账外薪水、个人职位、留存收益等，进而可以改变股利政策，而不至于引起股东的不满。

3.会计决策的复杂性

会计决策的复杂性主要表现在以下方面：

（1）会计决策的利益动机的复杂性。一项会计决策可能涉及多个利益主体的利益，是典型的多目标决策。管理人员常常要在企业利益、自身利益、股东利益、债权人利益及社会利益之间进行取舍和权衡。

（2）会计决策过程的复杂性。会计决策问题通常为半结构化或非结构化问题，其求解过程为非线性过程。

（3）会计决策信息的复杂性。会计决策具有信息决策的性质，信息量大，彼此之间关系复杂。

（4）会计决策知识的复杂性。会计决策需要决策者具备良好的专业素质和丰富的工作经验，一项会计决策往往是多人协作的结果。

4.会计决策的应用举例

会计决策对企业报告的运营状况有显著影响，任何企业都至少要对折旧政策、存货计价政策、薪金支付政策、社会保障政策、股利分配政策等做出选择。会计决策是利用会计的灵活性，通过选择那些会计准则许可的能够通过会计报表审计的方法，来达成对会计报表业绩的控制。

三、决策支持系统

1.决策支持系统的定义

决策支持系统（decision support system，DSS），一个较为经典的定义是由Scoot Morton提出并经过Keen和Scoot Morton修正，内容如下：决策支持系统是将个人的智力资源和计算机的能力结合起来提高决策的质量，是基于计算机的支持系统，帮助管理决策制定者处理半结构化问题。

这个定义经过后人的不断完善后，概括为：决策支持系统是以管理科学、运筹学、控制论和行为科学为基础，以计算机技术、模拟技术和信息技术为手段，对半结构化和非结构化的决策问题提供辅助支持的具有智能作用的人-机计算机系统。决策支持系统的主要任务是：分析和识别问题；描述和表达决策问题及决策知识，形成决策方案；构造决策问题的求解模型，建立评价决策问题的各种准则。

2.决策支持系统发展历程

20世纪70年代初，有学者提出DSS是辅助管理者对半结构化和非结构化问题进行决策的，主要标志是将交互式技术应用于管理任务。20世纪70年代中后期，DSS支持管理和决策者做出判断，强调“支持系统”而非“决策系统”。Keen Peter等在20世纪70年代末指出DSS是由管理者及其属下工作人员使用的支持管理决策的基于计算机的系统。该系统以决策者、决策模型和数据库的集成为特征，协助管理者而不是取代管理者对半结构化问题做出决策，其改进的是决策的效果而不是效率。

20世纪80年代，人工智能技术蓬勃发展，专家系统（ES）走向实用化，对决策支持系统产生了深刻影响。将人工智能与专家系统的理论、方法应用于DSS产生了智能决策支持系统（IDSS）。IDSS增强了DSS的“柔性”，使系统能适应决策问题与决策环境的变化，提高了决策支持能力。V. Srinivasan等将DSS的应用领域扩展到非结构化决策。

20世纪90年代，随着通信技术的迅速发展，新的决策理论和方法的出现以及系统科学领域中系统分析与建模范围内数据组织、编程方法论方面的新概念、新工具的不断提出，DSS得到了长足的发展。应用远程通信技术，将支持个人决策拓展到支持组织决策形成的群决策支持系统（GDSS），将定性推理理论、证据理论、数据挖掘等应用于DSS形成各种智能决策支持系统；而Multi-Agent协同支持原理为分布式DSS的数据获取、辅助建模及交互模式的研究带来了广阔的前景。20世纪90年代中后期至今，在DSS原有三库的基础上，结合数据仓库、联机分析（OLAP）及数据挖掘技术，形成了基于数据仓库的综合决策支持系统（SDSS）。

3.MIS与DDS的区别

管理信息系统（management information system，MIS）是一个由人、计算机及其他外围设备等组成的能进行信息的收集、传递、存储、加工、维护和使用的系统。它是一门新兴的科学，其主要任务是最大限度地利用现代计算机及网络通信技术加强企业信息管理，通过对企业拥有的人力、物力、财力、设备、技术等资源的调查了解，构建数据加工处理流程，形成各种可供查询的信息资料库，及时提供给管理人员，以便其进行正确的决策，不断提高企业的管理水平和经济效益。

DSS在以下一些方面与MIS有本质的区别：

（1）DSS适用于解决即时性、不可预测的问题，如企业合并这种重大决策问题的分析，而MIS一般适用于解决定性问题和结构化的数据流，产生一些预定形式的报告。

（2）DSS能对复杂的环境问题提供适当的模型，决策者可以参照DSS的模型及其产生的结果来评价问题解决的逻辑合理性，也可以在系统上修改或操作模型，而MIS中的模型一般是预先编制在程序中的，用户只能使用而不能灵活地修正它们，或者需要专门的程序员或专家来修正它们。

（3）DSS有很强的模型构筑功能，能在短时间内建立起决策模型，而MIS中的模型是预先编好的，因而缺乏这种能力。

四、会计决策支持系统

（一）会计决策支持系统的定义及主要特征

1.会计决策支持系统的定义

对于会计决策支持系统（accounting decision support system，ADSS）的定义，我国学术界各有看法，总结一下，基本上有以下几种：

（1）ADSS是以现代管理科学和信息技术为基础、以计算机为工具，运用管理学、运筹学、人工智能等学科的最新成果，对管理会计中半结构化和非结构化的决策问题进行决策活动的人-机交互系统（王玉馨，2000）。

（2）ADSS是以现代管理科学和信息技术为基础、以计算机为工具，运用数量经济学、模糊数学、控制论和模型技术等方法，对企业组织中结构化、半结构化和非结构化会计问题进行决策分析的人-机交互系统（辛茂荀，2003）。

从上述定义可以看出，ADSS是DSS的一个重要应用。它以现代管理科学和信息技术为基础，运用数量经济学、模糊数学、控制论和模型技术等方法，建立适当的模型来为决策者服务，是会计信息系统的最高阶段，学者已经基本达成共识。但对于ADSS涉及的范围或支持的对象还存在分歧。

可以说ADSS提供决策支持，是会计管理或价值管理的重要方面。

（3）ADSS是以价值为核心的，面向企业或整个供应链的，对半结构或非结构化价值决策进行支持，可以定义如下：

ADSS是DSS的一个重要应用领域，是会计信息系统发展的最高阶段。它是以现代管理科学和信息技术为基础，以财务管理和管理会计提供的模型为基本方法，综合运用数量经济学、模糊数学、控制论、模型技术和数据库技术等，对会计信息和企业其他信息进行分析和挖掘，主要从价值和风险以及战略等角度对企业管理特别是价值管理中半结构化和非结构化问题进行决策辅助支持的人-机交互系统。

2.ADSS的主要特征

ADSS既能充分发挥决策者的经验、智慧和判断力，又能充分发掘系统提供的大量信息，并通过数学模型对信息进行仿真计算，因此ADSS的主要特征包括：

（1）面向决策者。DSS主要是支持中、高层领导或知识工作者（如工程师），辅助制定企业会计决策问题。ADSS的输入输出、起源和归宿都是决策者，因此在分析和设计ADSS时，考虑决策者在这种系统中的主导作用，决策者的偏好、技能、知识不同，决策过程不同，对ADSS的要求也不同。

（2）主要解决半结构化或非结构化的决策问题。结构化的决策问题具有很强的规律性，过程结构比较简单，可由计算机系统自动做出。而非结构化的决策问题的决策过程十分复杂，往往毫无规律可循，一般难以用数学方法、明确的模型和语言来描述其决策过程，而只能凭决策者的主观行为（学识、经验、直觉、判断力、洞察力、个人偏好和决策风格等）做出判断，更无所谓最优解的决策问题。半结构化决策问题介于以上二者之间，兼有它们各自的部分特点，其决策过程和决策方法有一定规律可以遵循，但又不能完全确定，即有所了解但不全面、有所分析但不确切、有所估计但不确定。所以，半结构化或非结构化决策问题，既要利用自动化数据处理，又要靠决策者的直观判断，因此对人的技能要求不同于传统的数据处理系统。

（3）强调ADSS的支持作用，是“支持”而不是“代替”。结构化决策问题可以在无人干预下解决，而ADSS是靠人最后做出有效的决定。人是决策的主体，ADSS系统力求为决策者扩展做出决策的能力，而不是取而代之，在决策过程中不能过分强调计算机的作用。

（4）模型与用户共同驱动。决策过程和决策模型是动态的，是根据决策的不同层次、周围环境、用户要求以及现阶段人们对于决策问题的理解和已获得的知识等动态确定的。ADSS除存储与活动有关的各种数据外，还存储与决策有关的各种专门知识和经验，各种数学模型和经济管理模型与方法也以一定的组织形式存储于模型库中，以备灵活调用。模型驱动是指ADSS用户是依靠模型库中的模型进行决策的。

（5）具有灵活的、方便的人-机交互功能。用户可使用接近自然语言的方式下达指令，输入方便，格式自由，输出结果大量采用图表方式，直观形象，易于非计算机专业人员掌握和理解。通过大量、反复、经常性的人-机对话方式将计算机无法处理的因素（如人的偏好、主观判断力、经验、价值观念等）输入计算机，并以此规定和影响决策的过程。

（二）会计信息系统的分类

从不同的视角，会计信息系统有各种不同的分类方法：按会计信息系统中会计软件的适用范围分类，可分为通用系统和专用系统；按会计信息系统中计算机硬件系统的结构分类，可分为单机系统和网络系统；按会计信息系统的不同发展阶段和应用的深入程度分类，可分为面向财务部门级的会计核算系统、面向企业级的财务业务一体化的全面应用系统和面向企业集团级的综合应用系统；按财务软件本身的功能角度分类，分为会计数据处理系统、会计管理信息系统和会计决策支持系统三类，即三个层次模式。这三个层次系统的关系是相互联系的：上一层次的系统是以下一层次的系统为基础，通过发展新的技术和扩充新的功能而形成的。三个层次模式之间的相互关系可用图18-1来表示。

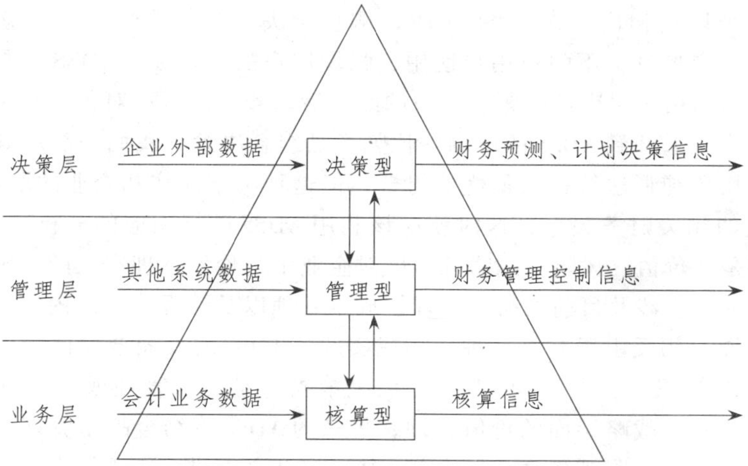

图18-1　三个层次模式之间的相互关系

1.会计数据处理系统（ADPS）

传统的ADPS是最基本的数据应用系统，是更高级的AMIS和ADSS的基础。用户使用ADPS能录入基本的数据信息，对数据进行加工、整理，计算各种分析指标，并将处理后的信息进行有序储存，随时通过外部设备输送给信息使用者。这一层次的重点在于数据，讲究数据处理的效率，形成集成数据文件；用户基本上只能进行机械的录入，并且多数ADPS仅仅只能在单机状态下使用，没有联机的功能。ADPS面向的主要是基层工作人员，解决的主要是结构化决策问题。

2.会计管理信息系统（AMIS）

AMIS有助于保证会计信息的完整性，大大延伸了会计确认的范围，增强了会计信息的决策相关性。以前确认会计信息相关范围主要依靠会计人员的处理信息的判断能力，但AMIS可以把与信息使用者密切相关的信息纳入会计确认的范围，大大增强会计信息的相关性。AMIS由于计算机的应用，缩短了报送报表的时间，提高了报表的效率，满足了会计信息的及时性和动态性。电子联机实时报告无论何时何地，都可以将已发生的经济交易和事项反映在财务报告上传递给信息使用者，省去了以前必须等到某个会计期间结束才可获得的麻烦。AMIS在某一程度上还可以减少成本。但是，现有的大多数AMIS具有很大的局限性，不能满足灵活多变的应用需要。一方面，由于服务器端数据结构的复杂性、SQL查询语言的技术性，最终用户不能自己随意访问数据，仅仅受过高级培训的用户才能自己执行查询并制作报表。另一方面，系统开发部门整天忙于满足这些不断变化的查询数据和产生报表的需要，这对其来说既枯燥又烦琐。他们不希望把时间浪费在这些琐事上，而更希望将主要注意力集中在有创造性地编写面向系统任务的应用程序和制定策略上。AMIS侧重信息、集成企业功能应用，利用数据库及其管理系统，将企业供产销的一系列管理形成一个有机的整体。AMIS通常解决的是结构化决策问题，一些生产经营决策往往并非经过各种定量分析就可做出正确决策的。一般的业务和管理决策在相应的部门进行，会计部门特别是管理会计提供相应的数据和审核即可。

3.会计决策支持系统（ADSS）

与前两个层次相比，在ADSS阶段，侧重于决策，注重弹性、适应性及反应时间，并注意用户控制，不强迫用户使用，强调用户的主动性。ADSS主要解决的是半结构化决策和非结构化决策问题。一般的经营活动若还需考虑对各种相关因素进行综合分析，则应该上升到ADSS的范围。比如产品组合决策，我们一般从既定的成本和资源限制利用单纯形法等得出最优的组合，但这种决策往往和企业的既定战略不符，会影响企业的相关财务关系，这时就应该利用ADSS进行相应的分析。ADSS中的财务决策主要是从价值、风险、战略等角度对企业中与价值管理有关的非确定性决策进行辅助支持的。它涉及目前的财务管理、成本管理以及管理会计的内容，它并不属于某一特定领域，相反由于它是一种应用或实践，ADSS的发展会促使学科的整合，形成它所特有的知识库。所以说ADSS提供决策支持是会计管理或价值管理的重要方面。它主要是一种战略层面的价值管理，将来的ADSS将结合战略管理，需要更多地引入定性分析，它更重视有效而非效率。从一定意义上讲，它更综合、更有效，涉及范围也更广。

三个层次系统的区别和基本特征见表18-1。

表18-1 三个层次系统的区别和基本特征

	核算型	管理型	决策型
1.主要服务对象	业务操作人员	财务管理人员	财务计划人员
2.系统的主要功能	事后核算和分析	事中管理与控制	事前预测、决策
3.主要数据源	会计内部记账凭证	会计内部数据和其他子系统的数据	企业内部和外部数据并重
4.追求的主要目标	提高会计工作的效率	提高经济效益	提高决策有效性
5.决策支持功能	提供信息支持	支持结构化决策问题，提供决策方案	支持半结构化和非结构化决策问题，知识支持，提供决策咨询
6.系统结构的核心	各种数据库	数据库与模型库	模型库与知识库
7.系统的驱动模式	数据驱动	目标驱动	问题与用户等多因素驱动

（三）会计决策支持系统产生的必然性

会计决策支持系统（ADSS）产生的必然性有：

1.传统决策的缺陷需要ADSS

在企业未实现会计信息化之前，企业中的决策大都是传统决策。首先，这种决策是依靠决策者个人的直觉、判断和经验来进行的，主观性强，受决策者的素质如决策者的心理因素、阅历、知识、智慧及能力等的影响。因此，用它来处理现代企业实际面临的决策问题具有很大的局限性。其次，传统决策隐含着这样一个条件，就是所需处理的信息必须是比较集中的，而现实中，信息的分布则是比较广泛的，利用ADSS进行科学决策，可以减少传统决策的主观随意性，弥补传统决策的不足，使经营决策、管理决策、业务决策更加精确、有效、及时。

2.现代企业会计管理要求ADSS

随着经济的发展，企业管理从科学管理发展到现代化管理，从而把管理科学、行为科学和计算机技术等有机结合起来，融合了企业经营战略和决策的管理理论和方法。目前，大多数企业已成功地解决了确定生产中各种产品的最佳组合等问题。但所有这些对一个企业的决策者进行决策来说还很不够。因为在实际工作中，环境瞬息万变，生产条件错综复杂，呈现在决策者面前的常常是半结构化甚至是非结构化问题，对此，要求能在不同时机做出正确及时的决策，这是企业决策者面临的比较棘手的问题。除此之外，在企业管理中，决策是有层次的，处于不同层次的管理者，其决策所需信息的特征和来源是大不相同的，并且随着层次的提高，对外部数据的依赖性就越大。而财务会计无法核算和监督外部信息，企业面临的决策已从确定型发展到不确定型，决策重点也由管理决策转移到了战略决策，而ADSS正是支持战略决策的系统。

3.AMIS的局限性需要ADSS

AMIS的重点在于过去和现在，而ADSS的重点在于未来。ADSS具有高度的灵活性和对环境变化的适应性，能为管理者随机地提供决策的信息和支持决策分析，如战略决策、战术决策和作业决策。另外，战略决策要求考虑从外部获得的数据，如市场需求情况、物价变动趋势等，这时传统的AMIS已不适应要求。

综上所述，ADSS是一门新的学科，是AMIS的发展方向，ADSS是从运用DSS解决会计决策问题而形成和发展起来的。ADSS是计算机运用于会计决策中，并且运用得到不断拓宽和深入的阶段。企业面临着日益激烈的竞争，传统的决策方式已不能满足需求，领导者要求开发更高层次的计算机系统，研究和开发ADSS已势在必行。

（四）会计决策支持系统的功能

黄宇龙（1997）认为，ADSS应具有以下几个基本功能：①专门的、直接的决策模型，如筹资决策、应收账款及折扣决策、最佳货币持有量决策、投资决策模型等。②任意的、综合的查询功能。管理者在进行决策的时候，要综合多方面的因素做出判断，因此广泛地、综合地查询资料，是会计决策支持的内涵之一。③财务分析功能。财务会计在账务处理系统得到核算资料后，一般都要进行分析。财务分析的目的是使下一步做得更好些，为下一步的计划、决策提供借鉴。从这个意义上讲，财务分析也是一种决策支持。④财务预测、预算。预测的目的是给决策方案提供科学的基础和依据，也就是使决策更加可靠、科学、切实、可行，因此财务预测也应纳入会计决策支持的范围。⑤业务管理、作业决策和其他与财务直接相关的决策。

李守明（2001）在《财务决策支持系统》中提出，企业财务决策支持系统应能支持企业不同管理层次的财务管理问题，如支持高层管理的筹资、投资、利润分配及预算编制等问题的宏观战略决策；支持中层管理控制决策，如生产决策、成本决策中的计划管理控制等；支持基层作业控制决策，如生产决策、销售决策中的作业控制决策。

胡仁昱（2003）提出ADSS的功能可以从不同的技术层次，即从用户、系统的构造者或开发者以及工程专家三个不同角度来分析。系统的开发人员和工程专家主要考虑ADSS各个子系统的功能以及相关的基础技术。从用户的角度来看，他认为ADSS应具备如下功能：①提供决策支持，重点是非结构化和半结构化决策；②对各个层次用户提供支持；③不但支持独立决策还支持相关决策；④支持决策制定的各个阶段；⑤支持各种决策过程，但不依赖任何过程；⑥易于应用，即灵活、对用户友好和安全可靠。

辛茂荀（2003）提出从功能和性能两个角度来看ADSS。从功能上看，ADSS的功能有：①系统的主要使用者是企业组织中的中高级管理人员；②能够处理大量的数据来源；③不仅支持结构化决策过程，而且支持半结构化和非结构化决策过程；④提供较为完备的分析方法；⑤不仅能提供决策所需的决策模型，而且允许用户修改、扩展和构造模型；⑥提供灵活的报告方式。从性能上看，ADSS不仅支持决策的不同阶段，还支持不同层次、不同决策频率和不同结构化的决策。

综上所述，ADSS作为会计信息系统的高级阶段，不仅涵盖了会计核算系统和会计管理系统的功能，而且还能够进行任意查询、财务分析和评价、财务预测或预算。ADSS能够及时收集、整理、存储、处理和提供与决策有关的各种数据，包括企业内部运营数据、外部环境数据以及各种反馈数据；能够采用合适的方法存储与决策问题有关的模型、方法、知识、图形图像、文本以及超文本等；能够采用合适的方法生成与决策问题有关的模型、方法、知识等，并能够根据用户的要求动态对模型、方法、知识等进行方便的增加、删除和修改，具有很强的建模能力和知识推理能力；能够提供友好的人-机交互界面和可靠的人-机交互接口，具有强大的图形功能和自然语言对话功能；能够提供灵活的报告方式和可靠的通信传输功能，确保将决策所需的信息提供给决策者。

（五）会计决策支持系统的特点

与ADPS和AMIS相比，ADSS有如下特点：

（1）系统的主要使用者是企业组织中的中高级财务管理人员，其目的是为决策者提供决策支持或辅助功能。

（2）ADSS追求的是决策的效果而非效率，进一步讲，ADSS力求决策的正确性、有效性和智能性。

（3）ADSS主要支持半结构化和非结构化的决策过程。

（4）ADSS支持决策制定的各个阶段，即对决策中的情报、设计、选择和实施的各个阶段提供支持。

（5）ADSS不但支持独立决策还支持相关决策，包括集中相关决策和相继相关决策。集中相关决策是经过几个决策者的协商和交换意见后做出决策；相继相关决策是一个决策者做出部分决策，然后传给下一个人做进一步决策直至形成最终决策。

（6）ADSS能够适应不同决策者的风格。ADSS的一个很重要的特点是能够为决策者提供一套适合每个人风格的、按一定顺序和形式组合的功能。它应是过程独立和由用户控制的应用系统。

（7）ADSS易于应用，即灵活、对用户友好和安全可靠。

（8）ADSS是以模型和知识等驱动的，而AMIS通常是面向报告和控制的，其设计是以目标驱动的。

（9）ADSS要求提供的数据还具有范围大（企业内部和外部）、综合性强、相对稳定的特点。

（10）ADSS是一个可扩展的不断完善的演化系统。它可以引导学习，通过学习来产生新的需求以及不断改善系统。

随着信息技术的发展，ADSS将结合更新的技术，并吸收更多先进的管理思想，还会具备其他的特点。

第二节　会计决策支持系统的开发途径与方法

一、会计决策支持系统的开发途径

专用会计决策支持系统是真正用于完成会计决策支持的，是最基本的，也是所要开发的最终系统。

1.利用会计决策支持系统工具开发专用会计决策支持系统

ADSS工具是用来研制专用ADSS或ADSS生成器的硬件或软件。这种方法是从DSS的基本工具出发，直接开发某一专用的ADSS。它要求开发人员具有较高的计算机知识和编程经验，同时又要熟知会计领域中管理问题的细节。这种方法开发的ADSS本身缺乏可调整性，系统一旦开发完毕就很难再做重大修改，往往刚开发成的ADSS不久就有可能过时，这一点与会计决策支持的要求严重不适应。一个好的ADSS要求有很大的灵活性和可调性，以适应不同环境下的决策活动。它应具有适应它所要解决的具体问题的特征，能适应特定用户解决这些问题的习惯方法，能适应用户求解这些问题时所面临的组织环境。

2.利用会计决策支持系统生成器开发专用会计决策支持系统

ADSS生成器提供一组硬件和与软件技术相关联的“信息包”，用于快速方便地建立专用ADSS。准确理解ADSS生成器的特征，可以指导长期的一般DSS功能的开发。要构造ADSS生成器，应以功能标准为指导，按照四个标准层次划分，采用自上而下的分析方法。第一层确定ADSS生成器的总体目标。确定它将完成什么，为什么。在这一层将重点抓住一些决策制定系统，每个由一个用户组成，针对一个任务，在一个组织体系中，使用一个专用ADSS。第二层从第一层推导，为适应这些目标，确定ADSS生成器必须具备的总体功能。第三层从第二层推导，为完成总体功能要求，确定ADSS生成器应具备的一系列专用功能。第四层从第二、三层推导，能用来实现专用功能的设备、策略和硬件、软件。每个推导步骤都要求讨论和判断，产生一套特征或标准。从总体目标和一般目标入手，由两个基本目标推导出三个一般功能（对话-数据-模型），最终ADSS生成器的特征反映在一个清单上，不再与“对话-数据-模型”相联系。

ADSS生成器有两个基本目标：①能够快速而简便地开发多种专用ADSS。每个专用ADSS必须服务于一个使用决策方法，在一个组织环境中针对一系列任务或问题的决策者。作为一个团体用生成器构造的专用ADSS必须满足绩效目标。②ADSS生成器必须具有灵活性和适用性，以构造迭代设计过程。在一个组织环境中，从用户的方式或任务的属性出发，ADSS生成器还必须构造用户与开发人员之间的通信和交流，迭代设计要求专用ADSS能对变化迅速做出反应，从而使其不断提高和成长。ADSS生成器应该构造初始专用ADSS，为关键的问题提供决策支持；构造系统执行的用户评价、必要的变化、修改和增删的说明书；构造通过用户或开发人员对这些变化的实施。

ADSS生成器还有三个一般功能：①ADSS生成器应该容易使用。ADSS生成器生成的专用ADSS应该能使没有技术的人员，以主动和可控的方式方便和容易地使用。ADSS生成器能使开发人员方便和容易地构造和修改专用ADSS。②ADSS生成器应提供访问种种数据源的方法，包括内部的和外部的、事务性的和非事务性的，这些数据应能为各种各样的用户、问题和背景提供决策支持。③ADSS生成器应提供存取分析的方法，分析功能应为各种各样的用户、问题提供决策支持。

利用ADSS生成器开发专用ADSS是由计算机技术人员利用DSS基本工具开发出ADSS生成器，然后由ADSS构造者用ADSS生成器再构建各种专用ADSS。ADSS生成器基本上具有DSS的主要特征，由它生成的专用ADSS具有很大的灵活性和可调整性，从而能够有效地适应不断变化的系统要求。开发和利用ADSS生成器将为开发专用ADSS提供一个平台，利用它开发专用ADSS具有易于开发和易于调整的特点。

ADSS生成器的开发可依赖于那些为数不多的，既懂财务决策的方法和技术，又懂计算机和技术的系统分析员和应用软件专家，软件的开发质量有保证，可使人们少走弯路。同时经过多次使用后，也可迅速发现和排除可能出现的错误。它的开发成本随着应用时间的增加而降低。一般来说，ADSS生成器的灵活性越大，被不同应用的可能性就越大，每个应用的成本就越低。它还可以起到推广会计决策支持应用的作用。有了现成的、高质量的开发软件，再加上专业技术人员的指导和成功经验的启发，用户较易接受和更愿开发更多的专用ADSS。

二、会计决策支持系统的开发方法

1.开发方法的特点

到目前为止，已有许多研制会计决策支持系统（ADSS）的方法问世，每种方法各有特点，但基本思想是相同的，即决策者和系统研制者先在一个小的重要问题上达成一致意见，以快速的方法设计和建造一个初始系统，支持所要做的决策；经过短时间使用以后，对系统进行评价、修改和扩展，经过反复循环，使系统成为一个相对稳定的系统，并能对一组决策任务提供支持，具体有如下特点：

（1）交互设计。ADSS研制方法强调分析与设计的动态性，随着决策问题、决策环境、决策者风格的变化，分析设计也要不断发展、演变、求精。交互设计强调用户、系统和研制人员之间的相互作用。

（2）用户的参与。同AMIS的研制过程相比，ADSS更加强调用户的参与。在ADSS的开发过程中，用户不仅是研制任务的提出者、系统的需求定义和评价者、研制过程的参与者和系统的使用者（AMIS仅限于此），而且是ADSS的主要设计者和管理者。

（3）适应决策者风格。决策者希望能直接实践，亲自操作系统，因此决策者的经验、知识、偏好等直接影响信息需求、模型构造、人-机接口和输入输出设计，所以ADSS应该具备相当的灵活性以适应各种不同的决策者风格。

（4）尽可能短的研制周期。快速研制，尽早交付使用，尽快见效可使用户树立信心。研制周期过长，不仅会使用户失去耐心，而且时间一长，时过境迁，研制出来的系统可能已不能适应变化了的环境。

（5）以生成器为基础的积木式设计。要满足快速多变的特点，就需要有一个较好的软件环境DSS生成器，DSS生成器正是支持快速、灵活研制DSS的软件。目前，国外多数ADSS生成器都是在DSS生成器上开发的，而交互式财务计划系统（IFPS）本身就是一种DSS生成器。

（6）学习和创造。对于半结构化和非结构化的问题，决策者和研制者都需要学习，在学习中寻找新的更完善的解决问题的途径，因此，ADSS研制方法注重决策者和研制者交互过程中的学习以及ADSS系统本身的辅助学习能力。

2.ROMC法

ROMC方法是开发ADSS比较理想的方法。ROMC方法首先是由卡里森（Carison）提出的，它的基本原理是：根据西蒙的决策过程模型，尽管决策过程是非常复杂的，但决策过程中决策者从事的三个基本活动（情报、设计、选择）都是能够识别的。通过区分决策的基本活动，可以了解决策者在这些活动中的行为，从而确定需要的支持。在使用ROMC方法时，需要对各种各样的决策过程和决策者的需要进行分析，以通过用ROMC方法减小决策支持的要求与系统能力之间的差别。从用户的立场来看，ADSS的能力在于以下几个方面：提供表达式以帮助决策者将问题概念化以便于处理和交流；提供对这些表达式进行分析和运算的某些操作方法；提供辅助记忆手段；提供处理和使用整个系统的控制机制。ROMC方法正是建立在这四个方面的基础之上的，它主要从以下几点进行分析：表达（representation）方式，使问题概念化；操作（operation），对表达进行加工；记忆辅助（memory aid），表达与加工的存储支持；控制机制（control mechanism），控制协调整个系统。ROMC方法正是这四个方面的缩写，其具体步骤为：识别决策过程的主要活动，分析每个活动的ROMC，综合所有的ROMC，快速建立系统，交付使用，用户评价，最后修改，扩展ROMC。

虽然决策过程和决策者的需要因决策种类和决策者的不同而变化，但也存在一些共同特征：第一，对于半结构化和非结构化的决策问题，要决策者清楚地描述决策过程是困难的，决策者在做决策或在解释决策时一般运用某些概念化的东西，例如图像、卡片、公式、模型等。针对于此，ROMC采取了过程独立的方法。所谓过程独立就是它避免对决策者的活动的描述局限于按某一顺序进行。这与基于数据流程图的传统系统分析方法有着本质的不同。第二，虽然决策过程是很难解释的，但西蒙的情报、设计和选择对决策活动的分类是很有用的。ROMC方法依赖表达式（不仅是数据）作为联系ADSS各部分的纽带，是通过在表达式上的操作来支持决策过程的情报、设计和选择活动；各种存储又去支持表达式和操作，而控制则是为了控制表达式、操作和存储。识别表达式以及关于表达式的操作比识别完整的决策过程要容易得多。第三，ROMC方法为分析和设计ADSS提供了框架，但并没有提供实现ADSS的具体技术，ROMC方法需要ADSS生成器的支持。

3.迭代法

迭代设计开发周期，是一个反复执行的过程。迭代设计的定义为："基于先进的决策支持系统设计方法，经过多次尽可能短的周期，一定构造下的连续的系统版本被最终用户使用。"根据这一定义可以将迭代设计划分为以下过程：

（1）确定重要的子问题。决策者（或用户）以及开发人员共同确定子问题。早期的共同努力使他们建立了初步的工作联系。子问题应该是很小的，能反映问题的属性。它基于计算机的要求以及支持的属性，即使利益可能是短期的，但对决策者来说应该也是有很大价值的。迭代法能清晰解决短期项目或问题。

（2）开发一个小型、适用的系统来辅助决策者。开发人员和用户很快通过系统开发过程的所有阶段，并在较小规模上进行。系统可能是简单的，但却是必要的，复杂的系统由简单的构件发展起来。

（3）在循环中提炼、扩展和修改系统。每个循环通过所有"分析-设计-实施-使用-评价"步骤。用ROMC法的观点，修改是通过增/删ROMC中例子来实现的。要注意用户和开发人员之间的均衡和协作，用户主要负责使用和进行评价，开发人员主要负责设计和实施。用户扮演参与和主要的角色。在对话系统开发中，用户常以适应和被动的方式操作。这可能使决策支持系统增强，并适应新需求。

（4）不断地评价系统。在每个循环的结束，用户都要对系统加以评价。评价是过程的组成部分，是全部迭代设计程序的控制机制。通过评价使开发决策支持系统的工作与成本及其价值相联系。它鼓励短期系统的开发及原先计算机系统不能做的专题研究。通过不断评价，在其过时或证明已不再具有价值时便将它淘汰。

迭代设计方法的使用产生了随时间而调整或变化的专用决策支持系统。这便是迭代设计与循环的关系，但是如果循环频繁、短暂而连续，那它便混合在一个不断发展的过程中，没有严格的时间界点。相反，如果循环是长期的、不经常的，那它们便有明显的差别以标明决策支持系统的不同版本。不管变化是连续的，还是分离的，步骤都取决于任务的属性、数据更新的频率和用户参与人员的数量。为讨论开发途径的方便，假设能够区别不同的版本。最初的可运行、使用的系统称为0版本，它是一个初始系统用于支持一个小问题或某个大问题的一个小的方面。而后系统在连续不断的循环中得到修改，产生新的版本1到N。版本N是一个相对满意的版本，在某种程度上相对稳定，修改循环的频率随着每次循环的增长变化而将减少，但不停止。从而，迭代设计方法满足了总体要求的第一步——产生有用的系统。N+1或更高版本是随着用户、任务或环境变化而对系统加以修改所得到的。这些版本满足迭代设计的第二步总体要求——跟踪决策支持系统中关键因素的变化。

前面谈及的迭代设计方法完全针对需要个人支持的决策支持系统。对需要集体支持或组织支持的决策支持系统，这个过程在某种程度上要复杂一些，但不是无效的。它强调具有支持用户和开发人员之间通信的机制，还要具有容纳个人的系统变化，维护对所有用户都是标准的核心系统的机制。提供个人、集体和公共数据文件的机制，多年来已成为时间共享系统的标准部分。同样，针对集体或组织支持的决策支持系统需要提供与集体ROMC例子一样的个人支持。随着系统用户成员的增加，要求操作迭代设计过程的通信链更加正规和结构化。有必要建立检查点来定义每次使用——评价循环的开端，需要将变化积累和采用批实现的方法，来明确定义不同的版本。从决策支持系统许多用户的观点出发，迭代设计呈现了原型法的特征。原型法作为确定和提炼原有系统的执行要求的方法已在决策支持系统的设计中越来越流行。

首先，管理者对定期应收账款账龄分析时将应收账款拖欠时间（即账龄）的长短分为若干区间，计列各个区间上应收账款的金额，并为每一个区间估计一个坏账损失百分比；然后，用各区间上的应收账款金额乘以坏账损失百分比，估计各个区间上的坏账损失；最后，将各区间上的坏账损失估计数求和，即为坏账损失的估计总额。这是一个反复执行的过程，在连续不断的循环中得到修改，是运用迭代法的常见实例。应收账款账龄的计算表示例见表18-2。

表18-2　　应收账款账龄的计算表示例

单位	金额	入账日期	还款日期	逾期天数	坏账准备

（1）应收账款账龄的计算。在Excel中创建新工作表，假设范围为A1：F19，假设企业账龄分为1年、1年至2年等区间，在D20单元格中输入函数“=TODAY（）”显示当天日期，在Dn单元格中输入公式“=Cn+360”计算该笔应收账款的到期日期，在En单元格中输入函数“=IF（D20-Dn>0，D20-Dn，"未到期"）”，含义为如果当天日期减还款日期大于0，显示逾期天数，如果不大于0的，说明尚未到期。

（2）坏账准备的计提。假设企业采用余额百分比法计提坏账准备，例如：企业规定账龄1年以下的，计提比例为5%，1年至2年之间的计提比例为20%，在Fn中输入“=IF（En/360<=1，Bn*0.05，Bn*0.2）”，以此类推。最后将F列的坏账估计损失求和，即坏账估计总额。

第三节　会计决策支持系统的功能模块设计和结构

一、会计决策支持系统的功能模块设计

1.本量利分析模块

我们将本量利分析模块独立出来，是因为它在管理会计中占有重要地位，它是进行会计预测、决策与控制分析的主要方法，它分析所得到的结果是预测、控制及决策不可缺少的依据。本量利分析模块共分五个子模块：成本分解、盈亏平衡分析、敏感性分析、产品组合盈亏平衡分析和查询打印。以成本分解子模块为例，它是利用计算机进行混合成本分解，其分解所需模型已存于模型库中，供用户选择调用。用户可制订多种方法分解混合成本，对比分解结果。由于计算机处理的高速度，可以很快输出计算结果。

2.决策会计模块

决策会计模块包括预测和决策两个子模块。在预测子模块中，用户可以选择多种预测子模块，如趋势预测，利用指数平滑法、多元回归法等对销售、成本进行预测，

进而进行利润预测、资金预测。模块之间的数据可以传递，用户还可以利用计算机的绘图功能，对历史数据进行描点模拟，以更好地进行预测工作。决策子模块是针对定价、投资、生产、成本、利润等一系列决策问题而设计的。决策子模块有灵活的人-机交互功能，当管理者将目标和约束条件输入后，经过一系列人-机对话过程和模型的组合计算得到问题的解决方案。

3.控制会计模块

控制会计模块包括预算编制、存货控制、成本控制三个子模块，为企业进行事中控制提供信息。

4.责任会计模块

责任会计模块分为责任中心划分、责任中心控制和责任中心业绩报告三个子模块。责任中心的划分是为分清成本数据的归属。在责任中心划分的基础上将数据按责任实体、责任事件分类，形成控制级数据库，以利于考评责任中心的业绩，输出有关业绩报表。

5.综合信息模块

综合信息模块是管理会计信息的一种集中，它包括综合指标和会计报告两个子模块。综合指标子模块向企业提供多种财务指标，决策者要把握经营重点，需要掌握的指标有安全性指标、收益性指标、流动性指标等。会计报告子模块提供管理会计的报告，它可由用户完成各种表样设计，设计出的表样可反复使用，具有很好的灵活性，从数据库系统中取得有关数据，生成管理用的各种报表。

二、会计决策支持系统的结构

（一）数据库系统

数据库系统包括数据库和数据库管理系统。

1.数据库的定义及概述

数据库是构造会计决策支持系统的先决条件，没有数据就无法进行决策，缺乏数据将导致决策的失败。数据库管理系统是用来生成、维护、存取、更新和保护一个或多个数据库的计算机程序的集合。数据库系统中，数据之间的联系是通过模型来实现的。数据模型是计算机表达、组织、存储和处理数据的方法。从原则上讲，任何一个数据集合均可用下列五种模型中的任何一种进行表达，分别是记录模型、关系模型、层次模型、网络模型和规则模型。为决策支持系统选择一个数据模型不应过多地考虑数据的表达，而要考虑操作的整体约束。数据模型的选择取决于用户、决策和选用的数据库管理系统功能等多种因素，选择时要综合考虑各因素。

2.数据库管理系统的基本要求

数据库管理系统的基本要求包括：支持记忆；数据减少；变化的数据数量；多种来源；来源分类；宽时间跨度；公用和专用数据库；改变精确程度；随机存取；支持关系和审视；响应时间；与其他决策支持系统部件之间的接口；最终用户界面。有了这些数据库管理系统的基本要求，就可以进行会计决策支持系统数据库的设计。首先介绍一下数据析取的设计方法（如图18-2所示）。

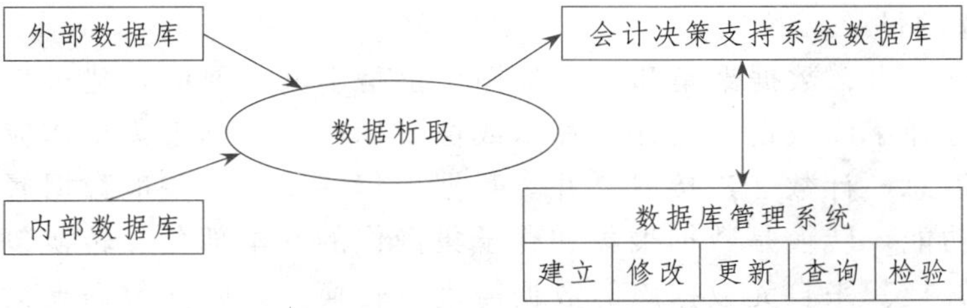

图 18-2　数据析取的设计方法

3. 会计决策支持系统数据库中数据的来源

会计决策支持系统数据库中数据的来源有两个，即外部数据库和内部数据库，一般要经过一定的加工、组织，构成会计决策支持系统数据库。由于图 18-2 中关键的数据析取要访问两个支持决策的数据库，并且这种方法不依赖于任何特殊数据模型，所以称这种数据库管理系统的设计方法为数据析取技术。会计决策支持系统的数据元的多样性要求具有一个单一集成的数据库。数据析取是各种各样元数据库与会计决策支持系统的接口技术。这一技术包括对元数据库进行聚合和子集化操作，以形成一个析取的数据库，用于会计决策支持系统的建模和对话。数据析取的设计如图 18-3 所示。

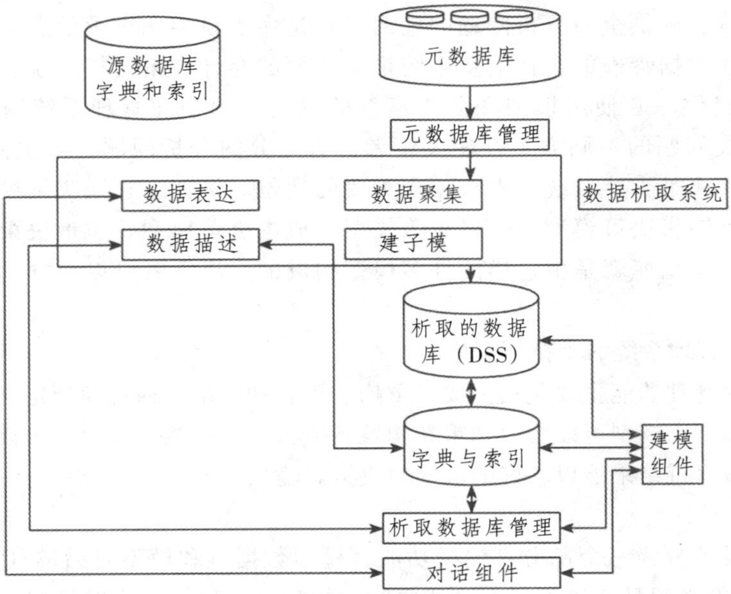

图 18-3　数据析取的设计

相对于会计决策支持系统使用的数据，元数据库很大。元数据库中不同格式的逻辑文件，可能存在于不同的媒介或不同的计算机系统中。文件可作为正常组织操作的部分保存或通过专门收集而产生。元数据库的数据库管理系统和其相应的字典和索引是数据析取的第一个部件。由于数据库管理系统需要大量空间和时间，许多组织使用系列专用目的的软件来代替，因此元数据库需用一个或多个数据库管理系统来维护。数据描述操作用于描述元数据库的文件。数据描述语言可能使用数据库管理系统中数据字典功能；描述需要保存在元数据库字典中；描述能够保存和显示，将向用户界面提供元数据库的目录。

对于用户来讲，数据聚集和建子集操作也是十分重要的。建子集操作应先从元数据库中选择字段或记录的任何算术或逻辑标准。数据聚集操作应允许对字段或记录进行汇总、计数、连接或合并。数据聚集的基础是一般数据属性或一个至多个属性的功能。转换是数据聚集和建子集操作的基本部分。转换包括格式转换和数据类型转换。来自元数据库的数据需进行转换，以匹配数据聚集和建子集语言提供的有限系列的数据类型和格式，析取的效果严重依赖于转换操作的效果。数据聚集和建子集操作用于生成会计决策支持系统所用的析取数据库。因此，析取的数据库及其相应的索引和字典，以及它的数据库管理系统应该支持会计决策支持系统。

（二）模型库系统

模型库系统包括模型库和模型库管理系统。

1.模型的概念

模型是根据人们对某一客观事物的理解和认识，运用数据和一定的方法对其加以概括和描述。模型能够抓住真实系统的本质，是系统的抽象，被看作真实系统的模拟。模型可分为战略模型、策略模型和作业模型。建模组件通过提出和比较可选方案，为决策者提供全面分析问题的辅助。正是由于模型融进了信息系统，才将基于综合报告和数据管理的会计信息系统推向全面的会计决策支持系统。会计决策支持系统需要提供一套使用模型和分析模型的机制。模型库管理系统通过生成、分析、比较解决问题的不同方案，使决策者具有充分的分析问题、解决问题的能力。模型库在会计决策支持系统中占有相当重要的地位。例如，长期决策模型、短期经营决策模型、销售决策模型、价格决策模型、成本决策模型、质量决策模型、技术改造模型等，模型库就是由这样的许多模型构成的，决策者可以根据具体情况选择使用。

2.模型库管理系统的支持模型库

模型库的管理功能主要包括生成、重构、更新和输出。通过模型定义语言，去建立一个模型。这个模型可以修改和重新构筑新模型。根据数据变化又可以对此模型进行更新。模型运行结果能以较好的方式向决策者输出。

3.模型库设计

模型库设计分为三个部分：建模功能、模型数据链和模型对话链（如图18-4所示）。建模功能必须具备以下三个功能之一：构建和存储子程序的机制；模型语句的解释器；数据式构建与存储模型的方法。模型数据链将模型库与数据库结合在一起，必须具备四种功能：模型均可以从数据库中提取所有的值和输入数据；所有模型利用同一个数据库；模型将所有数据和值放回数据库；模型本身可以存储在数据库中。模型对话链强调了开发者对模型的构造和操作，提供了支持交互建模的基本机制。开发者通过交互建模对问题本质和解决方法进行探索、分析、试验、调查。每次运行模型的顺序不固定，使建模活动过程独立，由用户直接控制。在交互建模中，通过模型对话链的信息顺序由用户决策而不是由模型决策。

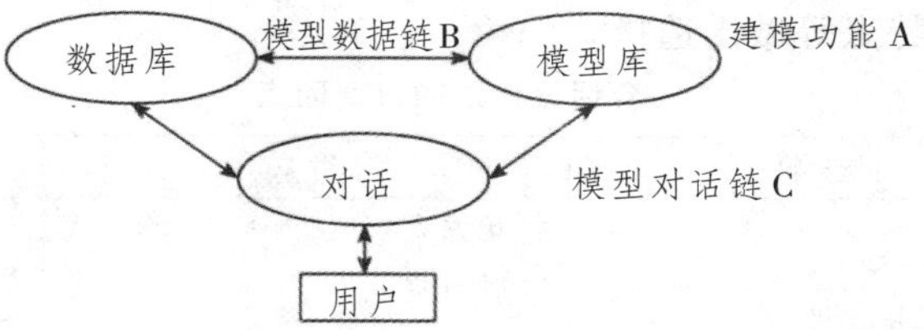

图18-4　模型库设计示意图

（三）会话系统

会话系统是会计决策支持系统的十分重要的必不可少的系统，是向用户提供使用决策支持系统界面的一组硬件和软件。它的功能包括：产生直观明确的输出表达；使用户输入能够为记忆后援调用和提供参数；提供控制机制以使用户综合输入与输出过程。会话系统是会计决策支持系统对用户的输出和收集用户对会计决策支持系统的输入。

1.会计决策支持系统的会话风格

（1）提问回答式：会计决策支持系统向用户提问，可能是多重选择；然后用户回答；再问一个问题，根据前一问题的答案来决定下一个问题；直到会计决策支持系统产生了需要支持决策的答案。此种会话用于对问题不熟悉、经验欠丰富的用户。

（2）命令语言式：命令式会话的一般形式包括用简拼的动词和名词进行动词名词搭配。对于简单的运用，命令语言容易学习；对于不经常使用的客户需要时时温习；对于复杂的运用，命令语言容易成为程序语言，需要更多的技术才能运用。因而可以开发分层次的命令语言。

（3）菜单式：菜单式会话能让用户从可选菜单中进行选择。选择可以通过键盘或选择设备如鼠标、触摸屏等进行。对于熟悉所要解决的问题但没有经验和不经常使用的用户，菜单式会话很有效。多功能的会计决策支持系统往往要求菜单会话提供很多菜单项目，因而此种菜单应是结构化的。

（4）输入/输出式：输入/输出式会话一般由会计决策支持系统给出报告的格式，用户可以在其中填写输入要求，然后由会计决策支持系统给出输出报告。输入格式与一组提问相对应，而输出格式与一组回答相对应。

（5）输出背景隐含输入式：用户输入在会话决策支持系统以前的输出中表现出来。会计决策支持系统先产生一个输出，在此输出中用户可以填写也可以选择输入，这些输入将改变当前输出或是产生一个不同的输出。这种设计类型复杂的一面是融合了能用来产生和更改输出格式的命令菜单。输出背景隐含输入式会话可以为面对复杂决策支持的用户提供高级功能，但应用这种会话风格的系统需要进行较多的培训。

（6）多种会话风格的综合：专用会计决策支持系统的会话部件通常需要结合多种会话风格。通常可用做程序交互式的命令或菜单，多种选择答案的提问回答或命令语言，是用户为完成相同的任务从菜单中选出来的。在命令语言会话中用菜单进行命令选择或在输出背景隐含输入式会话中将菜单用作输入。

会话风格有许多方案可选，在选择时要考虑权衡因素（见表18-3），根据用户与决策本身的性质和特点等做出选择。

表 18-3 会话设计中的权衡因素

	硬件	软件	用户	制定决策
权衡因素	输出媒介 输入媒介	可用的程序 要写的编码数量	交互方式 培训约束 控制方式 对问题的熟悉程度 对计算机的熟悉程度	决策类型 参加者数量

2.会话系统设计方法

(1) 开发一套输入输出格式，开发者完成用于会话的输入和输出格式有利于建立会话规范以指导会话设计。

(2) 试运行并检查其可行性。试运行使开发者和潜在的用户在使用系统前，便能设想出使用系统后将会怎样。例如准备真实的数据用在样本输出中，要求用实际的输入得到输出，处于一个真实的决策环境，那么试运行就会有效。它能产生许多提示，通过准则与规范相比较进行检查，对替换物进行评估，对会话进行修改。

(3) 建立评估标准。标准的选择应基于会计决策支持系统所支持的用户类型和任务，包括培训时间、每部分输入的出错量、离开系统一段时间后返回再学习的时间、选择正确输入的时间、输入正确操作的时间、每个决策点上可选方案的数量、决策支持系统使用的情况。

3.会话系统提供的功能

(1) 建立一个包括数值和属性的数据结构，能用来描述输出表达。

(2) 调用设备功能器以建立表达。

(3) 为在用的专用硬件建立设备命令。

(4) 传送接收设备命令到达设备。

(5) 将设备专用输入转换成通用输入。

(6) 建立行动与目标一一对应的描述输入。

(7) 用命令将数据送到会计决策支持系统的其他组件。

(8) 存储输入和输出数据。

第四节 会计决策支持系统的系统实施

一、会计决策支持系统的实现模式

1.基于数据分析的会计决策支持系统

会计决策支持系统的数据分析立足于计算机内部存储的整个企业的生产、经营、财务各方面的汇总与明细数据。对这些数据进行分析，能从企业经营管理的不同方面为管理者提供决策相关信息。

会计决策支持系统的综合数据分析系统的基本数据处理流程是：首先从ERP系统各子系统的数据库及存放外部数据的数据库文件获取基本数据，根据系统预定义的格式生成若干基本信息表，然后由用户根据决策需求从这些基本信息表或直接从数据源中选择数据，利用系统提供的各种数据分析方法或数据挖掘技术，对其做进一步的分析利用。数据分析系统的逻辑模型如图 18-5 所示。

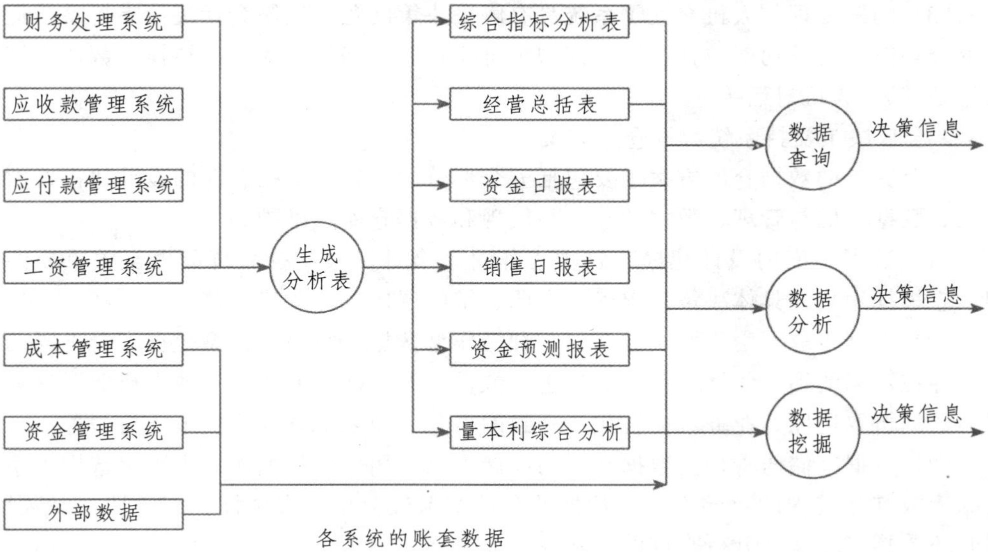

图 18-5 数据分析系统的逻辑模型

2. 两库结构的会计决策支持系统

会计决策支持系统的原始结构是两库结构，即模型库、数据库和人机交互系统三者组成的结构。尽管后来提出了三库、四库结构，以及增加数据仓库、联机分析处理、数据挖掘技术的综合结构体系，但模型库仍是会计决策支持系统的核心，也是会计决策支持系统区别于其他计算机信息系统的重要特征。模型库中存储了决策所需的各种模型，通过模型的调用、运算、分析，能够使决策者充分地分析问题，帮助决策者做出决定。基于模型库的会计决策支持系统结构如图 18-6 所示。

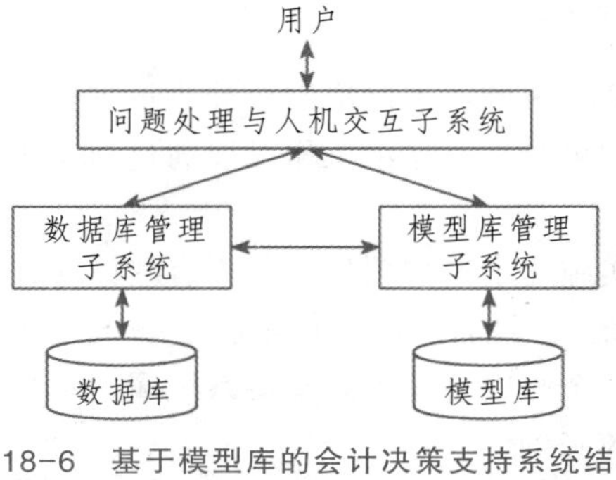

图 18-6 基于模型库的会计决策支持系统结构

该结构是三个子系统的有机结合，即问题处理与人-机交互子系统、数据库管理子系统、模型库管理子系统的有机结合。

（1）根据决策内容和所用的决策分析方法的不同，在系统中要分别建立各种数据库文件。数据库管理子系统负责管理和维护系统中使用的各种数据库文件，这些数据包括在预测、决策模型运行中使用的基础数据和运行结果所产生的各种决策信息。

（2）模型库中分类存放了管理会计中的常用的预测与决策分析方法，它是会计决策支持系统分析与求解问题的核心。模型库管理子系统的主要功能是进行模型的存储管理和运行管理。

（3）问题处理与人机交互子系统具有解决决策问题、控制会计决策支持系统运行的综合功能，具体功能包括控制多模型组合运行、数据的输入输出转换（数值计算与数据处理）、人机对话等。

3.会计决策支持系统数据仓库方案

一个完整的数据仓库方案主要包括五个部分的内容：数据仓库的设计建模、数据析取、数据存储与管理、数据的分析与展现和数据仓库的维护。

（1）数据仓库的设计建模。这项工作对于会计决策支持系统起着至关重要的作用，它根据用户的具体决策需求确定主题、维的层次，并明确一些问题。

（2）数据析取。由于原始数据是一种操作型数据，它与分析型数据有着不同的特点，存在数据的不一致性，因此数据进入数据仓库之前，要经过“数据析取”这一过程。数据析取把原始业务数据转化为一致的格式，使之更好地为决策支持服务。

（3）数据存储与管理。数据仓库的存储可以选用多维数据库，也可以选用关系型数据库或其他特殊的存储方式。数据的存储要保证数据的安全性、完整性、一致性，同时还要具有复杂的分析查询的高效性。

（4）数据分析与展现。基于数据仓库的应用类型有日常报表、即席查询、OLAP、数据挖掘等。其中以OLAP的应用最为普遍。OLAP是一个分析处理技术，通过OLAP工具对数据仓库中的数据进行多维分析、汇总，形成图表或报表的形式，使决策者可以清晰、直观地看到分析结果，这正是数据仓库系统所要达到的目的。

（5）数据仓库的维护。对数据仓库的维护，主要包括：管理日常数据的导入，刷新数据仓库当前的数据；随着时间的推移，把当前数据转为历史数据，清除不再使用的数据，管理元数据等。

二、初步研究和可行性评价

（1）初步研究：了解用户的需求以决定会计决策支持系统的应用范围，估计这些需求在将来保持或增加的可能性。这项工作可以通过与关键管理人员和用户的对话来实施。

（2）可行性评价：实施几个典型项目或分析有些已存在的项目，确定它们一般的特征和会计决策支持系统所需的内容。在确定第一个专用会计决策支持系统的起点时，这是主要的，也是一个解决会计决策支持系统属性和目的、测试潜在用户对会计决策支持系统工作感受的好机会。

三、开发会计决策支持系统环境

（1）假设会计决策支持系统开发工作已经被批准，要形成研制团体，连接该任务，并定义与其他组织单位之间的联系。

（2）建立最基本的会计决策支持系统工具箱，并使用户能够操作。这一阶段特别重要的是讨论购买或研制的决策。开发人员事先实施用户所需的全部功能和数据，但在用户使用系统前，没有办法证明用户的需求，所以需要增加、删除、修改某些功能。在没有工具或者数据的情况下，很难与用户讨论会计决策支持系统能提供什么支持，开发人员应该寻找一个中间站，而不是从零开始，以带给用户最可能想要求和使用的最基本工具箱和数据。

（3）准备一份扩充会计决策支持系统生成器的临时计划。在使用时，它才会变得重要，需要提高技术水平以满足用户的要求。

四、开发初始的专用会计决策支持系统

（1）决定从何入手。初始专用会计决策支持系统的确定是最重要的。它应该致力于确定的需求，要具有早期见效的可能性。管理人员或用户应该直接参与，开发人员应该知道应用功能。

（2）开始与用户一起进行第一个专用会计决策支持系统的分析和设计工作。

（3）为了应付用户不断发展的需求，改进工具和数据。

五、开发后续的专用会计决策支持系统

（1）除了选用第一个专用会计决策支持系统的标准外，第二个专用会计决策支持系统还需要与第一个系统相适应。这样会有助于定义数据流和它们的内部关系。

（2）重复相同系统可能较容易，并可能较早产生收益。

案例18-1
企业投资分析

案例18-2
投资决策

案例18-3
联产品成本分配决策系统

案例18-4
产品保本点预测

案例18-5
线性规划

案例18-6
销售风险决策

案例18-7
回归分析

第四篇
会计信息系统评价

第十九章 会计信息系统内部控制

第一节 会计信息系统内部控制的意义

一、会计信息系统内部控制的重要性

会计信息系统有许多不同于手工会计信息系统的特征，如数据处理集中化、数据存储磁性化、肉眼可见的审计线索减少、初始设置成本高等。这些特点及其对企业和社会日益深远的影响，决定了在此条件下保持良好的内部控制比在手工系统下更为重要。所以，我们必须做到以下几点：

（1）保证所提供信息的真实性和可靠性。

（2）保证电算化系统资源的安全性与完整性。

（3）降低审计风险，提高对审计风险的控制能力。

会计信息系统特有的风险主要有以下几方面：

①系统功能与用户需求不相适应。会计信息系统的建立是一个复杂的过程，除会计、财务等业务知识，还需要很多计算机和通信技术知识，因此单纯依靠系统用户往往难以完成，所以一般由本单位或外单位的计算机专业人员来帮助设计。但国内国外都存在一个普遍的现象，就是计算机专业技术人员往往不懂业务知识，用户又大多对计算机知识知之甚少。因此，系统开发只能由用户提出具体要求，由计算机专业人员进行相应的设计。更重要的问题是由于用户与设计人员的知识背景差异等原因，往往造成双方理解上的障碍，使得设计出的系统不能完全满足用户的需求，造成资源的浪费和企业管理效率降低。因此，电算化系统开发过程本身需要由企业高层管理人员和相关部门做出详细周密的安排，保证系统功能与预期要求一致。

②计算机对不合理的业务缺乏识别能力，导致企业内部控制的缺陷。尽管计算机运行速度快、计算精度高，但以其代替人的手工操作进行数据处理的同时也使系统在一定程度上丧失了人类具有的对不合逻辑、不合理以及例外事件的理性判断和处理能力。计算机所进行的逻辑判断一般要求事先编入有关程序才能进行。因此，如果程序设计不周或对于输出文件不能进行人工干预，则可能导致一些错误的、不合理的业务和数据游离于企业内部控制之外。

③数据安全性较差。在手工系统中数据的处理与存储分散于各有关部门和人员，而电算化系统的数据处理及存储却呈现出高度集中的特点和趋势，给数据的安全性带来一定的危险。首先是处理集中意味着某些部门和人员在执行不相容的分类职责时需要采取一些额外的补偿性控制手段降低这一风险。其次是数据存储集中于磁性载体，一方面，由于磁性载体对环境的要求较高，对湿度、温度和清洁度具有一定的要求，

数据易毁损；另一方面，未经授权的人员一旦接触数据，将导致大量数据丢失或泄露。如果电算化以后在数据安全方面没有增加新的控制手段，发生数据丢失和毁损的可能性较手工系统会大大提高。

④差错反复发生。在手工系统中，发生差错往往是个别现象，而且由于数据处理各环节分散于各部门且由多个人员完成，一个部门和人员的差错往往可以在下一个环节中发现并改正。由于计算机处理依靠程序运行并且运算速度较高，同时处理集中于计算机进行，其处理结果一旦在某些环节发生错误，就能在短时间内迅速蔓延，使得相应的文件、账簿乃至整个系统的数据信息失真。如果错误是由于应用程序和系统软件造成的，则计算机会反复执行同一错误操作，多次给出错误处理结果。由此可见，为保证数据处理的可靠性，需要在系统硬件、软件及数据处理环节增设必要的控制措施。

⑤程序被非法调用或篡改。计算机操作对程序的依赖正如盲人依赖拐杖一样，所以电算化之后对程序调用和修改的控制这一在手工系统中不曾出现的问题在电算化系统中却至关重要。如果对系统接近缺乏控制，就可能发生未经授权的人员上机操作，对程序进行非法运行和修改的情况，不仅导致数据失真，也为舞弊行为提供了滋生的土壤。在历史上，无论国内还是国外，通过非法调用和篡改程序达到非法目的的事件屡见不鲜。

二、会计信息系统对传统内部控制的影响

（1）手工会计系统中严格的凭证制度在会计信息系统中逐渐减少和消失；
（2）传统的手工会计系统所具有的分工功能逐渐被归并；
（3）会计信息系统可以自动授权、批准；
（4）会计信息系统的信息容易丢失、被盗窃和被篡改；
（5）电、磁介质存储数据缺乏证明力；
（6）数据与责任高度集中；
（7）差错反复发生；
（8）会计信息系统的设计可能没有考虑审计的需要，没有留下充分的审计线索。

第二节　会计信息系统的内部控制

一、会计信息系统内部控制的目标

1.确保系统的合规合法

会计信息系统与手工会计系统一样，系统本身及其所处理的经济业务必须符合国家有关的法律、法令、方针、政策，符合有关部门颁布的各种规章制度、条例等，如现行的会计制度、财务制度等。因此，在设计系统的过程中以及系统运行阶段，必须建立适当的内部控制，确保系统及其所处理的经济业务合规合法。

2.保证会计数据的正确无误

正确可靠的会计数据是正确了解过去、严密控制现在、科学预测未来的前提条

件。因此，保证会计数据的正确性，是会计信息系统内部控制的基本目标。为了保证会计数据的正确性，在系统设计过程中，要注意设计程序化控制，如借贷平衡控制、科目合法性控制、总数核对控制、合理性检验、纠错系统检验、输入数据类型检验、平衡检验、顺序检验等。在系统运行过程中，要对数据输入环节进行严格的控制，确保输入数据的正确性。

3.保证系统安全可靠

保证会计信息系统的安全可靠，是系统能够正确运行的前提和基础。因此，在系统正式投入运行之前，就应考虑系统的安全性，通过建立严密完善的硬件安全措施、软件和数据安全措施来保证系统的安全可靠。

4.提高系统运行的效率

会计信息系统的运行效率在很大程度上取决于输入数据的速度。因此，在系统输入设计环节，可采用适当的控制设计技术，提高系统输入的效率。例如，凭证编号由计算机自动生成，会计科目以编码的形式输入，规范摘要的格式，常用的摘要可用代码输入等。

5.提高系统的可维护性

系统维护的工作不仅量大而且复杂。可维护性是指系统易理解、易修改和扩充。为了达到这一控制目标，从系统开发工作一开始，就应该考虑到今后的维护工作。在系统开发过程中，必须对系统开发的每一个环节都进行严格的管理和控制。

6.增强系统的可审计性

所谓可审计性，是指有能力、有资格的审计人员，能够在一个合理的时间和人力限度内，对其中的正确性和可靠性等做出公正的评价。影响会计信息系统可审计性的因素较多，其中一个重要的因素就是审计线索。会计信息系统的审计线索既容易被销毁，也容易被篡改，若设计时考虑不周，则很难进行事后审计。因此，只有在会计信息系统的输入、处理和输出等设计环节采取适当的控制措施，例如设立总账、明细账、记账凭证等各种数据库，才能保留各种审计线索，才便于对会计数据的追踪审查。

二、会计信息系统内部控制的分类

（1）依据控制实施范围，会计信息系统内部控制可分为一般控制和应用控制；

（2）依据控制所采取的工具或手段，会计信息系统内部控制可分为手工控制和计算机程序化控制；

（3）依据控制的预定意图，会计信息系统内部控制可分为预防性控制、检查性控制和纠正性控制；

（4）依据实施控制的部门，会计信息系统内部控制可分为信息化部门控制和用户控制。

三、会计信息系统内部控制的特点

（1）系统开发阶段的控制是其他控制有效发挥作用的前提；

（2）控制的重点转向电子数据处理部门；

（3）控制的范围扩大；

（4）控制方式和手段为手工控制和程序化控制相结合；

（5）控制的要求更严格、内容更广。

四、会计信息系统的一般控制

一般控制是对整个会计信息系统及环境构成要素实施的、对系统的所有应用或控制模块具有普遍影响的控制措施，主要包括以下几方面的内容：

1.组织人事控制

最基本的原则就是任何一项经济业务的处理必须经过两个或两个以上的部门或人员，以达到互相牵制的目的，防止错误或者舞弊的发生。

2.硬件和系统软件控制

硬件控制是指由计算机硬件制造商随机配置的某些控制功能或技术手段。常用的硬件控制技术包括冗余校验、重复处理校验、回波校验、设备校验、操作性控制等。系统软件是一组进行系统管理、支持和控制应用程序运行的程序，包括操作系统、公用程序、编译和汇编程序、数据库管理系统等。较为理性的系统软件所包括的控制功能有错误控制、程序保护、文件保护、安全保护等。

3.系统安全控制

它是为保证计算机系统资源的实物安全，免受影响系统连续性和导致系统资源损失的各种因素的干扰而采取的各种控制手段。系统安全控制还是各种应用控制发挥作用的前提和基础。

4.系统开发与维护控制

它是对新系统的分析、设计、实施以及现有系统的改进和维护过程的控制。系统开发与维护控制主要应用于自行设计会计软件的单位。

五、会计信息系统的应用控制

应用控制是为了适应各种会计数据处理的特殊控制要求，保证会计数据处理完整、准确地完成而建立的控制，是在整个会计信息系统中的某个子系统或单个应用系统的数据输入、处理和输出环节中设置的控制措施。它涉及各种类型的业务，每种业务及其数据处理有其特殊流程和要求，这就决定了具体的应用控制的设置需要结合具体的业务。应用控制以程序化控制为主，分为输入控制、处理控制和输出控制。

（1）输入控制是一项较为复杂的工作，需要设置大量的控制措施用以防范输入阶段的错误。在数据输入环节应设置数据采集控制和数据输入控制。

（2）处理控制是指为了保证会计数据处理的准确性、完整性而采取的控制措施。它是对计算机系统进行内部数据处理活动的控制措施，有些通过人工控制，有些控制措施被写入计算机程序。

案例19-1

商业银行会计信息系统的内部控制

（3）输出控制是计算机数据处理的最后结果，对输出进行控制的主要目的是保证系统能完整、准确地输出经处理的会计信息，以及保证输出结果能够及时地送发到有权接受有关输出的部门的人员手中。

第二十章
会计信息系统评估

第一节　会计信息系统评估的概念

信息系统建设和应用是企业信息化的中心环节。随着经济的发展和技术的进步，信息系统在市场竞争中发挥越来越重要的作用。从信息系统实施情况看，无论是国内还是国外，其成功率一直难以让人满意。信息技术突飞猛进的发展和信息系统所处的信息环境不断变化，使得信息系统内部价值出现了多样化和多视角性，无形价值和战略价值增加，这些因素导致信息系统评估呈现出复杂性。了解信息系统评估的研究现状和成果，分析各种理论方法的不足，从原理上对各种方法集成和创新，对推进信息系统评估领域的研究具有重要意义。

一、信息系统评估的研究现状

信息系统评估是指对信息系统的建设过程和系统性能进行全面估计、检查、测试、分析和评审，包括对实际指标和计划指标进行比较，以确定系统目标的实现程度，并对系统建设后产生的经济效益和社会效益进行全面评估。完整的评估过程应包括六个方面的因素：一是评估的目的；二是评估的对象；三是评估的标准；四是评估的阶段或时间；五是评估的主体；六是评估的方法。信息系统评估是一个复杂的工程，涉及信息系统、评估理论和企业管理等相关领域的各种理论和方法，是企业管理层和信息系统领域专家共同关注的话题。

通过对信息系统评估相关文献和网络资源的分析，我们发现对于信息系统评估的研究主要集中在三个方面：一是对信息系统经济效益的评估和预测，如日本企业采用第三利润率来评估经济效益；二是对信息系统本身质量的评估；三是对信息系统进行多指标综合评估。信息系统是一个复杂的社会系统，除了涉及费用、经济效益和财务方面的考虑外，这种评估还涉及系统性能、系统建设、系统环境和用户评估等多方面的因素。

二、信息系统评估的内容

1.系统性能评估

系统性能评估主要从适用性、先进性、扩展性等方面对软件、硬件、安全方面的性能进行评估。

（1）软件技术性能：包括系统整体技术架构、操作系统、数据库系统、应用服务系统；

（2）硬件技术性能：包括公司广域网、公司总部局域网、服务器系统、存储系统；

（3）系统安全性能：包括物理安全、网络安全、主机安全、系统安全、数据安全各个层面的安全状况。

2.业务支持评估

业务支持评估主要从战略支持、管理改善支持、业务效率改善支持、业务协作支持、客户服务支持五个方面进行。

（1）战略支持：评估信息系统的应用对公司战略目标、经营思路、业务体系、资源整合等方面的支持与适应状况。

（2）管理改善支持：评估信息系统的应用是否适合于支持企业管理理念、管理模式，是否促进业务模式优化和管理流程规范化，信息系统的应用对经营管理模式变革的促进作用、对公司决策支持方面的作用如何。

（3）业务效率改善支持：评估信息系统的应用带来的企业采购、库存、销售业务的执行效率的改善程度，对价格、质量管理的效率以及对原料、设备等资源管理的效率及质量。

（4）业务协作支持：信息系统的应用对总部与各分子公司、分子公司之间在业务与管理链上的信息交互、信息共享、业务协同方面的作用体现如何，以及由此带来的时间节约、成本节约。

（5）客户服务支持：考察信息系统应用后公司在客户满意度、公司品牌、公司形象上的提升程度。

3.应用环境评估

应用环境评估主要从企业文化、员工素质、信息资源、制度建设四个方面进行。

（1）企业文化：主要考察领导层的态度、员工的认同和接受度。对于拥有鼓励变革与创新的企业文化的企业，信息系统建设往往能得到领导层的大力支持，这对信息系统的建设有非常重要的推动作用；有员工的认同，信息系统建设也会更加顺利。反过来，信息系统应用也会对企业与员工的思想理念更新、员工认同感增强、企业凝聚力提升、对变革与创新的接受方面产生积极影响，这也是评估的内容之一。

（2）员工素质：主要包含企业信息化的组织构架、人员组成情况，责、权、利的情况评估和使用人员的培训情况、业务水平、对系统的熟练程度评估两大方面。通过评估一方面可以结合企业的实际情况提出合理的IT组织构架、人员组成情况及配套的责、权、利，从组织上保证企业信息化的有效推进；另一方面可以根据员工对信息化的理解和使用情况，提出有针对性的培训规划，进一步推进现有系统的深度应用。

（3）信息资源：考察业务流程与信息系统的融合程度，以及信息来源是否准确、及时、可靠，信息是否能得到有效利用等。

（4）制度建设：信息化相关制度评估主要包含对企业信息化相关规范和制度的建立情况及制度的执行情况进行评估。目前很多企业在应用信息系统，但是与之相配套的制度没有建立，或制度虽然建立但流于形式，不能深入地执行。通过评估将信息化制度与企业的管理紧密结合，尤其是同绩效考核相结合，保证制度的严肃性和实施的有效性，从而推动信息系统的深度应用。

4.效益评估

在评估信息系统建设与应用给企业经营管理带来的效益时，可从收益、成本两方面进行考察。

（1）收益：考察企业在应用信息系统后各年的销售收入增长情况，并综合分析得出由于信息系统应用带来的收入增长额度。另外，计算由于信息系统应用而带来的管理费用、财务费用、销售费用、采购费用、库存成本、办公成本、信息交互成本降低的额度。这两者累计形成信息系统应用的效益。

（2）成本：计算企业在信息系统建设中投入的硬件、软件资产成本，以及相应发生的人力成本。另外，由于信息化是一个非常复杂的系统，所涉及的面很广，因此而产生的效益也非常复杂，要对信息化实施的效果进行评估，除定量的分析外，还需要从定性的角度来对信息化建设带来的直接与间接效益、短期与长期效益进行评估，才能对信息系统的效能有一个全面和正确的认识。

5.经验和建议

通过对项目实施过程的总结和分析，吸取教训和总结经验，为企业信息化项目的后续工作提供依据，避免重复出现同样的问题。从企业战略要求、业务发展需求出发，分析其信息化需求，为系统的完善与后续建设提出建议，包括系统功能、系统性能、推广运行、运行维护、后续系统规划与建设。

三、建立科学的信息系统评估指标体系

以定量化模型评估，多指标模型体系的建立是普遍通用的方法。在考虑到综合指标体系时，必须回归到企业信息系统对企业的效用和信息系统自身的特点上来，从企业自身的客观环境出发，综合考虑信息系统建设以及应用、企业信息管理、经济效果等方面。企业信息系统的评估体系是在基本准则和具体目的中寻求平衡，其关键问题是对指标体系的分立和整合问题。

在进行企业信息系统评估的分析和实践中，我们从信息系统的建设阶段和信息系统在企业、组织中对不同管理层的决策支持作用两个不同的角度来分析（如图20-1所示）。

信息系统评估的多阶段性主要是指信息系统建设项目从规划、设计到实现的各个阶段，主要有：①计划阶段，主要是指可行性研究，包括管理可行性、经济可行性、技术可行性、操作可行性等。②项目阶段，主要包括系统建设指标、系统性能指标、系统实施成本评估体系。③系统应用阶段，主要包括系统的适用度指标以及对企业管理的决策支持程度等。

信息系统评估的多层次性主要是信息系统的实施会给整个系统的不同管理层带来不同的影响和效益，可以从以下四个层次进行分析：①操作层。信息系统主要用于处理例行性的日常业务活动，提高日常工作效率和效益，如库存管理、销售统计等。②知识层。信息系统主要服务于知识和数据工作者，其作用在于帮助企业发展、组织和整合新的信息和知识，并对企业内部与外部环境信息进行传递、协调，以保证信息流的畅通。其效用主要体现为用知识和数据支持相关人员的工作，并帮助公司整理和提炼有用的信息和知识。③管理层。信息系统在管理层主要解决半结构化的决策问题，

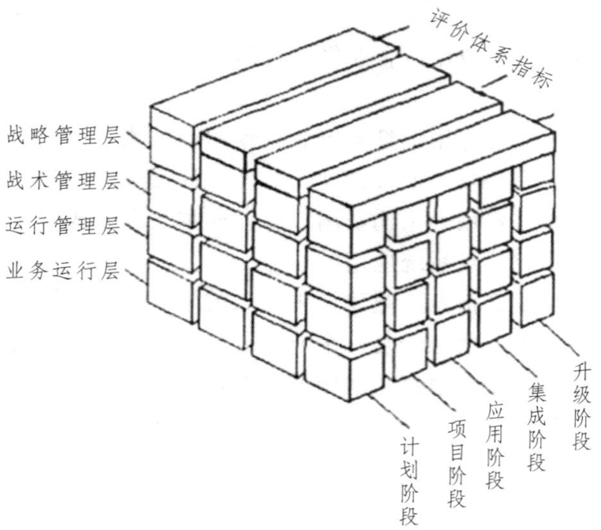

图20-1 企业信息系统评价指标体系构成

保证企业的良好运营。④战略层。系统评估的重点在于对企业战略实现的支持，评估的指标主要包括：支持企业长远的业务发展计划、支持组织变革和创新、支持企业战略竞争策略的实现、支持企业全球化、促进学习型组织的形成。

第二节 会计信息系统评估的方法

一、会计信息系统的数据文件实质性测试

随着计算机会计信息系统的广泛运用和信息技术的飞速发展，审计人员正面临着思维方式的转变和计算机辅助审计技术的运用。与手工会计信息系统相比，计算机会计信息系统呈现出新的特征：缺乏交易轨迹、内部控制程序化、会计信息存储电磁化等。由此决定计算机会计信息系统下的实质性测试对象应是数据文件，与手工会计信息系统实质性测试的目的相同，不同的是测试范围、时机和方法。

1.实质性测试的范围

审计人员在对计算机会计信息系统的内部控制进行符合性测试后，需将测试结果与初步评估的结果相对比，重新确定内部控制的可靠性，并据此确定实质性测试的范围。一般情况下，符合性测试表明：内部控制的可信赖程度越高，实质性测试的范围就越小；反之，内部控制的可信赖程度越低，实质性测试的范围就越大。当审计人员认为内部控制完全不可靠或没有必要依赖内部控制时，则可以直接进行实质性测试。

在计算机会计信息系统下，审计人员确定实质性测试的范围要考虑两个方面：一是测试哪些数据文件；二是对需要测试的数据文件抽取多大的样本量。前者取决于被审计单位应用的系统、经济业务类型、内部控制的强弱；后者取决于内部控制的可靠程度和经济业务量的大小，需采用审计抽样技术加以确定。

在实务中，审计人员从数据文件中抽取数据记录所遵循的标准有：

（1）重要性，应抽取数额较大的或性质重要的数据记录进行测试；

（2）敏感性，应抽取外界群体比较敏感的数据记录进行检查；

（3）随机抽样，应按照统计抽样原理进行随机抽样或分层抽样；

（4）异常或例外项目，通过分析性复核选取异常或例外项目数据进行测试。

2.实质性测试的时间

审计人员在确定何时进行实质性测试时应考虑：

（1）数据文件的保留时间，应在数据文件被清理前进行测试；

（2）被审计单位报表报送的时间，审计人员要对被审计单位的会计报表发表审计意见，应在报表报送之前进行测试；

（3）系统变化的时间，应在系统变化之前完成测试；

（4）通过审计风险的评估，如果可接受的检查风险水平高，则实质性测试可以期中审计为主，若可接受的检查风险水平低，则实质性测试应以期末审计和期后审计为主。

3.实质性测试的方法

不处理数据文件的实质性测试方法。这种方法是指审计人员对数据文件进行实质性测试时，只检查数据文件的打印输出，不将数据文件通过电子数据处理系统处理。审核数据文件的打印输出，就是为了收集会计账户余额、发生额是否正确可靠的证据，以便对会计报表是否合法、公允地反映企业财务状况和经营成果及现金流量变化情况发表审计意见提供证据。这种方法不需要计算机知识和电子数据处理技能，容易理解，但是审计人员难以确认打印输出是否就是实际运行的数据文件的数据；显然采用绕过计算机的审计方法，在审计人员面前，被审计单位信息系统数据犹如一个个数据黑箱，增加了审计风险，一般难以达到审计目的。

处理虚拟数据文件的实质性测试的方法。与符合性测试的方法一样，可采用测试数据法和模拟单位法进行实质性测试以确定系统处理的正确性。

处理实际数据文件的实质性测试方法，是指审计人员利用审计软件测试被审计单位的实际数据文件，因而又称为审计软件法。审计人员利用审计软件进行辅助审计的简要程序如图20-2所示。

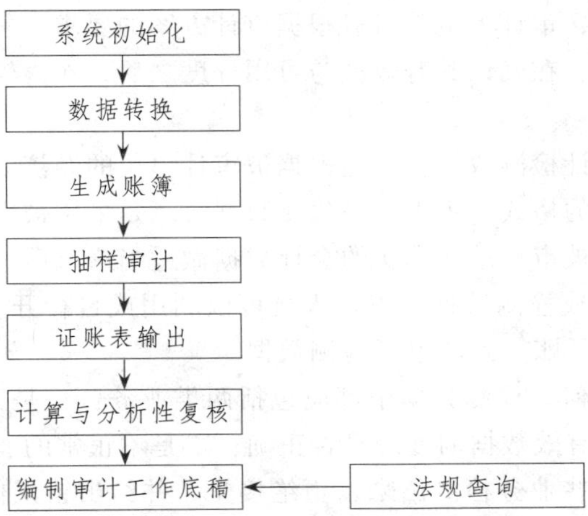

图20-2　辅助审计的简要程序

其中，将被审计单位会计信息系统的数据文件转换为审计软件可处理的数据文件，以便通过审计软件对数据文件进行审计最为关键。目前较好的通用审计软件（如数据采集与分析）能将大多数文件型数据库进行自动识别，从而大大降低了软件的使用难度。当不能自动识别少数数据库类型时，软件一般能够提供一套导入器，可以方便地进行引导。

4.检测数据法

所谓检测数据法，是指审计人员把一批先设计好的检测数据，利用被审计程序加以处理，并把处理的结果与预期的结果作比较，以确定被审计程序的控制与处理功能是否恰当、有效的一种方法。

检测数据法可以用来审查会计信息系统的全部程序，也可用来审查个别程序，还可以用来审查某个程序中的某个或某几个控制措施，以确定这些控制是否能发挥有效功能。它一般适用于以下三种情况：被审计会计信息系统的关键控制建立在计算机程序中；被审计会计信息系统的可见审计线索有缺陷，难以由输入直接跟踪到输出；被审计单位会计信息系统程序较多，用检测数据法比直接用手工方法进行审查更经济，效率更高。

（1）数据来源与内容

运用检测数据法最关键的一环就是怎样设计好检测数据。为设计好一套综合的检测数据，审计人员通常必须掌握被审计单位的会计核算资料。根据《国家审计基本准则》第二十四条、《审计机关审计方案准则》第十条的有关规定，设计检测数据所需资料包括被审计单位的基本情况、职责范围或业务经营范围、会计信息系统使用指南、电子凭证格式、电子数据结构文档、会计信息系统处理项目等，再结合以前年度的审计情况和现在的审计方案，并依靠审计人员的经验判断，针对会计信息系统处理项目设计对应的模拟财务会计数据（会计分录）。审计人员一般可以从以下几个方面获取检测数据。

从被审计单位获取检测数据。在实际工作中，一套计算机会计核算系统在正式运用前，一般要经过数据检测手工账与电子账同时运作等阶段。被审计单位的内部审计机构也可能建立检测数据，用以检测新的计算机会计核算系统。如果取得了这些检测数据和并行的手工账，审计人员就可以根据审计方案的要求，复查这些检测数据和选取的部分手工账数据，在确认其有效性与可用程度之后，作为辅助审计的检测数据加以利用。

审计人员自己设计检测数据。一是根据被审计单位的经济活动业务、记账凭证和各种明细账文件记录的格式，手工准备检测数据；二是采用被审计单位部分真实的会计数据记录；三是将被审计单位真实的会计数据做适当修改后，作为检测数据。

使用专门软件生成检测数据。审计人员可以利用或自行开发检测数据生成软件，生成与被审计单位电子账一致的电子检测数据。

不管数据来源如何，检测数据中都应包括两类业务：一是正常的、有效的业务，以确定被审计程序对有效数据的处理是否正确；二是不正常的、无效的业务，以确定被审计程序能否将这些业务检测出来，拒绝接受，并给出错误信息，以便修改。如：不合理的业务——有关数值超出了极限值，无效业务——科目编码等无效，不完整业务——职工编号出现空格，顺序错误的业务——记账凭证编号出现错误或遗漏，溢出业务——输入的数据超出该字段预定的宽度。

此方法对审计人员计算机知识水平和技能的要求不高，适用的范围较广。同时，在审计线索间断或不完整的情况下，使用该方法能对程序的功能进行有效评估。由于这是一种抽样审计方法，用于测试比较复杂的被审计程序是比较经济的。但如果检测数据不全面，则难以对被审计程序进行全面评估，同时如果利用被审计单位实际运行的程序和文件处理检测数据，则很可能破坏被审计单位的主文件。另外，也难以保证被审计程序就是被审计单位在整个被审计期间实际使用的程序。

（2）实施测试与对比分析

运用检测数据测试可以分为两种运行环境。一种是模拟的计算机会计核算环境；另一种是真实的计算机会计核算环境。前者是利用被审计单位的计算机会计核算软件，在别的计算机上重新建立起会计核算系统，然后运用检测数据在该系统上进行测试。使用这种方法的前提是，被审计单位提供的计算机会计核算软件必须是当前正在使用的系统。否则，只能在后一种环境下进行测试。即在被审计单位真实的计算机会计核算系统中直接进行测试。前者的优点是不存在破坏被审计单位电子账的风险。核算系统又是独立的，审计人员可以专心检测，没有与被审计单位会计人员同时使用核算系统的冲突；缺点是要增加另一项测试以判断被审计单位提供的计算机会计核算软件是否是当前正在使用的系统。后者的优点是直接在被审计单位当前正在使用的核算系统中测试；缺点是在测试完成后，要从被审计单位的核算系统中冲销这些检测数据。不管用哪种方法，目的都是获取检测结果。

审计人员在获取检测结果后，还要利用检测数据进行人工核算，或者运用已测试认可的其他会计核算软件进行核算，得到预期的结果。最后，将检测结果与预期结果进行比较、核对和分析，用以判断被审计单位的会计核算系统是否真实、合法、有效地进行了会计核算，并根据分析结果进一步确定手工审计的重点。

（3）运用检测数据法应注意的问题

审计人员应注意检测数据法的使用范围。检测数据法只是计算机辅助审计的一种实用技术，当然有其局限性，审计人员不能盲目、随意地使用。

审计人员在被审计单位真实的计算机会计核算系统中进行数据检测时，应注意计算机操作规程，最好要计算机专业人员或被审计单位电算化人员协助完成。

审计人员对被审计单位计算机会计核算系统的功能模块进行检测时，应抓住审计方案中涉及的重点内容，并据此选择模块的重点环节实施测试。

审计人员在测试完成后，应注意保留测试的电子数据、核算系统的副本及其他相关的资料，及时编制审计工作底稿，归入审计档案。

二、信息系统评估理论的不足

信息系统评估理论从引入评估思想到如今指导企业评估实践，经历了很长的发展阶段。从企业的成本、效益分析受到启发产生经济效益分析及其评估指标，到后来从战略高度、从促进企业管理决策的角度对整个企业信息系统建设过程进行分析评估，到现在以复杂系统的观点看待信息系统评估工程，力求对企业信息系统做出客观、全面、准确、完善的评估。

通常认为信息系统评估体系的滞后和不完善是企业信息系统建设中的关键问题。指标体系中层次性不强、指标间的包容关系不明、指标不具备可测性是常见表现。现行的评估中存在的另一类不足是评估目标不明确，套用所谓全面的评估体系，缺乏评估目标的指导。实际上，目标是信息系统评估的核心，不同的企业环境决定了企业的不同信息系统评估目标。综合起来，信息系统的主要目标有以下几种类型：①降低成本，提高效率，追求经济效益型；②通过先进的信息系统的应用，获得或保持竞争优势型；③考虑到竞争战略的一致性，实现战略目标型；④综合考虑信息系统的经济、社会、战略等多方面的集成型。信息系统的评估并不是简单地套用各种评估指标和评估方法，应根据信息系统项目在企业发展过程中扮演的不同角色来决定。

信息系统评估中另一类常见缺陷是没有充分认识到信息系统评估的复杂性。信息系统作为复杂的综合系统主要由以下因素决定：①开发的高风险性和不确定性，进度和质量的难控制性；②信息系统产生的效益分散化，多个组织机构和部门受益，存在直接效益和间接效益的问题；③存在短期效益和长期效益，信息系统的效用贯穿于系统建设和应用的各个阶段；④隐性效益和显性效益的问题，在信息系统的测度中，随着信息系统的应用不断融入企业的组织结构和业务流程，很难将信息系统活动与其他资产活动剥离，单独计算信息系统对企业带来的影响；⑤信息系统评估涉及的主体多，立足点不同，评估的内容大相径庭，评估的阶段不同，评估的方法也不同，这些都决定了信息系统评估是一件复杂的事情。

三、从计算机舞弊看评估的重要性

由于计算机本身的脆弱性、计算机信息系统管理的复杂性与软件的失误、不足导致的信息系统安全性降低、信息与财富的集中性、计算机犯罪风险的巨大诱惑性、法律对于计算机犯罪漠视、计算机道德的滞后性等原因，计算机犯罪伴随着计算机的广泛应用而产生且迅速蔓延。

计算机犯罪是计算机舞弊的重要形式之一。计算机舞弊（包括针对计算机信息系统的舞弊）作为一种新型的舞弊，与传统的舞弊形式有着巨大的差别。最明显的是它的严重的社会危害性远非传统犯罪可望其项背，无论从它危害的深度还是广度都是空前的。据有关资料报道，全世界每年因计算机舞弊直接损失约达20亿美元，舞弊领域已扩大到了银行、保险、航空、证券、商务等行业。

（一）计算机舞弊的类型

1.根据在舞弊行为中计算机是否受到伤害

（1）将计算机信息系统作为舞弊工具而实施的舞弊。

（2）以计算机资产和信息系统本身为攻击对象的舞弊。

2.根据计算机信息系统舞弊的目的

（1）计算机操纵。在于牟利、更改或者盗用计算机存储的信息资料。

（2）计算机破坏。破坏计算机操作程序和计算机硬件系统。

（3）计算机窃密。非法取得或者运作计算机信息和资料，有目的地窃取他人机密（包括商业、军事以及个人秘密）。

3.根据计算机信息系统舞弊指向的具体对象

（1）向计算机信息系统输入欺骗性的虚假数据和记录。

（2）未经批准手续就使用计算机信息系统资源。

（3）篡改或者窃取信息和文件。

（4）盗窃或诈骗系统中的电子货币。

（5）破坏计算机资产。

4.根据计算机信息系统舞弊的效果

（1）程序、数据以及各种设备实体的物理性破坏。

（2）用计算机盗窃资金。

（3）更改程序或者数据。

（4）盗用计算机资源。

（5）利用计算机进行信用卡犯罪。

5.根据计算机信息舞弊入侵系统的途径

（1）输入类舞弊（import fraud），指发生在系统输入环节的舞弊行为，通过伪造，篡改、冒充他人身份或者输入虚假数据达到非法目的。

（2）程序类舞弊（program fraud），指利用程序软件手段，通过篡改、添加或者删除系统达到舞弊目的的行为。

（3）输出型舞弊（export fraud），指发生在系统输出环节的舞弊行为，大多通过篡改系统输出报告、盗用系统重要信息、窃取系统机密等方式实现其目的。

（4）接触类舞弊（operations fraud），又叫操作类舞弊，指通过非法接触计算机信息系统达到舞弊目的的行为。

（二）计算机舞弊的方法

计算机信息系统舞弊的类型虽然不外乎以上几种，但是具体的手段却是五花八门，如截尾术、特洛伊木马术、意大利香肠术、数据欺骗、冒名顶替、逻辑炸弹、活动天窗、“后门”、超级法、清扫术、计算机病毒、顺手牵羊及信用卡犯罪等。每一种类型都有着不同的舞弊手法。其中很多手段是极其专业化和智能化的，需要极高的专业技巧，显得非常高明和复杂。这是信息系统舞弊区别于传统舞弊手法最明显的特点。只有了解这些手段，才能对症下药，采取有效的措施预防和控制这些舞弊行为。

下面对计算机舞弊的方法进行简单介绍：

截尾术是通过截取数据中小数位一定位数后的尾数从大量的资源中窃取不为人注意的一小部分。这种方法只对构成总数的明细项目进行截尾，而保持总数的不变，以达到取走一小部分又不会在总体上被发现的目的。常用的一种截尾术被称作“近似法”，例如在计算利息或者外币兑换时，计算结果只包括货币中的最小一位，如“分”，而小于“分”的部分采取“四舍五入”的方法处理，这就形成了尾差。严格来说，在计算机中不断进行“四舍五入”的运算过程中，每一个尾数都应予以记录和累计，当某个银行存款账户的尾差累计超过一分钱，无论正负，都要对该账户的余额进行调整。但储户一般很少去注意利息的尾数，程序员只需要对程序稍加修改，就可以把各账户的累计尾数计入自己的账户，而不是分别计入各储户的账户。因为银行的账户非常多，程序员通过这种舞弊程序可为自己积累数量可观的钱财，并使账户总数仍然保持平衡，不易引起注意或者被审计人员发现。

特洛伊木马术是在计算机应用程序中隐藏作案所需要的计算机指令，使计算机仍能在完成正常指令任务的情况下，执行非授权的功能进行舞弊活动。在日本发生的PC-VAN事件就是典型的案例，PC-VAN是日本最大的个人计算机通信网络。在1988年8月中旬，网络中成员都可以在屏幕上看到意义不明的文件。经过跟踪调查，确认这一意义不明的文件是一种暗号，是罪犯用以盗窃其他成员口令（密码文字）的一种手段。网络成员只要一启动个人计算机，罪犯就通过电子邮件把带有“机关”的程序从网络中发送给用户，并在屏幕上出现意义不明的文件。为了弄清楚其含义，用户往往输入自己的密码，以寻求系统的帮助。这样，罪犯便能窃取到对方的密码。

意大利香肠术（salami technique）是犯罪学上的一个概念，指采用零零星星、不断偷取、由少积多的方式进行窃取的行为。它采用不易觉察的手段，使对方做出一连串的细小让步，以达到某种犯罪目的。这种截留一般是通过计算机程序控制自动进行的。Salami是指意大利式香肠。意大利香肠术就如同通常被切成许多薄片的意大利香肠，从大的意大利香肠中抽去一两片不会被注意到。因此在计算机犯罪中使用意大利香肠术，能使报表金额总数没有明显误差，而细目则被非法挪用或张冠李戴。

数据欺骗是计算机犯罪中最简单、最安全，也是最常用的手段，它主要是非法篡改输入输出数据和输入假数据。这种犯罪常常发生在数据输入前和过程中，包括数据的产生、记录传达、编辑、校对、调试、转换等各个环节。

冒名顶替是指通过非法手段获取他人口令或许可证明之后，冒充合法使用者从事欺骗或其他犯罪活动。例如：窥探终端用户进入终端时键入的密码口令；趁用户临时有事暂离或去接电话之机使用终端或以用户身份进行非授权访问；冒领或“代领”用户程序或打印结果；冒充上机用户领取存放在计算机中心的磁带或软磁盘等。

逻辑炸弹是有意设置并插入系统中的一组程序编码。它能在触发事件发生条件时，引发未授权的有害的程序，对系统进行破坏活动，而且这种破坏的结果往往是严重的、恶性的。例如，某程序员在人事管理系统中安放了逻辑炸弹，一旦其名字从人事文件中被删除（解雇），该程序就会将系统的人事文件完全删除。又如，在一个案子中，一个逻辑炸弹被嵌入计算机系统，此“炸弹”功能是当计算机系统时钟的日期和时间为两年后某日下午3时，将删除整个系统的应用程序和数据文件。逻辑炸弹的触发条件不满足时，系统会运行正常，但炸弹一旦被触发，后果会是非常严重的。

活动天窗是指在程序中设立一个未说明的秘密进入程序模块的入口。设立此入口的最初意图是在系统正式投入运行之后，方便程序员对有关数据进行查错和修改。但此入口留下了非常严重的控制隐患。第一，设此天窗的人可以轻易地绕过系统的控制通过此入口访问程序，篡改系统的程序和数据；第二，外部的黑客可以找到此系统的漏洞，并且从此缺口攻破系统。活动天窗不影响系统的正常运行，表面上看不出什么症状，要查出可疑的活动天窗比较困难，必须进行各种可能的测试，同时调查人员还需要具备丰富的经验和高超的专业技能。

“后门”是指在大型计算机应用程序的开发过程中，程序员一般要插进一些调试手段。即在密码中加进空隙，以便日后增加密码并使之具有中期输出能力。“后门”本质上是软件工作者以维护或者其他理由设置的一个隐藏或者伪装的程序或系统的一个入口。例如，一个操作系统的口令机构可能隐含这样一个后门，它可以使一定序列的控制字符允许访问经理的账号。当一个后门被有意实施舞弊者发现后，就可能被未授权的用户作为漏洞进入系统。

超级法是通过超级冲杀程序实现的。这是一个只在特殊情况下（当计算机出现故障、运转异常时）使用的计算机系统干扰程序。这种程序可以超越所有控制维护员使用，如果被舞弊者掌握就有可能强行进入系统，进行篡改、盗窃、破坏等舞弊活动。

清扫术是从计算机系统或机器周围的废弃物中获取数据的一种方法。它是在某项工作执行后搜集在计算机中或其周围的数据。最值得注意的是，磁盘等存储介质上的信息尽管已经被删除，但是只要没有被新的文件所覆盖，仍可以通过某些命令使文件重现。例如，使用DOS中的DEL命令删除的文件，可以用UNDELETE命令使文件重现；用FORMAT命令清除的磁盘上的文件，可以用UNFORMAT命令恢复磁盘上的内容。因此，曾经用于存储机密信息的介质一定要妥善处理。

计算机病毒是一种隐藏在计算机系统运行过程中能截取控制权、破坏计算机内程序和数据、影响系统的正常运行，并能自我复制的干扰程序。计算机病毒已成为计算机犯罪者的一种有效手段，也是对计算机攻击最严重的方法。它具有可传播性、可激发性和可潜伏性，对于大、中、小、微型计算机和计算机网络都具有巨大的破坏性，甚至造成整个系统的瘫痪，带来不可挽回的经济损失。计算机系统资源共享的环境和微型计算机的日趋普及，特别是移动存储器成为信息载体和人们日常交流信息的工具，极大地加速了计算机病毒的扩散和传播。目前流行的病毒绝大部分是瞄准Windows系列操作系统而来的，电算化会计信息系统使用的大都是Windows系列操作系统，极易感染病毒，一旦感染病毒将会造成严重后果。

顺手牵羊是指当一个用户在使用自己的口令进入工作状态后，他可能临时有事暂时离开去接电话，在此时如被他人利用，在没有授权的情况下，从系统中获取信息和数据，在数据处理中心，用户的程序和打印结果往往被冒领或代领，有的软磁盘丢失，这是被人钻了管理上的漏洞。

信用卡内装有存储介质或集成电路芯片，这是计算机系统授权管理下具有特殊标志和通过核对密码来使用的用户卡片，信用卡已经成为当今发达国家使用计算机的重要手段。随着信用卡领域的应用和发展，信用卡犯罪也日益激增。

（三）计算机舞弊的控制对策

如何防范计算机犯罪已经成为世界性的难题。有效预防和阻止计算机犯罪要求多管齐下，采取多方面的措施。在社会的宏观层面要完善与计算机犯罪有关的立法，加大打击的力度；从而开展计算机审计，加强人员管理，提高安全意识和防范技术。本节将从五个方面介绍有效的防范、打击计算机犯罪的对策。

完善与健全和计算机犯罪有关的立法是防范计算机舞弊的重要措施，一方面可以使计算机安全措施法制化、规范化、制度化，从而遏制计算机舞弊；另一方面可以为打击计算机犯罪提供有力的法律依据，并对犯罪分子起到一定的威慑作用。

1.建立健全有效的信息系统内部控制制度

信息系统舞弊能得逞的内因就是其内部控制缺陷。运行计算机信息系统进行商务运营的企业有系统内部控制体系可以防范计算机舞弊的发生。一个完善的信息系统内部控制体系应该具有强有力的一般控制和应用控制措施，两者缺一不可。从某种意义上说，内部控制的好坏直接决定了信息系统运行的安全性、可靠性，决定能否有效防止计算机舞弊的问题。另外，还应当注意：

（1）各种规章制度的制定要做到切实、有效、具体、有针对性和可操作性。

（2）内部控制制度要严格控制，从管理层做好，不能因人而异，搞特殊化。

（3）管理层应当切实教育所有员工了解计算机信息系统安全的重要性及计算机犯罪的危害性，使整个组织高度重视系统的安全问题。

（4）及时听取内外部审计人员的意见，对内部控制系统的薄弱环节加以完善。

（5）实行轮岗制度，定期调整内部控制人员的监管权限，避免少数人钻制度的空子，防止发生内外合谋行为。

2.发挥计算机信息系统审计的作用

审计工作的目的之一就是查错防弊。因此，审计人员在防范与发现计算机犯罪中的作用也是不可低估的。为了防范以及及时发现计算机犯罪行为，审计人员，尤其是内部审计人员应采取有效措施。

（1）积极开展计算机信息系统的事前审计

通过在系统开发阶段的事前检查，对系统建立的内部控制的完整性、系统的合规性以及系统的可审性等进行监督评价，保证系统的合法性和正确性，防止和减少舞弊行为的发生。

（2）定期对系统进行风险评估和对系统的内部控制进行审计

现代内部审计的重要发展是风险审计，审计人员通过分析组织的风险，对高风险的环节加强审计监督，保护组织资产的安全并促进经营目的的实现。在计算机和网络化的条件下，内部审计人员定期对计算机信息系统进行风险分析，对内部控制进行审查和评价。

（3）重视对计算机系统日常运行的监督和审计

由于计算机犯罪的智能性和隐蔽性，审计人员只进行事前的开发审计和定期的内部控制审计是远远不够的，内部审计人员还应当对系统日常处理及其结果实行有效的监督，经常查看系统操作日志，注意发现异常行为的操作和交易以及资产调度情况，防范或及时发现可能的计算机舞弊行为。

（4）加强内部审计监控

内部审计是企业内部控制的重要组成部分，旨在对企业中的各种内部控制制度和各个职能部门所从事的各种业务行为进行独立评价。在信息技术环境下，内部审计更具有其独特的重要作用。企业不应该把对业务结果的审查作为一项日常的工作任务，而应该由独立的内部审计机构在信息系统的开发、维护过程中进行严格的审查，并且定期检查信息系统的处理逻辑。

内部审计机构能够学习和吸收最新的研究成果，保证在日新月异的信息技术环境中自动化业务控制和信息系统控制的有效性。所以，在信息技术环境中，企业应该加强内部审计机构的建设工作。

（5）采用技术防范措施

采用技术防范措施是防止计算机犯罪行为的有效方法。犯罪分子可以利用高科技技术犯罪，我们也可以利用高科技来防御或侦破犯罪，正所谓“魔高一尺，道高一丈”。

（6）提高人员素质、加强人员管理

控制系统中，人员素质是最重要的。如果没有对组织内人员进行良好的教育、管理和监控，就会大大增加计算机舞弊发生的概率。计算机信息系统的开发与维护人员最熟悉情况，有可能在系统开发中和维护的过程中留下舞弊程序；系统操作人员是系统和信息资料的直接接触者，最有机会来利用工作之便进行舞弊。因此，要预防计算机舞弊必须做好人的工作，加强人员管理。

首先，对计算机系统的开发人员、操作人员和管理人员要严格挑选，选择正直、忠诚且胜任的人员承担系统工作。系统人员要明确职责，不相容的职责要互相分离，达到互相牵制的目的。

案例 20-1

存贷信息化审计案例

其次，要积极开展计算机安全和职业道德的宣传和教育工作。企业要经常对员工进行系统安全知识、计算机犯罪的立法和职业道德素质教育。宣传教育要本着舆论导向和典型示范相结合的原则，增强系统人员的安全意识和遵守职业道德的自觉性，提高人员的素质。

案例 20-2

应收账款电算化审计案例

最后，加强人员的管理和监督。对系统人员的工作要有监督制度，实施轮岗制度，及时发现非法行为及时采取措施，防范舞弊行为的发生。

第二十一章
会计信息系统审计

第一节　会计信息系统审计的概念

一、会计信息系统审计的定义

会计信息系统审计是收集并评估证据，以判断一个会计信息系统是否有效做到保护资产、维护数据完整、完成组织目标，同时最经济地使用资源。会计信息系统审计是信息系统审计当中最重要的内容之一。

1968年，美国执业会计师协会出版了《电子数据处理系统与审计》，次年在洛杉矶成立了电子数据处理审计师协会（Electronic Data Processing Auditor Association，EDPAA）。1994年，电子数据处理审计师协会更名为信息系统审计与控制协会（Information System Audit and Control Association，ISACA），以适应信息系统审计发展的需要，总部设在美国的芝加哥。

根据审计的目标，会计信息系统审计划分成真实性审计、安全性审计和绩效审计等三种基本类型。

1.真实性审计

真实性审计的主要目标是审核企业会计信息系统和电子数据的真实性、完整性、合法性，为财务审计提供依据。

只有保证会计信息系统中的数据是真实、完整、合法的，基于这些数据的财务审计才能是真实而有效的，也才能防止“假账真审”现象的出现，为财务审计保驾护航。

2.安全性审计

安全性审计的主要目标是审查企业会计信息系统和电子数据的安全性、可靠性、可用性、保密性等。一是预防来自互联网对会计信息系统的威胁，二是预防来自企业内部对会计信息系统的危害。

3.绩效审计

会计信息系统的绩效审计是对企业在会计信息系统方面的投入产出比的审核。正确、合理地评价企业会计信息系统投资的绩效，给企业的投资者、债权人、经营者、管理者等提供决策参考，这是会计信息系统绩效审计的主要作用。

二、会计信息系统审计的目标

审计本质上是根据审计的目标对收集的证据进行分析评价并得出结论的过程。一切的审计活动都是为了实现一定的审计目标，并围绕审计目标来进行的。可以说，审计目标是审计工作的“纲”，它贯穿于审计活动的一切方面和审计过程的始终。为此，清楚地认识和理解所要达到的审计目标，是有效开展审计工作的一个首要条件。会计信息系统审计的目标由一组目标构成：真实性、完整性、合法性、安全性、可靠性、保密性、可用性、效果性、效率性、经济性等。

（1）真实性

真实性是指会计信息系统中的数据要如实地反映企业的实际生产经营活动。通过一系列技术手段可以确保数据的真实性，如数字签名、时间戳、不可否认协议、不可修改存储装置等。这种真实性的破坏可能来自企业高层的舞弊行为，例如通过财务软件故意做假账，通过电子商务系统虚构交易等，达到虚增或虚减利润的目的；也可能来自企业的中层和基层员工的舞弊行为，例如通过非法访问或修改信息等手段，达到非法牟利目的等。

（2）完整性

完整性是指会计信息系统中的数据不被偶然或蓄意地删除、修改、伪造、乱序、重放、插入。在会计信息系统中，数据与元数据是存放在不同地方的，数据的逻辑地址与物理地址也不一样，因此设备故障、误码、人为攻击、计算机病毒等都会破坏数据的完整性。在会计信息系统中，数据完整性是数据真实性的基础。

（3）合法性

合法性是指会计信息系统在购买、使用、开发、维护过程中，以及会计信息系统里的数据在生产、加工、修改、转移、删除等处理中都必须符合相关法律、法规、准则、行规以及企业内部的规定等。

（4）安全性

安全性是指会计信息系统在遭受各种人为因素破坏的情况下仍然能正常运行的概率。威胁会计信息系统安全性的因素可能来自信息系统和企业的外部，也可能来自内部。外部如黑客入侵、病毒攻击、线路侦听、木马、非法用户访问等，内部包括授权用户的越权访问、修改、删除等操作。

（5）可靠性

可靠性是指会计信息系统在遭受非人为因素破坏或误操作情况下仍然能正常运行的概率。威胁会计信息系统可靠性的因素包括自然灾害对硬件和环境的破坏、误操作对软件和硬件的破坏，以及设备故障、软件故障等。可靠性与安全性不同，可靠性所指的破坏因素是非人为的，安全性所指的破坏因素是人为的。

（6）保密性

保密性是指防止会计信息系统中数据泄露给非授权用户的特性。常用的保密技术包括防侦听、信息加密、物理隔离等措施。保密性与安全性不同，保密性是指会计信息系统中信息的外泄，安全性是指对会计信息系统的入侵。

（7）可用性

可用性也是会计信息系统安全性的一个重要指标，是指信息可被授权实体访问并按需求使用的特性，即会计信息系统在提供服务时允许被使用的属性。可用性还体现在身份识别与确认、远程控制、数据跟踪等方面。由于数据的访问与数据存储介质、显示介质、软件版本等有关，无法访问的数据也无真实安全可言，因此可用性还体现在数据访问方面。

（8）效果性

效果性是指会计信息系统在企业生产管理应用中产生的效果，即会计信息系统的应用使企业在核算、管理、决策、服务等方面的改善和提升。

（9）效率性

效率性是指会计信息系统的应用对提高企业的会计人员劳动生产率所做的贡献。

（10）经济性

经济性是指会计信息系统的投入产出比。

第二节 会计信息系统审计的方法

从会计信息系统审计的角度看，审计人员主要关注资产、负债、权益、收入、成本和利润等六要素之间的关系。而在信息化环境下，会计核算要素体现在信息系统之中，单纯地审查会计要素可能出现“假账真审”现象，正如国际会计联合会会长罗伯特·梅尔曾指出：“会计师将不得不对实际上通过计算机报告的财务信息承担责任。”

从会计信息系统角度以及系统所体现的业务流程，本书提出针对会计信息系统的六要素审计方法，即用户、账套、科目树、凭证、账簿、报表等，如图 21-1 所示。为会计信息系统生成的财务报表的真实性、完整性和合法性提供审计意见。

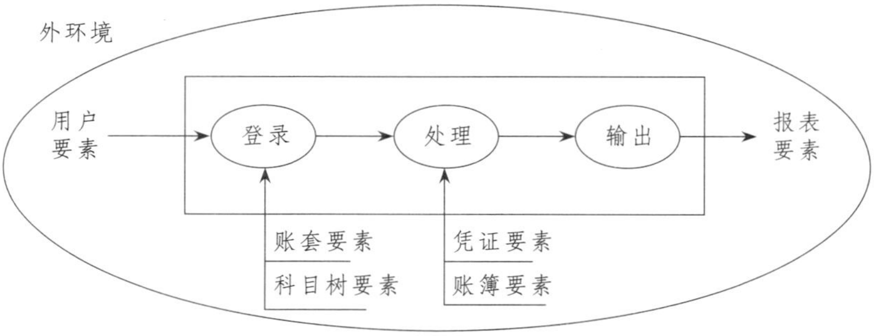

图 21-1 六要素审计法的示意图

1.账户

账户是会计人员进入企业第四维空间——信息空间的一把钥匙，是会计信息化管理过程的逻辑起点。从本质上看，账户是一种访问控制机制，管理好账户是所有会计管理工作的重要一环。

账户包含三个属性：用户、角色、权限。用户代表进入系统的使用者，如企业的会计人员张三、李四等；角色代表企业系统工作的职能和具体岗位，如会计人员、主管、出纳、仓库管理员等；权限是对一个或多个角色或用户赋予相应的操作，使其能够使用某个模块、功能等。

（1）权力制衡。账户中具有两个特殊的用户即系统管理员和账套管理员用户。其中系统管理员用户负责建立新的账套，指定账套管理员，为新账套授权等业务，不参与财务日常工作；账套管理员用户拥有账套操作的所有权限。

（2）不相容职位分离。信息化环境使得信息处理大都处于自动化，较少地进行人为干预，这就可能面临着一人担任多个职位，因此，要分离不相容职责，以防有关人员在数据处理过程中发生舞弊行为。账户通过用户、角色属性，明确进入系统的相关人员及其相关的身份，并通过权限属性，按照不相容职位分离的规范，对一个或多个角色或用户赋予相应的职责，以此达到有效的访问控制。

（3）授权审批控制。账户的权限属性规定了一个角色所能处理的业务事项，明确不同员工行使的职能及承担的相应责任。根据企业日常经营管理活动进行授权，此外，对于突发事件，还可以进行特权授予。一旦获得相应的用户权限，就能很好地防止越权审批现象的发生，以此保证信息系统的安全运行。

信息化环境下的账户在控制方面主要体现在防止非法进入、非法篡改、明确员工相应职责等方面，因此，信息系统审计应该关注账户的使用动态，如果管理不好，说明企业的内部控制是有问题的，需要加大审计力度。

2.账套

账套是一个独立、完整的数据集合，这个数据集合包括一整套独立、完整的系统控制参数、用户权限、基本档案、会计信息、账表查询等，就是一个独立的数据库。一个硬件系统中可以包括一个或者多个会计软件系统，一个会计软件系统可以包含一个或者多个账套，一个账套只能包含一套账（但可以是不同年份的账）。因此，设置多套账有两个方法：一是在计算机系统中建立多个会计软件系统，每个会计软件系统中设立一个账套；二是在计算机系统中建立一个会计软件系统，在软件系统中设立多个账套。账套的设置方式决定了企业的记账模式，这需要审计人员了解企业账套设置的方式，全方面掌握系统中记载的电子数据。

（1）存储方式。一般而言，如果账套存放在本地机器中，属于中小型企业的会计组织方式。如果账套存放在本地服务器中，属于大中型企业的会计组织方式，服务于一定范围内的分支机构。如果账套存放在云服务器中，属于特大型企业的会计组织方式，主要服务于全国甚至全球的分支机构。

（2）逻辑结构。账套的科目树结构决定了不同账套之间报表合并的兼容性。一般而言，如果账套中的科目树的结构越相似，报表合并的兼容性越好，那么这两个账套的逻辑结构的相似度就越高。

首先，审计人员要了解账套的存储方式，防止出现多个账套而不知道。其次，审计人员要关注不同账套的报表是如何合并的，是否合法真实。

3.科目树

会计科目是经济活动进行核算和归结的依据，科目树就是根据会计科目的层级和归属所形成的一个树形结构，如图21-2所示。

科目树包含n（$n>0$）个节点的有穷集，其中每个元素称为节点（node）；有一个特定的节点被称为根节点或树根（root）；除根节点之外的其余数据元素被分为m（$m\geqslant 0$）个互不相交的集合T1，T2，…，Tm－1，其中每一个集合Ti（$1\leqslant i\leqslant m$）本身也是一棵树，被称作原树的子树（subtree）。一级科目共有6个节点，分别代表核算的6个要素，即资产、负债、所有者权益、收入、成本、利润。二级科目根据企业的需要设定，科目设几个层级也是企业自己定义的，最下一级科目也称为末级科目。

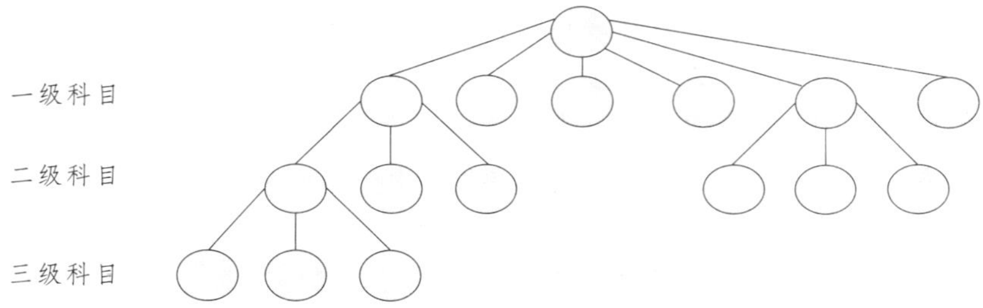

图21-2 科目树的逻辑模型

科目树的结构使得其具有层次性，便于编码。会计科目树编码就是将企业会计核算中所使用的会计科目逐一地按系统要求描述给系统，以便计算机识别、分类、汇总、查询，它是会计信息系统初始化中最烦琐、最复杂、最主要的部分。会计科目树编码应遵循以下原则：

（1）唯一性。一个编码只能表示一个科目，而一个科目也只能有一个编码。

（2）可扩展性。编码要为今后企业发展保留一定的空间，以便增加新的内容。

（3）稳定性。可扩展性是稳定性的前提条件。科目编码的稳定性与会计信息系统的问题性是密切相关的。

（4）规范性。编码必须具有一定的结构、格式，以便于计算机处理、存储、统计、查询等。

科目树在会计信息系统中处于中心地位，科目树的控制机制是会计内部控制的核心，直接决定整个会计工作是否可靠可控。因此，审计人员应当重点关注科目树编码原则，保证科目树编码的正确有效性。

一般而言，“较长”的科目分支是企业的主要业务和复杂业务，舞弊风险相对较大，是审计重点，以确保数据的真实、安全。

4.凭证

传统意义上的记账凭证是指能够用来证明经济业务事项发生、明确经济责任并据以登记账簿、具有法律效力的书面证明，它是一种纸质证明文件。而在信息化背景下的凭证，是嵌于系统的一种电子数据，用于对实例树的叶节点数值调整。

信息化环境下，记账凭证输入是会计信息化工作的逻辑起点。记账凭证是会计核算合法合理的关键环节，同时也是会计控制的重要环节。记账凭证的控制有两个关键节点，即审核和记账：

（1）审核前，记账凭证可以修改、删除等；

（2）审核后、记账前，记账凭证修改和删除都受到限制；

（3）记账后，记账凭证处于限制状态，无法修改和删除。

随着信息化程度的提高，手工凭证越来越少，机制凭证越来越多，机制凭证的一个重要特点是参数设置，这些机制凭证参数称为元数据，是制作机制凭证的规则，这里采用机制凭证率作为指标。

所谓机制凭证率是指机制凭证占总的凭证之比，公式如下：

$$\text{机制凭证率} = \frac{\sum \text{机制凭证}}{\sum(\text{机制凭证} + \text{手工凭证})} \times 100\%$$

可见，机制凭证率是反映业财一体化程度的一个指标。机制凭证率数值越大则说明业财一体化程度越高，同时也表明数据的真实性和合法性越高，这时候审计重点关注机制凭证的参数的合法性，即元数据的合法性；反之，机制凭证率数值小，说明人为干扰因素多，舞弊风险大，需要加大审计力度，而且审计关注重点是凭证制作本身的真实性和合法性。

5.账簿

手工环境下的账簿是由具有一定格式而又互相联系的账页所组成，用以全面、系统、连续记录各项经济业务的簿籍，是编制财务报表的依据，也是保存会计资料的重要工具。

而信息化环境下的账簿是根据科目树的实例树直接产生的，平行登记总账和明细账的控制功能失效，报表也不是根据账簿生成的，因此，通过审核账簿中的数据，与凭证和科目中的数据进行比对，已经没有意义了。如果审计人员要了解数据的真实性，最可靠的方法是直接打开数据库进行查询分析。

6.报表

信息化环境下的报表制作与手工环境下的报表制作不同，是通过实例树计算生成的。在信息化环境下，报表分为三个属性：实例树、取数公式、存储。其中实例树是报表的数据来源，取数公式是报表的计算方式，存储是报表的存放地方。

在会计信息系统中，报表是根据系统实例树、取数公式由计算机自动生成的，报表的真实性主要取决于两个方面：一是输入数据，来源于实例树；二是数据处理，主要依赖于取数公式。

因此，审计人员的关注重点是：

（1）只要凭证输入正确，那么实例树就准确无误，在此也体现上述凭证构建的必要性，彼此之间是相互联系、影响的。

（2）对于报表的取数公式，一般表达式如下：

LxCy=取数表达式

其中，公式左边为报表中某个数据项的位置，Lx表示第x行，Cy表示第y列。公式右边的取数表达式为数据的来源，即由科目树生成的实例树中的具体数据。确保两个属性无误后，系统会自动生成一个报表模板的数据库文件。因此，审计人员应该关注实例树、取数公式，审查取数公式是否与企业会计准则的规定一致，以确保报表数据的真实性、安全性、合法性。

第三节　信息系统审计的过程

信息系统审计过程与一般审计过程一样，分为准备阶段、实施阶段和报告阶段。其中，准备阶段和报告阶段所涉及的技术方法与财务审计所运用的技术方法区别不大，而实施阶段所涉及的技术方法则具有信息技术的特色。

一、准备阶段

准备阶段是信息系统审计过程的起点。科学合理的审计准备有利于帮助审计人员有的放矢地调查、取证，形成正确的审计结论，实现审计目标。准备阶段的主要任务包括：

（1）调查被审计单位的基本情况，初步评价固有风险。为了做好审计工作，审计人员首先应了解被审计单位的基本情况。需要了解的基本情况包括：第一，被审计单位的业务性质和生产经营情况；第二，被审计单位的组织结构和管理水平；第三，被审计单位信息系统的一般情况，即信息系统的结构、所使用的软硬件和网络设施以及运行环境；第四，被审计单位应用系统及其所处理的交易和事项的类型。

（2）调查被审计单位信息系统内部控制，评价控制风险。在这一阶段，审计人员应了解被审计单位的内部控制特别是信息系统内部控制，对内部控制的健全和有效性进行评估，初步确定控制风险的大小。

（3）评估审计风险，确定重要性水平。为了合理使用审计资源，有效实现审计目标，在编制审计计划时审计人员应评估审计风险，确定重要性水平。重要性水平是指在审计事项中能够容忍出现差错的程度和大小。

（4）编制审计计划。在对被审计单位的风险进行初步评估，确定重要性水平后，审计人员应当编制审计计划。审计计划的内容应当包括：被审计单位的基本情况、审计的范围和重点、审计的步骤和时间安排、审计人员分工、运用的信息系统审计方法、审计中应当注意的事项和其他内容等。

二、实施阶段

实施阶段是根据准备阶段确定的范围、重点、步骤和方法，进行有针对性的评价，并形成审计结论的过程，主要由符合性测试和实质性测试两个阶段构成。

1.实施符合性测试

符合性测试的目的是检查内部控制措施是否健全有效。审计人员需要对被审计单位的控制系统进行识别、测试和评价。通过与相关人员面谈、调查问卷以及查阅信息系统和控制系统说明文件等方法，识别被审计单位的控制系统以及控制环境，并将调查情况记录在审计工作底稿中。

2.实施实质性测试

实质性测试是对信息系统控制进行的详细测试，以获得这些控制在审计期间是否真实存在并合法有效的审计证据。实质性测试主要通过测试必要的数据，对信息系统达到特定控制目标的程度进行评价。

在审计实施阶段，审计人员的工作主要有三种方法：了解、描述和测试。了解和描述方法在一般审计中同样有，但是信息系统测试的方法却是信息系统审计独有的。

（1）信息系统了解的方法：如询问、检查、观察等。

（2）信息系统描述的方法：包括文字描述法、表格描述法和图形描述法。

（3）信息系统测试的方法：

①测试数据法：审计人员设计一套虚拟的业务数据，将其输入计算机，观察比较输出是否与预期相符。

②平行模拟法：审计人员开发一个与被审计单位信息系统或程序模块功能完全相同的模拟系统，将被审计单位的真实数据放入模拟系统中运行，观察其输出是否与被

审计单位信息系统相一致。

③嵌入审计模块法：在被审计单位的信息系统中加入为审计而编写的程序代码。嵌入的模块成为信息系统的组成部分，并可以在特定的时间间隔或是条件触发时为审计人员提供有关数据和报告。

④虚拟实体法：这种方法是对测试数据法的改良，一般做法是在信息系统中建立虚拟的实体（如虚拟的供应商、客户、员工等），然后将虚拟实体的有关数据与真实的运行数据一起输入信息系统进行处理，最后将虚拟实体的输出结果与预期进行比较，确定信息系统的控制功能是否发生作用。

⑤受控处理法：审计人员在对被审计单位的真实业务数据处理之前先进行核实，核实之后在被审计单位的信息系统上监督处理或亲自处理，并将处理结果与预期结果进行比较分析，以判断被审计单位的系统是否符合预定的要求。

⑥受控再处理法：是将已经由被审计单位处理过的真实数据，在审计人员的监督下或由审计人员亲自在相同的信息系统或以前保存的程序副本上再处理一次，将二次处理的结果与以前处理的结果相比较，判断当前的信息系统程序是否符合既定要求。

⑦程序代码检查法：是通过检查源程序代码的内部运行逻辑来发现所存在的问题，并对程序是否符合规章制度的规定、能否完成预定功能及其质量进行评判的方法。

三、报告阶段

在审计报告阶段，审计人员应运用专业判断，综合所收集到的相关证据，以经过核实的审计证据为依据，形成审计意见，出具审计报告。审计报告中除了对被审计单位信息系统的安全性、可靠性、有效性和效率发表审计意见之外，还针对信息系统内部控制和管理等方面的问题提出相关的建议。在正式发布审计报告之前，审计人员还应考虑期后事项的影响。从现场审计工作结束日到发布审计报告日之间一般都会有一段时间，审计人员应考虑在此期间被审计单位及其信息系统是否发生导致重大变化的事项。

审计报告阶段的具体过程如下：审计组在现场审计工作完成之后，应编制审计报告初稿征求被审计单位的意见。被审计单位反馈意见后，审计组应将审计报告初稿和被审计单位的反馈意见一并报送审计机关，审计机关对审计组的审计报告进行审议并对被审计单位的反馈意见进行研究后，提出审计机关的审计报告。

第四节　信息系统审计应关注的重点环节

一、数据环节

在审计中，必须使用一种方法能够向前、向后追踪单个交易和资产记录，以便使审计人员选择一些交易进行详细检查，确认交易记录是否符合一般的审计目标。如对会计事项信息的检查，要检查它的完整性、时效性、合规性和信息披露等方面，检查内容包括与本会计年度有关的交易是否全部记录在册；所有记录的交易是否都是合理发生的并与本会计年度有关；记录的交易是否数据准确、计算无误，记录的交易是否符合基本的和辅助的法律规定，符合特定权威机构的要求；对记录的交易是否进行正确的分类，并符合信息对外披露的要求等。对财务报表信息要检查完整性、存在性、会计计量、所有权以及信息披露等方面，检查内容包括：是否记录了所有的资产和负债；所有记录的资产和负债是否都是存在的；对资产和负债的计量是否准确，计算方法是否符合按合理性、一致的标准制定的会计政策的要求；确认资产是否是被审计主体所拥有的、负债是否是被审计主体应该承担的，并且资产和负债是否是由合法的经济活动产生的；资产、负债、资本和存货是否都得到正确的披露。同时对信息系统提供的业务信息也要进行分析，例如每月的工资总数、某阶段的付款清单和订货信息等，要弄清基本的交易情况，并一直追踪到信息源。

二、内部控制环节

内部控制一般而言是指组织经营管理者为了维护财产物资的安全、完整，保证会计信息的真实、可靠，保证经营管理活动的经济性、效率性和效果性以及对各项法律和规范的遵守，而对经营管理活动进行调整、检查和制约所形成的内部管理机制，是组织为实现管理目标而形成的自律系统。在审计过程中要对被审计单位内控制度进行评价，包括电算化系统的内控制度。为了对系统的内控制度进行评价，审计人员必须验证内部控制系统是否存在，并能提供令人满意的证据，证明它正在有效地发挥作用。

在计算机系统中应检查以下方面来证明内控制度的有效性：

1.控制系统资源的存取

该方面包括物理资源，例如终端、服务器、连接盒、相关文档等；还包括逻辑资源，如软件、系统文件和表、数据等。

2.控制系统资源的使用

用户应该只能对授权给他们的那些资源进行操作。

3.建立按用户职能分配资源的制度

把重要的任务功能按用户或用户组进行分离，以减少无意的误操作、滥用系统资源和对数据的非授权修改。

4.记录系统的使用情况

按时间顺序建立一个使用记录，记录内容应包括例外事例和与安全有关的事件是由谁触发的，财务信息的创建、修改和删除是由谁完成的。

5.确认处理过程的准确性

用产生财务控制信息确认处理过程的准确完成。

6.管理人员对财务信息系统的修改

应该保证财务信息系统的所有修改都是经过授权、有文档记录、经过彻底（独立）测试的，确认最后以一种可控制的方式投入使用。

7.保护财务信息系统免遭计算机病毒的袭击

必须建立一套控制措施检测病毒，防止病毒感染财务信息系统。

三、数据传输转移环节

在信息系统中，有些数据需要在两个财务信息系统或财务信息系统与业务信息系统之间相互转移，在此过程中可能出现一些问题，尤其是在需要手工重新录入时。因此在审计时要重点关注以下方面：在转移过程中数据可能发生变化；新的科目代码表与旧的可能不一样，需要在两个财务信息系统之间建立复杂的对应关系；中心数据库可能被一些地理上分散的服务器取代；当前财务信息系统中的数据质量不佳；当用一个总的信息系统取代一个预定财务信息系统时，需要补充许多新的数据。在检查这一环节时，一定要保证输出的信息是经过批准、完整和精确的，保证输出的信息在约定时间内准确地发送给指定的接收者，保证流入的信息是完整、准确和真实可靠的。

第五篇
平台化会计信息系统

第二十二章
局域网会计系统

第一节　局域网络

一、计算机网络

（一）计算机网络的基本概念

计算机网络是计算机技术和通信技术发展的产物，是随着社会对信息共享和信息传递的要求而发展起来的。计算机网络的应用领域十分广泛，如证券交易网络系统、企业管理信息网络系统、银行通存通兑系统等。随着社会的发展，计算机网络得到了迅猛的发展，“网络就是计算机”已成为人们的普遍观念。

所谓计算机网络就是利用通信设备和线路将地理位置不同的、功能独立的多个计算机系统互连起来，在功能完善的网络软件（即网络通信协议、信息交换方式及网络操作系统等）的支持下实现网络中资源共享和信息共享的系统。

从网络的定义中我们可以看出，联网的计算机可以是功能各自独立的，彼此之间没有主从关系，但各计算机之间在物理上又是通过通信介质相互连接的，这个连接的介质可以是双绞线、同轴电缆、光纤等有线信道，也可以是微波、卫星等无线信道。同时整个网络系统要有完善的网络软件支持，也就是说要有网络协议的支持。网络上的各计算机之间进行信息交换有物理上和逻辑上两种。

（二）计算机联网的目的

计算机联网的根本目的是摆脱计算机在地理位置上的束缚，实现全网范围的资源共享。其主要表现在：

1.信息资源的共享

现代社会的信息对于每个人来说都非常重要。人们希望得到当天的股市行情，希望知道目前有什么新产品，经理希望知道公司目前的财务情况等，这从网上都可以随时获得。即使在一个部门、一个企业内部，计算机联网后，很多数据也可以共享。

2.设备的共享

网上的用户要运行一个大型软件，本单位又没有大型机，用户可以申请使用远在千里之外的大型机，这样这台大型机如同在自己身边一样；另外，单位内只有一台昂贵的彩色激光打印机，通过网络每个人可以共用这台打印机进行打印，就如同打印机连到了自己的计算机上；还有大容量硬盘、大容量磁带机的使用，就如同扩大了每个网络用户的计算机容量。

3.用户之间的信息交换

通过网络系统，我们可以很方便地将数据传递给别人，也可以接收别人传送的数据，使我们在最短的时间内获得所需的信息。信息交换的另一种形式是“电子邮件（E-mail）”，我们可以通过INTERNET随时发送和接收信息。电子邮件系统，方便了用户之间信息的交换。

总之，计算机联网后，用户马上就会感觉到是网络把我们和千里之外的朋友拉近了，是网络使我们的信息更多了，信息获得更方便了，网络使我们的计算机功能更强大了。目前，计算机网络已应用到各行各业，其蓬勃发展的态势越来越强劲。

在会计应用中，我们可以通过网络传送下属子公司的财务数据及报表等，供总公司进行财务数据处理、分析、汇总等，实现财务数据的实时性。

二、计算机网络的分类

按地域覆盖范围划分，计算机网络可以分为以下几种类型：

（一）局域网（LAN，Local Area Network）

局域网是20世纪70年代末发展起来的，局域网通常由某一个单位所拥有，它是在较小区域范围内使用的网络。例如，一个房间、一个建筑物或一个校园内。总之，距离比较近的可以使用局域网。局域网一般属于某个单位独有，基于这个原因，局域网使用得到了迅速的发展。如一个单位内的会计电算化网络或管理信息系统网络。局域网的特点如下：

（1）数据传送率高，通常每秒10M到100Mbps；

（2）数据传送距离比较短，一般直径范围小于2.5km；

（3）传送的误码率低；

（4）网络结构规范，处理灵活，便于扩展。

（二）广域网（WAN，Wide Area Network）

广域网是通过电话线、光纤，以及卫星将跨区域的专用计算机连接起来，形成一个有机的通信网络。广域网的特点如下：

（1）传输距离长，几十km到几千km；

（2）数据传送率低；

（3）网络结构不规范，往往多种协议在网络上共存。

（三）网际网

网际网是网络的网络，它将世界上各种各样的局域网和广域网相互连接起来形成一个全球性的大网。INTERNET就是网际网的典型代表。

第二节　局域网工作原理

一、网络资源

计算机网络是一组计算机和一些网络设备的集合，通过计算机网络通信可以实现数据、硬件以及软件的共享。分布在相对有限的区域（例如一栋楼房或一个校园）内的网络称为局域网或者LAN。

局域网常见于中型或者大型的公司、政府机构以及教育机构。并非所有的局域网都是相同的。不同类型的网络提供不同的服务，采用不同的技术，并且需要用户使用不同的网络软件。本节讨论大多数微机网络的工作过程。

如果一台计算机没有和另外的计算机连接就称之为独立的计算机。当通过电缆或其他通信介质把计算机和一个局域网进行了物理上的连接，计算机就成了网络上的一个工作站，成了一个网络用户。

工作站具有所有常用的资源，例如硬盘、软件、数据以及打印机等，这些称为本地资源。另外还可以访问网络资源，通常包含应用软件、存放数据文件的存储空间以及别人的打印机等。网络中，应用软件以及存储数据文件的空间通常由一个网络服务器提供。网络服务器是连接在网络上的一台计算机，它为网络用户服务，为网络用户分配资源。一台网络打印机可以为所有的网络用户提供打印输出功能。网络上的每一台设备，包含工作站、服务器以及打印机都称为一个节点，如图22-1所示。

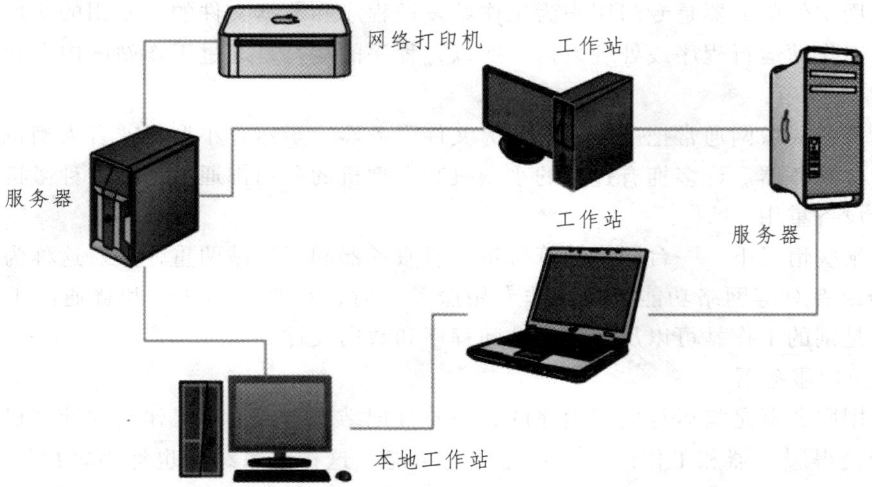

图22-1　网络节点

（一）网络适配器（网卡）

网卡是计算机连接到网络的主要的硬件。网卡或者称为NIC，是一块小的电路板，它把工作站的数据通过网络送出，并且为工作站收集进入的数据。台式机的NIC插入计算机主板的一个扩展槽中。网络上的每个服务器、工作站以及其他网络设备都必须有网卡，以此标记节点的物理地址。

（二）电缆和无线网络

NIC必须通过电缆连接，大多数的网络通过电缆把服务器、工作站以及打印机连接在一起。在一个典型的网络中，有一种或者多种类型的电缆，如图22-2、图22-3所示。除了使用电缆，无线网络通过无线电或者红外线把数据从一个网络设备送到另外一个网络设备。除此之外，无线网络还具有可移动性。例如，通过无线网络，拿着一台笔记本电脑或者手持机可以在很大的库房处理库存信息。

（三）网络服务器

如果使用一个独立的计算机，所有处理的数据都要通过计算机的微处理器。当计算机连接在网上时，数据处理的设备取决于网络服务器的类型。

双绞线，有时也称UTP。看起来像电话线。线端是连接器（RJ45）

图22-2　双绞线

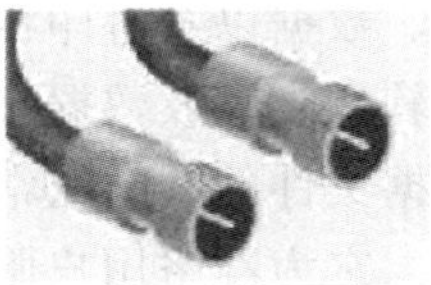

同轴电缆，看起来很像有线电视电缆。线端是BNC连接器

图22-3　同轴电缆

1.文件服务器

专用文件服务器是专门用来为工作站发送程序和数据文件的。专用的文件服务器并不为工作站运行程序或处理数据。所以，程序的运行是通过工作站的内存和处理器进行的。

典型的局域网通常把一台微机作为文件服务器。当然，小型机或者大型机也可以作为文件服务器。许多拥有过时的小型机和大型机的公司都通过增加这种微机的功能来进行设备重用。

在某些情况下，一台网络计算机担负着服务器和工作站两重任务。这称为非专用服务器或者对等网络功能。使用非专用服务器时，计算机的功能和普通的工作站一样，但是别的工作站可以从其硬盘访问程序和数据文件。

2.应用服务器

应用服务器是指运行应用程序的软件并且把结果送到请求工作站的计算机。应用服务器使得服务器和工作站同时使用成为可能。这种体系结构也称为客户机/服务器（client/server）体系结构，应用服务器的使用使处理任务被分配到工作站客户机（client）和网络服务器（server）上。例如，你要搜寻存储在网络服务器数据库中的50 000个记录中的某项记录，网络服务器经过处理把该记录发给工作站客户机，而不是发送50 000个记录的那个文件给工作站处理。

当前最流行的是Web服务器，其实质上是应用服务器的一种，只不过客户端的应用程序固定为浏览器（brower），因此这种体系也称浏览器/服务器（brower /server）体系结构。

二、局域网的工作原理

（一）登录过程

登录过程即使计算机物理上和网络相连，没有登录进入网络前不能访问。登录进入网络后，才能成为一个网络用户。

在登录过程中会提示输入用户标识和口令。用户标识，有时候也称为用户名，是一个唯一识别的字符和数字串。口令，是一个只有你和网络管理员知道的特殊的符号集合。用户标识和口令是用户账号的基础。用户账号提供了网络资源的访问权，并且当进入或者退出网络时会自动跟踪，从而累积使用网络的情况（日志LOG文件）。网络管理员也称为网络超级用户，是负责建立用户账号以及进行网络维护的人。网络管理员为每个新的用户设置一个新的用户标识和一个起始的口令。

输入有效的用户标识和口令是网络登录的第一步。随着登录过程往下进行，你的工作站将与网络驱动器相连，从而允许你访问服务器上的程序和数据。登录过程还会把工作站和诸如打印机这样的网络资源进行连接。

（二）驱动映射

当服务器的硬盘驱动器被映射为一个驱动盘符后，工作站就获得文件服务器以及它的硬盘驱动器的访问权。映射是一个网络术语，是指为网络服务器的硬盘驱动器分配一个盘符。例如，典型的工作站的软驱是A，硬盘是C，登录过程就把服务器的硬盘映射为F。

一个盘符被映射后，你就可以像访问本地硬盘一样访问这个驱动盘上的数据文件和应用程序。实质上就是可以使用服务器的硬盘，就像它是你的工作站的一部分。

（三）使用网络上的程序

在一个单独的计算机上加载一个程序也就是把它从硬盘拷贝到RAM。假设要使用服务器硬盘上的文字处理程序，这个程序是被加载到服务器的内存中还是被加载到工作站的内存中呢？当启动存储在服务器的一个程序时，这个程序被拷贝到你工作站的内存中。程序被存储到内存中后，就和本地硬盘启动时一样了。网络的优点之一就是通过适当的许可证多个用户可以同时访问一个程序。例如，当工作站正在运行Excel时，别的用户也可以启动这个程序。网络服务器会把Excel的一份拷贝送到每个用户工作站的RAM中。

案例22-1

金蝶K/3的网络技术架构

第二十三章
网络会计应用服务

第一节　网络会计信息系统

一、网络会计信息系统的内涵

网络会计信息系统就是以财务处理为中心，将分散在不同区域且具有独立功能的各单位会计资料用计算机系统，通过有线或无线通信设备连接起来，利用网络软件来实现数据的分地采集、集中处理、共同享用的一个财务管理信息系统。也就是说，当网络会计信息系统建立以后，一台计算机上所具有的会计信息，其他计算机上都可以享用，同时各计算机之间可以相互通信和对话。

它是建立在网络环境基础上的会计信息系统，其所需处理的各种数据大多数以电子形式直接存储在计算机网络之中，网络环境为会计系统提供了最大限度的、全方位的信息支持，对企业各种交易事项进行确认、计量和披露。它同电子商务结合起来，实现了企业间业务和操作的协同，同时使报表、报账、查账、审计等业务能够远程处理，实现事中动态会计核算与在线财务管理，支持电子单据与电子货币，改变财务信息的获取与利用方式。网络会计适应计算机化企业的快速变化，能对企业的环境、顾客需求和物资供应等做出及时反应、虚拟运作、实时核算，实现与其他企业的核算信息连接。

（一）网络会计产生发展的原因

纵观会计历史长河，会计理论方法的产生和发展都是因为经济环境和实务基础的变迁与发展，在此对网络会计产生与发展的原因分析如下：

1.互联网的发展

会计软件是信息技术在管理应用中的重要产品，每一次信息技术或市场的变化都影响着会计软件的发展进程。回顾我国会计软件的发展，技术上已经走过了PC单机、PC局域网、Windows平台几个阶段，现在正在迈向互联网阶段。在历次的信息技术变革中，互联网对会计软件的冲击最大、影响最深，不仅影响会计软件产品的形态，同时改变用户应用形态，更带来开发商业务形态和运营方式的变革。

2.面向服务架构是网络会计发展的环境

面向服务架构（service-oriented architecture，SOA）是指为了解决互联网环境下的业务集成需要，通过连接能完成特定任务的独立功能实体实现的一种软件系统架构。SOA是一个组件模型，它将应用程序的不同功能单元（称为服务）通过这些服务之间定义良好的接口和契约联系起来。接口是采用中立的方式进行定义的，它应该独立于实现服务的硬件平台、操作系统和编程语言。这使得构建在各种这样的系统中的服务，能以一种统一和通用的方式进行交互。网络会计下的SOA一般包括：网络会计软件和网上理财服务两种业务。会计软件是能够提供互联网环境下的会计管理模式、会计工作方式及其各项功能的会计管理软件系统。网上理财服务是在网上提供的专业财务应用服务。

3.电子商务是网络会计产生和发展的推动力

电子商务就是利用互联网进行的商贸或商务活动。它不仅是企业竞争的利器，也直接关系到国家的生产力与贸易竞争力。世界各国都争先恐后地发展电子商务，研究相应的法规制度，研制各种先进的电子商务服务器和相关应用软件。如今，企业的经济环境、经营方式、管理模式等发生了巨大变化，并着力解决两个问题：一是能够进行电子单据处理和电子货币的结算；二是能够实现远程操作、动态会计核算和在线管理。而传统会计对此是无能为力的，甚至成为电子商务进一步扩展的障碍。电子商务将创造一个平台化的网络会计时代，可以促进企业的电子商务进程。

4.ERP系统的应用加速了网络会计的发展进程

ERP系统是指整合企业内部资源的企业经营管理系统，使企业的业务数据统一化、全部在线处理。技术上它是利用信息技术，对企业内部的各类资源包括人、物、财、信息等进行规划、统筹与整合，从而减少环节，提高生产率，增强企业竞争力；管理上它又是一个集成化的管理信息系统，包括分销、制造、会计、质量控制、售后服务、人力资源、运输等管理系统。ERP系统在会计系统中的应用有两个方面：一是宏观层面上ERP系统的架构在扩张；二是微观层面上ERP系统的物理模块在不断细化。在这两者的互动中，推进了会计作业模式的变化，促进了网络会计的发展。

（二）网络会计的系统功能

根据网络会计的定义，它是建立在网络环境基础上的会计信息系统。与传统的会计信息系统相比较，网络会计一般应具有以下功能：

1.会计与业务协同功能

协同是指物流、资金流、信息流的充分结合。协同可以有空间和时间上的差距，但是这种差距不会影响企业的经营决策。协同作用对网络会计发展的促进主要体现在以下几个方面：①与内部业务的协同，如网上采购、网上销售、网上考勤、网上工资核算、决策预算等；②与供应链的协同，如网上询价、网上催账等；③与社会部门的协同，如网上银行、网上保险、网上审计、网上报税等。

2.远程处理功能

在互联网出现之前，通常采用邮件、传真、电话等形式对异地机构进行会计管理，然而其技术难度和管理成本都较高。网络会计突破了这一空间局限，使管理能力能够延伸到全球经济的任何一个节点，许多远程处理功能得以实现，如远程报表、远程报账、远程查账、远程审计等，使主管单位对下属机构的财务监控得以强化，对于集团型等多分支机构的企事业单位意义更大。

3.网络计算功能

网络计算是会计软件实现各项功能的技术基础。企业通过互联网可实现资源共享，汇集世界各地的海量数据只需瞬间，并通过网络计算生成所需的会计信息。例如，国际连锁超市对世界各地连锁店存货的盘存，只需将各个超市的收银机联入互联网，在总部设置会计人员，而无须在各家连锁店重复设置会计人员，就能及时掌握超市的进、销、存情况，根据成本最小原则进行集体进货、就近进货或超市间的调剂工作。

4.动态核算功能

动态核算是网络会计的基本功能。网络计算的快速性使会计核算工作从事后的静态核算达到事中的动态核算，大大丰富了会计信息内容，同时提高了会计信息的质量和价值。动态核算系统将能够便捷地产生各种反映企业经营和资金状况的动态会计报表，全部年报、季报、月报和日报均可即时生成。

5.在线管理功能

在线管理是区别于传统管理的新的网络管理模式，其主要表现为在线反映、在线反馈、实时分析比较功能。利用在线反映，企业内外部信息需求者可以及时得到企业最新的财务及非财务信息；利用在线反馈，可以使使用者随时跟踪企业的动态；实时分析比较，即指财务人员通过在线数据库能够得到同行业其他企业的财务数据并进行分析比较，采取一定方法来提高本企业的市场竞争力。

6.集成化管理功能

集成化管理是网络会计的理想模式。集成化财务管理是利用网络技术和信息集成方法，将财务与业务、供应链集成起来，追求整体效率和效益的提高，实现缩短生产前置时间、提高产品质量和服务质量、提高企业的整体柔性、减少库存等战略性目标，使企业具有低能耗、低物耗、高效益、高应变能力，实现企业物流、资金流和信息流的高度统一和财务的实时管理，以适应柔性生产、组织扁平化和产品个性化的市场需求。

7.电子凭证功能

电子凭证包括电子原始凭证和电子记账凭证。长期以来，书面原始凭证以其手写笔迹各异而易于辨认、多联复写而便于牵制等特性赢得会计人员的青睐，然而网络会计的产生发展，必将带来原始凭证的电子化。

8.电子货币功能

网络会计环境是一个集生产商、供应商、经销商、用户、银行、国家结算机构为一体的网络体系，已不存在货款的直接交易，现金一经存入银行就变为货币信息，以信息方式与商家交流，实现货币功能，一般称之为“电子货币”。电子货币是网络会计的重要基础，在此基础上的网上支付、网上结算，极大地提高了结算效率，加快了资金周转速度。

9.网页数据功能

网络会计的信息提供方式发生了较大的改变，它从传统的纸质、磁质数据，发展到现在的网页数据。企业不论大小，若财务信息都采用网页数据的形式，便能在更加平等的市场环境下竞争。网页数据具有超链接的功能，信息的时效性大大增强，页面的可视化显著提高，而且不受时间和空间的限制。越来越多的上市公司以此来发布财务报告供股东查询。

10.网上理财功能

网上理财是专营网站方式的面向服务架构，具备数据安全保密机制，在网上提供的专业应用服务。一些最终用户将不再购买软件回去自行应用，而是购买财务处理服务，由服务提供商直接在网上提供会计处理和财务管理服务。最终用户直接得到理财服务，并按服务项目和数量付费。这种服务方式，能够为那些缺乏会计主体特征、生存期短的虚拟企业以及不愿购买财务软件的小型企业，提供数字化的财务与会计服务。

11.移动办公功能

网络会计可以真正实现会计工作的移动和在线办公。网络会计可以随时随地与公司沟通信息，完成会计信息管理工作，是一种全新的办公概念，所需要的工具仅仅是一台可以联网的计算机和一套会计软件。如库存和销售部门的业务员可以使用手持信息设备输入各种商品、劳务数据，再联网传送给会计系统；公司职员可以借助联网的信息终端申请借款、填报各项收支；会计和企业主管可以利用移动终端联网查询各种会计数据；会计人员在获得授权情况下也可以实现家庭办公。

二、网络会计的优越性

网络会计的产生与发展提高了会计核算的充分性，改变了会计信息的载体和信息存储方式，加快了信息处理、披露和使用的及时性，增强了信息的共享性，因而具有传统会计不可比拟的优势。

1.核算的充分性和信息的无纸性

传统会计核算的对象仅仅是一个独立的核算单位，但随着电子商务的发展，企业的经营越来越多地依赖于客户、供应商、行业经济、区域经济甚至全球经济的变化，虚拟企业将成为越来越常见的企业组织形式。缺少上述各个方面的重要信息，管理者、投资者和政府部门的投资与决策活动就无法进行。网络会计下，计算机强大的运算和传输功能，扫除了手工处理信息成本高的障碍，提高了信息的质量。

2.信息处理、披露和使用的及时性

传统会计下，受会计期间假设以及核算手段的限制，财会部门信息实时反馈能力不强，计划的执行情况、投资的获利情况等信息，一般要到会计期末才能从账上反映出来，而传递到用户手中更是需要一段或长或短的时间。网络会计重点突破了速度问题，使会计核算从事后转为实时。企业的生产、销售、人事、仓储等各业务部门借助于企业内部网可以将各种信息实时传输到财务部门，财务部门可以随时对这些信息进行加工、处理并将相关信息反馈回去，从而同各个部门处于随时的信息沟通之中，最大限度地发挥会计的反映与控制各类交易的职能。网络技术可动态跟踪企业每一项变动，并予以必要揭示。

3.会计信息的获取更具针对性

计算机网络与其他媒体相比更具有先天的优越性，因为网络为信息的提供者和使用者之间的及时交流创造了条件。计算机网络所提供的人-机对话，一改以往会计信息使用者被动地接受统一格式的局面，使信息的获取过程具有交互性。在计算机网络中，使用者可以根据自己的需要获取相关会计信息，并可对这些信息进行进一步处理。我国加入WTO以后，已有更多的外资企业进入，而国内的企业也在拓宽领域，在国际市场上寻求发展。作为开拓国际市场、参与国际市场竞争的经济主体，大型企业集团的经济实力和国际竞争力集中体现了一国的经济实力。因此，如何加强企业集团的财务管理，提高企业集团的核心竞争能力，就显得越发重要。

三、网络系统的安全性问题

网络是把双刃剑，它使企业在网上寻找贸易伙伴、完成网上交易的同时，也将自己暴露于风险之中，给一些非善意访问者以可乘之机。①黑客是危害网络系统的主要因素；②病毒给网络系统带来更大的风险，从原始的木马程序到先进的CIH、梅丽莎病毒等，病毒制造者的技术日益高超，破坏力越来越大；③网络软件自身的程序、后门程序、通信线路不稳定等因素，也为网络系统的安全带来隐患。

网络会计主要依靠计算机的数据处理功能，而这种功能又很集中，自然或人为的微小差错和干扰，都会造成严重后果。影响计算机硬件安全的因素有：①自然因素，如火灾、水灾、灰尘等都会对计算机硬件造成损坏，造成系统故障乃至崩溃；②管理因素，如安全管理不力，使得计算机被盗，光盘、磁盘等电子档案的保管不善造成信息丢失或泄露。

传统会计系统非常强调对业务活动的使用授权批准和职责性、正确性、合法性，但是在网络会计软件中，信息的处理和存储集中于网络系统，大量不同的会计业务交叉在一起，加上信息资源的共享、会计信息复杂、交叉速度加快，使传统会计系统中某些职权分工、相互牵制的控制失效，原来的靠账簿之间互相核对实现的差错纠正控制已经不复存在。

网络会计软件的实施必然是对现有单机版、局域网络版会计软件和硬件系统的全面升级，此时的网络会计软件不一定兼容以前版本的会计软件。由于数据格式、接口不同，数据库被加密等原因，以前的会计数据可能无法被及时转入网络会计系统；对于隔代保存的会计档案更不可能兼容，企业所保存的磁带、磁盘等数据资料面临失效风险。

为了更好地利用网络会计带来的优势，保证信息数据的质量和安全，应以网络技术为基础，结合会计需要，从以下几方面入手，确保网络会计信息系统数据的真实、完整和安全，为筹资、投资、运营等管理决策提供依据：

1.加强网络系统的安全管理

安全问题是网络会计发展中面临的首要问题。必须要有一个安全、可靠的通信网络，保证会计信息安全迅速地传递。对此可以采取的措施有：

（1）健全内部控制制度。这主要包括：健全计算机机房和设备的管理制度、岗位职责与操作规程；加强软硬件维护，防止计算机出现故障导致信息丢失；在操作系统中建立数据保护机构；调用计算机机密文件时应登录户名、日期、使用方式和使用结果；修改文件和数据必须登录备查；同时系统可以自动识别有效的终端入口；当出现非法用户企图登录或错误口令超限额使用时，系统会锁定终端，冻结此用户标识，记录有关情况，并立即报警。

（2）提高网络系统的安全防范能力。对病毒的预防可以采取防火墙技术，将病毒及非法访问者阻挡在内部网之外，从而起到对内部信息的保护作用。

（3）及时做好备份工作。备份是防止网络会计系统意外事故最根本最有效的手段，它包括硬件备份、系统备份、财务软件系统备份和数据备份四个层次。

2.加强对数据输入及处理的控制

网络环境下，大量不相同的会计业务交叉在一起，再加上多用户共享数据库，如果内控制度不严密，一旦有缺乏严格检验的凭证录入到整个网络系统中，会直接影响会计信息的准确性，因此把好数据录入关，保证数据录入的真实性、合法性及完整性十分重要。在输入系统前，数据要经过检验，输入工作应由多人多组分担，对输入的数据、代码等进行必要的校验，以保证合法性与真实性。

3.提高会计核算软件的通用性和实用性

可以对购入的商业化软件进行二次开发，并通过接口和系统集成的办法克服二次开发软件和商业软件不能共享的缺点，同时也可以考虑引入人工智能技术，发挥专家系统在预测、决策工作中的作用，加强会计的管理控制职能以顺应网络会计的需要。

四、发展网络会计的意义

1.网络会计是会计电算化发展的必然结果

与传统手工处理方法相比，会计电算化降低了会计人员的劳动强度，提高了会计信息的质量，促进了会计职能逐渐由核算型向管理型转变。但是处在单机系统的会计软件，管理者所得到的会计信息往往滞后了一个会计周期，财务报表无法实时地反映企业的财务状况，会计电算化系统往往独立于其他子系统，无法进行数据交换、信息共享、控制管理，不能与其他子系统集成融为一体形成企业管理信息系统。网络会计的最大特点就是消除信息孤岛，实现信息集成，将企业管理信息系统以网络的衔接方式进行重新组合，由于在线数据库提供了网上所有企业的信息，财务人员可进行全面实时比较分析，这样一来，建立在互联网技术之上的网络会计弥补了会计电算化的不足之处，必将促使会计工作从传统会计电算化的低效运作方式迅速转向可以高效运作的网络化方式。

2.网络会计为宏观经济管理提供支持

众所周知，会计信息是国民经济运行的综合反映，是政府宏观经济决策的重要依据，是各个层次经济管理的基础工作，也是编制财政预决算和实施科学收支管理的基本依据。真实、全面、统一的会计信息是政府做出正确的宏观调控决策的基本依据和保障。现行会计信息采集方式是分部门、分行业，依据各自工作需要自我封闭采集，因指标体系、口径解释、报送时间、填报方法和范围等方面的差别，造成同类经济主体的会计信息有较大差异。网络会计能够实现报表的统一设计，达到统一指标口径、统一填报范围，有利于消除上述因素对会计信息真实性的影响，并有利于促进对企业、单位会计信息的全社会统一监督。通过报表统一，建立全国性和区域性、行业性的会计信息网络查询系统，逐步实现数据共享，还可以有效地扩大会计信息数据的使用范围，提高利用效率，为宏观经济管理提供支持。

第二节 网络会计信息系统中的终端输入

一、关于浏览器/服务器（B/S）型的结构

C/S（Client/Server，即客户机/服务器）结构，是大家熟知的软件系统体系结构，通过将任务合理分配到Client端和Server端，降低了系统的通信开销，可以充分利用两端硬件环境的优势，早期的会计软件系统多以此作为首选设计标准。B/S（Browser/Server，即浏览器/服务器）结构，是随着Internet技术的兴起，对C/S结构的一种变化或者改进的结构，超越了传统的“客户机/服务器”两层结构，采用“用户界面层/事务层/数据库层”三层体系结构。因此Web结构有着更好的安全性，在用户机上不需要安装任何应用程序，应用程序安装在事务层所在的计算机上，大量数据信息存放在数据库服务器上（事务层和数据库层可以是同一台机器），用户界面完全通过WWW浏览器实现，一部分事务逻辑在前端实现，但是主要事务逻辑在服务器端实现，形成所谓3-tier结构（如图23-1所示）。B/S结构主要是利用了不断成熟的WWW浏览器技术，结合浏览器的多种Script语言（VB Script、Java Script）和ActiveX技术，用通用浏览器就实现了原来需要复杂专用软件才能实现的强大功能，并节约了开发成本，是一种全新的软件系统构造技术。

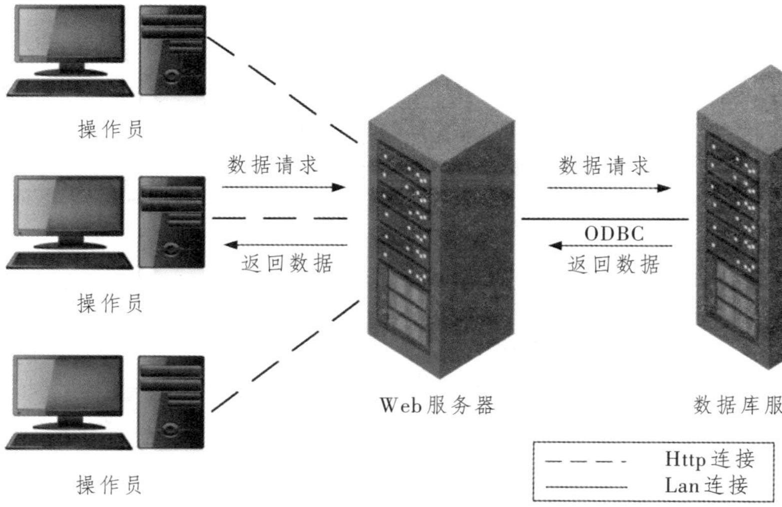

图23-1 浏览器/服务器示意

二、基于Web的会计原始凭证终端录入系统的原理

在原有的会计信息系统的基础上增加终端扫描仪。将一些原始单据、发票和凭证等需要存档的资料通过扫描仪变成电子文件上传到图23-1所示的数据库服务器中保存，有权限访问的工号，均可以通过分散在各地的计算机登录该系统网站查看，以便随时监控，具体流程如图23-2所示。其中说明一点：选择其他来源是针对已经采用电子凭证（如电子机票、电子发票等其他电子单据）的数据提出的，可以通过网络传

输或移动存储媒介获得。其实这将是未来的发展趋势。

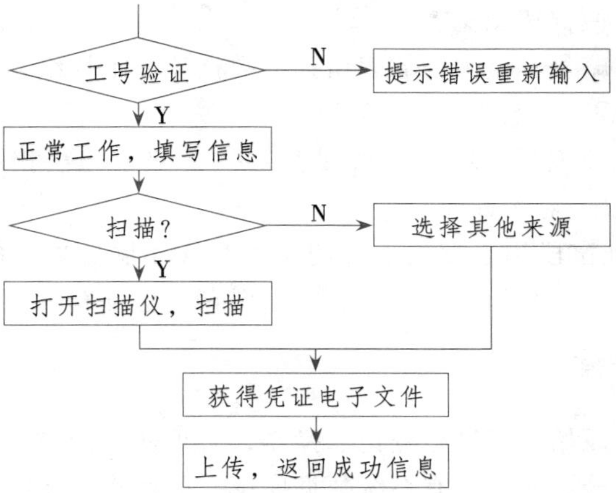

图23-2　原始凭证录入系统流程

三、数据库设计

首先，在远程数据库服务器使用SQL　Server建立数据库yspz，在库中添加会计原始信息表kjysInfo和电子凭证信息表pzInfo，两个表通过"凭证编号"字段可以建立关联。建立的字段分别见表23-1和表23-2。

表23-1　　会计原始信息表kjysInfo结构

数据名称	数据类型	数据宽度	是否允许空	备　注
PZBH	char	12	否	将此"凭证编号"字段设为主键
CZYH	char	10	是	操作员工号
JDMS	char	50	是	会计原始信息的简单描述
JE	numeric	10，2	是	金额
QT	char	50	是	其他信息
…	…	…	…	…

表23-2　　电子凭证信息表pzInfo结构

数据名称	数据类型	数据宽度	是否允许空	备　注
PZBH	char	12	否	该字段可重复
CZYH	char	10	否	操作员工号
DZT	char	60	否	存放上传地址

（一）对于会计原始信息表kjysInfo的说明

（1）"PZBH"凭证编号字段不能有重复记录，是为了和其他数据表链接时以该字段为检索字段，其数据宽度可以根据需要而改动，一般情况下建议以操作当天的日期为开头加以编号，可以根据所用部门不同而修订，原则是简单方便。

（2）"JDMS"简单描述字段是简单介绍谁报销或谁执行什么事情。例如，李丽报销书费和设备费用等，如果查询时只看简单描述，认为金额合理等没有疑问就可以不用调用电子凭证，方便快速浏览。

（3）表后面加省略号，是因为该表所列的数据项并不详细，可以根据需要增加。

（二）对于电子凭证信息表pzInfo的说明

（1）“PZBH”凭证编号字段的要求和表23-1的应该完全相同，以会计原始信息表kjysInfo为主表可以一对多查询。

（2）“DZT”地址字段用于存放上传的文件在Web服务器上的地址。之所以不采用存放整个电子凭证文件是为了方便信息定期保存，也具有一定的安全性能。

四、系统操作过程

员工如果对会计原始信息进行登记、操作，必须使用操作员工号登录系统。每个会计人员有规定的工号，而且只有系统数据库中有的操作号才能进入系统，这样不仅避免了随意操作，而且事后也能查询出录入、修改原始信息是哪个会计人员完成的，对于减少会计信息失真有一定的作用。

（1）会计操作人员正常进入系统后，可以填写信息，根据工作需要对原始凭证信息进行记录，文字信息存入会计原始信息表kjysInfo中。如果原始票据、单据、发票等是纸制的，除了留存之外，还要将其扫描到数据库中，上传至电子凭证信息表pzInfo中保存；如果原始凭证是电子版的，那就将对应字段直接上传至电子凭证信息表pzInfo中，跳过扫描程序。

（2）如果其他有查询权限的工作人员需要浏览时，可以直接查看会计原始信息表kjysInfo中的数据，在查询界面中设计“详细”按钮，点击按钮可以浏览电子凭证信息表pzInfo中的对应信息。如果其他工作需要原始凭证信息，也可直接从电子凭证信息表pzInfo查看到。会计制度规定原始凭证不得外借，其他单位因特殊原因需要使用原始凭证时，经本单位会计机构、会计主管人员批准，可以复制，向外单位提供的原始凭证复制件，应当在专设的登记簿上登记，并由提供人员和收取人员共同签名或盖章。如果采用了电子原始凭证存档，在该系统上再添加一个数据表，补充简单程序即可完成网络借阅、记载，既可以节省时间，又易于管理，这里不再赘述。

（3）按企业会计制度的规定，会计凭证在保管期内归档保管，保管期满后，必须按规定手续报经批准后销毁。如果采用电子原始凭证系统后，定期可以将存储在Web服务器上的电子原始凭证导入移动硬盘、制成光盘或保存到其他存储介质上，方便长期管理，延长会计原始凭证的保管期。但需要强调的是，必须注意存储介质的安全性能。

五、有业务往来的企业、机构间的会计信息传输接轨问题

为了更好地解决有业务往来的企业、机构间的会计信息传输接轨问题，应做到以下几点：

1.提高数据的标准接口技术、增强数据的共享性

当企业内部通过会计信息系统的对外接口来对外发送数据时，其数值类型也得有所选择。首先通过接口端软件进行模拟测试，获得对方数据接收类型，通过提高数据

的标准接口技术，调整待发出数据的类型进行发送，从而增强数据的共享性。

2.将企业的资金账户与系统挂钩，推进网上收支的直接性

将企业的局域网定向到银行的账户上，能够在网上直接进行资金的划拨，提高了企业的资金周转率，确保了网上交易的顺利实施。而对此领域技术开拓的一个明显的问题是安全与保密问题，因此必须对系统的内部管理、安全防护等进行改革，防止数据的泄密和被截取。同时，系统应对银行账户进行实时或定期的核对，当发现数据有异时，将立即封锁银行账户并进行检测和适时解封。当然，以上这一切都可以通过系统的数据接口端核查模块来自动完成。电子商务在系统内实现的另一个途径就是让系统与银行或中介机构系统的企业账户挂钩，将需处理的业务变成数据包的形式传送到银行或中介机构的系统内部进行处理。此举可以降低数据传输过程中被析取的概率，因为许多数据的操作都在银行或中介机构系统内部进行处理，途中传送逗留时间缩短。

3.内部各环节传输实现数字化标准管理

电子商务的实现不仅表现在企业对外界的贸易电子化，也表现在事业单位内部各生产环节或事业部门间的产品物资等的数字化传送。内部数字化标准的实施不仅有利于系统内部进行全面、科学的数字化模式管理，其产生的各项数据也有利于对外交易的数据参考和标准核算，提高系统对外交往的效率。

第三节 自助式会计系统

一、自助式会计系统简介

（一）自助式会计系统的概念

自助式系统的每一个用户都可以自由选择系统中的任意子系统（模块）进行开发与应用的信息系统。自助式会计系统就是让每一个用户按照自己的个性需要，通过现代信息技术的强大功能，自由选择各种模块进行会计信息收集、处理、分析等操作，从而达到满足用户多元化要求的会计信息系统。

计算机的发展直接影响企业财务会计软件的应用，在财务会计软件开发的早期，由于计算机的操作系统还是Dos环境，因而开发的财务会计软件也只能应用在Dos平台上；随着计算机的操作系统向Windows过渡，也就出现了Windows 3.X环境下的财务会计软件；又随着Windows 95的推广，基于Windows 9X环境的财务会计软件也广泛在企业得到应用。但这样开发出来的财务会计软件都是在单机上使用的，国内许多软件公司开发的以账务处理系统为主的会计核算软件都是在此基础上定型的，它们所谓的1.0版到7.0版无非是些小修小补，而每次升级都给企业带来了不必要的财务负担，包括机器的重置、系统软件的重装、财务会计软件的重新选择，以及会计人员使用新软件、新版本的培训等。

网络技术的发展使财务会计软件的更新速度加快，企业为了进一步加强管理必须建立起一套完整的信息系统，这对于大型企业是必要的也是可能的。如果企业的内部网络是传统的C/S结构的企业级局域网，在这种结构中，服务器端一般配备数据库服

务器、打印服务器等。不管是财务会计人员或其他部门的工作人员，都通过运行在工作站上的前端应用程序输入信息，收集的信息归集到服务器的大型数据库中，因为大型数据库本身的安全和保密控制，所以基于C/S结构的信息系统的信息安全性好，储存的信息量也大，可以满足整个企业各层次管理者的需求。但这两种方法对环境的要求较高，建立系统所需的费用也较昂贵，因此对于财务会计人员不多、会计数据处理量不大的中小企业就显得不够实惠。而对于大型企业也不是最完美的方案，这是由于它不能使用户自由选择系统中的任意子系统（模块）进行应用，无法达到软件能在不同的平台上同步协作运行的目的。

这样就需要在新世纪里为企业提出一个集完美的网络化信息系统现在具有的所有优点于一体、使用一整套分布式的标准环境和界面的，透明（与在网络中所处的位置无关）、便携（在不同的平台上移植软件）和易于升级（调整平台的规模和功能以满足用户的需求）的，以及使用户自由选择系统中的任意子系统（模块）进行开发与应用的会计信息系统。

1. 自助式会计系统是一个新名词

当人们只使用某一个财务会计软件时，根本无法想象一家企业有两个不同数字的利润，更不知道应当以哪个数字的利润来进行分配更好。随着经济的发展，许多跨国企业使用不同的会计标准，从而产生不同数字的利润；许多新上市的股份公司提供前三年业绩的模拟财务报表，这些利润数字并非只是用于财富分配，而是用于评估企业未来的盈利能力。这就需要我们提供多元化的会计信息系统软件。就像进入超市一样，用户可以自由地选择不同的会计模板（如工资核算、现金管理、销售预测等），来满足各自不同的需求。同时提供两种不同历史成本计量属性的信息多元模式，便不会出现由于同一历史成本计量属性，信息难以满足可靠性和相关性双重要求的情况。用户企业通过使用自助式会计系统，不仅可以为企业所有理性决策提供有力支撑，而且可以明确不同利益关系人在企业中所拥有的利益大小。

2. 自助式会计系统的新作用

自助式会计系统是一个开发式系统，是一个基于标准的、灵活性的、模块化的、网络化的信息系统。这种信息系统的新作用是由新的企业环境以及对信息系统有效性的要求所决定的。企业的压力和信息系统的新作用给信息系统组织的变化造成了相当大的压力。正如前面所阐述的那样，信息技术正在从“后院”转到“前沿”，并且正在成为企业智能中一个举足轻重的部分。用户所需要的是带有综合工具的桌面处理体系，一种既能在企业中联结使用又能外联的系统。这种作用也为自助式会计系统规定了它的适用范围。自助式会计系统首次使财务会计人员从信息系统的使用者变为信息系统的创造者，让财务会计人员可以在无边的网络中自由地翱翔。

3. 自助式会计系统是财会领域互联网应用的云服务平台

自助式会计系统的每一个用户都是在互联网上的，他们可以自由选择网络服务平台中的任意子系统（模块）进行云服务，即通过互联网上的强大云服务功能，自由选择各种子系统（模块）进行会计信息收集、账务数据处理、财务数据分析等操作，从而达到满足各类用户多元化会计管理的要求。会计信息云服务技术的实质性应用为企业获取大量的、多角度的、多层次的会计信息提供了可能。过去在传统方式下会计人员想都不敢想的东西，今天在云处理方式下变得唾手可得。要发挥云服务平台的这种优势，就必须对会计信息及其生产会计信息的全过程进行改革。

（二）自助式会计系统的组件化开发

自助式会计系统采用组件化结构、工程化开发的方法，整个系统由会计数据处理、会计信息管理、会计决策支持三个层次组成。组件化结构采用面向对象的设计思想，可重用性强，可以根据需要调用组件，数据只需一次导入就可共享，数据标准化使接口问题自然解决。

在最初的年代，一个典型的软件程序是一长串指令，用一种深奥的计算机语言一行一行地写成。每个软件都是按规定设计并生产出来的，以满足用户的特定需求。开发者缺乏软件制造工具及其通用方法，传统的软件文化是以项目为基础并按其特定的需要来设计的。参与的组织单位是那些与项目直接相关的部门。计划的完成时间是越短越好，目的是一个或几个程序，构造程序的基础部件是一些不可重用的模块。程序设计语言大多处在底层，为完成一些相对简单的任务，如仅仅显示要求的数据，就需要很多指令。在那个硬件相当昂贵的时代，这样的做法是合理的。因为高级语言虽然对编程人员来说更方便、更快，但对计算机有更多的要求。当有了相当强大的日用硬件设备时，采用上述策略就不经济了。当时的软件开发者只有简单的工具，他们使用不同的“方言”，使用不标准的编译器。这样就缺乏在不同硬件平台之间的可移植性，也无法给用户以标准的外观和操作。例如，在可接受账单的程序中的错误警告提示就不同于在一般借贷程序中的错误警告提示。给程序里加点东西也因为扩散效应而成为一个大问题。财务会计软件的每一部分一般都是从最底层开始的。每个软件都是一个新的财务会计软件。设计的可按字母顺序来排列的现金收支软件，却不能被重用于排列供应商和客户。用户需要好的、一致的、集成的功能，以帮助解决问题；需要以一种快速、廉价的方式得到某种功能；同时也需要灵活性，可以快速、廉价地进行改动。当然他们需要完美，但他们不希望每次在使用一个新的程序时必须学习一门新的操作方法。如果能够建立一个公认的软件生产模型，那么获得与汽车同样的生产率与性能提高是有可能的。承认标准，再加上配置优良的工具、新的方法、适当的生产环境、储存在软件仓库中的可替换的零部件及从软件商处购得的最新配件，大批量地制造软件已成为可能。但这种软件制造与传统的工业制造的类比并不确切，软件制造是有别于生产的，软件设计人员仍需要具有能将离散的部分与广泛的系统结合起来的高度创造力。同样，对从事商业的专业人员来说，将各种各样的软件组合成一个能够产生商业效益的创造力也很重要。然而，首先需要的是随时可用的软件，使用软件的目的并不是用管制、方法或工具替代人们的创造力，而是利用新变化的技术开发人们的创造性、灵感和编程人员及所有的脑力工作者的潜能。

互联网的发展使得浏览器/服务器（B/S）这种互联网架构成为目前应用程序的主流结构，只有通过互联网，企业才能及时、准确地了解客户需求和市场的变化，采用互联网架构是理想之选，这种架构可以降低实施成本，也有利于向会计信息化、管理数字化过渡。所以，自助式会计系统将成为以客户为中心、开放式的、以互联网为基础的当代企业财务会计管理平台。自助式会计系统软件并不是从底层开始开发的，而是在系列产品中挑选适用模块进行集成组装，对许多组件还要进行修改或二次开发，使其提供的功能能充分满足企业的需要，这样也可以节省开发时间和成本。

正因为面向对象的系统将数据与操作统一为对象，这就减少了编程人员编写代码的工作量。每一个对象都具有从其他对象收取信息、储存信息和对这些数据进行有限处理的能力。因此，可以说这样的系统是智能的，它们同时包含数据与逻辑，可以与其他的对象相连接。举个例子，银行系统可以具有一个叫用户的对象，它包含数据和必要的处理这些数据的许多操作：计算余额与收支平衡，评估债权等级和发送宣传的资料等。这个对象可以用于不同的账户结算业务，如抵押、人寿保险、信用卡、现金账户结算，或是自动提款卡账目，同时这些业务也都可以被看成对象。用户地址中的一个改动将会波及整个系统，就像一个账户中的变化将会影响其他账户的可信度一样。面向对象做法的动人之处就在于每一个对象所包含的信息可以在大量应用中重复使用。不同种类的对象根据它们的继承关系可以形成一个等级图。每一个对象从上一层对象中继承了一般特征，只需开发那些可以适用于具体应用的不同之处。在一个面向对象的环境中，编程人员可以通过选择来节省时间与精力。或在必要时，修改一个或几个对象来制成一个新的应用软件。通过组合两个或两个以上已存在的对象，开发人员继承了对象中的所有函数和数据，而这些可用来生成新的应用程序。重要的是，开发人员继承了所有用过和改善过此对象的人的技巧。我们现在开始将积累的经验保存下来并且提高了软件的质量。而这种开发软件的方法，实际上说，正是一个标准化的过程。软件开发人员就像盖房子的工人一样，可以从许多已制好的门中挑选，而不用专门为房子单独设计一个门。以前花在这一重复和低效率部分的时间现在被用在新的开发要求与更好的开发途径上了。这种开发软件方法的好处之一在于，它能大大减少设计与编程的错误。应用它，降低了编程的复杂程度和开发软件需要进行的操作的工作量。因为减少了开发时间，并增强了软件的可移植性，用现成的对象来开发软件使生产率方面的提高成为潜在的可能。新软件的制造速度正在加快，这个益处对开发大型和复杂的系统与对应用软件的编程人员来说显得尤为重要。而且，当某一部分坏了时，换一个新的是可行的，而不像以前的程序必须对大型且彼此纠缠的程序进行令人厌烦的维护和检错工作。所有的优越性可以在低成本与程序的高产出中得以体现。在这种系统中，代表复杂和高度结构化的数据的对象被储存在数据库中。这些在传统数据库中极难储存的数据，在面向对象的环境中却很容易被获得和操作。当认识到这些有利可图的益处之后，主要的财务会计软件公司现在都应该普遍支持面向对象的编程方式来进行工程化的开发。

一个面向对象的软件直接产生能够重复使用于大量应用途径的软件元素——组件。一个组件的潜力不局限于一个工程、一个部门、一个公司或整个工业的范围内，它的影响是深远的。它的目的不仅仅在于一个具体的程序，还在于构造一个系统。系统大厦的砖石由各部分软件组成，它们与程序的差别在于它们具有独立的价值，而这些与设计它们时的环境与背景无关。

建立工程化原则需要更多的实现自动化的工具，需要重新定义软件开发的全过程，需要制造出更多有利于后续程序生成的部分，还需要建立一整套高效的管理与控制机制。也就是说，要想软件工程转型就必须建立代替传统的非事先安排好的开发过程的软件生产模式。它为软件工业带来了从未有过的新规矩。这样整个开发过程在软件工程人员看来则更直接。在装入软件仓库之前，软件开发组可以先调试起中介作用的软件组成部分，对质量的要求变得更明确。在某些情况下，软件开发过程中嵌入了一些自动化了的工具，它们能够将所需的结果编译成源代码用以生成这些结果。这种解决问题的方法包含了一些自动化了的工具，它们能根据开发人员的说明自动产生代码。这些规范可以被用户改动以满足对软件的特定要求。这样就绕过了传统的编程过程。所有这些具有革命性的方法代表了旨在提高软件质量并减少开发费用的方案。软件工程规范化是实现从工艺向有效制造环境转变的重要途径。个人电脑与后来出现的开发系统的广泛应用，使独立的软件工业处在一个转型期中。软件已逐渐成为一种零件工业，任何用户、工作组、企业或跨企业的合作伙伴都可以获取重要的相似的软件零件用来按规格改制计算环境。相应地，软件市场也正逐渐变为一个由标准件组成的交换场所。在这里，要求解决相对高级的问题的用户可以找相对低级的能兼容即插即用的软件零件来组成高级的解决方案。比方说，文字处理和电子表格就是这种潮流趋势的先兆。用户们只需用一张电子数据表就可以以蛙跳的速度完成一个模型98%的工作，而再也不用从涂涂改改编写软件开始了。这种潮流趋势在创造软件，比如说在数据库中得到了延续，因为它们可以用来创造适合用户要求的应用程序。用户们将不太在乎一个个零件（软件）是怎样制造的，就像商人们不太顾及砖头是怎样造出来的一样。重要的是对界面（接口）的说明，也就是一个软件怎样与另一些软件交互融合。下面来谈组件化开发所依托的会计信息技术体系。

企业需要一个创建和维护基于标准体系的过程。体系规划要有一些全新的想法和手段。然后需要一个基准框架，它能够支撑许多与创建有效的会计信息技术（AIT）体系有关的观点与意向，这个框架提供了联系理论与实践的方法。

建立一个基于标准体系的过程包括五个基本步骤（如图23-3所示）。请注意整个过程是循环的，这样就能够反映不断变化发展的过程中所产生的需求。它的目标是把重点放在企业中的关键区域，对于近期的发展计划起到特殊的指导作用。以后的重复能够拓宽范围，提高体系的详尽程度。

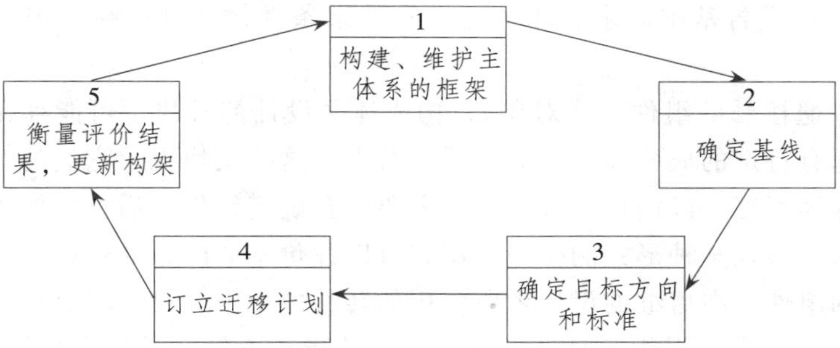

图23-3　体系规划过程

（1）建立一个体系框架。这一框架定义了各种不同的组件，并设置了企业发展过程的组织和管理的背景。这个框架将在以后的内容中详细介绍。

（2）上面的框架被作为勾画当前体系的基础（或基准）。这要考虑到与已装备的技术相关的风险和机遇。

（3）将期望或目标体系模型化，以决定变化的方向。原理的确定用于指导体系模型的发展。这些模型提供的基本信息使我们可以把目标体系的性能和优点介绍给不同意向的团体，他们可以包括业务执行者、用户、开发者和技术提供者。与体系模型相关的标准的制定可以进一步指导开发者与实践者。

(4) 从当前体系到目标体系之间的沟壑必须由一个转移计划来填补。显然包括一段稳定下来的、有效地固化所要求的体系，考虑利益和耗费在渐进的基础上进行增值。

(5) 体系需要在一个规则基础上进一步评价和升级，以便适应企业的转变和技术的转变。整个过程最终形成了向体系革新管理的不断发展。所有相联系的传递计划都来自体系规划的结果，这一结果也被用于对基础和目标体系进行升级。

好的体系将创造性和应用科学联系在一起。体系最普通的应用——建筑物、校园、购物中心、整个城市等——都早已建立起一套关于惯例、原则、框架和方法的命名标准。这一切实现了从业者和学习者之间的知识转移，使得他们的工作与其他科目可以整合起来，并奠定了发展各自实践领域的基础。图23-4描绘了体系中的一些关系。

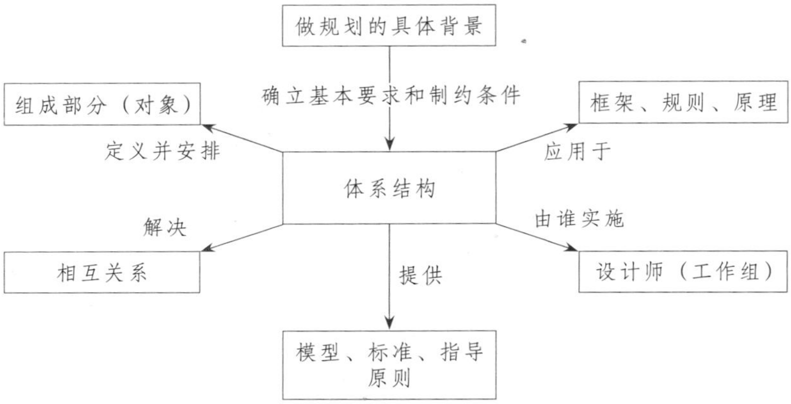

图23-4 体系中的一些关系

如图23-4所示，对任何一类体系来说，一个制定好的规划背景是必需的。一般来说，它是一种报告基本需求、相关方针和约束条件，并且能够运用于高层体系的计划。

一套被普遍接受的组件（或对象），构成体系设计的模块。可能存在一个或多个组件，每个都有特定的成分和相关的性质与特点。这些模块以及它们的特性的定义需达到适当的详细程度，以满足制订计划的需要。在确定组件之后，需要了解它们之间的关系。这通常涉及某种形式的模型，用它可以评价不同的布局选择，以便更好地分解互相联系的组件。在后继的设计者所使用的转移模型中，设计者就提出了使用标准化组件或接口的要求，提供较具体的计划发展的指导方针。设计者将目光转向现实。他们是需要和机遇的概念与可实现计划的制订之间的联系者，他们必须满足计划实施的潜在用户的要求。用户一般不会直接关注计划。体系规划往往是多层次的。每一后继层都使用相同的整体结构，但具有更加具体的组件。随着细节的增多，体系从概念转向逻辑，再转向实质。对实质的建设计划而言，通常“设计”一词将取代“体系”。

在AIT体系中同样也有相似的情景。最初信息技术规划的情况可比作社会生活的形成期，规划的中心在于个人家庭和单位的需求。家庭和单位仅仅寻求满足需求的特定解，而几乎不考虑长期的影响和资源的可能分配。经过短短的3个10年，企业便经过了AIT体系的开拓期，它们现在把对功能的需求看作相互依赖的社会。因此，他们就需要完善主体计划和与此相关的管理过程，以此来指导制定AIT体系运用企业的标准、可共享性和可再用的组件的原则。

自助式会计系统改进了对于企业需求的反应，并且较快、较便宜和质量较高地找到了解决方法。企业正在发生重大的变化，自助式会计系统应尽力将灵活性植入它的系统，使其能够适应变化的企业需求。把标准组件用作定义和建立体系的基础，自助式会计系统通过使用以前的定义和建立的模型来改进开发方法。较之每次建立新的组件，开发者能够集中于新的企业需求。使用标准组件也能够改进自助式会计系统适应变化需求的能力，变化可以在那几个受影响的模块中分离出来。

采纳这一原则需要设计出一个鉴定、定义和连通必需标准组件的方式。标准组件适用的领域包括工作处理、应用、信息和技术。一个管理过程需要沿着通用组件和应用标准的产生与适用来进行，进而意味着需要一个实现得较好的、普通的系统转移方法理论，需要建立一个关于标准组件的术语、定义、访问规则、特性和联系的信息库，从而满足社会范围内的需求。

只有充分发挥整个AIT体系的效能，才能使自助式会计系统的标准组件开发和应用更完善。运用面向对象法的开发机理，让每一个自助式会计系统的实践者都去尝试开发与应用该系统，这样，自助式会计系统的各个模块就可以被会计人员充分地利用。

（三）自助式会计系统的适用范围

在每个企业中，越来越多的信息系统的专业人员正在承担着重要的有关信息系统策略、项目实施以及控制的责任，而这种要求正在使信息系统管理人员和他们的上级以及信息系统的内部顾客们重新考虑信息系统功能的性质、目标、结构与管理。资深的管理人员现在得出结论：这种旧的组织结构已经不再适应新的环境的需要了。在许多企业中，位于传统的信息系统部门和事业部之间的障碍正在以令人意想不到的方式消除。而新的信息系统正在被包括他们自身，同时包括他们的工作小组、公司和外部的合作伙伴所使用。当信息系统功能与其支持性技术进行它们相应的标准变化时，主要存在着一个将企业与信息系统功能相结合的需要。这涉及对这个职能的改造，重新组建它的结构并实施这个新的结构，并且使这个自我更新的过程持续不断。

信息系统组织的原型被看作一种“严密布防的要塞”。虽然这种原型在历史上确实发挥过有效的作用，然而现在的许多信息系统却不再适用于这种旧的模式。在它存在的几十年（正在被使用的那些系统）中，信息系统数据处理（DP）部门或者管理信息系统（MIS）部门变成在严密控制和保护下的环境中的庞大实体。它们同样消耗了一个公司中大量的经济和其他资源。被称为“玻璃房子”的数据处理中心，在显示了神秘而不可思议的技术的同时，也在被一道玻璃墙所保护。这道玻璃墙为所有的计算机保持着人工调节的温度。与其技术一样，信息系统功能被集中，然后汇报给一个信息系统经理，接着他再向财务总监汇报。公司的系统几乎全部是计算机处理器，它不但购买起来昂贵，而且维修起来也所费不菲。正是统治着前几十年企业计算处理的这种专有的系统，使得这个部门不得不服从于计算机供应商的价格与技术。随着计算机对于企业的重要性的提高，其价格也相应增长。核心技术的集中控制者们极大地扩张他们的作用与权利。对于别人来说，他们已经成为一个帝国。在早期阶段，将信息系统资源与企业需要相结合并不是一个问题。这是因为只有一台计算机，并且它执行着绝大多数公司的统计和计算。除了工资单以外，计算机在执行日常业务方面并不重要。信息服务作为一个服务性机构来运作，并且新出现的信息系统的思想所崇尚的神秘性和专有性导致了信息系统和企业其他部门之间的障碍。加上其他因素，这就导致了信息系统经理的一个典型的问题。在数据处理出现的过程中，几乎没有一个企业经理能够想象出信息技术的花费将有多大。数据处理部门开发出依赖于程序设计者和系统专家们的独立系统。正因为他们对于日常企业事务的操作普遍缺乏经验以及对整体的公司战略和对象所知有限，系统专业技术人员常常在“真空”下工作，基本上与企业的其他部门完全隔离。随着对于计算机应用需要的增加，对于集中的资源的争议也相应增加。用户部门不得不把他们的申请递交到主要的序列和通道中，并且用乞求甚至是抗争的方式获得注意和优先权。处于数据处理部门外部的人们对于它的态度经常是冷漠、敌对或者消极的服从。随着整个企业里各个部门中越来越多的人开始更好地理解这个技术和它的一些潜在的优点，他们经常变得对他们的系统部门越发挑剔。有些人抱怨现存软件的应用不足，有些人却寄予过高的希望。他们希望就在年内，他们对应用的要求升至发展计划的顶端。不管在哪种情况下，他们通常都会感觉到系统功能应用的发展和现实相分离。数据处理部门被认为是处在一个偏僻的角落里的、并不真正理解和关心公司真实需要与目标的一个部门。信息系统人员的态度和他们对于系统发展的作用在消除这种用户的看法上毫无作用。要么就是信息系统拥有了所有的一切并且控制着何时去做什么，要么就是像一个与他所在的企业相分离的服务机构。信息系统的经理们被认为是讲着一种不可思议的语言，并且不懂得什么是“真正的”企业的技术人员。

今天的信息系统扮演着许多不同的角色并且以多种形式出现。它一部分依赖于历史上技术的影响，一部分依赖于过去痕迹的影响，一部分依赖于它与企业人员相冲突的传统，而近来依赖于它在竞争中被证实的具有举足轻重地位的能力。一些企业把信息系统看作（并且赋予相应的职责）仅仅用来处理内部的人事更替的管理人，另一些企业则把它看作一个策略进攻方面的主要伙伴。现在，不管信息系统是否能胜任这个角色，或者信息系统是否能输送出去，可以这样认为，对于信息系统功能影响最大的是企业管理人员给予信息系统的策略性作用的大小。因为信息系统常常不能输送出去，企业只能通过在自己的企业部门内重新部署信息系统资源来消除数据处理部门与其他部门的隔阂。

因为有优势系统的竞争压力才使得企业分散其信息系统资源。那么分散型集团企业通过对他们的整体任务和目标以及高度分散的公司各部门的严格控制取得了良好的效果。互联网使得集团企业能够以一种截然不同的观点来看待如何配置信息系统资源的问题。从极端的观点来看，有人已经提出既然在不同企业部门的信息系统专业人员能够协同合作来达到共同的目标，那么就不再有中心信息系统功能存在的必要了。然而具有讽刺意味的是，在大量的市场和生产因素刺激更多的分散性企业出现的同时，对于强有力的公司层次能力的需要也在增强。一个重要的企业单元本身就是一个公司。公司范围的系统对于成功甚至生存而言正在变得越来越重要。综合了整个公司信息的行政信息系统和管理支持系统，像EDI那样将公司与供应商和消费者联系起来的技术、公司范围的办公互联系统以及如同后备系统和邮差公司的追踪系统那样的企业应用系统，都为创立强有力的企业职能提供了有利的条件。信息系统的着重点正在从削减经费和提高内部的操作过程与管理的效率转变到凝聚整个公司并直接把产品和服务送到客户手中的机制上。恰恰是因为信息技术是一个对企业职能和经营进行改造并使之重生的工具，所以就需要一个企业的机制。这种建筑并不是一个巨大的系统，它只是一套普通承认的原则、样式和标准。它能够使独立的企业单元共享的网络、共同的信息结构以及标准化的技术环境进行协调合作。

因而可以这样认为，具有短小精悍的分散型企业特征的行政事业单位和微小企业，与具有现代管理的集团型企业特征的大型企业，都是最适合自助式会计系统这一新型的信息系统的。要重新调整信息系统组织，以取得好的成效包含了以下四个层次：

（1）重建形象。这牵涉到为信息系统功能建立一个视点和整体的战略，从对于信息系统的职能和对企业的贡献，以及一整套的控制着信息系统的重整目标和准则的识别开始。

（2）改造。主要的结构调整方法有分散信息系统资源、集中或重新集中信息系统资源、信息系统资源分权，将信息系统转变为一个利润中心或将信息系统功能建立为一个独立的公司，以及将信息系统或一部分外包给第三者承包商。虽然许多组织采取了这些做法的结合，但通常仍然可以从中辨认出一个主要的部分。

（3）实现。研究发现了对信息系统工作过程的不同的处理以及人们被雇用、提拔和得到发展的方式影响了信息系统工作对于企业的贡献的证据。这些包括在招收新人、提升、专业发展、培训、奖励、激励和品质管理等领域的策略和项目。为了达到有效的目的，这些解决方法需要在计划、管理实施以及文化改变方面达到较高的水准。

（4）更新。一个持续不断的衡量项目能够评价信息系统功能的成效并且有持续的反馈和修改。衡量包括了使用的效率（比如网络停工期）、软件发展的迅速程度（比如编码的再使用）、用户的满意程度（对信息系统、对企业所做贡献的看法）、组织的预备情况（比如考虑到将来的变化）以及用户的支持度（比如服务层次的管理响应或热线反馈时间）。

通过对信息系统的再认识，可以看到在一个联系良好的组织里，信息系统目标和奖励经常与企业成功紧密相连，这有助于创造一个能让信息系统和企业运作同步并朝着同样的方向发展的环境。总的来说，有关信息系统决策的影响力从集成化的数据处理部门向各个企业单元和技术用户的转变已经带来了许多改变。系统专业技术人员被分配在需要技术的地方。公司正将其信息系统专业人员转入企业领域里，以满足特定的要求，并通过这种创新建立一种信息系统与企业的真正的合作关系。同样，它们正在通过日益增加对外部资源的使用来实现以上所讨论的那些好处。组织的联合策略应该由一种将IT在企业内部使用和交流的整体策略向一种新的形式——利用互联网的自助式会计系统的方向转变。

下面就以微小企业为例，来看看自助式会计系统是否适用：

微小企业的信息需求与大企业不同，有必要设计一些专门的会计信息系统，以满足其对信息的需求。这要考虑实施与维护中的特殊性，要考虑替换手工系统中的软件和硬件的适合性，还要考虑时代的发展和企业的成长。

微小企业在经营的时候比大型企业集团更具有弹性，但对于经济生活中的不利变化则同样更不具抵抗力。微小企业总是受到财务约束，在经营中有超乎寻常的高失败比率，主要原因就在于缺少会计信息，或是这些数据没有被充分利用。例如预计现金需求的能力不够，估计某种商品库存余额时信息不完全等。只有通过会计信息系统的建立，才能使得这些问题得到解决。微小企业的所有者总是将会计制度看作一件令人讨厌的事，或者至少是一件不方便的事，认为只有大型企业集团才需要一个正规的会计信息系统。由于这种错误的看法，许多企业主仍然继续其经营活动，即使没有任何具体的会计信息系统解决方案，或是有一个不符合自身需要的会计信息系统。的确许多微小企业并不需要精心编制的财务报告，因为与大企业相比其业务较少，没有必要花大量的资源进行数据登录。但是微小企业仍然需要一种功能性的会计信息系统，它能够提供信息给内部决策者和外部使用者。

在为一个微小企业设计会计信息系统时，要想设计一个有效的会计信息系统就必须考虑到微小企业的几个特征：

（1）简单性：大多数微小企业的财务会计业务并不复杂，这样的话，为其设计的会计信息系统就应该简单而直接。

（2）缺乏专门的会计人员：在最小的企业中，企业主本身就是会计。然而，在大多数的微小企业中，往往倾向将会计职责集中在一个小职员身上，因而会计方法是有限的，准备的财务报告的数目很少，相关的组织责任分离也很难进行。设计一个有效的会计信息系统就必须考虑到这些局限性。

（3）紧密控制的所有权：由一个家庭或几个有限的股东控制企业就使得财务报告没有必要详尽。所有者对于公司日常经营业务的熟悉，使得财务报告中的有些项目无须十分详尽。

（4）缺乏运营成本：微小企业经常是资本少、生意多，由于没有太多的运营资本，一个有效而低价的会计信息系统就显得十分重要。

（5）财务处理能力不高：除非微小企业本身是一个会计师事务所，否则大多数的微小企业主更多的是从技术、营销或手艺出身，而不是从会计出身。这样一来，这些经理可能对于组织中的会计信息系统并不感兴趣，或者是不具备足够的技能对一个好的会计信息系统进行有效的利用。

（6）不正规的组织机构：企业的规模较小，这就使得员工之间的交流增多，从而所需要的正规的财务报告的数目也就十分有限了。政策和规章制度的不完善使得会计程序与控制松散，如果没有一贯的会计做法，就会对企业的决策制定产生不良的影响。

（7）缺乏完整的会计应用：手工会计信息系统向会计信息系统转换的过程，可能是一部分一部分地进行，从而导致会计信息系统的不完整，这就要求进行额外的加工，以准备重要的财务报告。

（8）计算机处理能力不足：小微企业的办公室人员必须集中于日常的经营业务，这就使得他们很少有时间，也没有意愿去补充自己的计算机知识。由于内部计算机知识的缺乏使得企业必须依靠外界的软件或硬件零售商，因而小微企业购买的软件或硬件可能并不能完全满足其对信息的需求。

这些设计中的考虑使人们弄清了小微企业的特征，为设计出有效的会计信息系统提供了可能。

自助式会计系统是企业适应激烈竞争的有力武器。小微企业在社会主义市场经济的竞争中，必须选用符合自身特点的集成化、低成本、高效率的财务会计软件，而自助式会计系统软件就是这样的软件。它可以在网络环境下做到：在线办公、分散办公、移动办公、远程传输和查询以及在线学习，完全符合网络会计工作方式，使得会计工作变得原始数据收集分散化，信息处理与管理集中化，财会信息查询动态化、实时化，数据输入、处理、输出无纸化。小微企业可以通过租用平台的会计信息系统来适应时代的变化。这里所指的会计信息系统并不一定是所有会计业务都由计算机处理，也可以是单项业务电算化的会计信息系统和多项业务电算化的会计信息系统，或者是整个管理信息系统的电算化。小微企业也可以选择委托会计师事务所代理记账，这样有利于企业的发展。我国的小微企业非常多，通过代理记账可以使它们的经营活动更加符合规范，使它们的经营风险降低，更适应市场经济的规律。专业咨询服务对推广自助式会计系统来说是不可缺少的，所以要加强会计师事务所代理记账人员的培训，扶持财会软件平台的发展，以确保财务共享平台服务在企业的使用。这便是计算机网络发展给小微企业带来的光明前景。对于小微企业来讲，自助式会计系统软件的意义在于：随着自助式会计系统软件的推广，将改变我们现有的财务应用的模式，小微企业将来不是直接向财务软件开发商购买软件，而是向自助式会计系统平台服务商租用软件的使用权。自助式会计系统平台服务商是互联网上的专业ISP，负责建立自助式会计系统软件站点，维护财务数据库、数据库服务器和Web服务器；销售软件的使用权，为众多的用户维护财务数据（备份、恢复等），用户通过互联网使用软件，当然ISP同企业用户之间需建立严格的信任约束。这样的话，小微企业一方面无须购买昂贵服务器，也不必聘用专业的计算机工作人员，从而使信息成本降到最低；另一方面也降低了企业人员流失带来的风险。自助式会计系统软件为小微企业提供了一个完美的解决财务方案。

在现代网络环境下，小微企业利用信息技术可以实现完整的会计解决方案，可以和大型企业集团在完全一样的起跑线上开展竞争。而集团型的大企业也可以通过自助式会计系统来更新改造自己的信息系统，达到重建形象、取得好的成效的目的。

互联网把传统C/S模型中的数据库服务器分解为应用服务器（Web服务器）和数据服务器，几乎所有的开发与维护工作都集中在服务器端。可以利用Web服务器来为企业内部的各部门提供信息和收集信息。在客户机上，只要通过浏览器和极少量的应用程序就可以输入有关数据，通过Web服务器存入到数据服务器上，从而实现数据归数据服务器存放，财务会计软件则固定在应用服务器上。

利用INTERNET的文件传输协议，还可以接收和发送文件。当然，也可以向各分支机构发送规定格式的表格。可以向财政局、审计局、税务局、注册会计师事务所、市场监督管理部门、企业的开户银行、往来客户的部门提供一个自己能够掌握的E-mail地址，以便及时地接收有关方面的新的规定、政策、工商年检通知等信息。还可以通过E-mail向提供财会、审计、会计电算化服务的咨询机构进行咨询，以提高本企业的会计工作质量，提高本企业会计信息化的水平。

“手工作坊”生产的会计软件是无法适应社会对会计信息系统的要求的，工程化大生产的软件产业必须走标准组件模式。自助式会计系统将以其先进性和对环境的适应能力成为网络会计发展的必然趋势。

会计人员工作网上自助式软件应用是网络会计带来的一个重要方面，是ASP（active server page）活动服务主页的一种重要服务方式。它是在运行中心的统一管理下，通过互联网为用户提供经营、托管、分发、管理会计应用程序、出租软件等的网络信息服务。设想一下，大量小微企业不必配备复杂的计算机和系统软件，不必购买也不必自行开发会计核算与管理的应用软件，而只需一台能上网的普通计算机，甚至只需要在电视机或其他家用电器上加一个机顶盒，就能在互联网上畅游、获取所需的信息，进入指定的网站，就可以自由选取各种应用软件模板，完成会计核算和管理的各项任务，为企业各级管理者提供决策所需的信息。这将是何等惬意的事情呢？而且这将大大降低广大小微企业为开展会计信息化的投资和系统日常运行维护的成本，大大提高网络会计为企业和社会带来的经济效益。设想网站提供的这种ASP服务可分为免费浏览、有偿下载和注册会员制两种方式。免费浏览、有偿下载是指网站平台提供用户浏览的内容，网站平台不另行收取费用，它和普通上网一样，所花的费用与上网的支出一样；至于进入网站平台后，得到的特定信息服务及下载所选中的软件，则按其复杂程度、服务的工作量支付规定的费用，这种费用肯定要比企业建立复杂的会计信息系统，购买或开发会计应用软件要少得多。至于注册会员制的方式，也称俱乐部会员制，那更是可以充分发挥网络会计各种优越性的良好方式，会员企业可以固定得到网站平台的各种信息服务，在网站平台上建立自己的页面；发布自己认为需要发布的信息，下载自己需要的网站平台所提供的任何软件；也可以委托网站平台利用其具有的软件，完成企业所需的某项会计核算与管理任务；与网站中的会员企业进行各种信息交流，并获得网站提供的咨询和培训教育服务等。

二、自助式会计系统的最新实现手段

（一）Saas平台——自助式会计系统的最新实现手段

ASP自1999年首次在我国提出之后，国内一些知名的软件企业不断探索，将开发ASP模式的会计信息系统作为追求的目标，并取得了长足的发展。随着互联网技术的进步，基于互联网的自助式会计系统的实现形式从原有的ASP模式逐步向Saas模式演变。二者的区别主要在于技术实现层面，对自助式会计系统的业务层面没有太大影响。与ASP模式类似，Saas在线会计管理平台通过互联网提供软件，用户不用再购买软件，而改用向提供商租用基于Web的软件来管理企业的经营活动，且无须对软件进行维护，服务提供商会全面管理和维护软件。对于小微企业来说，它消除了企业购买、构建和维护基础设施和应用程序的烦琐，无疑更便捷。

（二）Saas相对于目前传统财务会计软件的优势

（1）成本低。以租赁的方式使用软件，按需使用，按需付费，不用一次性支付大笔资金，总体成本和投资风险都大大降低，且后期升级与维护可及时免费获得。

（2）方便快捷。与传统软件相比，Saas在线会计不用安装软件，只要联上互联网即可使用，理论上在任何一台能够上网的电脑上都能随时使用。后期提供免费升级和维护服务，由服务提供商在服务器端统一升级，若使用中遇到问题还可以在线咨询。

（3）安全保证。由于Saas在线会计管理平台是将客户数据存储于中央服务器，由供应商统一维护，降低了数据遗失的风险，且从技术和服务器集中管理上提供多层安全保护。相对于一般的网上财务而言，安全性大大增强。

三、自助式会计系统的开发策略

（一）第一种策略选择

（1）会计系统各层次的需求：按会计数据处理系统、会计信息管理系统和会计决策支持系统的需求加以修改。这些需求可能反映了对自助式会计系统的需求，在一个专业财会信息技术网站中，对自助式会计系统功能的需求，主要是采取在现行系统基础上不断提高的形式。

（2）管理人员对特殊研究或报告的需求：管理人员对研究和报告的数据需求日益增长。这类数据有相同的结构和属性。如果需求量大、专业性和技术性强，可成立外部咨询团；如果是数量分析，则应该建立运营或管理的研究团体；如果需要传统财务分析，则需要成立财务分析团体。

（3）对外部数据的需求：如竞争对手的行为、行业财务数据，以及市场、区域和地区经济与财务数据等。如果数据是以“机器可读”形式存在，要借助于计算机人员；如果要求收集特殊数据，则要借助于咨询人员或智囊团。

（二）第二种策略选择

开发方式选择支持以上需求的新技术正在形成，许多自助式会计系统组件正在被开发。例如：提供存取外部数据和分析程序库的约定；支持财务报告的财务计划语言；电子数据处理系统的交互式功能，高级财务人员能直接存取内部计算机数据；用计算机系统查询语言和报告生成器、查询和编制内部计算机数据的报告等。以上任何一种都能成为一个自助式会计系统的组件。每一个模块如果能被适当地管理和集成的话，就可以构成通用的自助式会计系统组件。然而这些模块通常是在不同时间内应付不同的需求产生的，要达到集成，有两种开发方法选择策略：①针对需求，继续开发这些模块的功能；②组织、集成这些模块，推动它们的使用来开发通用的自助式会计系统组件。

（三）第三种策略选择

在一个专业财务会计信息技术网站中，自助式会计系统的开发有各种方法策略：

1.快速命中法

如果在某个领域有高效益的财会需求，应根据现实的需要，尽快使用适当的工具，直接开发自助式会计系统模块，获取效益后再考虑下一步。从短期看，快速命中法具有最低的风险和最高的潜在收益，所需要的工具和技术能自行开发或从专业网站的软硬件市场上买到，并可直接用来解决问题。由于没有借助于前一个自助式会计系统组件，因而在开发下一个组件时能够使用当时最新技术。它收益较大，风险较小，接受新技术容易。它的缺点也是很明显的。它不能保证开发上一个自助式会计系统组件时所使用的工具，在开发下一个组件时也能直接使用。与使用一套集成工具来开发的自助式会计系统相比，快速命中法缺少灵活性，需要更大的维护工作量，因此，使用周期短、修改工作量大、总体费用较大。这种方法策略只在要求快而急的环境中较实用。

2.分段式开发法

构建一个自助式会计系统模块，要事先有周密的计划，使开发第一个系统组件的成效，可以再用于第二个自助式会计系统组件。通过对几个成功的自助式会计系统组件的开发，产生自助式会计系统生成器。这样，第一阶段开发的成果在第二阶段可以使用。这种方法使得成果的使用期延长，减少了修改，减少了总费用，但它增加了最初投资，延迟了最初成果的使用时间。分段式开发法的优点是通过对已完成自助式会计系统组件的应用，减少风险和提供早期效益，同时又能达到经验积累的目的。它还可将以后开发的自助式会计系统组件在适当的时候加以集成。它的缺点是需要高额的开发费用，而且第一个集成的自助式会计系统不能很快和用户见面，这样对时效性较强的工作是不利的。

3.全面积极开发法

构建任何自助式会计系统组件之前，开发全部功能的自助式会计系统生成器和管理业务的管理机构，把完整的自助式会计系统生成器作为主要项目。此生成器具有最好的基础工具、最佳的集成和工艺。相对其他方法，这种方法功能最强，但在获得效益前，需要较长的开发时间，风险可能较大，因为技术可能老化，还可能遇到各种各样的开发障碍。因此，目前专业财会信息技术网站很少采用。

（四）第四种策略选择

在开发各种互联网上的自助式会计系统组件时，有多种途径可供选择：

1.自行开发

通过互联网上对自助式会计系统的理论介绍以及开发方法的选用，广大会计人员可用先进的工具和手段，发挥主动性和创造性，去完成自助式会计系统组件的开发，并用标准数据接口将所开发的组件集成起来，满足管理决策对信息的广泛需求。

2.委托网站开发

由用户向网站提出申请，由网站组织开发，组件制作完成后上传到网上，然后通知用户进行下载，并通过网站的教育培训模块教会其使用。

3.直接从网站上选购

网站根据用户需要，提供有关各种商品化自助式会计系统组件的介绍，详细介绍它们的系统功能、操作方法以及价目表。用户可在软件超市中免费浏览各种自助式会计系统组件，自行与选中的软件公司接洽，通过网站向软件公司购买。

4.几种方法相结合

从零开始进行开发的成本相当高昂，因此直接应用市场上提供的开发好的自助式会计系统组件也是可取的。但由于专业网站提供的组件不能完全适合每一个单位的实际需要，因而选择自行开发、委托网站开发以及直接从网站上选购等相结合的办法，是一种可选的开发途径。

案例 23-1

会计信息服务平台案例讲解

第二十四章
云平台服务会计

财务共享的本质是由信息网络技术发展而推动的企业运营管理模式的变革与创新，是一种能够有效降低企业成本、提高服务水平的管理体系。然而，财务共享模式由于投入巨大并且技术门槛太高，从而使得占我国企业总数90%以上的中小企业望而却步。如何使中小企业也享受到技术进步及推动财务共享服务过程中向标准化、专业化、流程化、信息化和智能化发展所带来的诸多便利，同样是会计信息化建设的重要内容之一。随着云平台服务会计（代账公司服务云）的普及，越来越多的中小企业开始采用云会计模式实现会计核算与企业管理，或者将会计工作委托给代理记账公司来享受社会化、产业化、系统化、专门化、流程化，标准化、智能化的云会计服务。通过云会计平台实现代理记账已经成为代理记账公司的主流业务模式，与集团公司的财务共享服务中心相对应，云会计模式下的代理记账公司也被称为社会共享服务中心，本章将重点介绍云平台服务会计（代账公司服务云）的概念、特点和应用现状及未来发展趋势。

第一节　云会计与中小企业

一、中小企业与代账公司云会计平台

在大数据时代，经济全球化的背景下，企业间竞争越来越激烈，我国企业尤其是中小企业必须抓住机遇，紧跟时代潮流，才能不被淘汰。会计是企业的重要部门，要加强企业的竞争力，必须对会计进行改革。但是因为资金有限，再加上技术比较落后或团队专业能力不足等问题，严重影响了中小企业采用新颖的云会计模式，无形中制约了企业的发展。中小企业在我国经济中占比很大，将云会计应用到中小企业会计改革中，消除发展壁垒，有效整合企业的资源，提升企业会计信息的真实性、有效性与可靠性，从而有力促进中小企业的发展和进步。同时，广大代账公司普遍使用云平台服务会计进行代理记账，在提高服务效率的同时大幅度地节约了代账成本。

2018年8月10日，国家工业和信息化部印发了《推动企业上云实施指南（2018—2020年）》，文件指出：云计算是信息技术发展和服务模式创新的集中体现，是信息化发展的重大变革和必然趋势，支持企业的财务云平台建设，有利于推动企业加快数字化、网络化、智能化转型，提高创新能力、业务实力和发展水平。此外，在2019年、2020年影响中国会计人员的十大信息技术评选中，财务云都以超过7成的投票率成为排名第一的信息技术。因此，推动财务云平台的发展，促进财务云平台的建设已成为当下中国企业转型发展的重要驱动力。

《首席财务官》出版人田茂永先生提出："云让共享更彻底。"从IT技术的角度来看，云计算是把社会闲置的计算能力集成共享出来，这是一种低层次的共享；从财务共享的角度来看云计算的变化，不仅仅是IT计算能力的提升，更多的是将一项可以纵向继承的管理职能视为均质化的计算能力，而进行流程上的云化处理。利用云平台服务会计，首先要解决组织内财务语言同一化、标准化的问题，其次，要推动财务云引导业务流程向效率更高的方向漂移的能力。

建立财务云平台从而实现企业内的财务共享，最终是为了实现财务与业务一体化发展，以业务驱动财务，用财务支撑业务，业财融合是财务职能发挥作用的基础。就财务而言，财务支撑业务发展，并不是单纯的事后核算，而是事前预判、事中控制、事后分析与评价，从而优化业务体系，更好地为组织创造价值。

（一）云平台服务会计的定义

云平台服务会计即云会计是一种建立在云计算基础上的、以互联网为媒介，由专门的服务商提供软件、硬件及其维护等服务，客户利用电脑等终端设备实现会计核算、财务分析等功能的在线会计信息系统，它可以为企业提供数据分析、财务核算、财务管理及决策服务。云会计作为一种新兴的互联网会计处理模式，以大数据、云计算为基础，可以为企业提供最佳的财务核算方案，满足企业降低成本、提高效率的要求。云会计具有专业的云会计服务供应商和工作人员作为技术保障，保证了云会计的顺利应用，实现提高企业财务绩效的目的。

与传统的会计应用软件相比，首先，云会计突破了空间桎梏，员工可以通过手机终端进行报账、报税、汇款等工作，不再局限于企业内部终端。其次，云会计从传统的应用系统买断制转变为服务器租赁服务，按需收费。云会计服务商可以根据客户需求，调整服务模块内容，更好地支持客户信息化要求。最后，云会计相关基础设施从服务商处租赁，避免了购置、安装和管理的大额费用，将软件及硬件的资源维护交由专业的服务团队负责，节省了企业成本。

云会计中的"云"是互联网，而云计算则是建设在不断丰富的互联网服务的基础上，经过互联网提供动态扩张的虚拟化资源。从某种程度来看，云会计区别于以前传统会计软件的根本特征，是它能够在任何时候任何地方进行登录，是"互联网+"时代的一种新型会计信息管理模式。

云平台服务会计最突出的作用就是实现企业财务会计、管理会计的移动办公，会计核算可以随时随地进行，会计资料可以随时随地查阅。运用云会计服务平台，各单位的原始凭证可以随时随地进行会计处理，方便了核算工作的开展。其次加强了企业信息化运行方式，使得企业财务会计部门与其他生产、销售部门之间无缝对接。企业各个部门的信息及时送达财务会计部门，会计核算的信息也能及时送达到企业的相关各个部门。最后，云平台服务会计减轻了企业会计的工作任务，智能化的云平台服务会计系统会自动记忆已经发生的交易，并自动建议发生额的归集科目，然后将业务发生后的网上银行凭证、电子对账单自动导入会计云计算系统中。云会计使得企业会计人员无须做一些机械性的劳动。

云会计作为新兴财务系统管理方式，自2006年谷歌世界引擎大会首次被提出。Seokchan Jeong、Retno A.P. Arifin等学者通过研究中小企业使用云会计应用软件的应用情况，指出了云会计在中小企业发展中所起的重要作用。

MJ Quinn和P Cleary对爱尔兰一百二十多家中小企业做了深入的研究和调查，证实了云会计对中小企业发展的重要性。Maik Lindner、Fermin Galan、Clovis等发现了云会计对传统会计有着较大冲击，同时也对云会计的相关费用方面作了分析。Ruiz-AgundezI、Penya Y. K.、Bringas P.G.等把云会计看成了一种模型，在这个模型的基础上探讨云会计运用中可能出现的问题以及相应解决方法。

在我国，也有很多学者对云会计做了研究与分析。程平、何雪峰（2011）首次提出了云会计的概念，他们认为云会计由互联网而产生，也可以说云会计就是利用云计算技术与理念构建出的会计信息化基础设施和服务。蔡立新、王垒垒（2016）提出了云会计包括会计网络信息系统及其衍生物。

（二）云平台服务会计的相关概念

1.云平台

云平台即云计算平台，是指基于硬件资源和软件资源的服务，提供计算、网络和存储能力。云计算平台可以划分为3类：以数据存储为主的存储型云平台，以数据处理为主的计算型云平台以及计算和数据存储处理兼顾的综合云计算平台。

2.财务云

"财务云"的概念出自国内著名云计算整体解决方案供应商浪潮。浪潮认为，财务云是财务共享管理模式与云计算、移动互联网、大数据等技术有机融合的结果，建立集中、统一的企业财务云中心，可实现财务共享服务、财务管理、资金管理三中心合一，支持多终端接入模式，实现"核算、报账、资金、决策"在全集团内的协同应用。

3.云会计

云会计就是大数据和云计算的结合，是指在大数据背景下以云计算技术为基础构建的虚拟会计信息系统，通过会计信息系统对企业的各项信息资源加以整合，从而为企业生存发展提供必要的可靠信息数据，同时也完成了会计核算和会计管理。

财务云与云会计有很多共通之处，二者都是依靠大数据、互联网，对企业的资源信息加以整合，从而达到高效的会计与财务管理。而云平台则是实现财务云与云会计的必要支撑平台。

4.云平台服务会计的体系结构

云平台服务会计是一个虚拟会计信息系统，对企业的各项信息资源加以整合，从而为企业生存发展提供必要的可靠信息数据，同时也完成了会计核算和会计管理。

云平台服务会计包括会计应用软件、应用服务平台以及具有存储和数据计算能力的基础设施三个层次。云平台服务会计的每一层都由对应的服务构成，如图24-1所示。

（1）"移动办公"

软件即服务（SaaS）构建云会计的会计核算、管理、决策系统，并与其他相关系统融合，以租用的方式通过网络交付给用户；用户可以彻底打破空间和时间的限制，在任何时间、任何可以连通互联网的地方以多种方式实现报账、报税、审计、汇款等远程工作，真正实现"移动办公"。

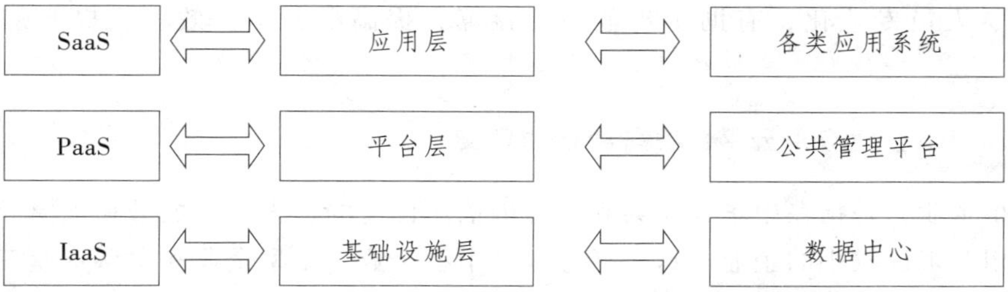

图24-1　云平台服务会计体系结构图

（2）数据统一管理

平台即服务（PaaS）构建会计信息化新应用、新服务的开发平台以及云会计的数据库服务，一旦用户的应用被开发和部署完成，所涉及的运行、管理、监控工作都将由该平台负责，企业的财务数据也通过该平台的数据库服务进行统一管理。

（3）存储计算

基础设施即服务（IaaS）提供了虚拟化的基础设施资源，以虚拟机的形式向用户提供动态的计算资源，实现有弹性的存储计算能力。

（三）云平台服务会计带来的新变化

1.改变了企业传统的运作模式

云平台服务会计（下称云会计）能够帮助企业智能记账、报税、分析数据，大幅降低对人的依赖，为企业提供了统一的计算资源，促使了财务云的资源共享，并推动中小企业有效处理并运用财务数据、实现业财融合，使中小企业无须额外开发或购买财务软件。

2.对不同规模的企业均起到了积极的作用

对于中小企业而言，有助于约束其财务行为，使其重视公司财务管理，提升其财务管理风险防控意识，规范财务相关职位员工任职规则，实现不相容职务的绝对分离；对于大型企业，其财务共享中心相对复杂、庞大且正规，集团化管理之下的公司内部组织结构呈现扁平化趋势，对于风险的防控意识和识别处理能力也会更强。

3.有利于降低企业成本

在云会计的推广与应用过程中，企业借助云端存放各类信息，提升会计信息存储空间，实现财务资源的共享，减少人员及软硬件系统的重复设置，并通过云会计服务商开发与维护软件，有利于降低企业的运行成本。

4.便于信息获取与整合

云会计软件的异终端模式，可在云端同时处理企业异地分散业务点账务，企业管理者可以及时掌握数据、了解预算执行情况、得到预警信息，进而将会计管理由事后控制转向事前，提升企业整合能力，支持企业的业务整合与快速扩张。

5.有利于提高企业效率和加强风险控制

云会计可以挖掘出企业财务与非财务信息，自动化、智能化有助于将基础财务与业务化繁为简，大幅提高会计相关工作效率。企业经营管理者将云会计挖掘出的信息融合，可以系统、全面地识别和控制经营风险，实现企业对市场变化的柔性适应。

6.规范程度高

云会计利用人工智能自动操作，拥有一套完整的操作与分析处理程序，通过业务标准化、人员专业化，有助于规范会计核算，提高财务工作效率，提升财务服务质量。

二、中小企业应用云平台服务会计的意义

中小企业，是指在中华人民共和国境内依法设立的，人员的数量和规模，经营的规模，相对来说较小的企业。这一概念包括中型企业、小型企业和微型企业三种。中型、小型和微型企业这三者的划分标准由国务院的有关部门，根据企业的从业的人员、营业状况、资产情况等相关指标，结合行业特点而制定。微型企业往往可由单个人或是少数人提供资金组成，其雇用人员数量与营业额度都不是很大，所以在经营上通常是由业主直接管理，受外界干涉相对较少。

中小企业是国家实施大众创业、万众创新，建设国家经济现代化的重要载体，在增加就业、促进经济增长与稳定社会等方面具有十分重要的作用，对全面建成小康社会，实现经济高质量发展具有重要的战略意义。中小企业由于自身资金有限，再加上技术比较落后或团队专业能力不足等问题，严重影响了其会计信息化的实现程度，无形中制约了企业将来的发展。因此，中小企业更适合采用云平台服务会计，通过财务云平台完成会计核算与进销存管理，或者委托给代账公司进行会计业务处理。中小企业与代账公司采用云平台服务会计具有以下几个方面的意义：

第一，投入成本较低。云会计是由提供商通过软件服务、硬件服务这类方式提供，中小企业只需要按自己的需求进行购买或租赁相应规格的云会计系统，在电脑等电子终端进行登录管理，通常无须购买服务器等硬件设备，也就无须考虑这些硬件设备的折旧问题，只需要按照与供应商谈好的价格支付一定的使用费即可，这毫无疑问可以为中小企业节省开支，同时在采用云会计模式后，企业可以削减相关会计核算人员的工资费用，用来雇用管理会计、财务管理方面的人才，提升企业竞争力，也有利于中小企业的会计转型工作。

第二，具有极大灵活性。企业运用云会计无须购买硬件设备，也就不会遇到储存空间有限、设备毁损等问题。云会计系统的维护由服务商负责，所以企业能够节省更多的精力和财力。云会计系统可以通过终端随时随地登录的特点也使得企业运营更加灵活。同时通过应用云会计系统，能够使企业各个相关部门及时查看相应的经营数据，通过云会计的运用来提高相关信息的传递效率，使各个相关部门的衔接更加充分。

第三，企业数据的安全性较高，保密性较强。与传统的手工录入信息不同，企业将信息上传到云会计系统中，节省了纸张与相应费用，由于数据可以在云端做备份，云会计服务商有专业的团队对系统的防火墙定期升级与维护，所以企业不用再担心意外灾害或人为因素等情况导致的数据遗失。并且企业不同工作人员可以通过各自身份授权及权限的分配来进行办公，根据授权的不同级别，获取的会计信息资料也会有所不同，这样可以有效保障各项财务信息的完整和保密性。

第四，相关功能扩展丰富。相比传统会计软件的升级与维护时会出现的卡断以致系统不能正常使用影响企业运营，以互联网技术作为依托的云会计，并不会出现类似问题。企业可以在云会计系统中建立自身资料库，以便随时对数据进行调整和更新，

在需要时获得第一手资料与技术支持。企业在满足自身需求的同时由此也可以在竞争中把握主动。

三、云平台服务会计在我国的应用现状

与其他发达国家在云会计技术的研究与应用方面相比较，我国的云会计还属于初级或者说探索阶段，未来还有很大的发展空间。在我国，云会计主要被大型企业，尤其是互联网企业如阿里巴巴、京东等所应用，未能广泛地在中小型企业中运用与发展，其中推广的力度不强是一个重要原因。现今的云会计服务分为三种。第一种是大众化的，理论上可以用于所有类型企业的公共会计云服务，虽然其应用较为广泛，但是对于一些追求个性化服务的企业来说，并不是个很好的选择。第二种则与第一种相反，它是比较有针对性的、能够为企业提供个性化的、可以量身定制的私有会计云服务，相对于其他的云服务来说更安全，保密性也更高，但是由于成本较高，并不适合经济状况不是太好的中小企业。第三种则是第一、第二种的融合产品，同时具备了二者的优点，成本在三者中居中，因此对于中小企业来说是一个好的选择。

在供应商方面，一些云会计服务供应商为中小企业提供的云会计服务简单而又单一，例如阿里巴巴软件的钱掌柜、用友集团在线管理软件、金蝶在线会计软件等。这些软件共同的弊病在于只提供了基本而又简单的财务核算功能，虽然有利于相应人工成本的减少，但是企业之间的信息并不能得到及时整合与反馈，出现了信息的孤岛，不利于企业的长远发展。

总的来说，由于我国云会计服务模式的各种局限，其未能广泛应用。

（一）我国云平台服务会计应用现状

在当前的社会形势与背景下，中小企业的融资渠道较少、较窄，困难很多。很多企业因为资金不足，很少会对自己企业的会计信息化工程进行前瞻性建设。管理层更愿意把资金用于生产或者扩大规模，认为会计信息化离自己很远，而且在生产效益方面短时间内不会有明显的提高，并且担心云会计建设的成本会很大，影响企业发展。所以中小企业权衡之后，仍然选择运用传统的模式。

有一些中小企业虽然建立了会计信息化系统，但在应用中普遍存在效率低下的问题。各个部门有自己的会计系统，部门之间系统的关联不是很密切，甚至由于某些软硬件的问题，使得系统出现不兼容的情况，致使企业内部信息流通效率低下、资源的利用率较低，企业将为此付出更大的成本。

并且由于在中小企业中任职的财会人员多数是传统会计出身，对于计算机和云应用并不是很精通，在传统会计的思维定式之下，他们对于云会计服务不太了解，甚至出现排斥，所以有时即使企业引进了云会计系统，也会因操作人员的不熟练或者排斥反而效率不如以往。目前我国中小企业云会计与应用呈现出的主要特点如下：

1.目前云会计在我国企业的使用率仍未达预期

大数据环境虽然给企业的财务核算和财务融资带来了便利条件，节省了时间，但对很多企业的财务发展来说，也是一次严峻的挑战。因为财务云在我国目前还处于起步阶段，而且多数云会计平台提供的服务也只有基本的财务核算等信息管理，并不全面。另外，目前云会计的软件功能并没有充分显示其核心优势，所以很多企业并不十

分青睐云会计或财务云平台。一些大型企业的财务云建设已经开始，但并不断完善，然而中小企业对此意识还不够。

此外，中小企业往往规模不大，经营者更倾向控制企业，认为采用传统会计更能掌控企业。中小企业没有认识到云会计模式在降低企业成本、增强外部关联、开展协同工作，提高财务工作效率等方面对企业的积极作用。但随着“大、智、移、云、物、区”的发展，越来越多的企业意识到财务云的便捷与重要，其使用率虽然较低，但未来将不断提高。

2.云会计服务平台的建设和应用尚不成熟

目前中国很多中小型企业还不太了解云会计，思想较为传统守旧，加上国内互联网安全程度不高，同时财务信息属于企业的核心机密，所以绝大多数企业主观上不愿意把财务信息上传到互联网上。再加上目前云会计在我国仍处于起步阶段，云会计服务市场比较混乱，且云会计提供的服务还不够全面、不够成熟，提供的产品质量参差不齐，导致很多中小企业对运用云会计持观望态度。政府对云会计平台的监管力度目前也有所欠缺，不能保障平台上的信息绝对安全可靠，这就导致更多的企业不敢随便使用云会计服务平台。

3.我国相关法律法规不完善

目前我国对云会计信息泄露造成企业的损失方面的法律法规尚不完善，法律法规的不完善使得企业在信息泄露发生时无法得到合法有效的保护，这让很多企业无法放心使用云会计。我国在推广云会计之前，应当借鉴发达国家的经验，完善政府对互联网与云会计系统的监督与管理，及时修正相关的法律法规，以提高云会计系统和互联网的安全性，才能使企业真正放心使用云会计服务平台。

4.缺乏适应云会计时代的复合型人才

实现云会计必须要依靠互联网，要求社会培养出既懂计算机技术又懂会计专业技术的复合型人才。但互联网发展趋势变化太快，导致高校培养目标没有及时跟上时代要求，兼备计算机技术和会计专业知识复合型人才短缺，人才的短缺使企业在发展云会计时面临困难。因此本科和高职院校承担着培养复合型人才的压力。只有人才储备跟得上互联网技术发展，才能不断推广云会计、财务云的广泛应用。

（二）云会计在中小企业推广的影响因素

1.在管理者方面

由于上述所说的云会计的发展现状并不乐观，所以目前有很多中小企业的领导者对云会计服务并不是很了解，甚至少数的高层管理人员并不了解什么是会计信息化工作，也不了解运用云会计模式会给企业在管理、效率、竞争力和效益等方面带来哪些益处。推广与应用力度不强使得有些有意引进者并不知道自己应该选择哪种云会计服务，有的在引进后发现云会计服务并不能自动解决企业所发生的问题，一些问题还是要依靠人工来解决时大呼无用，就将云会计系统弃置一旁，不再采用。并且与大型企业相比，虽然中小企业信息资源量较少，但领导者大多有较强的控制欲，他们并不愿失去对这些数据的控制权，对于云会计模式下在线共享的数据资源会很排斥，云会计系统可以随时随地进行登录的特点，让这些领导者更害怕与企业生死攸关的客户数据落入他人之手。因此在信息创造价值的今天，云会计服务在中小企业领导者心中存在着认识误区。

2.在员工层面

由于云会计系统与传统的会计信息系统有很大的不同，云会计系统可能被任何一位企业人员所使用，运用云会计系统处理和运用企业相关的会计数据，但是目前国内中小企业普遍存在缺少能够承担这一工作的专业人才的情况，且大多数中小企业的会计人员因为长期采用传统的会计模式进行工作，已然养成传统的工作习惯，虽然他们已经积累了充足的会计工作经验，但是对于现代化的管理方式和技术方面都缺乏了解，加之因旧有习惯而导致在学习新事物方面兴趣并不是很大，有的仍然愿意采用较为陈旧的管理模式，所以比较难适应云会计系统的应用，对使用云会计软件比较排斥。此外，上述也说到中小企业多数的员工普遍在运用计算机方面存在欠缺，因此云会计的应用对中小企业的会计人员提出了新的挑战。

3.在数据安全方面

云会计系统的引入，对于中小企业提高会计信息利用率，加快企业内外部信息交流具有重要作用。但云会计是依托互联网而发展的，不可避免地会在运用过程中面临各种各样的风险，众所周知互联网在发展中遇到的最大问题就是数据安全问题，因而保障数据的安全也就成了中小企业在引入云会计后的重中之重。由于云会计服务供应商的产品不同，各种产品的防火墙设置也就出现高低之分，企业的重要数据也就可能会被不法分子非法窃取和利用，而云会计系统在运行过程中也可能会被黑客攻击而出现瘫痪状况，更有甚者会出现云会计服务供应商利用客户的数据非法获利的情况。经查证所知，目前国内还没有关于云会计方面相关的法律法规的出台，一旦出现上述问题，将给企业带来致命打击，给相关企业带来巨大的经济损失。有些云会计系统的构建相对简单，导致企业内部员工权限不明，出现某些企业员工可以窃取企业内部数据以满足自己私利的情形。随着企业的不断发展，企业对外业务必然也不断增多，因此企业之间在进行数据的相互转移时，保证数据的完整与安全也是中小企业所担心的问题。

4.在云会计服务商方面

因云会计软件开发商的不同，各个开发商提供的会计信息系统相对应的数据标准也会存在较大的差异。且多数市场供应商在设计信息化产品时，主要侧重于大企业客户，对于中小企业来说反而侧重较少，因此整个市场内到现在还都没有什么完全适合中小企业发展特征的个性化定制产品，且中小企业对于现有产品的售后服务的需要也不能得到满足，这导致了中小型企业在选择供应商时面临一定的困难，在开始选择了之后就很难更换供应商，而企业也不是单独发展，总要与其他企业进行业务往来，往来越频繁数据之间的传输就会越多，云会计服务供应商不同可能导致数据之间的不兼容，使企业只能选择固定的合作伙伴，限制企业的发展。并且中小企业运用云会计系统后自己的财务数据信息都会存储在服务商提供的云端内，而这些数据信息都能被云会计服务商看到，如果这些服务商的法律意识和职业道德有问题的话，那么使用者的私密数据很有可能被这些不法服务商恶意盗取。

（三）推动云会计在中小企业的应用

1.在管理者方面

加强中小企业管理者对云会计服务的重视度。管理者要认清形势，认识到当今世界信息化数据共享的大趋势，把眼光放长远，主动去接近随时代应运而生的云会计服务。认识到云会计成本低、灵活性大以及扩展内容丰富等方面的优势，在企业财务管理、数据储存与安全等方面对于企业经营的重要性，明白传统会计终将会被取代的大势，摒弃传统的落后观念，积极主动地去接纳符合时代潮流的云会计服务，在企业中大力引进相关方面人才，同时也要认清云会计系统并不是万能的，在重要环节安置专业人员，以弥补系统的不足，并对企业进行改革，使之焕发新的生机与活力。企业由此便可以在将来激烈的市场竞争中不落后于时代，把握主动，赢得明天。

2. 在员工层面

加强中小企业工作人员对云会计服务的重视度。首先，中小企业员工应认识到传统会计终将会被淘汰的时代趋势，应该摒弃传统的落后观念。其次，中小企业员工还应明白云会计系统对企业的重要意义以及云会计系统在提高工作效率减少人力消耗方面的重大优势。企业的员工应该积极学习计算机操作和与云会计系统相关的知识以适应企业改革要求，在工作中利用自己的创新意识与创新能力，以自己的行动促进企业走向更高的阶梯。企业也应当安排相关部门以及在关键岗位上的员工进行相关知识的培训，然后就可以逐渐扩展到企业的整个员工队伍，从而引发全体工作人员的共同关注，为以后云会计工作的开展打好基础。在运用云会计系统的环境下，企业可以利用现有的技术来做好绩效考核，搞好薪酬分配，保证员工工作的效率。

3. 在保障数据安全方面

首先，中小企业在引入云会计系统时要对云会计服务供应商的资质进行调查，选择诚信可靠的供应商。而供应商方面也要遵守诚信原则，同时定期更新升级系统防火墙等以防被黑客入侵。还要对访问进行控制，要严格执行界定良好的访问控制政策并持续监控访问路径，以确保访问控制策略的正常执行，企业可以将自身数据划分等级，如公开数据，秘密数据，绝密数据，将企业人员登录云会计系统的权限进行划分，随着数据的重要性越高，相应的查看与操作的权限也越高，以防止越权访问的情况出现。在企业员工中设立一人一码制度，即每一个员工都有各自登录云会计系统的账号与密码，这样既可以防止企业外部的非法刺探，也可以防止企业内部人员对数据的不法窃取。在数据的储存上应对其进行加密，这样即使该数据被人非法窃取，对他们来说也只是一堆乱码，而无法知道具体的信息内容。而对于数据的传输，应采用网络传输加密技术以保证传输数据的完整性、机密性与可用性。为防止数据遗失，应该及时将数据传入云端进行备份，当然更要对其进行加密。在对数据进行整理时要对数据进行扫描，以防止一些非法字符进入数据库。

4. 对于云会计服务的供应商来说

中小企业市场具有发展较快、业务种类多样化的特点，这些商家要想让自己的产品受到欢迎，就必须要进行深入市场进行调查，把市场需求作为导向，每个企业的需求都是不同的，要广泛地去了解中小企业对于云会计服务的各种需求，将收集的需求进行整理，根据中小企业实际需求相应地增加自己产品的服务功能，尤其是云会计系统的在线财务的预测、运营分析和投资决策等方面的功能。宣传资料要详细，同时也要有针对性地加大宣传力度。云会计服务商要在个性化定制领域加强投入，为广大中小企业灵活地提供在线定制服务，为中小企业量身打造专属它们的云会计产品。这些商家更应该在提高云会计系统的开发效率方面加把劲，打造安全可靠的云会计系统，提升企业数据传输和存储的安全性。同时，还应该增设无访问权者不得进入系统的功能，强化数据管理功能，保证一旦数据发生异常，系统可以及时预警并检测，建立一套完善的数据恢复程序。

5.在政府方面

在经济由高速增长转向高质量增长的今天，政府要加大对云会计服务的扶持力度，可以增设专项基金以加大财政扶持力度，促进云会计服务提供商对于云会计系统开发的热情与创新的动力，以便打造一批水平高、潜力大、综合实力强、运营规模大的云会计平台供应商，以便进一步加快构建“中国云会计”。政府可以充当引导者的角色，将一些中小企业作为云会计改革度试验点，通过这些企业运用云会计服务之后在行业内增强竞争力的真实案例来吸引更多的中小企业引入云会计服务。由于云会计服务行业没有统一标准，各个云会计系统良莠不齐，因此政府还必须为云会计服务行业制定统一的准入标准与产品标准，防止滥竽充数、以次充好的情况发生，还要破除行业壁垒，使使用不同类型的云会计系统的企业可以相互联系。在国外对云会计服务已经制定严格法规以保障用户与服务商权益的情况下，关于这方面的法律，我国仍处于空白阶段，国外关于这方面的法律以欧盟的最为严格，我国可以借鉴欧盟的相关法律，制定适合我国国情的云会计管理法律法规。政府还要建立第三方监管平台，定期对云会计服务市场进行检查，对违反制度的行为及时制止并予以惩处。这样才能帮助中小企业更加放心地引入云会计，真正跨入大数据时代，共享经济全球化、大数据时代的成果。

在大数据时代背景下，云会计是顺应时代潮流的产物，对企业在降低成本、高效运营、更好地管理企业、提高企业竞争力方面有重要作用。沿用传统会计方式已经显得落后，尤其是中小企业，要想更进一步发展，必须适应当前形势，进行转型，引入先进的云会计系统处理业务。而我国的云会计的发展水平不是很高，有一些问题有待解决，在中小企业中引入的比率较低，这就需要中小企业与云会计服务提供商加强合作，政府也要扮演好引导者、监管者的角色。相信在市场愈来愈规范，法律法规越来越健全的将来，云会计一定会发出夺目的光彩。中小企业也会因此而拥有更大的活力。

第二节　主要云会计服务平台简介

一、金蝶云

金蝶国际软件集团有限公司是中国软件产业领导厂商、亚太地区企业管理软件及中间件软件龙头企业、全球领先的在线管理及电子商务服务商。金蝶旗下开发了多款云服务产品，其中，金蝶云为很多企业带来了财务便捷，提出“无人会计，人人财务”的设计理念，贯穿财务指导、财务控制、财务执行三大层次，以“财务数据”为核心，让财务为企业创造价值。

金蝶在中国企业云服务市场不断探索，IDC数据显示，金蝶不仅连续15年稳居中国成长型企业应用软件市场占有率第一，更连续2年在中国企业级应用SaaS云服务市场占有率排名第一，连续3年在中国企业级SaaS ERM（即云ERP）、财务云市场占有率排名第一。金蝶是目前唯一入选Gartner全球市场指南（Market Guide）的中国企业SaaS云服务厂商。

金蝶旗下的多款云服务产品获得标杆企业的青睐，包括金蝶云·苍穹（大企业数字共生平台）、金蝶云·星空（成长型企业数字化平台）、金蝶精斗云（小微企业成长服务平台）、云之家（智能协同云）、管易云（企业电商云服务平台）、车商悦（汽车经销行业云）及我家云（物业行业云）等。金蝶通过管理软件与云服务，已为世界范围内超过680万家企业、政府等组织提供服务。金蝶辅助品牌标识中的“云管理”，指运用社交网络、移动互联、云计算等新兴技术所催生的创新型管理模式。金蝶通过云计算时代的新兴技术与ERP系统有机融合，形成具有云时代特征的社交化ERP，真正实现让云管理触手可及。

1.金蝶云·苍穹

金蝶云·苍穹作为中国自主可控和基于云原生架构的企业级云服务平台应运而生。金蝶云·苍穹以“人人”“生态”“体验”为设计理念，提供完整的企业级SaaS服务和PaaS服务。

2.金蝶云·星空

金蝶云·星空是金蝶在移动互联网时代基于最新技术研发的一款战略性ERP产品。帮助客户实现多组织异地协同、财务精益化集中管控全渠道O2O营销平台供应链高效管理、生产制造智能化，同时，其线上部署模式，让客户随时随地轻松办公，相比传统线下模式，有效降低70%成本，助力客户快速向云端转型。

3.精斗云

精斗云通过互联网技术及软件交付模式的创新，基于云计算和大数据为企业提供云进销存、云会计、云POS、云电商等SaaS应用与服务，无须安装及维护，直接在线使用，满足企业管理者在任意时间和地点对企业业务及财务数据的查询、分析及决策需求。

精斗云是由友商网改版而来，友商网是金蝶国际软件集团旗下的企业SaaS服务公司，是中国最大的在线会计应用平台，目标客户是会计应用人群，为客户提供移动办公、在线会计、在线进销存代理记账相关产品与一站式云服务，小微企业财务云服务市场占有率位列第一。友商网提供在线进销存、在线会计、在线ERP、代账管家等服务，连续多年成为中国在线会计软件领域的第一品牌。

4.管易云

管易云是金蝶国际软件集团旗下专注提供电商企业管理软件服务的子品牌，引领电子商务软件创新方向，先后开发了C-ERP、EC-OMS、EC-WMS、E店管家、B2C、B2B、B2C等产品和服务，涵盖了电商全业务流程。

5.云之家产品

云之家产品以组织、消息、社交为核心，通过应用中心接入第三方合作伙伴，向企业与用户提供丰富的移动办公应用，同时可连接企业现有业务（ERP），帮助企业/团队打破部门与地域限制，提高沟通与协作效率，帮助中国企业快速实现移动化转型。

6.金蝶账无忧

金蝶账无忧是一款由金蝶国际软件集团倾力打造，依托金蝶27年的企业管理和精斗云13年的财务云服务经验的累积，所推出的为代账公司量身定制的互联网智能财税SaaS平台，致力于为代账公司提供高效、智能的云服务解决方案，目前已成为超过2万家代账公司的选择。金蝶账无忧在功能全面性、产品稳定性、市场占有率方面有很大优势。它融合移动互联网、大数据、AI智能、云计算等新一代信息技术，助力代账公司转型升级，实现轻松代账，它的出现实现了财税无忧。金蝶账无忧服务于200多万家中小企业，客户面覆盖全国，全国代账协会中超过30家代账协会会长单位使用金蝶账无忧，它是财务公司专属智能财税管理系统。2019年，金蝶账无忧凭借产品与服务的优异表现，斩获“2019财税SaaS领域年度产品”与“2019财税云服务年度最佳服务品质企业”两项大奖，这充分体现了社会各界对金蝶账无忧的产品与服务品质的高度认可。

二、用友云

用友网络科技股份有限公司（股票代码：600588）诞生于1988年，始终坚持“用户之友、持续创新、专业奋斗”的核心价值观，是全球领先的企业云服务平台，致力于服务中国及全球企业与公共组织的数字化、智能化发展，推动企业服务产业变革，用创想与技术推动商业和社会进步。新时期，用友形成了以企业云服务为核心，云服务、软件、金融服务融合发展的新战略布局。用友企业云服务定位数字企业智能服务，是中国最大的综合型、融合化、生态式的企业云服务平台，服务企业的业务、金融和IT三位一体的创新发展，为企业提供云计算、平台、应用、数据、业务、知识、信息服务等多态融合的全新企业服务。用友企业云服务作为数字商业应用级基础设施，已为超过522万家企业与公共组织客户提供企业云服务，覆盖大中型企业和小微企业；同时，用友企业云服务作为企业服务产业的共创平台，将汇聚超过10万家的企业服务提供商，共同服务千万家企业与公共组织创新发展，推动中国数字经济与智慧社会的进步与发展。

“用友云”是用友网络科技股份有限公司推出的，为企业提供社会化商业应用云服务的一款产品。“用友云”由PaaS、SaaS、BaaS、DaaS以及与软件的融合服务等组成，包括用友云平台、领域云、行业云、畅捷通小微企业云、企业金融云和云市场等。通过用友云市场，用友云将汇聚整个用友以及用友合作伙伴专为企业和公共组织提供的云平台服务、云应用服务、数据服务以及业务服务。2019年4月19日，“用友云”宣布品牌升级为“用友企业云服务”，并推出一系列创新企业云服务产品，包括大型企业混合云解决方案、数据中台、小微企业云产品、企业金融云产品及保险服务。

1.易代账

易代账属于用友旗下的畅捷通公司，是专门为代账会计和小微企业会计设计的，是一款云应用产品，区别于传统的账本做账和软件包软件，实现在线记账，移动记账，自动升级，是一个全新的记账模式。

2.好会计

好会计也属于用友旗下的畅捷通公司，是为小微企业量身打造的一款专业云财务SaaS应用，帮助财务人员通过PC端、手机端、微信端随时随地管理现金银行、发票、往来、报税、经营分析等，高效、智能提升小微企业财务管理水平。

3.用友云报账

用友云报账的优势包括以下几个方面：

智能凭证、智能助手等人工智能应用，大幅降低对人的依赖，规范核算，实时核算；

智能会计平台柔性对接业务云，融合实现业财一体化，交易级实时核算；

实时账表，及时性高，为经营决策和财务决策提供高质量数据支持；

角色化动态财务桌面，经营情况、财务情况总览，通知、待办事项无遗漏；

税务报表自动生成，一键报税；

APP移动桌面、记事生成凭证，颠覆传统记账方式，降低专业性和复杂度。

用友云利用云计算、大数据、人工智能等新技术，以“实时会计+智能财务+全球司库”为核心，并考虑社会化商业对企业财务的影响，为企业在会计核算、财资管理、金融服务三方面提供全新的解决方案服务、云服务、业务服务及智能服务，满足企业财资管理信息化、智能化及专业化的全面诉求。其包括智能报账系统、智能财务服务、电子会计档案服务、智能影像服务。

三、浪潮云

浪潮集团创始于1945年，是中国最早的IT品牌之一，是中国领先的云计算、大数据服务商。其旗下拥有浪潮信息、浪潮软件、浪潮国际、华光光电四家上市公司，业务涵盖云数据中心、云服务大数据、智慧城市、智慧企业四大产业群组，为全球100多个国家和地区提供IT产品和服务，全方位满足政府与企业信息化需求。此外，其基于全球领先的云数据中心平台和云服务平台，打造平台生态型企业，携手合作伙伴构建数据社会化大生态，加快向云服务、大数据、智慧城市“新三大运营商”转型，致力于成为“云＋数＋AI”新型互联网企业。浪潮集团管理软件连续16年市场占有率第一，浪潮政务云服务连续5年市场占有率第一。

财务云是由浪潮提出的，将集团企业财务共享管理模式与云计算、移动互联网、大数据等计算机技术有效融合，实现财务共享服务、财务管理、资金管理三中心合一。

在企业管理软件领域，浪潮“引领高端　专注行业”，是中国最大的集团管理软件与行业ERP供应商，智能制造领军企业，是集团财务和集团管控的领导者。在国内最早提出“集团财务”概念，率先推出大型财务管理软件，定义“财务云”，牵头编制多项国家标准，并首提“企业数字化转型”理念，浪潮云ERP依托浪潮的技术能力和整合能力，加快推动云计算、大数据、物联网、人工智能等数字技术与管理融合，以涵盖私有云、公有云、混合云的产品和服务体系促进企业管理变革和业务创新，构建企业大脑，加速数字化转型，成就智慧企业。

Odoo是全球最成功的开源ERP厂商，拥有成熟的云ERP产品和先进的SaaS理念，已为全球400多万用户提供ERP解决方案，其开源、微服务架构的特性受到了全球爱好者的追捧。

2018年浪潮与Odoo在中国成立合资公司，依托双方在市场和技术方面的多重优势，重点面向中小企业提供SaaS服务，推出的基于微服务架构的开源云ERP产品PS Cloud，以“开源、连接、自由、成长”为理念，涵盖协同研发、产业链协同、智能制造、财务共享、人力资源管理、数字营销等10 000多个应用，为中小企业提供一站式解决方案。

在中国大力推动数字经济、共享经济的大环境下，企业上云需求进一步被激发，浪潮PS Cloud将在提供产品方案的基础上，通过搭建云平台，发展云伙伴，构建生态体系，为中小企业提供更丰富的SaaS服务，全面助力企业上云。

2017年5月26日，浪潮正式发布了浪潮企业云及大型企业云平台GS7。浪潮企业云作为浪潮云的重要组成部分，面向企业提供全面的云应用，包括领域云、行业云，全面涵盖面向中小企业的公有云和面向大中型企业的混合云。其中，领域云包括财务云、采购云、人力云、司库与资金云、制造云、营销云、协同云、分析云等。

浪潮企业云已成功推动中国交建、中储粮、中国中铁、中国铁塔、北京住总、鲁花集团、汇源果汁等不同领域、行业和不同规模的企业上云。

面向小微企业的浪潮易云，是小微企业财税金融云服务平台，在“2019中国IT市场年会”上，浪潮易云在线凭借赋能小微企业财务、业务、财税金融融合以及服务企业上云等方面的创新突破，获“小微企业云服务市场年度影响力产品”殊荣，彰显了浪潮在小微企业云服务市场的发展潜力和品牌影响力。浪潮易云核心产品浪潮云会计已累计服务客户超过100万；支持混合云应用的小微企业财税金融服务平台“易云在线”，是一款面向中国小微企业的SaaS服务应用，为企业提供一体化的综合服务，为企业云转型赋能。

浪潮云会计于2017年正式发布，是一款面向小微企业的在线财务软件，其颠覆传统软件模式，通过“票、财、税”一体化和智能化，帮助小微企业与专业服务机构建立连接。在浪潮云会计的推广过程中，浪潮实现了在政府、高校、银行等多个领域的战略合作。与政府合作，实现了政务、商务、融资、管理咨询、企业信息化等服务的一站式访问和服务，促进双创政策的落地及中小微企业的互联网化、云化转型；与银行合作，全面对接金融系统，提供科学、全面和智能化的财资服务，助力银行发展普惠金融，推动中小微企业快速发展。

浪潮云会计作为专业的“互联网+财税”服务平台，是专门为小微企业量身打造的云端财务软件，免安装、免维护、免升级，有网就能使用；专业便捷，智能高效，比传统软件效率翻倍，通过电脑、微信随时随地记账、报税、分析企业经营状况，提升企业管理水平，助力小微企业步入“票、财、税”一体化新时代。

四、亿企代账

亿企代账隶属于税友集团旗下的亿企赢网络科技，亿企赢致力于以财税为基础的中小企业信息化服务，亿企代账、亿企财税均为其核心产品，是为财税代理行业量身定制的信息化工作平台。亿企代账依托三大系统，搭建基于云计算、移动互联网、人工智能（AI）和大数据的财税智能化平台，助力实现数字化转型升级，步入数字化转型升级“快车道”。

税友集团扎根税务行业20年，是中国税务软件行业领导厂商。目前国家金税三期的决策支持系统、个人税收管理系统均由税友负责开发、维护，税友网上办税系统应用于全国十多个省份，超过1 200万家企业使用税友开发的软件系统开展涉税业务。在服务全国各级税务机关及千万纳税人的过程中，税友在纳税服务、税收风险、纳税信用等领域逐渐形成、积累了强大的管理咨询和运营服务能力，协助税务机关提高纳税人的税法遵从度，帮助企业与财会人员降低涉税风险。税友集团将自己在财税领域强大的技术与服务能力注入代账行业，推动财税代理工作跨上一个新的台阶，为中小企业健康成长贡献一份力量，亿企赢是税友旗下子公司，主要服务于企业。

亿企代账是服务代账机构，专注财税代理，它以互联网技术、大数据能力、专业化服务、资源整合能力帮助代账客户提升企业效率、优化企业管理。它可以实现票税一体化、自动化、智能化，同时帮助企业管控风险。它从一个代账软件不断发展成为一个赋能云平台，与代账伙伴合作共赢，整合资源，使企业或代账机构低成本获得平台使用权，助力代账行业数字化转型升级。

亿企代账作为亿企赢网络科技的核心产品，其认为代理记账是中小企业专业服务市场的基石，代账行业正在走向新一轮的发展与升级，服务专业化、生态多样化是发展趋势。在这一历史进程中，亿企代账有明确的定位和使命：服务代账机构，帮助中小企业，为企业专业服务市场架桥修路，构建基础设施平台。

综上，亿企代账以互联网技术、大数据能力、专业化服务、资源整合能力帮助代账用户，服务代账机构，助力中小企业。

五、柠檬云

柠檬云财税是深圳易财信息技术有限公司旗下的互联网财税平台，2016年柠檬云财务软件正式上线，成为“首款免费的专业云财务软件”。柠檬云以用户为中心，利用云计算、大数据及人工智能，跨界打通财务软件、财税培训、财税服务等，建立领先的中小企业财税服务平台。自上线以来，已推出柠檬云财务软件、柠檬云记账APP、柠檬云进销存、会计头条APP、柠檬会计学院等互联网财税产品，服务超百万企业用户，获得广大中小企业及财税业界人士的认可。2019年，柠檬云财务软件与进销存打通，成为业务财务税务一体化的云系统。柠檬云广受业界认可，荣膺“2019中国云财务软件领军企业奖”。2019年12月，永久免费代账软件——柠檬云代账正式上线，柠檬云与中国工商银行合作，联合打造银行流水自动记账。

柠檬云是一个创新型互联网财税服务平台，长期从事财税领域的技术及服务项目的研发，通过不断的实践创新，平台已实现集SaaS软件服务、财税咨询、教育培训、内容分发于一体的财税生态圈，并持续为广大企业及财税人提供高品质的平台服务。

六、“云帐房”

“云帐房”是南京云帐房网络科技有限公司推出的定位于为中小企业以及代记账公司提供服务的云平台产品。“云帐房”以“让企业活得更久、活得更好”为使命，为中小微企业和代理记账公司提供智能财税SaaS系统，输出高效率、低成本的解决方案。“云帐房”运用互联网技术、人工智能和深厚的财税行业经验，为企业提供智能化、自动化的财税解决方案，能够大幅降低企业财税成本，提升效率。

2015年3月，“云帐房”与各大银行完成对接，企业在银行开户并授权后，“云帐房”自动分析企业的流水清单并生成做账的凭证，该操作简化企业流程，大幅度降低人力成本。2017年9月“云帐房”推出财税机器人。2018年11月，由“云帐房”发起并起草的《代理记账机构服务规范》在全国团体标准信息平台正式发布。

在报税功能上，“云帐房”跟各地报税系统供应商打通接口，可以通过IP来自动判断企业所属的区域并自动进行下一步操作。“云帐房”还为代记账公司提供CA硬件，此硬件可以同时有100个共享单元，代记账公司不需要再反复拔插CA，就可以变更缴费的企业主体。目前“云帐房”已经开通26个省市的一键全税种批量申报。

截至2019年12月，有5 000多家代账机构正在使用“云帐房”系统，每月为超过160万家企业提供报税服务，客户包括上海、南京、杭州、常州等地最大的财税服务公司，用户增长速度之快令业界咋舌。“云帐房”致力于推动财税行业变革，构建智能财税服务生态产业链，成为国内领先的“互联网+财税”服务供应商。

“云帐房”产品服务特点：

1.凭证生成自动化

自动生成符合财务规范的记账凭证。

2.税表生成自动化

系统能够根据各地最新的税务法律法规及税局要求，生成符合各地税务规范的税务申报表，税表覆盖全税种。

3.批量申报自动化

系统能够在CA共享服务器支持下，进行纳税申报，并自动扣缴税款；系统的管理模块能够监控申报状态与进度，自动检查、通报漏报情况。

4.CA共享服务器

“云帐房”独创的CA共享服务器，可以将多个企业的CA插在共享服务器上，在报税时，系统会自动匹配相应的CA，无须反复拔插。

第三节　云平台服务会计的应用前景

党的十九大报告中指出要推动互联网、大数据、人工智能和实体经济深度融合，由此可见，数字中国建设已经成为我国发展的战略目标。财务云作为数字经济下云平台建设的重要组成部分，企业建立财务云平台或者使用云会计服务平台已经成为必然的发展趋势。

财务云作为我国近十年的新兴产物，依靠互联网技术给运用它的企业提供了大量福利，越来越多的企业开始尝试发展云会计。随着信息技术的不断提高，财务云平台会逐步完善。但是在数字经济时代，财务云的应用仍存在很多风险，因此，完善云产品、正确使用云产品、适应云产品成为各企业的必修课。展望未来，财务云或者云会计服务平台有着广阔的发展空间，同时，机遇与挑战并存，相信在不久的将来，云平台将会更好地服务于会计，为企业、为社会带来更多的发展。

一、云会计的风险及应对策略

（一）云会计的风险

云会计为企业带来价值的同时，也存在着一些风险，需要企业在选择云会计时加强防范。风险如下：

1.应用云会计服务选择决策风险

若企业未对云会计环境和服务提供商进行充分评估，很可能造成毫无计划性地盲目抉择，给自身带来极大风险，如成本提高风险、资金投入风险、云会计服务中断风险、云会计服务质量低下风险、计划准备不足风险、云会计模式与目标选择风险等。

2.服务等级协议理解风险

如果企业对服务等级协议了解把握不够，就难以洞悉云会计服务协议中可能存在的陷阱和服务提供商的风险规避趋向，难免会给企业未来的云会计应用实施带来不应有的障碍和风险，如违约风险、可扩展性风险、系统容灾备份功能风险、系统更换迁移风险、信息不对称风险等。

3.信息数据丢失毁损风险

信息数据在云会计应用企业和服务提供商之间传输、存储和处理使用的过程中存在一系列风险，如黑客入侵风险、系统登录风险、病毒侵害风险、企业过往历史信息数据查阅风险等。

4.组织变革及人员变动风险

企业内部组织结构变革和人事调动等因素会使云会计的应用面临一定的风险，如组织内部冲突风险、业务模式变更风险、人员培训成本高的风险、人员操作风险、新生事物认知接受风险、未来发展潜力风险等。

5.系统操作风险

云会计的实施需要适应期，在此期间可能给企业云会计模式下的财务管理带来风险，如系统操作能力和水平不足风险、冒用盗用账号风险、业务中断风险等。

6.合法合规性风险

源自外部环境的法律风险存在于企业应用云会计的全过程，如被侵权风险、经营风险、信息安全和突击监管风险等。

（二）云会计风险的应对策略

1.选择决策方面

（1）科学规划，审慎决策。切实提高应用云会计的风险防控意识，以详尽周密的计划准备和科学谨慎的高层决策抵御云会计应用风险的隐蔽性和突发性。

（2）充分了解，适宜选择。全面了解拟合作云服务商的技术、声誉等方面的真实情况，充分分析企业自身应用云会计的内部环境。

2.服务等级协议理解方面

（1）应用企业在签订服务等级协议时应选择最适合自身的服务内容和水平。

（2）强化对中小企业云会计应用的立法保护。

3.数据信息丢失毁损方面

（1）利用技术手段强化信息的加密安防措施。

（2）有效实施动态云端监控。构建运行可靠的云安全体系，对日常业务处理实施督导反馈。

（3）建立健全内控机制。实行不相容职位彻底分离制度，完善规范操作流程并强化监督。

4.组织变革和人员变动方面

（1）营造氛围，凝聚人心。充分安抚原有信息技术人员，做好集中培训。

（2）以实施应用云会计为契机加快财务和业务一体化进程。对原有财务人员进行调配使用，扩大财务管理人员的选材用材视野。

（3）以实施应用云会计为契机加快推行全面预算管理。

5.系统操作方面

（1）加强人员培训的针对性。采用线上教育与线下培训相结合的方式，加强对员工的辅导。

（2）强化内部控制的有效性。录入与审核职位分离，严格审核程序，设置数据修改锁闭功能。

6.合法合规性方面

（1）国家应尽早制定出台针对云会计信息安全的专门法律法规和政策文件。

（2）进一步建立和完善企业风险管控机制。

（3）明晰界定合同合约中的责权利关系。

二、云会计的发展前景

长期以来，传统会计系统存在诸多弊端，如会计信息系统维护困难，数据访问受时间和地点的限制等。云会计系统不仅可以为企业提供长期计划方案，提高企业会计处理效率，还可以方便决策者随时随地访问企业会计数据，深入了解企业的账务处理和会计指标。云会计首先在中小企业中试点。中小企业的云会计系统可以自动完成大量的数据录入工作，大大节约了会计处理时间，使会计人员能够发挥更多管理职能。而很多管理决策工作是暂时难以被机器取代的，需要决策者深入理解企业的会计信息，并具备业务的控制能力和数据的判断能力。中小企业应用云会计系统不仅提升了其会计职能，也给企业内外部利益相关者提供了更多有效会计信息。例如，在云会计系统中，企业内部的现金不再是由各下级单位来分散管理，而是在全企业范围内统一调配；企业与企业之间的对账和结算也可以在云会计系统内部完成。

云会计还为企业的管理决策提供了更精密的会计数据支撑。一些企业高层的管理行为（尤其是对企业未来业务量的预测）都是以核心会计信息为依据的。因此，会计系统必须能即时反映所有业务细节。在云会计系统下，企业内部无须另外建立仓储跟踪系统也能精确跟踪每一笔交易。除了提供准确的会计信息以外，云会计还在会计实践中发挥着越来越重要的作用，例如将纸质记录进行数据化处理、设定自动提醒和定时功能等。云会计系统还可以发挥电子商务职能，如完成在线支付、处理在线业务等。由于在云会计系统内部不同部门之间可以实现数据共享，所以整个会计系统的数据录入工作量大大减少。

云会计的迅猛发展主要得益于自动化技术的进步。自动化技术是以某种机器或装置来代替部分或全部的人工操作，使其在没有人干预或很少人干预的情况下，自动地实现某种预期的目标。自动化技术在云会计中的应用，大大简化了会计数据的处理流程，加快了会计数据的传递速度，并能自动生成关键绩效评估指标，向管理层提供有价值的商业建议，从而提高企业管理者的决策水平。

关于云会计的发展前景，就像谷歌助手改变了我们的日常生活习惯一样，人工智能和机器学习也会对企业的会计核算形式产生颠覆性影响。云会计系统将会不断根据经济环境的变化而调整，通过提供特定的个性化会计服务，覆盖更细微的会计核算领域。未来，企业对大众化云会计系统的需求会越来越少，个性化云会计不仅简化了会计核算工作，还为企业其他管理职能的发展提供了条件。

当然，推行云会计系统对企业来说是一笔不小的开支。但云会计系统一般是根据企业的要求定制的，能解决企业的实际问题。从长期来看，云会计系统一定是花小钱办大事，具有较高的投资回报率。

目前，我国云会计的发展有着良好的前景，国家从政策方面给予了极大的支持，企业方面受到政策支持的影响，紧跟政策导向，加紧云会计产品的研发，促进自身的云会计改革。在国家、运营商和服务商三方努力下，我国的云会计市场应用全面开展，总体占有率不断提高，未来市场前景无限。在各个行业中，企业已经开始进行云会计改革，并且云会计改革将会随着云计算的发展继续深入。

1.市场尚未饱和，市场前景广阔

我国云服务市场依旧被外国服务商分割，虽然随着大数据时代的到来，我国云会计平台的研究和开发得到了一定发展，但是总体上仍处于初级阶段，云技术不够成熟，但是市场前景广阔。云会计的服务对象主要集中在低层次市场，能提供的云服务非常有限。目前的云服务提供商尚不能提供完全符合企业需求的云会计软件，因此我国财务云仍有很大发展、进步空间，随着云会计技术的发展，逐渐满足市场需求。

2.功能尚待完善，意识尚待加强

在供应商不断完善改进云服务平台，保障其安全性和隐私性的同时，要加大对财务云的宣传力度，从目前我国的状况来看，只有不到10%的在线电子商务应用涉及了相关的云会计服务，而企业日常经营管理中使用云会计数据的更加少。因此要通过宣传教育来使企业认识到财务云的优势，增强企业对财务云的认识，同时要根据企业特点来提供符合企业需求的云服务。政府以及软件提供商要给企业普及正确的云会计使用理念，并且服务商应加强云会计系统的安全级别，来实现对用户财务信息的保护。

3.根据不同发展阶段选择不同服务模式

云会计可以提供三种服务模式，部分企业规模不大，工作规模内容还处于初级阶段，对应的财务工作极其简单，甚至电子信息化技术的运用都显得较为多余，因此这类企业需求较为简单，选择SaaS模式就可以处理大部分问题，只需要付出一定的服务费就可以解决财务问题。

当企业已经进入发展正轨，对财务软件已经较为熟悉，当时因为发展需求而需要更加具有针对性的服务时，可以使用PaaS模式。

而当企业发展已经到达一定地步，对市场也具有一定影响力时，对财务工作的需求也会发生升级，此时需要对企业的相关工作流程进行全方位的跟踪监控。基于此原因，应该采用IaaS模式来完成相应的工作。根据实际需要合理选择服务模式，才能起到好钢用在刀刃上的效果，帮助企业快速发展。

大型企业可以自建私有云，中小企业可以采用公有云服务，共同实现财务云的落地实施应用。

4.人才培养和政策制定给云会计带来新发展

如今云会计应用现状并不乐观，其原因之一就是缺乏复合型人才和统一的政策规定，导致财务云市场鱼龙混杂，标准缺失，因此未来培养复合型人才和制定相应政策必不可少，一旦人才供应满足需求，政策制定统一标准，会为云会计服务市场肃清一大障碍，使得云会计的推广应用又上一新台阶。

三、云会计快速发展的条件

1.构建完善的云会计平台是基础

鉴于云会计需要的资金投入巨大，市场前景不明的状况，可考虑由政府牵头，作为一个重点专项，给予资金扶持，鼓励各厂商、各科研工作者予以研究、开发和实践。待条件成熟后，将某一市地或某一行业作为试点，进行大力推广，形成云会计示范工程，调动广大厂商参与的积极性。

2.切实保障会计信息安全是前提

首先，有针对性的防火墙是防范入侵的第一道防线，如通过检测和授权来自网络的数据内容及流向，可以有效阻止外来攻击，实现对进出数据的实时监控；其次，云会计服务商完善的内部控制机制，诸如身份识别、访问控制、权限管理等措施，防止乃至杜绝非授权人员对用户信息的非法访问和窃取；再次，在网络传输过程中，通过特有的加密技术，确保数据的难以破解，建立数据一旦被篡改可以恢复的保障；最后，供应商做好数据的实时或者定时备份、异地备份，建立数据损坏、丢失时的应急恢复措施，做到历史数据不丢失，用户正常业务的实时进行。

3.打破云会计的技术瓶颈是关键

在目前网络带宽、网速有保障的基础上，增强数据的通过能力、抗干扰能力、交互能力。利用网络节点故障的自检、自查、自动报警功能，通过自动修复和人工修复，搭建信息传递的快车道，提高客户终端的反应速度，实现客户终端与供应商云会计平台端的信息实时同步。通过虚拟化、数据加密、身份认证等，保证数据的安全性。另外，随着无线网络WLAN覆盖范围的普及化，应大力开发适用于IOS、安卓、Windows系统的手机、平板电脑等多种客户端，充分发挥云会计的实时在线、移动办公功能。

4.强化云会计的政府监管

（1）出台云会计相关法规。可以先制定一些基本准则来规范云会计市场，维护信息安全，为云会计的市场发展指明方向，待时机成熟时，再逐步出台、修订相关的实施细则。（2）做好云会计供应商的资格审查、资质评估等工作，实现市场准入、退出机制。（3）强制执行相关行业标准，保证云会计数据具有兼容性，在不同的云会计供应商的云端都能够导入导出，保证用户自主选择供应商的权利，防止垄断，形成良性的市场竞争环境。

5.加快云会计产品的开发

一方面，在满足企业日常会计记账的基础上，进一步丰富、完善云会计软件的功能，逐步开发财务分析、决策支持、财务预警等模块，具备进一步的扩展弹性；另一方面，基于用户的需求，提供个性化定制服务，增强软件的客户自主定义性，满足不同行业、不同规模企业的多样化需求。

四、中小企业在云会计实施中应注意的问题

云会计给中小企业实施会计信息化提供了诸多好处，但也带来不小的挑战。为应对云会计带来的挑战，成功实施云会计，中小企业应着重关注以下几点：

1.保证重要数据在企业控制之下

会计信息和经济信息是企业的核心价值所在，在云会计模式下，数据托管于云会计服务提供商的云存储平台上。虽然从技术角度，云会计服务提供商一般均能提供较高的数据安全机制，但这并不能保证企业的会计与经济信息完全在自身控制之下。企业对会计和经济信息存放在“云”上的安全性存有疑虑，难以信任。在当前有关网络信息传播的知识产权立法不够完备的情况下，企业应根据自己的具体情况研究应用云会计的可行性，有选择地使用云会计的模块。此外，对于企业的各类会计和经济信息，应根据其重要程度决定是否交由云会计服务提供商管理。

目前，大约有70% 的企业不愿意将企业内的会计和经济数据放在公有云上，主要是从安全性的角度考虑。但是，随着数据业务投入越来越大，越来越多的企业，包括对数据安全性要求非常高的金融业企业也逐步走向公有云。

2.选择合适的云会计服务提供商

云会计服务提供商的选择直接关系到企业会计信息化实施的成效，因而企业应慎重选择云会计服务提供商。在选择云会计服务提供商时，应对服务商的规模、对外服务、价格和信誉等因素进行综合考虑，同时还需考虑云会计服务的安全性、稳定性、可定制性、可扩展性及技术支持。

云会计的可定制性可使企业在云会计服务商提供的基础功能模块之上根据自身业务需求灵活地进行模块组装，使得会计云应用具有自己的特色。为了实现企业各类信息充分的互联互通以及业务的整体推进，企业的会计信息系统应处于一个统一可扩展的平台上。这要求企业采用云会计的业务模块应能方便地和其他云会计模式的业务支持系统或资源服务系统互联。如果做不到这一点，说明基于云会计的应用不具备高可扩展性。

3.对企业财务会计部门机构设置与会计业务流程进行变更

当企业引入云会计之后，其机构设置和业务流程都会与以前有所不同。企业应在深入分析的基础上对机构设置和业务流程进行适当的变更，使机构设置达到统一、精简、高效，各业务之间实现有效衔接。

4.数据的延时和应用的有效性

企业采用云会计模式后，数据在互联网上，数据存取的速度受到网络带宽等诸多

因素的影响，延时情况难以控制。此外，并不是所有的会计信息化应用都适合在“云”上运行，企业是否能够找到适合的云会计应用，是否能够从现有的会计信息系统转换，这些需要深入研究。

第四节 财务共享服务中心

有别于中小企业或代账公司所使用的云平台服务会计，财务共享服务中心是更适合大型企业集团使用的一种新型云会计处理模式。对于一些跨国公司和国内的大型集团公司，财务共享服务中心是其在相对低成本的条件下高效地处理不同国家、区域、分公司以及分部之间的财务信息的利器。

财务共享服务中心（Financial Shared Service Center，FSSC）是一种创新的会计和报告业务管理方式，它是将具有多个运营单元的公司中不同国家、地区的那些容易标准化的、重复性比较高的、劳动密集型特征明显的基础财务工作从原来的业务单元中分离出来，由专门成立的独立实体SSC（共享服务中心）来提供统一的记账和报告服务。

财务共享服务是依托信息技术以财务业务流程处理为基础，以优化组织结构、规范流程、提升流程效率、降低运营成本或创造价值为目的，以市场视角为内外部客户提供专业化服务的分布式管理模式。这种模式保证了会计记录和报告的规范、结构统一，而且由于不需要在集团的每个公司和办事处都设会计岗位，节省了系统和人工成本。在我国，财务共享服务对企业集团管理转型而言是一大助力，对企业集团管理转型起到了重大的推动作用，近年来，越来越多的大型企业集团建成了财务共享服务中心。

一、财务共享服务中心的发展历程

FSSC起源于20世纪80年代，美国福特汽车公司为了应对企业扩张、业务规模扩大开创了一种新型管理模式，建立了世界上第一个共享服务中心。它将多个分散的相关管理部门集中起来，对这一新的部门集合主体，进行专门针对性管理，最大限度降低管理成本，提高管理效率。利用此方法企业还能集中资源解决管理中存在的问题，从而最大限度地管理成本，获得更大的管理效益。从此以后，共享服务的理念便开始在集团高管的思想中渗透。目前，90%以上的世界500强公司都已引入FSSC运作模式。

在我国，财务共享服务中心最先由跨国集团引入，1999年摩托罗拉在天津成立亚洲财务结算中心；2005年，中兴通讯成为第一家建立财务共享服务中心的中国企业；随后10年，越来越多的大型公司引入财务共享服务模式，日渐成为企业集团管控创新的重要手段，并涌现出了许多成功案例，例如在华为、海尔、宝钢、中兴通讯、美的、国家开发银行、中国移动、国泰君安证券等一大批管理领先的企业进行了有价值的实践并取得了积极的应用效果。

2013年12月9日，财政部印发《企业会计信息化工作规范》，其中第三十四条明确指出“分公司、子公司数量多、分布广的大型企业、企业集团应当探索利用信息技术促进会计工作的集中，逐步建立财务共享服务中心。”中国集团企业建立财务共享服务中心的成熟期已经到来。

结合FSSC在我国的发展情况，总体来说具有以下几方面的特点：

（一）起步较晚

自福特公司采用FSSC这种将财务信息集中处理、将分公司相关事务性功能集中处理的模式后，这种共享处理机制在国外悄然盛行。20世纪初，摩托罗拉、ABB、麦当劳等诸多企业都已建立共享财务中心。国外统计数据显示，有90%以上的大型公司都已建立FSSC体系。正是这些在中国有分部的跨国公司将FSSC体系带入了国内，带动了FSSC在中国的发展。随着财务共享服务中心在国外逐渐发展成熟，以及市场的快速发展，国内越来越多的大型企业开始学习并采用FSSC模式。2005年，中兴通讯在中国成立首家共享服务中心。随后，一部分管理领先的企业陆续建立了FSSC体系。2013年以后，国内的FSSC体系在大型企业集团的应用逐渐走向普及。

（二）发展迅猛

虽然国内FSSC的应用晚于国外几年，但其发展势头不容小觑。自从信息共享理念传到中国，集中式、共享式的管理模式就在国内企业蔓延开来。国家也出台政策支持企业向着共享经济的方向发展。在数字经济新时代的背景下，从财务会计转型到管理会计是当前会计发展的大趋势。简化会计人员传统的会计核算工作，把会计人员从重复性、低效益性的工作中解放出来，投身于预算管理、成本管控、绩效管理等更有利于企业价值创造的工作中去，成为大型集团财务工作转型的重要任务。因此，财务共享服务中心越来越受到企业重视。以中兴集团为代表，阳光保险、平安保险、宝钢集团、苏宁电器等一批企业陆续建立起自己的财务共享服务中心，并且掀起了FSSC在国内企业应用的浪潮。到目前，国内已有400多家公司使用FSSC模式，超过一半以上的中央企业已经建立了共享服务中心。

（三）成果显著

财务共享服务中心成为集团企业主流管理模式以来，涌现出了一大批应用效果突出的企业，其中不乏成功的典型案例，为FSSC在其他企业的推广运用起到了很好的示范作用。比较著名的典型案例就是宝钢集团，其从2009年开始采用财务共享服务中心，经由宝钢公司试点建立，发展至宝钢集团，在整个FSSC体系中推行标准化模式。由于集团业务复杂，财务共享服务中心也需要很大的灵活性和自由度。在宝钢集团对FSSC体系不断的优化管理下，共享服务中心的效率大幅提升，共享中心范围已经可以覆盖其70%左右的收入。目前，宝钢集团仍在不断优化FSSC体系。此外，运用FSSC体系比较成功的还有华为、平安等企业。它们的成果及经验为正在发展财务共享服务中心的企业提供了十分宝贵的经验。

（四）外包开始流行

财务共享服务中心不仅仅在企业内部应用方面发展迅速，更有一批专门为其他企业提供建立FSSC体系的公司在不断发展。财务共享体系建设过程是将不同地区的分散、不统一的业务进行整合、规范化。许多公司选择将一些细分的业务外包给专业的、独立的管理公司。而这些专门从事相关管理业务的机构或者公司，将集合更多的同类业务集中处理，将会进一步产生规模化的体系，提供更为标准、专业、系统化的管理。安永机构的调查显示，当前有53%的财务共享服务中心正在为50家以上的分、子公司提供服务，并且近几年出现了为数众多的咨询机构来为企业提供财务共享服务。由此可以看出，FSSC体系外包已然成为一种流行的商业模式。

二、共享服务的范围、特点

（一）共享服务的范围

共享服务的出现是时代的必然，也是信息化时代集团企业发展的需求催生的产物。共享服务是在具有多个运营单元的公司中组织管理功能的一种方式，它指企业将原来分散在不同业务单元进行的财务、人力资源管理、IT技术等事务性或者需要充分发挥专业技能的活动，从原来的业务单元中分离出来，由专门成立的独立实体提供统一的服务。共享服务的作用在于通过企业内部不同部门或业务单元间的组织和资源整合，实现服务共享，从而增强企业核心竞争力，优化资源配置，降低企业成本，提高管理效率，本质上其实是业务运营的整合，达到了很高的成本效益。因为共享服务在实际应用中集中了后台运营，可以在同一公司的多个部门间使用，并降低冗余。同时，共享服务也是一种内部外购活动，共享服务可以导致外购或完全被由第三方供货者提供的外购服务代替。

一般来说，增加价值较多和代表核心竞争力的战略过程可以仍然维持其区域性；增加价值较少并可以通过交易获得的一般过程可以由共享服务中心提供或进行外购。可以采用矩阵式的结构进行经营，并在财务、会计、税务、货币资金和人力资源方面采用共享服务。

就已实施财务共享服务中心企业的业务范围来看，费用报销、采购到付款、资金结算、总账到报表、固定资产核算分别以96.0%、76.1%、72.1%、71.1%、66.7%排在前五位，这几类业务在企业中的发生较为频繁，且易形成标准化的处理模式，是财务共享中心运行中的典型业务。此外，部分共享中心还开发了税务职能，方便员工进行发票的开具以及进行纳税申报。为了保证业务流程处理的质量，采取流程标准化、集中化等已成为目前企业所采取的主要措施，但随着业务升级，对流程环节的升级改造也应当提上日程。共享服务中心业务范围覆盖情况如图24-2所示。

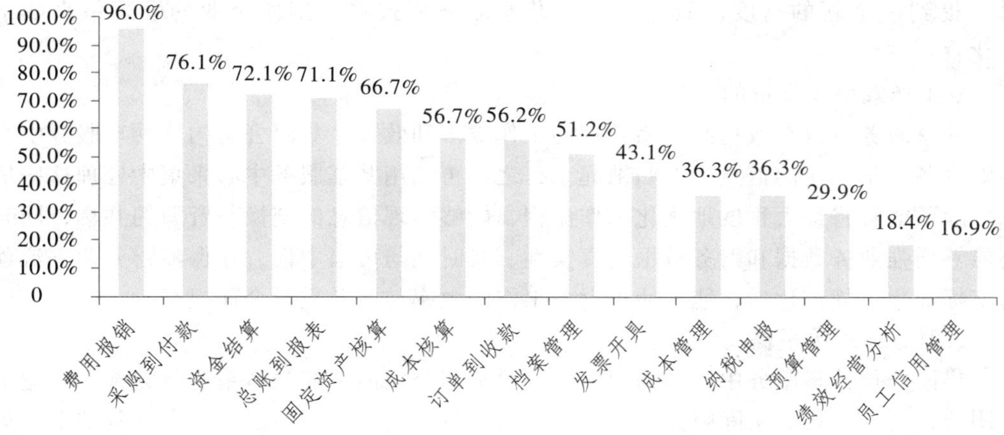

图24-2　共享服务中心业务范围覆盖情况

（二）共享服务的特点

（1）专门成立的独立实体并提供统一的服务。共享服务将原来分散在企业不同业务单元进行的财务、人力资源管理、IT技术等事务性或者需要充分发挥专业技能的活动，从原来的业务单元中分离出来，成立专门的独立实体并提供统一的服务。

（2）共享服务是业务运营的整合，可以被同一机构的多个部门所使用。

（3）共享服务具有较高的成本效益。共享服务集中了后台运营，可以在同一公司的多个部门间使用，并降低冗余。

（4）共享边界扩展。对内：共享服务中心要和企业的各种系统，包括ERP系统、预算系统、资金系统、OA系统等进行集成；对外：共享服务中心可以和银行、商旅、管局，甚至是税务系统进行集成。

（5）终端应用多元化。企业在建立财务共享中心的时候，必须尽可能考虑到企业内外部用户使用的便捷和不同的业务场景，使用户能够即时即地向财务共享中心提交请求。

（6）“步入云端”。财务共享中心建立后，将产生海量的数据。海量数据的储存和分析，都需要借助于大数据技术。

三、共享服务模式为集团管理带来的变化

共享服务模式在集团管理转型中发挥着积极推动的引擎作用。共享服务中心的建设将推动集团公司不仅是财务管理的转型，还包括人力资源管理等方面的全方位的转型。共享服务中心的建设对于集团企业来说是一个全方位的管理转型，是集团企业管控模式的变革，其价值主要体现在加强管控、提高效率、降低成本以及价值创造四个方面。在财务转型方面，将推动集团企业的财务工作转向业务财务、战略财务和共享财务三者结合的模式，同时推动形成财务会计、管理会计和财务管理等各自明确的职能定位的转变。在人力资源管理转型方面，共享服务中心的核心价值在于为利益相关者创造更多价值，通过标准化、确保合规和信息安全、提高透明度和效率等一系列举措，共享服务中心将助力HR专注于商业战略，并将“HR服务交付”提到一个新的高度。具体来讲，共享服务模式将为集团企业的管理带来如下变化：

1.工作效率和质量的提升

共享服务可以有效提高集团管理的工作效率和效果。集团公司构建共享服务中心能够将各个子公司的信息全部归纳起来，之后再利用共享服务中心来集中处理这些信息，除了能够将最大程度地优化工作流程，能够实现信息的交换与资源的共享，同时还能够增强业务数据和财务数据的真实性、及时性与可集中性，在保障财务业务流程落实标准化、规范化后，能够使得财务工作的效率与服务质量全面提高。

2.财务管理水平提高

集团公司共享服务中心的构建，能够对集团公司内部控制体系进行完善，有益于集团公司对子公司的实际财务状况与经营情况进行实时掌握与了解，在此基础上，集团公司能够根据各子公司的实际情况来制定有针对性的内部控制制度与体系，这样便能够落实财务的全面监督，并且能够有效避免财务风险的发生，对财务管理水平的提

升有着极大的帮助。

3.统一管理标准，提升规范化管理

共享服务的实施将原分散于各业务单位独立处理的基础交易业务集中整合、统一规范，对业务数据口径统一、财务处理标准一致，实现业务高度标准化。

4.竞争力提升

集团公司构建共享服务中心，其核心便是信息资源，这样能够保证信息的交互以及其及时性，进而优化集团公司的财务流程操作，进而使得财务处理精力与时间得以减少，有助于集团竞争力的提升和规模的扩大。

四、共享服务与集团管理转型的发展趋势

中国集团企业管理转型的春天已经到来。共享服务将向全球化、智能化、创新拓展的全球共享服务模式发展，当下国际和国内局势，大型企业、中小企业和个人，都应该思考如何优化过去的粗放，迎接新局势下的竞争和压力。

（一）共享服务中心将向数据共享中心、云服务中心、全球多职能中心的方向发展

为了提高效率，领先的共享服务中心已经进行了自动化与智能化的探索，使用新兴技术、提高业务处理自动化与智能化，将共享服务中心转型成大数据处理及分析中心，为企业实现价值创造，向更创新、更拓展的全球共享服务（GBS）模式发展，实现共享服务中心的全球化，是中国现有共享服务中心未来的发展趋势。

未来的世界是一个万物互联、智能计算和开放共享的时代，共享服务将向全球化、智能化、创新拓展的全球共享服务模式发展。在企业集团化、国际化、多元化的发展过程中，将价值链的辅助活动集中起来，建立全球共享服务中心将势不可挡。

（二）共享服务理念将加快集团管理思维的转变

集团公司，是为了一定的目的组织起来的共同行动的团体公司，是指一些企业为了适应市场环境和企业内部组织的变化，以母子公司为主体，通过投资及生产经营协作等方式组建的经济联合体，这样庞大的联合体要做出管理转型必然是可以提升集团管理效率的转型，也就是应用了共享服务理念的转型。集团转型的目标是让整个集团内部的管理思路具备共享思维与互联网思维，提升整合资源的效率，提升管理效率，降低集团管理成本，创新管理模式，建立内部共享服务中心，而且，共享服务中心并不一定要等企业集团发展到一定规模时采用，其存在形式也并非一个独立的部门或公司实体。很多国有企业从单体企业到集团企业的发展过程中，核心企业/母公司的职能部门采用所谓垂直管理模式，向下承担业务单位/分子公司的职能管理角色，如财务中心、人力资源中心等，这时已经具备了共享服务的性质，具备了引入共享服务中心的条件。为了实现集团管理模式的转型，还需要转变管理思维，以集中的专业化服务，代替某些管理职能在事业部和分子公司的简单重建，重新梳理和规范业务流程，特别是横跨母公司、业务单位/分子公司不同业务部门的服务流程，建立起服务导向的激励机制，增强服务意识，不断改进绩效。

（三）共享服务将在自动化的基础上向智能化方向发展

在“大智移云物区”和共享服务理念被广泛接受的大环境下，未来集团管理转型的方向与趋势必然是朝着更加共享和智能化的方向而去，因为除了有效降低管理成

本，共享服务中心的引入还能够有效推动组织发展：促进组织内部服务资源的整合，建立明确的服务标准和流程；让职能部门成为业务伙伴，从业务部门需求出发提供服务，使其专注核心业务；将分散的服务集中处理，便于实现风险集中管控，同时依靠标准化流程提升内部控制的效果；对内部客户提供有偿服务，以服务计价模式，将原有职能转化为利润中心，促进服务绩效的改进。依托职能部门现有资源，向共享服务中心模式转型的浪潮显然已经成了大势所趋，并呈现出了由自动化向智能化应用发展的趋势，相信在不远的未来，绝大部分集团管理都会朝着这一方向转型，从而达到低成本、高效率的运营目标，体现共享服务对集团管理模式转型的价值。

第六篇
数字化财务智能系统

第二十五章 智能管理会计

第一节　智能时代的管理会计发展

一、智能时代的会计转型

随着大数据、智能化（人工智能）、移动互联网、云计算、物联网、区块链、环境与生态文明（大、智、移、云、物、区、环）等新技术的发展，意味着智能化时代，即数据技术革命时代的到来。在智能化时代，由于数据技术的发展，大数据能够得以充分利用。新技术、新业态、新产业、新模式，尤其是新技术，对会计影响巨大。我们一直引以为豪的财务会计将被智能机器人所取代，并且已经开始被取代。人工智能对任何一个行业都有很大的冲击。在智能化时代，任何一个行业均进入了新常态，需要转型，会计行业更不例外。财务云、电子发票、移动支付、电子档案、在线审计、数据挖掘、数字签名、财务专家系统、移动互联网、身份认证等作为影响会计的十大信息技术已经得到普遍认可。会计人不仅要掌握核心信息技术，而且还必须掌握事物发展变化的规律，洞察会计未来的发展趋势，这样方可应对数据技术革命对会计的影响。

当前会计的重点以核算反映型财务会计为主，其本身存在很多弊端，例如：

第一，概括性。核算反映型财务会计对经济业务高度概括，无论经济业务多么复杂，最终都被抽象为摘要、科目、金额。但是，这远远不能反映经济业务的全貌，大量的、有用的信息被过滤掉了。

第二，结果导向。核算反映型财务会计以法律为依据，以过去的事项为对象进行核算反映，即经济业务结果发生后才进行反映，即当前的会计只反映结果信息，而丢掉了过程信息。

第三，面向过去。核算反映型财务会计只产生过去的数据，分析视角有限，对未来的预测能力不足；信息滞后，分析时效性差，导致分析结果经常对经营决策不具有指导价值。

第四，只产生结构化数据。以核算反映型为主的会计只注重产生结构化数据，即标准的财务报表，不注重非结构化信息的使用；只产生货币性信息，过滤掉了大量的非货币性信息；更无法反映数据之间的关联性。

第五，自身性。以核算反映型为主的会计以会计主体假设为依据，只产生企业自身的交易数据，对企业开展生产经营决策所依赖的外部数据的挖掘不够，从而并不利于企业的科学决策。

大数据技术的快速发展，使得当前核算反映型财务会计向智能决策型管理会计转型已成必然。信息化、智能化的发展，使会计信息结果展现得更快捷、清晰、深入，控制得更精准，变化得更灵活。企业管理者可应用现代信息技术对未来的不确定性进行快速调整、判断、决策。企业的财务决策支持能力从事后向事前进行有效延伸，从而提升财务洞见能力，提高财务的运营效率。具体体现为：（1）财务数据向业务数据扩展，企业可利用的数据量增大。智能化的快速进步，促使数据越来越便于收集、储存、使用。同时信息系统对复杂计算的支持，为大数据在管理方面的应用提供了很好的发展前景。企业可利用的数据将从财务“小数据”逐步扩展到业务“大数据”。这个过程的实现需要建立在业财一体化的基础上，财务核算结果能清晰追溯至业务交易过程，通过对业务交易信息的丰富记录，扩充财务核算的信息维度。此外，也要注意与财务结果并不直接相关的业务数据的积累。（2）数据从企业内部向外部扩展，社会模式发展水平带动企业模式的演进。在智能化时代，内部数据已无法满足分析预测、风险控制的需求，市场数据、同业数据、舆情数据等外部数据的引入能更好地优化预测，对企业管理者的决策过程提供更加智能化的支撑。财务共享、社会资源利用等社会模式的发展，使涉及的跨行业、跨专业、跨界的数据信息能够相互融合和渗透。（3）结构化数据向非结构化数据扩展。无论是财务还是业务，内部还是外部，传统模式下主要产生结构化数据，只积累货币性信息。但现实中，大量数据是以非结构化的形态存在的，如发票要素、合同要素等。智能技术工具的应用必然能够将数据智能化，积累更多的非货币性信息，如通过影像识别、自然语义识别等技术对非结构化数据进行结构化处理。

以核算反映型为主的会计受到技术条件的约束，仅能记录一些结构化的财务数据，而大数据技术使得企业能以低成本、高效率的方式记录大量的多样化的数据信息。在大数据技术的支撑下，数据能够由财务向业务、由内部向外部、由结构化向非结构化发展。财务分析能基于大数据技术及时发现、挖掘影响生产经营过程的关键因素，智能地帮助企业管理者进行合理决策，提高企业经营效率，提升企业绩效。

在大数据时代，会计呈现出“八变”“一不变”的态势：

一变：对象在变。互联网+、人工智能+条件下组织运行模式和商业变革导致会计服务的对象发生了很大变化。

二变：重点在变。即会计转型，会计工作的重点从核算型会计向决策型会计转型。

三变：组织形式在变。会计的组织形式从传统的有形财务部门向企业运营的全过程环节渗透，智能共享服务将成为会计的主要形式。

四变：技术手段在变。大数据、人工智能、区块链、云计算等新的信息技术都将成为会计的核心技术手段。

五变：方式方法在变。会计服务经济的方式方法已经发生很大变化，例如，共享服务、业财税法融合、区块链技术、财务云等都将成为会计服务经济的方式方法。

六变：内容在变。信息服务和决策支持的内容在变。

七变：效率在变。会计工作的效率将大大提升，借助智能化技术手段能实现瞬间响应。

八变：质量在变。会计服务经济的质量大幅提高，助力实现精准服务和智能决策。

不变：功能未变。变的是技术的“形”，不变的是会计的“魂”，即：会计的核心功能没有变，仍然是“过程的控制和观念的总结”，即会计的监督、反映、决策支持功能没有变。只要牢牢抓住会计功能这一灵魂，不论技术手段如何变化，会计依然是会计。

在技术变革的推动下，会计将实现如图25-1所示的转型：

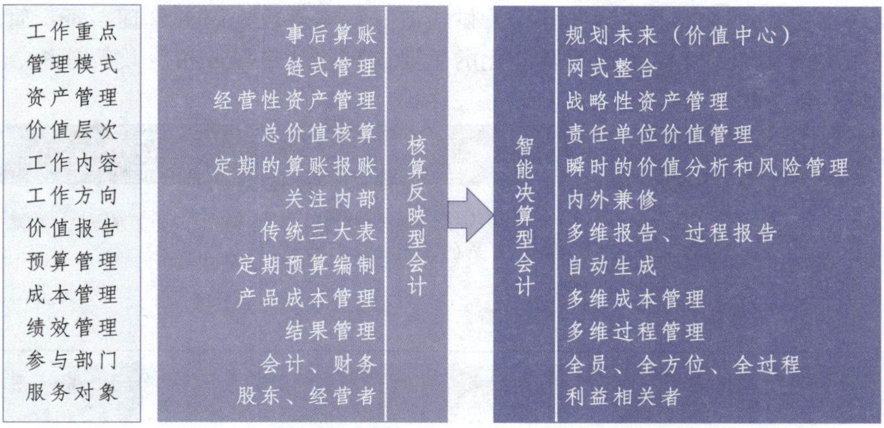

图25-1　智能时代的会计转型

二、智能管理会计的体系架构

企业管理循环包括战略管理、预算管理、业务规划、经营管理、过程管理、绩效管理、激励管理等环节，每一环节的核心管理内容，比如战略管理会计、财务战略、战略预算管理、产品决策、成本管理、风险管理、战略绩效管理与激励等均属于管理会计的范畴。从实质上看，这些工作均属于管理会计工作。在大数据时代，会计管理工作的范围越来越广，面对数据技术的变革，会计必须转型，必须进行跨界和融合，与大数据、智能化融合，不妨称之为“智能管理会计”。

1.智能管理会计的本质

管理会计是组织为了加强管理决策，从而为利益相关者创造价值的管理活动。管理会计之所以能创造价值，其关键原因是为管理者提供决策及时、有用、完备的前馈信息。对管理会计来说，信息就是前馈报告，为了助推管理者的科学决策，必须把企业行为转化为数字信息，进而转化为决策支持信息。管理会计能否创造价值取决于管理会计信息能否有效地应用于企业决策。此外，管理会计信息会诱发组织成员的个体行为和互动行为，通过信息的变换可以引导组织成员为实现战略目标而努力。管理会计作为组织成员行为调节系统，就是通过改变管理会计信息的种类、内容、水平、权重、与奖惩资源链接的方式等，来引导组织成员的个体行为以及个体之间的互动行为，趋向于实现战略和经营目标，进而创造价值。

管理会计的本质是为整个管理活动过程提供全过程、全层级的决策支持信息。管理活动的全过程包括计划或者规划（包括预测决策）、执行、控制、评价（包括反馈）等管理环节。管理活动的全层级包括战略层、经营层和作业层。所要提供的决策有用信息必须以管理活动过程的每个环节为基础，与整个管理活动过程有效地融合在一起。

企业进入智能化阶段以后，将在五个方面呈现智能化（如图25-2所示）：生产过程智能化、生产管理智能化、产品创新智能化、经济管理智能化、经济调节智能化。生产过程智能化和生产管理智能化强调的是智能制造；产品创新智能化注重的是智能创新；经济管理智能化和经济调节智能化则属于智能管理会计范畴。经营管理智能化的主要内容包括用工需求预测和分析，供应链、成本管理、财务管理、资产管理、情报管理、决策管理等；经济调节智能化的主要内容包括市场分析、政策分析、战略分析、区域经济分析、经济危机预警等。

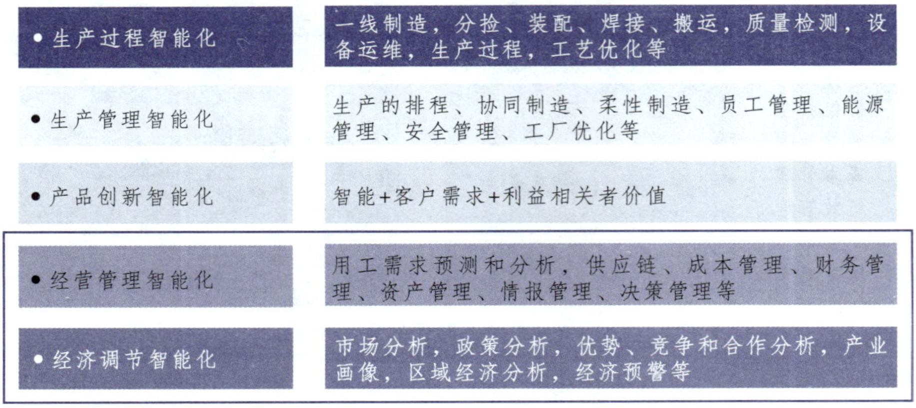

图25-2　企业智能化的五大方面

2.智能管理会计的对象

当前管理会计更多地侧重于企业内部生产经营的决策分析，而智能管理会计则是基于智能共享从多维度的视角分析一个组织利益相关者的行为并进行关联性分析和决策支持，其分析路径为：行为关联分析—路径网络—演化机制—结果分析—决策支持。

3.智能管理会计的体系结构

管理会计依赖对一系列工具的应用促进组织创造价值，但是，它本身并不是一系列工具的简单组合，而是一个管理体系。一个组织的运行犹如一个人体的运行，管理会计服务于该组织，也必须以一个体系的形态而存在，任何割裂的管理会计工具的研究和应用都是不利于支持组织有效运行的。很多企业应用管理会计的效果之所以不够理想，就是因为没有将管理会计视为一个协同运作的体系，只是在不同管理领域简单应用了一些管理会计工具，不同的工具之间未形成联动关系，影响了管理会计工具效用的有效发挥。所以，智能管理会计应更加重视环境、活动、工具、报告等方面的系统性、协同性，从而形成一个体系。

智能管理会计体系可概括为：一个目标、四大基础、七大领域、若干工具、一套报告和一套系统。一个目标即是为利益相关者创造价值。四大基础包括管理基础、技术基础、数据基础和人才基础，其中管理基础包括伦理和道德、文化和战略、制度体系。伦理和道德是一个组织经营发展的基石，管理会计服务于组织管理，必须重视伦理道德的重要性。管理会计研究不能脱离伦理道德的要求，必须结合组织伦理、企业文化、价值观、愿景、社会责任、利益相关者导向而进行。七大领域即战略管理、预算管理、绩效管理、成本管理、运营管理、投融资决策和风险管理。若干工具包括战略地图、本量利分析、平衡计分卡（BSC）、作业成本管理（ABM）等一系列管理会计工具；一套报告包括绩效报告、成本报告等一系列智能分析报告；一套系统即智能化管理会计系统。智能管理会计体系的框架如图25-3所示。

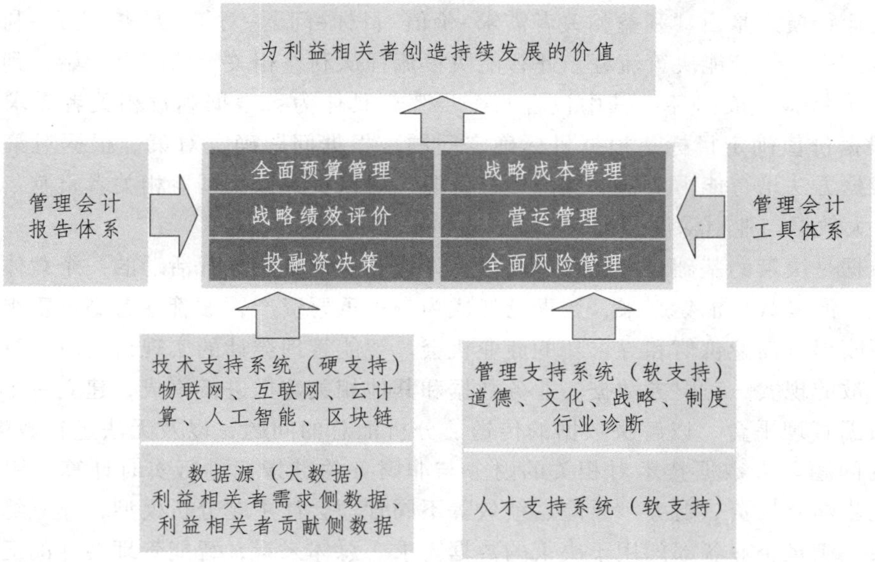

图25-3　智能管理会计体系框架

大数据时代表现为新技术、新业态、新产业、新模式的共生，在这“四新”时代，管理会计的智能化至少包括管理智慧（社会经济环境、商务智能、人工智能、管理智慧相结合的管理智慧是智能管理会计的核心）、数据采集层（数据采集和业务数字化、物联网、区块链、移动互联网等、人工智能、智能共享服务等技术的应用）、数据计算层（数据仓库、数据计算、数据管理、云计算、数据分析等技术的应用）、数据管控与决策支持层（商务智能、预警、可视化、数据挖掘、机器智能等技术的应用）。所谓智能管理会计，就是借助以大数据为代表的现代信息技术，将企业的业、财信息相融合，并利用大数据工具创新管理会计方法、挖掘管理会计价值、实现管理会计新功能的现代化管理会计。智能管理会计具有数据超细分、业财高度融合、瞬时决策、动态优化等特点。

第二节　智能化的管理会计

一、智能管理会计的运行模式

智能管理会计在智能共享服务的基础上，在商业逻辑的指导下，通过建立数据模型，面向多层次的价值创造，智能数据分析，提供决策支持，帮助组织打造高效规范的管理流程，提高效率、降低成本、控制风险，从而促进企业的价值创造。

1.智能的决策流程

智能管理会计是通过对海量信息数据化来研究和反映一个组织的利益相关者行为

并进行管控和决策支持的科学。因此，管理会计不仅要研究如何为股东创造价值，更要研究如何为利益相关者创造价值。利益相关者行为又具有多态性，管理会计应研究利益相关者行为的主体、客体、过程、规范、结果、关联性等多个维度以及行为关联、路径网络、演化机制、行为结果等，进而形成管控和决策支持。所以，智能管理会计的运行模式是由“利益相关者需求-价值-目标-问题-对策-方法-能力-利益相关者贡献”构成的智能决策流程。此智能决策流程从利益相关者的需求开始，到利益相关者的贡献，形成闭环。其中包含八个步骤，具体为：根据利益相关者需求确定价值、根据价值确定目标、根据目标确定问题、根据问题确定对策、根据对策确定方法、根据方法培育能力、根据能力整合资源、根据资源挖掘利益相关者贡献。

2.大数据与业财深度融合

数据是决策的基础。数据在过去只是记录和统计企业经营活动的一个载体，大数据时代，海量数据汇集起来，数据已然成为一种重要资产，被管理者高度重视，帮助企业不断提升商业价值和寻求新的商业机会。智能管理会计的实现需要改变过去财务数据分散的现实，对财务数据、业务数据和其他相关数据进行集成，建立一个整体统一的数据管理平台，以解决数据的传送、分析汇总的问题，以及无法进行数据归集、联查的问题。大数据技术对相关的财务与非财务关键指标进行实时计算、跟踪与评价，逐步建立投资、财务、风险、绩效等不同管理会计主题分析模型，建立综合和细化看板，满足企业各部门用于决策的数据需求。总体来看，智能管理会计的运行模式应该是以大量的数据为基础，由数据驱动系统决策。

智能管理会计需要大数据与业财的深度融合。大数据技术在表现出数据的整体性、时效性、相关性的同时，还要注意大数据本身的非结构化性。智能管理会计不仅要对财务数据进行分析，同时还要充分结合业务流程及利益相关者行为中的非结构化数据进行分析。业财融合的核心就是业务流与数据流的融合，业务必须数据化，数据必须面对业务做出反馈。企业基于大数据思维，通过业财融合来实现精细化运营、精准的全生命周期成本管理、动态优化、提高效率。智能管理会计的运行模式应遵循普遍的工作思路，即从局部到整体，从微观到宏观，明确数据分析目标，对影响数据目标波动的关键维度进行拆解，找出不同影响因素之间的关联关系，并建立数据关系模型，发现问题数据或数据异常点，并找出原因，最后采取相应优化措施，使数据驱动运营。

大数据更多地将业务流程信息用会计语言表达出来，其关注点在于多个数据维度之间的关联，而非受单一因素的影响。同时，智能管理会计依赖智能技术能够将财务数据、业务数据和利益相关者行为关系数据收集、转化，并归集到统一数据平台，管理者利用专业知识，紧密结合业务实际，进行管理决策，实现业务数据化、数据财务化。智能管理会计借助大数据的系统化思维，依据运营流程产生的结构化及非结构化数据，围绕自下而上的数据分析思路运行。会计管理人员在这些数据中发现问题，并综合运用多种财务和业务大数据分析方法进行解剖分析，如趋势分析、对比分析、交叉分析、结构分析、因素分析、相关分析、回归分析、聚类分析和因子分析等。管理者始终以创造价值为导向，紧密结合财务、业务、客户的实践，在分析中发现问题和解决问题，用数据说话，进而创造更多价值。

3.多层次的分析体系

多层次指的是智能管理会计助推企业价值创造依赖于多元资本，具有多个层次。财务会计更加注重货币资本、利润、现金流量等单一层次价值指标的计量和披露，而企业创造价值不仅依赖于货币资本，还依赖于人力资本、社会资本、生态资本等多元资本，价值创造具有总价值、增加值、利润、EVA、绿色EVA等多个层次。因此，智能管理会计应树立多层次理念，研究多元资本的协同和多层价值创造的关系。智能管理会计的价值分析层次如图25-4所示。

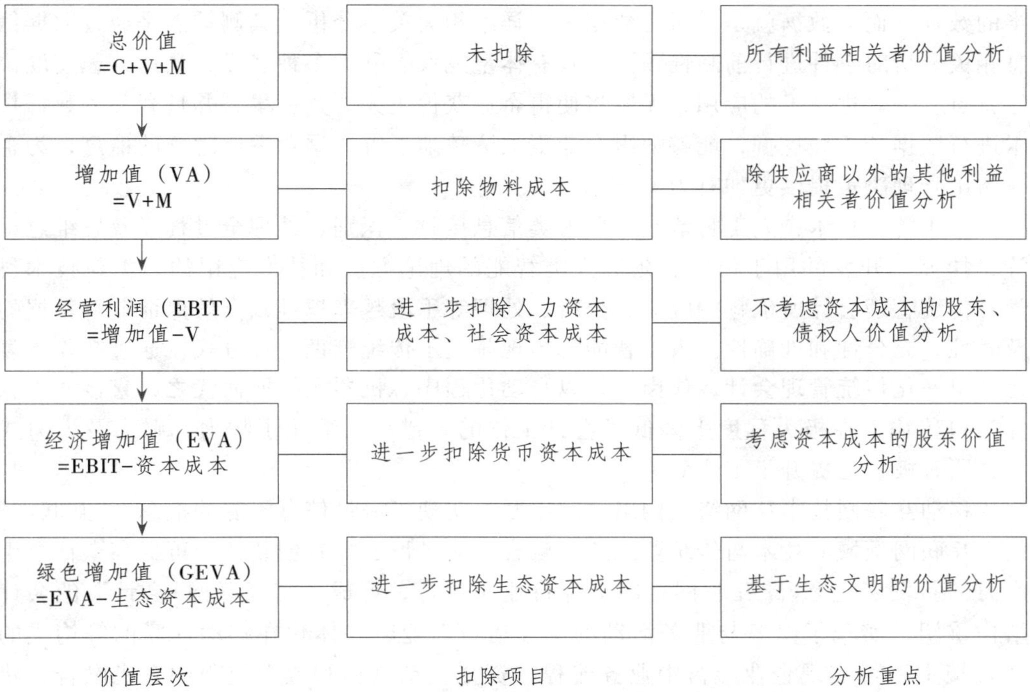

图25-4 智能管理会计的价值分析层次

二、智能管理会计的保障体系

1.数据保障

大数据时代，智能管理会计需要共享服务提供数据基础。共享服务的发展可能将经历三个重要阶段：财务核算共享、业财一体化共享和智能大共享。财务核算共享，目前大多数企业已经筹划和设计，且有些企业已经实现财务核算共享；业财一体化共享即实现业务、财务的融合；智能大共享则是在业财融合的基础上，进一步将战略、业务、财务（资金流）、核算（财务信息）、法务（合规性）、利益相关者、时间等多维度的信息实现共享，并体现它们之间的关联性（如图25-5所示）。

2.技术保障

大数据技术：传统的管理会计，更多的是一种基于静态预算进行反馈、控制和评价的机械体系。通过对财务数据的分析、处理，帮助企业去预测未来，并以此对未来做出规划。过去分布在企业流程中的数据并未被充分开发利用，大量数据的价值没有被当作资产去管理、去挖掘，即使是信息化程度较高的金融行业，也仅利用了不到一

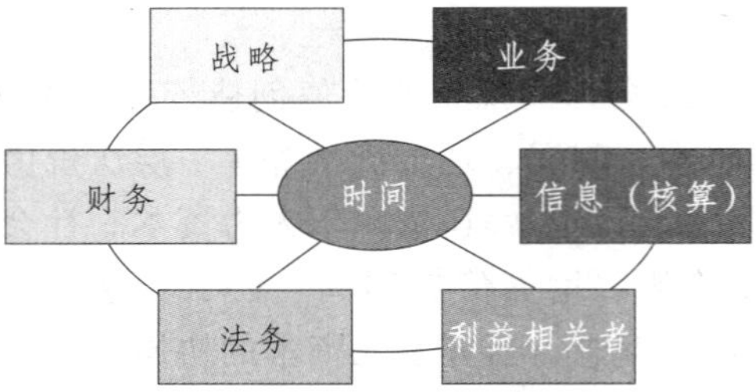

图25-5 智能大共享

半的数据。而大数据就是对所有数据进行详细相关关系分析，其侧重点是通过数据信息相关分析对事件进行前瞻性预测，具有体量庞大、种类多种多样、数据处理速度快等特点。大数据技术的应用，无疑将使得企业获得更大的数据集，并且利用大数据技术进行数据分析和挖掘，能够使得企业更加清楚地了解数据背后所隐藏的信息，为企业做出合理决策提供更加有力的支撑。

人工智能技术：人工智能是仿照人类信息接收、识别、处理全过程以及思维意识等，探究、开发的用于模拟、延展人类智能的理论方法和技术应用的一类新技术科学。传统管理会计所依赖的收集、分析、处理等手段越来越难以有效保证业财数据的及时性、充分性和准确性。人工智能的出现颠覆了传统管理会计方式，通过裁除重复化、单一化传统管理会计运作岗位，以自动化程序、机器人等取而代之，直接实现软件接口传输，在极大程度上降低了会计工作的差错率，缩减了物力、财力及人力成本，同时极大地提升了工作效率。

移动互联网技术：网络与网络之间串联，实现了海量信息资源的汇总。“互联网”使得互联网领域的技术与传统业态跨界融合，促进形成具有创新性、可提高全社会生产力的新发展生态。“互联网”同会计行业相融合，形成了“互联网+会计”的会计结构重塑，实现了财务与业务活动的交互运行。业财一体化在移动互联网等构成的IT环境下，可实现企业经营中业务流程、资金流动过程和数据流程的有机融合，建立基于业务活动驱动的业财一体化信息收集、处理、分析流程，可使财务数据和业务信息融为一体。业财融合作为一个管理会计命题，本质是一项企业后台管理业务。现行管理会计系统存在信息集成多部门、信息沟通多口径、信息颗粒太粗的特征，“大智移云”环境下，优化管理会计信息系统既是业财融合的驱动因素，也是业财融合的实质内容。

云计算技术：以云计算作为基础的数据存储、数据处理和数据挖掘技术，能够便捷、有效地将诸多多样化的终端数据保留下来，以便进行计算和分析，有助于降低海量信息生产成本，提高信息生产效率。云计算正在使管理会计业务环境逐步现代化，且正在改变管理会计应用程序的使用方法。云技术平台提供了大量财务与非财务会计信息，这些内外部业财数据细节中往往蕴含着具有价值的业务规律，管理会计获取数据的能力进一步加强，将海量财务、业务数据存储至数据仓库，利用商业智能技术进行核算、分析、考核及预测，使得管理会计具有更敏锐的商机洞察力、更强的流程优化能力和决策力。

区块链技术：区块链是以一种非常透明、准确的方式记录交易流程，同时又能确保这些记录不被篡改。区块链技术的应用会引发跨组织管理会计的深刻变革。嵌入区块链的跨组织管理会计，将打破传统组织边界，表现为跨组织的不同参与主体之间进行的业务交易模式。区块链技术进一步打破企业的信息孤岛，实现价值链信息全透明，为企业预测和决策分析提供财务和非财务的各项信息支持。区块链技术基于信任的治理模式、智能合约功能能够促使交易的自动执行，且合约内容会在全网进行传播、备份与记账，提高信息的准确性和真实性。

对于技术保障，智能管理会计的技术支持系统包括三个层面：物联网是最基础的，物联网为移动互联、云计算和区块链提供数据，移动互联、云计算和区块链起桥梁作用，大数据技术和人工智能使得大量的非结构化的信息变成可供决策使用的信息（如图25-6所示）。

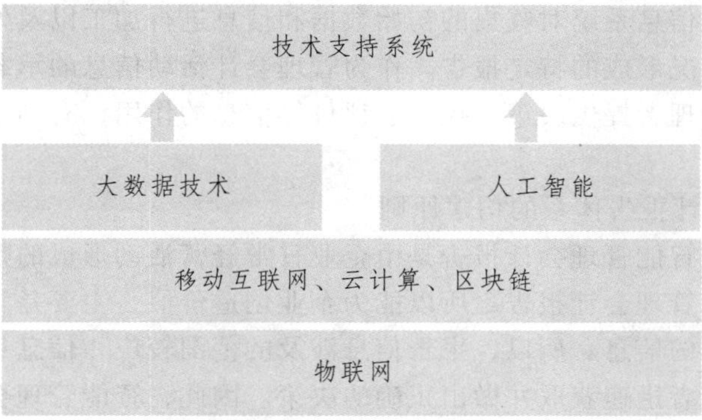

图25-6　智能管理会计的技术支持

3.人力保障

在目前的大数据时代，智能管理会计体系的良好运转离不开专业化人才的支持。缺乏智能管理会计人才，智能管理会计就很难落地。大数据时代，在复杂、海量的数据面前，会计人员要保持清晰、敏捷的思路，利用新技术和新平台满足企业对经营预测、决策在时间和效果上的需求。此外，智能管理会计人才需要进行思维的转变：战略思维，拓展变革转型思维的视野，从单纯的财务会计核算思维向全局性、复合型的管理会计思维转变；产业思维：助力“融合发展”，从会计思维向跨界融合思维转变；商业思维：数据集成从面向企业内部向面向社会转变；管理思维：适应企业组织、流程和管控模式数字化转型的需要，助力企业扁平化、去中心化、平台化等互联网模式转变；数字思维：捕捉数据信息更敏捷，从功能构建的使能者向价值实现的赋能者转变。具体而言，智能管理会计人员应具备以下能力：

（1）具有管理智慧。对于智能管理会计人员，首先应具有管理智慧。会计人员首先应明确的是思考什么，而不是怎样思考，发现问题比解决问题更重要。会计人员不能仅仅局限于会计思维，更需要基于大数据和智能化的管理思维。在很多情况下，会计人员即便是掌握了很好的技术和方法，也未必能够发现问题所在，发现问题需要的是管理智慧，而不是技术。

（2）具有大数据思维和人工智能思维。大数据实质上是一种管理智慧。会计人员须具备大数据思维。心中有了大智慧，才能发现大数据。智能管理会计人员应以大数据的理念和技术解决现在和未来的管理问题。会计人员首先应掌握基于大数据和智能化的思维，才能有效识别需要学习的新技能，从而促进智能管理会计的落地。

（3）掌握大数据相关知识及操作技能。智能管理会计人员应具备包含数据集成、分析、处理在内的专业化数据管理知识，实现数据资源的高效整合及共享，为管理会计工作提供有效的数据支撑。财务机器人正在“蚕食”低端财务岗位，同时以总会计师（CFO）、财务经理为代表的高端财务人才缺口却日益扩大，所以管理会计人员迫切地需要“装备”最先进的管理会计知识。另外，由于公司战略目标日趋多元化，需要管理会计人员识别更多维度的信息以帮助制定战略。

三、智能管理会计报告

管理会计报告包含了财务会计报告中的财务信息、业务信息及宏观环境等非财务信息，是通过管理信息系统对收集的初始数据和信息进行加工以及处理，按照各个层级管理者的需求情况形成的特定报告。作为管理会计活动信息的承载者，管理会计报告起到了为各级管理者提供决策、控制、评价等信息的作用，有助于企业实现价值创造的目标。

1.智能管理会计报告体系的构建原则

信息相关性：智能管理会计报告是由企业日常经营活动形成的财务信息和非财务信息构成的。智能管理会计报告之所以能为企业创造价值，主要是为管理者提供有关决策、控制、评价的信息。所以，报告信息涉及的范围较广、信息量较大，高度相关的信息有利于管理者迅速获取并做出正确的决策。因此，智能管理会计报告体系首先应遵从相关性的原则。

传递及时性：智能管理会计报告提供了当前有关企业运营情况和内外部环境的信息，能够识别相关的风险和机会，为管理者进行决策提供支持。智能管理会计报告是对管理活动的实时记录，可以促进管理者随时掌握相关业务与管理活动的情况。智能管理会计报告反馈的评估信息，能反映各项经营管理活动制定的合理性以及执行的有效性。因此，智能管理会计报告有助于管理者改善具体的经营管理活动，需要及时地传递给管理者。

形式灵活性：智能管理会计报告属于内部报告，应依据管理者的需求确定编制形式。依据行业的不同可以适当增加或者减少信息的种类，如国有企业会关注国有资产的保值增值、高危行业需要关注安全管理问题。根据组织结构的不同设置不同的主题报告，既可以提供企业全部信息的报告，也可以针对某项经营活动出具专项报告。所以，基于大数据技术，智能管理会计报告体系具有形式灵活性。

内容分层性：智能共享是智能管理会计的基础，未来智能管理会计报告的内容可分为三个层次：基于智能共享服务所产生的按照准则规范编制而对外披露的标准化的、可比的会计报告，它将代替现有的财务报告；企业自愿对外披露的个性化报告；企业对内决策服务的个性化报告。

2.智能管理会计的报告体系

智能管理会计报告是对管理会计履行职能的反映，是围绕整个企业经营管理全过程展开的。组织理论指出，现代组织为实现管理的有效性，需将组织进行层级划分来管理；系统论认为，任何复杂的系统要想实现有效运转和发挥其整体功能最大化目标，均需在结构上划分层次。企业管理实践指出，大多数成功的大企业也都呈现层次性的结构。

企业作为一个复杂系统，其层次的划分还应该满足管理的相应要求，不同的管理层次有着不同的管理重点和信息需求，为了满足企业管理的需要以及不同层次的信息需求，管理会计报告的信息必须与企业管理层级相对应：负有决策职责的战略层、负有运营职责的经营层以及负有执行职责的作业层。因此，按照层次性，智能管理会计报告可划分为战略层管理会计报告、经营层管理会计报告、作业层管理会计报告。

战略层管理会计报告：以企业价值可持续稳定的增长为目标，通过为公司提升核心竞争力、有效配置成本、利润、资金提供适时信息，满足公司履行预测决策职能的信息需求，是整个管理会计报告体系的起点。

经营层管理会计报告：强调在决策目标和经营方针已经明确的前提下，为执行既定的决策方案而进行的有关规划和控制，以确保预期目标的实现，满足公司履行规划控制职能的信息需求。

作业层管理会计报告：是按照分权管理的思想，根据内部管理层次的相应权限、职责以及所承担的相应义务的内容与范围，通过考核评价各个相关方面的履责情况，满足公司履行考评职能的信息需求，它通过反映权、责、利的情况，保障企业管理沿着正确的方向前进。

企业管理层次不同，其管理重点和信息需求也不同。战略层、经营层、作业层的智能管理会计报告，必须依据各层次的管理重点与信息需求进行报告，并且三者之间也要相互结合、相互配合、共同报告，有效地满足企业管理需要，实现企业价值最大化。

管理会计涉及战略管理、预算管理、成本管理、绩效管理、营运管理、投融资管理、风险管理等七大领域。按照管理领域，智能管理会计报告可划分为战略报告、预算报告、成本报告、绩效报告、营运报告、投融资分析报告、风险管理报告等。

管理会计报告不像财务报告那样，必须坚持统一的原则，按照统一标准披露，而是根据组织的管理需要而设计的，因而，需要什么样的管理会计报告体系取决于组织的管理体系和决策体系的整体架构，以及该组织的战略与运营特点。

第二十六章
智能财务系统

第一节 智能财务概述

一、智能财务概述

当人们讨论“智能财务系统”一词时，会很自然地与“人工智能”一词关联。而智能财务广义上讲就是以人工智能为代表的新技术应用于企业财务管理活动，并对财务管理理论和实务产生推动。中国改革开放40多年的成功经验印证了“科学技术是第一生产力”这一论断的伟大。世界范围内科技的迅猛发展对世界经济和社会发展的影响不断加剧，也必将对财务活动产生深远的影响。这会促使我们回答两个问题：第一个问题是哪些技术对财务产生影响；第二个问题是这些技术对财务产生怎样的影响。

技术的发展对财务会计行业和人员的影响是渐进式的，不均衡的。比如，移动互联和移动支付技术，辅之以数字签名等技术，已经改变企业现金支付流程和现金管理的原则和方法。电子发票和电子档案技术的应用，正在改变会计人员的会计核算流程和基本工作规范。而商务智能（BI）、自然语言处理、专家系统、知识图谱等技术，会对财务工作的组织形式、流程和控制方法产生深远的影响。基于此，财务人员的胜任能力必须随之而发生改变，财务人员的核心技能需要随着技术的发展而迭代。

目前，学术界对于智能财务的定义并不完全一致。广义的智能财务是将大数据、人工智能、移动互联、云计算、物联网、区块链等技术在财务领域的应用统称为智能财务或者财务智能化。

刘勤（2018）首次提出了智能财务的概念。智能财务是一种新型的财务管理模式，它基于先进的财务管理理论、工具和方法，借助于智能机器和人类财务专家共同组成的人机一体化混合智能系统，通过人和机器的有机合作，去完成企业复杂的财务管理活动，并在管理中不断扩大、延伸和逐步取代部分人类财务专家的活动。这一概念的核心是认为智能财务是技术和财务管理创新的结合。智能财务系统是通过人机共生实现的，并不会导致财务会计人员的大量失业，而是会创造出很多人机一体化的新岗位。

韩向东（2018）认为，智能财务主要表现为以数据发现、智能决策和智能行动为核心的智能管理系统，可以帮助决策层进行智能判断、策略生成和策略选择。这个概念主要强调了智能财务是由若干流程组成的管理系统，其目的是支持决策，实质上是对现有管理和决策过程的数字化。

结合以上概念，上海国家会计学院智能财务人才培养研究课题组（2019）指出，智能财务是泛智能技术和财务管理理论工具和方法的结合，主要服务于企业内部财务管理，是通过智能系统获取与判断数据、与人类财务专家合作生成策略选择、流程管控，完成企业各项管理活动的全流程智能化的管理系统。智能财务不仅是财务流程中部分环节的自动化，也不仅是某个财务流程的整体优化和再造，而是财务管理模式，甚至是财务管理理念的革命性变化，它借助于人机深度融合的方式来共同实现前所未有的新型财务管理功能。

二、智能财务的特征

（一）泛智能技术应用于财务实践

泛智能技术是指包括“大智移云物区”在内的一系列新技术的集合应用。2018年，全球领先的信息技术研究和顾问公司高德纳咨询公司（Gartner）公布了战略科技发展趋势。具体包括：

（1）人工智能基础；

（2）智能应用分析；

（3）智能物件；

（4）数字孪生；

（5）从云到边；

（6）会话式平台；

（7）沉浸式体验；

（8）区块链；

（9）事件驱动；

（10）持续自适应风险和信任。

在上海国家会计学院发起和持续开展的关于“影响会计人员的十大信息技术评选”活动中，对会计人员产生影响的技术包含数十项。除此之外，有许多技术已经在社会经济生活中广泛应用，如移动互联网、移动支付、光学字符识别（OCR）、无线射频技术（RFID）、二维码、在线审计、在线办公、区块链、会计凭证无纸化，电子发票等，广泛应用于资金收付、转账结算。具体技术及财务应用场景见表26-1。

（二）业务流程、会计核算、财务管理的智能融合

财务管理流程主要包括控制流程和管理流程。其对象都是作用于业务系统，并通过管理决策影响业务的走向。控制流程和管理流程功能的实现需要财务数据，而财务数据基于智能会计核算系统，其源头是业务数据，是对业务活动形成的数据按照会计引擎进行加工之后的产物。在流程融合的基础上，可以实现两化：

第一，实现数据资产化。财务上的资产指由企业过去经营交易或各项事项形成的，由企业拥有或控制的，预期会给企业带来经济利益的资源。同样的，可称为资产的只是部分数据。我们也可以将数据资产类比财务资产，简要定义数据资产为企业拥有或控制的，能带来未来经济利益的数据资源。

第二，实现管理智能化。智能化是智能财务共享显而易见的特征。嵌入式分析、语音识别、图像识别等智能化技术因为人工智能的深度发展让共享系统越来越智能化。

表26-1　　技术与财务应用对照表

序号	技术	财务应用
1	二维码	会计档案的整理、查询
2	光学字符识别（OCR）	原始凭证识别、流程连接
3	无线射频技术（RFID）	固定资产管理
4	数字加密	电子发票、智能会计核算
5	财务机器人（FRPA）	自动付款、自动对账等
6	移动互联网	银企互联、银企直连
7	移动支付	资金集中、实时结算转账
8	在线审计	在线抽凭、复核、生成底稿
9	电子存储	电子档案
10	云计算	财务云、财务共享服务
11	语音识别	语音账务处理
12	XBRL	智能财务管理报告
13	数据挖掘	财务分析
14	自然语言处理	反舞弊，内部控制、预测
15	知识图谱	财务规则引擎
16	专家系统	会计引擎
17	区块链	保险合同、电子发票

（三）智能财务系统建设具有渐进性

我国会计信息化40多年发展经历了会计电算化、会计信息化（狭义）和会计智能化，人工智能的快速发展，触发了新的应用场景。德勤和Kira Systems2016年宣布将人工智能引入会计、税务、审计等工作中，随后以四大为代表的会计师事务所和以金蝶、用友、元年为代表的软件厂商纷纷推出了自己的财务机器人方案。随着“大智移云”技术的快速发展，企业开始应用财务云、智能决策系统、RPA等产品。全国会计专业学位研究生教育指导委员会建议在人才培养体系中增加云会计与智能财务共享、机器学习与财务智能、大数据挖掘与商业智能等课程。

智能财务从企业建立财务共享平台开始，然后主要建设智能会计核算系统，在此基础上，将财务管理和管理会计的管控功能智能化，建立智能财务管理系统。

第二节　智能财务系统概述

一、智能财务系统架构

智能财务系统是一个由多系统组成的复杂框架。信息流以企业经营活动为起源，在基础信息系统架构的基础上，依次经过信息输入、信息处理、信息输出，为企业内外部管理者提供频道化决策支持信息。智能财务框架如图26-1所示。

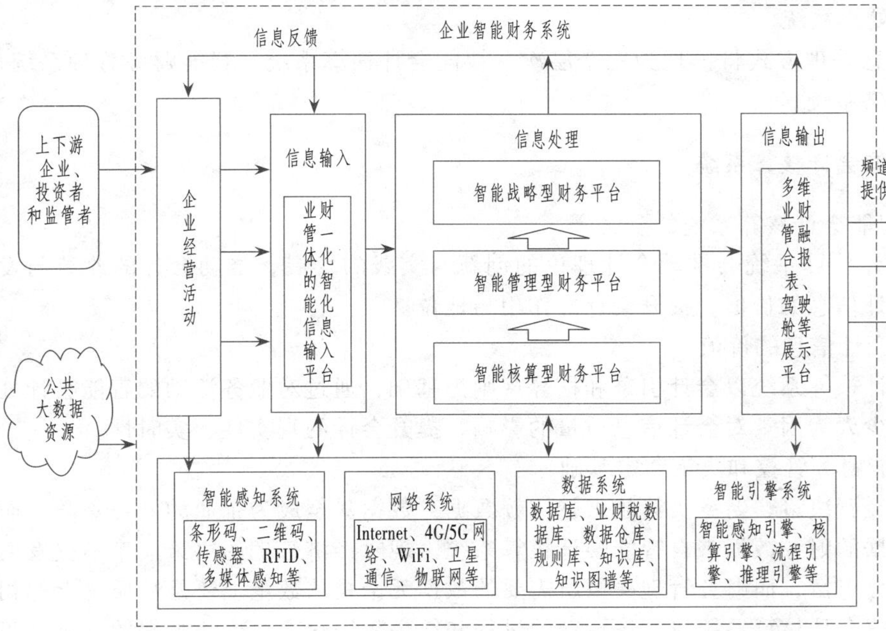

图26-1　智能财务框架

1.基础信息系统

由于智能财务需要借助于智能机器和人类财务专家共同组成的人机一体化智能管理系统，因此位于底层的智能感知系统、网络通信系统、数据管理系统和通用智能引擎是必不可少的。智能感知系统利用条码、RFID（radio frequency identification）、传感器、OCR等技术，客观地感知企业内部经营活动和外部环境，自动地完成数据的搜集工作；网络系统则通过物联网、互联网、移动互联网，以及卫星通信网络等实现数据的传递和共享；数据管理系统则用于存储企业智能管理所需的元数据、业财管交易处理数据，以及规则库、方法库、模型库、知识图谱等，在数据仓库和数据挖掘等BI（business intelligence，商业智能）组件的支持下，为应用层的数据智能处理提供基础；智能引擎系统则通过公共的智能部件（核算引擎、流程引擎、推理引擎等），满足应用层各种智能处理的需要。

2.智能财务应用层

位于上层的智能财务应用层描述了财务信息处理的全过程：从企业经营活动到业财管统一信息输入平台，再经过信息处理后，通过公共信息报告和展示平台送达企业内外管理者和决策者。所有这些信息处理过程都需要借助于底层的智能引擎系统自动完成。

在图26-1中，输入的信息不仅来源于单位对外的经营管理活动，还来源于对外部大数据资源的自动爬取。智能信息输入平台是企业的统一信息输入平台，它通过人机合作模式，将机器客观采集到的信息和人类主观感知到的信息结合起来，按照财务信息处理的要求完成信息的输入。在信息输出方面，企业将通过底层的各种智能引擎，把机器的运算结果和人的价值判断相互匹配，动态、实时、频道化、多种形式地展示业财管融合报表信息，以满足企业内外部管理决策者的需求。

3.信息处理系统

财务信息处理方式将体现为三个层次：智能会计核算系统、智能财务管理系统、智能财务战略系统。

二、智能会计核算系统

（一）智能会计核算系统的意义

智能会计核算系统会推动会计理论的创新与实践的发展，推动会计的改革与发展，凸显会计信息的价值，提升会计的作用与地位。

1.提升会计信息的价值

智能会计核算系统以会计引擎和核算规则为基础，通过对业务活动的智能会计处理，可以减少人为因素对会计信息质量的影响，提升会计的真实性、实时性。

2.为智能财务管控和决策奠定基础

企业的经营决策、财务决策越来越依赖数据，数据甚至成为企业的一项资产。而基于业务数据的财务数据来自智能会计核算系统。现时经济管理的决策模型不仅发展迅速而且十分丰富，而财务管理决策所需要的数据无论是从数量上还是从质量上都相形见绌，智能会计核算系统将经济活动的过程和结果数据化，对这些数据的分析利用将为财务决策乃至管理决策奠定基础。

3.为企业数字化转型奠定基础

智能会计核算系统为智能财务管理系统建设做好准备。智能财务管理系统充分应用商业智能模型化、多视角、大数据和灵活性等技术特点，使企业可以获得贴合不同用户需求的多维度、立体化的数据信息，进而对管理者的决策过程提供智能化支撑。

（二）智能会计核算的机理

智能会计核算系统要实现从业务系统数据到财务系统的无缝对接和自主传输的功能。智能会计核算系统通过建立核算标准库，预置标准凭证模板，建立业务事项、预算指标、会计科目、辅助核算项目、现金流量项目等的对照关系，实现从业务制单、审核到财务凭证生成的系统自动化处理，包括核算流程、业务单据自动提交审核、自动成本计算、自动生成总账凭证等功能。

智能会计核算系统的应用是一个网络系统。经济业务所引起的会计科目涉及多个会计要素。比如，采购活动涉及原材料、辅助材料、固定资产、工程物资等，涉及智能资产会计核算模块，而上述采购活动的支付或往来款，又要在智能资金会计核算模块体现等。销售活动既涉及产成品出库核算，涉及资金结算，还涉及销售费用的报销等，亦在不同的模块体现。

（三）智能会计核算系统的内容

1.会计确认计量自动化

实现从经济业务原始凭证自动生成记账凭证的智能处理，是智能会计核算系统的关键问题。会计确认的自动化是指通过智能会计核算系统，利用知识库、规则集、推理机等方法，用因素分析法将经济业务进行分类，根据分类设定经济业务类型和会计分录的对应关系，从而实现了从经济业务分析到自动生成凭证、账簿记录和报表的过程由系统自动化完成，形成了真正意义上的自动生成记账凭证。

2.会计记录报告的自动化

会计记录报告自动化是指从记账凭证自动生成开始，依次实现自动登记账簿、自动对账、自动关账、自动生成财务报表和自动生成合并报表的全过程。这一过程的关键是记账凭证的智能生成，根据凭证和账簿之间的映射关系，可以实现自动登账、自动结账。然后根据账簿和报表项目之间的映射关系自动编制资产负债表、利润表和现金流量表的过程。

3.会计信息披露实时化

对经济业务的会计核算实现智能化，提高了会计信息的时效性。智能会计核算系统利用计算机程序处理技术及网络传输技术，实现会计数据处理的高度自动化，实现会计信息资源的高度共享，相关会计信息使用者可以根据授权从会计信息系统直接获取所需的会计信息，大大提高会计信息产生与提供的时效性。主动、实时地报告会计信息，使得会计信息成为企业管理信息的核心，保证企业的业务核算和业务控制能实时进行，管理人员能及时地做出决策。

4.人机交互智能化

智能会计核算系统在人机交互上将会改变传统用键盘鼠标输入的交互方式，采用图像识别、语音输入等方式，在提升会计数据电子化的效率的同时，让会计人员与计算机之间的人机交互更加自然。衡量机器智能水平高低的标准就是人机交互水平的高低。2007年，当乔布斯发布第一代iPhone时，他推翻了当时主流的手机试图在有限的手机空间上放下一个全尺寸的键盘的设计理念，接着乔布斯给出了他的解决方案：去掉实体键盘，取而代之的是一个超大的可多点触控的手机屏幕，使得手机屏幕可以显示更多的内容。可多点触控的屏幕是手机在人机交互方面的一次重大升级，人机交互的优化极大地提升了手机的智能化水平。让人和机器用最自然的方式进行交流，无论是计算机操作系统上的图形界面、鼠标的使用，还是后来多点触控、智能语言助手，都是人机交互领域的尖端科技的应用成果。智能手机操作系统领域的经验告诉我们，在一个信息系统当中，人与机器之间交互得越自然，该系统的智能化水平就越高。

三、智能财务管理系统

智能财务管理系统在智能会计核算系统的基础上，逐步演变成基于大数据处理、商业智能、神经网络、机器学习等技术的整合管理、控制、分析、决策的综合平台，即智能财务管理从以处理经济业务的会计信息加工为主，发展到对业务和会计信息进行分析和利用，并对业务活动进行规划控制的更高价值的管理会计活动。

（一）智能财务管理系统致力于财务管理数字化。

企业财务管理数字化除了包括传统财务管理的筹融资以及利益分配的管理外，还应包括对原始数据信息的数字化管理。如何将收集的内外部信息快速加工成有用的数据和图表，成为企业对原始数据信息数字化管理的重点，也是保证企业管理层做出正确决策的坚实基础。企业财务管理数字化可以在财务预测、财务决策、财务计划、财务控制和财务分析等方面发挥更大的作用，即可以利用更加丰富的数字化信息和更加先进的财务分析获得背后隐藏的结论，用以改善业务流程，进行更有效的财务控制等财务管理活动，从而实时制定基于数据的业务发展和互动决策。

（二）智能财务管理系统的机理

1.智能财务管理的组织

智能财务管理对企业的财务组织架构产生巨大影响。首先是智能财务共享平台的搭建，将智能会计核算进行物理上的集中或虚拟的集中，从而将部分财务人员从繁杂的交易性业务中解放出来，从事与财务管理管控、决策支持相关的岗位工作。其次是借助现代人工智能技术对财务管理活动进行流程重组和重塑。

2.智能财务管理系统的内容

智能财务管理系统包括财务管控系统和决策支持系统。它是人机高度融合的智能处理平台，即财务管理中出现的智能预测、分析、推理、判断、评价和决策等，将由以计算机为主的人机融合系统共同来完成，并且随着发展的深入，系统将不断扩大、延伸和逐步取代部分人类财务专家在财务管理中的活动。

财务管控系统主要包括智能财务共享系统、智能运营管理系统（供产销协同）、智能资产资金管理系统、智能税务管理系统、智能预算管理系统、智能成本管理系统、智能绩效管理系统和智能内审系统。财务决策支持系统主要包括智能财务分析与报告系统，智能财务分析系统。

四、智能财务战略系统

智能财务战略系统是智能财务管理系统发展到成熟阶段的产物，它在智能会计核算、智能财务管理系统的基础上，将智能财务管理的核心功能发展到财务战略决策领域，主要基于企业数字化的智能财务系统顶层设计，包括：智能财务的组织和管理变革，智能时代的商业模式，基础信息系统架构的设计、落地与技术方案制订，并通过智能财务战略系统设计和运行，帮助企业财务领导人思考五个关键问题：决定企业成功的核心因素是什么？数字化能否真正助力企业发展？企业财务领导人在数字化进程中的作用是什么？企业财务领导人如何评价企业数字化的绩效？企业财务领导人如何实现自身工作的数字化？

第三节　智能财务人才培养

一、智能财务人才培养现状

上海国家会计学院会计信息调查中心发布的《企业会计的未来》研究报告指出：未来5~10年企业会计职能范围将发生变化，总是有新的职能融合进来，并扩大工作范围。新兴技术是影响会计职能的重要性变化的首要因素，企业会计职能中IT等新技术的应用的重要性将最大幅度提高。企业会计人员的能力缺口中“IT等新兴技术应用”能力缺失巨大。而实现个人职业目标的途径选择主要是参加培训和考证。

除此之外，智能财务人才培养方面的研究成果主要集中在高职、本科、研究生教育教学改革方面。以智能财务人才培养为题进行专门研究的课题尚未检索到。相关的文献主要有：

程平（2018）总结了其开展研究生和本科生层次“互联网+会计”课程的经验，以重庆理工大学MPAcc“云会计与智能财务共享”课程为例，导入ADDIE教学设计理念，建立“云会计与智能财务共享”课程的ADDIE教学设计模型，并在教学设计中突出了RPA技术在“财务机器人”设计中的应用。

李晶（2018）认为，财务共享中心、智能财务机器人及区域链等技术层出不穷，深刻影响了财务行业的发展形势。在科技引领财务的新背景下，财务人员如果不积极进行适应性转型，必然被现实所淘汰。

齐殿伟（2018）认为，财务机器人的出现，对会计人才的培养提出了更高的要求，要求培养高端的决策型人才。

吕磊（2018）认为，我国高等教育特别是高职院校财会人员培养方向必须适应智能财务时代带来的变革，在原有的传统财务基础上进行适当的培养方向调整，才能适应新的形势和要求。智能财务背景下应充分结合高职院校“轻理论、偏实践、重应用”的办学特点，高职院校财会人才培养方向调整可以从跨学科复合型课程设计、深化应用型实践入手。

国际会计师联合会（IFAC，2019）发布的《FUTURE-FIT ACCOUNTANTS》（适应未来的会计人）报告指出，职业会计师的角色随着快速变革的世界而改变，会计人员的形象和技能都将随之发生改变，特别是要成为数字和技术的赋能者（ENABLER），确保组织能够在当今竞争激烈的数字化环境中生存，并将财务的功能转型为数字化赋能的力量。

二、智能财务人才培养研究的意义

（一）智能财务人才培养研究是会计行业人才培养的重要组成部分

财政部《关于全面推进管理会计体系建设的指导意见》中指出，加快推进管理会计人才培养，力争到2020年培养3万名精于理财、善于管理和决策的管理会计人才。《会计改革与发展“十三五”（2016—2020）规划纲要》指出，探索推动行政事业单位会计信息化工作，推动基层单位会计信息系统与业务系统的有机融合，推动会计工作从传统核算型向现代管理型转变。引导企业以可拓展商业报告语言（XBRL）提升内部管理信息标准化，推进财务、业务数据的融合与互联，密切关注大数据、“互联网+”发展对会计工作的影响，研究探讨会计信息资源共享机制、会计资料无纸化管理制度。

（二）智能财务人才培养是会计行业应对技术变革的需要

技术正在重塑商业变革。党的十九大报告提出“推动互联网、大数据、人工智能和实体经济深度融合”。以人工智能、区块链、云计算和大数据为核心的新兴信息技术正在快速发展，并与传统行业实现快速融合。2017年，国务院印发《新一代人工智能发展规划》提出重点任务是构建开放协同的人工智能科技创新体系，从前沿基础理论、关键共性技术、创新平台、高端人才队伍等方面强化部署。数字化转型之际，企业财务如何与商业模式的创新变革相结合？如何培养适应数字化时代的智能财务人才？是摆在企业面前必须考虑的问题。

（三）智能财务人才培养是应对挑战的储备

针对当前高层次复合型会计人才的缺乏，会计人才结构和布局不尽合理，教育部连续发布了“双一流”、“六卓越一拔尖”和“特色高水平院校及骨干专业群建设”等多项教育改革计划。2019年1月24日，国务院正式发布《国家职业教育改革实施方案》，提出“从2019年开始，在职业院校、应用型本科高校启动‘学历证书+若干职业技能等级证书’制度试点（1+X证书制度试点）工作”。智能财税职业技能等级证书是教育部“1+X”证书制度实施以来的第一个财会方面的职业证书，468所高校成为第二批智能财税职业技能等级证书试点院校。高校教育需对标国家发展战略和经济社会发展需求，培养面向未来的可持续发展的智能财务会计人才。

三、智能财务人才能力框架

（一）初、中、高智能财务人才四大核心能力

调查研究发现，基层智能财务人员最重要的四项能力依次是职业道德、专注力和细致力、逻辑思维能力、财税专业水平；中层智能财务经理最重要的四项能力依次是职业道德、逻辑思维能力、跨部门沟通与协调能力、财税专业水平；高层智能CFO最重要的四项能力依次是战略规划能力、领导力、职业道德、跨部门沟通与协调能力。

（二）职业道德是能力模型的根基

通过调研，我们发现初、中、高智能财务人才，职业道德的要求都排在职业能力前三位。其中在基层智能财务人员和中层智能财务经理的能力框架中，职业道德都排在第一位。

（三）编程语言的功能与运用是有效补充，而非核心技能

经过调研，我们发现初、中、高智能财务人才，编程语言能力要求都在调研的9大能力中得分最低。

（四）管理层级的提升，需要综合能力加持

通过调研，我们发现，随着管理层级的不断提升，综合能力的要求逐步提高，高层的每项能力的得分都高于基层和中层（财税专业水平除外，对中层的要求最高）。

四、财会人员的智能财务素养

（1）对智能财务的了解，与管理层级和企业收入规模成正比。通过调研，我们发现，企业的规模越大，对智能财务的了解程度越高。管理层级越高，对智能财务的了解也越多，CEO除外。这考验CFO的向上沟通能力。

（2）受访者想要学习智能财务知识的意愿强烈，但企业提供智能财务培训不足。

（3）企业智能财务转型意愿强烈，但智能财务人才匮乏。

（4）“70后”、“80后”和“90后”是智能财务管理的主力军，也是智能财务学习的主力军。

五、智能财务人才培养体系

（一）不同层级的智能财务人才，所需学习的核心课程不同

基层财务人员所需学习的四门核心课程是：智能财务报表与会计档案、资金智能

会计核算、商旅和费用报销智能会计核算、资产智能会计核算。中层智能财务经理，需要学习的四门核心课程是：团队沟通与领导力、财务共享的建设与运营、数据处理和商业智能分析、智能税务管理。高层智能CFO所需学习的四门核心课程依次是：智能财务时代的业财融合、数字领导力、智能财务平台的规划与设计、企业财务数字化转型模式与路径。

（二）不同管理层级的核心培养方式不同

基层智能财务人员最需要的两种培养方式依次是智能财务软件实操训练和线上课程；中层智能财务经理，最需要的依次是面授课程和企业考察；高层智能CFO，最需要的依次是企业考察和面授课程。

（三）不同管理层级的培养方式需要系统性

不同管理层级，核心培养方式不同，但总的培养方案需要线上课程、面授课程、企业考察和智能财务软件实操训练有机结合。

第二十七章
数字技术与数字财务

数字技术引领下的数字经济浪潮，极大地推进了传统财务向数字财务的重大变革。本章共分为四节：在阐述了“大智移云”和区块链等数字信息技术的基础上，重点讨论了这些技术对财务领域的深远影响和正在变革中的财务场景实践，以及数字技术在财务实践领域中不断创新运用而引发的企事业单位的财务工业革命，并由此带来的传统财务向共享财务的转型，并探索了基于数字技术下的数字财务智能生态系统的创建。同时也探讨了数字财务的目标和职能，以及作为数字财务地基的财务元数据，最后讨论了数字财务风险防控。

第一节 数字技术、数字经济与财务变革

随着云计算、大数据、人工智能、区块链等数字技术的快速进步及应用，数字经济时代悄然来袭，数字技术和数据应用将成为未来商业的核心基础。在数字化大环境下，财务需要主动寻求职能转换，完成财务自动化、智能化、数字化的变革。而在政府层面，第一次将“数据”定义为“生产要素”，不断推出数据建设、安全、监控等各项政策，全面加快社会各界的数字化进程。

一、数字技术

1.数字技术的概念

数字技术（digital technology），广义上来说是与电子计算机紧密联系的一种现代技术，它将日常生活中可以接收到的信息，包括图片、文字、声音、视频等，通过一定方式转化为计算机能够“读懂”的二进制编码，以“0”和“1”的形式表现，再进行运算、加工、存储、传送、传播、还原，从而通过计算机等设备对信息进行分析和运用。从这个角度来说，通信技术、网络安全、数控技术等都属于数字技术的范畴。

本章着重讨论的是其狭义上的概念，即由大数据、云计算、区块链、人工智能、物联网、移动互联网、5G等为代表的新一代数字化革命所产生的数字技术。云计算技术大幅提升了设备的计算能力，大数据技术负责数据存储、处理分析和信息提取；区块链是分布式账本，负责数据维护；物联网包含各种传感器，能够生产大量数据并传输；移动互联网通过无线接入设备访问互联网，能实现移动终端之间的数据交换；人工智能技术则是数字智能，各大数字技术构成了一个相互融合，并且分别呈指数式增长的有机生态整体。

各数字技术之间有着密不可分的联系。人工智能的三大决定因素分别是大数据、计算能力和算法。其中大数据是人工智能存在和发展的基础，计算能力是人工智能技术的重要平台，GPU/FPGA的发展提升了云计算平台的计算能力，以人工神经网络为

代表的深度学习算法是人工智能应用落地的核心引擎。

物联网可以理解为"物物相连的互联网"，物联网的发展，并与其他产生大量数据的设备和系统相结合，正在加速让人工智能成为现实，让人们得以真正从海量信息中创造出意义和价值。物联网与人工智能是相辅相成的，人工智能是软件，需要物联网作为载体。物联网是硬件，需要人工智能来驱动。

2.数字技术的演进

我们将数字技术的演进路径概括为以下三个阶段，分别是A连接、B分析、C智能（如图27-1所示）。

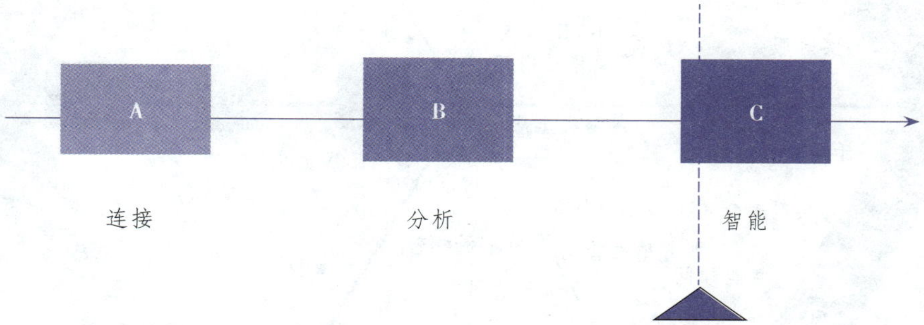

图27-1 数字技术的演进（Kotlin开发者社区）

在数字化进程的方方面面，数字技术的演进均遵循着图27-1的三个过程（如图27-2所示）。以优化决策为例，第一步，在"连接"阶段，出现了互联网、线上服务、移动应用等技术，实现人与人、物体与物体的连接。第二步，在"分析"阶段，随着大数据、云计算等技术上线，相互连接的数据有了更好的工具进行处理和分析。第三步，在"智能"阶段，人工智能、财务机器人（RPA）技术出现，数字技术开始具备自主分析数据的能力。

曾鸣先生在《智能商业》一书中提出了产业发展的"三浪叠加"理论：全球市场发展在当代达到了绝无仅有的速度，经常会出现前后不同代际的商业模式并行发展的情况。以中国零售业为例，以大型零售商场为代表的1.0模式、以国美、苏宁等平台为代表的2.0模式、以淘宝、京东等电商平台为代表的3.0模式在中国市场上互相交织、共同发展，"三浪叠加"。

与此类似，数字技术变革或许同样在经历"多浪叠加"的过程。从产业链上游计算机硬件的更新换代，到基础通信技术的不断升级，到人工智能、区块链等一系列新概念的提出和成熟。多线并行中，在浪潮前端的数字技术已经在不知不觉间，开始在社会各方面崭露头角。

目前，我们可以直观看到的是大数据、云计算、区块链和人工智能等在几年前对于普通人还较为陌生的词汇，短时间内已经席卷而来，从整体上看，数字技术足以改变传统的时间和空间建设模式，开启并推动时代的转型，带动人类社会生产方式变革、生产关系再造、经济结构重组、生活方式巨变。

宏观上来说，数字技术对社会带来的变革可以体现在以下三个方面：

第一，数字技术降低了对自然、历史基础的依赖。

数字技术能够帮助地区超越地理区位，重构区域经济体系，而这将为落后地区在

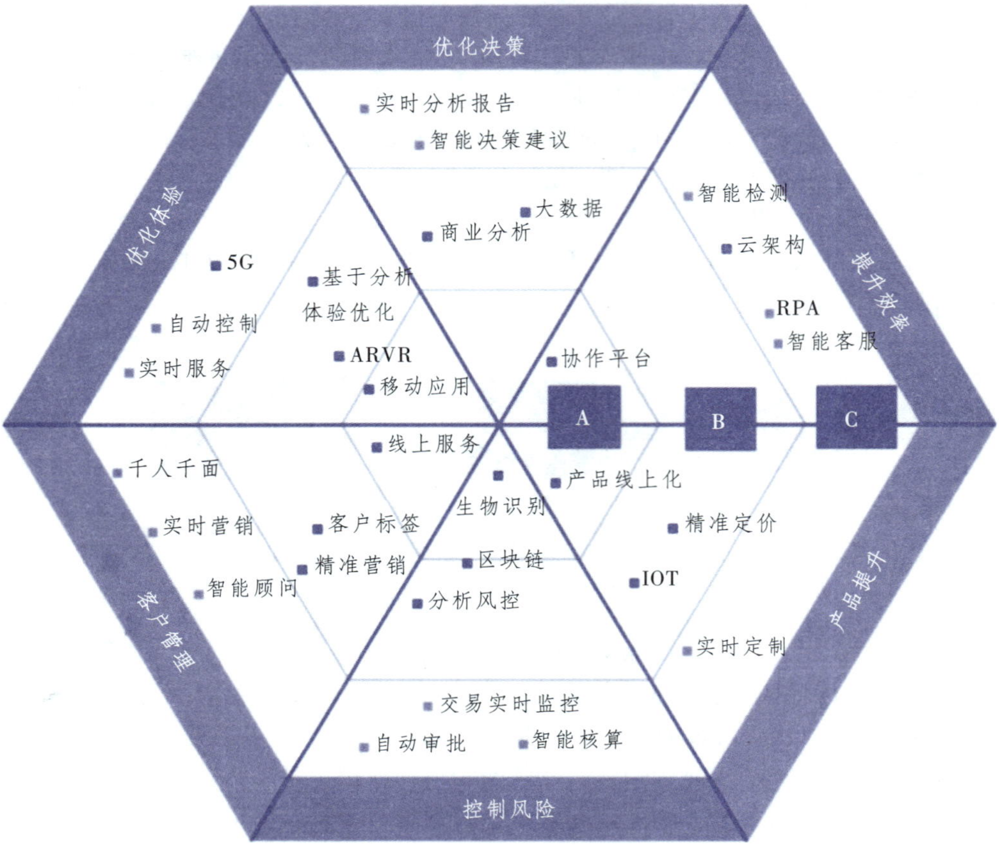

图 27-2　数字化发展进程（Kotlin 开发者社区）

新经济发展方面与先进地区并行甚至领跑提供条件与机会。比如贵州省，就是通过率先发展大数据技术，实现了弯道超车，找到了后发赶超的路径。2015—2019 年，贵州 GDP 增速保持在 8.3% 以上，在全国经济增速保 6% 的大环境下，已经在新经济、新动能的发展方面，跟那些走在前面的发达地区，实现了并跑，甚至在某些方面做到了领跑。

第二，数字技术创造了全息性、精准化的资料体系。

数字技术有利于地区准确把握当前的状况和未来的潜能，实现发展条件与发展要求的平衡衔接，从而合理地确定阶段目标和操作路径。可以说，数字技术使信息掌握更全面具体，目标设定更恰当务实，路径选择更科学快捷，而实施的措施更加精准有效。以抗击新冠肺炎疫情为例，各类数字技术确实在这场战役中发挥了举足轻重的作用。在政策支持方面，利用大数据技术，政府可以搭建起串联交通部门、医疗机构、基层社区、居民个体等环节的一体化疫情防控平台，实现诸如密切接触者管理、确诊者行动路径查询、居民健康情况统计、人员整体去向分析和疫情预警等功能，让政府更游刃有余地进行数据分析和顶层决策。以疫情防控早期推行的上海市“随申码”为例，手机里小小一个“码”依托的是公安、卫健、通管等部门汇聚的大数据，在特殊时期实现了快速准确的分流人群。

第三，数字技术有助于跨区域利用不同的资源要素。

在全信息环境和融合发展的模式下，有利于在各个地区之间进行最有效的资源配置，最大化资源的利用效率，使发展各地区的比较优势成为可能，从而进一步将比较优势拓展为竞争优势。我们看到，很多地方无源能够生出水，无本能够求到木，就是因为充分利用了外部市场，而数字技术就支撑着这种发展模式，使地区经济创造新的辉煌。据了解，我国有很多地区不产出某种原材料，但是相关产业却能发展得红红火火，甚至在世界上都占有很高的地位。比如，河北省的清河县，不产羊，却是全国最大的毛绒集散地，它形成了从原绒收集、纺纱到制成品环环相扣的完善产业链条，享有“世界羊绒看中国，中国羊绒看清河”的美誉。有关资料显示，全世界40%的羊绒产品均在此处交易。现在有了数字技术，这个地区更可以通过数字系统在全世界配置资源，使产业再添辉煌。

从以上三方面可以看出，宏观上数字技术给我们带来的变化是巨大的。落实在具体行业上，数字技术同样为单个行业带来巨大变革。

3.数字技术的行业运用

通过近些年的高速发展，数据技术正在重塑各行各业。下面以智慧餐饮、智慧农业、智慧银行、智慧交通等为例进行阐述。

（1）智慧餐饮（如图27-3所示）

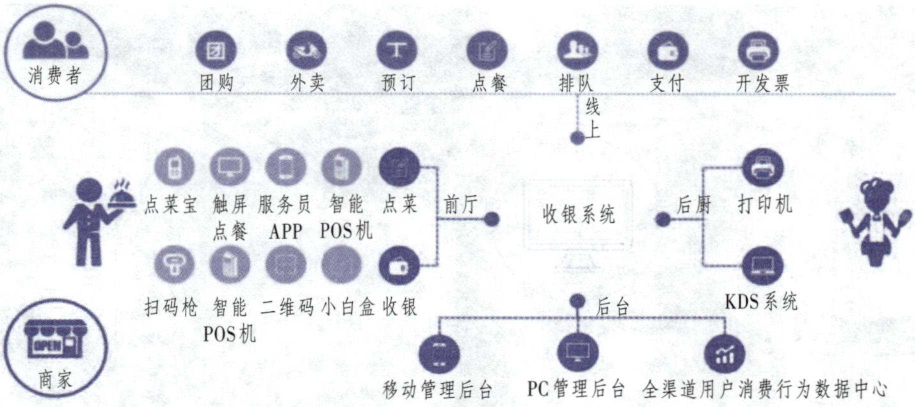

图27-3 2018年美团点评智慧餐厅系统

得益于美团点评等平台型企业，如图27-3所示的智慧收银系统已经广泛应用于餐饮企业。智慧餐饮系统以收银系统为中心，以收银数据为起点，围绕订单和流水数据可以将进销存、存货、供应链等财务数据以及翻台率、坪效的运营数据整合在一起，让商家更懂自己。接着，进一步结合美团等平台上的顾客端数据，了解相关消费者的偏好、消费能力等，实现店铺选址、营销、定价等活动的精确化。商家和顾客两端数据的收集、分析和应用实现了餐饮行业的数字化和智慧化。

（2）智慧农业（如图27-4所示）

传统农业主要涉及育种、灌溉、施肥、饲养、疾病防治、加工、销售等环节，过去各环节中的判断和决策仅是单纯地依靠农民人为地凭经验进行，这直接导致了生产效率低、供给和需求波动不同步、农产品质量和食品安全无法保证等问题。而在智慧农业模式下，凭借湿度温度自动调节、土壤监控、自动喂食等生产技术，以及预测产

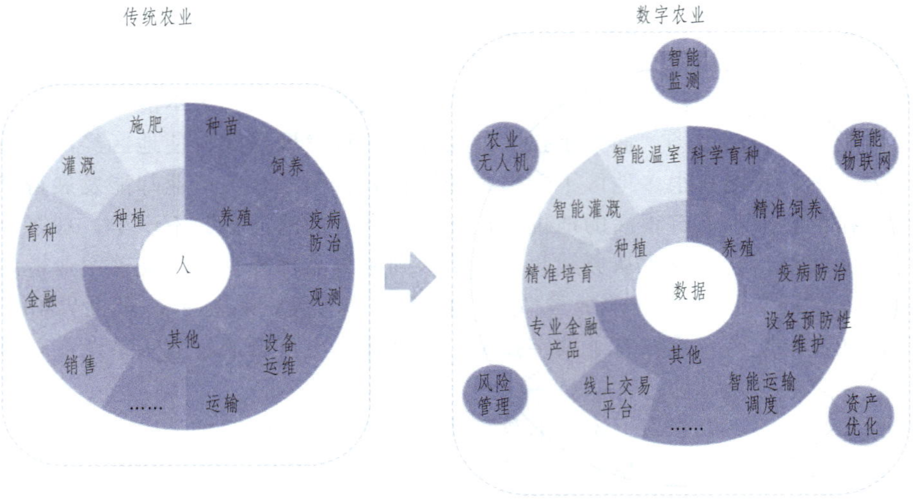

图 27-4 传统农业与数字农业

品需求的大数据和人工智能分析工具的支持，可以实现大幅提高农业全产业链的运行效率和资源匹配的精确度。

（3）智慧银行（如图 27-5 所示）

图 27-5 银行智能机器人

自 2017 年以来，随着数字技术的高速发展，传统银行网点受到冲击，各大商业银行通过积极拥抱创新金融科技，向智慧银行进行转型升级，场景化、互动化、智能化的智慧银行网点是当下商业银行转型的主要业态。

智慧银行网点建设方案追求银行网点整体营业空间的高度融合，根据客户行为动线，对营业空间进行合理的功能分区规划，在各不相同的功能分区内，搭配定制化的智能设备及道具设备，为客户提供场景化的创新金融服务体验，使客户进入网点便可享受到高效的业务办理，智能的交易体验和生动趣味的服务感受。

比如，智慧银行网点的智能机器人能够完成公共服务咨询、业务分流与取号、手机银行App下载与使用指导、银行业务预处理、精准营销等多个功能。

（4）智慧交通

在我们身边，航空、铁路、城市交通等交通方式都已经运用了数字技术进行协调和管理。以地铁为例，通过新一代的信息技术，实现数据采集、综合监测及挖掘分析，为系统设备全生命周期管理、设备保养、故障智能定位、人流量预测等提供有力支持，为安全、可靠、高效、低成本的运营提供了综合维护支持。目前已经成熟地应用于上海地铁、成都地铁、南宁地铁等全国地铁线路10余条，有效地降低了地铁系统的故障率和延误率，既保障了城市交通安全，又解决了市民出行的民生问题。

除了上述四个举例的行业，诸如智慧物流、智慧零售、智慧发电等同样如火如荼地在运行和发展，数字技术已经席卷社会的方方面面，将带给我们一个全新的数字世界。

二、数字经济

内通外连是当今数字技术时代最主要的特质之一，当把组织的管理、经营等行为由线下搬到线上，再把各组织相同的经营管理活动合并和连通时，企业行为就变得更加高效，并走向智能，从而构成数字化生态系统。

在数字化生态系统下，企业能够以更快的速度交换信息，降低交易成本，减少运营中的摩擦，并不断扩大企业边界，数字化生态系统正在逐步取代传统企业生态。目前，越来越多的互联网企业正在构建属于自己的生态链，随着数字技术与实体经济的联系愈加密切，数字经济时代正在来临。

1.数字经济概述

云计算、大数据、人工智能、区块链等新一代信息技术的融合发展，正对世界经济和社会发展产生重大而深远的影响。有助于大幅提高社会经济运行效率是数字技术的最大优势，通过建立有别于传统平面式架构的立体的、折叠的、交互式的结构，能够实现更直接的点对点、端对端的交互式连接，从而省去中间节点，提高效率，带动社会迅速发展，重塑全球经济，开创数字经济时代。

数字经济是以可编码可解析的数据、知识和信息为关键生产要素，以数字技术变革为核心生产力，以现代互联网络为主要载体，将数字技术与实体经济相互融合，不断提高传统产业数字化和智能化水平的新型经济形态。数字经济可以从两个方面进行理解：一方面是数字产业化，即信息产业化，具体包括电信行业、电子信息制造业、软件和信息技术服务业等。另一方面是产业数字化，即传统行业的数字化革新，通过将数字技术运用于各行各业从而实现生产质量和运行效率的提升。

数字经济的两个方面相辅相成、缺一不可（如图27-6所示）。数字产业化是数字经济的重要基础，没有数字产业的发展，就无法实现产业数字化，更不会形成数字经济。而产业数字化是数字经济的核心动力和目标，通过数字技术在传统行业的具体应用来推动行业发展。数字经济的最终目的就是通过产业数字化实现社会效率的提高，让数字技术为经济发展服务。我国第一次把“数据”归为参与分配的生产要素，象征着以数据为关键要素的数字经济即将进入产业化阶段。

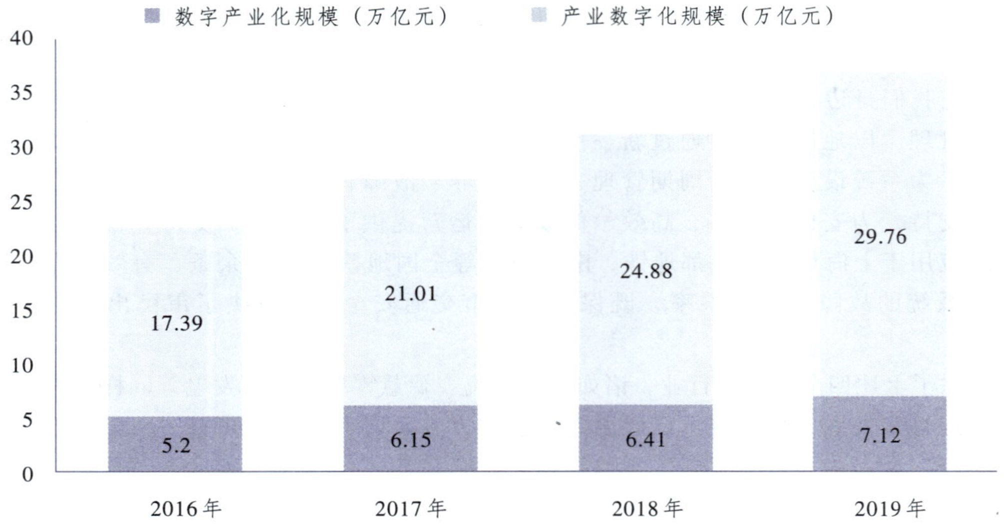

图27-6 数字产业化和产业数字化规模对比图

2.数字经济的内涵与特征

近年来，随着数字技术的发展，人类社会正在步入数字经济时代，数字技术已经实现对社会经济生活的全方位渗透，并成为经济增长的新型驱动力。

为了抢占数字经济时代的先发优势，世界各国相继颁布了相关政策和方案，促进经济社会的数字化变革。众多企业面对数字经济发展的浪潮，也开始主动向数字化平台企业转型，但转型存在风险，有不少企业也因此陷入困境。比如美国通用电气公司即因为转型不顺利而决定卖出其工业互联网平台。面对着数字化转型的趋势，虽然传统产业寻求数字化的发展机会是大势所趋，但我们必须认识到，数字化仅仅是一种手段或工具，而不是发展的目的，数字技术应与实体经济有效结合起来，才能更好地发挥作用，否则可能出现实体经济被反噬的问题，甚至带来实体经济空心化的风险，对经济发展与社会稳定产生不利影响。

（1）数字经济的内涵

当前去实体化倾向的存在，主要原因系缺乏对数字经济内涵的把握。要有效避免这种风险，我们可以从其定义和历史的两个角度来解读数字经济的内涵。

一方面，前文提到数字经济的定义时强调数字经济是将数字技术与实体经济相互融合，不断提高传统产业数字化和智能化水平的新型经济形态。可以看出，数字经济在本质上只是发展经济的方式或道路之一，因此片面地脱离实体经济，激进地追求数字化，是与数字经济的内涵相违背的。

另一方面，从历史出发，数字经济在以下四个方面有别于传统的农业和工业经济。

①算力。算力主要包括运算速度和存储量，这是数字经济时代出现的新特征之一。近几年，包括云计算、大数据、人工智能和区块链等在内的数字技术的发展，实现了人类能力范围内算力的几何式增长，推动了经济的数字化转型，提升了经济的运行效率。

②安全力。农业经济和工业经济时代虽然也存在经济安全问题，但考虑到人类当时对技术的依赖性不强，安全问题的波及范围有限。然而，随着经济对技术的依赖程度越来越高，经济安全的重要性也在不断提高，安全问题可能给人类文明带来致命打击。在数字经济时代，人类要关注经济安全问题，谨防技术在发展过程中带来的安全风险。

③创造力。在数字经济下，人类同时生活在物理空间和数字虚拟空间，并且随着数字经济更深更广地发展，虚拟空间将有可能取代物理空间，成为人类主要生活的空间。虚拟空间会给人类的生物感知带来新体验，人类的想象力和创造力将会得到最大程度的释放，并且依靠这种创造力创造财富。因此，数字经济模式如何通过创新激发人类在虚拟空间的创造力至关重要。

④管理力。数字经济时代的算力、安全力和创造力，能否有效发挥并共同服务于高质量的经济增长和生活品质，最终取决于管理力的高低。数字时代的管理力是指将算力、安全力和创造力三个内涵要素整合为一体发挥的能力，其重要作用是有效地串联数字虚拟空间和物理空间，使普通个体能够认知虚拟世界，在其中获得认同，并创造和实现价值，尽量避免数字经济发展的成果在技术精英人群和普通人群之间分配不均。

（2）数字经济的特征

①数据成为数字经济时代新的生产要素。类似于土地和劳动之于农业经济，资本和技术之于工业经济，在数字经济时代，经济发展依靠的关键生产要素变成了数据。不同于农业经济和工业经济时代下生产要素都被数量所限制，数据作为一种关键的生产要素，只要有人类活动，其生产力就是无穷无尽的，并且数据具有可复制和共享的特征，从源头上打破了稀缺性的制约，成为保障数字经济持续发展的根本要素。

②数字经济时代基础设施的形态发生改变。在数字经济时代，数据成为新的关键生产要素，基础设施的形态也随之改变。因此，当下需要传统的基础设施进行数字化改造，并加大基础设施建设的资金投入，普及和推广云计算、5G、移动互联网等基础设施建设，同时需要加强对群众信息素养的教育和培养。

③供给侧与需求侧走向融合。供给侧与需求侧在传统的经济形态下始终处于相互分离的状态。工业化早期物质比较稀缺，人类的需求基本取决于供给，即便经济发展到一定阶段，供给不足的问题基本解决，按需供给在效率和技术层面也不可行，供给侧与需求侧分离的问题并未改善。但是，随着数字经济时代的到来，数字技术的发展推动供给侧与需求侧逐渐走向融合，供给与需求的动态匹配开始成为可能。

综合考虑到数字经济的发展优势和风险，未来的数字时代仍需要在法律制定、社会治理、道德伦理等角度做出调整和变革，以实现数字经济时代治理的社会化和法治化，规避数字技术带来的风险，推动经济和社会发展，改善人类福祉。

3.数字经济的发展

由数字技术衍生而来的数字经济作为一种新的经济形态，有助于经济增长和高质量发展，也正在成为全球产业变革的核心要素。华为和牛津经济研究院发表的《数字溢出，衡量数字经济的真正影响力》中提出，过去三十年中，每投资于数字技术1美元，GDP平均可以增加20美元，杠杆达到了20倍之多；对比来看，投资于非数字技术1美元，仅能推动GDP增加3美元，数字技术投资的平均回报是非数字技术投资的6.7倍。因此数字技术将成为经济增长的重要推动力。

在我国，根据中国信息通信研究院的测算，2018年度数字经济规模已经达到313 000亿元，在国内生产总值中占比高达34.80%。毕马威预测，2030年数字经济占中国国内生产总值将达到77%。数字经济即将成为中国整体经济的重要组成部分。

数字经济规模增长速度十分迅速（如图27-7所示），2018年我国数字经济同比增长20.90%，比GDP名义增速高11.20%左右，2014年至2018年年复合增长率达17.90%，2019年数字经济规模达到36.90亿元。数字经济已成为中国经济增长的动力引擎。

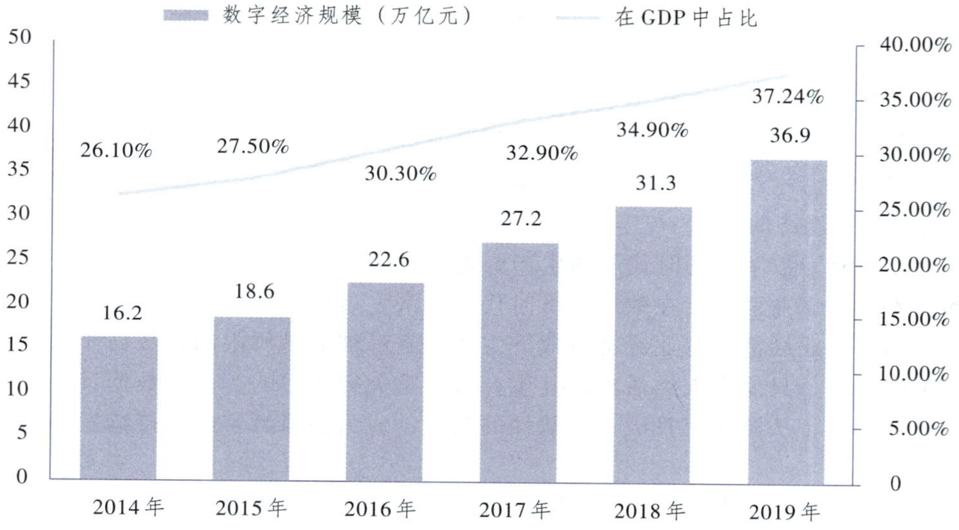

图27-7　数字经济在GDP中的增长规模

三、数字技术对财务颠覆性的变革

追溯财务的发展历程，技术进步引发了财务的数次变革。会计电算化用小型数据库和简单的计算机软件取代了部分人工核算工作，实现了计算能力和存储能力的巨大飞跃。ERP的诞生和计算机网络的普及，把封闭、分散的财务集中起来，通过流程再造和专业分工实现了财务共享。借助信息化手段，企业实现了对财务信息的快速处理和实时共享，财务管理逐步从核算型向管理型转变。数字技术进一步革新了财务的技术工具，悄然改变着财务的工作模式，传统财务将逐步向自动化、数字化和智能化转型。

1.财务数据是核心商业语言

数据是数字经济下的重要资源。随着数字技术的发展，数据采集、存储、输送、分析等能力在大大提升，越来越多的数据类型如今变得有价值，可以说数据是数字经济下的关键资源。正如古希腊数学家、哲学家毕达哥拉斯曾指出“万物皆数”，数据正在成为人类认识世界、改造世界的工具，也是企业在商业世界中决策的重要依据。

财务数据对于企业至关重要。在众多的数据类型中，财务数据作为最古老的数据资源之一，不仅体量庞大，而且已经形成成熟的规则和逻辑体系，因此对财务变革走向的研究对企业和经济来说有重要意义。财务部门是目前企业最大的数据部门，随着所掌握数据愈加丰富，会对企业决策起到更强的支持作用。财务工作者也将继续利用财务数据的优势，为企业管理和发展寻求最佳解决方案。

财务数据在数字经济下将发挥更大作用。一方面，在数字经济时代，财务数据不再仅局限于报表中的一个个冰冷的数字，而能够囊括诸如宏观经济、组织行为、供应商生产、消费者偏好等企业运营全方位的数据。有了这样一个全面的数据体系，财务数据除了衡量企业历史业绩之外，能够为企业决策提供更大的支持。另一方面，产生财务数据的财务工作也在发生变革，财务工作的自动化、智能化、数字化将赋予财务数据更旺盛的生命力。

2.数字技术对传统财务的颠覆

会计作为最古老的行业之一，从会计分录到财务报表、从手工借贷到会计电算化、从ERP系统到财务共享服务，财务工作从未停止过变革。因此在数字浪潮的冲击下，财务行业并不惧怕变革，而是会继续与时俱进，开始走上数字化转型的道路。

（1）财务流程再造

传统财务一般包括确认、计量、记录、报告四个环节，财务流程就是财务人员在经济业务发生后，根据原始凭证编制记账凭证，之后进行账簿登记和报表编制的过程。但是，财务信息系统的应用实现了财务的流程再造，降低了数据处理的成本和复杂性，实现了某些环节的自动化。利用云计算技术，实现开放系统间的集成，通过API（Application Programming Interface，应用程序编程接口）技术实现各系统之间的对接，比如银企互联系统（如图27-8所示），该系统通过API接口，对外可与商业银行系统对接，自动获取对账单、交易明细等，对内可与会计核算、资金管理等系统对接，实现收款、付款、对账等流程的自动处理。

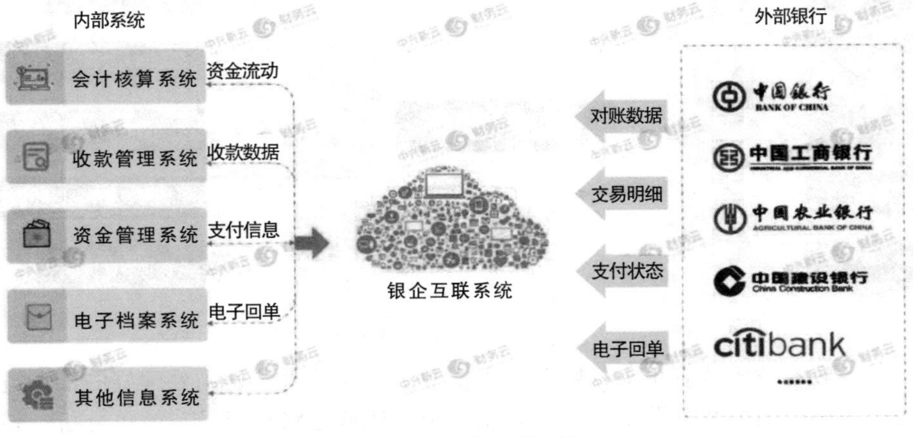

图27-8　银企互联系统

（2）财务范围扩展

过去的财务工作只是聚焦于从原始凭证、会计科目中提取的小数据，充当企业的

"倒车镜"，起到帮助企业回顾和总结历史经营情况的作用。但在数字经济的背景下，财务的范围得到了大幅度扩展，数字技术使得财务部门能够搜集公司内部各业务部门和公司外部供应商、竞争对手等的数据信息，充当企业的"导航仪"，使企业能够评估市场的未来趋势，制定合理的战略决策，包括新市场开拓、供应商选择、产品定价、流动性管理等。财务能够为企业提供深入价值链的业务支持，这也是数字化财务转型的重要方面。

（3）财务职能转换

传统财务的主要职能是数据的记录者，包含着大量凭证审核处理等低价值的重复性工作。这些基础工作不仅占用大量财务人力资源，并且难以激发财务人员的积极性，工作附加值极低。而对于这些重复性工作，比如处理发票等格式高度标准化的财务凭证来说，建立财务共享服务中心并大规模利用数字技术是一个效率较高的解决方案。

利用人工智能的光学视觉识别技术（如图27-9所示），可以轻易地对大量发票、合同等文件中的信息进行提取并智能审核（如图27-10所示），提高准确度和效率。

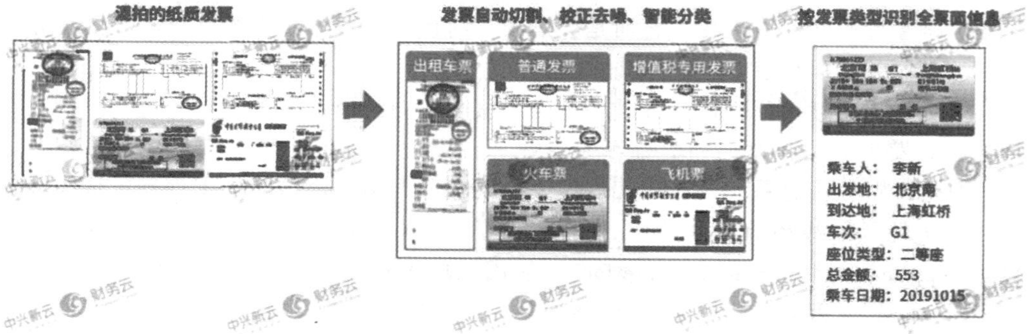

图27-9 视觉识别：发票信息提取

图27-10 智能审核引擎

而凭借数字技术节省出来的财务人力资源，就能够直接利用处理好的信息进行业务层面、战略层面的数据分析。财务在企业中的职能也将从记录和简单分析，转化为业务管理者、战略决策者。

四、数字财务的兴起

财务形式的演变是随着技术变革而逐步发生的，而数字财务的兴起过程同样是一个基于数字技术下财务革命的过程，从信息化到工业化的再造，再到自动化、智能化转型提升，最后形成数字化生态价值系统，层层递进。首先，需要完成财务体系的改造，创建财务元数据，逐步做到财务数字化。我们认为财务数字化是企业数字化的核心基础，没有财务部门的数字化，企业的数字化也无从谈起。总的来说，数字财务的演变主要有以下三个阶段：

1.财务共享——财务信息化、自动化、融合化

财务共享是一种将分散于各业务单位、重复性高、易于标准化的财务业务进行流程再造与标准化，并集中到财务共享服务中心统一进行处理，达到降低成本、提升客户满意度、改进服务质量、提升业务处理效率目的的作业管理模式。财务共享服务中心通常是一个独立的实体，设有专门的管理机构，甚至可以在公开市场上和其他企业展开公平竞争，例如中兴新云、浪潮集团等，财务共享所实现的流程再造也是财务机器人的基础之一。因此，实现一体化、信息化的财务共享是数字财务兴起的起点。

2.财务云——财务联网化、工业化、平台化

财务云是将集团企业财务共享管理模式与云计算、移动互联网、大数据等计算机技术有效融合，实现财务共享服务、财务管理、资金管理三中心合一，建立集中、统一的企业财务云中心，支持多终端接入模式，实现“核算、报账、资金、决策”在全集团内的协同应用。

3.数字财务——财务数字化、智能化、生态化

数字财务是将分散于各地的基础财务业务集中起来，进行专业分工和流程再造，实现对财务信息的快速处理和实时共享的财务工业化，使用工作流引擎构建系统内自动化、API构建开放系统间集成，以及财务机器人等自动化工具构建封闭异构系统的连接，实现财务自动化。数字财务利用人工智能等新技术，为财务提供多个场景的智能化应用，提升效率和生产率，实现财务智能化，使得企业的小数据集转化成大数据中心，再借助经营预测、风险预测的模型和工具，为管理者提供数据驱动的决策支持、深入价值链的业务支持以及更有效的风险控制，进而形成以财务云“数字神经系统”为核心的生态系统，实现财务数字的智能化场景。数字财务的关键在于保证数据的真实性、完整性、实时性和有效性，是一种新型的财务管理模式，它基于先进的财务管理理论、工具和方法，借助智能软、硬件和人类财务专家共同组成的人机一体化混合智能系统，通过人和机器的有机合作，完成企业复杂的财务管理活动，并在管理中不断扩大、延伸和逐步取代部分人类财务专家的活动。

综上所述，数字技术、数字经济与数字财务如图27-11所示。

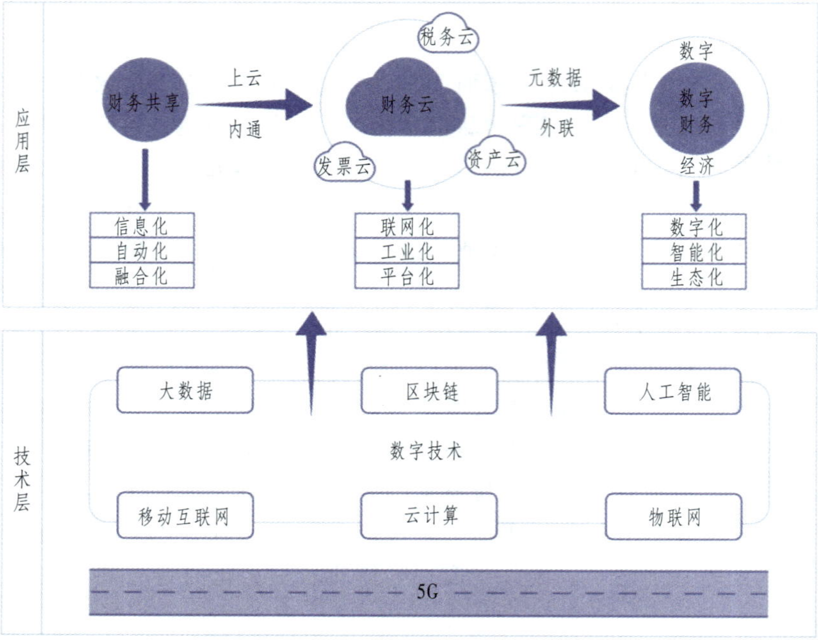

图 27-11 数字技术、数字经济与数字财务

第二节 数字财务的目标和职能

数字财务的目标相比传统财务已经产生很大的变化，在分析了传统财务信息系统在及时性、相关性不足以支撑企业战略决策的基础上，我们也发现了数字财务职能的重大变化，即从传统财务的价值守护功能向数字财务价值创造功能的转变。随后介绍了元数据这一重要数字财务基础建设技术的发展基础，和正在创建的数字财务元素的代码标准，试图推动财务流程的标准化创建和未来的广泛使用。

一、数字财务目标和价值创造模式

1.数字财务目标

数字财务的目标并非单一的财务目标，在数字化的发展中，无论是利润最大化、每股收益最大化、股东权益最大化、股东财富最大化，还是企业价值最大化，这些传统财务的目标是在企业内部供企业自行选择以实现内部价值最大化，同时在企业外部实现利益共同体的价值最大化（如图 27-12 所示）。

数字财务的目标，实现了从传统的价值守护到价值创造的过程。企业的目标是创造价值，而新技术、新管理和新模式是推动社会生活变革的动力，数字化转型是传统企业变革之道。数字化转型的对象有三类：业务对象、业务流程和业务规则。我们聚焦于财务来看，财务数据是业务对象，是企业数据中重要的心脏；财务活动是业务流程，比如记账等活动；财务活动所依据的规则，比如会计准则等，就是业务规则。

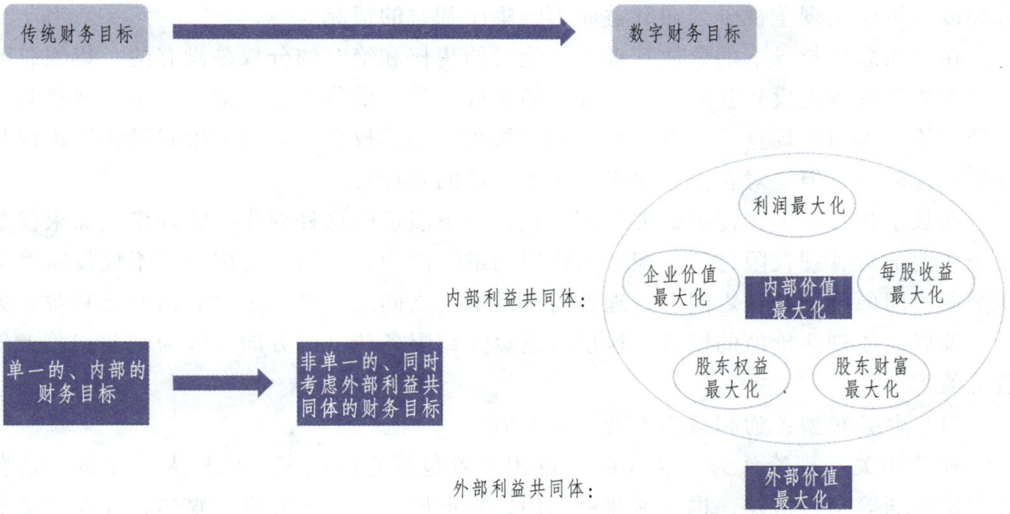

图27-12 数字财务目标内部演进

信息技术的迅猛发展使得企业在业务流程以及客户目标确定等方面都出现了较大的变化。在管理过程中，可转移性和共享性的信息资本将占据主导地位，同时，财务信息的不断更新、增加和应用范围的扩展将对企业财务管理内容产生深刻的影响。因此，有必要在企业财务管理目标中实现多元化发展，充分考虑相关影响因素，实现企业利益相关者收益的协调，以最大化企业价值。在创新企业财务管理模式方面，由于必须在信息时代最大限度地外延发展企业财务管理，因此应将传统意义上的财务管理模式从过去的分散式、局部式的管理模式转向集中管理和远程处理的管理模式，在一定程度上，财务管理模式的转变能够实现实时监控企业财务状况，及时规避发现的财务风险。同时，利用财务管理模式上的创新，集中管理模式能够保持集团的控制力，对下属的所有分支机构进行资金调配以及集中记账，从而不会出现尾大不掉的情况，提升企业在整体上的竞争力。

2.创造价值的数字财务管理模式

企业的财务管理必须以市场为导向，以资本为纽带，以现代企业制度为保证，合理配置企业内部的资产，由此提高资本的运营效率。传统的财务管理模式有三种：集权式、分权式和分散管理。

在“集权式”财务管理模式下，决策权高度集中于母公司，子公司只享有少部分的财务决策权，其人财物及供产销统一由母公司控制。其优点包括降低行政管理成本、降低公司财务风险和经营风险以及降低资金成本。但是，财务管理权限高度集中于母公司容易挫伤子公司经营者的积极性，抑制子公司的灵活性和创造性；此外，虽然高度集权虽能降低或规避子公司的某些风险，但决策压力集中于母公司，一旦决策失误，将产生巨大损失。

在“分权式”财务管理模式下，在财权上，子公司拥有根据市场环境和公司自身情况做出财务决策的权利；在管理上，母公司不采用指令性计划方式来干预子公司生产经营活动，以间接管理为主；在业务上，鼓励子公司积极参与竞争，抢占市场份额。这一模式与集权式恰恰相反，子公司有充分的积极性，但是存在难以统一指挥和协调以及可能出现重视子公司利益而不顾集团利益的情况。

在集团总部指导下的分散管理下，绝对的集权和绝对的分权是没有的，集团总部指导下的分散管理模式强调分权基础上的集权，是一种集资金筹集、运用、回收与分配于一体，参与市场竞争，自下而上的多层决策的集权模式。这一模式融合了集权与分权的优缺点，但是对企业集团提出了非常高的管理要求。

在数字化背景下，传统财务管理模式已经不能适应这种变化：管理模式如果仅是在企业内部对管理权限进行分配，则难以为继。因为数字财务管理模式不仅仅需要关注企业集团内母子公司之间、管理者与基层员工之间的关系，更要囊括所有利益相关者，发展成能创造价值的模式。这里将重点介绍财务转型的方向，即为利益相关者创造价值。

（1）财务转型：为利益相关者创造价值

利益相关者理论认为，企业的利益相关者包括它的股东、债权人、雇员、消费者、供应商等交易伙伴，也包括政府部门、本地居民、本地社区、媒体、环保主义等的压力集团，甚至包括自然环境等受到企业经营活动直接或间接影响的客体。企业的生存和发展与这些利益相关者紧密联系，他们有的直接分担了企业的经营风险，比如股东；有的为企业的经营活动付出了代价，比如消费者；有的对企业进行监督和制约，比如董事会和政府部门。企业的经营决策不能独立于这些利益相关者，必须要考虑他们的利益或者接受他们的约束。利益相关者示意图如图27-13所示。

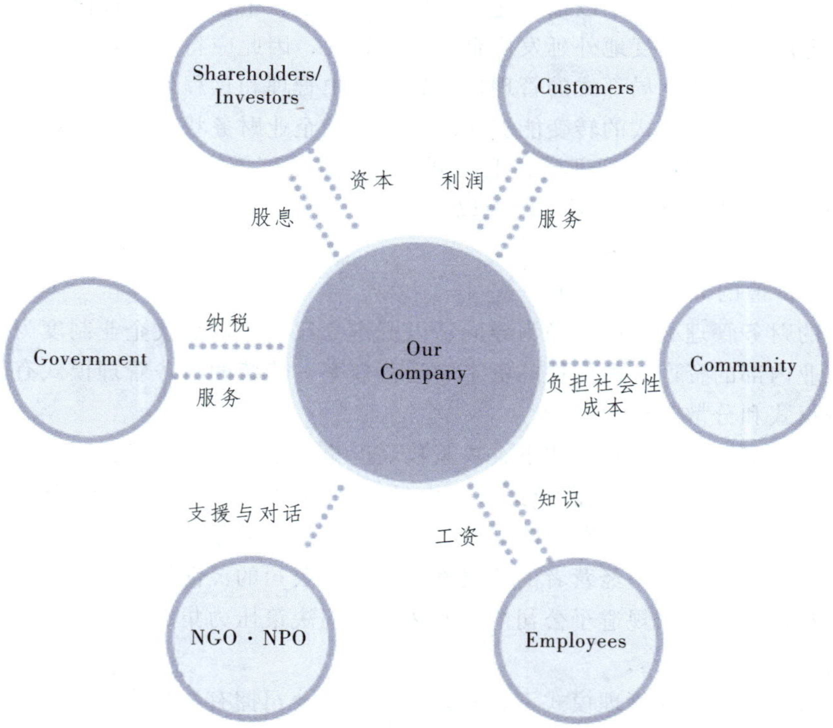

图27-13 利益相关者示意图

对于面临复杂的经济环境和激烈的全球竞争的企业来说，它们必须重新思考战略发展，调整组织结构和经营方式。特别是在数字化时代，企业与其利益相关者的联系更加紧密。而财务部门作为企业重要的管理部门，必须站在战略高度从全局性的视角提供决策支持服务，帮助企业管理者应对复杂的外部环境。财务部门不能仅仅局限于所谓的“一亩三分地”，这一要求促使财务部门面向未来，主动转型，重新构建适应企业战略需要的财务管理模式，同时为其利益相关者创造价值（如图27-14所示）。

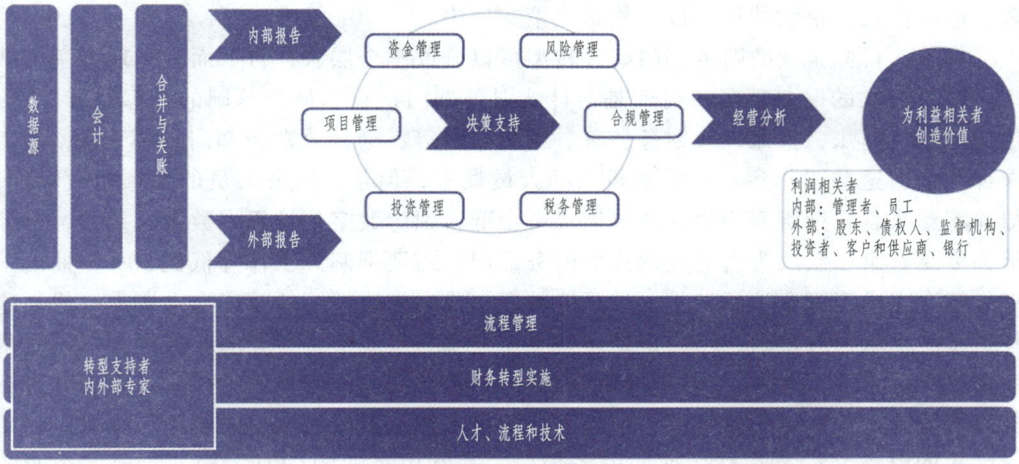

图27-14　财务转型：为利益相关者创造价值

在这种背景下，企业数字财务目标的实现是一个财务转型价值创造的过程。财务的目标，是以客户为中心，将业务循环中的信息进行提取、挖掘、加工分析、输出内部报告和外部报告，支持企业的管理循环（含资金管理、预算管理、投资管理、风险管理、合规管理和税务管理等），进而支持企业的经营决策，为利益相关者创造价值（如图27-14所示）。全球化时代、技术的飞速进步让本已复杂多变的商业世界更加难以预料，企业需要获得的财务支持与日俱增，财务部门服务的，不再仅仅局限于外部客户，而是包括了企业主价值链上的各个业务单元以及企业的各级管理者；财务部门需要提供的将不再仅仅是三张会计报表（资产负债表、利润表和现金流量表），而是从各个维度分析企业经营业绩的管理报告。

当然，企业财务转型在流程管理、转型实施以及人才、流程和技术的提升上也离不开内外部专家的支持。内外部专家团队并不是实体的组织单位，而是一个虚拟概念：由战略财务、业务财务以及共享财务中的专家共同组成，这些专家可以是内部的管理层、员工，也可以是外聘专家。他们集中精力，采用项目化运作方式来研究和解决财务管理问题，并对实践工作提供专业的指导意见。专家团队的职能是对全球商业模式、会计政策、税务、利率、资金等领域集中研究，输出业务指导，并且对重点项目提供专业财务支持。

（2）财务部门转型

随着信息技术的不断发展，企业管理逐渐进入一个精细化的领域，即根据准确且经过整理的数据来辨别企业面临的问题或者可以改进的领域，然后实施具有针对性的措施。财务部门要在职能上下沉，需要将自身定位于企业的“基础设施”，为企业整体的运营提供财务上的支持性工作；要在功能上提升，则要积极主动，利用财务部门获取的数据为企业的决策提供支持性工作。

传统分散管理模式下的财务部门，绝大部分资源都投入在原始凭证的核对和处理上。而在面对环境的变化和挑战时，企业的管理者已经不满足于财务仅做个记录者，而希望财务能够参与到价值链管理和决策支持中。这就要求财务组织的结构能够及时进行调整，整合资源，使财务人员的精力能够从大量重复的基础核算业务中释放出来，进而投入到企业的经营以及战略决策支持中。

目前，目标企业的财务部门财务转型可以分成三个层次，自下而上呈现金字塔结构。第一层次的财务部门，也就是会计式财务部门，承担最为基础的核算财务工作，包括记账、算账、报账以及财务核算、资金收付等。会计式财务部门80% ~ 90%的工作都围绕着这些工作运行，需要投入的人员最多，但是对财务人员的要求相对较低，却并不意味着转型所需要投入的培训成本会低，因为数字化过程中数据的录入、存储至关重要。第二层次为财务经理式的财务部门，需要把基础工作降低到50%，抽出一部分精力完成管理会计的工作，如预算管理、成本管理、绩效管理、融资支持等。这些工作的要求相对较高，因为正是这些工作能够有效地支持企业的业务运作，同时帮助企业实现管理。这也意味着对财务人员的要求较高，因为他们承担了一定的分析及统筹管理的工作，如果要转型，中层人员的培训重点要放在数据的使用与提取上。第三层次的财务部门是战略层面的财务部门，通常由企业的CFO主导，需要把企业的基础业务降低到40%以下，把管理业务降低到40%，抽出20%的精力做战略型的并购和支持，以及企业的风险管理和对未来的预测。这对人才的要求非常高，如果进行转型，高层人员的培训重点应在对数据的分析上。

财务要实现转型，第一，要降低财务的运行成本，比如财务人员占企业总人数的比例、每处理一份单据需要的成本等，要以相同甚至更低的运营成本支持财务从核算型向管理型、战略型的转变。第二，需要提供深入价值链的业务支持，财务人员需要深入到企业各个价值链中，走到业务部门中间去，实现业务支持。第三，提供决策支持，财务部门要帮助企业各级管理者提供信息，这需要对企业业务深刻了解，把数据转化成信息，在合适的时间给合适的人，并对其决策产生影响。

二、数字财务的职能

1.传统财务职能的局限性

传统财务的职能主要包括会计职能和财务管理职能，存在如下局限性：

（1）未能联系战略经营、资源配置和绩效进行科学的定位

传统的财务职能强调以预算控制技术来管理组织，预算编制的周期很长，在一些经营领域通常要花费6~8个月的时间。尽管业务经理耗费了大量的时间和精力，但预算仍没有将资源配置与总量产出、价值的增加及竞争力联系起来。更为常见的是，资源的配置仅仅反映哪一个人在过去的一年中拥有哪种资源或哪个经理在组织中的权力范围等情况。在传统的以预算为主导的机制中，为了把成本控制在规定的预算水平之内，通常每个月进行一次检查，却很少关心各个成本中心或经营整体对产品或服务的需求变化。

（2）未能充分应用现代化的网络、信息技术

许多在20世纪90年代以前装备计算机的公司，既没有将财务管理及交易记录系

统有关的其他资源管理和公司经营战略有机结合起来，也没有迎头赶上技术的变化。随着经营环境的改变，这些公司已越来越难以进行有效的记录，维护成本也日渐升高，而且难以改造。其结果是许多财务系统或业务过程趋于封闭，要花费大量成本进行维护。

（3）“向后看”的财务管理方法

传统财务部门控制的绩效管理系统通常表现出以下特征：强调内部，忽略外部；注重对经营历史的回顾，缺乏对未来的预测；反映的仅仅是经营的职能和结构，而不是经营的过程；注重投入，不注重产出；基于公司变革前的核算方法；强调传统服务导向，忽略价值增加导向。

（4）自上而下的控制圈文化

直到20世纪90年代初，大多数公开发行股票的公司仍强调股票价格波动的短期成果，仅仅看重股票价格的提高和年终分红，而不注重长期战略、未来成长和价值创造。这种倾向导致了高级经理用基于传统方法收集来的财务和会计信息进行管理，而这些信息又为下一轮工作计划的制订进行指导。这就促使他们通过人为操纵经营过程，诱导消费者来达到自己的目标。

2.数字财务的职能

从影响财务职能的因素来看，企业面临的竞争环境越激烈，财务的职能越重要，所要迎接的挑战也越大。企业管理模式正在发生变化，相应地，也要求财务职能做出改变。

图27-15列示了数字财务的基本职能，每个企业将根据自身所处的财务环境做出调整和细化。

在传统财务的基本职能中，纵向可以分为“6+1”个模块。

“6”是指财务核算（含财务运作和财务报告）、资金管理、税务管理、绩效管理、预算管理、成本管理。其中，财务核算、资金管理、税务管理共同构成企业的财务会计职能；经营绩效管理、预算管理和成本管理共同构成企业的管理会计职能。“1”是指研究全球重点问题的专家团队——财经管理研究院。

除此之外，财务职能还应包括投资、融资、证券投资者关系和风险内控管理。

（1）财务核算：根据政策法规的要求确定企业会计政策和财务制度，完成财务核算、出具单体报表和合并报表；

（2）资金管理：资金的统一收付、债权债务管理、融资管理、全球资金的调度管理、汇率风险的管理等；

（3）税务管理：在复杂多样的税务环境下，基于税务筹划、税务财务核算、税务申报、税务检查四个环节构建商务模式，将税务核算与核算体系相结合，应对税务稽查与检查；

（4）绩效管理：经营业绩评估与预测、考核评价、管理报告出具等；

（5）预算管理：制定资源的管理机制和目标平衡机制、预算目标、预算编制、预算执行及分析报表；

（6）成本管理：采用全成本管理理念，将成本转化为可对象化的费用，使成本的提取维度不断精准；

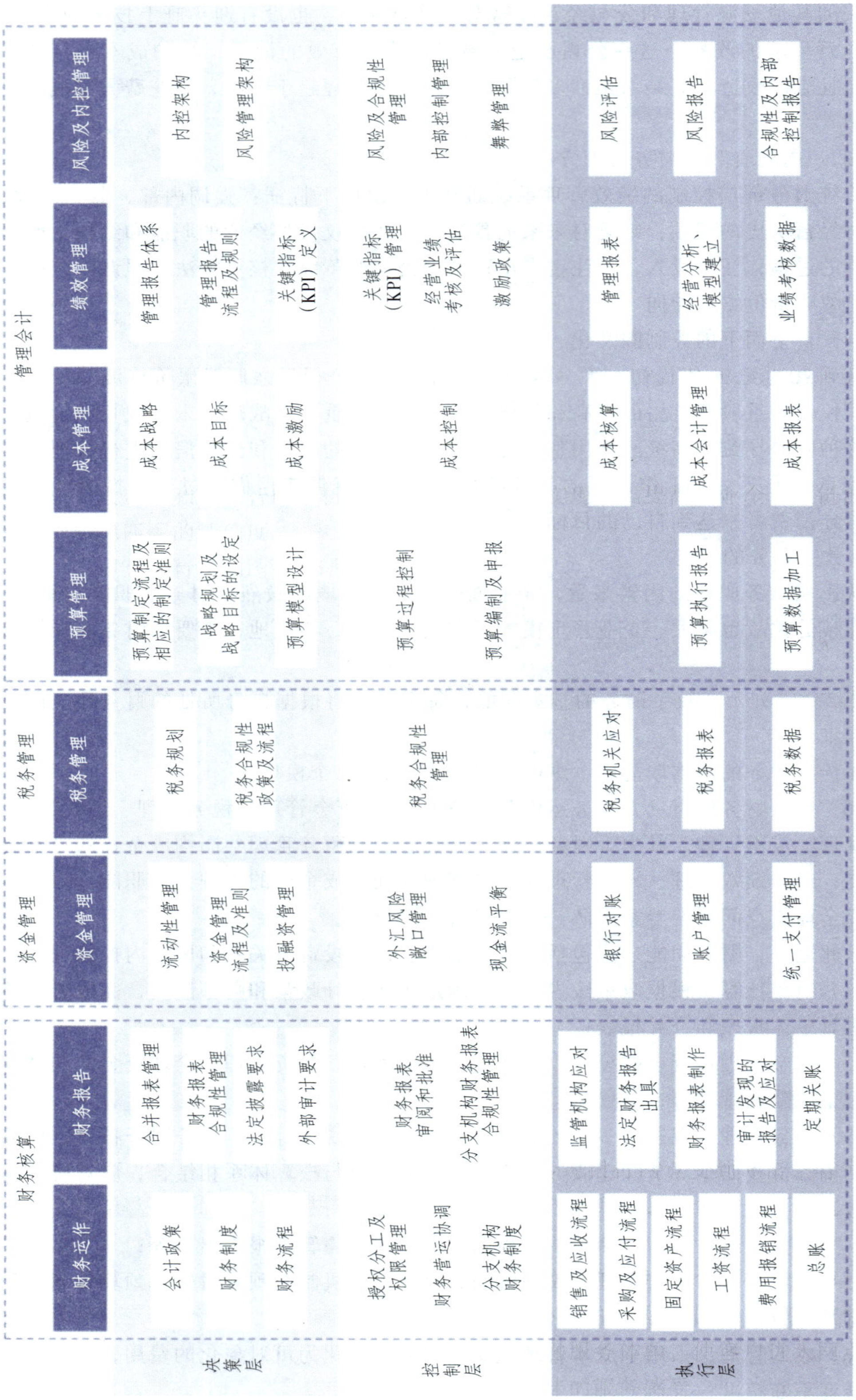

图27-15 数字财务的基本职能

(7) 财经管理研究院：重点针对全球各国的商业模式、税务、资金、汇率、核算政策和核算实务领域的突出问题，以项目运作方式予以跟踪推进。

从横向来看，财务基本职能分为决策层、控制层和执行层。每一个具体职能，都可划分为这三个层次（如图27-16所示）。

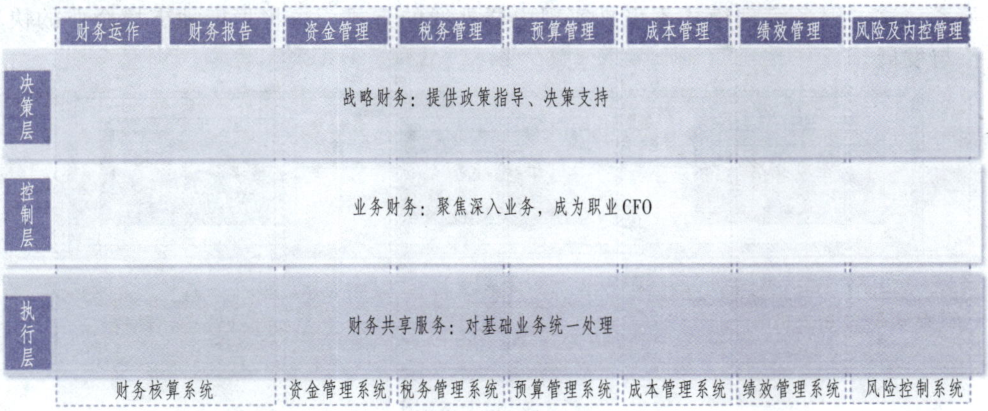

图27-16　财务的职能层次

(1) 执行层：根据决策层、控制层制定的制度和规则，高效、可靠、低成本地完成基础财务处理流程，并提供财务数据。例如，财务核算中的应收及应付、固定资产、工资、费用核算、定期关账并出具财务报表、内部往来清理及自查报告等，都属于执行层的工作。

(2) 控制层：一方面，控制层将公司战略决策向执行层推进、落实：另一方面，控制层将执行层提供的财务数据转变为有效的财务信息，及时传递至相关的决策者，提供战略决策支持。例如，税务管理中的税务合规性管理，既要满足决策层对税务合规性的要求，又要根据执行层完成的税务核算数据，检查是否出现了政策没有覆盖到的新情况，并提交决策层出具指导意见。

(3) 决策层：将公司的战略意图转化为更为详细的资源分配机制、绩效考核机制、内控管理机制等，通过PDCA循环，助力公司实现战略目标。例如，预算管理中的预算规则、预算流程的制定、预算模型的设计等，都是基于公司战略，在政策层面上的细化，引导公司资源分配。

第三节　数字财务的管理模式和生态体系

通过对数字财务职能的阐述，我们可以了解数字财务具体作用的体现，进而引出新型的管理模式，最后，我们探究数字财务是如何通过重塑财务职能、创新管理模式来试图构建智能生态体系。

一、数字财务管理模式

日益变化的内外部环境要求企业构建能够抵御内外部风险的财务职能体系，而对应的职能体系较为庞大，且随着环境的变化也可能发生改变，因此对财务管理模式提出了新的挑战。过去分散、网状的财务管理模式已经越来越不能适应公司的快速发展，财务管理模式开始发生变化，逐步形成一个完整的、四位一体的管理模式，即：公司层面控制管理的战略财务、全价值链财务管理支持的业务财务、以交易处理为主的财务共享服务以及财务核心的智能化（如图27-17所示），同时沟通内外部各种财务关系，这一财务管理模式不仅是实现内联外通的方式，也将稳定地支撑企业的快速成长与发展。

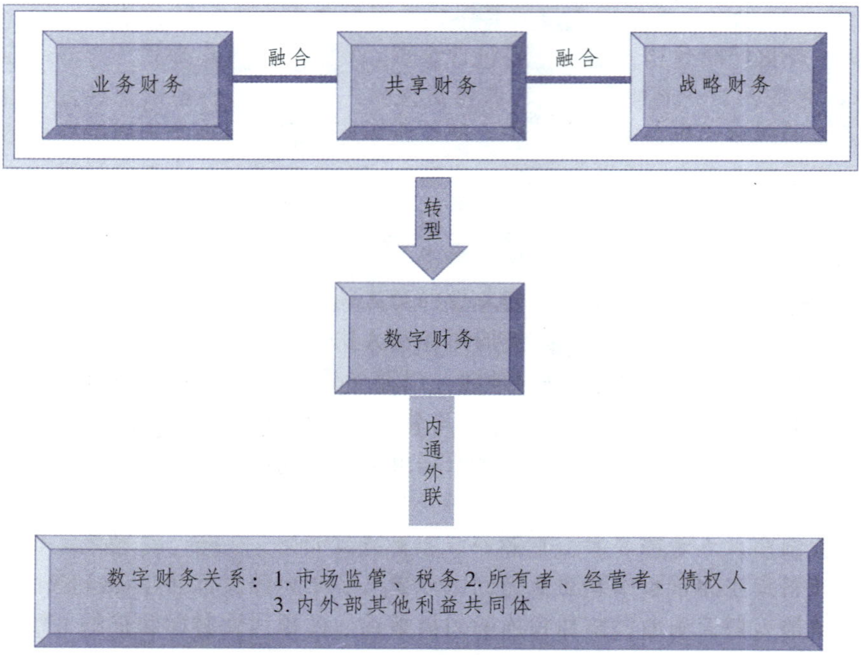

图27-17 数字财务管理模式与财务关系

具体而言，战略财务、业务财务、共享财务分别作为战略层、控制层、执行层的财务职能自上而下沟通价值链全局，数字财务则是以这三项财务职能融合发展转型为基础的。同时，数字财务也是实现与各数字财务关系的内联外通的关键。

1.战略财务

战略财务对应财务职能中的战略层，相当于财务的大脑，在专业领域有着深入的研究，参与战略的制定与推进、将业务财务和共享服务提供的信息转化为对公司经营决策有价值的经营信息分析，支持战略决策的落地。战略财务采用“集权-网状辐射”组织架构，总体职能分为预算管理、成本管理、经营绩效管理等六个子职能模块，以六个子职能模块为六大核心设立层级辐射式组织架构，使战略财务意识渗透到基层单元。六大核心享有资源配置与协调权、政策制定权、业绩考核权。

2.业务财务

业务财务对应财务职能中的控制层，分布在企业下属的各个机构，深度渗透于价值链的全环节。不同于战略财务的顶层指导，业务财务深入业务一线，渗透经营过程，能推进战略落实。同时，各业务子单元还将对具体的生产经营活动提供财务管理支持。

3.共享财务

共享财务覆盖财务职能的执行层，主要方式是通过财务数据中心建立统一的流程、政策、信息系统，集中进行交易处理，又能够为战略财务、业务财务提供数据支持。共享财务通过将各分、子机构中分散、重复的财务核算和账务处理业务予以标准化、流程化，为财务转型提供组织基础、管理基础和数据基础，也是财务转型的关键，其职能涵盖核算、报表、资金、税务、审计等。

4.数字财务

数字财务是实现“数据—信息—知识—智能”不断转换这一良性循环的最终职能。其中，共享财务提供底层的数据支持以及初步的分析；业务财务将数据转换为信息，能够及时提供决策依据；战略财务则是公司层面的控制，做出决策；数字财务则是将信息归纳汇总，形成普适规则。在数字化的背景下，数字财务使企业始终在变幻莫测的商业环境中保持敏锐的洞察力，成为未来企业数字化的核心竞争力。

数字财务管理模式能够帮助企业有效降低财务运行成本，使财务能够参与到业务部门的业务过程，了解并满足业务部门的需要，并为管理层及经营者提供动态的预算、预测信息、实时的经营信息以及财务评价，促进企业快速成长与发展。

二、数字财务的生态体系

1.数字化企业的组织架构

为适应新的数字财务管理模式，发挥数字财务管理模式的最大化功能和价值，企业的组织架构也应进行变革。

过去集团组织架构以某一地区为单位，独立设置不同职能部门，这容易造成职能的冗余和资源的浪费，使公司的效率大打折扣，此外也给集团总部的监管和指导带来一定的困难，造成控制和风险不平衡。

数字化的企业通过整合可重复使用的数据和信息，在集团层面共享资金、交易、税务等财务服务，减少重复冗余的服务与人力资源的浪费，实现服务共享、能力复用、数据互通，甚至能够助力企业快速、持续地与外界对接，打造高效的业务团队，为企业降本增效。此外，智能财务系统可以在企业各个层面、各个节点控制风险。

因此，企业的组织架构也应从传统的部门型转变为流程型和互联型的组织架构。在传统的部门型组织架构中，企业根据职能种类的不同，划分成一个个不同的部门，每个部门由部门经理或总监进行层级式的管理，数据和信息难以在部门间共享，容易造成工作的重复和冗余。而在流程型和互联型的组织架构中，信息在各个部门中的流通和共享变得容易，重复的职能可以被削减，有助于提高企业的运行效率，并使得人员专注于高价值的工作。在互联型的组织架构中，企业各个职能的信息流互联互通，企业战略指导各部门进行工作，各部门也皆为企业战略决策提供支持，助力企业未来价值的增长。部门型、流程型、互联型组织架构如图27-18所示。

2.数字财务生态系统中的价值创造

海尔集团董事局主席兼首席执行官张瑞敏在2016年提出，“互联网时代企业应该做成生态圈”。马云也很早提出，阿里的使命是让天下没有难做的生意，阿里的生态系统，是帮助中小企业在融资上、在寻找客户上、在解决物流问题上、在跨境贸易上

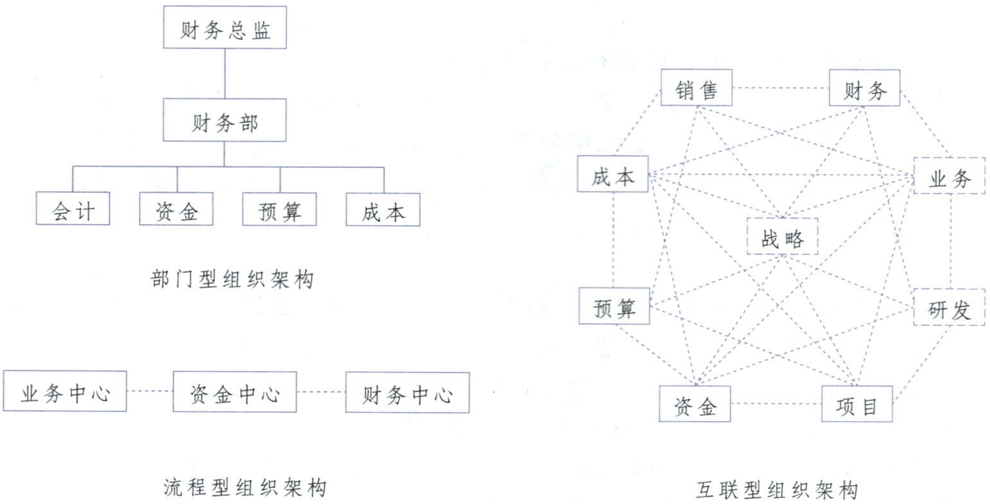

图27-18　部门型、流程型、互联型组织架构

有更多的便利。在这个生态系统里，企业可以找到融资、可以找到客户、可以找到物流、可以公平交易，帮助年轻人和小企业做创新、创意、创造，最终让崇尚诚信、不断学习、敢于创新的企业在这个生态系统里能获得成功。

企业生态系统是指企业与企业生态环境形成的相互作用、相互影响的系统，在一定区域内，和生物一样，没有一个企业个体或单个组织是能够长期单独生存的。企业像生物一样，直接或间接地依赖别的企业或组织而存在，并形成一种有规律的组合，即经济共同体。在这个共同体中，相对于每一个企业个体来说，生活在它周围的其他企业个体或组织连同社会经济环境构成了其生存的外部环境，企业个体与其外部环境通过物质、能量和信息的交换，构成一个相互作用、相互依赖、共同发展的整体。

未来的企业将从过去的封闭体系变成互联网的一个一个节点，每一个节点连上互联网后就会变得无所不能。所以企业可以借助互联网的优势吸收各种资源，充分利用互联网，做到世界就是企业自己的人力资源部，世界就是企业自己的研发部，把企业从原来封闭的体系变成互联网的节点（如图27-19所示）。

大数据的出现和信息技术的进步使得智能化的生态管理模式成为可能，新兴技术将组织的管理、经营行为从线下搬到线上。在企业内部，集团层面共享财务服务，资金、交易、税务、核算以及业务数据资源从分散割裂走向集中互联，集团统一的财务共享系统将数据汇集，实现“内通”。而在企业外部，即由供应商、合作商、客户、代理商、政府机关和银行构建而成的企业生态系统中，部分数据资源也可以互相传递，使不同组织之间有关联的经营管理活动相连通，实现“外连”。

在数字赋能的生态圈中，各个组织可以通过平台撬动其他参与者，使这一系统能够创造价值，并从中分享利益。而流量、金融服务和投资则可以对生态圈形成强大的推动力，构成价值吸附效应，吸附周边游离资源进入生态圈。

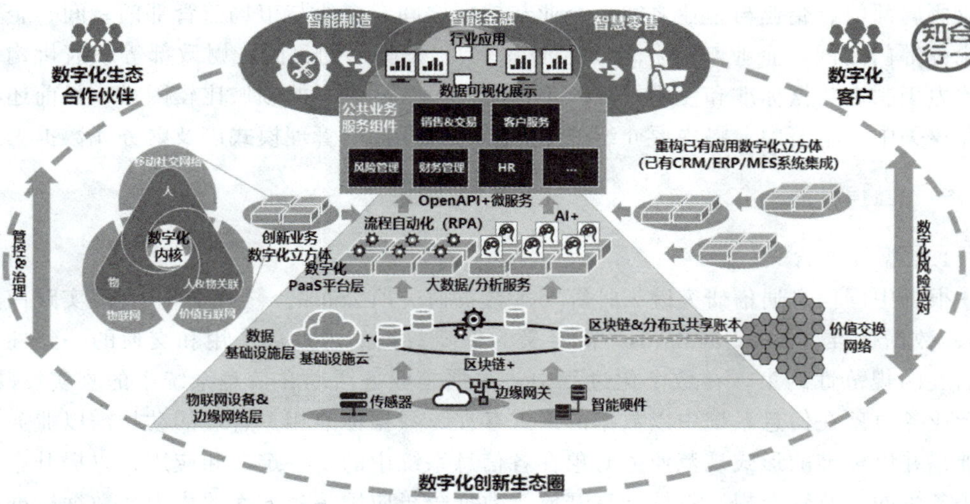

图 27-19　集团运营生态圈

第四节　数字财务的标准和风险防控

数据标准（data standards）作为规范性约束能够保证数据在使用过程中的一致性和准确性。如果没有统一的数据标准，数据管理则难以实施，在这种情况下，数据的质量无法保障并且数据也难以流通和释放。但是目前，各行业缺少数据标准管理的理论指导和行业实践案例，企业在标准建立、标准审核、标准落地、标准评估等方面仍存在诸多困难。

提到传统的数据管理方式，元数据已不是一个陌生的词汇。在此基础上，企业还需要对数据进行稽核，并且形成相对成熟的管理制度。但是，目前绝大多数的数据管理仍是浮于表面，并且极度依赖管理执行力度与自律性。具体来看，传统数据管理方式面临三大挑战：一是非结构化数据难以处理；二是数据加工的复杂程度越来越高；三是数据的内外部交换亟须创新的管理手段。数据资产管理面临的挑战如图 27-20 所示。

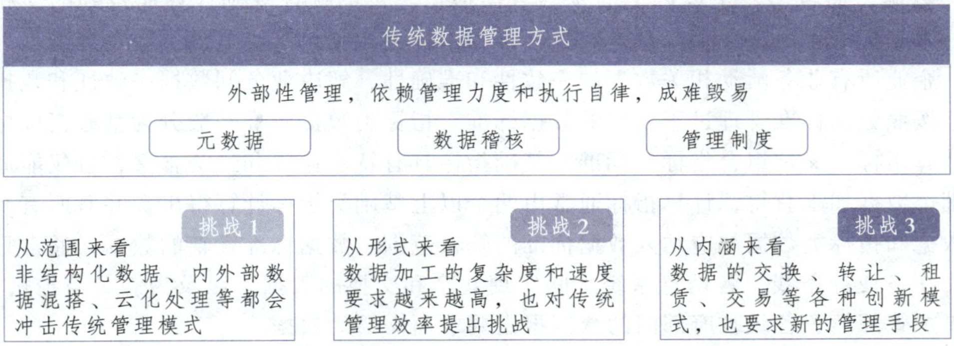

图 27-20　数据资产管理面临的挑战

具体到财务管理方面，数字财务在数字技术方面可以得到支持，但是财务元数据的管理方面需要财务专家制定元数据的标准和规范，才能达到企业内联外通，企业与企业所属部门、企业与企业之间、企业与银行之间、企业与市场监管部门之间、企业与税务部门之间、企业与行业之间等的共享、“去弊”的目的。财政部等政府机构一直致力于制定数据标准和使用规范。但这是一个跨界研究的领域比较困难，目前还在研究攻关中。本节中，将主要介绍数据标准、数据标准管理模式以及财务元数据。

一、数据标准

1.数据标准含义

根据中国信息通信研究院云计算与大数据研究所公布的《数据标准管理实践白皮书》，数据标准（Data Standards）被定义为保障数据的内外部使用和交换的一致性和准确性的规范性约束。在数字化过程中，数据是业务活动在信息系统中的真实反映。由于业务对象在信息系统中以数据的形式存在，数据标准相关管理活动均需以业务为基础，并以标准的形式规范业务对象在各信息系统中的统一定义和应用，以提升企业在业务协同、监管合规、数据共享开放、数据分析应用等各方面的能力。数据标准管理是规范数据标准的制定和实施的一系列活动，是数据资产管理的核心活动之一，对于政府和企业提升数据质量、厘清数据构成、打通数据孤岛、加快数据流通、释放数据价值有着至关重要的作用。

传统数据管理采取的是外部性管理方式，依赖管理力度和执行自律。在传统方式下，非结构化数据难以处理，而如果出现内外部数据混搭或者需要借助云端处理，则难以为继。另外，随着数据变得越来越复杂，对处理效率的要求也越来越高。目前，数据的各种创新模式也在促进管理手段的创新。

2.数据标准分类

数据标准是进行数据标准化、消除数据业务歧义的主要参考和依据。对数据标准进行分类，将有利于数据标准的编制、查询、落地和维护。数据标准有多种分类方式，对于不同的分类方式，均可采用以数据元为数据标准制定的基本单元构建数据标准体系。

数据总体上可以分为两类：基础类数据和指标类数据。基础类数据指业务流程中直接产生的，未经过加工和处理的基础业务信息。指标类数据是指具备统计意义的基础类数据，通常由一个或以上的基础数据根据一定的统计规则计算而得到的。相应地，数据标准也可以分为基础类数据标准和指标类数据标准。基础类数据标准是为了统一企业所有业务活动相关数据的一致性和准确性，解决业务间数据一致性和数据整合，按照数据标准管理过程制定的数据标准。指标类数据标准一般分为基础指标标准和计算指标（又称组合指标）标准。基础指标具有特定业务和经济含义，且仅能通过基础类数据加工获得，计算指标通常由两个以上基础类指标计算得出。并非所有基础类数据和指标类数据都应纳入数据标准的管辖范围。数据标准管辖的数据，通常只是需要在各业务条线、各信息系统之间实现共享和交换的数据，以及为满足监控机构、上级主管部门、各级政府部门的数据报送要求而需要的数据。

在基础类数据标准和指标类数据标准这个框架下，可以根据各自的业务主题进行细分。细分时应尽可能做到涵盖企业的主要业务活动，且涵盖企业生产系统中产生的所有业务数据。以银行业的基础类数据标准和指标类数据标准分类为例（如图27-21

所示），基础类数据标准分为客户数据标准、产品数据标准、协议数据标准、渠道数据标准、交易数据标准、财务数据标准、资产数据标准、公共代码数据标准、机构和员工数据标准、地域和位置数据标准等。指标类数据标准包括监管合规指标、客户管理指标、风险管理指标、资产负债指标、营销管理指标、综合经营指标等。

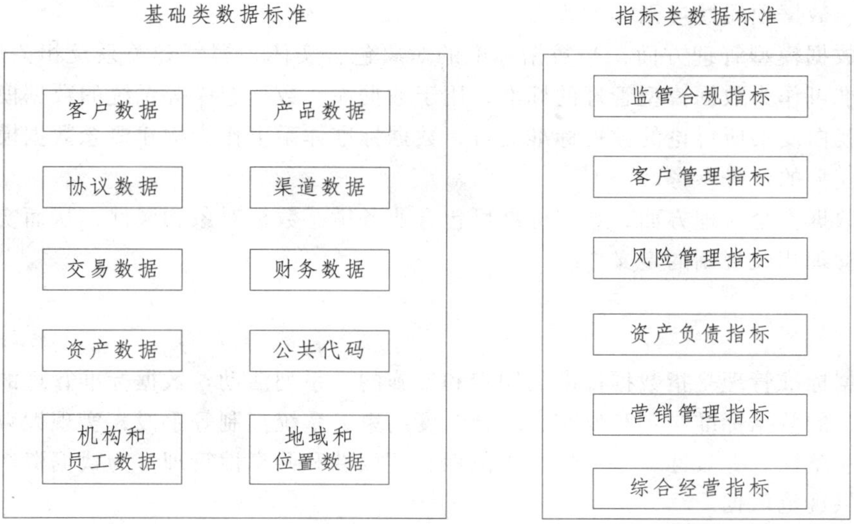

图27-21　银行业典型基础类数据标准和指标类数据标准

基础类数据标准和指标类数据标准通过分别建立基础类数据元和指标类数据元，并将基础类数据元和指标类数据元与数据映射，实现基础类数据标准和指标类数据标准的落地。具体来说，对于结构化数据中的任意一个字段，当其不具备指标特征时，可直接将其与某一业务类别下的基础类数据元（如命名规则、数据类型和值域等）映射，实现该字段的标准化（符合命名规则、数据类型和值域的规定）；当其具备指标特征时，可直接将其与某一业务类别下的指标类数据元（如命名规则、约束规则、数据类型和值域等）映射，实现该字段的标准化（符合命名规则、约束规则、数据类型和值域的规定）。

3.数据标准的作用

数据标准从多个方面支撑企业的数字化转型。在业务方面，数据标准能够明确很多业务含义，使得业务部门之间、业务和技术之间、统计指标之间统一认识与口径。在技术方面，数据标准能够帮助构建规范的物理数据模型，实现数据在跨系统间敏捷交互，减少数据清洗的工作量，便于数据融合分析。

数据标准是数据资产管理多个活动职能的核心要素，主要体现在数据质量管理、主数据管理、元数据管理、数据模型管理和数据安全管理几个方面。

在数据质量管理方面，数据标准是数据质量稽核规则的主要参考依据，通过将数据质量稽核规则与数据标准关联，一方面可以实现字段级的数据质量校验，另一方面也可以直接构建较为通用的数据质量稽核规则体系，确保规则的全面性和可用性。

在主数据管理方面，需明确的是主数据是数据在特定应用场景下的一种展现方式，主要活动是提取核心数据并明确核心数据的唯一来源，因此，对于涵盖企业全部数据的数据标准而言，其可以作为主数据管理的数据标准。

在元数据管理方面，当将元数据管理的对象定义为结构化数据时，元数据管理主要指对结构化数据及其相关信息的管理，数据标准作为结构化数据相关信息的一部分，也是元数据管理的内容，具体包括数据标准与结构化数据的关系映射。当将元数据管理的对象定义为数据标准体系时，元数据管理主要指对数据标准分类、数据项及其属性、数据项属性规则等的管理。

在数据模型管理方面，当数据标准的对象包含实体、属性和关系及相关规则时，数据标准可作为数据模型管理的标准，用于数据库、数据仓库等系统的数据模型构建依据。就白皮书所讨论的数据标准而言，数据标准体系可作为构建概念数据模型和逻辑数据模型的业务参考。

在数据安全管理方面，数据标准可包含业务敏感数据对象和属性，从而实现对数据安全管理相关规则的定义。

二、数据标准管理

数据标准管理是指数据标准的制定和实施的一系列活动。数据标准管理的目标是通过统一的数据标准制定和发布，结合制度约束、系统控制等手段，实现大数据平台数据的完整性、有效性、一致性、规范性、开放性和共享性管理，为数据资产管理活动来提供规范依据。

数据标准管理主要内容包括标准分类规划、标准体系建设、标准评审发布、标准落地执行、标准运营维护五个阶段。

1.标准规划

数据标准规划主要指企业构建数据标准分类框架，并制定开展数据标准管理的实施路线。数据标准规划的过程主要包括六个阶段，分别是数据标准调研、业务和数据分析、研究和参照行业最佳实践、定义数据标准体系框架和分类、制定数据标准实施路线图、批准和发布数据标准框架及规划。

（1）数据标准调研

数据标准调研工作，主要从企业业务运行和管理层面、国家和行业相关数据标准规定层面、信息和业务系统数据现状三个方面开展，调研内容包括现有的数据业务含义、数据标准分类、数据元定义、数据项属性规则以及相关国际标准、国家标准、地方标准和行业数据标准等。

（2）业务和数据分析

业务和数据分析主要根据数据标准调研结果，根据数据标准体系建设原则，初步研究数据标准整体的分类框架和定义，以及对业务的支撑状况。

（3）研究和参照行业最佳实践

收集和学习数据标准体系建设案例，并研究和借鉴同行业企业单位在本行业数据标准体系规划上的实践经验。

（4）定义数据标准体系框架和分类

根据数据标准调研结果以及行业的最佳实践，在对企业现有业务和数据现状进行分析的基础上，定义企业自身的数据标准体系框架和分类。

（5）制定数据标准实施路线图

根据已定义的数据标准体系框架和分类，结合企业自身在业务系统、信息系统建设上的优先级，制定数据标准分阶段、分步骤的实施路线图。

（6）批准和发布数据标准框架及规划

由数据标准管理的决策层审核数据标准体系框架和规划实施路线图，并批准和发布。

2.标准制定

标准制定是指在完成标准分类规划的基础上，定义数据标准及相关规则。数据标准的定义主要指数据元及其属性的确定。随着企业业务和标准需求的不断发展延伸，需要科学合理地开展数据标准定义工作，确保数据标准的可持续性发展。

数据标准的定义应遵循共享性、唯一性、稳定性、可扩展性、前瞻性、可行性六大原则。

共享性：数据标准定义的对象是具有共享和交换需求的数据。同时，作为全企业共同遵循的准则，数据标准并不为特定部门服务，它所包含的定义内容应具有跨部门的共享特性。

唯一性：标准的命名、定义等内容应具有唯一性和排他性，不允许同一层次下标准内容出现二义性。

稳定性：数据标准需要保证其权威性，不应频繁对其进行修订或删除，应在特定范围和时间区间内尽量保持其稳定性。

可扩展性：数据标准并非一成不变的，业务环境的发展变化可能触发标准定义的需求，因此数据标准应具有可扩展性，可以以模板的形式定义初始的数据标准，模板由各模块组成，模板部分模块的变化不会影响其余模块的变化，方便模板的维护更新。

前瞻性：数据标准定义应积极借鉴相关国际标准、国家标准、行业标准和规范，并充分参考同业的先进实践经验，使数据标准能够充分体现企业业务的发展方向。

可行性：数据标准应依托于企业现状，充分考虑业务改造风险和技术实施风险，并能够指导企业数据标准在业务、技术、操作、流程、应用等各个层面的落地工作。

数据标准定义主要包括分析数据标准现状、确定数据元及其属性两个关键环节：

（1）分析数据标准现状

企业应依据业务调研和信息系统调研结果，并分析、诊断、归纳数据标准现状和问题。其中，业务调研主要采用对业务管理办法、业务流程、业务规划的研究和梳理，以了解数据标准在业务方面的作用和存在的问题；系统调研主要采用对各系统数据库字典、数据规范的现状调查，厘清实际生产中数据的定义方式和对业务流程、业务协同的作用和影响。

（2）确定数据元及其属性

企业应依据行业相关规定或借鉴同行业实践，结合企业自身在数据资产管理方面的规定，在各个数据标准类别下，明确相应的数据元及其属性。

3.标准发布

数据标准的评审发布工作是保证数据标准可用性、易用性的关键环节。在数据标准定义工作初步完成后，数据标准定义需要征询数据管理部门、数据标准部门以及相关业务部门的意见，在完成意见分析和标准修订后，进行标准发布。

标准评审发布主要流程包括意见征询、数据标准审议、数据标准发布等三个过程：

（1）数据标准意见征询

意见征询工作是指对拟定的数据标准初稿进行宣介和培训，同时广泛收集相关数据管理部门、业务部门、开发部门的意见，降低数据标准不可用、难落地的风险。

（2）数据标准审议

数据标准审议工作是指在数据标准意见征询的基础上，对数据标准进行修订和完善，同时提交数据标准管理部门审议的过程，以提升数据标准的专业性和可管理执行性。

（3）数据标准发布

数据标准发布工作是指数据标准管理部门组织各相关业务单位对数据标准进行会签，并报送数据标准决策组织，实现对数据标准进行全企业审批发布的过程。

4.标准执行

数据标准执行通常是指把企业已经发布的数据标准应用于信息建设，消除数据不一致的过程。数据标准落地执行过程中应加强对业务人员的数据标准培训、宣贯工作，帮助业务人员更好地理解系统中数据的业务含义，同时也涉及信息系统的建设和改造。

数据标准落地执行一般包括四个阶段：评估确定落地范围、制订落地方案、推动方案执行、跟踪评估成效。

（1）评估确定落地范围

选择某一要点作为数据标准落地的目标，如业务的维护流程、客户信息采集规范、某个系统的建设等。

（2）制订落地方案

深入分析数据标准要求与现状的实际差异，以及落标的潜在影响和收益，并确定执行方案和计划。

（3）推动方案执行

推动数据标准执行方案的实施和标准管控流程的执行。

（4）跟踪评估成效

综合评价数据标准落地的实施成效，跟踪监督标准落地流程执行情况，收集落地标准的修订需求。

数据标准落地路径可以有以下两种方式，分别是按数据主题逐步推进和按业务目标逐步推进。两种方式的优点、缺点和适用场景见表27-1。

数据标准落地原则主要包括遵循整体规划、分步实施、价值驱动、确保执行和管控保障这四个原则。

整体规划：数据标准体系建设工作是规划与计划、制定、执行、维护、监督检查一个持续深入的动态过程。

分步实施：综合考量战略价值、业务优先级、实施难易度、数据满足度和投资回报比，优先定义和执行战略价值高、优先级高、数据重组、易实施、投资回报比较高的数据标准，并找到合适的数据标准建设的切入点。

表 27-1　　数据标准的两种落地路径比较

方式	按数据主题逐步推进	按业务目标逐步推进
优点	• 全局性强，真正意义的企业级标准 • 中立、扩展性好	• 目标需求明确，有对口业务部门配合 • 标准落地系统清洗，推动力强，见效快
缺点	• 可能缺乏业务目标，使业务部门难以深入参与 • 定义过程容易与实际业务目标脱节 • 标准落地动力不足	• 缺乏整体观，数据标准的内容易出现交叉或遗漏 • 会随着业务目标的增加需求不断完善
适用场景	• 业务需求不具体 • 技术部分主导	• 业务部门参与度高、数据标准管理目标明确 • 配合主题集市及应用系统建设

价值驱动：业务价值是数据标准工作的原始驱动力，需结合战略目标，与 IT 系统建设相结合，可以在数据标准工作初期以项目为载体，逐步推进。

确保执行：保证数据标准在业务领域和技术领域的执行是标准工作的宗旨。

管控保障：建立强有力的组织、制度和管理流程，以保证数据标准工作的顺利进行。

5. 标准维护

数据标准并非一成不变，而是会随着业务的发展变化以及数据标准执行效果而不断更新和完善。

在数据标准维护的初期，首先，需要完成需求收集、需求评审、变更评审、发布等多项工作，并对所有的修订进行版本管理，以使数据标准“有迹可循”，保证数据标准体系和框架维护的一致性。其次，应制定数据标准运营维护路线图，遵循数据标准管理工作的组织结构与策略流程，各部门共同配合实现数据标准的运营维护。

在数据标准维护的中期，主要完成数据标准日常维护工作与数据标准定期维护工作。日常维护是指根据业务的变化，常态化开展数据标准维护工作，比如当企业拓展新业务时，应及时增加相应数据标准；当企业业务范围或规则发生变化时，应及时变更相应数据标准；当数据标准无应用对象时，应废止相应数据标准。定期维护是指对已定义发布的数据标准定期进行标准审查，以确保数据标准的持续实用性。通常来说，定期维护的周期一般为一年或两年。

在数据标准维护的后期，应重新制定数据标准在各业务部门、各系统的落地方案，并制订相应的落地计划。在数据标准体系下，由于增加或更改数据标准分类而使数据标准体系发生变化的，或在同一数据标准分类下，因业务拓展而新增加的数据标准，应遵循数据标准编制、审核、发布的相关规定。

三、数字财务的地基：财务元数据

如果把会计信息标准体系比作一座房子，那么元数据标准就是房子的地基。如果没有地基，即使房子的外观再富丽堂皇也会坍塌。数据接口的标准则是与外界沟通的窗口，可扩展商业语言（XBRL）标准则是房子的外表，也是呈现在人们眼前的表现形式。安全控制则是房子上的锁，保障房子的安全。数字财务中，财务元数据则是这座房子的地基。本节将介绍元数据的概念、分类、管理方式、管理价值以及目前元数据在财务领域的应用。会计信息标准体系内各部分关系示意图如图27-22所示。

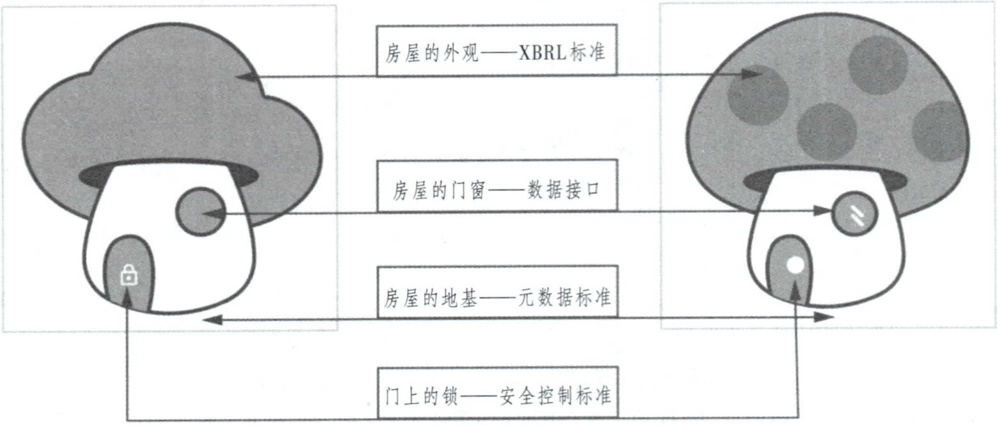

图27-22 会计信息标准体系内各部分关系示意图

1.元数据概念

元数据（metadata），又称中介数据、中继数据，为描述数据的数据，主要是描述数据属性的信息，用来支持如指示存储位置、历史数据、资源查找、文件记录等功能。元数据算是一种电子式目录，为了达到编制目录的目的，必须描述并收藏数据的内容或特色，进而达成协助数据检索的目的。1995年2月，由国际图书馆电脑中心和美国国家超级计算应用中心所联合赞助的研讨会，邀请52位图书馆员、电脑专家，共同制定规格，创建了一套描述网络上电子文件的特征。都柏林核心集是元数据的一种应用。

元数据是关于数据的组织、数据域及其关系的信息，简而言之，元数据就是关于数据的“数据”（如图27-23所示）。

想要认识元数据，首先要认识“元”这个概念。“元”字这一前缀来源于希腊文，含有了“归纳”“总结”的意思，因此，元，就代表着“本原”的意思。以文学领域为例，后现代主义文学中有一种小说叫作“元小说”，也就是“关于小说的小说”。比如传统小说往往关心的是人物、事件，关注的是作品所叙述的内容；而元小说则更关心作者本人是怎样写这部小说的，作者用了何种手法等。那么对应地，元数据就是指“关于数据的数据”。元数据标记、描述或刻画其他数据，并且使检索、解读或使用信息更容易。

以一本书为例，书的封面和内页都向我们展示了这样的元数据信息：标题、作者姓名、出版商和版权细节、背面的描述、目录、页码。通过这个例子可以看出，我们日常生活中，都会有相应的元数据信息保留下来。在数据治理中，元数据便是对于数据的描述，存储着关于数据的数据信息。我们可以通过这些元数据去管理和检索我们想要的“这本书”。利用元数据去检索信息示意图如图27-24所示。

2.元数据架构

元数据架构主要包括元数据应用、元数据功能、元数据存储以及元数据获取（如图27-25所示）。元数据架构最核心的部分是元数据的应用环节，而其功能、如何存储以及从何获取都是帮助我们更好地应用元数据。

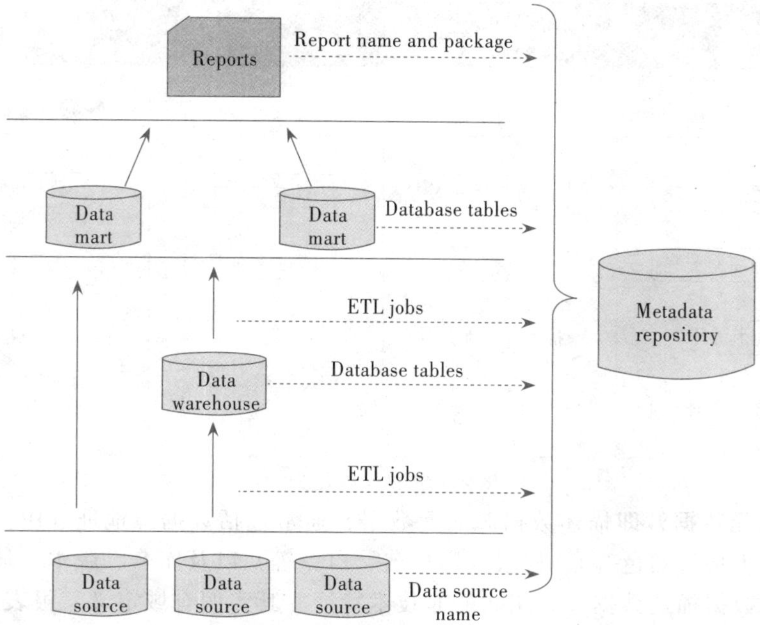

图 27-23　元数据：数据的“数据”

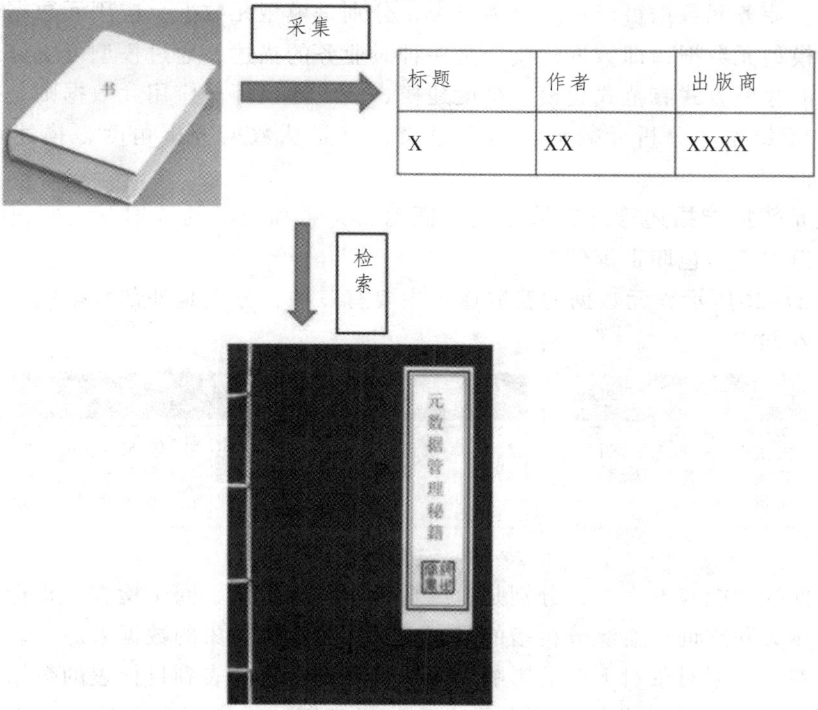

图 27-24　利用元数据检索信息示意图

元数据主要有三种类型：技术元数据、业务元数据和管理元数据。

技术元数据是用来描述技术和数据结构的元数据。技术元数据的实例包括字段名称、长度、类型、谱系和数据库表格设计。技术元数据又可以分为多种类型，比如物理元数据，即描述物理资源的元数据，包括但不限于服务器、操作系统、机房位置等信

图 27-25　元数据架构

息；数据源元数据，即描述数据源的元数据，通常包括数据源地址（IP、PORT等）、物理拓扑（主备、角色等）、权限（用户名、口令等）以及库名、版本、域名等。

业务元数据描述数据及其用途的非技术特征。其实例有域定义、报表名称、报告和网页的标题、应用程序显示名称、数据质量统计，以及负责解释特定领域中数据质量的团队。业务元数据可以再细分为三类，分别是模型元数据、应用元数据以及分析元数据。模型元数据，即数据建模，是一种对业务的描述，通过模型可更好地了解业务。常见的建模方式有范式建模、维度建模、多维建模等。应用元数据则是描述数据应用类的元数据。分析元数据，顾名思义，就是从数据分析角度，描述业务的元数据。

管理元数据指描述管理领域相关的概念、关系和规则的数据，主要包括管理流程、人员组织、角色职责等信息。

如图27-26所示，元数据的获取途径主要有三种，分别是外部数据源、数据仓库和手工录入方式。

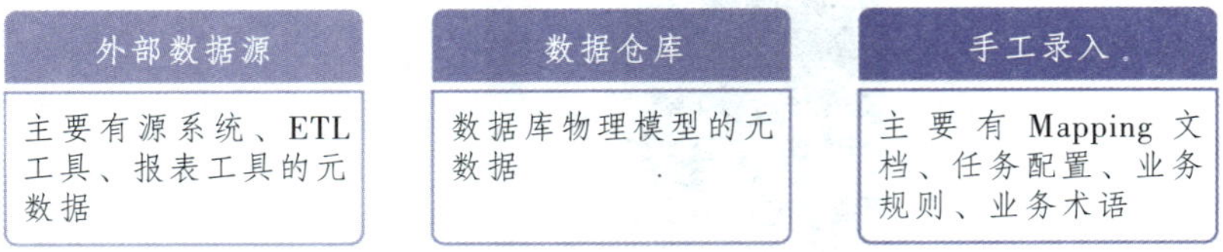

图 27-26　元数据获取途径

元数据的功能有五大类，分别是血缘分析、影响分析、同步检查、指标一致性分析以及实体关联查询。血缘分析指的是向上追溯元数据对象的数据来源。影响分析则是向下追溯元数据对象对下游的影响。同步检查是检查源表到目标表的数据结构是否发生变更。指标一致性分析，顾名思义，是指定期分析指标定义是否和实际情况一致。实体关联查询则是事实表与维度表的代理键自动关联。

元数据的应用也多种多样，主要包括以下五种。ETL自动化管理，是指使用元数据信息自动生成物理模型、ETL程序脚本、任务依赖关系和调度程序。数据质量管理，则是使用数据质量规则元数据进行数据质量测量。数据安全管理是使用元数据信息进行报表权限控制。数据标准管理则是使用元数据信息生成标准的维度模型。数据接口管理是指使用元数据信息进行接口统一管理。

3.元数据管理价值

“元数据管理是企业数据治理的基础”，在数据治理战略实施的时候，这是我们经常会听到看到的一句话。但是，数据治理的概念在国内还并未普及，如何打好数据治理的基础更是一头雾水。作为一名企业管理人员、一名IT人员，或者是一名数据行业从业者，理解数据治理的首要任务就是理解何为元数据，之后就要理解元数据管理。

在生活中，人们通过元数据来进行认知和管理。在企业当中，元数据又有什么作用和意义呢？随着互联网的发展，近几年企业每年收集和使用的数据成倍增长，企业大数据环境中的数据形态多种多样，且标准不统一，在这些类型不同的数据之间要进行采集、传播和共享就成了难事。这就势必要求企业对这些数据进行统一标准的管控，即元数据管理。企业元数据管理，首先需要对企业所有元数据进行整体规划、抽象描述，进而设计出所需元模型。数据、元数据、元模型的关系图如图27-27所示。

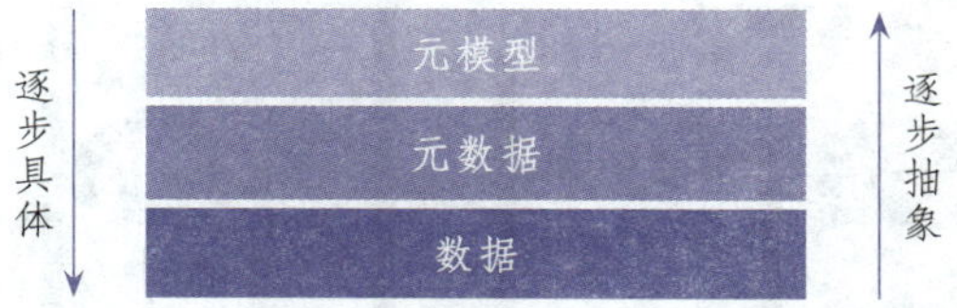

图27-27　数据、元数据、元模型的关系图

有了元模型，就能根据元模型来采集元数据信息。这样一来，就能通过层层关键信息将重要目标展现出来。具体而言，元数据库可以理解为是汇集了企业各类业务数据的数据仓库。元数据在数据仓库中的作用示意图如图27-28所示。

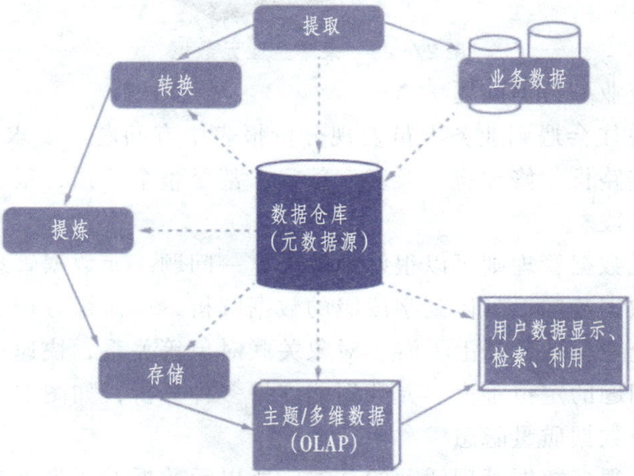

图27-28　元数据在数据仓库中的作用示意图

2011年，全球权威IT调研机构Gartner就提出了基于企业元数据管理的信息能力框架ICF，该框架逐渐成为企业构建现代信息框架的指导方针。元数据管理对企业管理来说具有很大的价值。

（1）全面梳理企业信息资产

企业数据通常呈现碎片化分布，一共有多少系统，各系统之间有哪些关联，对应的关联表又有哪些，企业一时很难厘清。

元数据管理可以通过自动化的采集方式，帮助企业完成数据信息、服务信息与业务信息的采集，自动调取企业内部的元数据，为企业展现完整信息资产，从而进一步帮助企业集中管理所有信息资产，方便数据的交互和共享。采集企业元数据如图27-29所示。

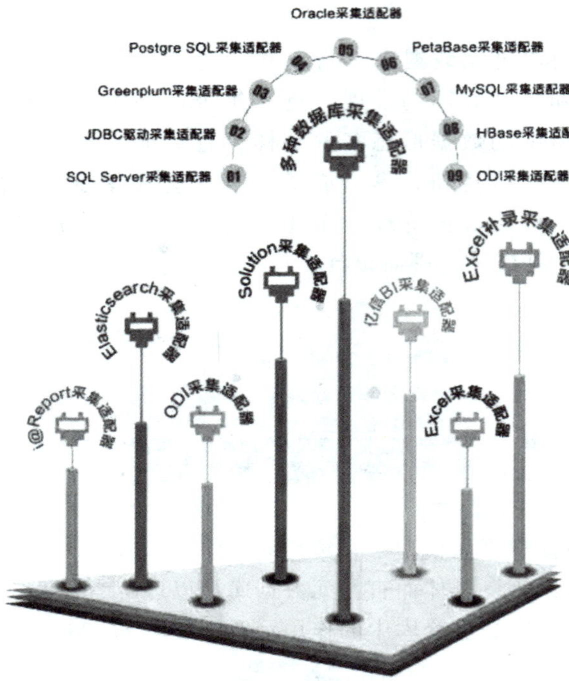

图27-29 采集企业元数据

（2）迅速响应业务数据问题

在企业中，往往会遇到业务人员发现分析报表中有问题，要求IT部门进行修改，但由于数据加工链路长，修改将涉及多个部门，甚至整个公司，很难精准定位到问题数据的相关表和字段。

但是，通过元数据管理则可以很好地解决这一问题。元数据管理通过多种分析方式帮助企业分析数据流向，具体到字段级的数据解析，如血缘分析、影响分析、关联度分析等，帮助企业获取数据上下游、对象关联对象等关系，快速定位问题字段，帮助企业降低数据问题的定位难度。元数据能支持多种分析，如图27-30所示。

（3）消除企业数据质量隐患

由于元数据是很多数据管理活动的基本，所以元数据的质量极为重要。元数据质量的稽核也很重要，因此元数据管理需要建立标准稽核制度，如一致性检核、属性填充率检核和组合关系检核，可以保障元数据质量。这也意味着企业在进行元数据管理时，要保证元数据、元模型的一致性和连续性，这样才不会改变元数据结构，避免元数据错乱。

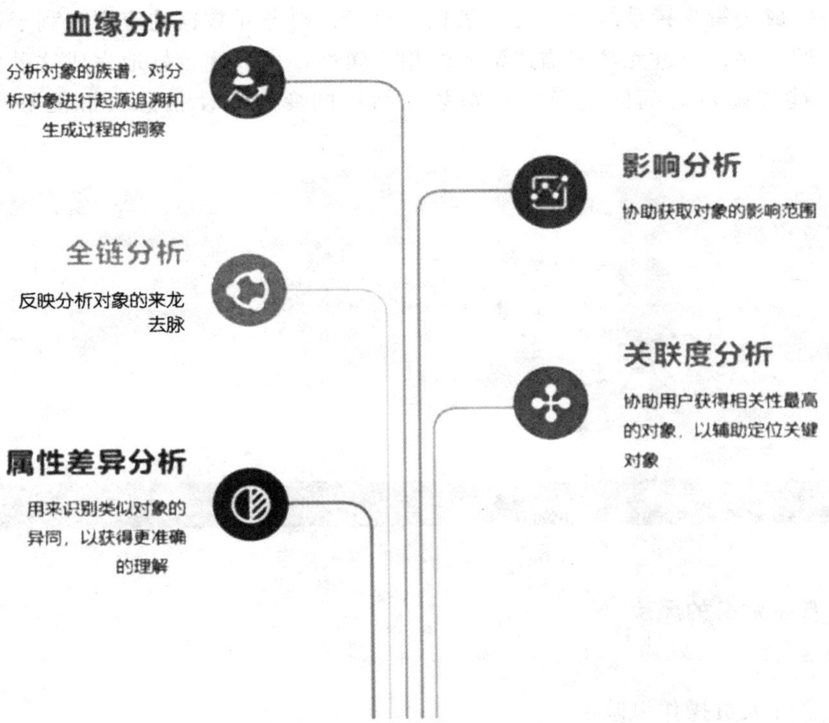

图27-30　元数据能支持多种分析

元数据管理的响应相比传统模式更为迅速、高效，企业能够实现对元数据实时地进行监控，查看明细信息。在这种管理方式下，企业可随时监察并消除问题隐患。

4.元数据在财务领域的运用

正如本章开篇所说的元数据标准是会计信息标准体系的基石那样，财务元数据也是推进财务数字化的基石。

财会信息资源是指各类经济组织或政府部门在其业务活动中形成或提供的有关财务、审计、税务和会计等的各种类型和形式的数据组成的集合，是进行经济分析、经济决策、经济监管等方面所需要的信息资源。由于企业信息化程度的提高，各类组织和机构已经保存了大量的财会信息资源，要对这些数量巨大的、非标准化的财会信息资源进行研究和挖掘，以及长期地保存和充分利用，目前的技术关键是要构建完善的财会信息资源数据仓库，而数据仓库的建立需要一个规范的元数据标准，即财会信息资源元数据标准。用以描述财会信息资源各种形式的数据或数据集的数据就是财会信息资源元数据，是元数据概念在财会信息资源领域的具体应用。目前，财会信息资源核心元数据已有相应标准。

财会元数据有利于财会信息资源的挖掘和利用，第一，财务元数据能够为财务决策人员提供便利。财务元数据仓库（如图27-31所示）可以帮助财务决策人员实现各种联机检索方案，可以形成各种多维的数据报表和透视表，能够更快、更精确地检索到他们所需要的数据和信息。第二，财务元数据有利于构建企业业务系统与决策支持系统之间的桥梁。企业业务系统在日常业务中采集的各种业务信息转换为可存储的数据是极为复杂的过程，但是通过元数据的描述和标识则将这一过程简化，将数据重新整合和转换成决策支持系统所需要的信息。第三，财务元数据的应用有利于财会信息资源的长期保存，通过元数据描述资源的相关属性，可以比较好地完成这种信息资源的转换，能够随着时间的流逝来跟踪数据结构的变化，使信息资源能够得到长期保存。

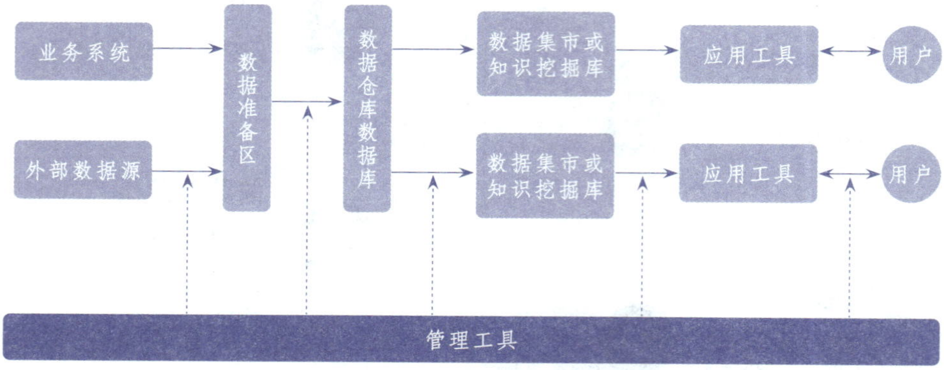

图 27-31　财务元数据仓库

四、数字财务的风险

1. 员工风险

（1）会计人员操作风险

引入数字财务系统，原有会计人员对新系统不熟悉，缺乏相应的专业技能，容易产生信息输入错误、操作失误以及信息利用不当等风险。

数字财务系统流程中可能存在不适合企业原本自身流程的内容，可能引起与之配合的员工产生反感情绪，降低工作人员的支持率，导致项目开展困难，与系统相关的业务流程中断，使企业经营活动受到影响。

（2）员工抵触风险

随着科技的进步，基础性、重复性的简单工作完全可以由机器来完成，比如识别小票和发票，机器可以根据账本配置自动过账，而且从事简单重复的工作，机器比人工更加高效、准确，未来从事基础性财会工作的员工将面临被替代和淘汰的风险，因而这部分员工可能产生抵触情绪。

（3）诚信与道德风险

尽管数字财务系统能够部分克服员工的诚信与道德风险，但是依然无法百分百地防范风险，只要有人员的参与，人员的职业道德素养就会对工作产生影响。

2. 数据安全风险

（1）管理上的风险

企业管理不规范，信息安全组织不完善，文件共享过程中，无法控制使用者的权限，对重要文件也没有保护措施，将会给数据安全造成巨大隐患。

会计人员日常工作政策的缺失，将会导致信息处理设备的滥用、误用等事件的发生，对数据信息的安全造成危害。此外，部分员工在离职前，将核心数据下载至个人电脑，并加入竞争对手公司或创立自己的公司，也将给公司带来威胁。

金融行业、行政事业单位、政府机构，还有特殊的行业，都会对行业的合规性要求有一些非常明确的、特殊的规定。

（2）技术上的风险

企业数字财务管理模式，必然会依赖于更多的硬件设施，这就面临着更大的硬件设施故障与人为或自然灾害造成的设备损坏问题。

即便数字财务系统操作权限有着严格的限制，但是系统在执行工作任务时，接触的信息范围较大，如果不采取措施进行科学的管理，可能产生较大范围的信息泄露；数字财务系统的产品架构可能不合理；系统平台的开发升级中，如果采用了一些面临淘汰或冷门的技术，将使得系统的更新升级存在兼容性问题，此外，也更难找到合适的运维人员进行后期运维。

在实际应用过程中，很多财务工作有潮汐规律，到月底、年底很多工作集中式爆发，存在系统过载风险。

3.环境风险

（1）内部环境风险

引入数字财务系统后，如果不对企业组织结构进行调整，现有的组织结构可能产生矛盾和冲突；在数字财务系统的设计上，可能仅考虑了操作流程的自动化，没有根据企业内部控制规范对系统进行设计和开发，存在内控风险；数字财务系统的运行需要企业各个部门的合作与支持，企业内部若缺乏IT信息部门和人力资源部门等的支持，将产生系统难以正常运行的风险；数字财务系统流程较为复杂，维护量大，会导致维护成本高昂或无人维护的风险。

（2）外部系统变动风险

数字财务系统的技术实现依赖于外部系统（外部环境），外部系统的变动、升级、改造都可能对数字财务系统造成影响。比如国家税务政策的变动，造成税务系统也频繁变动，在税务相关的业务流程中，流程的运用就可能达不到稳定运行的状态。

云平台存储着海量的数据，因此云服务提供商越来越成为更重要的攻击目标。随着云计算的逐步成熟，因供应商失误导致的数据丢失的事件逐步稀少，更多的是恶意攻击者通过永久删除云上数据，以此来损害公司利益。共享技术中的漏洞对云计算构成重大威胁，云服务提供商共享基础设施、平台、应用等，如果漏洞在任何一个层面发生，均会波及每个客户。可能一个漏洞或一次错误的配置将对整个云服务商层面造成危害。另外，云数据中心还面临着自然灾害的隐患。

（3）企业生态系统多元风险

企业在所处的生态系统中共享了部分财务或者业务数据，生态系统中包含了供应商、合作商，甚至是竞争对手等多个企业。而企业的部分数据属于商业机密，存在泄露风险。而且企业生态圈进行部分数据的共享，如果数据使用不当，也有不当竞争的风险（如图27-32所示）。

五、数字财务风险防控

与传统财务风险的防控一致，数字财务风险控制的目标为：确保流程的风险控制在与总体目标相适应并可承受的范围内；确保流程应用部门及外部，尤其是业务关联

图27-32　企业生态系统数据泄露与防护

部门、数据信息上下游、信息部门之间实现真实、可靠的信息沟通，包括流程的节点、权限、数据来源的真实性、可靠性；确保流程设计及控制节点符合内控要求并合法合规；保障企业经营管理的有效性，提高经营活动的效率和效果，降低实现经营目标的不确定性；确保企业建立针对各项重大风险发生后的危机处理计划，保护企业不因灾害性风险或人为失误而遭受重大损失。

1.员工风险防控

（1）对会计人员操作风险的防控

为员工提供适当的技能培训；设置专门的位置放置数字财务系统服务器和终端，避免不相关人员干预运行；加入校检规则，把校检结果推送给相关操作人员进行人工二次复核；在输出的数据文件中添加使用说明；成立内部数字财务系统专家组。

（2）对员工抵触风险的防范

在数字财务系统的计划阶段，流程设计应适合企业自身的流程，进行事前预防；在业务开展阶段，根据不同项目需要，设计相应的危机补偿计划，化解可能存在的其他危机；将数字财务技术的影响以积极的方式向员工进行宣传和普及，对员工进行岗前培训，互相适应流程。

（3）对诚信与道德风险的防范

可以通过企业诚信文化建设、完善企业道德诚信规章制度、表彰企业优秀道德模范等措施，加强对企业员工的职业道德与诚信道德的教育培训。

2.数据安全风险防控

（1）对企业信息安全组织不完善的防控

设立完善的企业组织架构，成立信息安全部门，并对数字财务系统进行相应的监管，将责任落到个人。针对自身所持有的数据进行分级分类，而后对特定等级的数据进行更进一步的保护。比如将数据分级为绝密、机密、内部、公开四个等级，并针对绝密和机密数据实施数据防泄露保护。部分行业有专门针对数据分级分类的国家政策规定或指导，如证券期货行业的《证券期货类数据分级分类指引》，企业可根据国家规定、行业实践进行相应的数据分级分类工作。

（2）对来自人员的威胁的防控

明确各个员工的角色及责任，定向制订培训计划进行人才培养，如岗前培训、产品培训、业务培训、安全意识培训，并对所有可能访问到核心财务数据的终端，包括运维人员的电脑强制安装管控软件，严格限制包括物理设备使用权限在内所有可能途径、记录所有的操作过程，做到过程可控、事后可追溯。

（3）对合规性风险的防控

数字财务系统要内网、外网分别部署，通过数据同步的机制，让内外网系统能够联通，同时不产生数据安全风险。如金融行业、政府部门有些计算机是涉密的，必须由内网管理，有些接触外网的电脑则必须与内网进行隔离。在软件开发过程中，其开发标准、质量控制标准、信息安全的规范等，都是要考虑的合规性风险。

（4）对物理风险的防控

设置专门的位置放置数字财务系统服务器和终端，设立严格的进入权限机制；成立相关部门负责IT、硬件运维；设立备份机制。

（5）对系统面临的风险的防控

对数字财务系统中设置细分板块，设置不同的操作和数据下载权限，避免误操作、越权查询等容易导致信息泄露的风险；对系统接触到的数据，进行加密传输（如图27-33所示），以免将公司各种系统的账号密码和系统数据暴露于无人监管的状态下；对数字财务系统的运行情况要进行实时的监控和记录。

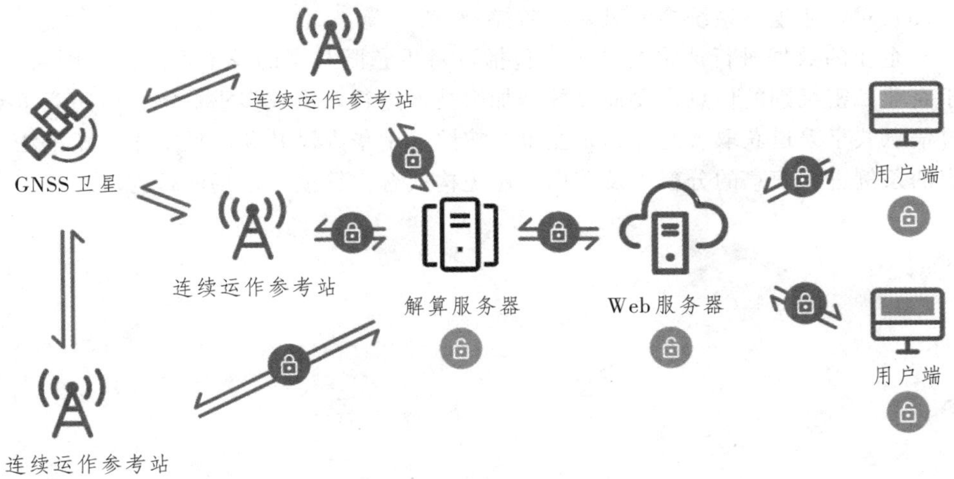

图27-33　数据加密传输过程

对当前主流技术和产品以及未来的技术发展趋势做更深刻的理解和准确的判断，选择合理的产品、技术和架构，保证数字财务系统的可用性和可维护性，增强系统的生命力。

（6）对应用过程中的风险的防控

合理规划服务器容量，优化服务器的资源配置，设计合理方案对高峰时段进行限流或分流。通过波峰波谷期的规律对工作量做合理分配，尤其应对波峰系统资源的配置。

3.环境风险防控

（1）对内部环境风险的防控

引入数字财务系统，不仅是财务方面的一个项目，如果整个公司认为自动化智能化是未来的发展方向，即公司的流程性工作交给机器，人工则承担更多管理类战略性工作，则企业的组织结构、未来战略计划都需要与之匹配。企业对现有的工作模式、工作计划等一系列工作体系要进行一定规模的优化或改造，适应数字财务系统的应用，提高企业的组织效能。

不同的企业控制环境不同，组织财务部、审计部等相关专业部门对数字财务系统对内部控制遵守情况进行评审，保证系统的运行严格按照企业内部控制管理规范进行。在当前弱人工智能阶段，人为监督依然有必要。

（2）对外部系统变动风险的防控

要充分评估外部系统的变动对数字财务系统流程的影响，如果外部系统处于频繁变动的阶段，需要根据系统的变动随时调整相关程序。此外，提前对这些流程的变化进行识别，以便发生变化后快速响应，并在发生巨大变化时，考虑如何补偿因无法快速应对变化而带来的疑难问题。云服务商最好建立异地容灾备份机制，加强保护措施来维护应用和数据。此外，供应商应该使用深度防御体系，包括对主机的多因素认证、基于主机和网络的入侵检测系统、使用最小权限原则，合理的网络划分，及时更新补丁等。

（3）对企业生态系统多元风险的防控

对企业的数据进行严格的分级，包括可对生态圈共享的及不可对生态圈共享的。对于企业私密级别的信息，要通过数据加密技术进行双重或多重加密，以防竞争对手通过信息共享渠道获取。此外，企业也要按照《中华人民共和国反不正当竞争法》所规定的条例进行信息的分享以及使用，避免构成合谋等损害市场的行为。

主要参考文献

［1］张瑞君，蒋砚章，殷建红．会计信息系统［M］．8版．北京：中国人民大学出版社，2019.

［2］吴志斌，胡玲．电算化会计信息系统［M］．北京：中国财政经济出版社，2006.

［3］许艳涛．新一代财务系统：财务中台的目的、意义与价值［EB/OL］．［2020-09-30］．https：//mp.weixin.qq.com/s/qcAMRSndAToP5ycVjC6GvQ.

［4］刘永泽，胡仁昱，伊鸣．财务报告呈报格式（XBXL）与会计信息共享［A］．中国会计学会2007年学术年会，2007.

［5］胡仁昱，伊鸣，陆政．财务报告呈报格式比较与会计信息社会共享——对XBRL应用环境的进一步思考［A］．中国会计学会2007年学术年会，2007.

［6］余莉．呈报格式、知识水平与管理会计决策实验研究［D］．成都：西南财经大学，2014.

［7］樊丽梅．基于XBRL的会计信息呈报的研究［D］．长沙：中南大学，2011.

［8］张玉，郭会雨，陈建青．我国数据挖掘研究现状分析——基于共词分析视角［J］．情报科学，2011（10）：1589-1593.